TEORIA GERAL DO DIREITO CIVIL

Introdução ao Direito Privado

Gustavo Filipe Barbosa Garcia

TEORIA GERAL DO DIREITO CIVIL

Introdução ao Direito Privado

2021

EDITORA JusPODIVM

www.editorajuspodivm.com.br

EDITORA *Jus*PODIVM
www.editorajuspodivm.com.br

Rua Território Rio Branco, 87 – Pituba – CEP: 41830-530 – Salvador – Bahia
Tel: (71) 3045.9051
• Contato: https://www.editorajuspodivm.com.br/sac

Capa: Ana Caquetti

G216t Garcia, Gustavo Filipe Barbosa.
Teoria Geral do Direito Civil: introdução ao Direito Privado / Gustavo Filipe Barbosa Garcia – Salvador: Editora JusPodivm, 2021.
720 p.

Bibliografia.
ISBN 978-65-5680-387-6.

1. Direito Civil. 2. Direito Privado. I. Garcia, Gustavo Filipe Barbosa. II. Título.

“Porque nada trouxemos para este mundo,
e manifesto é que nada podemos levar dele”
(I Tm. 6:7).

NOTAS PRÉVIAS DO AUTOR

Esta obra tem como objetivo a análise didática e atualizada da *Teoria Geral do Direito Civil.*

No Capítulo inicial, como *Introdução ao Direito Privado*, são estudados temas como: evolução histórica, Direito objetivo e direito subjetivo, relação jurídica, Direito Público e Direito Privado, conceito de Direito Civil, abrangência do Direito Civil, conceito de Direito Comercial (Direito Empresarial), conceito de Direito do Consumidor, conceito de Direito do Trabalho, normas de Direito Civil, princípios do Direito Civil, fontes do Direito Civil, vigência da lei, eficácia no tempo, eficácia no espaço, interpretação e integração do Direito Civil.

Nos Capítulos seguintes são analisadas as matérias relativas à *Parte Geral do Código Civil*, como: pessoas naturais, direitos da personalidade, ausência, pessoas jurídicas, pessoas jurídicas de direito público, pessoas jurídicas de direito privado, domicílio, bens, fatos jurídicos, negócio jurídico, condição, termo e encargo, defeitos do negócio jurídico, erro, dolo, coação, estado de perigo, lesão, fraude contra credores, simulação, invalidade do negócio jurídico, atos ilícitos, forma dos negócios jurídicos, prova dos fatos jurídicos, prescrição e decadência.

Procura-se relacionar os institutos gerais do Direito Civil com certos aspectos mais específicos, para a compreensão global e mais adequada da disciplina. Este livro foi escrito com o especial enfoque de proporcionar um estudo diferenciado e abrangente da referida disciplina, em conformidade com a evolução doutrinária, jurisprudencial e legislativa a respeito dos seus diversos temas.

Espera-se, assim, que a presente obra possa receber a mesma acolhida das anteriores.

Gustavo Filipe Barbosa Garcia

SUMÁRIO

CAPÍTULO 1
INTRODUÇÃO AO DIREITO PRIVADO

CAPÍTULO 2
PESSOAS NATURAIS

CAPÍTULO 3
DIREITOS DA PERSONALIDADE

CAPÍTULO 4
AUSÊNCIA

CAPÍTULO 5
PESSOAS JURÍDICAS

CAPÍTULO 6
PESSOAS JURÍDICAS DE DIREITO PÚBLICO

CAPÍTULO 7
PESSOAS JURÍDICAS DE DIREITO PRIVADO

CAPÍTULO 8
DOMICÍLIO

CAPÍTULO 9
BENS

CAPÍTULO 10
FATOS JURÍDICOS

CAPÍTULO 11
NEGÓCIO JURÍDICO

CAPÍTULO 12
CONDIÇÃO, TERMO E ENCARGO

CAPÍTULO 13
DEFEITOS DO NEGÓCIO JURÍDICO

CAPÍTULO 14
ERRO OU IGNORÂNCIA

CAPÍTULO 15
DOLO

CAPÍTULO 16
COAÇÃO

CAPÍTULO 17
ESTADO DE PERIGO

CAPÍTULO 18
LESÃO

CAPÍTULO 19
FRAUDE CONTRA CREDORES

CAPÍTULO 20
SIMULAÇÃO

CAPÍTULO 21
INVALIDADE DO NEGÓCIO JURÍDICO

CAPÍTULO 22
ATOS ILÍCITOS

CAPÍTULO 23
FORMA DOS NEGÓCIOS JURÍDICOS

CAPÍTULO 24
PROVA DOS FATOS JURÍDICOS

CAPÍTULO 25
PRESCRIÇÃO E DECADÊNCIA

CAPÍTULO

1

INTRODUÇÃO AO DIREITO PRIVADO

1.1 EVOLUÇÃO HISTÓRICA

A principal origem histórica do Direito Civil é o Direito Romano, o qual serviu de inspiração e influenciou diversas legislações e Códigos Civis, como da França (de 1804), de Portugal (1867), da Alemanha (de 1896) e do Brasil[1].

O Direito Romano abrangia o *jus naturale*, aplicável a todos os seres, o *jus gentium*, aplicável aos estrangeiros, e o *jus civile*, aplicável aos cidadãos romanos[2]. Conforme as *Institutas* de Gaio (século II), os preceitos do Direito dividem-se em três partes: pessoas, coisas e ações (meios de defesa dos direitos)[3].

---

[1] RODRIGUES, Silvio. *Direito civil*: parte geral. 34. ed. São Paulo: Saraiva, 2003. v. 1. p. 10.

[2] GOMES, Orlando. *Introdução ao direito civil*. 19. ed., revista, atualizada e aumentada por Edvaldo Brito e Reginalda Paranhos de Brito. Rio de Janeiro: Forense, 2007. p. 49.

[3] AZEVEDO, Álvaro Villaça. *Teoria geral do direito civil*: parte geral. São Paulo: Atlas, 2012. p. 2.

No século VI, o imperador Justiniano, sistematizou o Direito Romano, por meio da sua compilação. Nesse contexto, o *Corpus Juris Civilis* é composto de quatro livros: *Institutas* (contendo textos de caráter elementar), *Digesto* ou *Pandectas* (reunião de lições de jurisconsultos clássicos, como Papiniano, Paulo, Gaio, Ulpiano e Modestino), *Codex* (coletânea de leis imperiais desde o imperador Adriano) e *Novelas* (reunião de leis imperiais da época do imperador Justiniano)[4].

Nos séculos XI a XIII, o *Corpus Juris Civilis* foi interpretado pelos glosadores, como Irnério e Acúrsio, que redigiam anotações a seus dispositivos. Nos séculos XIII a XVI, os pós-glosadores, como Bártolo e Baldo, procuram adaptar o trabalho dos glosadores às necessidades da época. No século XVI, o Direito Romano é objeto de novas investigações e sistematizações, como dos romanistas Cujácio e Doneau[5].

No século XIX, os pandectistas, na Alemanha, realizavam rigorosa exegese dos textos de Direito Romano, constantes do *Corpus Juris Civilis*[6]. Como a Alemanha somente passou a ter um Código Civil em 1900, os pandectistas faziam minuciosa análise de textos do Direito Romano, principalmente do *Digesto* ou *Pandectas*, compilação da época do imperador Justiniano (533 d.C.), fazendo parte do *Corpus Juris Civilis*[7].

Na Península Ibérica, a partir do ano de 506, passou a vigorar o Breviário de Alarico, compilação de leis do Direito Romano[8]. Após a separação de Portugal da Espanha, foram promulgadas as Ordenações Afonsinas, de 1446, posteriormente substituídas pelas Ordenações Manuelinas, de 1512. Em 1603, quando Portugal estava sob o domínio da Espanha, passaram a vigorar as Ordenações Filipinas[9]. A Lei da Boa

---

4 GOMES, Orlando. *Introdução ao direito civil.* 19. ed., revista, atualizada e aumentada por Edvaldo Brito e Reginalda Paranhos de Brito. Rio de Janeiro: Forense, 2007. p. 50.

5 GOMES, Orlando. *Introdução ao direito civil.* 19. ed., revista, atualizada e aumentada por Edvaldo Brito e Reginalda Paranhos de Brito. Rio de Janeiro: Forense, 2007. p. 50.

6 DINIZ, Maria Helena. *Compêndio de introdução à ciência do direito.* 19. ed. São Paulo: Saraiva, 2008. p. 54-55.

7 REALE, Miguel. *Lições preliminares de direito.* 18. ed. São Paulo: Saraiva, 1991. p. 278.

8 GAGLIANO, Pablo Stolze; PAMPLONA FILHO, Rodolfo. *Novo curso de direito civil*: parte geral. 6. ed. São Paulo: Saraiva, 2005. v. 1. p. 44.

9 RODRIGUES, Silvio. *Direito civil*: parte geral. 34. ed. São Paulo: Saraiva, 2003. v. 1. p. 11.

Razão, de 18 de agosto de 1769, estabeleceu diversas modificações no Direito de Portugal da época[10].

No Brasil, mesmo depois da Independência, em 1822, continuaram a vigorar no Brasil Império a legislação do Reino de Portugal, com destaque às Ordenações Filipinas, de 1603, e modificações de leis posteriores, revogadas pelo art. 1.807 do Código Civil de 1916. Em Portugal, as Ordenações Filipinas foram revogadas pelo Código Civil de 1867. No Brasil, o Código Civil de 1916 adotou diversas previsões contidas nas Ordenações do Reino e nas legislações portuguesa e brasileira que vigoravam antes de sua publicação[11].

No Brasil Império, a Lei de 20 de outubro de 1823 previa que as Ordenações, leis, regimentos, alvarás, decretos e resoluções de Portugal se manteriam em vigor no território nacional, enquanto se não organizasse um novo Código ou não fossem alteradas[12].

A Constituição do Império do Brasil, de 1824, determinava que se organizasse, o quanto antes um Código Civil e Criminal, fundado nas sólidas bases da justiça e equidade (art. 179, inciso XVIII)[13].

No plano filosófico, e mesmo na esfera da política legislativa, discute-se se o sistema mais adequado é o desenvolvimento do Direito, de modo mais livre, por meio de leis esparsas, ou a reunião das previsões legais sobre certa matéria em um código, o que normalmente gera maior estabilidade legislativa, mas pode dificultar a dinâmica da evolução legislativa[14].

Há vantagens no modelo da codificação, ao dar unidade e sistematizar as normas legais, regulando a matéria jurídica a ser aplicada com maior organização. Ainda assim, com a evolução no plano social,

---

10 GOMES, Orlando. *Raízes históricas e sociológicas do Código Civil brasileiro*. 2. ed. São Paulo: Martins Fontes, 2006. p. 4-6.

11 RODRIGUES, Silvio. *Direito civil*: parte geral. 34. ed. São Paulo: Saraiva, 2003. v. 1. p. 10-11.

12 MONTEIRO, Washington de Barros; PINTO, Ana Cristina de Barros Monteiro França. *Curso de direito civil*: parte geral. 44. ed. São Paulo: Saraiva, 2012. v. 1. p. 59.

13 GOMES, Orlando. *Raízes históricas e sociológicas do Código Civil brasileiro*. 2. ed. São Paulo: Martins Fontes, 2006. p. 7-8.

14 MONTEIRO, Washington de Barros; PINTO, Ana Cristina de Barros Monteiro França. *Curso de direito civil*: parte geral. 44. ed. São Paulo: Saraiva, 2012. v. 1. p. 57.

caso a modificação das previsões estabelecidas no Código torne-se necessária, as correspondentes adaptações devem ser realizadas, para que não se impeça o progresso do Direito[15].

Em 1845, Francisco Inácio de Carvalho Moreira apresentou estudos sobre a revisão geral e codificação das leis civis e do processo no Brasil. Em 1851, Eusébio de Queiroz propôs a adoção, como lei civil brasileira, do Digesto Português (tratado dos direitos e obrigações civis), de 1835, escrito por José Homem Corrêa Telles (para servir como subsídio ao primeiro Código Civil português), mas a proposta não foi aceita. Em 1855, Augusto Teixeira de Freitas foi encarregado do trabalho de realizar a consolidação das leis civis[16].

Ainda no Brasil Império, em 1832, foi nomeada comissão para elaboração de um projeto de Código Comercial, presidida por Antônio Paulino Limpo de Abreu, que foi substituído por José Clemente Pereira. O projeto ficou pronto em 1834, a sua tramitação iniciou em 1835, passando pela Câmara dos Deputados e pelo Senado, tendo sido aprovado em 1850[17]. Com isso, a Lei 556, de 25 de junho de 1850, instituiu o Código Comercial. Este era dividido em três Partes, quais sejam, Comércio em Geral (arts. 1º a 456), Comércio Marítimo (arts. 457 a 796) e Quebras (arts. 797 a 913), e um Título Único, sobre administração da justiça nos negócios e causas comerciais. O Decreto 737, de 25 de novembro de 1850, determinou a ordem do juízo no processo comercial. O Decreto 738, de 25 de novembro de 1850, regulamentou os tribunais do comércio e o processo das quebras[18].

Como fontes históricas que antecederam o Código Civil de 1916, cabe fazer referência à *Consolidação das Leis Civis*, de Augusto Tei-

---

15 MONTEIRO, Washington de Barros; PINTO, Ana Cristina de Barros Monteiro França. *Curso de direito civil*: parte geral. 44. ed. São Paulo: Saraiva, 2012. v. 1. p. 58-59.

16 MONTEIRO, Washington de Barros; PINTO, Ana Cristina de Barros Monteiro França. *Curso de direito civil*: parte geral. 44. ed. São Paulo: Saraiva, 2012. v. 1. p. 59.

17 LOPES, José Reinaldo de Lima. A formação do direito comercial brasileiro. A criação dos tribunais de comércio do Império. *Cadernos Direito GV*, São Paulo, v. 4, n. 6, p. 23-24, nov. 2007.

18 COSTA, Moacyr Lobo da. *Breve notícia histórica do direito processual civil brasileiro e de sua literatura*. São Paulo: Revista dos Tribunais, Universidade de São Paulo, 1970. p. 29-36.

xeira da Freitas, de 1858, e à *Nova Consolidação das Leis Civis*, de Carlos Augusto de Carvalho, de 1899[19].

Em 1859, Augusto Teixeira de Freitas recebeu, por intermédio do Ministro da Justiça, José Thomaz Nabuco de Araújo[20], a incumbência de elaborar um projeto de Código Civil, tendo redigido, nos anos seguintes (1860 a 1864), o *Esboço de Código Civil*, o qual não se converteu em projeto de lei no Brasil, mas exerceu importante influência na elaboração do Código Civil da Argentina, de 1869[21].

Em 1872, José Thomaz Nabuco de Araújo foi incumbido de apresentar um projeto de Código Civil[22], o que não chegou a se concretizar, em razão do seu falecimento, ocorrido em 1878[23].

Foi elaborado o projeto de Código Civil de Joaquim Felício dos Santos, de 1881[24], que não chegou a ser aprovado como lei. Em 1890, Antônio Coelho Rodrigues foi incumbido de elaborar um projeto de Código Civil, que também não foi convertido em lei[25].

Em 1899, Clóvis Beviláqua foi designado para elaborar projeto de Código Civil, com recomendação de que aproveitasse, tanto quanto possível, o projeto de Antônio Coelho Rodrigues, tendo se desincumbido da tarefa no mesmo ano[26]. O referido projeto, após revisto por comissão nomeada pelo governo, com a inclusão de inovações, foi enviado pelo Presidente da República ao Congresso Nacional, em

---

19 RODRIGUES, Silvio. *Direito civil*: parte geral. 34. ed. São Paulo: Saraiva, 2003. v. 1. p. 11.

20 MONTEIRO, Washington de Barros; PINTO, Ana Cristina de Barros Monteiro França. *Curso de direito civil*: parte geral. 44. ed. São Paulo: Saraiva, 2012. v. 1. p. 59.

21 RODRIGUES, Silvio. *Direito civil*: parte geral. 34. ed. São Paulo: Saraiva, 2003. v. 1. p. 11.

22 GAGLIANO, Pablo Stolze; PAMPLONA FILHO, Rodolfo. *Novo curso de direito civil*: parte geral. 6. ed. São Paulo: Saraiva, 2005. v. 1. p. 46.

23 MONTEIRO, Washington de Barros; PINTO, Ana Cristina de Barros Monteiro França. *Curso de direito civil*: parte geral. 44. ed. São Paulo: Saraiva, 2012. v. 1. p. 60.

24 GOMES, Orlando. *Raízes históricas e sociológicas do Código Civil brasileiro*. 2. ed. São Paulo: Martins Fontes, 2006. p. 11.

25 RODRIGUES, Silvio. *Direito civil*: parte geral. 34. ed. São Paulo: Saraiva, 2003. v. 1. p. 11.

26 RODRIGUES, Silvio. *Direito civil*: parte geral. 34. ed. São Paulo: Saraiva, 2003. v. 1. p. 12.

1900[27]. Depois de vários anos de debates do projeto na Câmara dos Deputados e no Senado, foi aprovado e convertido no Código Civil (Lei 3.071), promulgado em 1º de janeiro de 1916, tendo entrado em vigor em 1º de janeiro de 1917[28].

O Decreto 3.725, de 15 de janeiro de 1919 (com eficácia de lei, editado pelo Congresso Nacional e sancionado pelo Vice-Presidente da Republica, em exercício), fez diversas correções no Código Civil de 1916[29].

O Código Civil de 1916 tinha a Parte Geral e a Parte Especial. A Parte Geral se dividia em três Livros: I – Pessoas; II – Bens; III – Fatos Jurídicos. A Parte Especial se dividia em quatro Livros: I – Direito de Família; II – Direito das Coisas; III – Direito das Obrigações; IV – Direito das Sucessões.

Foi adotado o método científico-racional, defendido por Savigny e presente no Código Civil alemão, no qual há uma Parte Geral, abrangendo pessoas, coisas, atos jurídicos e disposições sobre prescrição e exercício de direitos, e uma Parte Especial, versando sobre Direito das Obrigações, Direito das Coisas, Direito de Família e Direito das Sucessões. Trata-se de classificação que tem o mérito da clareza na apresentação das matérias abrangidas[30].

A primeira tentativa de reforma do Código Civil de 1916 no início da década de 1940, com o Anteprojeto de Código das Obrigações, de Orozimbo Nonato, Philadelpho Azevedo e Hahnemann Guimarães, de 1941, sobre a Parte Geral do Direito das Obrigações, mas que não foi convertido em lei[31].

---

[27] MONTEIRO, Washington de Barros; PINTO, Ana Cristina de Barros Monteiro França. *Curso de direito civil*: parte geral. 44. ed. São Paulo: Saraiva, 2012. v. 1. p. 61.

[28] RODRIGUES, Silvio. *Direito civil*: parte geral. 34. ed. São Paulo: Saraiva, 2003. v. 1. p. 12.

[29] MONTEIRO, Washington de Barros; PINTO, Ana Cristina de Barros Monteiro França. *Curso de direito civil*: parte geral. 44. ed. São Paulo: Saraiva, 2012. v. 1. p. 62.

[30] MONTEIRO, Washington de Barros; PINTO, Ana Cristina de Barros Monteiro França. *Curso de direito civil*: parte geral. 44. ed. São Paulo: Saraiva, 2012. v. 1. p. 65.

[31] RODRIGUES, Silvio. *Direito civil*: parte geral. 34. ed. São Paulo: Saraiva, 2003. v. 1. p. 13.

Na década de 1960 ocorreu a segunda tentativa de reforma do Código Civil, por meio da elaboração do Anteprojeto de Código Civil de Orlando Gomes, de 1963, e do Anteprojeto de Código de Obrigações, de Caio Mário da Silva Pereira, de 1964. Como inovação, naquele Anteprojeto de Código Civil deixava de ser prevista a Parte Geral, o que foi objeto de oposição. Os mencionados trabalhos foram revistos por comissão designada, apresentando-se, em 1965, o Projeto de Código Civil e o Projeto de Código de Obrigações, mas os projetos de lei foram posteriormente retirados do Congresso Nacional[32].

Diversas leis modificaram o Código Civil de 1916, podendo-se destacar as seguintes: Lei 2.437/1955 (sobre prazos); Lei 3.133/1957 (sobre adoção); Lei 883/1949 (sobre reconhecimento de filhos). Cabe fazer referência, ainda, aos seguintes diplomas legais, que repercutiram no Código Civil de 1916: Lei 4.121/1962 (sobre a situação jurídica da mulher casada) e Lei 6.515/1977 (sobre dissolução da sociedade conjugal e do casamento, tendo instituído o divórcio)[33].

Em 1972, o Anteprojeto de Código Civil foi apresentado por comissão integrada por José Carlos Moreira Alves, Agostinho de Arruda Alvim, Sylvio Marcondes, Ebert Chamoun, Clóvis do Couto e Silva e Torquato Castro, sob a supervisão de Miguel Reale. Após revisões e modificações, foi elaborado o Projeto de Código Civil, apresentado ao Poder Executivo e por este enviado ao Congresso Nacional, que passou a tramitar como Projeto de Lei 634, de 1975. Após alguns anos de debates na Câmara dos Deputados, o texto foi revisto e aprovado, transformando-se, em 1984, no Projeto de Lei 634-B/1975. Após ser enviado ao Senado Federal, o Projeto de Lei 118/1984 teve o seu andamento suspenso, em razão da expectativa de convocação de Assembleia Constituinte e elaboração da nova Constituição da República Federativa do Brasil, que foi promulgada em 5 de outubro de 1988, tendo apresentado mudanças significativas no Direito de Família[34].

---

32 RODRIGUES, Silvio. *Direito civil*: parte geral. 34. ed. São Paulo: Saraiva, 2003. v. 1. p. 13.

33 RODRIGUES, Silvio. *Direito civil*: parte geral. 34. ed. São Paulo: Saraiva, 2003. v. 1. p. 13.

34 RODRIGUES, Silvio. *Direito civil*: parte geral. 34. ed. São Paulo: Saraiva, 2003. v. 1. p. 14.

A Lei 10.406, de 10 de janeiro de 2002, instituiu o Código Civil, tendo entrado em vigor um ano após a sua publicação (art. 2.044), ocorrida no Diário Oficial da União de 11.01.2002. Foram revogadas a Lei 3.071, de 1º de janeiro de 1916 (Código Civil de 1916), e a Parte Primeira do Código Comercial (Lei 556, de 25 de junho de 1850), conforme art. 2.045 do Código Civil de 2002.

O Código Civil de 2002 tem a Parte Geral e a Parte Especial. A Parte Geral se divide em três Livros: I – Pessoas; II – Bens; III – Fatos Jurídicos. A Parte Especial se divide em cinco Livros: I – Direito das Obrigações; II – Direito de Empresa; III – Direito das Coisas; IV – Direito de Família; V – Direito das Sucessões. Ao final, há um Livro Complementar, com disposições finais e transitórias, sobre direito intertemporal[35].

A presença do Livro sobre Direito de Empresa no Código Civil de 2002 (arts. 966 a 1.195), de certa forma, refletiu o anseio de unificar o Direito Privado[36], que esteve presente na elaboração do seu Anteprojeto[37]. Com isso, foi inserida no Código Civil matéria disciplinada, tradicionalmente, no Direito Comercial, relativa à atividade empresarial, na sequência do Direito das Obrigações[38].

Posteriormente, diversas leis modificaram o Código Civil de 2002, podendo-se assim exemplificar: Lei 10.825/2003 (sobre organizações religiosas e partidos políticos); Lei 11.127/2005 (sobre associação); Lei 11.698/2008 (sobre guarda compartilhada); Lei 12.010/2009 (sobre adoção); Lei 12.441/2011 (sobre empresa individual de responsabilidade limitada); Lei 13.058/2014 (sobre guarda compartilhada); Lei 13.146/2015 (Estatuto da Pessoa com Deficiência); 13.151/2015 (sobre fundação); Lei 13.465/2017 (sobre condomínio de lotes); Lei

---

[35] MONTEIRO, Washington de Barros; PINTO, Ana Cristina de Barros Monteiro França. *Curso de direito civil*: parte geral. 44. ed. São Paulo: Saraiva, 2012. v. 1. p. 70.

[36] PEREIRA, Caio Mário da Silva. *Instituições de direito civil*: introdução ao direito civil; teoria geral de direito civil. 21. ed., revista e atualizada por Maria Celina Bodin de Moraes. Rio de Janeiro: Forense, 2006. v. 1. p. 27.

[37] RODRIGUES, Silvio. *Direito civil*: parte geral. 34. ed. São Paulo: Saraiva, 2003. v. 1. p. 12.

[38] MONTEIRO, Washington de Barros; PINTO, Ana Cristina de Barros Monteiro França. *Curso de direito civil*: parte geral. 44. ed. São Paulo: Saraiva, 2012. v. 1. p. 69.

13.509/2017 (sobre adoção); Lei 13.715/2018 (sobre perda do poder familiar); Lei 13.777/2018 (sobre condomínio em multipropriedade); Lei 13.874/2019 (Declaração de Direitos de Liberdade Econômica).

1.2 DIREITO OBJETIVO E DIREITO SUBJETIVO

O Direito, no enfoque objetivo, de ordenamento jurídico, é entendido como o conjunto ou sistema de normas jurídicas que regem a vida em sociedade[39].

Como as pessoas vivem em sociedade, há necessidade de normas que regulem as relações interpessoais, permitindo a convivência harmônica, as quais compõem o Direito objetivo, organizado como sistema jurídico[40].

As normas jurídicas são obrigatórias e coercíveis, ou seja, admitem a possibilidade de constranger a pessoa à sua observância[41]. A sanção é a consequência do descumprimento da norma. No Direito, a sanção é a reação organizada e aplicada pelo poder público, para que as normas jurídicas sejam observadas, isto é, cumpridas. A sanção, assim, confere às normas jurídicas força coercitiva, impondo a sua obediência[42].

Na atualidade, além das tradicionais sanções de natureza punitiva, as quais servem como intimidação para que não sejam desrespeitadas

---

39 GOMES, Orlando. *Introdução ao direito civil.* 19. ed., revista, atualizada e aumentada por Edvaldo Brito e Reginalda Paranhos de Brito. Rio de Janeiro: Forense, 2007. p. 14: "Ao complexo de normas que organizam a vida social de um povo denomina-se *ordenamento jurídico*" (destaques do original).

40 GOMES, Orlando. *Introdução ao direito civil.* 19. ed., revista, atualizada e aumentada por Edvaldo Brito e Reginalda Paranhos de Brito. Rio de Janeiro: Forense, 2007. p. 12: "As normas de Direito Positivo são agrupadas sistematicamente, formando os *institutos jurídicos*. A coordenação dos diversos institutos jurídicos em um todo harmônico forma, por sua vez, o *sistema jurídico*. Todo instituto jurídico tem no *sistema* seu lugar próprio. Encontrá-lo é determinar-lhe a *natureza*. A localização (*sedes materiae*) ajuda a compreensão e a aplicação das regras agrupadas" (destaques do original).

41 MONTEIRO, Washington de Barros; PINTO, Ana Cristina de Barros Monteiro França. *Curso de direito civil*: parte geral. 44. ed. São Paulo: Saraiva, 2012. v. 1. p. 11.

42 RODRIGUES, Silvio. *Direito civil*: parte geral. 34. ed. São Paulo: Saraiva, 2003. v. 1. p. 4-5.

as normas jurídicas, há as chamadas "sanções premiais", as quais oferecem incentivos e vantagens aos que cumprirem certos preceitos normativos (por exemplo, concessão de desconto a quem paga o tributo antes do vencimento)[43].

O Direito objetivo, assim, é o conjunto das normas jurídicas que disciplinam a vida em sociedade, ou seja, as ações e condutas das pessoas na esfera social (*norma agendi*). O direito subjetivo, por sua vez, é o poder ou a faculdade conferida à pessoa, como prerrogativa de obter ou alcançar o que a norma jurídica prevê (*facultas agendi*)[44].

Para a teoria da vontade, defendida por Windscheid, o direito subjetivo é o poder da vontade assegurado pela ordem jurídica[45]. A teoria do interesse, defendida por Ihering, assevera que o direito subjetivo é o interesse juridicamente protegido, ou seja, o interesse da pessoa garantido pela ordem jurídica[46].

Segundo a teoria mista, defendida por Jellinek, o direito subjetivo abrange o interesse e a vontade. Nesse sentido, entende-se que o direito subjetivo é o interesse protegido e realizado por meio do poder da vontade, reconhecido pelo ordenamento jurídico[47].

No âmbito do Direito Privado, o direito subjetivo é o "poder da vontade dos particulares, reconhecido ou outorgado pelo ordenamento jurídico"[48]. O direito subjetivo é ainda conceituado como "um interesse

---

43 REALE, Miguel. *Lições preliminares de direito*. 18. ed. São Paulo: Saraiva, 1991. p. 76-77.

44 MONTEIRO, Washington de Barros; PINTO, Ana Cristina de Barros Monteiro França. *Curso de direito civil*: parte geral. 44. ed. São Paulo: Saraiva, 2012. v. 1. p. 12-13. Cf. ainda RODRIGUES, Silvio. *Direito civil*: parte geral. 34. ed. São Paulo: Saraiva, 2003. v. 1. p. 6-7. GOMES, Orlando. *Introdução ao direito civil*. 19. ed., revista, atualizada e aumentada por Edvaldo Brito e Reginalda Paranhos de Brito. Rio de Janeiro: Forense, 2007. p. 9.

45 GOMES, Orlando. *Introdução ao direito civil*. 19. ed., revista, atualizada e aumentada por Edvaldo Brito e Reginalda Paranhos de Brito. Rio de Janeiro: Forense, 2007. p. 97.

46 MONTEIRO, Washington de Barros; PINTO, Ana Cristina de Barros Monteiro França. *Curso de direito civil*: parte geral. 44. ed. São Paulo: Saraiva, 2012. v. 1. p. 13-14.

47 MONTEIRO, Washington de Barros; PINTO, Ana Cristina de Barros Monteiro França. *Curso de direito civil*: parte geral. 44. ed. São Paulo: Saraiva, 2012. v. 1. p. 14. Cf. ainda GOMES, Orlando. *Introdução ao direito civil*. 19. ed., revista, atualizada e aumentada por Edvaldo Brito e Reginalda Paranhos de Brito. Rio de Janeiro: Forense, 2007. p. 97.

48 MONTEIRO, Washington de Barros; PINTO, Ana Cristina de Barros Monteiro França. *Curso de direito civil*: parte geral. 44. ed. São Paulo: Saraiva, 2012. v. 1. p. 16.

protegido pelo ordenamento jurídico mediante um poder atribuído à vontade individual"[49].

Esclareça-se que ao lado do direito subjetivo, de titularidade do sujeito ativo, há o correspondente dever jurídico, do sujeito passivo da relação jurídica, que é obrigado a uma prestação, a qual pode ser positiva (dar ou fazer) ou negativa (não fazer)[50]. O direito subjetivo e o correspondente dever jurídico revelam o caráter bilateral da relação jurídica[51] e decorrem da incidência da norma jurídica (Direito objetivo), ao regular a vida em sociedade, com previsão de sanção em caso de descumprimento[52].

Entretanto, cabe fazer referência ao direito potestativo, entendido como o poder que a lei confere ao titular de ser exercido por declaração unilateral de vontade, independentemente da manifestação de vontade do sujeito passivo[53], o qual fica em estado de sujeição. No direito potestativo, a faculdade de agir do titular do direito não corresponde uma prestação de outrem[54].

Sendo assim, no direito potestativo não se verifica o correspondente dever jurídico (obrigação), tal como ocorre no direito subjetivo

---

49 GOMES, Orlando. *Introdução ao direito civil.* 19. ed., revista, atualizada e aumentada por Edvaldo Brito e Reginalda Paranhos de Brito. Rio de Janeiro: Forense, 2007. p. 98.

50 AMORIM FILHO, Agnelo. Critério científico para distinguir a prescrição da decadência e identificar as ações imprescritíveis. *Revista dos Tribunais*, São Paulo, RT, ano 86, v. 744, p. 728, out. 1997: "A primeira [categoria] compreende aqueles direitos que têm por finalidade um bem da vida a conseguir-se mediante uma *prestação*, positiva ou negativa, de outrem, isto é, do sujeito passivo" (destaque do original).

51 PEREIRA, Caio Mário da Silva. *Instituições de direito civil*: introdução ao direito civil; teoria geral de direito civil. 21. ed., revista e atualizada por Maria Celina Bodin de Moraes. Rio de Janeiro: Forense, 2006. v. 1. p. 36.

52 "5. O direito subjetivo é a extensão prática, concreta e de direito material da previsão genérica do direito objetivo que define a possibilidade de um indivíduo exigir de outro um certo agir, pressupondo, pois, a intersubjetividade" (STJ, 3ª T., REsp 1.736.091/PE, 2017/0304773-5, Rel. Min. Nancy Andrighi, DJe 16.05.2019).

53 AMORIM FILHO, Agnelo. Critério científico para distinguir a prescrição da decadência e identificar as ações imprescritíveis. *Revista dos Tribunais*, São Paulo, RT, ano 86, v. 744, p. 728, out. 1997: "A segunda grande categoria é a dos denominados *direitos potestativos*, e compreende aqueles poderes que a lei confere a determinadas pessoas de influírem, com uma declaração de vontade, sobre situações jurídicas de outras, sem o concurso da vontade destas" (destaques do original).

54 ANDRADE, Manuel A. Domingues de. *Teoria geral da relação jurídica*: sujeitos e objeto. Coimbra: Almedina, 2003. v. 1. p. 12-13.

propriamente. Por exemplo, o direito (poder) de revogar a procuração[55]. O direito potestativo pode ser representado pelo binômio "poder-sujeição", pois não há nada que o titular da sujeição possa ou deva fazer, ou seja, não há dever, "mas apenas submissão à manifestação unilateral do titular do direito", a qual alcança a esfera jurídica do sujeito passivo[56].

Esclareça-se que o Direito positivo é o ordenamento jurídico em vigor em certo local e tempo[57], enquanto o Direito natural é considerado o ordenamento ideal, que esteja de acordo com uma justiça superior e perfeita, o qual deveria inspirar as normas de Direito positivo[58].

1.3 RELAÇÃO JURÍDICA

As pessoas se inter-relacionam socialmente, cabendo ao Direito a sua regulação[59]. Essas interações entre as pessoas, convivendo em sociedade, dão origem às relações sociais[60].

O Direito, por ter a função de coordenar os interesses presentes na vida social, regula as diversas relações que ocorrem na vida em

---

55 GOMES, Orlando. *Introdução ao direito civil*. 19. ed., revista, atualizada e aumentada por Edvaldo Brito e Reginalda Paranhos de Brito. Rio de Janeiro: Forense, 2007. p. 107-108.

56 PEREIRA, Caio Mário da Silva. *Instituições de direito civil*: introdução ao direito civil; teoria geral de direito civil. 21. ed., revista e atualizada por Maria Celina Bodin de Moraes. Rio de Janeiro: Forense, 2006. v. 1. p. 37.

57 GOMES, Orlando. *Introdução ao direito civil*. 19. ed., revista, atualizada e aumentada por Edvaldo Brito e Reginalda Paranhos de Brito. Rio de Janeiro: Forense, 2007. p. 4: "A característica do Direito Positivo reside no seu caráter normativo obrigatório. É a norma que vige em determinada sociedade e que se impõe pela força da autoridade às pessoas que a constituem".

58 MONTEIRO, Washington de Barros; PINTO, Ana Cristina de Barros Monteiro França. *Curso de direito civil*: parte geral. 44. ed. São Paulo: Saraiva, 2012. v. 1. p. 16-17.

59 GARCIA, Gustavo Filipe Barbosa. *Competência da Justiça do Trabalho*: da relação de emprego à relação de trabalho. Rio de Janeiro: Forense, 2012. p. 75-83.

60 LOPES, Miguel Maria de Serpa. *Curso de direito civil*: introdução, parte geral e teoria dos negócios jurídicos. 9. ed., revista e atualizada por José Serpa de Santa Maria. Rio de Janeiro: Freitas Bastos, 2000. v. 1. p. 223: "O homem, em sua vida social, para satisfazer certos interesses importantes, necessita estabelecer determinadas relações com outras pessoas, as quais exigem ser reguladas pela ordem jurídica".

sociedade[61]. A relação jurídica, assim, é a relação social que produz efeitos no âmbito do Direito[62].

Segundo observa Savigny, relação jurídica é a relação entre pessoas, determinada por regra de Direito. Conforme o referido autor, em cada relação jurídica podem ser observados dois elementos: uma matéria, ou seja, a relação em si mesma, e a determinação jurídica dessa matéria. O primeiro pode ser designado como o elemento material da relação jurídica, ou como o simples fato, e o segundo como o elemento formal, quer dizer, aquele pelo qual a relação de fato assume natureza jurídica[63].

Como se pode notar, nem todas as relações interpessoais pertencem ao campo do Direito, pois nem todas são suscetíveis ou têm necessidade de serem determinadas por regra jurídica. Ao incidir a norma jurídica sobre a relação social, regulando-a, tem-se a sua configuração como relação jurídica[64].

A respeito do tema, Manuel A. Domingues de Andrade assevera que a relação jurídica, em sentido amplo, é toda "relação da vida real (social), juridicamente relevante (produtiva de consequências jurídicas), isto é, disciplinada pelo Direito". Em acepção mais restrita, é "a relação da vida social disciplinada pelo Direito, mediante a atribuição a uma pessoa (em sentido jurídico) de um direito subjetivo e a correspondente imposição a outra pessoa de um dever ou de uma sujeição"[65].

---

61 DINIZ, Maria Helena. *Compêndio de introdução à ciência do direito*. 19. ed. São Paulo: Saraiva, 2008. p. 511: "As normas de direito regulam comportamentos humanos dentro da sociedade. Isto é assim porque o homem, na vida social, está sempre em interação, influenciando a conduta de outrem, o que dá origem a relações sociais que, disciplinadas por normas jurídicas, transformam-se em relações de direito".

62 BITTAR, Carlos Alberto. *Curso de direito civil*. Rio de Janeiro: Forense Universitária, 1994. v. 1. p. 49: "Na regulação da vida em sociedade, os comportamentos abrangidos constituem relações jurídicas, ou seja, relações sociais que produzem efeitos no âmbito do Direito".

63 SAVIGNY, Federico Carlo di. *Sistema del diritto romano attuale*. Traduzione dall'originale tedesco di Vittorio Scialoja. Torino: Unione Tipografico-Editrice, 1886. v. 1. p. 336-337.

64 BOBBIO, Norberto. *Teoria geral do direito*. 2. ed. Tradução de Denise Agostinetti. Revisão da tradução de Silvana Cobucci Leite. São Paulo: Martins Fontes, 2008. p. 22-23.

65 ANDRADE, Manuel A. Domingues de. *Teoria geral da relação jurídica*: sujeitos e objeto. Coimbra: Almedina, 2003. v. 1. p. 2.

Frise-se que a relação jurídica tem origem em diversas modalidades de fatos jurídicos (em sentido amplo)[66], abrangendo os fatos humanos (como os atos jurídicos, negócios jurídicos e atos ilícitos) e da natureza (fatos jurídicos em sentido estrito), os quais são eventos que produzem efeitos no âmbito do Direito[67]. Logo, os fatos jurídicos são acontecimentos em virtude dos quais ocorre o nascimento, a modificação ou a extinção de relações jurídicas[68]. Cf. Capítulo 10, item 10.1 e item 10.2.

Os elementos da relação jurídica correspondem ao *vínculo* jurídico (nexo), que envolve (ou seja, liga) os *sujeitos* (ativo e passivo), em torno de um *objeto*[69]. No entender de Orlando Gomes, os elementos da relação jurídica são os sujeitos, o objeto e o fato propulsor[70]. Na realidade, esse último, como acima indicado, é o acontecimento que dá origem à relação jurídica. Parte da doutrina faz menção, ainda, à *proteção jurídica*, no sentido de que a relação jurídica é protegida pela norma jurídica, a qual autoriza o lesado a "exigir respeito ao seu direito"[71].

De acordo com Savigny, o núcleo ou essência da relação jurídica é a pessoa, que é o seu sujeito[72]. A relação jurídica, conforme Karl Larenz, é o nexo jurídico, ou seja, o vínculo normativo que une entre si sujeitos de direito[73].

---

66 SAVIGNY, Federico Carlo di. *Sistema del diritto romano attuale*. Seconda tiratura. Traduzione dall´originale tedesco di Vittorio Scialoja. Torino: Unione TipograficoEditrice, 1900. v. 3. p. 3.

67 DINIZ, Maria Helena. *Compêndio de introdução à ciência do direito*. 19. ed. São Paulo: Saraiva, 2008. p. 513. Cf. ainda MONTORO, André Franco. *Introdução à ciência do direito*. 27. ed. São Paulo: RT, 2008. p. 523-525.

68 PEREIRA, Caio Mário da Silva. *Instituições de direito civil*: introdução ao direito civil; teoria geral de direito civil. 21. ed., revista e atualizada por Maria Celina Bodin de Moraes. Rio de Janeiro: Forense, 2006. v. 1. p. 458.

69 REALE, Miguel. *Lições preliminares de direito*. 18. ed. São Paulo: Saraiva, 1991. p. 213.

70 GOMES, Orlando. *Introdução ao direito civil*. 19. ed., revista, atualizada e aumentada por Edvaldo Brito e Reginalda Paranhos de Brito. Rio de Janeiro: Forense, 2007. p. 91-92.

71 DINIZ, Maria Helena. *Compêndio de introdução à ciência do direito*. 19. ed. São Paulo: Saraiva, 2008. p. 536.

72 SAVIGNY, Federico Carlo di. *Sistema del diritto romano attuale*. Traduzione dall´originale tedesco di Vittorio Scialoja. Torino: Unione Tipografico-Editrice, 1898. v. 8. p. 127.

73 LARENZ, Karl. *Derecho civil*: parte general. Traducción y notas de Miguel Izquierdo y Macías-Picavea. Madrid: Editoriales de Derecho Reunidas, 1978. p. 245-249.

Tanto as pessoas naturais como as pessoas jurídicas podem figurar como sujeitos nas relações jurídicas, salientando-se que o Direito também reconhece determinados entes não personalizados, como a massa falida, a herança jacente, o espólio e o condomínio[74].

Enquanto o sujeito ativo é o titular do direito, o sujeito passivo é o titular do dever correspondente[75]. No direito subjetivo, o seu titular tem o poder de exigir ou pretender de outra pessoa determinado comportamento positivo ou negativo. Isso significa que o outro sujeito da relação jurídica tem o dever jurídico de adotar o referido comportamento. No direito potestativo, o seu titular, por declaração unilateral de vontade, constitui, modifica ou extingue relações jurídicas, ficando o sujeito passivo em estado de sujeição[76].

O objeto da relação jurídica, por sua vez, é o bem ou a prestação exigível pelo titular do direito[77].

O objeto da relação jurídica pode ser classificado em: imediato, ou seja, a prestação devida pelo sujeito passivo, sabendo-se que, na relação de natureza obrigacional, o sujeito ativo tem a prerrogativa de exigir o cumprimento da obrigação de dar, fazer ou não fazer;

---

[74] BITTAR, Carlos Alberto. *Curso de direito civil*. Rio de Janeiro: Forense Universitária, 1994. v. 1. p. 63. Cf. ainda GOMES, Orlando. *Introdução ao direito civil*. 19. ed., revista, atualizada e aumentada por Edvaldo Brito e Reginalda Paranhos de Brito. Rio de Janeiro: Forense, 2007. p. 178.

[75] BITTAR, Carlos Alberto. *Curso de direito civil*. Rio de Janeiro: Forense Universitária, 1994. v. 1. p. 51. Cf. ainda LARENZ, Karl. *Derecho civil*: parte general. Traducción y notas de Miguel Izquierdo y Macías-Picavea. Madrid: Editoriales de Derecho Reunidas, 1978. p. 249. De acordo com Francesco Santoro-Passarelli, pode-se dizer que a relação jurídica indica a posição de poder de uma pessoa e de dever de outra (ou outras). O poder e o dever que integram a relação são estabelecidos pelo ordenamento jurídico para tutelar um interesse. A figura típica de relação jurídica privada é aquela em que o poder constitui um direito subjetivo (SANTORO-PASSARELLI, Francesco. *Doctrinas generales del derecho civil*. Traducción y concordancias de derecho español por A. Luna Serrano. Madrid: Editorial Revista de Derecho Privado, 1964. p. 67).

[76] ANDRADE, Manuel A. Domingues de. *Teoria geral da relação jurídica*: sujeitos e objeto. Coimbra: Almedina, 2003. v. 1. p. 20.

[77] GOMES, Orlando. *Introdução ao direito civil*. 19. ed., revista, atualizada e aumentada por Edvaldo Brito e Reginalda Paranhos de Brito. Rio de Janeiro: Forense, 2007. p. 92: "Objeto é o bem no qual incide o poder do sujeito, ou a prestação exigível. Tudo o que representa uma utilidade para a pessoa pode ser objeto de direito. Não somente as coisas, mas, também, as ações humanas (prestações)".

e mediato, quer dizer, o bem jurídico sobre o qual recai o direito subjetivo[78].

Logo, o objeto imediato refere-se ao comportamento que se deve adotar, podendo ser positivo (ação) ou negativo (omissão), a ser produzido pelo sujeito passivo em favor do sujeito ativo. É a prestação da relação obrigacional[79], podendo consistir em dar, fazer ou não fazer[80]. O objeto mediato da relação, como mencionado, é o bem jurídico, em sentido amplo, protegido pelo Direito objetivo[81]. Na relação obrigacional, o objeto mediato pode ser um bem ou serviço, como objeto da prestação[82].

O vínculo é o liame ou nexo que une os sujeitos da relação jurídica em torno do objeto, conferindo ao sujeito ativo o direito de exigir e, ao sujeito passivo, o dever de adotar a conduta necessária para a satisfação do interesse daquele, em conformidade com o Direito[83].

Nesse sentido, segundo leciona Miguel Reale: "O *vínculo de atributividade* é, por assim dizer, a concreção da norma jurídica no âmbito do relacionamento estabelecido entre duas pessoas"[84]. Trata-se,

---

78 DINIZ, Maria Helena. *Compêndio de introdução à ciência do direito*. 19. ed. São Paulo: Saraiva, 2008. p. 512.

79 RIPERT, Georges; BOULANGER, Jean. *Tratado de derecho civil*: segun el tratado de Planiol: las obligaciones, 1ª parte. Traducción de Delia García Daireaux. Supervisión por Jorge Joaquin LLambias. Buenos Aires: Ediciones La Ley, 1964. t. IV. v. 1. p. 11: "La obligación es el *vínculo de derecho por el cual una persona debe satisfacer una prestación en favor de otra*" (destaques do original).

80 MONTEIRO, Washington de Barros. *Curso de direito civil*: direito das obrigações, 1ª parte. 30. ed. São Paulo: Saraiva, 1999. v. 4. p. 18. De acordo com José Luis de los Mozos, a prestação se identifica com o objeto da obrigação, entendida aquela como a conduta devida pelo obrigado, consistente em dar, fazer ou não fazer alguma coisa (DE LOS MOZOS, José Luis. *Derecho civil*: metodo, sistemas y categorias juridicas. Madrid: Editorial Civitas, 1988. p. 325).

81 BITTAR, Carlos Alberto. *Curso de direito civil*. Rio de Janeiro: Forense Universitária, 1994. v. 1. p. 51-52.

82 GOMES, Orlando. *Obrigações*. 17. ed., revista, atualizada e aumentada por Edvaldo Brito. Rio de Janeiro: Forense, 2008. p. 21.

83 BITTAR, Carlos Alberto. *Curso de direito civil*. Rio de Janeiro: Forense Universitária, 1994. v. 1. p. 52. Cf. ainda DE LOS MOZOS, José Luis. *Derecho civil*: metodo, sistemas y categorias jurídicas. Madrid: Editorial Civitas, 1988. p. 330.

84 REALE, Miguel. *Lições preliminares de direito*. 18. ed. São Paulo: Saraiva, 1991. p. 214 (destaques do original).

portanto, do "vínculo que confere" ao sujeito ativo da relação jurídica "*o poder de pretender ou exigir algo* determinado ou determinável"[85].

Na relação jurídica obrigacional, envolvendo direitos pessoais, o sujeito passivo tem o dever de cumprir a prestação, satisfazendo o interesse do titular do direito subjetivo, como um crédito[86]. Em outras modalidades de relações jurídicas, o sujeito passivo tem o dever de respeitar a posição jurídica do titular do direito, como ocorre nos direitos da personalidade e nos direitos reais, os quais são oponíveis *erga omnes* (em face de todos)[87].

A relação jurídica obrigacional, em específico, é composta dos elementos débito (ou dívida) e responsabilidade[88]. Como esclarece Washington de Barros Monteiro: "O vínculo jurídico que une os dois sujeitos por causa da prestação compreende, portanto, de um lado, o *dever* da pessoa obrigada (*debitum*), e, de outro, a *responsabilidade*, em caso de inadimplemento (*obligatio*)"[89].

1.4 DIREITO PÚBLICO E DIREITO PRIVADO

O Direito objetivo pode ser classificado em Direito Público e Direito Privado.

---

[85] REALE, Miguel. *Lições preliminares de direito*. 18. ed. São Paulo: Saraiva, 1991. p. 215 (destaques do original). Cf. ainda REALE, Miguel. *Lições preliminares de direito*. 18. ed. São Paulo: Saraiva, 1991. p. 215: "Quando alguém tem uma *pretensão* amparada por norma jurídica, diz-se que tem *título* para o *status* ou o ato pretendido, ou, por outras palavras, que está *legitimado* para exigir o seu direito ou praticar o ato" (destaques do original).

[86] AZEVEDO, Álvaro Villaça. *Teoria geral do direito civil*: parte geral. São Paulo: Atlas, 2012. p. 3: "Já os direitos obrigacionais, pessoais ou de crédito, evidenciam as relações entre credor e devedor, podendo o primeiro cobrar do segundo o objeto da prestação de dar, fazer ou não fazer".

[87] DINIZ, Maria Helena. *Compêndio de introdução à ciência do direito*. 19. ed. São Paulo: Saraiva, 2008. p. 512.

[88] RODRIGUES, Silvio. *Direito civil*: parte geral das obrigações. 30. ed. São Paulo: Saraiva, 2002. v. 2. p. 5-6. Cf. ainda GOMES, Orlando. *Obrigações*. 17. ed., revista, atualizada e aumentada por Edvaldo Brito. Rio de Janeiro: Forense, 2008. p. 18-20.

[89] MONTEIRO, Washington de Barros. *Curso de direito civil*: direito das obrigações, 1ª parte. 30. ed. São Paulo: Saraiva, 1999. v. 4. p. 24 (destaques do original).

O Direito Público tem como objetivo disciplinar a organização, as funções e as atividades do Estado, considerado em si mesmo, em suas relações com outros Estados e com os particulares, quando exerce o seu poder soberano[90], a fim de realizar interesses gerais[91], e engloba o Direito Constitucional, o Direito Administrativo, o Direito Tributário, o Direito Financeiro, o Direito Econômico, o Direito Penal, o Direito Processual Civil, o Direito Processual Penal, o Direito Processual do Trabalho, o Direito Previdenciário, o Direito da Seguridade Social, o Direito Ambiental, o Direito Eleitoral e o Direito Internacional[92].

O Direito Privado tem como objetivo disciplinar as relações dos indivíduos e das pessoas entre si, envolvendo interesses particulares, e engloba o Direito Civil, o Direito Comercial (ou Direito Empresarial), o Direito do Consumidor e o Direito do Trabalho[93].

Saliente-se que o Direito Público e Direito Privado não são esferas totalmente separadas, pois fazem parte do ordenamento jurídico, no qual há constante interligação entre as normas jurídicas de diferentes naturezas[94].

1.5 CONCEITO DE DIREITO CIVIL

O Direito Civil, ao reger as relações entre particulares, com fundamento na igualdade jurídica e na autonomia privada, faz parte do

---

90 DINIZ, Maria Helena. *Curso de direito civil brasileiro*: teoria geral do direito civil. 29. ed. São Paulo: Saraiva, 2012. v. 1. p. 31.

91 GOMES, Orlando. *Introdução ao direito civil*. 19. ed., revista, atualizada e aumentada por Edvaldo Brito e Reginalda Paranhos de Brito. Rio de Janeiro: Forense, 2007. p. 10-11.

92 DINIZ, Maria Helena. *Curso de direito civil brasileiro*: teoria geral do direito civil. 29. ed. São Paulo: Saraiva, 2012. v. 1. p. 32.

93 RODRIGUES, Silvio. *Direito civil*: parte geral. 34. ed. São Paulo: Saraiva, 2003. v. 1. p. 8-9. Cf. ainda GOMES, Orlando. *Introdução ao direito civil*. 19. ed., revista, atualizada e aumentada por Edvaldo Brito e Reginalda Paranhos de Brito. Rio de Janeiro: Forense, 2007. p. 17-23. DINIZ, Maria Helena. *Curso de direito civil brasileiro*: teoria geral do direito civil. 29. ed. São Paulo: Saraiva, 2012. v. 1. p. 33.

94 PEREIRA, Caio Mário da Silva. *Instituições de direito civil*: introdução ao direito civil; teoria geral de direito civil. 21. ed., revista e atualizada por Maria Celina Bodin de Moraes. Rio de Janeiro: Forense, 2006. v. 1. p. 14-15.

Direito Privado[95]. Abrange o conjunto de normas jurídicas sobre interesses particulares das pessoas em si consideradas, nas suas relações em face dos bens, nas relações de família, sucessões e obrigacionais[96].

O Direito Civil é o ramo do Direito que estabelece a disciplina jurídica sobre as pessoas, os bens, os fatos e atos jurídicos na ordem privada, as obrigações entre particulares, as relações contratuais, a responsabilidade civil, os direitos da personalidade, os direitos relativos às coisas, as relações de família e sucessões (transmissão de herança).

Em síntese, o Direito Civil regula os direitos e obrigações de ordem privada concernentes às pessoas, aos bens e às suas relações, como previa o art. 1º do Código Civil de 1916, revogado pelo Código Civil de 2002[97].

O Direito Civil, no enfoque do Direito objetivo, é a ordem jurídica civil, ou ordem civil, mencionada no art. 1º, parte final, do Código Civil de 2002.

1.6 ABRANGÊNCIA DO DIREITO CIVIL

As matérias abrangidas pelo Direito Civil são classificadas de formas distintas em consonância com o sistema adotado, conforme a seguir exposto.

De acordo com o *sistema romano*, com base nas *Institutas* do imperador Justiniano (533 d.C.), divide-se o Direito Civil em três partes: pessoas, coisas e ações. Critica-se a inclusão no Direito Civil da matéria pertinente às ações, a qual, posteriormente, passou a ser objeto do Direito Processual[98].

---

[95] GOMES, Orlando. *Introdução ao direito civil*. 19. ed., revista, atualizada e aumentada por Edvaldo Brito e Reginalda Paranhos de Brito. Rio de Janeiro: Forense, 2007. p. 28.

[96] GOMES, Orlando. *Introdução ao direito civil*. 19. ed., revista, atualizada e aumentada por Edvaldo Brito e Reginalda Paranhos de Brito. Rio de Janeiro: Forense, 2007. p. 27-28.

[97] RODRIGUES, Silvio. *Direito civil*: parte geral. 34. ed. São Paulo: Saraiva, 2003. v. 1. p. 8.

[98] GOMES, Orlando. *Introdução ao direito civil*. 19. ed., revista, atualizada e aumentada por Edvaldo Brito e Reginalda Paranhos de Brito. Rio de Janeiro: Forense, 2007. p. 29.

No *sistema francês*, adotado no Código de Napoleão, de 1804, a divisão do Direito Civil abrange pessoas, bens e modos de aquisição da propriedade. Nessa última parte são estabelecidas normas relativas a diversos temas, como sobre sucessões, obrigações, regimes matrimoniais, privilégios e prescrição. A crítica que se faz é sobre a falta de lógica na disposição das matérias[99].

O *sistema germânico*, com base na obra de Savigny, e adotado pelo Código Civil alemão (*Bürgerliches Gesetzbuch – BGB*), de 1900, divide o Direito Civil em duas Partes: a Geral e a Especial. Na Parte Geral são estabelecidas as normas comuns às diversas relações jurídicas. Na Parte Especial, a matéria é distribuída em Direito das Obrigações, Direito das Coisas, Direito de Família e Direito das Sucessões[100].

O *sistema italiano*, por sua vez, estabelece a divisão da matéria do Direito Civil em família, sucessões, propriedade e obrigações, seguindo-se com disposições sobre o trabalho e a tutela dos direitos, conforme o Código Civil da Itália, de 1942[101].

No Brasil, o Código Civil é considerado a "lei fundamental" do Direito Civil[102], tendo prevalecido o sistema alemão[103]. Desse modo, no Código Civil de 1916 havia a Parte Geral e a Parte Especial, sendo esta dividida em Direito de Família, Direito das Coisas, Direito das Obrigações e Direito das Sucessões.

---

99 GOMES, Orlando. *Introdução ao direito civil*. 19. ed., revista, atualizada e aumentada por Edvaldo Brito e Reginalda Paranhos de Brito. Rio de Janeiro: Forense, 2007. p. 29.

100 GOMES, Orlando. *Introdução ao direito civil*. 19. ed., revista, atualizada e aumentada por Edvaldo Brito e Reginalda Paranhos de Brito. Rio de Janeiro: Forense, 2007. p. 29.

101 GOMES, Orlando. *Introdução ao direito civil*. 19. ed., revista, atualizada e aumentada por Edvaldo Brito e Reginalda Paranhos de Brito. Rio de Janeiro: Forense, 2007. p. 30.

102 MONTEIRO, Washington de Barros; PINTO, Ana Cristina de Barros Monteiro França. *Curso de direito civil*: parte geral. 44. ed. São Paulo: Saraiva, 2012. v. 1. p. 18. Cf. ainda REALE, Miguel. *Lições preliminares de direito*. 18. ed. São Paulo: Saraiva, 1991. p. 354: "Costumamos dizer que o Código Civil é a *constituição do homem comum*, isto é, do que há de comum entre todos os homens. Na verdade, a Lei Civil não considera os seres humanos enquanto se diversificam por seus títulos de cultura, ou por sua categoria social, mas enquanto são pessoas garantidamente situadas, com direitos e deveres, na sua qualidade de esposo ou esposa, pai ou filho, credor ou devedor, alienante ou adquirente, proprietário ou possuidor, condômino ou vizinho, testador ou herdeiro etc." (destaques do original).

103 MONTEIRO, Washington de Barros; PINTO, Ana Cristina de Barros Monteiro França. *Curso de direito civil*: parte geral. 44. ed. São Paulo: Saraiva, 2012. v. 1. p. 65-66.

O Código Civil de 2002 manteve a presença da Parte Geral e da Parte Especial, contendo esta os seguintes Livros: Direito das Obrigações, Direito de Empresa, Direito das Coisas, Direito de Família e Direito das Sucessões. Há, por fim, um Livro Complementar, com disposições finais e transitórias. A Parte Geral estabelece normas pertinentes às pessoas, bens e fatos jurídicos, englobando negócios jurídicos, atos jurídicos lícitos, atos ilícitos, prescrição, decadência e prova[104].

1.7 CONCEITO DE DIREITO COMERCIAL (DIREITO EMPRESARIAL)

O Direito Comercial é considerado um desdobramento ou especialização do Direito Civil, fazendo parte do Direito Privado[105]. Em sua origem, era um Direito aplicado aos profissionais do comércio[106]. Nessa linha, anteriormente, entendia-se o Direito Comercial como o ramo do Direito que regulava os atos de comércio, bem como os direitos e obrigações das pessoas que os exercem profissionalmente. Os *atos de comércio* eram classificados em: atos de comércio por natureza (em que havia mediação com fim de lucro); atos de comércio por conexão (atos de natureza civil que se transformavam em comerciais quando praticados em razão de atividade mercantil); atos de comércio por força de lei (considerados comerciais por determinação legal, independentemente de sua natureza)[107].

Na atualidade, o Direito Comercial é o ramo do Direito que regula a *atividade empresarial*. Não mais prevalece, assim, a teoria do ato de comércio, por se tratar do ramo do Direito que regula a atividade econômica organizada para a produção ou a circulação de bens ou de serviços (art. 966 do Código Civil)[108].

---

[104] MONTEIRO, Washington de Barros; PINTO, Ana Cristina de Barros Monteiro França. *Curso de direito civil*: parte geral. 44. ed. São Paulo: Saraiva, 2012. v. 1. p. 66-70.

[105] REALE, Miguel. *Lições preliminares de direito*. 18. ed. São Paulo: Saraiva, 1991. p. 358.

[106] GOMES, Orlando. *Introdução ao direito civil*. 19. ed., revista, atualizada e aumentada por Edvaldo Brito e Reginalda Paranhos de Brito. Rio de Janeiro: Forense, 2007. p. 18.

[107] DINIZ, Maria Helena. *Compêndio de introdução à ciência do direito*. 19. ed. São Paulo: Saraiva, 2008. p. 274.

[108] DINIZ, Maria Helena. *Compêndio de introdução à ciência do direito*. 19. ed. São Paulo: Saraiva, 2008. p. 274.

O Direito Comercial, assim, disciplina a atividade econômica realizada mediante a organização dos fatores de produção (capital, trabalho, recursos naturais e materiais e conhecimento), com o fim de produção ou circulação das riquezas[109]. Por isso, o Direito Comercial, atualmente, também é denominado Direito Empresarial, tendo como objeto a disciplina da empresa, no sentido de atividade empresarial[110], exercida por empresário individual[111] ou sociedade empresária[112].

Essa orientação é adotada no Código Civil de 2002, o qual leva em consideração a denominada *teoria da empresa*[113], tendo revogado a Parte Primeira do Código Comercial (Lei 556, de 25 de junho de 1850)[114].

Compete privativamente à União legislar sobre Direito Comercial (art. 22, inciso I, da Constituição Federal de 1988).

1.8 CONCEITO DE DIREITO DO CONSUMIDOR

O Direito do Consumidor é o ramo do Direito que disciplina as relações de consumo, ou seja, as relações jurídicas entre consumidores e fornecedores, tendo como objeto produtos ou serviços[115].

---

[109] REALE, Miguel. *Lições preliminares de direito*. 18. ed. São Paulo: Saraiva, 1991. p. 358. Cf. ainda COELHO, Fábio Ulhoa. *Manual de direito comercial*. 16. ed. São Paulo: Saraiva, 2005. p. 4: "O *Direito Comercial* cuida do exercício dessa atividade econômica organizada de fornecimento de bens ou serviços, denominada *empresa*" (destaques do original).

[110] REQUIÃO, Rubens. *Curso de direito comercial*. 21. ed. São Paulo: Saraiva, 1993. v. 1. p. 57: "o conceito de empresa se firma na ideia de que ela é o *exercício de atividade produtiva*" (destaques do original).

[111] CORRENTI, Vincenzo. L´imprenditore. In: RESCIGNO, Pietro. *Trattato di diritto privato*: impresa e lavoro. Torino: Unione Tipografico-Editrice Torinese, 1986. t. I. v. 15. p. 169.

[112] FERNÁNDEZ, Raymundo L.; GÓMEZ LEO, Osvaldo R. *Tratado teórico-práctico de derecho comercial*. Reimpresión. Buenos Aires: Depalma, 1987. t. 1. p. 374.

[113] COELHO, Fábio Ulhoa. *Manual de direito comercial*. 16. ed. São Paulo: Saraiva, 2005. p. 8-11.

[114] GARCIA, Gustavo Filipe Barbosa. *Introdução ao estudo do direito*: teoria geral do direito. 7. ed. Salvador: Juspodivm, 2020. p. 204-206.

[115] NERY JUNIOR, Nelson. *Código brasileiro de defesa do consumidor*: comentado pelos autores do anteprojeto. 8. ed. Rio de Janeiro: Forense Universitária, 2005. p. 493: "Objeto de regulamentação pelo Código de Defesa do Consumidor é a *relação de consumo*, assim entendida a relação jurídica existente entre fornecedor e consumidor tendo como objeto a aquisição de produtos ou a utilização de serviços pelo consumidor" (destaques do original).

Cabe ao Estado promover, na forma da lei, a defesa do consumidor (art. 5º, inciso XXXII, da Constituição Federal de 1988). Além disso, a ordem econômica, fundada na valorização do trabalho humano e na livre iniciativa, tem por fim assegurar a todos existência digna, conforme os ditames da justiça social, observados, entre outros, o princípio da defesa do consumidor (art. 170, inciso V, da Constituição Federal de 1988)[116].

Nesse contexto, o Código de Defesa do Consumidor estabelece normas de proteção e defesa do consumidor, de ordem pública e interesse social (art. 1º da Lei 8.078/1990).

Saliente-se que o Direito do Consumidor tem como um dos seus princípios o reconhecimento da *vulnerabilidade* do consumidor no mercado de consumo (art. 4º, inciso I, da Lei 8.078/1990)[117]. Como o consumidor figura em posição de desvantagem perante os fornecedor, cabe ao mencionado ramo do Direito, com fundamento no princípio da igualdade material[118], estabelecer normas jurídicas de proteção, com o objetivo de equilibrar essa relação desigual[119].

O Código de Defesa do Consumidor, como "microssistema jurídico", tem caráter multidisciplinar, ao regular questões relativas, por exemplo, a Direito Civil, Direito Administrativo, Direito Penal e

---

Cf. ainda DE LUCCA, Newton. *Direito do consumidor*: teoria geral da relação jurídica de consumo. 2. ed. São Paulo: Quartier Latin, 2008. p. 108.

116 GARCIA, Gustavo Filipe Barbosa. *Introdução ao estudo do direito*: teoria geral do direito. 7. ed. Salvador: Juspodivm, 2020. p. 262-265.

117 FILOMENO, José Geraldo Brito. *Código brasileiro de defesa do consumidor*: comentado pelos autores do anteprojeto. 8. ed. Rio de Janeiro: Forense Universitária, 2005. p. 31: "O traço marcante da conceituação de 'consumidor', no nosso entender, está na perspectiva que se deve adotar, ou seja, no sentido de se o considerar como *vulnerável*" (destaques do original).

118 BARBOSA, Rui. *Oração aos moços*. São Paulo: Hedra, 2009. p. 47: "A regra da igualdade não consiste senão em aquinhoar desigualmente aos desiguais, na medida em que se desigualam. Nesta desigualdade social, proporcionada à desigualdade natural, é que se acha a verdadeira lei da igualdade. [...] Tratar com desigualdade a iguais, ou a desiguais com igualdade, seria desigualdade flagrante, e não igualdade real".

119 GRINOVER, Ada Pellegrini; BENJAMIN, Antônio Herman de Vasconcellos e. *Código brasileiro de defesa do consumidor*: comentado pelos autores do anteprojeto. 8. ed. Rio de Janeiro: Forense Universitária, 2005. p. 6-7. Cf. ainda LISBOA, Roberto Senise. *Responsabilidade civil nas relações de consumo*. 2. ed. São Paulo: RT, 2006. p. 95.

Direito Processual Civil[120]. Apesar disso, entende-se que o Direito do Consumidor integra o Direito Privado, pois disciplina relação entre particulares, ainda que as suas normas sejam consideradas de ordem pública[121].

A relação de consumo envolve, essencialmente, "duas partes bem definidas: de um lado, o adquirente de um produto ou serviço ('*consumidor*'), e, de outro lado, o fornecedor ou vendedor de um produto ou serviço ('*produtor/fornecedor*')"[122].

Consumidor é toda pessoa física ou jurídica que adquire ou utiliza produto ou serviço como destinatário final (art. 2º da Lei 8.078/1990). Equipara-se a consumidor a coletividade de pessoas, ainda que indetermináveis, que haja intervindo nas relações de consumo (art. 2º, parágrafo único, da Lei 8.078/1990).

Discute-se a respeito do alcance da expressão "destinatário final". Não se inclui na qualidade de consumidor aquele que adquire um bem para revendê-lo[123].

Segundo a "teoria finalista", mais restritiva, o consumidor, como destinatário final, seria apenas aquele que adquire o bem para uso próprio e de sua família, ou seja, sem fins profissionais[124].

Conforme a "teoria maximalista", o Direito do Consumidor aplica-se de forma mais ampla, abrangendo o mercado de consumo como um todo, sem se restringir apenas ao consumidor não profissional,

---

[120] FILOMENO, José Geraldo Brito. *Código brasileiro de defesa do consumidor*: comentado pelos autores do anteprojeto. 8. ed. Rio de Janeiro: Forense Universitária, 2005. p. 19-20.

[121] DINIZ, Maria Helena. *Compêndio de introdução à ciência do direito*. 19. ed. São Paulo: Saraiva, 2008. p. 257.

[122] FILOMENO, José Geraldo Brito. *Código brasileiro de defesa do consumidor*: comentado pelos autores do anteprojeto. 8. ed. Rio de Janeiro: Forense Universitária, 2005. p. 31 (destaques do original).

[123] NUNES, Rizzato. *Curso de direito do consumidor*. 3. ed. São Paulo: Saraiva, 2008. p. 73.

[124] MARQUES, Claudia Lima. *Contratos no Código de Defesa do Consumidor*: o novo regime das relações contratuais. 5. ed. São Paulo: RT, 2005. p. 304. Cf. ainda BITTAR, Carlos Alberto. *Direitos do consumidor*: código de defesa do consumidor. 4. ed. Rio de Janeiro: Forense Universitária, 1991. p. 25: "São abarcadas pelo regime do Código as relações com consumidores finais. Apartam-se, pois, de seu contexto, as operações referentes ao denominado 'consumo intermediário', ou seja, decorrentes de uso por empresas de bens ou de serviços para o próprio processo produtivo".

podendo ser consumidor mesmo aquele que adquire bem de produção para transformá-lo[125].

A posição intermediária, denominada "finalismo aprofundado", considerando a interpretação teleológica, defende ser possível reconhecer a qualidade de consumidor quando presente a vulnerabilidade, mesmo de uma pequena empresa ou de um profissional que adquiriu, por exemplo, um "produto fora de seu campo de especialidade"[126]. Trata-se do entendimento que prevalece na atualidade, sendo também conhecido como teoria "finalista mitigada"[127].

[125] MARQUES, Claudia Lima. *Contratos no Código de Defesa do Consumidor*: o novo regime das relações contratuais. 5. ed. São Paulo: RT, 2005. p. 304-305.

[126] MARQUES, Claudia Lima. *Contratos no Código de Defesa do Consumidor*: o novo regime das relações contratuais. 5. ed. São Paulo: RT, 2005. p. 304-305. Na jurisprudência: "1. A pessoa jurídica adquirente de um produto ou serviço pode ser equiparada à condição de consumidora (art. 29 do CDC), por ostentar, frente ao fornecedor, alguma vulnerabilidade que, frise-se, é o princípio-motor da política nacional das relações de consumo (art. 4º, I, do CDC). Aplicação temperada da teoria finalista frente às pessoas jurídicas, processo denominando pela doutrina como finalismo aprofundado – Precedentes" (STJ, 3ª T., AgRg no AREsp 735.249/SC, 2015/0156281-0, Rel. Min. Ricardo Villas Bôas Cueva, DJe 04.02.2016). "9. Conforme a jurisprudência deste Tribunal Superior, baseada na teoria finalista, 'a aplicação do Código de Defesa do Consumidor a relações estabelecidas entre pessoas jurídicas é possível nas hipóteses em que a empresa é destinatária final do produto, não o utilizando como insumo de produção e, ainda, caso verificada extrema vulnerabilidade da pessoa moral contratante' (AgRg no AREsp 768.033/SP, Rel. Ministro Marco Buzzi, Quarta Turma, julgado em 16/10/2018, DJe 23/10/2018)" (STJ, 3ª T., AgInt no AREsp 1.611.588/SP, 2019/0325878-0, Rel. Min. Marco Aurélio Bellizze, DJe 01.09.2020). "1. A Segunda Seção desta Corte consolidou a aplicação da teoria subjetiva (ou finalista) para a interpretação do conceito de consumidor. No entanto, em situações excepcionais, esta Corte tem mitigado os rigores da teoria finalista para autorizar a incidência do CDC nas hipóteses em que a parte (pessoa física ou jurídica), embora não seja propriamente a destinatária final do produto ou do serviço, apresenta-se em situação de vulnerabilidade ou submetida a prática abusiva" (STJ, 4ª T., AgRg no AREsp 415.244/SC, 2013/0344317-5, Rel. Min. Antonio Carlos Ferreira, DJe 19.05.2015).

[127] "1. Nos termos da jurisprudência do Superior Tribunal de Justiça, o Código de Defesa do Consumidor não se aplica no caso em que o produto ou serviço é contratado para implementação de atividade econômica, já que não estaria configurado o destinatário final da relação de consumo (teoria finalista ou subjetiva). Contudo, tem admitido o abrandamento da regra quando ficar demonstrada a condição de hipossuficiência técnica, jurídica ou econômica da pessoa jurídica, autorizando, excepcionalmente, a aplicação das normas do CDC (teoria finalista mitigada)" (STJ, 4ª T., AgInt no AREsp 1.545.508/RJ, 2019/0209780-9, Rel. Min. Luis Felipe Salomão, DJe 18.02.2020). "6. A determinação da qualidade de consumidor deve, em regra, ser feita mediante aplicação da teoria finalista. Somente em situações excepcionais essa teoria pode ser mitigada, para autorizar a incidência do CDC nas hipóteses em que a parte, embora não seja a destinatária final

Esclareça-se que a vulnerabilidade pode ser técnica (ausência de conhecimentos específicos sobre o bem adquirido), jurídica (ausência de conhecimentos jurídicos), fática (socioeconômica) ou informacional (ausência de informações sobre o bem adquirido)[128].

Fornecedor é toda pessoa física ou jurídica, pública ou privada, nacional ou estrangeira, bem como os entes despersonalizados, que desenvolvem atividade de produção, montagem, criação, construção, transformação, importação, exportação, distribuição ou comercialização de produtos ou prestação de serviços (art. 3º da Lei 8.078/1990).

Como leciona José Geraldo Brito Filomeno, consideram-se fornecedores "todos quantos propiciem a oferta de produtos e serviços no mercado de consumo, de maneira a atender às necessidades dos consumidores, sendo despiciendo indagar-se a que título". Logo, fornecedor "é qualquer *pessoa física*, ou seja, qualquer um que, a título singular, mediante desempenho de atividade mercantil ou civil e de forma habitual, ofereça no mercado produtos ou serviços, e a *jurídica*, da mesma forma, mas em associação mercantil ou civil e de forma habitual"[129]. Quanto ao consumidor, "não dispondo, por si só, de controle sobre a produção de bens de consumo ou prestação de serviços que lhe são destinados, arrisca-se a submeter-se ao poder e condições dos produtores daqueles mesmos bens e serviços"[130].

---

do produto ou serviço, apresenta-se em situação de vulnerabilidade (técnica, jurídica, fática ou informacional) – teoria finalista mitigada. Precedentes" (STJ, 4ª T., AgInt nos EDcl no AREsp 615.888/SP, 2014/0293505-0, Rel. Min. Antonio Carlos Ferreira, DJe 22.09.2020). "2. A jurisprudência do STJ firmou o entendimento no sentido de que, em situações excepcionais, é possível a mitigação dos rigores da teoria finalista para autorizar a incidência do Código de Defesa do Consumidor, nas hipóteses em que a parte (pessoa física ou jurídica), embora não seja propriamente a destinatária final do produto ou serviço, se apresenta em situação de vulnerabilidade ou submetida a prática abusiva, atraindo a incidência da equiparação tratada no art. 29 do Código de Defesa do Consumidor" (STJ, 4ª T., AgInt no AREsp 383.168/RJ, 2013/0265432-0, Rel. Min. Maria Isabel Gallotti, DJe 02.10.2019).

[128] MARQUES, Claudia Lima. *Contratos no Código de Defesa do Consumidor*: o novo regime das relações contratuais. 5. ed. São Paulo: RT, 2005. p. 320-334.

[129] FILOMENO, José Geraldo Brito. *Código brasileiro de defesa do consumidor*: comentado pelos autores do anteprojeto. 8. ed. Rio de Janeiro: Forense Universitária, 2005. p. 43 (destaques do original).

[130] FILOMENO, José Geraldo Brito. *Código brasileiro de defesa do consumidor*: comentado pelos autores do anteprojeto. 8. ed. Rio de Janeiro: Forense Universitária, 2005. p. 31.

Produto é qualquer bem, móvel ou imóvel, material ou imaterial (art. 3º, § 1º, da Lei 8.078/1990). Serviço é qualquer atividade fornecida no mercado de consumo, mediante remuneração, inclusive as de natureza bancária, financeira, de crédito e securitária, salvo as decorrentes das relações de caráter trabalhista (art. 3º, § 2º, da Lei 8.078/1990).

Como esclarece a Súmula 297 do STJ: "O Código de Defesa do Consumidor é aplicável às instituições financeiras".

De acordo com a Súmula 608 do STJ: "Aplica-se o Código de Defesa do Consumidor aos contratos de plano de saúde, salvo os administrados por entidades de autogestão".

Nos termos da Súmula 602 do STJ: "O Código de Defesa do Consumidor é aplicável aos empreendimentos habitacionais promovidos pelas sociedades cooperativas".

Segundo dispõe a Súmula 563 do STJ: "O Código de Defesa do Consumidor é aplicável às entidades abertas de previdência complementar, não incidindo nos contratos previdenciários celebrados com entidades fechadas".

Os direitos previstos no Código de Defesa do Consumidor não excluem outros decorrentes de tratados ou convenções internacionais de que o Brasil seja signatário, da legislação interna ordinária, de regulamentos expedidos pelas autoridades administrativas competentes, bem como dos que derivem dos princípios gerais do direito, analogia, costumes e equidade (art. 7º da Lei 8.078/1990). Tendo mais de um autor a ofensa, todos respondem solidariamente pela reparação dos danos previstos nas normas de consumo.

Compete à União, aos Estados e ao Distrito Federal legislar concorrentemente sobre produção e consumo (art. 24, inciso V, da Constituição Federal de 1988) e sobre responsabilidade por dano ao consumidor (art. 24, inciso VIII, da Constituição Federal de 1988)[131].

---

[131] "3. Entendimento recente desta Suprema Corte no sentido de conferir uma maior ênfase na competência legislativa concorrente dos Estados quando o assunto gira em torno da defesa do consumidor (ADI 5.745, Rel. Alexandre de Moraes, Red. p/ acórdão: Min. Edson Fachin, julgado em 7/2/2019)" (STF, Pleno, ADI 5.939/PE, Rel. Min. Alexandre de Moraes, DJe 06.08.2020). "3. Direito do consumidor. Competência concorrente. Compete à União, aos Estados e ao Distrito Federal legislar concorrentemente sobre direitos do consumidor. Pre-

No âmbito da legislação concorrente, a competência da União limitar-se-á a estabelecer normas gerais (art. 24, § 1º, da Constituição da República)[132]. A competência da União para legislar sobre normas gerais não exclui a competência suplementar dos Estados (art. 24, § 2º, da Constituição Federal de 1988)[133].

1.9 CONCEITO DE DIREITO DO TRABALHO

O Direito do Trabalho é considerado uma especialização do Direito Civil, tendo adquirido autonomia científica. O contrato de trabalho passou a se distinguir do contrato de locação de serviços, dando origem à relação de emprego, em que o trabalho é prestado por pessoa natural, mediante pessoalidade, subordinação, não eventualidade e onerosidade[134].

O Direito do Trabalho é o ramo do Direito que disciplina a relação de emprego e outras relações de trabalho semelhantes. Compõe-se de normas jurídicas, que abrangem as regras e os princípios, além de instituições, como entes organizados que criam e aplicam os referidos

cedentes" (STF, 2ª T., AgR-ARE 883.165/RJ, Rel. Min. Gilmar Mendes, DJe 03.09.2019). "Compete à União, aos Estados e ao Distrito Federal legislar concorrentemente sobre direitos do consumidor. Esta Suprema Corte admite a competência dos municípios para legislar sobre direito do consumidor, desde que inserida a matéria no campo do interesse local. Precedentes" (STF, 1ª T., AgR-RE 1.173.617/RJ, Rel. Min. Rosa Weber, DJe 23.04.2019).

132 "I – É inconstitucional lei estadual, distrital ou municipal, que verse sobre normas gerais de defesa do consumidor, por ofender o art. 24, VIII e § 1º, do texto constitucional. II – A lei não pode estabelecer diferenças nos serviços de cadastro de dados de proteção ao crédito que não sejam compatíveis com o Código de Defesa do Consumidor (norma geral)" (STF, Pleno, ADI 3.623/DF, Rel. Min. Ricardo Lewandowski, DJe 04.11.2019). "3. Competência privativa da União para legislar sobre normas gerais de proteção ao consumidor. Violação ao art. 24, V e § 1º, da Constituição" (STF, Pleno, ADI 5.174/RJ, Rel. Min. Gilmar Mendes, DJe 28.11.2019).

133 "3. Cabe ao intérprete priorizar o fortalecimento das autonomias regionais e locais e o respeito às suas diversidades como pontos caracterizadores e asseguradores do convívio no Estado Federal, que garantam o imprescindível equilíbrio federativo. 4. A Constituição Federal, no tocante à proteção e à defesa do consumidor, estabelece competência concorrente entre a União, os Estados-Membros e o Distrito Federal. Cabe àquela editar normas gerais, e, a estes, legislar de forma supletiva ou complementar (art. 24, §§ 1º e 2º, da CF)" (STF, Pleno, ADI 5.462/RJ, Rel. Min. Alexandre de Moraes, DJe 29.10.2018).

134 GOMES, Orlando. *Introdução ao direito civil*. 19. ed., revista, atualizada e aumentada por Edvaldo Brito e Reginalda Paranhos de Brito. Rio de Janeiro: Forense, 2007. p. 22.

preceitos, com destaque ao Estado e às organizações profissionais e econômicas (entidades sindicais)[135].

Entende-se que o Direito do Trabalho faz parte do Direito Privado, pois regula, de forma preponderante, os interesses particulares dos sujeitos da relação trabalhista, nas esferas individual e coletiva, o que não se altera em razão da presença de normas imperativas[136].

O Direito do Trabalho tem como principais setores ou partes o Direito Individual do Trabalho e o Direito Coletivo do Trabalho. O primeiro versa sobre a relação individual de emprego e outras relações de trabalho semelhantes, como o trabalho avulso (art. 7º, inciso XXXIV, da Constituição Federal de 1988). O segundo dispõe sobre as relações coletivas de trabalho, nos aspectos relativos à organização sindical, negociação coletiva e instrumentos normativos decorrentes, representação dos trabalhadores na empresa, conflitos coletivos e greve[137].

Compete privativamente à União legislar sobre Direito do Trabalho (art. 22, inciso I, da Constituição Federal de 1988). A Consolidação das Leis do Trabalho foi aprovada pelo Decreto-Lei 5.452/1943.

1.10 NORMAS DE DIREITO CIVIL

No Direito Civil, há normas jurídicas inderrogáveis, que não podem ser modificadas pelas partes, denominadas cogentes ou imperativas, as quais integram a ordem pública e são de interesse geral, coletivo ou social. Como exemplo, podem ser mencionadas as previsões legais sobre personalidade civil, casamento, filiação e sucessão hereditária. As disposições que contrariem as normas de ordem pública são consideradas nulas de forma absoluta[138].

---

[135] GARCIA, Gustavo Filipe Barbosa. *Curso de direito do trabalho*. 15. ed. São Paulo: Saraiva, 2020. p. 42.

[136] GOMES, Orlando. *Introdução ao direito civil*. 19. ed., revista, atualizada e aumentada por Edvaldo Brito e Reginalda Paranhos de Brito. Rio de Janeiro: Forense, 2007. p. 22-23. Cf. ainda DINIZ, Maria Helena. *Compêndio de introdução à ciência do direito*. 19. ed. São Paulo: Saraiva, 2008. p. 275.

[137] NASCIMENTO, Amauri Mascaro. *Curso de direito do trabalho*. 26. ed. São Paulo: Saraiva, 2011. p. 371-373.

[138] MONTEIRO, Washington de Barros; PINTO, Ana Cristina de Barros Monteiro França. *Curso de direito civil*: parte geral. 44. ed. São Paulo: Saraiva, 2012. v. 1. p. 19.

Ainda no Direito Civil, há normas dispositivas, que podem ser modificadas, ou seja, derrogadas pelas partes, pois dizem respeito a interesse individual ou particular. Como exemplo, há previsões legais relativas a obrigações e contratos em que as partes podem convencionar diversamente, prevalecendo a autonomia privada e a vontade dos interessados[139]. As normas supletivas, assim, incidem apenas se as partes não tiverem convencionado de forma diversa, de modo que suprem a ausência de manifestação de vontade dos interessados[140].

1.11 PRINCÍPIOS DO DIREITO CIVIL

Os princípios são as "verdades fundantes" de um sistema de conhecimento[141]. Os princípios jurídicos, assim, são os *alicerces,* ou seja, a *essência* e os *fundamentos* do Direito.

Há princípios expressamente previstos, como o princípio da igualdade, enquanto outros estão implícitos no ordenamento jurídico. Quanto à amplitude, há princípios gerais e princípios de ramos do Direito.

Quando a lei for omissa, o juiz deve decidir de acordo com a analogia, os costumes e os *princípios gerais de direito* (art. 4º da Lei de Introdução às Normas do Direito Brasileiro). Ao aplicar o ordenamento jurídico, o juiz deve atender aos fins sociais e às exigências do bem comum, resguardando e promovendo a dignidade da pessoa humana e observando a proporcionalidade, a razoabilidade, a legalidade, a publicidade e a eficiência (art. 8º do CPC). Têm-se, no caso, mandamentos com natureza de princípios jurídicos.

De acordo com Miguel Reale, "princípios gerais de direito são enunciações normativas de valor genérico, que condicionam e orientam a compreensão do ordenamento jurídico, quer para a sua aplicação e integração, quer para a elaboração de novas normas"[142].

---

139 MONTEIRO, Washington de Barros; PINTO, Ana Cristina de Barros Monteiro França. *Curso de direito civil*: parte geral. 44. ed. São Paulo: Saraiva, 2012. v. 1. p. 19.

140 RODRIGUES, Silvio. *Direito civil*: parte geral. 34. ed. São Paulo: Saraiva, 2003. v. 1. p. 8-9.

141 REALE, Miguel. *Lições preliminares de direito*. 18. ed. São Paulo: Saraiva, 1991. p. 299.

142 REALE, Miguel. *Lições preliminares de direito*. 18. ed. São Paulo: Saraiva, 1991. p. 300.

A função dos princípios não se restringe à integração de lacunas da lei, pois também servem de inspiração ao legislador e norteiam a interpretação das demais normas jurídicas[143]. Os princípios, assim, orientam a interpretação e a aplicação das regras jurídicas.

Uma das funções dos princípios é a de integração do ordenamento jurídico. Observada a ausência de disposição específica para regular o caso, pode-se recorrer aos princípios gerais de direito, "tradicionalmente conhecidos por analogia *iuris*"[144].

A concepção atual é no sentido de que os princípios jurídicos não têm como função apenas suprir as lacunas da lei, mas também possuem eficácia normativa direta, podendo ser aplicados pelo juiz, nas decisões dos casos concretos, juntamente com as regras legais.

Outra função dos princípios é a de interpretação, orientando o juiz e o aplicador ou intérprete das normas jurídicas quanto ao seu real sentido e alcance. Os princípios exercem, ainda, a função inspiradora do legislador, em sua atividade de elaboração de novas disposições normativas.

Prevalece o entendimento de que os princípios fazem parte do ordenamento jurídico, tendo natureza normativa. Nesse enfoque, as normas jurídicas, como gênero, podem ser de duas espécies, quais sejam, regras e princípios[145].

Enquanto a regra jurídica rege certos atos ou fatos, os princípios comportam uma série indefinida de aplicações[146]. Os princípios são determinações jurídicas normalmente dotadas por maior generalidade.

Conforme Robert Alexy, tanto as regras como os princípios são normas, uma vez que dizem o que *deve ser*, ou seja, ambos podem ser formulados como mandamentos, permissões ou proibições. Nesse enfo-

---

143 REALE, Miguel. *Lições preliminares de direito*. 18. ed. São Paulo: Saraiva, 1991. p. 300.

144 BOBBIO, Norberto. *Teoria do ordenamento jurídico*. 10. ed. Tradução de Maria Celeste Cordeiro Leite dos Santos. Revisão técnica de Claudio De Cicco. Brasília: Universidade de Brasília, 1997. p. 156.

145 GRAU, Eros Roberto. *A ordem econômica na Constituição de 1988*. 3. ed. São Paulo: Malheiros, 1997. p. 76: "um sistema ou ordenamento jurídico não será jamais integrado exclusivamente por regras. Nele se compõem, também, os princípios jurídicos ou princípios de direito".

146 BONAVIDES, Paulo. *Curso de direito constitucional*. 18. ed. São Paulo: Malheiros, 2006. p. 267.

que, os princípios são "mandamentos de otimização", ou seja, normas que podem ser satisfeitas em distintos graus, conforme as possibilidades fáticas e jurídicas. As regras, por sua vez, são normas que podem, sempre, ser cumpridas ou não. Logo, se uma regra é válida, deve-se fazer exatamente o que ela determina. Ademais, o conflito entre regras é resolvido somente se uma cláusula de exceção for introduzida em uma delas, ou se uma das regras for declarada inválida. Na solução de colisão de princípios, diversamente, um dos princípios deve ceder, mas isso não significa que ele seja declarado nulo, nem que uma cláusula de exceção seja nele introduzida. Desse modo, os princípios apresentam "peso" distinto nos casos concretos, prevalecendo aquele de maior peso em cada situação concreta[147].

Ainda no sentido de que os princípios são normas jurídicas, Ronald Dworkin esclarece que as regras são aplicáveis "à maneira de tudo ou nada": se ocorrerem os fatos estipulados na regra válida ela deve ser aplicada; se isso não ocorrer, a regra não contribui em nada para a decisão. Diferentemente, os princípios possuem a "dimensão de peso, ou importância ou valor". Desse modo, se um princípio, aplicável a certo caso, não prevalecer, isso não obsta que, em outras circunstâncias, o mesmo princípio seja utilizado[148].

Confirma-se, assim, que *os princípios têm natureza normativa*, não se tratando de enunciados meramente morais. Isso é demonstrado ao se observar que dos princípios são extraídas outras normas. Os princípios, ademais, também exercem a função de reguladores das relações sociais, tal como as demais normas jurídicas[149].

O Direito Civil, segundo leciona Miguel Reale, apresenta os seguintes princípios essenciais: princípio da *personalidade* (no sentido de que toda pessoa é sujeito de direitos e deveres); princípio da *au-*

---

[147] ALEXY, Robert. *Teoria dos direitos fundamentais*. Tradução de Virgílio Afonso da Silva. São Paulo: Malheiros, 2008. p. 87-94.

[148] BONAVIDES, Paulo. *Curso de direito constitucional*. 18. ed. São Paulo: Malheiros, 2006. p. 281-282. Cf. ainda DWORKIN, Ronald. *Levando os direitos a sério*. 2. ed. Tradução de Nelson Boeira. São Paulo: Martins Fontes, 2007. p. 39-43.

[149] BOBBIO, Norberto. *Teoria do ordenamento jurídico*. 10. ed. Tradução de Maria Celeste Cordeiro Leite dos Santos. Revisão técnica de Claudio De Cicco. Brasília: Universidade de Brasília, 1997. p. 158-159.

tonomia da vontade (ao reconhecer a capacidade jurídica das pessoas de praticar certos atos, ou deles se abster); princípio da *liberdade de estipulação negocial* (reconhecimento do poder de estabelecer relações jurídicas e firmar negócios jurídicos); princípio da *propriedade privada* (possibilidade de a pessoa ser titular de bens móveis e imóveis, que passam a integrar o seu patrimônio jurídico); princípio da *intangibilidade familiar* (proteção das relações de família constituídas pelos indivíduos); princípios da *legitimidade da herança* e do *direito de testar* (poder das pessoas de transmissão dos seus bens a herdeiros); princípio da *solidariedade social* (pertinente à função social dos direitos civis, da propriedade e dos negócios jurídicos), que representa a superação da concepção individualista, alcançando a "socialização" e a "humanização" do Direito Civil[150].

Nesse contexto, na atualidade, a propriedade deve atender a sua função social (art. 5º, inciso XXIII, da Constituição Federal de 1988). Desse modo, o exercício do direito de propriedade deve ser harmonizar com o bem comum, não se admitindo abusos[151].

Na mesma linha, a liberdade contratual deve ser exercida nos limites da função social do contrato (art. 421 do Código Civil, com redação dada pela Lei 13.874/2019). O contrato, como resultado do exercício da autonomia privada, deve observar os preceitos de interesse social, em consonância com os princípios de probidade e boa-fé (art. 422 do Código Civil), não se admitindo condutas abusivas[152].

---

[150] REALE, Miguel. *Lições preliminares de direito*. 18. ed. São Paulo: Saraiva, 1991. p. 355-356.

[151] GOMES, Orlando. *Introdução ao direito civil*. 19. ed., revista, atualizada e aumentada por Edvaldo Brito e Reginalda Paranhos de Brito. Rio de Janeiro: Forense, 2007. p. 68-69.

[152] "1. O princípio do pacta sunt servanda, embora temperado pela necessidade de observância da função social do contrato, da probidade e da boa-fé, em seu prisma objetivo, ainda continua plenamente válido em nosso ordenamento jurídico. Assim, têm os contratantes plena liberdade de pactuar normas a gerarem efeitos entre si, desde que estas não venham a ofender interesses sociais previstos na Constituição" (STJ, 3ª Seção, EDcl nos EREsp 791.077/SP, 2006/0092405-8, Rel. Min. Arnaldo Esteves Lima, DJe 21.08.2008). "A função social apresenta-se hodiernamente como um dos pilares da teoria contratual. É um princípio determinante e fundamental que, tendo origem na valoração da dignidade humana (art. 1º da CF), deve determinar a ordem econômica e jurídica, permitindo uma visão mais humanista dos contratos que deixou de ser apenas um meio para obtenção de lucro" (STJ, 1ª T., AgRg no REsp 1.270.314/RS, 2011/0185942-2, Rel. Min. Napoleão Nunes Maia Filho, DJe 13.03.2014).

1.12 FONTES DO DIREITO CIVIL

Em sentido amplo, as fontes do Direito são os meios pelos quais as normas jurídicas são formadas ou estabelecidas[153].

As fontes do Direito podem ainda ser entendidas como os "processos de produção de normas jurídicas", os quais "pressupõem sempre uma estrutura de poder"[154]. A gênese da norma jurídica, nesse sentido, ocorre em razão de um centro de poder, o qual produz a norma jurídica tendo em vista um complexo de fatos e valores[155].

É possível classificar as fontes do Direito em materiais e formais[156].

As fontes materiais do Direito são os acontecimentos históricos, sociológicos, econômicos e políticos que dão origem às normas jurídicas. Envolvem, assim, os fatores reais que condicionam o surgimento da norma jurídica[157], ou seja, as razões sociais, históricas, econômicas e políticas que influenciaram a criação das normas de Direito[158].

As fontes formais são as formas de expressão do Direito[159] ou os modos de manifestação das normas jurídicas[160], isto é, os meios de sua exteriorização[161].

As principais fontes formais do Direito Civil são a Constituição, as leis, os costumes e a jurisprudência.

---

153 MONTEIRO, Washington de Barros; PINTO, Ana Cristina de Barros Monteiro França. *Curso de direito civil*: parte geral. 44. ed. São Paulo: Saraiva, 2012. v. 1. p. 21.

154 REALE, Miguel. *Lições preliminares de direito*. 18. ed. São Paulo: Saraiva, 1991. p. 139.

155 REALE, Miguel. *Lições preliminares de direito*. 18. ed. São Paulo: Saraiva, 1991. p. 141.

156 GAGLIANO, Pablo Stolze; PAMPLONA FILHO, Rodolfo. *Novo curso de direito civil*: parte geral. 6. ed. São Paulo: Saraiva, 2005. v. 1. p. 11-12.

157 DINIZ, Maria Helena. *Compêndio de introdução à ciência do direito*. 19. ed. São Paulo: Saraiva, 2008. p. 283.

158 KÜMPEL, Vitor Frederico. *Introdução ao estudo do direito*. São Paulo: Método, 2007. p. 59.

159 GOMES, Orlando. *Introdução ao direito civil*. 19. ed., revista, atualizada e aumentada por Edvaldo Brito e Reginalda Paranhos de Brito. Rio de Janeiro: Forense, 2007. p. 37.

160 DINIZ, Maria Helena. *Compêndio de introdução à ciência do direito*. 19. ed. São Paulo: Saraiva, 2008. p. 285.

161 KÜMPEL, Vitor Frederico. *Introdução ao estudo do direito*. São Paulo: Método, 2007. p. 59.

A Constituição, como norma jurídica fundamental[162], além de estabelecer a organização do Estado, os limites do exercício do poder e a garantia dos direitos fundamentais[163], versa sobre temas que dizem respeito ao Direito Civil, como propriedade (art. 5º, incisos XXII e XXIII, da Constituição Federal de 1988), família (arts. 226 a 230 da Constituição da República) e herança (art. 5º, inciso XXX, da Constituição Federal de 1988)[164].

Nesse sentido, o Direito Constitucional é o "cerne do Direito Público interno, já que seu objeto é a própria organização básica do Estado, e, mais que isso, o alicerce sobre o qual se ergue o próprio Direito Privado"[165].

Cabe registrar a posição que enfatiza o Direito Civil Constitucional, ao defender que na interpretação das normas do Código Civil merecem destaque os princípios constitucionais e os direitos fundamentais, incidentes também nas relações privadas, gerando a "constitucionalização" do Direito Privado[166].

As leis, como normas jurídicas estabelecidas pelo Estado, preveem de forma obrigatória e coercitiva o "dever ser", ou seja, aquilo que deve ser observado nas relações sociais. Logo, são preceitos ou comandos produzidos pelos poderes competentes, por meio do processo legislativo, no qual participam, em regra, o Poder Legislativo (discussão e votação do projeto de lei) e o Poder Executivo (sanção, promulgação e publicação da lei)[167].

---

162 MORAES, Alexandre de. *Direito constitucional*. 27. ed. São Paulo: Atlas, 2011. p. 6.

163 SILVA, José Afonso da. *Curso de direito constitucional positivo*. 10. ed. São Paulo: Malheiros, 1995. p. 38.

164 FERREIRA FILHO, Manoel Gonçalves. *Curso de direito constitucional*. 22. ed. São Paulo: Saraiva, 1995. p. 16: "O Direito Civil, entre nós, por exemplo, recebe da Constituição as normas fundamentais sobre a propriedade e sobre a família".

165 FERREIRA FILHO, Manoel Gonçalves. *Curso de direito constitucional*. 22. ed. São Paulo: Saraiva, 1995. p. 16.

166 PEREIRA, Caio Mário da Silva. *Instituições de direito civil*: introdução ao direito civil; teoria geral de direito civil. 21. ed., revista e atualizada por Maria Celina Bodin de Moraes. Rio de Janeiro: Forense, 2006. p. 23.

167 MONTEIRO, Washington de Barros; PINTO, Ana Cristina de Barros Monteiro França. *Curso de direito civil*: parte geral. 44. ed. São Paulo: Saraiva, 2012. v. 1. p. 22-23.

Sanção é o ato de concordância do chefe do Poder Executivo com o projeto de lei aprovado pelo Poder Legislativo e o veto é o ato de discordância. Promulgação é o ato pelo qual o chefe do Poder Executivo atesta a existência da lei. Publicação é o ato que torna a lei conhecida e obrigatória[168].

Em consonância com o princípio da legalidade, ninguém será obrigado a fazer ou deixar de fazer alguma coisa senão em virtude de lei (art. 5º, inciso II, da Constituição da República).

Nesse contexto, compete privativamente à União legislar sobre Direito Civil (art. 22, inciso I, da Constituição Federal de 1988).

O descumprimento da lei acarreta ou permite a imposição da sanção, como forma de obrigar ou constranger a pessoa a observar a determinação legal ou de reparar a sua violação[169].

As leis materiais regem as relações substanciais das pessoas na vida em sociedade, como é o caso do Direito Civil. As leis processuais, por seu turno, disciplinam o processo judicial, como instrumento da jurisdição para pacificação dos conflitos sociais, como se verifica no Direito Processual Civil.

Na República Federativa do Brasil, os entes políticos (ou entes da Federação) são a União, os Estados, o Distrito Federal e os Municípios. Sendo assim, conforme a origem e o âmbito, as leis podem ser federais, estaduais, distritais (do Distrito Federal) e municipais[170].

---

[168] MONTEIRO, Washington de Barros; PINTO, Ana Cristina de Barros Monteiro França. *Curso de direito civil*: parte geral. 44. ed. São Paulo: Saraiva, 2012. v. 1. p. 23.

[169] MONTEIRO, Washington de Barros; PINTO, Ana Cristina de Barros Monteiro França. *Curso de direito civil*: parte geral. 44. ed. São Paulo: Saraiva, 2012. v. 1. p. 23.

[170] "As regras de distribuição de competências legislativas são alicerces do federalismo e consagram a fórmula de divisão de centros de poder em um Estado de Direito. Princípio da predominância do interesse. 2. A Constituição Federal de 1988, presumindo de forma absoluta para algumas matérias a presença do princípio da predominância do interesse, estabeleceu, *a priori*, diversas competências para cada um dos entes federativos, União, Estados-Membros, Distrito Federal e Municípios, e, a partir dessas opções, pode ora acentuar maior centralização de poder, principalmente na própria União (CF, art. 22), ora permitir uma maior descentralização nos Estados-Membros e nos Municípios (CF, arts. 24 e 30, inciso I)" (STF, Pleno, ADI 5.939/PE, Rel. Min. Alexandre de Moraes, DJe 06.08.2020).

Compete privativamente à União legislar sobre as matérias previstas no art. 22 da Constituição Federal de 1988. Entretanto, lei complementar pode autorizar os Estados a legislar sobre questões específicas dessas matérias.

Compete à União, aos Estados e ao Distrito Federal legislar concorrentemente sobre as matérias previstas no art. 24 da Constituição da República. No âmbito da legislação concorrente, a competência da União deve se limitar a estabelecer normas gerais. Essa competência da União para legislar sobre normas gerais não exclui a competência suplementar dos Estados.

São reservadas aos Estados as competências que não lhes sejam vedadas pela Constituição da República (art. 25, § 1º), ou seja, as competências remanescentes, que não sejam da União e dos Municípios.

Compete aos Municípios legislar sobre assuntos de interesse local e suplementar a legislação federal e a estadual no que couber (art. 30, incisos I e II, da Constituição Federal de 1988). A respeito do tema, conforme a Súmula Vinculante 38 do STF: "É competente o Município para fixar o horário de funcionamento de estabelecimento comercial".

As leis podem ser classificadas, quanto aos destinatários, em gerais (como o Código Civil), especiais (como a Lei 8.245/1991, que dispõe sobre as locações dos imóveis urbanos) e individuais (como a lei que concede indenização ou pensão a determinada pessoa)[171].

Quanto aos efeitos, as leis são imperativas (impõem), proibitivas (proíbem), facultativas (permitem) e punitivas (punem)[172].

Em sistemas de Constituição rígida, em que a sua modificação exige maior rigor formal e procedimental[173], como é o caso do Brasil (art. 60 da Constituição Federal de 1988), as leis inconstitucionais, ou seja, em desacordo com a Constituição, são consideradas inválidas.

---

[171] MONTEIRO, Washington de Barros; PINTO, Ana Cristina de Barros Monteiro França. *Curso de direito civil*: parte geral. 44. ed. São Paulo: Saraiva, 2012. v. 1. p. 25.

[172] MONTEIRO, Washington de Barros; PINTO, Ana Cristina de Barros Monteiro França. *Curso de direito civil*: parte geral. 44. ed. São Paulo: Saraiva, 2012. v. 1. p. 25.

[173] FERREIRA FILHO, Manoel Gonçalves. *Curso de direito constitucional*. 22. ed. São Paulo: Saraiva, 1995. p. 12.

Em relação à possibilidade de derrogação pelas partes, as leis são imperativas (impositivas ou cogentes), que não podem ser modificadas pela vontade, e dispositivas (facultativas), que admitem a modificação pelos interessados[174].

Em caso de relevância e urgência, o Presidente da República pode adotar medidas provisórias, com força de lei, devendo submetê-las de imediato ao Congresso Nacional (art. 62 da Constituição Federal de 1988, com redação dada pela Emenda Constitucional 32/2001)[175].

É vedada a edição de medidas provisórias sobre matéria: I – relativa a: a) nacionalidade, cidadania, direitos políticos, partidos políticos e direito eleitoral; b) Direito Penal, Processual Penal e Processual Civil; c) organização do Poder Judiciário e do Ministério Público, a carreira e a garantia de seus membros; d) planos plurianuais, diretrizes orçamentárias, orçamento e créditos adicionais e suplementares, ressalvado o previsto no art. 167, § 3º, da Constituição da República (sobre abertura de crédito extraordinário, que somente será admitida para atender a despesas imprevisíveis e urgentes, como as decorrentes de guerra, comoção interna ou calamidade pública); II – que vise a detenção ou sequestro de bens, de poupança popular ou qualquer outro ativo financeiro; III – reservada a lei complementar; IV – já disciplinada em projeto de lei aprovado pelo Congresso Nacional e pendente de sanção ou veto do Presidente da República (art. 62, § 1º, da Constituição Federal de 1988).

Os decretos e regulamentos são atos do Poder Executivo que têm como objetivo a fiel execução das leis (art. 84, inciso IV, da Constituição da República)[176].

Além disso, compete privativamente ao Presidente da República dispor, mediante decreto, sobre: organização e funcionamento da admi-

---

[174] MONTEIRO, Washington de Barros; PINTO, Ana Cristina de Barros Monteiro França. *Curso de direito civil*: parte geral. 44. ed. São Paulo: Saraiva, 2012. v. 1. p. 25.

[175] NICOLAU, Gustavo Rene. *Medidas provisórias*: o executivo que legisla. São Paulo: Atlas, 2009. p. 119.

[176] GOMES, Orlando. *Introdução ao direito civil*. 19. ed., revista, atualizada e aumentada por Edvaldo Brito e Reginalda Paranhos de Brito. Rio de Janeiro: Forense, 2007. p. 38: "Decreto é o ato do Poder Executivo a fim de prover situações previstas na lei, para explicitá-la e lhe dar execução".

nistração federal, quando não implicar aumento de despesa nem criação ou extinção de órgãos públicos; extinção de funções ou cargos públicos, quando vagos (art. 84, inciso VI, da Constituição Federal de 1988).

Tendo em vista o princípio da legalidade, os decretos e atos normativos de hierarquia inferior à lei não podem contrariar as previsões legais, mas sim especificar, esclarecer, detalhar e regulamentar as suas previsões[177].

O costume é a prática geral, reiterada e uniforme de certo comportamento social (uso), o qual é considerado necessário e obrigatório pela coletividade[178].

O costume pode ser classificado em *praeter legem* (de caráter supletivo, podendo incidir na omissão da lei), *secundum legem* (em consonância com a lei) e *contra legem* (contrário à lei). Entende-se que o costume que contraria norma legal expressa não é válido e, portanto, não deve ser aplicado[179].

A jurisprudência é formada pela reiteração de decisões judiciais a respeito de certas matérias, em razão de casos submetidos a julgamento pelos juízes e tribunais[180].

A jurisprudência nem sempre tem caráter obrigatório, ou seja, nem sempre deve ser seguida como norma imperativa. Ainda assim, a jurisprudência exerce relevante papel na interpretação das normas jurídicas. Há casos em que a jurisprudência analisa questões não disciplinadas pela lei, podendo influenciar na sua elaboração. A jurisprudência, portanto, contribui de modo relevante na formação do Direito[181].

---

[177] MONTEIRO, Washington de Barros; PINTO, Ana Cristina de Barros Monteiro França. *Curso de direito civil*: parte geral. 44. ed. São Paulo: Saraiva, 2012. v. 1. p. 27.

[178] RODRIGUES, Silvio. *Direito civil*: parte geral. 34. ed. São Paulo: Saraiva, 2003. v. 1. p. 21-22.

[179] MONTEIRO, Washington de Barros; PINTO, Ana Cristina de Barros Monteiro França. *Curso de direito civil*: parte geral. 44. ed. São Paulo: Saraiva, 2012. v. 1. p. 29.

[180] GOMES, Orlando. *Introdução ao direito civil*. 19. ed., revista, atualizada e aumentada por Edvaldo Brito e Reginalda Paranhos de Brito. Rio de Janeiro: Forense, 2007. p. 43: "Por jurisprudência entende-se o conjunto de decisões dos tribunais sobre as matérias de sua competência ou uma série de julgados similares sobre a mesma matéria".

[181] MONTEIRO, Washington de Barros; PINTO, Ana Cristina de Barros Monteiro França. *Curso de direito civil*: parte geral. 44. ed. São Paulo: Saraiva, 2012. v. 1. p. 30-33.

Os tribunais aprovam súmulas, ou seja, enunciados que sintetizam o entendimento jurisprudencial a respeito de certas matérias ou questões.

Nessa linha, os tribunais devem editar enunciados de súmula correspondentes a sua jurisprudência dominante, na forma estabelecida e segundo os pressupostos fixados no regimento interno. Ao editar enunciados de súmula, os tribunais devem ater-se às circunstâncias fáticas dos precedentes que motivaram sua criação (art. 926, §§ 1º e 2º, do Código de Processo Civil).

No âmbito do Supremo Tribunal Federal há súmulas vinculantes. Nesse sentido, o STF pode, de ofício ou por provocação, mediante decisão de dois terços dos seus membros, após reiteradas decisões sobre matéria constitucional, aprovar súmula que, a partir de sua publicação na imprensa oficial, terá efeito vinculante em relação aos demais órgãos do Poder Judiciário e à administração pública direta e indireta, nas esferas federal, estadual e municipal, bem como proceder à sua revisão ou cancelamento, na forma estabelecida em lei (art. 103-A da Constituição Federal de 1988, incluído pela Emenda Constitucional 45/2004).

A súmula vinculante do STF tem por objetivo a validade, a interpretação e a eficácia de normas determinadas, acerca das quais haja controvérsia atual entre órgãos judiciários ou entre esses e a administração pública que acarrete grave insegurança jurídica e relevante multiplicação de processos sobre questão idêntica.

Como se pode notar, há casos em que a jurisprudência é vinculante, tendo natureza de fonte do Direito, inclusive em matéria civil.

As decisões definitivas de mérito, proferidas pelo Supremo Tribunal Federal, nas ações diretas de inconstitucionalidade e nas ações declaratórias de constitucionalidade produzirão eficácia contra todos e efeito vinculante, relativamente aos demais órgãos do Poder Judiciário e à administração pública direta e indireta, nas esferas federal, estadual e municipal (art. 102, § 2º, da Constituição da República).

Os juízes e os tribunais devem observar: I – as decisões do Supremo Tribunal Federal em controle concentrado de constitucionalidade; II – os enunciados de súmula vinculante; III – os acórdãos em incidente de assunção de competência ou de resolução de demandas repetitivas e em julgamento de recursos extraordinário e especial repetitivos; IV – os enunciados das súmulas do Supremo Tribunal Federal em matéria constitucional e do Superior Tribunal de Justiça em matéria infraconstitucional; V – a orientação do plenário ou do órgão especial aos quais estiverem vinculados (art. 927 do CPC).

Não se considera fundamentada qualquer decisão judicial, seja ela interlocutória, sentença ou acórdão, que deixar de seguir enunciado de súmula, jurisprudência ou precedente invocado pela parte, sem demonstrar a existência de distinção no caso em julgamento ou a superação do entendimento (art. 489, § 1º, inciso VI, do CPC).

A doutrina é formada por estudos científicos sobre o Direito, podendo servir como critério de interpretação e aplicação das normas jurídicas e mesmo de orientação para sua elaboração[182].

No Direito Romano, o imperador Teodósio II, em 426 d.C., instituiu o chamado "Tribunal dos Mortos", tornando vinculativas as opiniões dos jurisconsultos Papiniano, Paulo, Gaio, Ulpiano e Modestino[183].

Na concepção atual, como a doutrina é constituída de lições e ensinamentos formulados em obras e textos científicos, mas sem caráter normativo e obrigatório, entende-se que não tem natureza de fonte do Direito Civil[184].

1.13 VIGÊNCIA DA LEI

O início da vigência da lei diz respeito ao momento a partir do qual a norma legal passa a ser obrigatória.

Salvo disposição contrária, a lei começa a vigorar em todo o País 45 dias depois de oficialmente publicada (art. 1º da Lei de Introdução às Normas do Direito Brasileiro - Decreto-Lei 4.657 1942).

---

182 MONTEIRO, Washington de Barros; PINTO, Ana Cristina de Barros Monteiro França. *Curso de direito civil*: parte geral. 44. ed. São Paulo: Saraiva, 2012. v. 1. p. 30.

183 MONTEIRO, Washington de Barros; PINTO, Ana Cristina de Barros Monteiro França. *Curso de direito civil*: parte geral. 44. ed. São Paulo: Saraiva, 2012. v. 1. p. 29-30.

184 GOMES, Orlando. *Introdução ao direito civil*. 19. ed., revista, atualizada e aumentada por Edvaldo Brito e Reginalda Paranhos de Brito. Rio de Janeiro: Forense, 2007. p. 44.

Ainda assim, é comum haver previsão expressa de que a lei entra em vigor na data da publicação oficial. Exemplificando, a Lei 12.376/2010, que alterou a ementa do Decreto-Lei 4.657/1942, entrou em vigor na data de sua publicação, ocorrida em 31 de dezembro de 2010.

Além disso, a lei pode prever a entrada em vigor após certo período de tempo contado da publicação. Por exemplo, o atual Código Civil entrou em vigor um ano após a sua publicação (art. 2.044), ocorrida em 11 de janeiro de 2002.

Nos Estados estrangeiros, a obrigatoriedade da lei brasileira, quando admitida, inicia-se três meses depois de oficialmente publicada (art. 1º, § 1º, da Lei de Introdução às Normas do Direito Brasileiro).

Se, antes de entrar a lei em vigor, ocorrer nova publicação de seu texto, destinada a correção, os prazos acima indicados começam a correr da nova publicação (art. 1º, § 3º, da Lei de Introdução às Normas do Direito Brasileiro).

As correções a texto de lei já em vigor consideram-se lei nova (art. 1º, § 4º, da Lei de Introdução às Normas do Direito Brasileiro).

Portanto, se a lei já estava em vigor e ocorrer nova publicação de seu texto, com o fim de correção, esta é considerada lei nova, para fins de sua obrigatoriedade[185]. No entanto, havendo simples erro de impressão no texto da lei, se evidente, não se exige a nova publicação da lei com a correção. Ainda assim, caso a nova publicação ocorra, não é considerada lei nova[186].

Considera-se *vacatio legis* (período de vacância) o espaço de tempo entre a publicação da lei e sua entrada em vigor[187], tendo como objetivo dar maior divulgação à lei. Nesse período, embora a lei tenha sido publicada, ainda não é obrigatória. Até que a lei nova entre em

[185] MONTEIRO, Washington de Barros; PINTO, Ana Cristina de Barros Monteiro França. *Curso de direito civil*: parte geral. 44. ed. São Paulo: Saraiva, 2012. v. 1. p. 35.

[186] MONTEIRO, Washington de Barros; PINTO, Ana Cristina de Barros Monteiro França. *Curso de direito civil*: parte geral. 44. ed. São Paulo: Saraiva, 2012. v. 1. p. 35.

[187] RODRIGUES, Silvio. *Direito civil*: parte geral. 34. ed. São Paulo: Saraiva, 2003. v. 1. p. 17.

vigor, a lei anterior sobre a mesma matéria permanece vigente, apenas sendo revogada com o término da *vacatio legis*[188].

Frise-se que a elaboração, a redação, a alteração e a consolidação das leis devem obedecer ao disposto na Lei Complementar 95/1998.

O art. 8º da Lei Complementar 95/1998 esclarece que a vigência da lei deve ser indicada de forma expressa e de modo a contemplar prazo razoável para que dela se tenha amplo conhecimento, reservada a cláusula "entra em vigor na data de sua publicação" para as leis de pequena repercussão.

A contagem do prazo para entrada em vigor das leis que estabeleçam período de vacância deve ser feito com a inclusão da data da publicação e do último dia do prazo, entrando em vigor no dia subsequente à sua consumação integral (art. 8º, § 1º, da Lei Complementar 95/1998, incluído pela Lei Complementar 107/2001).

As leis que estabeleçam período de vacância devem utilizar a cláusula "esta lei entra em vigor após decorridos (o número de) dias de sua publicação oficial" (art. 8º, § 2º, da Lei Complementar 95/1998, incluído pela Lei Complementar 107/2001).

Ninguém se escusa de cumprir a lei, alegando que não a conhece (art. 3º da Lei de Introdução às Normas do Direito Brasileiro). A previsão decorre da necessidade de se assegurar a imperatividade das normas de Direito e a segurança jurídica nas relações sociais[189]. Trata-se de presunção legal de que todos conhecem a lei, não se admitindo a alegação de sua ignorância, o que nem sempre corresponde à realidade[190].

O art. 21 do Código Penal estabelece que o desconhecimento da lei é inescusável. Ainda assim, o desconhecimento da lei é circunstância atenuante da pena (art. 65, inciso II, do Código Penal).

---

188 MONTEIRO, Washington de Barros; PINTO, Ana Cristina de Barros Monteiro França. *Curso de direito civil*: parte geral. 44. ed. São Paulo: Saraiva, 2012. v. 1. p. 36.

189 MONTEIRO, Washington de Barros; PINTO, Ana Cristina de Barros Monteiro França. *Curso de direito civil*: parte geral. 44. ed. São Paulo: Saraiva, 2012. v. 1. p. 36.

190 RODRIGUES, Silvio. *Direito civil*: parte geral. 34. ed. São Paulo: Saraiva, 2003. v. 1. p. 19.

O art. 8º da Lei de Contravenções Penais (Decreto-Lei 3.688/1941) dispõe que nos casos de ignorância ou de errada compreensão da lei, quando escusáveis, a pena pode deixar de ser aplicada.

Há, assim, certa atenuação da referida previsão sobre o conhecimento da lei.

Mesmo no plano civil, o erro de direito é previsto como defeito do negócio jurídico, tornando anulável o negócio jurídico. Nesse sentido, o erro é substancial quando, sendo de direito e não implicando recusa à aplicação da lei, for o motivo único ou principal do negócio jurídico (art. 139, inciso III, do Código Civil).

Não se destinando à vigência temporária, a lei terá vigor até que outra a modifique ou revogue (art. 2º da Lei de Introdução às Normas do Direito Brasileiro).

Há casos de leis em que a vigência é prevista para durar apenas durante certo período. O mais comum, entretanto, é a lei vigorar de forma indefinida, até que seja alterada ou revogada por outra lei, em consonância com o princípio da continuidade das leis[191].

Esclareça-se que as medidas provisórias perdem eficácia, desde a edição, se não forem convertidas em lei no prazo de 60 dias, prorrogável uma vez por igual período, devendo o Congresso Nacional disciplinar, por decreto legislativo, as relações jurídicas delas decorrentes (art. 62, § 3º, da Constituição Federal de 1988). O referido prazo deve ser contado da publicação da medida provisória, suspendendo-se durante os períodos de recesso do Congresso Nacional (art. 62, § 4º, da Constituição da República). Se for aprovado projeto de lei de conversão alterando o texto original da medida provisória, esta se mantém integralmente em vigor até que seja sancionado ou vetado o projeto (art. 62, § 12, da Constituição Federal de 1988).

A revogação da lei pode ser expressa ou tácita[192].

---

191 MONTEIRO, Washington de Barros; PINTO, Ana Cristina de Barros Monteiro França. *Curso de direito civil*: parte geral. 44. ed. São Paulo: Saraiva, 2012. v. 1. p. 37.

192 MONTEIRO, Washington de Barros; PINTO, Ana Cristina de Barros Monteiro França. *Curso de direito civil*: parte geral. 44. ed. São Paulo: Saraiva, 2012. v. 1. p. 37.

Na revogação expressa, a lei posterior revoga a anterior quando assim o declare expressamente (art. 2º, § 1º, primeira parte, da Lei de Introdução às Normas do Direito Brasileiro). Exemplificando, o art. 2.045 do Código Civil de 2002 revogou expressamente o Código Civil de 1916 e a Parte Primeira do Código Comercial (Lei 556/1850).

Na revogação tácita, a lei posterior revoga a anterior não de forma expressa, mas quando for com ela incompatível ou quando regular inteiramente a matéria de que tratava a lei anterior (art. 2º, § 1º, segunda parte, da Lei de Introdução às Normas do Direito Brasileiro).

Sendo assim, se a nova lei passa a disciplinar certa questão de forma diversa da prevista em lei anterior, entende-se que houve revogação tácita. Da mesma forma, se certa matéria passa a ser disciplinada, em seu todo, por nova lei, entende-se que a lei anterior, sobre o mesmo tema, foi tacitamente revogada.

A rigor, conforme o art. 9º da Lei Complementar 95/1998, com redação dada pela Lei Complementar 107/2001, a cláusula de revogação deve enumerar, expressamente, as leis ou disposições legais revogadas. Logo, a revogação, em regra, deve ser expressa. Entretanto, na realidade, nem sempre ocorre dessa forma, que seria a ideal, podendo haver revogação tácita de lei ou disposição legal, como anteriormente explicado.

A lei nova, que estabeleça disposições gerais ou especiais a par das já existentes, não revoga nem modifica a lei anterior (art. 2º, § 2º, da Lei de Introdução às Normas do Direito Brasileiro). Nesse caso, a nova disposição legal apenas complementa as previsões legais anteriores, ou acrescenta disposições, sem revogá-las nem modificá-las.

Salvo disposição em contrário, a lei revogada não se restaura por ter a lei revogadora perdido a vigência (art. 2º, § 3º, da Lei de Introdução às Normas do Direito Brasileiro).

A hipótese trata da situação em que, por exemplo, a Lei 1 é revogada pela Lei 2 (lei revogadora), a qual, posteriormente, é revogada pela Lei 3. Mesmo a lei revogadora (Lei 2) tendo perdido vigência, não se restaura a vigência da lei revogada (Lei 1), salvo se houver disposição em contrário. Em regra, não ocorre a repristinação da lei revogada, que não se revigora caso a lei revogadora tenha perdido a vigência. Entretanto, é possível a repristinação da lei revogada se assim previsto de forma expressa[193].

Se a lei anterior é incompatível com a nova Constituição, entende-se que aquela lei foi revogada, por não ter sido recepcionada pela nova norma constitucional[194].

A revogação, como gênero, abrange a ab-rogação e a derrogação. A ab-rogação é a revogação integral. A derrogação é a revogação parcial[195]. Não ocorre a revogação de norma legal pelo desuso[196].

Compete privativamente ao Senado Federal suspender a execução, no todo ou em parte, de lei declarada inconstitucional por decisão definitiva do Supremo Tribunal Federal (art. 52, inciso X, da Constituição da República).

1.14 EFICÁCIA NO TEMPO

A lei, em regra, tem como objetivo regular fatos ocorridos a partir do início de sua vigência, e não eventos anteriores à sua obrigatoriedade. Procura-se, assim, preservar a segurança e a estabilidade nas relações jurídicas, que ficariam fragilizadas caso a norma legal se voltasse ao passado, passando a disciplinar os fatos ocorridos antes da entrada em vigor da lei[197].

Entretanto, há situações em que o fato ocorreu ou o ato foi praticado na vigência de certa lei, mas os efeitos produzidos ocorrem quando já em vigor outra norma legal. Em casos assim, cabe verificar qual lei deve ser aplicada, o que diz respeito ao direito intertemporal[198].

---

193 DINIZ, Maria Helena. *Curso de direito civil brasileiro*: teoria geral do direito civil. 29. ed. São Paulo: Saraiva, 2012. v. 1. p. 114-115.

194 MONTEIRO, Washington de Barros; PINTO, Ana Cristina de Barros Monteiro França. *Curso de direito civil*: parte geral. 44. ed. São Paulo: Saraiva, 2012. v. 1. p. 39.

195 MONTEIRO, Washington de Barros; PINTO, Ana Cristina de Barros Monteiro França. *Curso de direito civil*: parte geral. 44. ed. São Paulo: Saraiva, 2012. v. 1. p. 39.

196 MONTEIRO, Washington de Barros; PINTO, Ana Cristina de Barros Monteiro França. *Curso de direito civil*: parte geral. 44. ed. São Paulo: Saraiva, 2012. v. 1. p. 39.

197 MONTEIRO, Washington de Barros; PINTO, Ana Cristina de Barros Monteiro França. *Curso de direito civil*: parte geral. 44. ed. São Paulo: Saraiva, 2012. v. 1. p. 40.

198 MONTEIRO, Washington de Barros; PINTO, Ana Cristina de Barros Monteiro França. *Curso de direito civil*: parte geral. 44. ed. São Paulo: Saraiva, 2012. v. 1. p. 40.

1.14.1 Princípio da irretroatividade

A retroatividade da lei significa a sua aplicação a fatos ocorridos antes de sua vigência, ou seja, a sua projeção no passado. Como regra, prevalece o princípio da irretroatividade da lei, no sentido de que as normas legais não produzem efeitos pretéritos. Com fundamento nesse princípio, assegura-se a intangibilidade do direito adquirido, do ato jurídico perfeito e da coisa julgada[199].

A Constituição de 1824 previa, de forma expressa, que a disposição da lei não teria efeito retroativo (art. 179, inciso III). A Constituição de 1891, por sua vez, estabelecia ser vedado aos Estados e à União prescrever leis retroativas (art. 11, inciso 3º)[200].

O art. 5º, inciso XXXVI, da Constituição Federal de 1988 estabelece, no rol dos direitos e garantias fundamentais, que a lei não prejudicará o direito adquirido, o ato jurídico perfeito e a coisa julgada[201].

Essa norma constitucional integra as chamadas "cláusulas pétreas", nos termos do art. 60, § 4º, inciso IV, da Constituição Federal de 1988, ao prever que não pode ser objeto de deliberação a proposta de emenda tendente a abolir os direitos e garantias individuais[202]. Logo, as emendas constitucionais também devem respeitar o direito adquirido, o ato jurídico perfeito e a coisa julgada[203].

O referido preceito constitucional garante a segurança jurídica[204], por meio do respeito ao direito adquirido, ao ato jurídico perfeito e à

---

199 MONTEIRO, Washington de Barros; PINTO, Ana Cristina de Barros Monteiro França. *Curso de direito civil*: parte geral. 44. ed. São Paulo: Saraiva, 2012. v. 1. p. 40.

200 RODRIGUES, Silvio. *Direito civil*: parte geral. 34. ed. São Paulo: Saraiva, 2003. v. 1. p. 19.

201 "O disposto no artigo 5º, XXXVI, da Constituição Federal se aplica a toda e qualquer lei infraconstitucional, sem qualquer distinção entre lei de direito público e lei de direito privado, ou entre lei de ordem pública e lei dispositiva" (STF, Pleno, ADI 493/DF, Rel. Min. Moreira Alves, DJ 04.09.1992).

202 FERREIRA FILHO, Manoel Gonçalves. *O poder constituinte*. 4. ed. São Paulo: Saraiva, 2005. p. 192.

203 PIRES, Maria Coeli Simões. *Direito adquirido e ordem pública*: segurança jurídica e transformação democrática. Belo Horizonte: Del Rey, 2005. p. 303-305.

204 SILVA, José Afonso da. *Curso de direito constitucional positivo*. 10. ed. São Paulo: Malheiros, 1994. p. 412: "Uma importante condição da segurança jurídica está na relativa

coisa julgada, o que deve ser observado inclusive por novas disposições consideradas de ordem pública[205].

Na mesma linha, conforme o art. 6º da Lei de Introdução às Normas do Direito Brasileiro, a lei em vigor terá *efeito imediato e geral*, respeitados o ato jurídico perfeito, o direito adquirido e a coisa julgada[206].

A norma legal, assim, em regra, deve produzir efeitos de forma imediata, ou seja, da entrada em vigor em diante[207], o que não se confunde com a produção de efeitos de forma retroativa, voltando-se ao passado[208].

Se a relação jurídica nasceu na vigência da lei anterior, mas não se aperfeiçoou, isto é, não se consumou nessa época, mas sim na vigência

---

certeza que os indivíduos têm de que as relações realizadas sob o império de uma norma devem perdurar ainda quando tal norma seja substituída. Realmente, uma lei é feita para vigorar e produzir seus efeitos para o futuro".

[205] RAMOS, Elival da Silva. *A proteção aos direitos adquiridos no direito constitucional brasileiro*. São Paulo: Saraiva, 2003. p. 194-204.

[206] BITTAR, Carlos Alberto. *Curso de direito civil*. Rio de Janeiro: Forense Universitária, 1994. v. 1. p. 34: "em nosso sistema, essa problemática ajusta-se à do efeito imediato (ou da aplicação imediata), por meio do qual a lei nova abarca, sob a sua égide, relações que ainda se não aperfeiçoaram ou se não consumaram. [...] Vale dizer, não alcança fatos passados ou realizados em situações completadas à vigência da lei anterior".

[207] LEVADA, Filipe Antônio Marchi. *O direito intertemporal e os limites da proteção do direito adquirido*. 263 f. Dissertação (Mestrado em Direito) – Faculdade de Direito, Universidade de São Paulo, São Paulo, 2009. p. 48: "Haverá efeito imediato, pois, quando a nova norma agir para dela em diante, inclusive quanto aos fatos pendentes". Cf. ainda LEVADA, Filipe Antônio Marchi. *O direito intertemporal e os limites da proteção do direito adquirido*. 263 f. Dissertação (Mestrado em Direito) – Faculdade de Direito, Universidade de São Paulo, São Paulo, 2009. p. 154: "não é retroativa a lei que age no presente, do início de sua vigência em diante, sobre os fatos e relações em curso. Ao atuar sobre os fatos pendentes, mas sem se voltar sobre os passados, a lei age apenas com efeito imediato, que não só não é vedado como constitui a regra geral do sistema de direito intertemporal brasileiro".

[208] FERREIRA FILHO, Manoel Gonçalves. *O poder constituinte*. 4. ed. São Paulo: Saraiva, 2005. p. 190: "Decorre do efeito imediato necessariamente que a norma nova rege os *facta futura*, jamais os *facta praeterita*. Quanto aos *facta pendentia*, certamente ela não colhe a parte que ocorreu no passado, podendo atingir a que virá no futuro. Equivalente é a situação dos fatos em relação à retroatividade ou irretroatividade da norma. Esta, observada a irretroatividade, não colhe os *facta praeterita*, pois do contrário seria retroativa. Atinge sem dificuldade os *facta futura*. Polemiza-se, entretanto, no tocante a seu efeito em face dos *facta pendentia*".

da nova lei, esta é aplicada de forma imediata, com o respeito ao ato jurídico perfeito, ao direito adquirido e à coisa julgada[209].

1.14.2 Ato jurídico perfeito

Reputa-se ato jurídico perfeito o já consumado segundo a lei vigente ao tempo em que se efetuou (art. 6º, § 1º, da Lei de Introdução às Normas do Direito Brasileiro). Nesse sentido, destaca-se o brocardo *tempus regit actum*, isto é, o ato jurídico é regido pela lei em vigor na época em que ocorreu.

Tendo em vista a exigência de preservação do ato jurídico perfeito, os contratos, em regra, são regidos pela lei da época em que foram celebrados, assim como as obrigações são reguladas pela lei do tempo em que foram constituídas[210].

Ilustrando o exposto, a Lei 9.656/1998 dispõe sobre os planos e seguros privados de assistência à saúde. De acordo com o art. 35 do referido diploma legal, aplicam-se as disposições da Lei 9.656/1998 a todos os contratos celebrados *a partir de sua vigência*, assegurada aos consumidores com contratos anteriores, bem como àqueles com contratos celebrados entre 02 de setembro de 1998 e 1º de janeiro de 1999, a possibilidade de optar pela adaptação ao sistema previsto na Lei 9.656/1998. Esclareça-se que nenhum contrato pode ser adaptado por decisão unilateral da empresa operadora (art. 35, § 4º, da Lei 9.656/1998).

A respeito do tema, o Supremo Tribunal Federal fixou a seguinte tese em recurso extraordinário com repercussão geral: "As disposições da Lei 9.656/1998, à luz do art. 5º, XXXVI, da Constituição Federal, somente incidem sobre os contratos celebrados a partir de sua vigência, bem como nos contratos que, firmados anteriormente, foram adaptados ao seu regime, sendo as respectivas disposições inaplicáveis aos

---

209 MONTEIRO, Washington de Barros; PINTO, Ana Cristina de Barros Monteiro França. *Curso de direito civil*: parte geral. 44. ed. São Paulo: Saraiva, 2012. v. 1. p. 43.

210 MONTEIRO, Washington de Barros; PINTO, Ana Cristina de Barros Monteiro França. *Curso de direito civil*: parte geral. 44. ed. São Paulo: Saraiva, 2012. v. 1. p. 44.

beneficiários que, exercendo sua autonomia de vontade, optaram por manter os planos antigos inalterados" (STF, Pleno, RE 948.634/RS, Rel. Min. Ricardo Lewandowski, j. 20.10.2020).

1.14.3 Direito adquirido

Consideram-se adquiridos assim os direitos que o seu titular, ou alguém por ele, possa exercer, como aqueles cujo começo do exercício tenha termo prefixo (isto é, início previamente fixado), ou condição preestabelecida, inalterável a arbítrio de outrem (art. 6º, § 2º, da Lei de Introdução às Normas do Direito Brasileiro)[211].

O direito adquirido integra o patrimônio jurídico da pessoa[212], sendo assim considerado quando o titular preencheu todos os seus requisitos, conforme a lei em vigor na época, podendo exercê-lo posteriormente. No direito adquirido, não se exige que o seu titular já tenha exercido o direito[213].

O direito adquirido, como direito atual, pode ser exercido, pois o titular reúne todos os elementos que o integram[214]. Entretanto, há casos específicos em que o titular do direito adquirido ainda não pode exercê-lo. O termo inicial suspende o exercício, mas não a aquisição do direito (art. 131 do Código Civil). O termo inicial, assim, não impede a aquisição do direito, mas apenas posterga o seu exercício[215]. Nesse

---

211 FERREIRA FILHO, Manoel Gonçalves. *O poder constituinte*. 4. ed. São Paulo: Saraiva, 2005. p. 197: "A proteção ao direito adquirido é mais do que a mera irretroatividade – insista-se ainda mais uma vez. Ela importa, no fundo, uma limitação ao efeito imediato da lei. [...] Configura-se, portanto, um *plus* em relação à mera irretroatividade".

212 GOMES, Orlando. *Introdução ao direito civil*. 19. ed., revista, atualizada e aumentada por Edvaldo Brito e Reginalda Paranhos de Brito. Rio de Janeiro: Forense, 2007. p. 220: "Integrado no patrimônio do adquirente, o direito diz-se *adquirido*" (destaque do original).

213 Rubens Limongi França assim conceitua o direito adquirido: "É a consequência de uma lei, por via direta ou por intermédio de fato idôneo; consequência que, tendo passado a integrar o patrimônio material ou moral do sujeito, não se fez valer antes da vigência de lei nova sobre o mesmo objeto" (FRANÇA, Rubens Limongi. *A irretroatividade das leis e o direito adquirido*. 3. ed. São Paulo: RT, 1982. p. 208).

214 MONTEIRO, Washington de Barros; PINTO, Ana Cristina de Barros Monteiro França. *Curso de direito civil*: parte geral. 44. ed. São Paulo: Saraiva, 2012. v. 1. p. 220.

215 MONTEIRO, Washington de Barros; PINTO, Ana Cristina de Barros Monteiro França. *Curso de direito civil*: parte geral. 44. ed. São Paulo: Saraiva, 2012. v. 1. p. 304.

sentido, consideram-se adquiridos os direitos cujo começo do *exercício* pelo titular tenha termo prefixo, ou seja, início previamente fixado (art. 6º, § 2º, da Lei de Introdução às Normas do Direito Brasileiro).

O encargo não suspende a aquisição nem o exercício do direito, salvo quando expressamente imposto no negócio jurídico, pelo disponente, como condição suspensiva (art. 136 do Código Civil). Logo, em negócio jurídico com previsão de encargo, mesmo se este ainda foi cumprido, tem-se direito adquirido, que pode ser exercido[216].

O direito eventual é aquele que está subordinado a condição. No direito condicional, o titular do direito eventual pode adquirir ou não o direito, conforme a condição se realize ou não[217]. Cabe esclarecer que ao titular do direito eventual, nos casos de condição, é permitido praticar os atos destinados a conservá-lo (art. 130 do Código Civil)[218]. Ou seja, embora o direito não tenha sido adquirido, podem ser tomadas providências pelo titular para conservar o direito eventual, submetido à condição suspensiva[219].

Se o negócio jurídico tiver a eficácia subordinada à condição suspensiva, enquanto esta se não verificar, não se terá adquirido o direito a que ele visa (art. 125 do Código Civil). Nessa hipótese, a aquisição do direito fica sujeita à ocorrência de evento futuro e incerto. Caso este se realize, o direito se torna adquirido. Havendo condição suspensiva, enquanto esta não se verifica, há expectativa de direito, ou seja, possibilidade de adquirir o direito, caso a condição se implemente[220].

Se o negócio jurídico tiver a eficácia subordinada à condição resolutiva, enquanto esta se não realizar, vigorará o negócio jurídico, podendo exercer-se desde a conclusão deste o direito por ele estabe-

---

[216] RODRIGUES, Silvio. *Direito civil*: parte geral. 34. ed. São Paulo: Saraiva, 2003. v. 1. p. 259-260.

[217] RODRIGUES, Silvio. *Direito civil*: parte geral. 34. ed. São Paulo: Saraiva, 2003. v. 1. p. 255-256.

[218] MONTEIRO, Washington de Barros; PINTO, Ana Cristina de Barros Monteiro França. *Curso de direito civil*: parte geral. 44. ed. São Paulo: Saraiva, 2012. v. 1. p. 220.

[219] MONTEIRO, Washington de Barros; PINTO, Ana Cristina de Barros Monteiro França. *Curso de direito civil*: parte geral. 44. ed. São Paulo: Saraiva, 2012. v. 1. p. 300.

[220] RODRIGUES, Silvio. *Direito civil*: parte geral. 34. ed. São Paulo: Saraiva, 2003. v. 1. p. 250.

lecido (art. 127 do Código Civil). Nessa hipótese, há direito adquirido e este pode ser exercido desde a celebração do negócio jurídico, enquanto não ocorrer a condição resolutiva. Sobrevindo a condição resolutiva, extingue-se, para todos os efeitos, o direito a que ela se opõe (art. 128 do Código Civil)[221]. Logo, caso a condição resolutiva se realize, o direito adquirido se extingue. Se a condição resolutiva não se realizar, o direito permanece adquirido.

No âmbito do direito intertemporal, consideram-se adquiridos os direitos que o seu titular, ou alguém por ele, possa exercer, os direitos cujo começo do exercício tenha termo prefixo e os direitos cujo começo do exercício tenha condição preestabelecida, inalterável a arbítrio de outrem (art. 6º, § 2º, da Lei de Introdução às Normas do Direito Brasileiro). Como se pode notar, especificamente para fins de solução de conflitos de leis no tempo, o direito submetido à condição suspensiva não deve ser prejudicado por lei posterior à celebração do negócio jurídico[222].

Com o surgimento de nova ordem constitucional, as disposições anteriores e incompatíveis não são recepcionadas, ocorrendo a sua revogação[223]. Nesse sentido, entende-se que não há como prevalecer suposto direito adquirido contrário à nova Constituição[224].

---

[221] MONTEIRO, Washington de Barros; PINTO, Ana Cristina de Barros Monteiro França. *Curso de direito civil*: parte geral. 44. ed. São Paulo: Saraiva, 2012. v. 1. p. 301.

[222] BEVILÁQUA, Clóvis. *Soluções práticas de direito (pareceres)*: direito civil. Rio de Janeiro: Corrêa, Bastos, 1923. v. 1. p. 22-23. Cf. ainda LEVADA, Filipe Antônio Marchi. *O direito intertemporal e os limites da proteção do direito adquirido*. 263 f. Dissertação (Mestrado em Direito) – Faculdade de Direito, Universidade de São Paulo, São Paulo, 2009. p. 74.

[223] LOPES, Miguel Maria de Serpa. *Curso de direito civil*: introdução, parte geral e teoria dos negócios jurídicos. 9. ed., revista e atualizada por José Serpa de Santa Maria. Rio de Janeiro: Freitas Bastos, 2000. v. 1. p. 205-206. "Não há dúvida, refere Gabba, que uma nova Constituição política de Estado tira o vigor a todas as leis de ordem pública e administrativa preexistentes, e que se manifestem inconciliáveis com ela: Infrutiferamente pretender-se-ão direitos adquiridos contra aquelas novas leis e outras semelhantes, pois não podem existir direitos adquiridos contra a aplicação de uma nova lei constitucional".

[224] "O constituinte, ao estabelecer a inviolabilidade do direito adquirido, do ato jurídico perfeito e da coisa julgada, diante da lei (art. 5º, XXXVI), obviamente se excluiu dessa limitação, razão pela qual nada o impedia de recusar a garantia à situação jurídica em foco" (STF, 1ª T., RE 140.894/SP, Rel. Min. Ilmar Galvão, DJ 09.08.1996). Cf. art. 17, *caput*, parte final, do Ato das Disposições Constitucionais Transitórias da Constituição Federal de 1988.

Se o sujeito não preencheu todos os requisitos do direito na vigência da lei da época, tem-se apenas expectativa de direito, a qual, em regra, não é resguardada em face de modificação da lei. A expectativa de direito, assim, é a mera possibilidade de se adquirir o direito, que ainda está em formação (*in fieri*), pois depende de outros elementos ainda não verificados[225]. Por exemplo, o herdeiro que aguarda a sucessão ser aberta[226].

Segundo a jurisprudência do Supremo Tribunal Federal, os preceitos normativos de ordem pública, por não serem suscetíveis de disposição por atos de vontade, têm natureza "institucional" ou "estatutária", vinculando, de forma ampla e geral, todos os seus destinatários. Nessas hipóteses, deve haver a aplicação imediata (que não se confunde com a aplicação retroativa) da nova disposição legal para disciplinar inclusive os contratos em curso (STF, Pleno, RE 211.304/RJ, Red. Min. Teori Zavascki, DJe 03.08.2015). Nesse sentido, cabe fazer referência ao seguinte julgado:

> "1. A aplicação da cláusula constitucional que assegura, em face da lei nova, a preservação do direito adquirido e do ato jurídico perfeito (CF, art. 5º, XXXVI) impõe distinguir duas diferentes espécies de situações jurídicas: (a) as situações jurídicas individuais, que são formadas por ato de vontade (especialmente os contratos), cuja celebração, quando legítima, já lhes outorga a condição de ato jurídico perfeito, inibindo, desde então, a incidência de modificações legislativas supervenientes; e (b) as situações jurídicas institucionais ou estatutárias, que são formadas segundo normas gerais e abstratas, de natureza cogente, em cujo âmbito os direitos somente podem ser considerados adquiridos quando inteiramente formado o suporte fático previsto na lei como necessário à sua incidência. Nessas situações, as normas supervenientes, embora não comportem aplicação retroativa, podem ter aplicação imediata. 2. Segundo reiterada jurisprudência do Supremo Tribunal Federal, as

---

225 GOMES, Orlando. *Introdução ao direito civil*. 19. ed., revista, atualizada e aumentada por Edvaldo Brito e Reginalda Paranhos de Brito. Rio de Janeiro: Forense, 2007. p. 113: "Há, portanto, *expectativa de direito* quando ainda não se perfizeram os requisitos necessários ao seu advento" (destaques do original).

226 MONTEIRO, Washington de Barros; PINTO, Ana Cristina de Barros Monteiro França. *Curso de direito civil*: parte geral. 44. ed. São Paulo: Saraiva, 2012. v. 1. p. 220.

normas que tratam do regime monetário – inclusive, portanto, as de correção monetária –, têm natureza institucional e estatutária, insuscetíveis de disposição por ato de vontade, razão pela qual sua incidência é imediata, alcançando as situações jurídicas em curso de formação ou de execução. É irrelevante, para esse efeito, que a cláusula estatutária esteja reproduzida em ato negocial (contrato), eis que essa não é circunstância juridicamente apta a modificar a sua natureza" (STF, Pleno, RE 211.304/RJ, Red. Min. Teori Zavascki, DJe 03.08.2015).

Ainda nessa linha, conforme a jurisprudência: "As normas que tratam do regime jurídico da correção monetária, por não serem suscetíveis de disposição pela vontade das partes, incidem imediatamente, alcançando apenas as situações jurídicas em curso de formação ou execução" (STF, Pleno, ADI 1.220/DF, Rel. Min. Roberto Barroso, DJe 13.03.2020). Sendo assim, o Supremo Tribunal Federal fixou a seguinte tese em recurso extraordinário com repercussão geral: "Lei que estipula índices de correção monetária a serem aplicados a períodos aquisitivos anteriores à sua entrada em vigor viola a garantia do direito adquirido" (STF, Pleno, ADI 1.220/DF, Rel. Min. Roberto Barroso, DJe 13.03.2020).

1.14.4 Coisa julgada

Chama-se coisa julgada ou caso julgado a decisão judicial de que já não caiba recurso (art. 6º, § 3º, da Lei de Introdução às Normas do Direito Brasileiro). Trata-se do conceito de coisa julgada formal, no sentido de imutabilidade da decisão transitada em julgado na esfera interior do processo[227].

A coisa julgada material, por sua vez, é a imutabilidade dos efeitos da decisão de mérito, que alcança o âmbito exterior do processo[228]. Denomi-

---

227 SANTOS, Moacyr Amaral. *Primeiras linhas de direito processual civil*. 25. ed. atualizada por Maria Beatriz Amaral Santos Köhnen. São Paulo: Saraiva, 2011. v. 3. p. 69-70.

228 LIEBMAN, Enrico Tullio. *Eficácia e autoridade da sentença e outros escritos sobre a coisa julgada*. 4. ed. atualizada por Ada Pellegrini Grinover. Tradução de Alfredo Buzaid e Benvindo Aires. Tradução dos textos posteriores à edição de 1945 de Ada Pellegrini Grinover. Rio de Janeiro: Forense, 2006. p. 165: "A autoridade da coisa julgada não é efeito ulterior e diverso da sentença, mas uma qualidade dos seus efeitos e a todos os seus efeitos referente, isto é, precisamente a sua imutabilidade".

na-se coisa julgada material a autoridade que torna imutável e indiscutível a decisão de mérito não mais sujeita a recurso (art. 502 do CPC)[229].

A lei nova, posterior ao trânsito em julgado da decisão de mérito, não tem a aptidão de excluir ou afastar a coisa julgada material[230].

1.14.5 Normas processuais

Na esfera processual, a nova norma legal deve ser aplicada de forma imediata[231], sem prejudicar os atos processuais praticados na vigência da lei anterior[232]. Nesse sentido, a norma processual não retroagirá e será aplicável imediatamente aos processos em curso, respeitados os

---

229 DINAMARCO, Cândido Rangel. *Instituições de direito processual civil*. 7. ed. São Paulo: Malheiros, 2017. v. 3. p. 363: "Considerada em sua relevância sobre a ordem processual, coisa julgada material é a *imutabilidade dos efeitos substanciais da decisão de mérito*" (destaques do original). Na jurisprudência: "Recurso Extraordinário. Coisa julgada em sentido material. Indiscutibilidade, imutabilidade e coercibilidade: atributos especiais que qualificam os efeitos resultantes do comando sentencial. Proteção constitucional que ampara e preserva a autoridade da coisa julgada. Exigência de certeza e de segurança jurídicas. Valores fundamentais inerentes ao Estado Democrático de Direito. [...] O significado do instituto da coisa julgada material como expressão da própria supremacia do ordenamento constitucional e como elemento inerente à existência do Estado Democrático de Direito" (STF, 2ª T., AgR-RE 592.912/RS, Rel. Min. Celso de Mello, DJe 22.11.2012).

230 MONTEIRO, Washington de Barros; PINTO, Ana Cristina de Barros Monteiro França. *Curso de direito civil*: parte geral. 44. ed. São Paulo: Saraiva, 2012. v. 1. p. 44. Na jurisprudência: "Uma vez transitada em julgado a sentença, a coisa julgada que dela dimana assume a condição de ato emanado de autoridade estatal de observância obrigatória – imune, inclusive, às alterações legislativas que porventura venham a ela suceder –, relegando-se a um segundo plano o raciocínio jurídico desenvolvido pelo julgador, os fundamentos ali exarados, a correção ou a justiça da decisão, pois estes, em regra, já não mais comportam nenhum questionamento" (STJ, 3ª T., REsp 1.782.867/MS, 2018/0316133-7, Rel. Min. Marco Aurélio Bellizze, DJe 14.08.2019).

231 NERY JUNIOR, Nelson. *Atualidades sobre o processo civil*. 2. ed. São Paulo: RT, 1996. p. 20-21: "A lei processual é de aplicação imediata, atingindo os processos em curso. Os atos processuais já praticados sob a égide da lei antiga, bem como as situações jurídicas já consolidadas (*facta praeterita*), não poderão ser atingidas pela nova lei, sob pena de ferir-se o ato (processual) jurídico perfeito e/ou o direito adquirido (art. 5º, XXXVI)".

232 MONTEIRO, Washington de Barros; PINTO, Ana Cristina de Barros Monteiro França. *Curso de direito civil*: parte geral. 44. ed. São Paulo: Saraiva, 2012. v. 1. p. 44. Cf. ainda LACERDA, Galeno. *O novo direito processual civil e os efeitos pendentes*. Rio de Janeiro: Forense, 1974. p. 13: "Em regra, porém, cumpre afirmar que a lei nova não pode atingir situações processuais já constituídas ou extintas sob o império da lei antiga, isto é, não pode ferir os respectivos direitos processuais adquiridos".

atos processuais praticados e as situações jurídicas consolidadas sob a vigência da norma revogada (art. 14 do CPC).

Os atos processuais a serem praticados na vigência da nova lei processual são regidos por esta, prevalecendo, em princípio, o sistema do *isolamento dos atos processuais*, segundo o qual a lei nova não alcança os atos processuais já praticados e os seus efeitos, mas sim os atos processuais a serem realizados na vigência daquela[233].

1.14.6 Direito adquirido e retroatividade benéfica

Entende-se que não há direito adquirido a se manter em certo regime jurídico[234], no sentido de conjunto de normas do Direito objetivo[235]. Logo, a situação jurídica do servidor público pode ser modificada por leis posteriores[236].

Como exceção, pode haver casos em que se admite a retroatividade da lei, ou seja, a sua aplicação a fatos ocorridos no passado, o que depende de previsão expressa nesse sentido[237]. Mesmo nessas situações excepcionais, deve-se preservar o direito adquirido, o ato

---

[233] CINTRA, Antonio Carlos de Araújo; GRINOVER, Ada Pellegrini; DINAMARCO, Cândido Rangel. *Teoria geral do processo*. 31. ed. São Paulo: Malheiros, 2015. p. 128-129. Cf. ainda DINAMARCO, Cândido Rangel. *Instituições de direito processual civil*. 9. ed. São Paulo: Malheiros, 2017. v. 1. p. 180.

[234] "O STF tem entendimento assente no sentido de que não se pode invocar direito adquirido a regime jurídico, inclusive o previdenciário" (STF, Pleno, ADI 2.049/RJ, Rel. Min. Rosa Weber, DJe 26.11.2019).

[235] FERREIRA FILHO, Manoel Gonçalves. *Curso de direito constitucional*. 22. ed. São Paulo: Saraiva. 1995. p. 261: "não há direito adquirido à permanência de um estatuto legal".

[236] MONTEIRO, Washington de Barros; PINTO, Ana Cristina de Barros Monteiro França. *Curso de direito civil*: parte geral. 44. ed. São Paulo: Saraiva, 2012. v. 1. p. 44. Na jurisprudência: "3. A jurisprudência do STF é pacífica e reiterada no sentido de que os servidores públicos não têm direito adquirido à imutabilidade de regime jurídico. Assim, a garantia prevista no art. 5º, XXXVI, da Constituição não os protege contra leis que modifiquem as condições que regem a relação jurídica que estabelecem com a administração pública, desde que não haja redução de seus vencimentos ou subsídios. Precedentes" (STF, Pleno, ADI 4.461/AC, Rel. Min. Roberto Barroso, DJe 04.12.2019).

[237] "O princípio insculpido no inciso XXXVI do art. 5º da Constituição (garantia do direito adquirido) não impede a edição, pelo Estado, de norma retroativa (lei ou decreto) em benefício do particular" (STF, 1ª T., RE 184.099/DF, Rel. Min. Octavio Gallotti, DJ 18.04.1997).

jurídico perfeito e a coisa julgada, em observância à referida determinação constitucional[238].

Em consonância com a Súmula 654 do STF: "A garantia da irretroatividade da lei, prevista no art. 5º, XXXVI, da Constituição da República, não é invocável pela entidade estatal que a tenha editado"[239].

A lei retroativa alcança os efeitos de atos que ocorreram antes de sua vigência[240].

A retroatividade máxima ocorre quando a lei nova alcança relação jurídica terminada e exaurida antes da sua entrada em vigor, em que todos os seus efeitos já haviam se encerrado. A retroatividade média se dá quando a lei nova atinge os efeitos pendentes do fato ocorrido antes de sua vigência. A retroatividade mínima ocorre quando a lei nova alcança somente os efeitos produzidos posteriormente ao início de sua vigência, relativos a fatos ocorridos anteriormente[241].

A retroatividade benéfica é aplicada na esfera penal[242]. Nos termos do art. 5º, inciso XL, da Constituição Federal de 1988, a lei penal não retroagirá, salvo para beneficiar o réu. Ninguém pode ser punido por fato que lei posterior deixa de considerar crime, cessando em virtude dela a execução e os efeitos penais da sentença condenatória (art. 2º

---

238 MONTEIRO, Washington de Barros; PINTO, Ana Cristina de Barros Monteiro França. *Curso de direito civil*: parte geral. 44. ed. São Paulo: Saraiva, 2012. v. 1. p. 41-42.

239 "Irretroatividade da lei: a garantia constitucional do art. 5º, XXXVI, CF, não é invocável pela entidade estatal ou por suas autarquias para subtrair-se à eficácia retroativa da lei por ela própria editada" (STF, 1ª T., RE 153.662/SP, Rel. Min. Sepúlveda Pertence, DJ 07.04.2000). "É que os precedentes que motivaram a formulação da Súmula 654/STF versavam hipóteses em que o próprio diploma legislativo previa, de modo expresso, a aplicação retroativa de seus efeitos, de cuja incidência, no entanto, o Poder Público – que editara a lei – pretendia ver-se excluído, invocando, então, de maneira inadequada, o postulado da irretroatividade da lei" (STF, 2ª T., ED-RE 567.360/MG, Rel. Min. Celso de Mello, j. 09.06.2009, DJe 07.08.2009, voto do Relator).

240 RODRIGUES, Silvio. *Direito civil*: parte geral. 34. ed. São Paulo: Saraiva, 2003. v. 1. p. 19.

241 MONTEIRO, Washington de Barros; PINTO, Ana Cristina de Barros Monteiro França. *Curso de direito civil*: parte geral. 44. ed. São Paulo: Saraiva, 2012. v. 1. p. 42. Na jurisprudência: "Se a lei alcançar os efeitos futuros de contratos celebrados anteriormente a ela, será essa lei retroativa (retroatividade mínima) porque vai interferir na causa, que é um ato ou fato ocorrido no passado" (STF, Pleno, ADI 493/DF, Rel. Min. Moreira Alves, DJ 04.09.1992).

242 BASTOS, Celso Ribeiro; MARTINS, Ives Gandra da Silva. *Comentários à Constituição do Brasil*: promulgada em 5 de outubro de 1988. 3. ed. São Paulo: Saraiva, 2004. v. 2 (arts. 5º a 17). p. 210.

do Código Penal). A lei posterior, que de qualquer modo favorecer o agente, aplica-se aos fatos anteriores, ainda que decididos por sentença condenatória transitada em julgado.

Adotando a retroatividade benéfica[243], segundo o art. 106 do Código Tributário Nacional, a lei aplica-se a ato ou fato pretérito: I – em qualquer caso, quando seja expressamente interpretativa, excluída a aplicação de penalidade à infração dos dispositivos interpretados; II – tratando-se de ato não definitivamente julgado: a) quando deixe de defini-lo como infração; b) quando deixe de tratá-lo como contrário a qualquer exigência de ação ou omissão, desde que não tenha sido fraudulento e não tenha implicado em falta de pagamento de tributo; c) quando lhe comine penalidade menos severa que a prevista na lei vigente ao tempo da sua prática.

1.14.7 Direito intertemporal

O art. 2.035 do Código Civil adota os princípios da irretroatividade (primeira parte) e da eficácia imediata da lei (segunda parte). Nesse sentido, a validade dos negócios e demais atos jurídicos, constituídos antes da entrada em vigor do Código Civil de 2002, obedece ao disposto nas leis anteriores, referidas no art. 2.045, mas os seus efeitos, produzidos após a vigência do Código Civil de 2002, aos preceitos dele se subordinam, salvo se houver sido prevista pelas partes determinada forma de execução[244].

Desse modo, os atos e negócios jurídicos constituídos antes da entrada em vigor do Código Civil de 2002 têm a sua validade regulada

---

[243] BITTAR, Carlos Alberto. *Curso de direito civil*. Rio de Janeiro: Forense Universitária, 1994. v. 1. p. 34: "Pode, no entanto, o legislador determinar, por exemplo, o alcance de situações passadas, ou em curso, mas para beneficiar os interessados (retroatividade benéfica), como em certas relações de Direito Tributário e de Direito Penal. Deve ser, no entanto, explicitada tal característica, pois não se admite retroatividade virtual ou inata, ou seja, inexiste lei retroativa por índole. A regra é a referida irretroatividade".

[244] LEVADA, Filipe Antônio Marchi. *O direito intertemporal e os limites da proteção do direito adquirido*. 263 f. Dissertação (Mestrado em Direito) – Faculdade de Direito, Universidade de São Paulo, São Paulo, 2009. p. 153: "Conjugando as regras do efeito imediato e da proteção ao direito adquirido, o artigo 2.035, *caput*, está a dispor que, como qualquer outra lei, o Código Civil de 2002 deverá atuar de forma imediata, do início de sua vigência em diante, preservando os fatos passados e incidindo sobre todas as relações futuras e em curso, desde que não ofenda direito adquirido, ato jurídico perfeito ou coisa julgada".

pelas leis anteriores, que vigoravam na época que foram celebrados, isto é, pelo Código Civil de 1916 e pela Parte Primeira do Código Comercial. Respeita-se a irretroatividade da lei.

Entretanto, os atos e negócios jurídicos constituídos antes da entrada em vigor do Código Civil de 2002, quanto aos efeitos produzidos após a vigência deste, são regulados pelos preceitos do Código Civil de 2002, exceto se houver sido prevista pelas partes forma de execução específica. Observa-se a eficácia imediata da lei.

De todo modo, nenhuma convenção prevalecerá se contrariar preceitos de ordem pública, tais como os estabelecidos pelo Código Civil de 2002 para assegurar a função social da propriedade e dos contratos (art. 2.035, parágrafo único, do Código Civil). Isso significa que as normas imperativas, voltadas à ordem pública, como as que garantem a função social da propriedade[245] e dos contratos[246], devem prevalecer em face de qualquer convenção entre as partes.

As fundações, instituídas segundo a legislação anterior (Código Civil de 1916), inclusive as de fins diversos dos previstos no parágrafo único do art. 62 do Código Civil de 2002, subordinam-se, quanto ao seu funcionamento, ao disposto no Código Civil de 2002 (art. 2.032). Observa-se, com isso, o efeito imediato e geral da lei.

Salvo o disposto em lei especial, as modificações dos atos constitutivos das pessoas jurídicas referidas no art. 44 do Código Civil de 2002 (pessoas jurídicas de direito privado), bem como a sua transformação, incorporação, cisão ou fusão, regem-se desde logo pelo Código Civil de 2002 (art. 2.033). Trata-se de previsão que decorre da eficácia imediata, embora não retroativa, da lei.

---

[245] Art. 5º, XXIII, da Constituição Federal de 1988: "XXIII – a propriedade atenderá a sua função social". Art. 182, § 2º, da Constituição Federal de 1988: "§ 2º A propriedade urbana cumpre sua função social quando atende às exigências fundamentais de ordenação da cidade expressas no plano diretor". Art. 186 da Constituição Federal de 1988: "Art. 186. A função social é cumprida quando a propriedade rural atende, simultaneamente, segundo critérios e graus de exigência estabelecidos em lei, aos seguintes requisitos: I – aproveitamento racional e adequado; II – utilização adequada dos recursos naturais disponíveis e preservação do meio ambiente; III – observância das disposições que regulam as relações de trabalho; IV – exploração que favoreça o bem-estar dos proprietários e dos trabalhadores".

[246] Art. 421 do Código Civil: "Art. 421. A liberdade contratual será exercida nos limites da função social do contrato" (redação dada pela Lei 13.874/2019).

Considerando o mandamento de irretroatividade da lei, a dissolução e a liquidação das pessoas jurídicas de direito privado, quando iniciadas antes da vigência do Código Civil de 2002, obedecerão ao disposto nas leis anteriores (art. 2.034 do Código Civil).

Com fundamento no ato jurídico perfeito, o regime de bens nos casamentos celebrados na vigência do Código Civil anterior (Lei 3.071/1916) é o por ele estabelecido (art. 2.039 do Código Civil de 2002).

As disposições de Código Civil de 2002 relativas à ordem da vocação hereditária (arts. 1.829 a 1.844) não se aplicam à sucessão aberta antes de sua vigência, prevalecendo o disposto na lei anterior (Lei 3.071/1916), conforme art. 2.041 do Código Civil de 2002. Adota-se o princípio da irretroatividade da lei, preservando-se o ato jurídico perfeito, no caso, a abertura da sucessão em razão da morte.

O art. 2.028 do Código Civil de 2002 estabelece regra de transição a respeito de prazos em curso quando da sua entrada em vigor, como de prescrição. O mencionado dispositivo prevê que serão os da lei anterior os prazos, quando reduzidos pelo Código Civil de 2002, e se, na data de sua entrada em vigor, já houver transcorrido mais da metade do tempo estabelecido na lei revogada.

Entende-se que ambos os requisitos devem estar presentes para que se aplique o prazo da lei anterior. Não se trata, assim, de hipóteses alternativas. Ou seja, aplicam-se os prazos da lei anterior (Código Civil de 1916) quando os prazos forem reduzidos pelo Código Civil de 2002, se, na data de sua entrada em vigor, já tenha transcorrido mais da metade do tempo estabelecido na lei revogada (Código Civil de 1916).

Se o prazo de prescrição da lei anterior (Código Civil de 1916) foi reduzido pelo Código Civil de 2002, mas, na data de sua entrada em vigor, ainda não tiver transcorrido mais da metade do prazo estabelecido na lei revogada (Código Civil de 1916), aplica-se o prazo de prescrição do Código Civil de 2002. Caso seja aplicável o prazo estabelecido no Código Civil de 2002, esse novo prazo é contado a partir da sua entrada em vigor[247].

---

[247] TARTUCE, Flávio. *Direito civil*: lei de introdução e parte geral. 4. ed. São Paulo: Método, 2008. v. 1. p. 430. Na jurisprudência: "2. Inaplicabilidade da prescrição vintenária do Código Civil de 1916 (Súmula 39/STJ), nos termos da regra de transição do art. 2.028 do

O Código Civil de 2002 entrou em vigor um ano após a sua publicação (art. 2.044), ocorrida em 11 de janeiro de 2002.

Nos termos do art. 8º, § 1º, da Lei Complementar 95/1998, incluído pela Lei Complementar 107/2001, a contagem do prazo para entrada em vigor das leis que estabeleçam período de vacância far-se-á com a *inclusão* da data da publicação e do último dia do prazo, entrando em vigor no dia *subsequente* à sua consumação integral.

Logo, entende-se mais adequado concluir que o Código Civil de 2002 entrou em vigor em 12 de janeiro de 2003. Entretanto, o entendimento majoritário é de que o Código Civil de 2002 entrou em vigor em 11 de janeiro de 2003[248].

Se o prazo de prescrição tiver sido *aumentado* pelo Código Civil de 2002, quando comparado com o prazo da lei anterior, aplica-se o novo prazo prescricional, computando-se o tempo transcorrido na vigência do Código Civil de 1916[249].

1.15 EFICÁCIA NO ESPAÇO

As leis são aplicadas, em regra, no território do Estado em que aprovadas. Em razão da soberania, o Estado tem o poder de estabelecer as leis a serem aplicadas em seu território, as quais devem ser observadas pelo povo. Como cada Estado tem a sua soberania, em posição de igualdade no plano internacional, os sistemas jurídicos

novo Código Civil, pois, em 11 de janeiro de 2003, não havia passado mais de dez anos desde a data do fato. 3. Início de nova contagem da prescrição trienal prevista no art. 206, § 3º, IX, do Código Civil de 2002, a partir de 11.01.2003, expirando-se em janeiro de 2006" (STJ, 3ª T., AgRg no REsp 1.322.066/TO, 2012/0091715-4, Rel. Min. Paulo de Tarso Sanseverino, DJe 28.10.2013).

[248] TARTUCE, Flávio. *Direito civil*: lei de introdução e parte geral. 4. ed. São Paulo: Método, 2008. v. 1. p. 30-33. Na jurisprudência: "1. Consoante jurisprudência desta Corte, na hipótese de os prazos prescricionais aplicáveis serem os do diploma civil vigente, o termo inicial para a contagem é a data da entrada em vigor do novo Código Civil (11/01/2003)" (STJ, 4ª T., AgInt no AREsp 829.887/SP, 2015/0320171-9, Rel. Min. Marco Buzzi, DJe 23.02.2018).

[249] TARTUCE, Flávio. *Direito civil*: lei de introdução e parte geral. 4. ed. São Paulo: Método, 2008. v. 1. p. 433-434.

nacionais são independentes e aplicados, em princípio, em seus respectivos territórios[250].

No entanto, em razão das múltiplas relações mantidas pelas pessoas em âmbito internacional, que são cada vez mais intensas em razão da globalização, envolvendo países diversos, há situações em que as leis de um Estado são aplicadas também em outros países. Observam-se, assim, casos em que a lei estrangeira deve ser aplicada no território nacional para regular a relação jurídica, o que não configura afronta à soberania, por decorrer de previsão do próprio Direito do Estado soberano. Da mesma forma, há situações em que a lei nacional deve ser aplicada em território estrangeiro, conforme previsto no Direito desse país[251].

Segundo leciona Silvio Rodrigues: "Como a aplicação da lei estrangeira no Brasil, ou da lei brasileira no exterior, decorre da própria deliberação do país em causa, o princípio da soberania nacional não fica vulnerado"[252].

O art. 7º da Lei de Introdução às Normas do Direito Brasileiro estabelece que a lei do país em que domiciliada a pessoa determina as regras sobre o começo e o fim da personalidade, o nome, a capacidade e os direitos de família.

Para qualificar os bens e regular as relações a eles concernentes, deve-se aplicar a lei do país em que estiverem situados (art. 8º da Lei de Introdução às Normas do Direito Brasileiro).

Para qualificar e reger as obrigações, deve-se aplicar a lei do país em que se constituírem (art. 9º da Lei de Introdução às Normas do Direito Brasileiro).

A sucessão por morte ou por ausência obedece à lei do país em que domiciliado o *de cujus* ou o desaparecido, qualquer que seja a natureza e a situação dos bens (art. 10 da Lei de Introdução às Normas

---

250 RODRIGUES, Silvio. *Direito civil*: parte geral. 34. ed. São Paulo: Saraiva, 2003. v. 1. p. 29.

251 RODRIGUES, Silvio. *Direito civil*: parte geral. 34. ed. São Paulo: Saraiva, 2003. v. 1. p. 29-30.

252 RODRIGUES, Silvio. *Direito civil*: parte geral. 34. ed. São Paulo: Saraiva, 2003. v. 1. p. 30.

do Direito Brasileiro). O art. 5º, inciso XXXI, da Constituição Federal de 1988 estabelece que a sucessão de bens de estrangeiros situados no País deve ser regulada pela lei brasileira em benefício do cônjuge ou dos filhos brasileiros, sempre que não lhes seja mais favorável a lei pessoal do *de cujus*.

As organizações destinadas a fins de interesse coletivo, como as sociedades e as fundações, obedecem à lei do Estado em que se constituírem (art. 11 da Lei de Introdução às Normas do Direito Brasileiro).

Não conhecendo a lei estrangeira, o juiz pode exigir de quem a invoca prova do texto e da vigência (art. 14 da Lei de Introdução às Normas do Direito Brasileiro). Nesse sentido, a parte que alegar direito estrangeiro deve provar-lhe o teor e a vigência, se assim o juiz determinar (art. 376 do CPC).

Quando se houver de aplicar a lei estrangeira, deve-se ter em vista a disposição desta, sem considerar-se qualquer remissão por ela feita a outra lei (art. 16 da Lei de Introdução às Normas do Direito Brasileiro)[253].

As leis, atos e sentenças de outro país, bem como quaisquer declarações de vontade, não terão eficácia no Brasil, quando ofenderem a soberania nacional, a ordem pública e os bons costumes (art. 17 da Lei de Introdução às Normas do Direito Brasileiro). Compete ao Superior Tribunal de Justiça processar e julgar, originariamente, a homologação de sentenças estrangeiras e a concessão de *exequatur* às cartas rogatórias (art. 105, inciso I, alínea *i*, da Constituição Federal de 1988, incluída pela Emenda Constitucional 45/2004)[254].

As questões envolvendo conflitos de leis no espaço são disciplinadas pelo Direito Internacional Privado, que determina os limites espaciais da competência legislativa do Estado, quando incidente na relação jurídica a legislação de mais de um Estado soberano[255]. Assim, o mencionado

---

[253] TARTUCE, Flávio. *Direito civil*: lei de introdução e parte geral. 4. ed. São Paulo: Método, 2008. v. 1. p. 39.

[254] A respeito da homologação de decisão estrangeira, cf. GARCIA, Gustavo Filipe Barbosa. *Manual de direito processual civil*. 3. ed. Salvador: Juspodivm, 2021. p. 833-840.

[255] RODRIGUES, Silvio. *Direito civil*: parte geral. 34. ed. São Paulo: Saraiva, 2003. v. 1. p. 29.

ramo do Direito é o conjunto de normas que disciplina qual a lei, se nacional ou estrangeira, a ser aplicada para regular certa relação jurídica[256]. Na realidade, o Direito Internacional Privado integra o Direito objetivo interno do Estado[257], como se observa nas previsões da Lei de Introdução às Normas do Direito Brasileiro a respeito da matéria.

1.16 INTERPRETAÇÃO DO DIREITO CIVIL

Interpretar a norma jurídica significar encontrar o seu verdadeiro sentido e exato alcance, o que se aplica do Direito Civil.

Em se tratando de norma legal, a intepretação tem como objetivo compreender o sentido do seu texto, o significado de seus elementos e os casos abrangidos, reconstruindo a *mens legis*, ou seja, o sentido essencial da lei[258].

Como a norma legal, em regra, é abstrata, a sua aplicação, fazendo incidir a fatos e casos concretos, normalmente exige a interpretação de seu texto. Há casos, ainda, de ambiguidade, imperfeição e falta de técnica na sua redação, exigindo a atuação do intérprete, para que se alcance o real significado do preceito[259].

---

[256] PEREIRA, Caio Mário da Silva. *Instituições de direito civil*: introdução ao direito civil; teoria geral de direito civil. 21. ed., revista e atualizada por Maria Celina Bodin de Moraes. Rio de Janeiro: Forense, 2006. v. 1. p. 170-171: "o direito internacional privado não fornece regras de conduta individual. Não constitui seu objeto regular as relações intersubjetivas ou materiais, entre súditos de Estados vários. Diante de uma situação jurídica disciplinada diversamente por mais de uma legislação e envolvendo efeitos diferentes em decorrência da existência de normas legais em conflito, cabe ao direito internacional privado indicar qual dos sistemas jurídicos fornecerá os princípios de aplicação à espécie. Feito isto, o problema interespacial cessa, e o órgão judicante dirá a palavra jurisdicional na conformidade de regra de direito interno, editada pela legislação apontada".

[257] CASTRO, Amilcar de. *Direito internacional privado*. 5. ed. aum. e atual. com notas de rodapé por Osiris Rocha. Rio de Janeiro: Forense, 1996. p. 76-82. Cf. ainda DOLINGER, Jacob. *Direito internacional privado*: parte geral. 4. ed. Rio de Janeiro: Renovar, 1996. p. 5-6.

[258] MONTEIRO, Washington de Barros; PINTO, Ana Cristina de Barros Monteiro França. *Curso de direito civil*: parte geral. 44. ed. São Paulo: Saraiva, 2012. v. 1. p. 46.

[259] MONTEIRO, Washington de Barros; PINTO, Ana Cristina de Barros Monteiro França. *Curso de direito civil*: parte geral. 44. ed. São Paulo: Saraiva, 2012. v. 1. p. 45-46.

De acordo com Hans Kelsen: "Quando o Direito é aplicado por um órgão jurídico, este necessita de fixar o sentido das normas que vai aplicar, tem de interpretar estas normas. A interpretação é, portanto, uma operação mental que acompanha o processo da aplicação do Direito no seu progredir de um escalão superior para um escalão inferior"[260].

As regras e princípios de interpretação constituem a Hermenêutica Jurídica, como teoria científica da interpretação do Direito[261].

Os modos de interpretação podem ser classificados quanto às fontes, quanto aos meios e quanto aos resultados[262].

Quanto às *fontes*, a interpretação pode ser autêntica, jurisprudencial e doutrinária[263].

A interpretação autêntica é feita pelo mesmo poder que aprovou a norma jurídica. Nesse caso, a lei interpretativa esclarece e determina o sentido exato de outro texto legal[264]. A interpretação autêntica, assim, advém do próprio legislador, por meio de lei posterior, com o fim de declarar o correto sentido de norma legal anterior[265].

Exemplificando, de acordo com o art. 106, inciso I, do Código Tributário Nacional, a lei aplica-se a ato ou fato pretérito quando seja expressamente interpretativa, ficando excluída a aplicação de penalidade à infração dos dispositivos interpretados.

Em verdade, a norma legal tem autonomia em face do órgão que a produziu. A lei, portanto, desprende-se do legislador, para fins de aplicação e interpretação. A própria lei interpretativa, assim, é passível de ser interpretada pelo aplicador da norma. Desse modo, em tese, o

---

260 KELSEN, Hans. *Teoria pura do direito*. 4. ed. Tradução de João Baptista Machado. Coimbra: Armênio Amado Editor, 1976. p. 463.

261 MAXIMILIANO, Carlos. *Hermenêutica e interpretação do direito*. 19. ed. Rio de Janeiro: Forense, 2007. p. 1.

262 MONTEIRO, Washington de Barros; PINTO, Ana Cristina de Barros Monteiro França. *Curso de direito civil*: parte geral. 44. ed. São Paulo: Saraiva, 2012. v. 1. p. 46.

263 MONTEIRO, Washington de Barros; PINTO, Ana Cristina de Barros Monteiro França. *Curso de direito civil*: parte geral. 44. ed. São Paulo: Saraiva, 2012. v. 1. p. 46-47.

264 MONTEIRO, Washington de Barros; PINTO, Ana Cristina de Barros Monteiro França. *Curso de direito civil*: parte geral. 44. ed. São Paulo: Saraiva, 2012. v. 1. p. 46.

265 RODRIGUES, Silvio. *Direito civil*: parte geral. 34. ed. São Paulo: Saraiva, 2003. v. 1. p. 24.

texto legal pode ser interpretado em sentido diverso da interpretação feita pelo órgão que a produziu[266].

A interpretação jurisprudencial é realizada pelos juízes e tribunais, por meio do julgamento reiterado de casos sobre a mesma matéria[267]. As normas jurídicas são interpretadas por juízes e tribunais para a aplicação aos feitos submetidos a julgamento, com o objetivo de pacificação dos conflitos por meio da atuação da jurisdição.

Há hipóteses em que a jurisprudência é vinculante, como se observa nos arts. 489, § 1º, inciso VI, e 927 do CPC. Mesmo quando isso não ocorre, o entendimento jurisprudencial consolidado, ao interpretar os preceitos jurídicos, apresentam eficácia persuasiva, sendo normalmente observados.

A interpretação doutrinária é feita pelos doutrinadores, ou seja, pelos juristas, por meio de lições contidas em obras e textos, no âmbito da ciência do Direito. Embora não seja vinculante, a interpretação doutrinária, realizada por meio de métodos científicos, exerce relevante papel, podendo nortear a aplicação das normas jurídicas.

Quanto aos *meios* ou *técnicas*, a interpretação pode ser gramatical, lógica, histórica, sistemática e teleológica[268].

A *interpretação gramatical* é feita de acordo com as regras linguísticas, verificando a literalidade do texto normativo, conforme o significado das palavras nele contidas, a pontuação e outras regras gramaticais[269].

A *interpretação lógica* é realizada em consonância com os recursos da lógica, buscando a harmonia e coerência das partes integrantes do texto normativo, analisado como conjunto orgânico[270].

---

266 MONTEIRO, Washington de Barros; PINTO, Ana Cristina de Barros Monteiro França. *Curso de direito civil*: parte geral. 44. ed. São Paulo: Saraiva, 2012. v. 1. p. 47.

267 MONTEIRO, Washington de Barros; PINTO, Ana Cristina de Barros Monteiro França. *Curso de direito civil*: parte geral. 44. ed. São Paulo: Saraiva, 2012. v. 1. p. 47.

268 MONTEIRO, Washington de Barros; PINTO, Ana Cristina de Barros Monteiro França. *Curso de direito civil*: parte geral. 44. ed. São Paulo: Saraiva, 2012. v. 1. p. 47-48.

269 MONTEIRO, Washington de Barros; PINTO, Ana Cristina de Barros Monteiro França. *Curso de direito civil*: parte geral. 44. ed. São Paulo: Saraiva, 2012. v. 1. p. 47.

270 MONTEIRO, Washington de Barros; PINTO, Ana Cristina de Barros Monteiro França. *Curso de direito civil*: parte geral. 44. ed. São Paulo: Saraiva, 2012. v. 1. p. 47.

A *interpretação histórica* é feita levando em consideração o contexto histórico em que a norma jurídica foi elaborada, as necessidades e circunstâncias que provocaram a sua produção. Examinam-se ainda os trabalhos e os debates que antecederam a aprovação da lei[271]. São considerados os motivos que provocaram a elaboração da lei, existentes na ocasião de sua aprovação (*occasio legis*). Busca-se a intenção do legislador (*mens legislatoris*) e a razão de ser da norma legal (*ratio legis*), isto é, a sua finalidade[272].

Registre-se ainda a *interpretação histórico-evolutiva*, no sentido de se interpretar a norma jurídica levando em consideração as mudanças ocorridas desde o seu surgimento até o momento da aplicação, ou seja, adaptando-a conforme as condições da atualidade[273].

A *interpretação sistemática* é realizada considerando a norma jurídica não de forma isolada, mas de acordo com o sistema jurídico. O texto normativo, assim, deve ser interpretado levando em consideração outras previsões com ele relacionadas, buscando a harmonia do conjunto normativo[274].

A *interpretação teleológica* é feita de acordo com o objetivo pretendido pela norma jurídica, isto é, o fim a que a lei se destina[275]. Procura-se verificar a sua finalidade social.

Nos termos do art. 5º da Lei de Introdução às Normas do Direito Brasileiro, na aplicação da lei, o juiz atenderá aos fins sociais a que ela se dirige e às exigências do bem comum.

Os *fins sociais* podem ser entendidos como os objetivos fundamentais do sistema jurídico constitucional para a harmonia da vida em sociedade e o bem-estar de todos[276].

---

[271] RODRIGUES, Silvio. *Direito civil*: parte geral. 34. ed. São Paulo: Saraiva, 2003. v. 1. p. 24.

[272] MONTEIRO, Washington de Barros; PINTO, Ana Cristina de Barros Monteiro França. *Curso de direito civil*: parte geral. 44. ed. São Paulo: Saraiva, 2012. v. 1. p. 47.

[273] VIDAL NETO, Pedro. *Estudo sobre a interpretação e aplicação do direito do trabalho*. 1985. Tese (Livre-docência) – Faculdade de Direito, Universidade de São Paulo, São Paulo. p. 50-51.

[274] MONTEIRO, Washington de Barros; PINTO, Ana Cristina de Barros Monteiro França. *Curso de direito civil*: parte geral. 44. ed. São Paulo: Saraiva, 2012. v. 1. p. 48.

[275] RODRIGUES, Silvio. *Direito civil*: parte geral. 34. ed. São Paulo: Saraiva, 2003. v. 1. p. 25.

[276] MONTEIRO, Washington de Barros; PINTO, Ana Cristina de Barros Monteiro França. *Curso de direito civil*: parte geral. 44. ed. São Paulo: Saraiva, 2012. v. 1. p. 48: "Acreditamos, to-

Nesse sentido, constituem objetivos fundamentais da República Federativa do Brasil: I – construir uma sociedade livre, justa e solidária; II – garantir o desenvolvimento nacional; III – erradicar a pobreza e a marginalização e reduzir as desigualdades sociais e regionais; IV – promover o bem de todos, sem preconceitos de origem, raça, sexo, cor, idade e quaisquer outras formas de discriminação (art. 3º da Constituição Federal de 1988).

O *bem comum* diz respeito à justiça social, cabendo ao sistema jurídico se voltar ao benefício de todos, para que a sociedade seja mais equânime, com a observância dos preceitos de isonomia e liberdade[277].

Na esfera constitucional, a ordem social tem como base o primado do trabalho, e como objetivo o bem-estar e a justiça sociais (art. 193 da Constituição da República).

Nesse contexto, segundo a Encíclica *Quadragesimo Anno*, do Papa Pio XI, de 1931, as instituições públicas devem moldar toda a sociedade às exigências do bem comum, isto é, às normas da justiça social (n. 110).

De modo mais amplo, conforme o art. 8º do Código de Processo Civil, ao aplicar o ordenamento jurídico, o juiz atenderá aos fins sociais e às exigências do bem comum, resguardando e promovendo a dignidade da pessoa humana e observando a proporcionalidade, a razoabilidade, a legalidade, a publicidade e a eficiência.

Os diversos meios ou técnicas de interpretação podem ser utilizados em conjunto, pois se completam[278].

Quanto aos *resultados*, a interpretação pode ser declarativa, extensiva e restritiva[279].

---

davia, que *fins sociais* são resultantes das linhas mestras traçadas pelo ordenamento político e visando ao bem-estar e à prosperidade do indivíduo e da sociedade" (destaques do original).

[277] MONTEIRO, Washington de Barros; PINTO, Ana Cristina de Barros Monteiro França. *Curso de direito civil*: parte geral. 44. ed. São Paulo: Saraiva, 2012. v. 1. p. 48: "Por seu turno, *exigências do bem comum* são os elementos que impelem os homens para um ideal de justiça, aumentando-lhes a felicidade e contribuindo para o seu aprimoramento" (destaques do original).

[278] DINIZ, Maria Helena. *Curso de direito civil brasileiro*: teoria geral do direito civil. 29. ed. São Paulo: Saraiva, 2012. v. 1. p. 82.

[279] MONTEIRO, Washington de Barros; PINTO, Ana Cristina de Barros Monteiro França. *Curso de direito civil*: parte geral. 44. ed. São Paulo: Saraiva, 2012. v. 1. p. 48.

Na interpretação declarativa, a letra do texto normativo corresponde exatamente ao que se pretendeu estabelecer. Na interpretação extensiva ou ampliativa, como a literalidade do texto normativo diz menos do que realmente se pretendeu, cabe ao intérprete ampliar o seu comando. Na interpretação restritiva, como a letra do texto normativo diz mais do que realmente pretendeu, cabe ao intérprete restringir o seu comando[280].

Entende-se que as previsões normativas excepcionais devem ser interpretadas estritamente, ou seja, de modo não ampliativo, o mesmo ocorrendo com os dispositivos que estabelecem penalidades[281].

Cabe fazer referência, ainda, à *interpretação conforme a Constituição*, decorrente da supremacia hierárquica das normas constitucionais (no caso das Constituições rígidas), bem como da presunção de constitucionalidade das leis. Nesse enfoque, as leis e emendas constitucionais, quando permitirem interpretação em harmonia com a Constituição, não devem ser declaradas inconstitucionais[282]. Assim, se a norma jurídica apresentar diversas interpretações possíveis, deve ser adotada aquela que esteja em consonância com a Constituição, evitando a declaração de sua inconstitucionalidade[283].

O Código Civil de 2002 estabelece normas de interpretação quanto aos negócios jurídicos, como se verifica nos arts. 112 a 114[284]. Cf. Capítulo 11, item 11.9.

---

280 DINIZ, Maria Helena. *Curso de direito civil brasileiro*: teoria geral do direito civil. 29. ed. São Paulo: Saraiva, 2012. v. 1. p. 82-83.

281 MONTEIRO, Washington de Barros; PINTO, Ana Cristina de Barros Monteiro França. *Curso de direito civil*: parte geral. 44. ed. São Paulo: Saraiva, 2012. v. 1. p. 49.

282 BONAVIDES, Paulo. *Curso de direito constitucional*. 18. ed. São Paulo: Malheiros, 2006. p. 518.

283 MORAES, Alexandre de. *Jurisdição constitucional e tribunais constitucionais*: garantia suprema da constituição. 2. ed. São Paulo: Atlas, 2003. p. 274-275: "Portanto, não terá cabimento a *interpretação conforme a Constituição* quando contrariar texto expresso da lei, que não permita qualquer interpretação em conformidade com a Constituição, pois o Poder Judiciário não poderá, substituindo-se ao Poder Legislativo (leis) ou Executivo (medidas provisórias), atuar como *legislador positivo*, de forma a criar um novo texto legal. Nessas hipóteses, o Judiciário deverá declarar a inconstitucionalidade da lei ou do ato normativo incompatível com a Constituição. A finalidade, portanto, dessa regra interpretativa é possibilitar a manutenção no ordenamento jurídico das leis e atos normativos editados pelo poder competente que guardem valor interpretativo compatível com o texto constitucional" (destaques do original).

284 MONTEIRO, Washington de Barros; PINTO, Ana Cristina de Barros Monteiro França. *Curso de direito civil*: parte geral. 44. ed. São Paulo: Saraiva, 2012. v. 1. p. 49.

1.17 INTEGRAÇÃO DO DIREITO CIVIL

Reconhece-se que a lei, mesmo no Direito Civil, não consegue prever todos os fatos que possam ocorrer na vida em sociedade. Além disso, os textos legais são normalmente genéricos e abstratos, não sendo adequada a previsão casuística de todas as situações específicas possíveis, pois tornaria a legislação extremamente extensa e de difícil compreensão. Com isso, surgem casos que não são reguladas de forma expressa pela lei, cabendo a quem a aplica suprir a lacuna, ou seja, a omissão da norma legal[285].

Confirmando o exposto, o art. 140 do CPC dispõe que o juiz não se exime de decidir sob a alegação de lacuna ou obscuridade do ordenamento jurídico.

A integração do Direito Civil, assim, tem como objetivo suprir a omissão da norma legal, de modo que o ordenamento jurídico se torne completo. As formas de integração são a analogia, os costumes e os princípios gerais de direito[286].

Nesse sentido, conforme o art. 4º da Lei de Introdução às Normas do Direito Brasileiro, quando a lei for omissa, o juiz decidirá o caso de acordo com a analogia, os costumes e os princípios gerais de direito. Registre-se o entendimento de que o juiz deve utilizar essas técnicas, na ordem indicada no dispositivo legal, quando se deparar com a lacuna da lei[287].

A *analogia* é a aplicação de dispositivo legal a hipótese semelhante à prevista na norma jurídica[288]. Quando a lei regula certa situação, mas outro fato similar não é regulado expressamente por nenhuma norma legal, a analogia permite a aplicação daquela lei para esse caso não disciplinado[289].

---

[285] MONTEIRO, Washington de Barros; PINTO, Ana Cristina de Barros Monteiro França. *Curso de direito civil*: parte geral. 44. ed. São Paulo: Saraiva, 2012. v. 1. p. 50.

[286] MONTEIRO, Washington de Barros; PINTO, Ana Cristina de Barros Monteiro França. *Curso de direito civil*: parte geral. 44. ed. São Paulo: Saraiva, 2012. v. 1. p. 51.

[287] RODRIGUES, Silvio. *Direito civil*: parte geral. 34. ed. São Paulo: Saraiva, 2003. v. 1. p. 21.

[288] MONTEIRO, Washington de Barros; PINTO, Ana Cristina de Barros Monteiro França. *Curso de direito civil*: parte geral. 44. ed. São Paulo: Saraiva, 2012. v. 1. p. 51.

[289] PEREIRA, Caio Mário da Silva. *Instituições de direito civil*: introdução ao direito civil; teoria geral de direito civil. 21. ed., revista e atualizada por Maria Celina Bodin de Moraes. Rio de Janeiro: Forense, 2006. v. 1. p. 73: "É preciso isolar o fato, já regulado,

A utilização da analogia exige os seguintes requisitos: o fato em discussão não seja regulado de forma específica pela lei; a lei regule situação diversa, mas semelhante; o ponto comum entre as duas situações (a prevista e a não prevista em lei) seja o aspecto decisivo para se estabelecer a regra que discipline o caso em discussão. Nesse sentido, para fatos semelhantes deve haver regras semelhantes[290]. Na mesma linha, se houver a mesma razão, o direito deve ser o mesmo (*ubi eadem ratio, idem jus*)[291].

A analogia legal (analogia *legis*) é realizada por meio da própria lei, ou seja, quando se aplica uma norma, presente na legislação, para outra situação, não prevista, mas semelhante àquela disciplinada na lei. Nesse caso, são extraídos da norma legal que versa sobre determinado fato os elementos que permitem a sua aplicação a outra hipótese similar[292].

A analogia jurídica (analogia *juris*) decorre da aplicação dos princípios gerais que regulam certo instituto jurídico, ou quando a norma para regular a situação não prevista em lei é extraída do conjunto do ordenamento jurídico[293].

A analogia não se confunde com a interpretação extensiva, pois nesta a situação é prevista na norma legal, a qual é interpretada de modo mais abrangente do que a literalidade do seu texto[294].

---

dos seus elementos acidentais e acessórios, e fixar o dispositivo essencial depurado dos fatos secundários, o pensamento central do legislador em relação com o fenômeno tratado e disciplinado. Colhida a relação de semelhança com a situação em exame, analisa-a à sua vez nos seus aspectos fundamentais, e só então, apurada a similitude de espécies, impõe-lhe a norma".

290 MONTEIRO, Washington de Barros; PINTO, Ana Cristina de Barros Monteiro França. *Curso de direito civil*: parte geral. 44. ed. São Paulo: Saraiva, 2012. v. 1. p. 51.

291 RODRIGUES, Silvio. *Direito civil*: parte geral. 34. ed. São Paulo: Saraiva, 2003. v. 1. p. 21.

292 MONTEIRO, Washington de Barros; PINTO, Ana Cristina de Barros Monteiro França. *Curso de direito civil*: parte geral. 44. ed. São Paulo: Saraiva, 2012. v. 1. p. 52.

293 MONTEIRO, Washington de Barros; PINTO, Ana Cristina de Barros Monteiro França. *Curso de direito civil*: parte geral. 44. ed. São Paulo: Saraiva, 2012. v. 1. p. 52. Cf. ainda PEREIRA, Caio Mário da Silva. *Instituições de direito civil*: introdução ao direito civil; teoria geral de direito civil. 21. ed., revista e atualizada por Maria Celina Bodin de Moraes. Rio de Janeiro: Forense, 2006. v. 1. p. 73.

294 MONTEIRO, Washington de Barros; PINTO, Ana Cristina de Barros Monteiro França. *Curso de direito civil*: parte geral. 44. ed. São Paulo: Saraiva, 2012. v. 1. p. 52.

A analogia não é admitida nas leis penais, não se podendo considerar crime o que não está assim previsto em lei. De acordo com o art. 5º, inciso XXXIX, da Constituição Federal de 1988, não há crime sem lei anterior que o defina, nem pena sem prévia cominação legal. No mesmo sentido dispõe o art. 1º do Código Penal. No Direito Penal, admite-se a analogia apenas se beneficiar o agente[295].

A analogia não é admitida nas leis excepcionais, pois as situações nelas não previstas devem ser reguladas pelas leis gerais.

Da mesma forma, a analogia não é admitida nas leis tributárias, não se admitindo a exigência de tributo não previsto em lei. Conforme o art. 108, § 1º, do Código Tributário Nacional, o emprego da analogia não pode resultar na exigência de tributo não previsto em lei.

Os *costumes* já foram estudados anteriormente, ao se analisar as fontes do Direito. Trata-se da prática reiterada e uniforme de certa conduta, considerada obrigatória e necessária pela comunidade[296]. Cf. item 1.12.

Os *princípios gerais de direito* são preceitos normativos mais genéricos que dão sustentação ao sistema jurídico. Abrangem, assim, as disposições normativas fundamentais do ordenamento jurídico, que inspiram a criação e norteiam a interpretação e a aplicação das demais normas jurídicas. Ainda que não sejam enunciados de maneira expressa, esses princípios estão presente no sistema jurídico[297]. Exemplificando, podem ser mencionados os seguintes preceitos: viver honestamente; dar a cada um o que é seu; a ninguém se deve lesar[298].

---

295 MONTEIRO, Washington de Barros; PINTO, Ana Cristina de Barros Monteiro França. *Curso de direito civil*: parte geral. 44. ed. São Paulo: Saraiva, 2012. v. 1. p. 52.

296 RODRIGUES, Silvio. *Direito civil*: parte geral. 34. ed. São Paulo: Saraiva, 2003. v. 1. p. 21-22.

297 MONTEIRO, Washington de Barros; PINTO, Ana Cristina de Barros Monteiro França. *Curso de direito civil*: parte geral. 44. ed. São Paulo: Saraiva, 2012. v. 1. p. 54.

298 BITTAR, Carlos Alberto. *Curso de direito civil*. Rio de Janeiro: Forense Universitária, 1994. v. 1. p. 10: "Alguns princípios, no entanto, sobrepairam a essas diversidades e mantêm-se como universais, eis que enraizados na própria consciência coletiva e traduzidos sob máximas, que informam os sistemas jurídicos, a saber, as de *honeste vivere, neminem laedere* e *suum cuique tribuere* (viver honestamente; a ninguém lesar; e dar a cada um o que é seu)".

Como as lacunas da lei são supridas por meio da analogia, dos costumes e dos princípios gerais de direito, o sistema jurídico se caracteriza pela completude[299]. Há entendimento, assim, de que as lacunas são da lei, e não do Direito objetivo em seu todo[300].

Cabe fazer referência, ainda, à *equidade*.

A equidade permite que o juiz amenize o rigor da norma jurídica abstrata, considerando as especificidades do caso concreto, para que se alcance o ideal de justiça[301] (*epiqueia*)[302]. Trata-se do julgamento *com* equidade[303], em que esta tem natureza de critério de aplicação da lei[304].

Entretanto, a equidade não pode ser utilizada para modificar ou revogar a previsão legal que seja clara e expressa[305], com a justificativa

---

299 BOBBIO, Norberto. *Teoria do ordenamento jurídico*. 10. ed. Tradução de Maria Celeste Cordeiro Leite dos Santos. Revisão técnica de Claudio De Cicco. Brasília: Universidade de Brasília, 1997. p. 15: "Por 'completude' entende se a propriedade pela qual um ordenamento jurídico tem uma norma para regular qualquer caso. [...] 'completude' significa 'falta de lacunas'. Em outras palavras, um ordenamento é completo quando o juiz pode encontrar nele uma norma para regular qualquer caso que se lhe apresente, ou melhor, não há caso que não possa ser regulado com uma norma tirada do sistema".

300 REALE, Miguel. *Lições preliminares de direito*. 18. ed. São Paulo: Saraiva, 1991. p. 283: "A lei tem lacunas, tem claros, mas o Direito interpretado como ordenamento da vida, este não pode ter lacunas, porque deverá ser encontrada, sempre, uma solução para cada conflito de interesses".

301 MONTEIRO, Washington de Barros; PINTO, Ana Cristina de Barros Monteiro França. *Curso de direito civil*: parte geral. 44. ed. São Paulo: Saraiva, 2012. v. 1. p. 55. Cf. ainda PEREIRA, Caio Mário da Silva. Instituições de direito civil: introdução ao direito civil; teoria geral de direito civil. 21. ed., revista e atualizada por Maria Celina Bodin de Moraes. Rio de Janeiro: Forense, 2006. v. 1. p. 76: "Equiparada ou aproximada ao conceito de justiça ideal, a equidade impede que o rigor dos preceitos se converta em atentado ao próprio direito, contra o que Cícero já se insurgia ao proclamar: *summum ius, summa iniuria*".

302 DELGADO, Mauricio Godinho. *Curso de direito do trabalho*. 17. ed. São Paulo: LTr, 2018. p. 204: "De acordo com a primeira de tais concepções (de matriz grega, em especial fundada na teorização de *Aristóteles*), equidade (*epiqueia*) traduz a retificação das disposições da lei, corrigindo as injustiças do comando abstrato perante a situação fática concreta" (destaques do original).

303 GAGLIANO, Pablo Stolze; PAMPLONA FILHO, Rodolfo. *Novo curso de direito civil*: parte geral. 6. ed. São Paulo: Saraiva, 2005. v. 1. p. 28: "decisão *com* equidade: é toda decisão que se pretende estar de acordo com o direito, enquanto ideal supremo de justiça" (destaques do original).

304 GOMES, Orlando. *Introdução ao direito civil*. 19. ed., revista, atualizada e aumentada por Edvaldo Brito e Reginalda Paranhos de Brito. Rio de Janeiro: Forense, 2007. p. 46.

305 MONTEIRO, Washington de Barros; PINTO, Ana Cristina de Barros Monteiro França. *Curso de direito civil*: parte geral. 44. ed. São Paulo: Saraiva, 2012. v. 1. p. 56.

de que não se adequa ao critério subjetivo de justiça do aplicador ou intérprete, sob pena de gerar insegurança jurídica e violar o princípio da legalidade (art. 5º, inciso II, da Constituição Federal de 1988).

A equidade, como ideal de justiça, também deve permear todo o Direito e ser considerada na formação da lei[306].

Em outra concepção, a equidade significa a justiça do caso concreto (*aequitas*)[307]. Trata-se do julgamento *por* equidade[308], em que esta tem natureza de fonte do Direito[309]. Conforme o art. 140, parágrafo único, do Código de Processo Civil, o juiz só decidirá por equidade nos casos previstos em lei. Vale dizer, para que o caso possa ser decidido por equidade há necessidade de expressa autorização pela lei[310].

Como exemplo, nos procedimentos de jurisdição voluntária, o juiz não é obrigado a observar critério de legalidade estrita, podendo adotar em cada caso a solução que considerar mais conveniente ou oportuna (art. 723, parágrafo único, do CPC)[311]. Ainda assim, cabe ao juiz fundamentar a decisão (art. 93, inciso IX, da Constituição Federal de 1988), considerando as peculiaridades da situação sob julgamento, adotando a solução que se revele mais justa[312]. A arbi-

---

306 MONTEIRO, Washington de Barros; PINTO, Ana Cristina de Barros Monteiro França. *Curso de direito civil*: parte geral. 44. ed. São Paulo: Saraiva, 2012. v. 1. p. 55-56.

307 DELGADO, Mauricio Godinho. *Curso de direito do trabalho*. 17. ed. São Paulo: LTr, 2018. p. 204: "De acordo com a segunda das concepções (de matriz romana), a equidade (*aequitas*) aproxima-se de um processo de criação de regras jurídicas, assumindo, portanto, caráter de fonte normativa".

308 GAGLIANO, Pablo Stolze; PAMPLONA FILHO, Rodolfo. *Novo curso de direito civil*: parte geral. 6. ed. São Paulo: Saraiva, 2005. v. 1. p. 28: "decisão *por* equidade: é toda decisão que tem por base a consciência e percepção de justiça do julgador, que não precisa estar preso a regras de direito positivo e métodos preestabelecidos de interpretação" (destaques do original).

309 GOMES, Orlando. *Introdução ao direito civil*. 19. ed., revista, atualizada e aumentada por Edvaldo Brito e Reginalda Paranhos de Brito. Rio de Janeiro: Forense, 2007. p. 46: "A *equidade* é tida, em casos excepcionais, como *fonte de Direito*, quando a própria lei comete ao juiz a atribuição de julgar consoante seus ditames" (destaques do original).

310 MONTEIRO, Washington de Barros; PINTO, Ana Cristina de Barros Monteiro França. *Curso de direito civil*: parte geral. 44. ed. São Paulo: Saraiva, 2012. v. 1. p. 55.

311 GRECO FILHO, Vicente. *Direito processual civil brasileiro*. 21. ed. São Paulo: Saraiva, 2012. v. 3. p. 324: "Essa regra é considerada uma espécie de julgamento por equidade, que dá ao juiz maior liberdade de atuação na aplicação da regra legal".

312 MARCATO, Antonio Carlos. *Procedimentos especiais*. 17. ed. São Paulo: Atlas, 2017. p. 317-318.

tragem[313] pode ser de direito ou de equidade, a critério das partes (art. 2º da Lei 9.307/1996).

A equidade também exerce função integrativa[314], podendo ser aplicada na omissão de lei que regule o caso concreto[315]. Nesse sentido, se ausente lei que discipline certa situação, uma vez esgotados ou insuficientes os meios de integração previstos no art. 4º da Lei de Introdução às Normas do Direito Brasileiro (analogia, costumes e princípios gerais de direito), a equidade pode ser utilizada para regular o caso concreto[316].

Na falta de disposições legais ou contratuais, o art. 8º da Consolidação das Leis do Trabalho prevê, entre outros critérios, a decisão por equidade.

Na ausência de disposição expressa, a autoridade competente para aplicar a legislação tributária utilizará, como último critério, a equidade (art. 108, inciso IV, do Código Tributário Nacional). O emprego da equidade não pode resultar na dispensa do pagamento de tributo devido (art. 108, § 2º, do CTN).

---

313 As pessoas capazes de contratar podem valer-se da arbitragem para dirimir litígios relativos a direitos patrimoniais disponíveis (art. 1º da Lei 9.307/1996).

314 GOMES, Orlando. *Introdução ao direito civil*. 19. ed., revista, atualizada e aumentada por Edvaldo Brito e Reginalda Paranhos de Brito. Rio de Janeiro: Forense, 2007. p. 47.

315 REALE, Miguel. *Lições preliminares de direito*. 18. ed. São Paulo: Saraiva, 1991. p. 294.

316 DINIZ, Maria Helena. *Compêndio de introdução à ciência do direito*. 19. ed. São Paulo: Saraiva, 2008. p. 478-479.

CAPÍTULO

2

PESSOAS NATURAIS

2.1 CONCEITO

O direito subjetivo, como anteriormente estudado, é a faculdade ou o poder de exigir o que está previsto na norma jurídica. Trata-se da prerrogativa assegurada ao titular do direito, que decorre da norma objetiva[1]. Na relação jurídica, como relação social regida pelo Direito[2], o elemento subjetivo é o sujeito ou a pessoa, titular do direito subjetivo[3].

Todo direito subjetivo, em regra, tem um sujeito, pois cabe ao Direito objetivo proteger os interesses das pessoas na vida em so-

---

1 RODRIGUES, Silvio. *Direito civil*: parte geral. 34. ed. São Paulo: Saraiva, 2003. v. 1. p. 34.

2 MIRANDA, Pontes de. *Tratado de direito privado*: parte geral. Rio de Janeiro: Borsoi, 1954. t. 1. p. 117: "Relação jurídica é a relação inter-humana, a que a regra jurídica, incidindo sobre os fatos, torna jurídica".

3 MONTEIRO, Washington de Barros; PINTO, Ana Cristina de Barros Monteiro França. *Curso de direito civil*: parte geral. 44. ed. São Paulo: Saraiva, 2012. v. 1. p. 71.

ciedade. A relação jurídica é o vínculo entre um sujeito ativo (titular do direito subjetivo) e um sujeito passivo (titular do dever jurídico). O sujeito passivo deve cumprir a obrigação em face do primeiro, ou abster-se de comportamento que possa prejudicar o direito daquele[4].

Como exemplo, no âmbito das obrigações, envolvendo direitos pessoais, o contrato faz surgir o vínculo jurídico entre o credor (sujeito ativo) e o devedor (sujeito passivo), em que o primeiro pode exigir deste a prestação, que consiste em dar, fazer ou não fazer algo[5].

Nos direitos reais, o sujeito ativo é titular do direito, mas o sujeito passivo nem sempre se apresenta de forma nítida. Na concepção clássica, o direito real seria o vínculo jurídico entre uma pessoa e uma coisa. Entretanto, entende-se que essa conceituação não é adequada, pois todo direito envolve uma relação entre sujeitos. Sendo assim, mesmo no direito real, a relação jurídica deve ter um sujeito ativo, um sujeito passivo e um objeto. Por exemplo, no direito de propriedade, o sujeito ativo é o titular do domínio e os sujeitos passivos são todas as outras pessoas, de forma universal. Nesse sentido, todas as demais pessoas têm o dever de se abster da prática de atos que possam prejudicar o direito do sujeito ativo (proprietário). Trata-se de dever passivo, de caráter negativo e abrangência universal[6].

Entende-se por relação jurídica a relação social que o ordenamento jurídico, por considerar relevante, disciplina. A relação jurídica é estabelecida entre sujeitos, sabendo-se que o Direito tem como objetivo regular os interesses das pessoas na sociedade. Os sujeitos das relações jurídicas são normalmente os seres humanos (pessoas naturais) ou as pessoas jurídicas, que também podem ser titulares de direitos. Ainda assim, entende-se que essas entidades são previstas com o objetivo de alcançar interesses humanos[7].

---

4 RODRIGUES, Silvio. *Direito civil*: parte geral. 34. ed. São Paulo: Saraiva, 2003. v. 1. p. 34.

5 RODRIGUES, Silvio. *Direito civil*: parte geral. 34. ed. São Paulo: Saraiva, 2003. v. 1. p. 34.

6 RODRIGUES, Silvio. *Direito civil*: parte geral. 34. ed. São Paulo: Saraiva, 2003. v. 1. p. 34-35.

7 RODRIGUES, Silvio. *Direito civil*: parte geral. 34. ed. São Paulo: Saraiva, 2003. v. 1. p. 35.

Em termos etimológicos, a palavra pessoa tem origem no latim *persona*[8]. No teatro da antiguidade romana, tinha o sentido de máscara, utilizada pelos atores para produzir eco às palavras. Designava, ainda, "a máscara dos ancestrais que se apresentava nos cortejos fúnebres"[9]. *Personare* significava fazer ressoar. Vale dizer, a máscara, denominada *persona*, fazia ressoar a voz da pessoa. Houve mudança no sentido do vocábulo pessoa, que evoluiu para expressar o papel representado pelo ator, em seguida a atuação do indivíduo no cenário jurídico e, por fim, passou a significar o indivíduo que atua na esfera jurídica[10]. Com isso, chegou-se à concepção de que pessoa é "o ser humano nas suas relações sociais e jurídicas"[11].

O vocábulo pessoa pode ser entendido em sentidos diversos. No sentido vulgar, pessoa significa o ser humano. Entretanto, na esfera jurídica, há entes que são sujeitos de direitos e, assim, reconhecidos como pessoas, embora não sejam seres humanos, como as pessoas jurídicas. Além disso, em tempos pretéritos, na antiguidade grega e romana, os escravos não eram considerados sujeitos de direito[12]. No sentido filosófico, pessoa é o ente que realiza o seu fim e a sua atividade de forma consciente, como é o ser humano ou a coletividade que preencha esses requisitos[13].

Em termos jurídicos, pessoa é o ente físico ou moral que pode ser sujeito de direitos e deveres. Pessoa, assim, é sujeito da relação jurídica[14]. Todo ser humano é pessoa, e, portanto, sujeito de direito.

---

8 AZEVEDO, Álvaro Villaça. *Teoria geral do direito civil*: parte geral. São Paulo: Atlas, 2012. p. 5.

9 LOPES, Miguel Maria de Serpa. *Curso de direito civil*: introdução, parte geral e teoria geral dos negócios jurídicos. 9. ed., revista e atualizada por José Serpa de Santa Maria Rio de Janeiro: Freitas Bastos, 2000. v. 1. p. 281.

10 MONTEIRO, Washington de Barros; PINTO, Ana Cristina de Barros Monteiro França. *Curso de direito civil*: parte geral. 44. ed. São Paulo: Saraiva, 2012. v. 1. p. 71.

11 AMARAL, Francisco. *Direito civil*: introdução. 3. ed. Rio de Janeiro: Renovar, 2000. p. 214.

12 AZEVEDO, Álvaro Villaça. *Teoria geral do direito civil*: parte geral. São Paulo: Atlas, 2012. p. 6.

13 MONTEIRO, Washington de Barros; PINTO, Ana Cristina de Barros Monteiro França. *Curso de direito civil*: parte geral. 44. ed. São Paulo: Saraiva, 2012. v. 1. p. 72.

14 GOMES, Orlando. *Introdução ao direito civil*. 19. ed., revista, atualizada e aumentada por Edvaldo Brito e Reginalda Paranhos de Brito. Rio de Janeiro: Forense, 2007. p. 128:

No entanto, também têm personalidade jurídica certas entidades e organizações voltadas a fins ou interesses comuns. O direito subjetivo pode ter como sujeito ou titular um ser humano ou um ente personalizado[15].

No Direito objetivo, as duas modalidades de pessoas reconhecidas pelo sistema jurídico são a pessoa natural ou física (ser humano) e a pessoa jurídica (pessoa moral ou pessoa coletiva)[16].

2.2 PESSOA NATURAL NA ORDEM CIVIL

Toda pessoa é capaz de direitos e deveres na ordem civil, conforme prevê o art. 1º do Código Civil. Vale dizer, na ordem jurídica civil, todos os seres humanos, sem qualquer distinção, como de sexo, idade, raça, cor, estado civil ou nacionalidade, são pessoas[17].

A razão de ser do Direito é a relação entre os seres humanos em sociedade, isto é, o seu objetivo é reger as relações sociais entre pessoas. Os animais são protegidos pelo sistema jurídico, mas não são pessoas[18]. Logo, na concepção tradicional, não são sujeitos de direito[19]. Essa proteção também alcança a fauna e a flora, compondo o meio ambiente natural. Nesse contexto, todos têm direito ao meio ambiente ecologicamente equilibrado, bem de uso comum do povo e

---

"*Sujeito de direito* é a pessoa a quem a lei atribui a faculdade ou a obrigação de agir, exercendo poderes ou cumprindo deveres" (destaques do original).

15 MONTEIRO, Washington de Barros; PINTO, Ana Cristina de Barros Monteiro França. *Curso de direito civil*: parte geral. 44. ed. São Paulo: Saraiva, 2012. v. 1. p. 72.

16 MONTEIRO, Washington de Barros; PINTO, Ana Cristina de Barros Monteiro França. *Curso de direito civil*: parte geral. 44. ed. São Paulo: Saraiva, 2012. v. 1. p. 72. Cf. ainda DINIZ, Maria Helena. *Curso de direito civil*: teoria geral do direito civil. 29. ed. São Paulo: Saraiva, 2012. v. 1. p. 129: "Para a doutrina tradicional 'pessoa' é o ente físico ou coletivo suscetível de direitos e obrigações, sendo sinônimo de sujeito de direito".

17 MONTEIRO, Washington de Barros; PINTO, Ana Cristina de Barros Monteiro França. *Curso de direito civil*: parte geral. 44. ed. São Paulo: Saraiva, 2012. v. 1. p. 73.

18 AZEVEDO, Álvaro Villaça. *Teoria geral do direito civil*: parte geral. São Paulo: Atlas, 2012. p. 6.

19 MONTEIRO, Washington de Barros; PINTO, Ana Cristina de Barros Monteiro França. *Curso de direito civil*: parte geral. 44. ed. São Paulo: Saraiva, 2012. v. 1. p. 73.

essencial à sadia qualidade de vida, impondo-se ao poder público e à coletividade o dever de defendê-lo e preservá-lo para as gerações presentes e futuras (art. 225 da Constituição Federal de 1988). Para assegurar a efetividade desse direito, incumbe ao poder público proteger a fauna e a flora, sendo vedadas, na forma da lei, as práticas que coloquem em risco sua função ecológica, provoquem a extinção de espécies ou submetam os animais a crueldade (art. 225, § 1º, inciso VII, da Constituição da República).

Na evolução histórica do Direito, houve épocas em que escravos e estrangeiros não eram considerados sujeitos de direito, sendo os primeiros equiparados a coisas, como se observava na antiguidade grega[20] e romana[21], concepção esta já superada na civilização contemporânea[22].

No Estado Democrático de Direito, todos são iguais perante a lei, sem distinção de qualquer natureza, garantindo-se aos brasileiros e aos estrangeiros residentes no País a inviolabilidade do direito à vida, à liberdade, à igualdade, à segurança e à propriedade, nos termos do art. 5º da Constituição Federal de 1988. Homens e mulheres são iguais em direitos e obrigações, nos termos da Constituição da República (art. 5º, inciso I). Não são admitidos preconceitos de origem, raça, sexo, cor, idade e quaisquer outras formas de discriminação (art. 3º, inciso IV, da Constituição Federal de 1988)[23].

Logo, na concepção atual, em tese, há isonomia entre nacionais e estrangeiros, embora possa haver certas restrições no âmbito dos direitos

---

20 ARISTÓTELES. *A política*. Coleção fundamentos da filosofia. Tradução de Nestor Silveira Chaves. Revisão da tradução de Silene Cardoso. São Paulo: Ícone, 2007. p. 22: "Há escravos e homens livres pela própria obra da natureza. Essa distinção subsiste em alguns seres, sempre que pareça igualmente útil e justo para alguém ser escravo, para outro mandar; pois é preciso que aquele obedeça e este ordene segundo o seu direito natural, isto é, com uma autoridade absoluta".

21 RADBRUCH, Gustav. *Introdução à ciência do direito*. Tradução de Vera Barkow. Revisão técnica de Sérgio Sérvulo da Cunha. São Paulo: Martins Fontes, 1999. p. 98: "No direito romano a relação de trabalho era baseada no *direito das coisas*: o trabalhador era escravo, propriedade do senhor, coisa" (destaques do original).

22 MONTEIRO, Washington de Barros; PINTO, Ana Cristina de Barros Monteiro França. *Curso de direito civil*: parte geral. 44. ed. São Paulo: Saraiva, 2012. v. 1. p. 73.

23 AZEVEDO, Álvaro Villaça. *Teoria geral do direito civil*: parte geral. São Paulo: Atlas, 2012. p. 6.

políticos e do exercício de cargos políticos. Mesmo os apátridas, como seres humanos, embora sem nacionalidade reconhecida formalmente por algum Estado, são sujeitos de direito[24].

Naturalmente, não são consideradas pessoas, no sentido de sujeitos de direito, as figuras místicas ou entidades metafísicas, como almas e santos[25].

Como referido, toda pessoa é *capaz* de direitos e deveres. A capacidade está ligada às noções de personalidade e de pessoa.

A *capacidade* é entendida como a "aptidão para adquirir direitos e exercer, por si ou por outrem, atos da vida civil"[26]. Trata-se da aptidão ou poder para ser sujeito de direitos e deveres. A *personalidade* é o conjunto desses poderes. A *pessoa* é a realização ou concretização desses poderes em um ente. Nesse sentido, a capacidade é elemento da personalidade. Esta se projeta, na esfera dos direitos, expressando-se na pessoa, como ente capaz de direitos e deveres[27].

Em outras palavras, a capacidade, como aptidão, exprime poderes e faculdades. A personalidade é a resultante do conjunto desses poderes e faculdades. A pessoa é o ente titular de direitos e deveres, ou seja, o sujeito a quem a ordem jurídica atribui esses poderes e faculdades[28]. A personalidade também é entendida como a possibilidade de ser titular de direitos e deveres[29], ou como a qualidade ou situação de ser pessoa, que lhe é inerente[30].

---

24 MONTEIRO, Washington de Barros; PINTO, Ana Cristina de Barros Monteiro França. *Curso de direito civil*: parte geral. 44. ed. São Paulo: Saraiva, 2012. v. 1. p. 73.

25 MONTEIRO, Washington de Barros; PINTO, Ana Cristina de Barros Monteiro França. *Curso de direito civil*: parte geral. 44. ed. São Paulo: Saraiva, 2012. v. 1. p. 74.

26 MONTEIRO, Washington de Barros; PINTO, Ana Cristina de Barros Monteiro França. *Curso de direito civil*: parte geral. 44. ed. São Paulo: Saraiva, 2012. v. 1. p. 74.

27 MONTEIRO, Washington de Barros; PINTO, Ana Cristina de Barros Monteiro França. *Curso de direito civil*: parte geral. 44. ed. São Paulo: Saraiva, 2012. v. 1. p. 74.

28 MONTEIRO, Washington de Barros; PINTO, Ana Cristina de Barros Monteiro França. *Curso de direito civil*: parte geral. 44. ed. São Paulo: Saraiva, 2012. v. 1. p. 74.

29 RODRIGUES, Silvio. *Direito civil*: parte geral. 34. ed. São Paulo: Saraiva, 2003. v. 1. p. 35.

30 AZEVEDO, Álvaro Villaça. *Teoria geral do direito civil*: parte geral. São Paulo: Atlas, 2012. p. 6-8.

2.3 PERSONALIDADE CIVIL

A personalidade civil da pessoa começa do nascimento com vida, mas a lei põe a salvo, desde a concepção, os direitos do nascituro (art. 2º do Código Civil).

Logo, o ordenamento jurídico brasileiro adotou a sistemática de que o início da personalidade civil da pessoa natural é o nascimento com vida[31]. O nascituro, ou seja, aquele que foi concebido, mas ainda não nasceu, tem os direitos assegurados pela lei a partir da concepção[32]. Trata-se da teoria natalista[33].

O nascituro, como ser já concebido e que ainda está no ventre materno[34], ou pessoa em formação[35], embora em termos biológicos possa ter vida, no sistema jurídica, tem os direitos subjetivos resguardados pela lei, mas não é titular de personalidade jurídica[36]. Esta somente será adquirida ao nascer com vida[37].

No plano científico, discute-se o momento de início da vida, se desde a concepção ou fecundação, ou se desde o começo da atividade cerebral. Ainda assim, na esfera do Direito, a personalidade jurídica,

---

31 GOMES, Orlando. *Introdução ao direito civil*. 19. ed., revista, atualizada e aumentada por Edvaldo Brito e Reginalda Paranhos de Brito. Rio de Janeiro: Forense, 2007. p. 129: "A *personalidade civil* do homem começa do *nascimento* com vida. Não basta o nascimento. É preciso que o concebido nasça vivo. O *natimorto* não adquire personalidade. Entende-se que alguém nasceu com vida quando respirou" (destaques do original). Na jurisprudência: "3. O art. 2º do Código Civil condiciona a aquisição de personalidade jurídica ao nascimento" (STJ, 2ª T., REsp 1.779.441/SP, 2018/0299750-0, Rel. Min. Herman Benjamin, DJe 13.09.2019).

32 MONTEIRO, Washington de Barros; PINTO, Ana Cristina de Barros Monteiro França. *Curso de direito civil*: parte geral. 44. ed. São Paulo: Saraiva, 2012. v. 1. p. 74.

33 GAGLIANO, Pablo Stolze; PAMPLONA FILHO, Rodolfo. *Novo curso de direito civil*: parte geral. 6. ed. São Paulo: Saraiva, 2005. v. 1. p. 89-90.

34 RODRIGUES, Silvio. *Direito civil*: parte geral. 34. ed. São Paulo: Saraiva, 2003. v. 1. p. 36.

35 MONTEIRO, Washington de Barros; PINTO, Ana Cristina de Barros Monteiro França. *Curso de direito civil*: parte geral. 44. ed. São Paulo: Saraiva, 2012. v. 1. p. 76.

36 VENOSA, Sílvio de Salvo. *Direito civil*: parte geral. 13. ed. São Paulo: Atlas, 2013. v. 1. p. 142-143.

37 RODRIGUES, Silvio. *Direito civil*: parte geral. 34. ed. São Paulo: Saraiva, 2003. v. 1. p. 36.

em si, será adquirida se houver nascimento com vida, ou seja, segundo parte da doutrina, fica subordinada a condição suspensiva[38].

Há entendimento de que o nascituro, na esfera jurídica, embora não seja pessoa[39], figura em condição especial de sujeito de direito, por titular de direitos da personalidade[40].

Ressalte-se que a doação feita ao nascituro é válida, se aceita pelo seu representante legal (art. 542 do Código Civil). Deve-se dar curador ao nascituro, se o pai falecer estando grávida a mulher, e não tendo o poder familiar (art. 1.779 do Código Civil). Além disso, legitimam-se a suceder as pessoas nascidas ou já concebidas no momento da abertura da sucessão (art. 1.798 do Código Civil).

Na sucessão testamentária podem ser chamados a suceder os filhos, ainda não concebidos, de pessoas indicadas pelo testador, desde que vivas estas ao abrir-se a sucessão (art. 1.799, inciso I, do Código Civil). Nesse caso, os bens da herança devem ser confiados, após a liquidação ou partilha, a curador nomeado pelo juiz (art. 1.800 do Código Civil). Nascendo com vida o herdeiro esperado, ser-lhe-á deferida a sucessão, com os frutos e rendimentos relativos à deixa, a partir da morte do testador (art. 1.800, § 3º, do Código Civil).

A Lei 11.804/2008 disciplina o direito de alimentos da mulher gestante e a forma como deve ser exercido.

Os alimentos de que trata a Lei 11.804/2008 compreendem os valores suficientes para cobrir as despesas adicionais do período de

---

[38] MONTEIRO, Washington de Barros; PINTO, Ana Cristina de Barros Monteiro França. *Curso de direito civil*: parte geral. 44. ed. São Paulo: Saraiva, 2012. v. 1. p. 76-77. Cf. ainda AZEVEDO, Álvaro Villaça. *Teoria geral do direito civil*: parte geral. São Paulo: Atlas, 2012. p. 10: "Há uma condição de direito (*conditio iuris*), no Direito brasileiro, de existir a pessoa, com o nascimento com vida, consolidando, nesse caso, todos os direitos anteriormente adquiridos pelo feto, durante a gravidez".

[39] GAGLIANO, Pablo Stolze; PAMPLONA FILHO, Rodolfo. *Novo curso de direito civil*: parte geral. 6. ed. São Paulo: Saraiva, 2005. v. 1. p. 91-92.

[40] "4. Ademais, hoje, mesmo que se adote qualquer das outras duas teorias restritivas, há de se reconhecer a titularidade de direitos da personalidade ao nascituro, dos quais o direito à vida é o mais importante. Garantir ao nascituro expectativas de direitos, ou mesmo direitos condicionados ao nascimento, só faz sentido se lhe for garantido também o direito de nascer, o direito à vida, que é direito pressuposto a todos os demais" (STJ, 4ª T., REsp 1.415.727/SC, 2013/0360491-3, Rel. Min. Luis Felipe Salomão, DJe 29.09.2014).

gravidez e que sejam dela decorrentes, *da concepção ao parto*, inclusive as referentes a alimentação especial, assistência médica e psicológica, exames complementares, internações, parto, medicamentos e demais prescrições preventivas e terapêuticas indispensáveis, a juízo do médico, além de outras que o juiz considere pertinentes (art. 2º da Lei 11.804/2008)[41]. Os mencionados alimentos referem-se à parte das despesas que deve ser custeada pelo futuro pai, considerando-se a contribuição que também deve ser dada pela mulher grávida, na proporção dos recursos de ambos (art. 2º, parágrafo único, da Lei 11.804/2008).

Convencido da existência de indícios da paternidade, o juiz fixará alimentos gravídicos que devem perdurar até o nascimento da criança, sopesando as necessidades da parte autora e as possibilidades da parte ré (art. 6º da Lei 11.804/2008). Após o nascimento com vida, os *alimentos gravídicos* ficam convertidos em pensão alimentícia em favor do menor até que uma das partes solicite a sua revisão (art. 6º, parágrafo único, da Lei 11.804/2008)[42].

Registre-se ainda o entendimento de que, desde a concepção, o nascituro na vida intrauterina, e o embrião na vida extrauterina, concebido *in vitro*, têm "personalidade jurídica formal", no que diz respeito aos direitos da personalidade, e passam a ter "personalidade jurídica material", alcançando os direitos patrimoniais e obrigacionais,

---

41 "1. Os alimentos gravídicos, previstos na Lei n. 11.804/2008, visam a auxiliar a mulher gestante nas despesas decorrentes da gravidez, da concepção ao parto, sendo, pois, a gestante a beneficiária direta dos alimentos gravídicos, ficando, por via de consequência, resguardados os direitos do próprio nascituro" (STJ, 3ª T., REsp 1.629.423/SP, 2016/0185652-7, Rel. Min. Marco Aurélio Bellizze, DJe 22.06.2017).

42 "2. Com o nascimento com vida da criança, os alimentos gravídicos concedidos à gestante serão convertidos automaticamente em pensão alimentícia em favor do recém-nascido, com mudança, assim, da titularidade dos alimentos, sem que, para tanto, seja necessário pronunciamento judicial ou pedido expresso da parte, nos termos do parágrafo único do art. 6º da Lei n. 11.804/2008. 3. Em regra, a ação de alimentos gravídicos não se extingue ou perde seu objeto com o nascimento da criança, pois os referidos alimentos ficam convertidos em pensão alimentícia até eventual ação revisional em que se solicite a exoneração, redução ou majoração do valor dos alimentos ou até mesmo eventual resultado em ação de investigação ou negatória de paternidade" (STJ, 3ª T., REsp 1.629.423/SP, 2016/0185652-7, Rel. Min. Marco Aurélio Bellizze, DJe 22.06.2017).

que estavam "em estado potencial, somente com o nascimento com vida"[43]. Trata-se da teoria concepcionista[44].

O art. 5º da Lei 11.105/2005 dispõe que é permitida, para fins de pesquisa e terapia, a utilização de células-tronco embrionárias[45] obtidas

---

43 DINIZ, Maria Helena. *Curso de direito civil brasileiro*: teoria geral do direito civil. 29. ed. São Paulo: Saraiva, 2012. v. 1. p. 222-224.

44 DINIZ, Maria Helena. *Curso de direito civil brasileiro*: teoria geral do direito civil. 29. ed. São Paulo: Saraiva, 2012. v. 1. p. 224: "Para nós, repetimos, nascituro e embrião *in vitro* ou *in utero* são pessoas". Na jurisprudência: "1. A despeito da literalidade do art. 2º do Código Civil – que condiciona a aquisição de personalidade jurídica ao nascimento –, o ordenamento jurídico pátrio aponta sinais de que não há essa indissolúvel vinculação entre o nascimento com vida e o conceito de pessoa, de personalidade jurídica e de titularização de direitos, como pode aparentar a leitura mais simplificada da lei. 2. Entre outros, registram-se como indicativos de que o direito brasileiro confere ao nascituro a condição de pessoa, titular de direitos: exegese sistemática dos arts. 1º, 2º, 6º e 45, *caput*, do Código Civil; direito do nascituro de receber doação, herança e de ser curatelado (arts. 542, 1.779 e 1.798 do Código Civil); a especial proteção conferida à gestante, assegurando-se-lhe atendimento pré-natal (art. 8º do ECA, o qual, ao fim e ao cabo, visa a garantir o direito à vida e à saúde do nascituro); alimentos gravídicos, cuja titularidade é, na verdade, do nascituro e não da mãe (Lei n. 11.804/2008); no direito penal a condição de pessoa viva do nascituro - embora não nascida - é afirmada sem a menor cerimônia, pois o crime de aborto (arts. 124 a 127 do CP) sempre esteve alocado no título referente a 'crimes contra a pessoa' e especificamente no capítulo 'dos crimes contra a vida' - tutela da vida humana em formação, a chamada vida intrauterina (MIRABETE, Julio Fabbrini. *Manual de direito penal*, volume II. 25 ed. São Paulo: Atlas, 2007, p. 62-63; NUCCI, Guilherme de Souza. *Manual de direito penal*. 8 ed. São Paulo: Revista dos Tribunais, 2012, p. 658). 3. As teorias mais restritivas dos direitos do nascituro - natalista e da personalidade condicional - fincam raízes na ordem jurídica superada pela Constituição Federal de 1988 e pelo Código Civil de 2002. O paradigma no qual foram edificadas transitava, essencialmente, dentro da órbita dos direitos patrimoniais. Porém, atualmente isso não mais se sustenta. Reconhecem-se, corriqueiramente, amplos catálogos de direitos não patrimoniais ou de bens imateriais da pessoa - como a honra, o nome, imagem, integridade moral e psíquica, entre outros" (STJ, 4ª T., REsp 1.415.727/SC, 2013/0360491-3, Rel. Min. Luis Felipe Salomão, DJe 29.09.2014).

45 Consideram-se células-tronco embrionárias as células de embrião que apresentam a capacidade de se transformar em células de qualquer tecido de um organismo (art. 3º, inciso XI, da Lei 11.105/2005). "As 'células-tronco embrionárias' são células contidas num agrupamento de outras, encontradiças em cada embrião humano de até 14 dias (outros cientistas reduzem esse tempo para a fase de blastocisto, ocorrente em torno de 5 dias depois da fecundação de um óvulo feminino por um espermatozoide masculino). Embriões a que se chega por efeito de manipulação humana em ambiente extracorpóreo, porquanto produzidos laboratorialmente ou 'in vitro', e não espontaneamente ou 'in vida'. Não cabe ao Supremo Tribunal Federal decidir sobre qual das duas formas de pesquisa básica é a mais promissora: a pesquisa com células-tronco adultas e aquela incidente sobre células-tronco embrionárias. A certeza científico-tecnológica está em que um tipo de pesquisa não

de embriões humanos produzidos por fertilização *in vitro* e não utilizados no respectivo procedimento, atendidas as seguintes condições: I – sejam embriões inviáveis; ou II – sejam embriões congelados há três anos ou mais, na data da publicação da Lei 11.105/2005 (28.03.2005), ou que, já congelados na data da publicação da Lei 11.105/2005, depois de completarem três anos, contados a partir da data de congelamento. Em qualquer caso, é necessário o consentimento dos genitores[46].

No sistema jurídico brasileiro, como indicado acima, o início da personalidade jurídica da pessoa natural é o nascimento com vida[47],

---

invalida o outro, pois ambos são mutuamente complementares" (STF, Pleno, ADI 3.510/DF, Rel. Min. Ayres Britto, DJe 28.05.2010).

[46] "IV – As pesquisas com células-tronco não caracterizam aborto. Matéria estranha à presente ação direta de inconstitucionalidade. É constitucional a proposição de que toda gestação humana principia com um embrião igualmente humano, claro, mas nem todo embrião humano desencadeia uma gestação igualmente humana, em se tratando de experimento 'in vitro'. Situação em que deixam de coincidir concepção e nascituro, pelo menos enquanto o ovócito (óvulo já fecundado) não for introduzido no colo do útero feminino. O modo de irromper em laboratório e permanecer confinado 'in vitro' é, para o embrião, insuscetível de progressão reprodutiva. Isto sem prejuízo do reconhecimento de que o zigoto assim extracorporalmente produzido e também extracorporalmente cultivado e armazenado é entidade embrionária do ser humano. Não, porém, ser humano em estado de embrião. A Lei de Biossegurança não veicula autorização para extirpar do corpo feminino esse ou aquele embrião. Eliminar ou desentranhar esse ou aquele zigoto a caminho do endométrio, ou nele já fixado. Não se cuida de interromper gravidez humana, pois dela aqui não se pode cogitar. A 'controvérsia constitucional em exame não guarda qualquer vinculação com o problema do aborto.' (Ministro Celso de Mello)" (STF, Pleno, ADI 3.510/DF, Rel. Min. Ayres Britto, DJe 28.05.2010).

[47] "III – A proteção constitucional do direito à vida e os direitos infraconstitucionais do embrião pré-implanto. O Magno Texto Federal não dispõe sobre o início da vida humana ou o preciso instante em que ela começa. Não faz de todo e qualquer estádio da vida humana um autonomizado bem jurídico, mas da vida que já é própria de uma concreta pessoa, porque nativiva (teoria 'natalista', em contraposição às teorias 'concepcionista' ou da 'personalidade condicional'). E quando se reporta a 'direitos da pessoa humana' e até dos 'direitos e garantias individuais' como cláusula pétrea está falando de direitos e garantias do indivíduo-pessoa, que se faz destinatário dos direitos fundamentais 'à vida, à liberdade, à igualdade, à segurança e à propriedade', entre outros direitos e garantias igualmente distinguidos com o timbre da fundamentalidade (como direito à saúde e ao planejamento familiar). Mutismo constitucional hermeneuticamente significante de transpasse de poder normativo para a legislação ordinária. A potencialidade de algo para se tornar pessoa humana já é meritória o bastante para acobertá-la, infraconstitucionalmente, contra tentativas levianas ou frívolas de obstar sua natural continuidade fisiológica. Mas as três realidades não se confundem: o embrião é o embrião, o feto é o feto e a pessoa humana é a pessoa humana. Donde não existir pessoa humana embrionária, mas embrião de pessoa humana. O embrião referido na Lei de Biossegurança ('in vitro' apenas) não

isto é, quando a criança, viva, separa-se do ventre materno[48]. Para fins jurídicos, enquanto a criança estiver no ventre materno, ainda não será considerada nascida. O parto pode ser natural ou realizado por meio de cirurgia médica, no tempo previsto, antes ou depois, não importando a forma pela qual ocorreu a concepção ou a gestação[49].

O nascimento com vida ocorre quando há respiração[50]. O recém--nascido, assim, deve apresentar sinais vitais ao nascer, ainda que venha a falecer em seguida. Se a criança nasce morta, não adquire a personalidade jurídica e, por isso, não recebe nem transmite direitos[51].

No caso de ter a criança nascido morta ou no caso de ter morrido na ocasião do parto, deve ser feito o assento no registro civil de pessoas naturais com os elementos que couberem e com remissão ao assento do óbito (art. 53 da Lei 6.015/1973). Logo, na hipótese de natimorto, não há assento de nascimento. No caso de ter a criança nascido morta, o registro deve ser feito no livro de registro de natimortos, com os elementos que couberem (art. 53, § 1º, da Lei 6.015/1973).

Se a criança nasce com vida, ainda que de curta duração, adquire personalidade jurídica e, assim, tem aptidão para adquirir e transferir direitos[52]. No caso de a criança morrer na ocasião do parto, tendo,

---

é uma vida a caminho de outra vida virginalmente nova, porquanto lhe faltam possibilidades de ganhar as primeiras terminações nervosas, sem as quais o ser humano não tem factibilidade como projeto de vida autônoma e irrepetível. O Direito infraconstitucional protege por modo variado cada etapa do desenvolvimento biológico do ser humano. Os momentos da vida humana anteriores ao nascimento devem ser objeto de proteção pelo direito comum. O embrião pré-implanto é um bem a ser protegido, mas não uma pessoa no sentido biográfico a que se refere a Constituição" (STF, Pleno, ADI 3.510/DF, Rel. Min. Ayres Britto, DJe 28.05.2010).

48 VENOSA, Sílvio de Salvo. *Direito civil*: parte geral. 13. ed. São Paulo: Atlas, 2013. v. 1. p. 141-142.

49 MONTEIRO, Washington de Barros; PINTO, Ana Cristina de Barros Monteiro França. *Curso de direito civil*: parte geral. 44. ed. São Paulo: Saraiva, 2012. v. 1. p. 75.

50 GOMES, Orlando. *Introdução ao direito civil*. 19. ed., revista, atualizada e aumentada por Edvaldo Brito e Reginalda Paranhos de Brito. Rio de Janeiro: Forense, 2007. p. 129. Cf. ainda VENOSA, Sílvio de Salvo. *Direito civil*: parte geral. 13. ed. São Paulo: Atlas, 2013. v. 1. p. 142.

51 MONTEIRO, Washington de Barros; PINTO, Ana Cristina de Barros Monteiro França. *Curso de direito civil*: parte geral. 44. ed. São Paulo: Saraiva, 2012. v. 1. p. 75.

52 MONTEIRO, Washington de Barros; PINTO, Ana Cristina de Barros Monteiro França. *Curso de direito civil*: parte geral. 44. ed. São Paulo: Saraiva, 2012. v. 1. p. 75.

entretanto, respirado, devem ser feitos os dois assentos no registro civil de pessoas naturais, quais sejam, o assento de nascimento e o assento de óbito, com os elementos cabíveis e com remissões recíprocas (art. 53, § 2º, da Lei 6.015/1973).

Como se pode notar, o nascimento com vida normalmente gera consequências jurídicas diversas do nascimento sem vida. Exemplificando, se o indivíduo morreu e a esposa estava grávida, caso a criança tenha nascido morta, a herança do *de cujus* passa aos herdeiros deste, que podem ser seus pais (ascendentes), se ainda vivos, em concorrência com o cônjuge sobrevivente (art. 1.829, inciso II, do Código Civil). Entretanto, se a criança tiver nascido com vida, morrendo nos instantes seguintes, a parte da herança do *de cujus* (pai pré-morto) transmitida para a criança (art. 1.829, inciso I, do Código Civil), com a morte desta, passa aos herdeiros da criança, no caso, sua mãe (ascendente)[53].

Com os avanços da medicina e da genética, mesmo que a concepção tenha ocorrido fora do útero materno, por meio de inseminação artificial (art. 1.597, incisos III a V, do Código Civil), fertilização *in vitro*, com a utilização de material genético mantido em conservação ou de outra pessoa, havendo nascimento com vida, inicia-se a personalidade civil da pessoa[54]. A Resolução 2.168/2017 do Conselho Federal de Medicina adota as normas éticas para a utilização das técnicas de reprodução assistida, como dispositivo deontológico a ser seguido pelos médicos.

Ainda que a criança, nascida com vida, não tenha condições biológicas de assim permanecer por certo tempo, adquire personalidade jurídica, sendo sujeito de direito, independentemente de eventuais anomalias mentais ou deformidades físicas. Para esses fins, não entram em discussão questões sobre a viabilidade e a forma ou figura humana[55].

---

[53] RODRIGUES, Silvio. *Direito civil*: parte geral. 34. ed. São Paulo: Saraiva, 2003. v. 1. p. 36.

[54] MONTEIRO, Washington de Barros; PINTO, Ana Cristina de Barros Monteiro França. *Curso de direito civil*: parte geral. 44. ed. São Paulo: Saraiva, 2012. v. 1. p. 75.

[55] MONTEIRO, Washington de Barros; PINTO, Ana Cristina de Barros Monteiro França. *Curso de direito civil*: parte geral. 44. ed. São Paulo: Saraiva, 2012. v. 1. p. 75-76.

2.4 CAPACIDADE

Entende-se por capacidade a aptidão para ser sujeito de direitos e deveres e exercer, por si ou por outrem, atos da vida civil[56]. Portanto, há duas espécies de capacidade, quais sejam, a capacidade de direito ou de gozo e a capacidade de exercício ou de fato[57].

A *capacidade de direito ou de gozo* é inerente a todo ser humano, pois toda pessoa tem aptidão para ser sujeito de direitos e deveres, conforme prevê o art. 1º do Código Civil[58].

Esclareça-se que a referida capacidade se distingue da *legitimação*, pois esta significa a aptidão da pessoa para praticar determinado ato jurídico ou estabelecer certa relação jurídica, em razão de sua posição especial quanto a pessoas, bens ou interesses. Há casos em que a pessoa tem capacidade de direito ou de gozo, mas está impedida de praticar determinado negócio jurídico, em razão de sua posição especial quanto a certos bens, interesses ou pessoas. Exemplificando, embora a pessoa tenha direito de vender os seus bens (capacidade de gozo), para vendê-los a um dos seus descendentes, precisa o alienante do expresso consentimento dos outros descendentes e do cônjuge (art. 496 do Código Civil). A legitimação, assim, é requisito subjetivo-objetivo para o negócio jurídico, enquanto a capacidade é requisito subjetivo[59].

A *capacidade de exercício ou de fato* é a aptidão para exercer os direitos, no sentido de praticá-los. Como o exercício dos direitos exige consciência e vontade do sujeito, nem todos os seres humanos têm capacidade de fato, a qual se vincula à idade, ao estado de saúde e ao

---

56 MONTEIRO, Washington de Barros; PINTO, Ana Cristina de Barros Monteiro França. *Curso de direito civil*: parte geral. 44. ed. São Paulo: Saraiva, 2012. v. 1. p. 77.

57 MONTEIRO, Washington de Barros; PINTO, Ana Cristina de Barros Monteiro França. *Curso de direito civil*: parte geral. 44. ed. São Paulo: Saraiva, 2012. v. 1. p. 77.

58 MONTEIRO, Washington de Barros; PINTO, Ana Cristina de Barros Monteiro França. *Curso de direito civil*: parte geral. 44. ed. São Paulo: Saraiva, 2012. v. 1. p. 77.

59 MONTEIRO, Washington de Barros; PINTO, Ana Cristina de Barros Monteiro França. *Curso de direito civil*: parte geral. 44. ed. São Paulo: Saraiva, 2012. v. 1. p. 77-78. Cf. ainda AZEVEDO, Antonio Junqueira de. *Negócio jurídico*: existência, validade e eficácia. 4. ed. São Paulo: Saraiva, 2002. p. 43: "Quanto aos elementos gerais extrínsecos, temos que: a) o *agente* deverá ser *capaz* e, em geral, *legitimado* para o negócio" (destaques do original).

desenvolvimento mental[60]. A incapacidade de exercício, entretanto, não exclui a capacidade de direito ou de gozo. A incapacidade de exercício ou de fato é suprida pela representação (arts. 115 a 120 do Código Civil)[61].

Exemplificando, se os herdeiros forem capazes, podem fazer partilha amigável, por escritura pública, termo nos autos do inventário, ou escrito particular, homologado pelo juiz (art. 2.015 do Código Civil).

2.5 INCAPACIDADE

A previsão legal de que certas pessoas são incapazes tem como objetivo protegê-las, considerando, conforme a hipótese, a falta de maturidade, experiência, desenvolvimento mental ou prudência, estabelecendo a aplicação de regime diferenciado, que possibilite preservar os seus interesses. Esse sistema legal de proteção é voltado apenas aos incapazes, uma vez que a incapacidade é a exceção, e a capacidade é a regra[62].

A incapacidade se divide em absoluta e relativa, mas entende-se que a diferença entre elas é apenas de grau[63].

Os absolutamente incapazes, por si mesmos, não podem praticar quaisquer atos jurídicos. A manifestação de vontade do absolutamente não é considerada válida pelo Direito e, assim, não se reconhece o efeito de criação, modificação ou extinção de atos jurídicos ou relações jurídicas[64].

Se, ainda assim, o ato jurídico for praticado, pessoalmente, pelo absolutamente incapaz, será considerado nulo, em razão da ausência de validade na manifestação da vontade. Nesse sentido, é nulo o negócio

---

60 RODRIGUES, Silvio. *Direito civil*: parte geral. 34. ed. São Paulo: Saraiva, 2003. v. 1. p. 39.

61 MONTEIRO, Washington de Barros; PINTO, Ana Cristina de Barros Monteiro França. *Curso de direito civil*: parte geral. 44. ed. São Paulo: Saraiva, 2012. v. 1. p. 78.

62 RODRIGUES, Silvio. *Direito civil*: parte geral. 34. ed. São Paulo: Saraiva, 2003. v. 1. p. 39-40.

63 RODRIGUES, Silvio. *Direito civil*: parte geral. 34. ed. São Paulo: Saraiva, 2003. v. 1. p. 40.

64 RODRIGUES, Silvio. *Direito civil*: parte geral. 34. ed. São Paulo: Saraiva, 2003. v. 1. p. 40.

jurídico quando celebrado por pessoa absolutamente incapaz (art. 166, inciso I, do Código Civil). O ato jurídico nulo, em regra, não produz efeitos. A nulidade do negócio jurídico pode ser declarada pelo juiz independentemente de alegação dos interessados (art. 168, parágrafo único, do Código Civil). Além disso, o negócio jurídico nulo não é suscetível de confirmação, nem convalesce pelo decurso do tempo (art. 169 do Código Civil)[65].

Esclareça-se que ninguém pode reclamar o que, por uma obrigação anulada, pagou a um incapaz, se não provar que reverteu em proveito dele a importância paga (art. 181 do Código Civil).

Ainda como medida de proteção jurídica, estabelecida pela lei, nos termos do art. 198, inciso I, do Código Civil, não corre a prescrição contra os absolutamente incapazes (art. 3º do Código Civil)[66].

O mútuo feito a pessoa menor, sem prévia autorização daquele sob cuja guarda estiver, não pode ser reavido nem do mutuário, nem de seus fiadores (art. 588 do Código Civil), salvo nas hipóteses do art. 589 do Código Civil.

Como exceção, o menor ou o interdito pode recobrar a quantia da dívida de jogo ou aposta que de forma voluntária pagou (art. 814, parte final, do Código Civil)[67].

O absolutamente incapaz, para que possa praticar atos jurídicos e participar das relações jurídicas, deve ser *representado* por outra pessoa, absolutamente capaz, de modo a suprir a ausência de validade na manifestação de vontade daquele. Os representantes legais do absolutamente incapaz, em razão das modificações decorrentes da Lei 13.146/2015 (Estatuto da Pessoa com Deficiência), são os pais ou tutores. Nesse caso, o absolutamente incapaz não participa, pessoalmente, do ato jurídico, ou seja, ele próprio não manifesta a vontade, o que é feito pelo representante legal, que o representa[68].

---

65 RODRIGUES, Silvio. *Direito civil*: parte geral. 34. ed. São Paulo: Saraiva, 2003. v. 1. p. 41.

66 MONTEIRO, Washington de Barros; PINTO, Ana Cristina de Barros Monteiro França. *Curso de direito civil*: parte geral. 44. ed. São Paulo: Saraiva, 2012. v. 1. p. 84.

67 RODRIGUES, Silvio. *Direito civil*: parte geral. 34. ed. São Paulo: Saraiva, 2003. v. 1. p. 53.

68 RODRIGUES, Silvio. *Direito civil*: parte geral. 34. ed. São Paulo: Saraiva, 2003. v. 1. p. 41.

O negócio jurídico celebrado por pessoa absolutamente incapaz, por meio de seus representantes legais, observando as exigências legais, é válido e eficaz. Não é mais aplicável o benefício da *restitutio in integrum*, com origem no Direito Romano, que era medida extraordinária, por meio da qual o menor podia pleitear em juízo a devolução (restituição) do que despendeu, quando o ato lesivo fosse válido, ou seja, quando tivesse sido praticado respeitando todas as formalidades legais. Trata-se de instituto que não mais se justifica, por desrespeitar o direito adquirido, prejudicar a circulação de bens e abalar a segurança nas relações sociais e econômicas[69]. Mesmo no Código Civil de 1916, o art. 8º previa que na proteção conferida aos incapazes não se compreende o benefício de restituição[70].

Na incapacidade relativa, como a inaptidão física ou psíquica tem menor intensidade, o sistema jurídico estabelece restrições à liberdade de atuação nas relações jurídicas. De modo mais preciso, a lei permite ao relativamente incapaz a prática de atos jurídicos, desde que *assistido* por pessoa absolutamente capaz, ou seja, aconselhado e acompanhado pelos representantes legais. Vale dizer, os pais, o tutor ou o curador devem assistir o relativamente incapaz nos atos jurídicos[71].

Como se pode notar, no caso de relativamente incapaz, a manifestação de vontade é considerada, mas o negócio jurídico por ele praticado só é válido, podendo produzir efeitos, se estiver assistido por seu representante legal[72].

Esclareça-se que o ato praticado pelo relativamente incapaz não é nulo, mas apenas anulável[73]. Nesse sentido, é anulável o negócio jurídico por incapacidade relativa do agente (art. 171, inciso I, do Código Civil).

---

69 RODRIGUES, Silvio. *Direito civil*: parte geral. 34. ed. São Paulo: Saraiva, 2003. v. 1. p. 54.

70 MONTEIRO, Washington de Barros; PINTO, Ana Cristina de Barros Monteiro França. *Curso de direito civil*: parte geral. 44. ed. São Paulo: Saraiva, 2012. v. 1. p. 85.

71 RODRIGUES, Silvio. *Direito civil*: parte geral. 34. ed. São Paulo: Saraiva, 2003. v. 1. p. 41-42.

72 RODRIGUES, Silvio. *Direito civil*: parte geral. 34, ed. São Paulo: Saraiva, 2003. v. 1. p. 42.

73 RODRIGUES, Silvio. *Direito civil*: parte geral. 34. ed. São Paulo: Saraiva, 2003. v. 1. p. 42.

Em síntese, o absolutamente incapaz deve ser representado, e o relativamente incapaz deve ser assistido pelos representantes legais[74].

2.6 INCAPACIDADE ABSOLUTA

São absolutamente incapazes de exercer pessoalmente os atos da vida civil os menores de 16 anos (art. 3º do Código Civil, com redação dada pela Lei 13.146/2015).

Os menores de 16 anos são considerados absolutamente incapazes em razão da ausência de desenvolvimento mental completo, não tendo alcançado a plena adaptação à vida social[75]. Argumenta-se ainda que os menores impúberes normalmente não têm discernimento suficiente para identificar, de forma adequada, o que realmente lhes convém ou interessa. O aspecto envolvido, portanto, não diz respeito à aptidão para procriar[76].

Não podem ser admitidos como testemunhas os menores de 16 anos (art. 228, inciso I, do Código Civil).

A Lei 8.069/1990 dispõe sobre a proteção integral à criança e ao adolescente. Considera-se criança, para os efeitos da Lei 8.069/1990, a pessoa até 12 anos de idade incompletos, e adolescente aquela entre 12 e 18 anos de idade (art. 2º).

Com a Lei 13.146/2015 (Estatuto da Pessoa com Deficiência), não são mais previstas outras hipóteses de incapacidade absoluta.

Esclareça-se que os filhos menores são postos em tutela: com o falecimento dos pais, ou sendo estes julgados ausentes; em caso de os pais decaírem do poder familiar (art. 1.728 do Código Civil).

---

[74] RODRIGUES, Silvio. *Direito civil*: parte geral. 34. ed. São Paulo: Saraiva, 2003. v. 1. p. 42.

[75] MONTEIRO, Washington de Barros; PINTO, Ana Cristina de Barros Monteiro França. *Curso de direito civil*: parte geral. 44. ed. São Paulo: Saraiva, 2012. v. 1. p. 78.

[76] RODRIGUES, Silvio. *Direito civil*: parte geral. 34. ed. São Paulo: Saraiva, 2003. v. 1. p. 43-44.

2.7 INCAPACIDADE RELATIVA

São incapazes, relativamente a certos atos ou à maneira de os exercer: I – os maiores de 16 e menores de 18 anos; II – os ébrios habituais e os viciados em tóxico; III – aqueles que, por causa transitória ou permanente, não puderem exprimir sua vontade; IV – os pródigos (art. 4º do Código Civil, com redação dada pela Lei 13.146/2015). A capacidade dos indígenas é regulada por legislação especial (art. 4º, parágrafo único, do Código Civil).

Os maiores de 16 e menores de 18 anos são relativamente incapazes, pois o seu discernimento mental está em desenvolvimento, não sendo completo. A manifestação de vontade do menor púbere é válida e o ato jurídico por ele praticado pode produzir efeitos, desde que esteja assistido por seus representantes legais[77].

A menoridade cessa aos 18 anos completos, quando a pessoa fica habilitada à prática de todos os atos da vida civil (art. 5º do Código Civil de 2002).

No Código Civil de 1916, a menoridade acabava aos 21 anos completos, ficando habilitado o indivíduo para todos os atos da vida civil (art. 9º).

O homem e a mulher com 16 anos podem casar, exigindo-se autorização de ambos os pais, ou de seus representantes legais, enquanto não atingida a maioridade civil (art. 1.517 do Código Civil).

No contrato de mandato, o maior de 16 e menor de 18 anos não emancipado pode ser mandatário, mas o mandante não tem ação contra ele senão de conformidade com as regras gerais, aplicáveis às obrigações contraídas por menores (art. 666 do Código Civil).

Embora seja anulável o negócio jurídico por incapacidade relativa do agente (art. 171, inciso I, do Código Civil), o menor, entre 16 e 18 anos, não pode, para eximir-se de uma obrigação, invocar a sua

---

[77] RODRIGUES, Silvio. *Direito civil*: parte geral. 34. ed. São Paulo: Saraiva, 2003. v. 1. p. 49.

idade se dolosamente a ocultou quando inquirido pela outra parte, ou se, no ato de obrigar-se, declarou-se maior (art. 180 do Código Civil). Com isso, afasta-se a proteção ao menor, relativamente incapaz, que procedeu ou agiu com dolo, e protege-se a boa-fé do terceiro[78].

Além dos incapazes, não podem testar os que, no ato de fazê-lo, não tiverem pleno discernimento (art. 1.860 do Código Civil). Podem testar os maiores de 16 anos.

Esclareça-se que a incapacidade superveniente do testador não invalida o testamento, nem o testamento do incapaz se valida com a superveniência da capacidade (art. 1.861 do Código Civil).

Os ébrios habituais e os viciados em tóxico são relativamente incapazes (art. 4º, inciso II, do Código Civil).

A embriaguez habitual, decorrente de bebidas alcoólicas, e o vício em substâncias entorpecentes reduzem a capacidade mental do indivíduo, que fica sem condições plenas para praticar atos civis e administrar os seus bens. O uso prolongado de drogas em geral acarreta dependência física e psíquica, reduz o discernimento mental da pessoa viciada, que deve receber o tratamento de saúde adequado[79].

As pessoas que, por causa transitória ou permanente, não puderem exprimir sua vontade são relativamente incapazes (art. 4º, inciso III, do Código Civil, com redação dada pela Lei 13.146/2015). A impossibilidade de expressão da vontade pode decorrer de deficiência física ou psíquica, desenvolvimento mental incompleto ou reduzido, podendo a causa ser passageira ou definitiva.

Se a pessoa não puder exprimir sua vontade em razão de doença psíquica ou deficiência mental, entende-se que a incapacidade incide mesmo que o ato tenha sido praticado em intervalos de eventual lucidez, para que se preserve a segurança nas relações jurídicas[80].

---

[78] RODRIGUES, Silvio. *Direito civil*: parte geral. 34. ed. São Paulo: Saraiva, 2003. v. 1. p. 50.

[79] MONTEIRO, Washington de Barros; PINTO, Ana Cristina de Barros Monteiro França. *Curso de direito civil*: parte geral. 44. ed. São Paulo: Saraiva, 2012. v. 1. p. 83.

[80] MONTEIRO, Washington de Barros; PINTO, Ana Cristina de Barros Monteiro França. *Curso de direito civil*: parte geral. 44. ed. São Paulo: Saraiva, 2012. v. 1. p. 80.

Os pródigos também são relativamente incapazes (art. 4º, inciso IV, do Código Civil), sendo assim considerados os que gastam todas as suas economias, desfazendo-se de todos os seus bens, ficando na miséria[81].

Esclareça-se que a interdição do pródigo só o priva de, sem curador, emprestar, transigir, dar quitação, alienar, hipotecar, demandar ou ser demandado, e praticar, em geral, os atos que não sejam de mera administração (art. 1.782 do Código Civil). A incapacidade do pródigo, portanto, diz respeito apenas ao tratamento dos seus próprios bens, quanto a atos que possam levá-lo ao empobrecimento[82]. O pródigo pode realizar, de forma válida, os demais atos da vida civil, como casar e exercer atividade profissional[83].

Estão sujeitos a curatela: aqueles que, por causa transitória ou permanente, não puderem exprimir sua vontade; os ébrios habituais e os viciados em tóxico; os pródigos (art. 1.767 do Código Civil). As demais hipóteses de curatela foram revogadas pela Lei 13.146/2015 (Estatuto da Pessoa com Deficiência). Sendo assim, com a Lei Brasileira de Inclusão da Pessoa com Deficiência, a curatela é aplicada apenas em hipóteses de incapacidade relativa (art. 4º, incisos II, III e IV, do Código Civil).

De acordo com o art. 9º, inciso III, do Código Civil, devem ser registrados em registro público a interdição por incapacidade absoluta ou relativa. Entretanto, com a entrada em vigor do Estatuto da Pessoa com Deficiência, apenas os menores de 16 anos são absolutamente incapazes (art. 3º do Código Civil, com redação dada pela Lei 13.146/2015). Aos menores de 16 anos é aplicável a tutela (art. 1.728 do Código Civil), e não a curatela (art. 1.767 do Código Civil). Logo, em razão das modificações decorrentes da Lei Brasileira de Inclusão da Pessoa com Deficiência, a interdição passa a ser aplicável apenas aos relativamente incapazes.

---

81 MONTEIRO, Washington de Barros; PINTO, Ana Cristina de Barros Monteiro França. *Curso de direito civil*: parte geral. 44. ed. São Paulo: Saraiva, 2012. v. 1. p. 83.

82 RODRIGUES, Silvio. *Direito civil*: parte geral. 34. ed. São Paulo: Saraiva, 2003. v. 1. p. 53.

83 MONTEIRO, Washington de Barros; PINTO, Ana Cristina de Barros Monteiro França. *Curso de direito civil*: parte geral. 44. ed. São Paulo: Saraiva, 2012. v. 1. p. 83.

A interdição é promovida por meio de procedimento de jurisdição voluntária (arts. 747 a 758 do CPC) e decretada por meio de sentença judicial.

Incumbe ao autor, na petição inicial, especificar os fatos que demonstram a incapacidade do interditando para administrar seus bens e, se for o caso, para praticar atos da vida civil, bem como o momento em que a incapacidade se revelou (art. 749 do CPC).

O interditando deve ser citado para, em dia designado, comparecer perante o juiz, que o entrevistará minuciosamente acerca de sua vida, negócios, bens, vontades, preferências e laços familiares e afetivos, bem como sobre o que mais lhe parecer necessário para convencimento quanto à sua capacidade para praticar atos da vida civil, devendo ser reduzidas a termo as perguntas e respostas (art. 751 do CPC).

Dentro do prazo de 15 dias contado da entrevista, o interditando pode impugnar o pedido (art. 752 do CPC). O Ministério Público deve intervir como fiscal da ordem jurídica. Decorrido o mencionado prazo, o juiz determinará a produção de prova pericial para avaliação da capacidade do interditando para praticar atos da vida civil (art. 753 do CPC).

Apresentado o laudo, produzidas as demais provas e ouvidos os interessados, o juiz proferirá sentença (art. 754 do CPC).

Na sentença que decretar a interdição, o juiz: deve nomear curador, que pode ser o requerente da interdição, e fixará os limites da curatela, segundo o estado e o desenvolvimento mental do interdito; deve considerar as características pessoais do interdito, observando suas potencialidades, habilidades, vontades e preferências (art. 755 do CPC)[84].

A sentença de interdição deve ser inscrita no registro de pessoas naturais e imediatamente publicada na rede mundial de computadores,

---

[84] "A participação do Ministério Público como *custos legis* em ação de interdição não supre a ausência de nomeação de curador à lide, devido à antinomia existente entre as funções de fiscal da lei e representante dos interesses do interditando. O interrogatório do interditando é medida que garante o contraditório e a ampla defesa de pessoa que se encontra em presumido estado de vulnerabilidade. São intangíveis as regras processuais que cuidam do direito de defesa do interditando, especialmente quando se trata de reconhecer a incapacidade e restringir direitos" (STJ, 3ª T., REsp 1.686.161/SP, 2016/0255802-5, Rel. Min. Nancy Andrighi, DJe 15.09.2017).

no sítio do tribunal a que estiver vinculado o juízo e na plataforma de editais do Conselho Nacional de Justiça, onde deve permanecer por seis meses, na imprensa local, uma vez, e no órgão oficial, por três vezes, com intervalo de 10 dias, constando do edital os nomes do interdito e do curador, a causa da interdição, os limites da curatela e, não sendo total a interdição, os atos que o interdito pode praticar autonomamente (art. 755, § 3º, do CPC). A previsão tem como objetivo conferir ampla publicidade a respeito da interdição.

Há entendimento de que a sentença que decreta a interdição tem eficácia declaratória[85], e não constitutiva, pois apenas reconhece a incapacidade do interditando para administrar seus bens e, se for o caso, praticar atos da vida civil, bem como o momento em que a incapacidade se revelou[86]. Ainda assim, em respeito à boa-fé de terceiros e em razão da necessidade de segurança nas relações sociais, quanto aos negócios jurídicos celebrados antes da sentença de interdição, se a pessoa que contratou não conhecia e não tinha elementos para saber a respeito da incapacidade, o negócio jurídico deve ser preservado[87]. Diversamente, se a incapacidade era manifesta, se as próprias condições do negócio revelavam a presença da incapacidade, se o terceiro contratante tinha ciência a respeito dela, ou se tinha condições de

---

85 "A ação de interdição é o meio através do qual é declarada a incapacidade civil de uma pessoa e nomeado curador, desde que fique demonstrada a incapacidade para praticar os atos da vida civil do interditando" (STJ, 3ª T., REsp 1.686.161/SP, 2016/0255802-5, Rel. Min. Nancy Andrighi, DJe 15.09.2017). "7. A sentença de interdição tem caráter declaratório e não constitutivo. Assim, o decreto de interdição não cria a incapacidade, pois esta decorre da doença. Desse modo, a incapacidade, mesmo não declarada, pode ser apreciada caso a caso" (STJ, 4ª T., REsp 1.206.805/PR, 2010/0145800-8, Rel. Min. Raul Araújo, DJe 07.11.2014).

86 "1. A decisão de interdição, conquanto seja sempre posterior ao fato que causou a incapacidade, só faz prova da impossibilidade do interditado praticar por si atos da vida civil após ser proferida, sendo necessária a prova da incapacidade em momento anterior, como forma de resguardar aqueles que se relacionaram com o interditado" (STJ, 4ª T., AgRg no AREsp 23.336/GO, 2011/0156089-3, Rel. Min. Maria Isabel Gallotti, DJe 18.12.2015).

87 "2. 'A interdição judicial declara ou reconhece a incapacidade de uma pessoa para a prática de atos da vida civil, com a geração de efeitos *ex nunc* perante terceiros (art. 1.773 do Código Civil), partindo de um 'estado de fato' anterior, que, na espécie, é a doença mental de que padece o interditado' (REsp 1.469.518/PE, Rel. Ministro Og Fernandes, Segunda Turma, julgado em 4/9/2014, DJe 22/9/2014)" (STJ, 6ª T., AgInt nos EDcl no REsp 1.171.108/RS, 2009/0233039-6, Rel. Min. Antonio Saldanha Palheiro, DJe 13.10.2016).

verificar a condição de incapaz, caso tivesse agido com diligência, torna-se possível a anulação do negócio jurídico[88].

Na jurisprudência do Superior Tribunal de Justiça, prevalece o entendimento de que a sentença de interdição tem "natureza constitutiva" e "produz efeitos *ex nunc*, salvo expresso pronunciamento judicial em sentido contrário" (STJ, 3ª T., AgInt no REsp 1.705.385/SP, 2014/0345411-3, Rel. Min. Ricardo Villas Bôas Cueva, DJe 17.10.2019)[89].

Antes da entrada em vigor da Lei 13.146/2015 (Estatuto da Pessoa com Deficiência), além dos menores de 16 anos, eram previstas outras hipóteses de incapacidade absoluta (art. 3º do Código Civil). O art. 198, inciso I, do Código Civil dispõe que não corre a prescrição contra os absolutamente incapazes. Sendo assim, especificamente quanto a esse aspecto, segundo a jurisprudência do Superior Tribunal de Justiça, "a suspensão do prazo de prescrição para os absolutamente incapazes retroage ao momento em que se manifesta a incapacidade, sendo a sentença de interdição, para esse fim específico, meramente declaratória" (STJ, 2ª T., REsp 1.729.615/RN, 2018/0056702-0, Rel. Min. Herman Benjamin, DJe 27.11.2018)[90].

Como mencionado anteriormente, quem não tem capacidade de exercício ou de fato exerce os atos da vida civil representado ou assistido. Na incapacidade absoluta, a pessoa deve ser *representada*

---

88 RODRIGUES, Silvio. *Direito civil*: parte geral. 34. ed. São Paulo: Saraiva, 2003. v. 1. p. 45-47.

89 "1. A sentença de interdição tem natureza constitutiva, caracterizada pelo fato de que ela não cria a incapacidade, mas sim, situação jurídica nova para o incapaz, diferente daquela em que, até então, se encontrava. 2. Segundo o entendimento desta Corte Superior, a sentença de interdição, salvo pronunciamento judicial expresso em sentido contrário, opera efeitos *ex nunc*. Precedentes. 3. Quando já existente a incapacidade, os atos praticados anteriormente à sentença constitutiva de interdição até poderão ser reconhecidos nulos, porém não como efeito automático da sentença, devendo, para tanto, ser proposta ação específica de anulação do ato jurídico, com demonstração de que a incapacidade já existia ao tempo de sua realização do ato a ser anulado" (STJ, 4ª T., REsp 1.694.984/MS, 2017/0012081-0, Rel. Min. Luis Felipe Salomão, DJe 01.02.2018).

90 "1. A natureza da sentença de interdição, para fins de suspensão do prazo prescricional, é meramente declaratória, e não constitutiva, sendo que sua ausência não pode impedir o reconhecimento da incapacidade para os atos da vida civil. Precedentes" (STJ, 1ª T., AgInt no AREsp 675.784/RJ, 2015/0052354-6, Rel. Min. Gurgel de Faria, DJe 14.03.2019).

pelos representantes legais. Na incapacidade relativa, a pessoa deve ser *assistida* pelos representantes legais[91].

Compete aos pais, e na falta de um deles ao outro, com exclusividade, representar os filhos menores de 16 anos, bem como assisti-los até completarem a maioridade ou serem emancipados (art. 1.690 do Código Civil).

2.8 CAPACIDADE DA PESSOA COM DEFICIÊNCIA

A deficiência física, psíquica ou mental, por si, não faz com que a pessoa fique impossibilitada de exprimir a sua vontade, o que deve ser verificado em cada caso. Se a pessoa, mesmo com doença ou deficiência, tiver condições de manifestar a sua vontade de forma hígida, por meio da escrita, da fala ou de sinais[92], ainda que com a utilização de recursos, por exemplo, tecnológicos, não deve ser considerada incapaz.

A Convenção Internacional sobre os Direitos das Pessoas com Deficiência e seu Protocolo Facultativo, assinados em Nova Iorque, em 30 de março de 2007, foram aprovados pelo Congresso Nacional, por meio do Decreto Legislativo 186/2008, conforme o procedimento do § 3º do art. 5º da Constituição Federal de 1988, ou seja, com hierarquia equivalente às emendas constitucionais, e promulgados pelo Decreto 6.949/2009.

O art. 12 da Convenção Internacional sobre os Direitos das Pessoas com Deficiência trata do reconhecimento da igualdade perante a lei. Nesse sentido, os Estados-Partes reafirmam que as pessoas com deficiência têm o direito de ser reconhecidas em qualquer lugar como pessoas perante a lei. Além disso, os Estados-Partes devem reconhecer que as pessoas com deficiência gozam de capacidade legal em igualdade de condições com as demais pessoas em todos os aspectos da vida.

---

91 MONTEIRO, Washington de Barros; PINTO, Ana Cristina de Barros Monteiro França. *Curso de direito civil*: parte geral. 44. ed. São Paulo: Saraiva, 2012. v. 1. p. 89.

92 MONTEIRO, Washington de Barros; PINTO, Ana Cristina de Barros Monteiro França. *Curso de direito civil*: parte geral. 44. ed. São Paulo: Saraiva, 2012. v. 1. p. 79.

Desse modo, os Estados-Partes devem tomar medidas apropriadas para prover o acesso de pessoas com deficiência ao apoio que necessitarem no exercício de sua capacidade legal.

Considera-se pessoa com deficiência aquela que tem impedimento de longo prazo de natureza física, mental, intelectual ou sensorial, o qual, em interação com uma ou mais barreiras, pode obstruir sua participação plena e efetiva na sociedade em igualdade de condições com as demais pessoas (art. 2º da Lei 13.146/2015). Trata-se de conceito que se fundamenta no art. 1º da Convenção Internacional sobre os Direitos das Pessoas com Deficiência.

A avaliação da deficiência, quando necessária, deve ser biopsicossocial, realizada por equipe multiprofissional e interdisciplinar e considerará: os impedimentos nas funções e nas estruturas do corpo; os fatores socioambientais, psicológicos e pessoais; a limitação no desempenho de atividades; a restrição de participação (art. 2º, § 1º, da Lei 13.146/2015).

Em harmonia com o exposto, a deficiência não afeta a plena capacidade civil da pessoa, inclusive para: I – casar-se e constituir união estável; II – exercer direitos sexuais e reprodutivos; III – exercer o direito de decidir sobre o número de filhos e de ter acesso a informações adequadas sobre reprodução e planejamento familiar; IV – conservar sua fertilidade, sendo vedada a esterilização compulsória; V – exercer o direito à família e à convivência familiar e comunitária; VI – exercer o direito à guarda, à tutela, à curatela e à adoção, como adotante ou adotando, em igualdade de oportunidades com as demais pessoas (art. 6º da Lei 13.146/2015).

A pessoa com deficiência tem assegurado o direito ao exercício de sua capacidade legal em igualdade de condições com as demais pessoas (art. 84 da Lei 13.146/2015).

É facultado à pessoa com deficiência a adoção de processo de tomada de decisão apoiada (art. 84, § 2º, da Lei 13.146/2015).

A tomada de decisão apoiada é o processo pelo qual a pessoa com deficiência elege pelo menos duas pessoas idôneas, com as quais mantenha vínculos e que gozem de sua confiança, para prestar-lhe apoio na tomada de decisão sobre atos da vida civil, fornecendo-lhes os elementos e informações necessários para que possa exercer sua capacidade (art. 1.783-A do Código Civil, incluído pela Lei 13.146/2015).

Para formular pedido de tomada de decisão apoiada, a pessoa com deficiência e os apoiadores devem apresentar termo em que constem os limites do apoio a ser oferecido e os compromissos dos apoiadores, inclusive o prazo de vigência do acordo e o respeito à vontade, aos direitos e aos interesses da pessoa que devem apoiar.

O pedido de tomada de decisão apoiada deve ser requerido pela pessoa a ser apoiada, com indicação expressa das pessoas aptas a prestarem o apoio previsto no art. 1.783-A do Código Civil.

Antes de se pronunciar sobre o pedido de tomada de decisão apoiada, o juiz, assistido por equipe multidisciplinar, após oitiva do Ministério Público, deve ouvir pessoalmente o requerente e as pessoas que lhe prestarão apoio.

A decisão tomada por pessoa apoiada tem validade e efeitos sobre terceiros, sem restrições, desde que esteja inserida nos limites do apoio acordado. Terceiro com quem a pessoa apoiada mantenha relação negocial pode solicitar que os apoiadores também assinem o contrato ou acordo, especificando, por escrito, sua função em relação ao apoiado.

Em caso de negócio jurídico que possa trazer risco ou prejuízo relevante, havendo divergência de opiniões entre a pessoa apoiada e um dos apoiadores, deve o juiz, ouvido o Ministério Público, decidir sobre a questão.

Se o apoiador agir com negligência, exercer pressão indevida ou não adimplir as obrigações assumidas, a pessoa apoiada ou qualquer pessoa pode apresentar denúncia ao Ministério Público ou ao juiz. Se procedente a denúncia, o juiz deve destituir o apoiador e nomear, ouvida a pessoa apoiada e se for de seu interesse, outra pessoa para prestação de apoio.

A pessoa apoiada pode, a qualquer tempo, solicitar o término de acordo firmado em processo de tomada de decisão apoiada. O apoiador pode solicitar ao juiz a exclusão de sua participação do processo de tomada de decisão apoiada, sendo seu desligamento condicionado à manifestação do juiz sobre a matéria.

Aplicam-se à tomada de decisão apoiada, no que couber, as disposições referentes à prestação de contas na curatela.

Quando necessário, a pessoa com deficiência deve ser submetida à curatela, conforme a lei (art. 84, § 1º, da Lei 13.146/2015). A definição de curatela de pessoa com deficiência constitui *medida protetiva extraordinária*, proporcional às necessidades e às circunstâncias de cada caso, e durará o menor tempo possível (art. 84, § 3º, da Lei 13.146/2015)[93]. Os curadores são obrigados a prestar, anualmente, contas de sua administração ao juiz, apresentando o balanço do respectivo ano (art. 84, § 4º, da Lei 13.146/2015).

A curatela afeta tão somente os atos relacionados aos direitos de natureza patrimonial e negocial (art. 85 da Lei 13.146/2015). Desse modo, a definição da curatela não alcança o direito ao próprio corpo, à sexualidade, ao matrimônio, à privacidade, à educação, à saúde, ao trabalho e ao voto.

A curatela constitui medida extraordinária, devendo constar da sentença as razões e motivações de sua definição, preservados os interesses do curatelado.

No caso de pessoa em situação de institucionalização, ao nomear curador, o juiz deve dar preferência a pessoa que tenha vínculo de natureza familiar, afetiva ou comunitária com o curatelado.

Para emissão de documentos oficiais, não é exigida a situação de curatela da pessoa com deficiência (art. 86 da Lei 13.146/2015).

Em casos de relevância e urgência e a fim de proteger os interesses da pessoa com deficiência em situação de curatela, é lícito ao juiz, ouvido o Ministério Público, de oficio ou a requerimento do interessado, nomear, desde logo, curador provisório, o qual está sujeito, no que couber, às disposições do Código de Processo Civil (art. 87 da Lei 13.146/2015).

---

93 LÔBO, Paulo. Com avanços legais, pessoas com deficiência mental não são mais incapazes. *Consultor Jurídico*, 16 de agosto de 2015: "Essa curatela, ao contrário da interdição total anterior, deve ser, de acordo com o artigo 84 do Estatuto da Pessoa com Deficiência, proporcional às necessidades e circunstâncias de cada caso 'e durará o menor tempo possível'. Tem natureza, portanto, de medida protetiva e não de interdição de exercício de direitos". Disponível em: <https://www.conjur.com.br/2015-ago-16/processo-familiar-avancos-pessoas-deficiencia-mental-nao-sao-incapazes>.

A pessoa com deficiência não é considerada civilmente incapaz (arts. 6º e 84 da Lei 13.146/2015). Conforme o caso concreto, se a pessoa com deficiência, por causa transitória ou permanente, não puder exprimir sua vontade, pode ser considerada relativamente incapaz, nos termos do art. 4º, inciso III, do Código Civil de 2002. Nessa hipótese, a incapacidade relativa não decorre de se tratar de pessoa com deficiência, mas da impossibilidade de exprimir a sua vontade[94].

2.9 CAPACIDADE DOS INDÍGENAS

A Lei 6.001/1973 regula a situação jurídica dos índios ou silvícolas e das comunidades indígenas, com o propósito de preservar a sua cultura e integrá-los, progressiva e harmoniosamente, à comunhão nacional.

O exercício dos direitos civis e políticos pelo índio depende da verificação das condições especiais estabelecidas na Lei 6.001/1973 e na legislação pertinente (art. 5º, parágrafo único).

Os índios e as comunidades indígenas ainda não integrados à comunhão nacional ficam sujeito ao regime tutelar estabelecido na Lei 6.001/1973 (art. 7º). A referida tutela incumbe à União, que a exerce por meio do competente órgão federal de assistência aos silvícolas (art. 7º, § 2º, da Lei 6.001/1973).

Esclareça-se que a Fundação Nacional do Índio exerce os poderes de representação ou assistência jurídica inerentes ao regime tutelar do índio, na forma estabelecida na legislação civil comum ou em leis especiais (art. 1º, parágrafo único, da Lei 5.371/1967).

São nulos os atos praticados entre o índio não integrado e qualquer pessoa estranha à comunidade indígena quando não tenha havido

---

[94] "8. Nos termos do novel Estatuto da Pessoa com Deficiência, Lei n. 13.146 de 2015, pessoa com deficiência é a que possui impedimento de longo prazo, de natureza física, mental, intelectual ou sensorial (art. 2º), não devendo ser mais tecnicamente considerada civilmente incapaz, na medida em que a deficiência não afeta a plena capacidade civil da pessoa (conforme os arts. 6º e 84). 9. A partir do novo regramento, observa-se uma dissociação necessária e absoluta entre o transtorno mental e o reconhecimento da incapacidade, ou seja, a definição automática de que a pessoa portadora de debilidade mental, de qualquer natureza, implicaria na constatação da limitação de sua capacidade civil deixou de existir" (STJ, 4ª T., REsp 1.694.984/MS, 2017/0012081-0, Rel. Min. Luis Felipe Salomão, DJe 01.02.2018).

assistência do órgão tutelar competente (art. 8º da Lei 6.001/1973). Não se aplica essa regra no caso em que o índio revele consciência e conhecimento do ato praticado, desde que não lhe seja prejudicial, e da extensão dos seus efeitos.

Qualquer índio pode requerer ao juiz competente a sua liberação do regime tutelar previsto na Lei 6.001/1973, investindo-se na plenitude da capacidade civil, desde que preencha os requisitos seguintes: I – idade mínima de 21 anos (18 anos, a partir da vigência do Código Civil de 2002); II – conhecimento da língua portuguesa; III – habilitação para o exercício de atividade útil, na comunhão nacional; IV – razoável compreensão dos usos e costumes da comunhão nacional (art. 9º da Lei 6.001/1973).

O juiz decidirá após instrução sumária, ouvidos o órgão de assistência ao índio e o Ministério Público, devendo ser transcrita a sentença concessiva no registro civil. Ressalte-se que os índios, suas comunidades e organizações são partes legítimas para ingressar em juízo em defesa de seus direitos e interesses, intervindo o Ministério Público em todos os atos do processo (art. 232 da Constituição Federal de 1988).

Satisfeitos os requisitos do art. 9º da Lei 6.001/1973 e a pedido escrito do interessado, o órgão de assistência pode reconhecer ao índio, mediante declaração formal, a condição de integrado, cessando toda restrição à capacidade, desde que, homologado judicialmente o ato, seja inscrito no registro civil (art. 10 da Lei 6.001/1973).

Mediante decreto do Presidente da República, pode ser declarada a emancipação da comunidade indígena e de seus membros, quanto ao regime tutelar estabelecido em lei, desde que requerida pela maioria dos membros do grupo e comprovada, em inquérito realizado pelo órgão federal competente, a sua plena integração na comunhão nacional. Para os efeitos dessa previsão, exige-se o preenchimento, pelos requerentes, dos requisitos estabelecidos no art. 9º da Lei 6.001/1973 (art. 11).

2.10 MAIORIDADE CIVIL

Como mencionado anteriormente, a pessoa fica habilitada à prática de todos os atos da vida civil aos 18 anos completos (art. 5º do

Código Civil). A partir dessa idade, a pessoa passa a ter a capacidade de exercício ou de fato.

Entende-se que a pessoa se torna maior e capaz no primeiro momento do dia em que faz 18 anos. Se o indivíduo nasceu em ano bissexto, no dia 29 de fevereiro, a maioridade é alcançada em 1º de março. Se a data de nascimento for desconhecida, exige-se exame médico[95].

Extingue-se o poder familiar pela maioridade (art. 1.635, inciso II, do Código Civil). Da mesma forma, cessa a condição de tutelado com a maioridade (art. 1.763, inciso I, do Código Civil).

Frise-se ainda que homens e mulheres são iguais em direitos e obrigações, nos termos da Constituição da República (art. 5º, inciso I). Logo, ambos têm os mesmos direitos civis, sendo vedada a discriminação por motivo de sexo (art. 3º, inciso IV, da Constituição Federal de 1988).

A capacidade civil não se confunde com as regras de responsabilidade penal, com a idade mínima para o trabalho, com a idade para o alistamento eleitoral e o voto, nem com a idade para prestar o serviço militar obrigatório, disciplinadas por normas específicas[96].

No Direito Penal, é isento de pena o agente que, por doença mental ou desenvolvimento mental incompleto ou retardado, era, ao tempo da ação ou da omissão, inteiramente incapaz de entender o caráter ilícito do fato ou de determinar-se de acordo com esse entendimento (art. 26 do Código Penal). A pena (criminal) pode ser reduzida de um a dois terços se o agente, em virtude de perturbação de saúde mental ou por desenvolvimento mental incompleto ou retardado, não era inteiramente capaz de entender o caráter ilícito do fato ou de determinar-se de acordo com esse entendimento.

Os menores de 18 anos são penalmente inimputáveis, ficando sujeitos às normas estabelecidas na legislação especial (art. 27 do Código Penal).

No Direito do Trabalho, há proibição de trabalho noturno, perigoso ou insalubre a menores de 18 anos e de qualquer trabalho a menores

---

95 MONTEIRO, Washington de Barros; PINTO, Ana Cristina de Barros Monteiro França. *Curso de direito civil*: parte geral. 44. ed. São Paulo: Saraiva, 2012. v. 1. p. 85.

96 MONTEIRO, Washington de Barros; PINTO, Ana Cristina de Barros Monteiro França. *Curso de direito civil*: parte geral. 44. ed. São Paulo: Saraiva, 2012. v. 1. p. 86.

de 16 anos, salvo na condição de aprendiz, a partir de 14 anos (art. 7º, inciso XXXIII, da Constituição Federal de 1988). Sendo assim, considera-se menor para os efeitos da Consolidação das Leis do Trabalho o trabalhador de 14 até 18 anos (art. 402 da CLT, com redação dada pela Lei 10.097/2000).

O alistamento eleitoral e o voto são obrigatórios para os maiores de 18 anos e facultativos para os analfabetos, os maiores de 70 anos os maiores de 16 e menores de 18 anos (art. 14, § 1º, da Constituição Federal de 1988).

O serviço militar é obrigatório nos termos da lei (art. 143 da Constituição Federal de 1988). Às Forças Armadas compete, na forma da lei, atribuir serviço alternativo aos que, em tempo de paz, após alistados, alegarem imperativo de consciência, entendendo-se como tal o decorrente de crença religiosa e de convicção filosófica ou política, para se eximirem de atividades de caráter essencialmente militar. As mulheres e os eclesiásticos ficam isentos do serviço militar obrigatório em tempo de paz, sujeitos, porém, a outros encargos que a lei lhes atribuir.

O serviço militar inicial será prestado por classes constituídas de brasileiros nascidos entre 1º de janeiro e 31 de dezembro, no ano em que completarem 19 anos de idade (art. 3º da Lei 4.375/1964). A obrigação para com o serviço militar, em tempo de paz, começa no 1º dia de janeiro do ano em que o cidadão completar 18 anos de idade e subsistirá até 31 de dezembro do ano em que completar 45 anos (art. 5º da Lei 4.375/1964). Em tempo de guerra, esse período pode ser ampliado, de acordo com os interesses da defesa nacional. Será permitida a prestação do serviço militar como voluntário, a partir dos 17 anos de idade.

2.11 EMANCIPAÇÃO

A emancipação significa a aquisição da capacidade civil de exercício ou de fato antes de a pessoa completar a idade legal, o que ocorre nas hipóteses do art. 5º, parágrafo único, do Código Civil[97].

---

[97] MONTEIRO, Washington de Barros; PINTO, Ana Cristina de Barros Monteiro França. *Curso de direito civil*: parte geral. 44. ed. São Paulo: Saraiva, 2012. v. 1. p. 86.

Extingue-se o poder familiar pela emancipação (art. 1.635, inciso II, do Código Civil). Da mesma forma, cessa a condição de tutelado com a emancipação do menor (art. 1.763, inciso I, do Código Civil).

A emancipação pode ser voluntária (art. 5º, parágrafo único, inciso I, primeira parte, do Código Civil), judicial (art. 5º, parágrafo único, inciso I, segunda parte, do Código Civil) e legal (art. 5º, parágrafo único, incisos II a V, primeira parte, do Código Civil)[98].

Cessará, para os menores, a incapacidade:

> I – pela concessão dos pais, ou de um deles na falta do outro, mediante instrumento público, independentemente de homologação judicial, ou por sentença do juiz, ouvido o tutor, se o menor tiver 16 anos completos;
>
> II – pelo casamento;
>
> III – pelo exercício de emprego público efetivo;
>
> IV – pela colação de grau em curso de ensino superior;
>
> V – pelo estabelecimento civil ou comercial, ou pela existência de relação de emprego, desde que, em função deles, o menor com 16 anos completos tenha economia própria (art. 5º, parágrafo único, do Código Civil).

A emancipação por concessão dos pais é ato unilateral dos titulares do poder familiar, reconhecendo que o filho tem condições e discernimento para reger a sua vida pessoal e administrar os seus bens, proclamando-o plenamente capaz, o que tem caráter irrevogável[99]. A emancipação deve ser concedida se de acordo com o interesse do menor, e não para prejudicá-lo. Nessa linha, a emancipação concedida pelo pai pode ser anulada se, por exemplo, ficar demonstrado que teve como intuito apenas excluir o dever de pensão alimentícia[100].

---

[98] GAGLIANO, Pablo Stolze; PAMPLONA FILHO, Rodolfo. *Novo curso de direito civil*: parte geral. 6. ed. São Paulo: Saraiva, 2005. v. 1. p. 115-117.

[99] RODRIGUES, Silvio. *Direito civil*: parte geral. 34. ed. São Paulo: Saraiva, 2003. v. 1. p. 55.

[100] RODRIGUES, Silvio. *Direito civil*: parte geral. 34. ed. São Paulo: Saraiva, 2003. v. 1. p. 56.

A emancipação por concessão dos pais (ou de um deles na falta do outro) exige instrumento público, o que não pode ser dispensado. Nesse caso, não há necessidade de homologação em juízo[101].

A emancipação por outorga dos pais ou por sentença do juiz deve ser registrada em registro público (art. 9º, inciso II, do Código Civil). No cartório do 1º Ofício ou da 1ª subdivisão judiciária de cada comarca devem ser registrados, em livro especial, as sentenças de emancipação, bem como os atos dos pais que a concederem, em relação aos menores nela domiciliados (art. 89 da Lei 6.015/1973).

A emancipação do menor que estiver sob tutela depende de sentença do juiz[102]. Nessa situação, o pedido de emancipação deve ser processado na forma do art. 725, inciso I, do CPC, por meio de procedimento de jurisdição voluntária.

Sendo assim, devem ser citados todos os interessados (no caso, o tutor), bem como intimado o Ministério Público para intervir como fiscal da ordem jurídica, por haver interesse de incapaz (art. 178, inciso II, do CPC), para que se manifestem, querendo, no prazo de 15 dias (art. 721 do CPC). O juiz decidirá o pedido no prazo de 10 dias (art. 723 do CPC). O juiz não é obrigado a observar critério de legalidade estrita, podendo adotar em cada caso a solução que considerar mais conveniente ou oportuna (art. 723, parágrafo único, do CPC).

Esclareça-se que os filhos menores são postos em tutela com o falecimento dos pais, ou sendo estes julgados ausentes, e em caso de os pais decaírem do poder familiar (art. 1.728 do Código Civil).

Seja por concessão dos pais, ou por sentença judicial, o menor deve ter 16 anos de idade[103].

Por se exigir a concessão dos pais, ou sentença do juiz, entende-se que a emancipação deve ser denegada se o objetivo pretendido não

---

[101] MONTEIRO, Washington de Barros; PINTO, Ana Cristina de Barros Monteiro França. *Curso de direito civil*: parte geral. 44. ed. São Paulo: Saraiva, 2012. v. 1. p. 86.

[102] MONTEIRO, Washington de Barros; PINTO, Ana Cristina de Barros Monteiro França. *Curso de direito civil*: parte geral. 44. ed. São Paulo: Saraiva, 2012. v. 1. p. 86.

[103] MONTEIRO, Washington de Barros; PINTO, Ana Cristina de Barros Monteiro França. *Curso de direito civil*: parte geral. 44. ed. São Paulo: Saraiva, 2012. v. 1. p. 87.

estiver em consonância com os interesses do menor[104], ou se este ainda não tem discernimento suficiente para reger as suas relações pessoais e administrar os seus bens. O fato de ser analfabeto e ter pouco mais de 16 anos não impede a emancipação. Se o juiz verificar que o menor tem desenvolvimento mental suficiente para dirigir a si próprio, sem a assistência do tutor, deve emancipá-lo[105].

A emancipação ocorre, ainda, pelo casamento. Logo, se a pessoa casou, mesmo não tendo 18 anos de idade, ocorre a emancipação, tornando-a plenamente capaz para os fins civis. Não seria coerente que a pessoa, tendo condições de casar, podendo constituir família, permanecesse sob a assistência dos pais ou do tutor. Entende-se que a posterior anulação do casamento, a separação ou o divórcio não fazem com que a pessoa emancipada retorne à condição de incapaz[106]. Da mesma forma, como a situação é irreversível, a posterior viuvez não faz com que a pessoa emancipada em razão do casamento retorne à condição de incapacidade[107].

Registre-se o entendimento de que se o casamento for nulo, mas putativo, produz efeitos quanto ao cônjuge de boa-fé, que fica emancipado[108]. Nessa linha, em caso de nulidade ou anulação do casamento, se contraído de boa-fé (casamento putativo, art. 1.561 do Código Civil), a emancipação é mantida, devendo-se retornar à situação de incapacidade em caso contrário[109].

Cabe esclarecer que o homem e a mulher com 16 anos podem casar, exigindo-se autorização de ambos os pais, ou de seus represen-

---

[104] AZEVEDO, Álvaro Villaça. *Teoria geral do direito civil*: parte geral. São Paulo: Atlas, 2012. p. 21: "Ressalte-se, nesse passo, que a emancipação deve beneficiar o emancipado, por isso que se este vier a perder qualquer direito com relação a quem o emancipou, essa outorga emancipatória pode ser anulada. É o caso, por exemplo, da emancipação que retira do menor o direito a determinado pensionamento".

[105] MONTEIRO, Washington de Barros; PINTO, Ana Cristina de Barros Monteiro França. *Curso de direito civil*: parte geral. 44. ed. São Paulo: Saraiva, 2012. v. 1. p. 87.

[106] MONTEIRO, Washington de Barros; PINTO, Ana Cristina de Barros Monteiro França. *Curso de direito civil*: parte geral. 44. ed. São Paulo: Saraiva, 2012. v. 1. p. 87.

[107] RODRIGUES, Silvio. *Direito civil*: parte geral. 34. ed. São Paulo: Saraiva, 2003. v. 1. p. 57-58.

[108] RODRIGUES, Silvio. *Direito civil*: parte geral. 34. ed. São Paulo: Saraiva, 2003. v. 1. p. 58.

[109] GAGLIANO, Pablo Stolze; PAMPLONA FILHO, Rodolfo. *Novo curso de direito civil*: parte geral. 6. ed. São Paulo: Saraiva, 2005. v. 1. p. 117.

tantes legais, enquanto não atingida a maioridade civil (art. 1.517 do Código Civil). Não será permitido, em qualquer caso, o casamento de quem não atingiu a idade núbil (16 anos), observado o disposto no mencionado art. 1.517 do Código Civil (art. 1.520 do Código Civil, com redação dada pela Lei 13.811/2019). Nas mesmas condições do casamento, entende-se que a emancipação também pode ocorrer pela união estável (art. 226, § 3º, da Constituição Federal de 1988)[110].

O exercício de emprego público efetivo acarreta a emancipação. O cargo, emprego ou função pública deve ser de provimento efetivo para que ocorra, a partir do exercício, a emancipação. Pode ser de âmbito federal, estadual ou municipal, na administração direta ou indireta. Por se exigir que seja efetivo, há entendimento de que o exercício de cargo em comissão declarado em lei de livre nomeação e exoneração não gera a emancipação[111].

Entende-se que se o Estado reconhece a aptidão e a responsabilidade da pessoa para exercer cargo, emprego ou função pública, não seria coerente que permanecesse tratado como incapaz, com representante legal[112].

A colação de grau em curso de ensino superior é prevista como hipótese de emancipação. Embora a previsão possa ser considerada justa[113], na prática, a pessoa, ao concluir a graduação no ensino superior (posteriormente à conclusão dos ensinos fundamental e médio), certamente já terá alcançado 18 anos. Não se considera curso de ensino superior o curso de nível técnico[114].

A emancipação ocorre pelo estabelecimento civil ou comercial, desde que, em função dele, o menor com 16 anos completos tenha

---

110 AZEVEDO, Álvaro Villaça. *Teoria geral do direito civil*: parte geral. São Paulo: Atlas, 2012. p. 21.

111 MONTEIRO, Washington de Barros; PINTO, Ana Cristina de Barros Monteiro França. *Curso de direito civil*: parte geral. 44. ed. São Paulo: Saraiva, 2012. v. 1. p. 87-88.

112 RODRIGUES, Silvio. *Direito civil*: parte geral. 34. ed. São Paulo: Saraiva, 2003. v. 1. p. 58.

113 RODRIGUES, Silvio. *Direito civil*: parte geral. 34. ed. São Paulo: Saraiva, 2003. v. 1. p. 59.

114 MONTEIRO, Washington de Barros; PINTO, Ana Cristina de Barros Monteiro França. *Curso de direito civil*: parte geral. 44. ed. São Paulo: Saraiva, 2012. v. 1. p. 88.

economia própria. Entende-se que, nesse caso, fica demonstrado que a pessoa tem discernimento suficiente, podendo reger a sua pessoa e administrar os seus bens[115].

Além disso, não seria coerente que para a prática de atos envolvendo o estabelecimento civil ou comercial, dele decorrendo economia própria, o titular tivesse de ser assistida por representantes legais. A previsão também está de acordo com a proteção da boa-fé das pessoas que negociam e mantêm relações comerciais com o referido menor com 16 anos completos[116].

A emancipação ocorre ainda pela existência de relação de emprego, desde que, em função dela, o menor com 16 anos completos tenha economia própria. A relação de emprego decorre do trabalho prestado pela pessoa natural, com pessoalidade, de forma subordinada, mediante remuneração e de modo não eventual (arts. 2º e 3º da CLT).

Esclareça-se que a emancipação civil não gera efeitos na esfera penal[117].

2.12 FIM DA EXISTÊNCIA DA PESSOA NATURAL

A existência da pessoa natural termina com a morte (art. 6º do Código Civil). Trata-se do termo final da personalidade jurídica, que começa do nascimento com vida. A morte, assim, põe fim à personalidade civil, pois os mortos não são pessoas, não sendo mais sujeitos de direitos e deveres (*mors omnia solvit*)[118]. Vale dizer, a morte faz cessar a aptidão para ser titular de direitos subjetivos[119].

---

[115] MONTEIRO, Washington de Barros; PINTO, Ana Cristina de Barros Monteiro França. *Curso de direito civil*: parte geral. 44. ed. São Paulo: Saraiva, 2012. v. 1. p. 88.

[116] RODRIGUES, Silvio. *Direito civil*: parte geral. 34. ed. São Paulo: Saraiva, 2003. v. 1. p. 59.

[117] MONTEIRO, Washington de Barros; PINTO, Ana Cristina de Barros Monteiro França. *Curso de direito civil*: parte geral. 44. ed. São Paulo: Saraiva, 2012. v. 1. p. 88.

[118] MONTEIRO, Washington de Barros; PINTO, Ana Cristina de Barros Monteiro França. *Curso de direito civil*: parte geral. 44. ed. São Paulo: Saraiva, 2012. v. 1. p. 89.

[119] RODRIGUES, Silvio. *Direito civil*: parte geral. 34. ed. São Paulo: Saraiva, 2003. v. 1. p. 36.

Na atualidade, em termos médico-científicos, entende-se que a vida humana termina quando não há mais atividade cerebral, ou seja, quando há morte encefálica[120]. A retirada *post mortem* de tecidos, órgãos ou partes do corpo humano destinados a transplante ou tratamento deve ser precedida de diagnóstico de morte encefálica, constatada e registrada por dois médicos não participantes das equipes de remoção e transplante, mediante a utilização de critérios clínicos e tecnológicos definidos por resolução do Conselho Federal de Medicina (art. 3º da Lei 9.434/1997).

O direito do herdeiro remonta ao momento da morte, em que se considera aberta a sucessão, transmitindo-se a herança, desde logo, ao herdeiro (art. 1.784 do Código Civil). Com isso, afasta-se a descontinuidade na titularidade dos bens do acervo hereditário[121].

Registre-se que, na antiguidade, quem perdia o *status libertatis*, passando à condição de escravo, deixava de ser pessoa. No Direito moderno, não é mais prevista a morte civil, em que os condenados a penas perpétuas, no passado, eram considerados mortos pelo Direito, embora estivessem vivos[122].

Entretanto, como resquício da morte civil, aponta-se a previsão do art. 1.816 do Código Civil, ao prever que são pessoais os efeitos da exclusão da herança em casos de indignidade, de modo que os descendentes do herdeiro excluído sucedem, como se ele morto fosse antes da abertura da sucessão[123].

O sistema jurídico admite alguns casos de morte presumida[124].

Presume-se a morte, quanto aos ausentes, nos casos em que a lei autoriza a abertura de sucessão definitiva (art. 6º, segunda parte, do Código Civil).

---

[120] AZEVEDO, Álvaro Villaça. *Teoria geral do direito civil*: parte geral. São Paulo: Atlas, 2012. p. 23.

[121] MONTEIRO, Washington de Barros; PINTO, Ana Cristina de Barros Monteiro França. *Curso de direito civil*: parte geral. 44. ed. São Paulo: Saraiva, 2012. v. 1. p. 89.

[122] MONTEIRO, Washington de Barros; PINTO, Ana Cristina de Barros Monteiro França. *Curso de direito civil*: parte geral. 44. ed. São Paulo: Saraiva, 2012. v. 1. p. 89.

[123] MONTEIRO, Washington de Barros; PINTO, Ana Cristina de Barros Monteiro França. *Curso de direito civil*: parte geral. 44. ed. São Paulo: Saraiva, 2012. v. 1. p. 89-90.

[124] MONTEIRO, Washington de Barros; PINTO, Ana Cristina de Barros Monteiro França. *Curso de direito civil*: parte geral. 44. ed. São Paulo: Saraiva, 2012. v. 1. p. 90.

Ausente é a pessoa que desaparece do seu domicílio, ficando sem dar notícias por longo período[125], sendo assim declarada por decisão judicial[126]. Nesse contexto, desaparecendo uma pessoa do seu domicílio sem dela haver notícia, se não houver deixado representante ou procurador a quem caiba administrar-lhe os bens, o juiz, a requerimento de qualquer interessado ou do Ministério Público, declarará a ausência, e deve nomear a ele curador (art. 22 do Código Civil). Decorrido um ano da arrecadação dos bens do ausente, ou, se ele deixou representante ou procurador, em se passando três anos, os interessados podem requerer que se declare a ausência e se abra provisoriamente a sucessão (art. 26 do Código Civil). Depois de 10 anos de passada em julgado a sentença que concede a abertura da sucessão provisória, podem os interessados requerer a sucessão definitiva (art. 37 do Código Civil). Pode-se requerer a sucessão definitiva, também, provando-se que o ausente teria 80 anos de idade, e que de cinco anos datam as últimas notícias dele (art. 38 do Código Civil). Cf. Capítulo 4.

Frise-se ainda que pode ser declarada a morte presumida, *sem decretação de ausência*: I – se for extremamente provável a morte de quem estava em perigo de vida; II – se alguém, desaparecido em campanha (operação militar) ou feito prisioneiro, não for encontrado até dois anos após o término da guerra (art. 7º do Código Civil). A declaração da morte presumida, nesses casos, somente pode ser requerida depois de esgotadas as buscas e averiguações, devendo a sentença fixar a data provável do falecimento (art. 7º, parágrafo único, do Código Civil).

Nesse contexto, no âmbito dos registros públicos, os juízes podem admitir *justificação* para o assento de óbito de pessoas desaparecidas em naufrágio, inundação, incêndio, terremoto ou qualquer outra catástrofe, quando estiver provada a sua presença no local do desastre e não for possível encontrar-se o cadáver para exame (art. 88 da Lei 6.015/1973). Admite-se também a justificação no caso de desaparecimento em

---

[125] RODRIGUES, Silvio. *Direito civil*: parte geral. 34. ed. São Paulo: Saraiva, 2003. v. 1. p. 37.

[126] MONTEIRO, Washington de Barros; PINTO, Ana Cristina de Barros Monteiro França. *Curso de direito civil*: parte geral. 44. ed. São Paulo: Saraiva, 2012. v. 1. p. 133.

campanha (operação militar), provados a impossibilidade de ter sido feito o registro de óbito nos termos do art. 85 da Lei 6.015/1973 e os fatos que convençam da ocorrência do óbito. A respeito do tema, no âmbito processual, aplica-se o disposto nos arts. 381 a 383 do Código de Processo Civil, sobre produção antecipada da prova, àquele que pretender *justificar* a existência de algum fato ou relação jurídica para simples documento e sem caráter contencioso, que exporá, em petição circunstanciada, a sua intenção (art. 381, § 5º, do CPC).

A morte presumida deve ser objeto de sentença declaratória, proferida em processo judicial com esse objetivo, devendo-se demonstrar a presença de uma das hipóteses legais e que não foi possível encontrar a pessoa. Cabe ao juiz, ao declarar a morte presumida, fixar a data provável em que esta ocorreu[127].

A sentença declaratória de ausência e de morte presumida deve ser registrada em registro público (art. 9º, inciso IV, do Código Civil).

São reconhecidos como mortas, para todos os efeitos legais, as pessoas que tenham participado, ou tenham sido acusadas de participação, em atividades políticas, no período de 02 de setembro de 1961 a 05 de outubro de 1988, e que, por este motivo, tenham sido detidas por agentes públicos, achando-se, desde então, desaparecidas, sem que delas haja notícias (art. 1º da Lei 9.140/1995, com redação dada pela Lei 10.536/2002).

O cônjuge, o companheiro ou a companheira, descendente, ascendente, ou colateral até quarto grau, das pessoas indicadas no art. 1º da Lei 9.140/1995, comprovando essa condição, podem requerer a oficial de registro civil das pessoas naturais de seu domicílio a lavratura do assento de óbito (art. 3º da Lei 9.140/1995). Em caso de dúvida, será admitida justificação judicial.

A morte tem como consequência o término dos direitos e deveres de que a pessoa falecida (*de cujus*) era titular[128].

---

[127] MONTEIRO, Washington de Barros; PINTO, Ana Cristina de Barros Monteiro França. *Curso de direito civil*: parte geral. 44. ed. São Paulo: Saraiva, 2012. v. 1. p. 90.

[128] MONTEIRO, Washington de Barros; PINTO, Ana Cristina de Barros Monteiro França. *Curso de direito civil*: parte geral. 44. ed. São Paulo: Saraiva, 2012. v. 1. p. 91.

A sociedade conjugal termina pela morte de um dos cônjuges (art. 1.571, inciso I, do Código Civil). Extingue-se o poder familiar pela morte dos pais ou do filho (art. 1.635, inciso I, do Código Civil). Com a morte, ocorre abertura da sucessão e a herança transmite-se, desde logo, aos herdeiros legítimos e testamentários (art. 1.784 do Código Civil).

Com a morte, extinguem-se os contratos de caráter personalíssimo[129]. O contrato de prestação de serviço acaba com a morte de qualquer das partes (art. 607 do Código Civil). Cessa o mandato pela morte de uma das partes (art. 682, inciso II, do Código Civil).

O usufruto extingue-se, cancelando-se o registro no Cartório de Registro de Imóveis, pela morte do usufrutuário (art. 1.410, inciso I, do Código Civil).

Ainda assim, alguns desdobramentos persistem mesmo após a morte. As disposições de última vontade do falecido podem constar em testamento. Mesmo com a morte do empresário (pessoa natural), a falência pode ser requerida (art. 97, inciso II, da Lei 11.101/2005). Além disso, há direitos da personalidade que persistem após a morte. Em se tratando de morto, terá legitimação para requerer que cesse a ameaça ou a lesão a direito da personalidade, e reclamar perdas e danos, sem prejuízo de outras sanções previstas em lei, o cônjuge sobrevivente, ou qualquer parente em linha reta, ou colateral até o quarto grau (art. 12, parágrafo único, do Código Civil). Deve haver respeito ao cadáver. Os arts. 209 a 212 do Código Penal versam sobre os crimes contra o respeito aos mortos[130].

Há situações em que a morte gera o dever de indenização[131]. Nesse sentido, no caso de homicídio, a indenização consiste, sem excluir outras reparações: I – no pagamento das despesas com o tratamento da vítima, seu funeral e o luto da família; II – na prestação de alimentos

---

[129] MONTEIRO, Washington de Barros; PINTO, Ana Cristina de Barros Monteiro França. *Curso de direito civil*: parte geral. 44. ed. São Paulo: Saraiva, 2012. v. 1. p. 91.

[130] MONTEIRO, Washington de Barros; PINTO, Ana Cristina de Barros Monteiro França. *Curso de direito civil*: parte geral. 44. ed. São Paulo: Saraiva, 2012. v. 1. p. 91.

[131] MONTEIRO, Washington de Barros; PINTO, Ana Cristina de Barros Monteiro França. *Curso de direito civil*: parte geral. 44. ed. São Paulo: Saraiva, 2012. v. 1. p. 92-93.

às pessoas a quem o morto os devia, levando-se em conta a duração provável da vida da vítima (art. 948 do Código Civil). Nessa última hipótese, deve-se verificar, quando da morte, qual seria a expectativa média de sobrevida, caso não tivesse morrido, podendo-se recorrer às tábuas de sobrevida elaboradas pela Fundação Instituto Brasileiro de Geografia e Estatística (IBGE).

2.13 COMORIÊNCIA

A *comoriência* é a morte de duas ou mais pessoas na mesma ocasião, em razão do mesmo evento, sendo elas herdeiras recíprocas umas das outras[132]. Nessa hipótese, se as provas demonstram a efetiva ordem cronológica das mortes, assim deve ser observado, para fins de sucessão e de outras consequências jurídicas. Entretanto, se não for possível saber quem morreu primeiro, presumem-se que morreram simultaneamente[133].

Nesse sentido, se dois ou mais indivíduos falecerem na mesma ocasião, não se podendo averiguar se algum dos comorientes precedeu aos outros, presumir-se-ão simultaneamente mortos (art. 8º do Código Civil). A dúvida apenas surge se não for possível, por meio de perícia, exame de circunstâncias externas ou por outro meio de prova, apurar quem morreu primeiro. Nesse caso, admite-se que as mortes dos comorientes, que faleceram na mesma ocasião, foram simultâneas[134].

Exemplificando, se um casal sem ascendentes nem descendentes morreu no mesmo evento, caso fique demonstrado que o marido morreu antes da esposa, esta recebe a herança daquele e transmite a herança recebida, em seguida, aos seus próprios herdeiros. Diversamente, se ficar provado que a mulher morreu antes do marido, este recebe a herança

[132] MONTEIRO, Washington de Barros; PINTO, Ana Cristina de Barros Monteiro França. *Curso de direito civil*: parte geral. 44. ed. São Paulo: Saraiva, 2012. v. 1. p. 91.

[133] MONTEIRO, Washington de Barros; PINTO, Ana Cristina de Barros Monteiro França. *Curso de direito civil*: parte geral. 44. ed. São Paulo: Saraiva, 2012. v. 1. p. 92.

[134] RODRIGUES, Silvio. *Direito civil*: parte geral. 34. ed. São Paulo: Saraiva, 2003. v. 1. p. 37.

daquela e transmite a herança recebida, de forma subsequente, aos seus próprios herdeiros. Se não for possível saber quem morreu antes, há presunção legal de que houve simultaneidade de mortes. Nesse caso, não haverá transmissão de herança entre os cônjuges que faleceram na mesma ocasião (comorientes). A herança será dividida em duas partes, a serem atribuídas aos herdeiros de cada um dos cônjuges[135].

Em caso de se dois indivíduos falecerem na mesma ocasião, não sendo possível verificar se um dos comorientes precedeu ao outro, a divisão da herança deve ocorrer na forma indicada, ou seja, em partes iguais, ainda que os sucessores de um dos falecidos sejam parentes de grau mais distantes do que os sucessores do outro falecido. Não se aplica ao caso específico o princípio de que o herdeiro mais próximo exclui o mais distante[136].

Ainda de forma exemplificativa, se o pai morreu antes do filho, a herança daquele passa para este (art. 1.829, inciso I, do Código Civil) e, em seguida, para os herdeiros do filho. Se o filho morreu antes do pai, a herança daquele passa para os seus herdeiros, possivelmente a seu pai (art. 1.829, inciso II, do Código Civil) e, em seguida, aos herdeiros deste. Se o pai e o filho morreram, na mesma ocasião, simultaneamente, as relações de sucessão não se estabelecem entre eles, pois perderam a personalidade jurídica no mesmo instante, de modo que a herança de cada um será transmitida aos seus respectivos herdeiros[137].

2.14 REGISTRO CIVIL

O registro público pode ser compreendido sob o enfoque institucional, de serviço de natureza pública, ou como ato que tem por objetivo dar autenticidade, eficácia e publicidade a fatos jurídicos (em sentido amplo) ocorridos ou realizados no plano social.

---

135 MONTEIRO, Washington de Barros; PINTO, Ana Cristina de Barros Monteiro França. *Curso de direito civil*: parte geral. 44. ed. São Paulo: Saraiva, 2012. v. 1. p. 92.

136 MONTEIRO, Washington de Barros; PINTO, Ana Cristina de Barros Monteiro França. *Curso de direito civil*: parte geral. 44. ed. São Paulo: Saraiva, 2012. v. 1. p. 92.

137 RODRIGUES, Silvio. *Direito civil*: parte geral. 34. ed. São Paulo: Saraiva, 2003. v. 1. p. 37.

Os serviços concernentes aos registros públicos, estabelecidos pela legislação civil para autenticidade, segurança e eficácia dos atos jurídicos, ficam sujeitos ao regime estabelecido na Lei 6.015/1973 (art. 1º).

Os mencionados registros públicos são os seguintes: I – o registro civil de pessoas naturais; II – o registro civil de pessoas jurídicas; III – o registro de títulos e documentos; IV – o registro de imóveis. Os demais registros são regidos por leis próprias.

Esclareça-se que os registros podem ser escriturados, publicitados e conservados em meio eletrônico, obedecidos os padrões tecnológicos estabelecidos em regulamento (art. 1º, § 3º, da Lei 6.015/1973, incluído pela Lei 13.874/2019).

O registro público, assim, é o serviço de natureza pública que tem como objetivo dar autenticidade, segurança, eficácia e publicidade aos fatos, atos e negócios jurídicos[138].

Nessa linha, o registro civil de pessoas naturais permite a produção de prova autêntica e segura a respeito do estado e da situação jurídica das pessoas físicas, com eficácia dos atos jurídicos registrados perante terceiros, o que é decorrente da publicidade inerente ao serviço de registro público[139].

Logo, são inseridos no registro civil de pessoas naturais os principais fatos e atos da vida das pessoas humanas nas relações sociais, de interesse do poder público, de terceiros e do registrado, como o nascimento, o casamento, o divórcio e a morte[140].

A administração pública obtém, por meio do registro, informações essenciais para suas atividades e serviços diversos, como policiais, de recrutamento militar, recenseamento, estatística, serviço eleitoral, arrecadação de tributos e distribuição de justiça[141].

---

[138] GOMES, Orlando. *Introdução ao direito civil*. 19. ed., revista, atualizada e aumentada por Edvaldo Brito e Reginalda Paranhos de Brito. Rio de Janeiro: Forense, 2007. p. 346: "A *publicidade* pela inserção no registro público da a presunção de conhecimento" (destaque do original).

[139] MONTEIRO, Washington de Barros; PINTO, Ana Cristina de Barros Monteiro França. *Curso de direito civil*: parte geral. 44. ed. São Paulo: Saraiva, 2012. v. 1. p. 93.

[140] MONTEIRO, Washington de Barros; PINTO, Ana Cristina de Barros Monteiro França. *Curso de direito civil*: parte geral. 44. ed. São Paulo: Saraiva, 2012. v. 1. p. 93.

[141] MONTEIRO, Washington de Barros; PINTO, Ana Cristina de Barros Monteiro França. *Curso de direito civil*: parte geral. 44. ed. São Paulo: Saraiva, 2012. v. 1. p. 93.

O registro também atende a interesses de terceiros, na obtenção de informações autênticas sobre as pessoas com quem se mantém vínculos negociais, para a segurança das relações jurídicas, permitindo verificar, por exemplo, a idade, o estado civil e, se casada, o regime de casamento da pessoa que figura como contratante[142].

A própria pessoa que tem os fatos e atos jurídicos registrados passa a ter acesso a prova autêntica, segura e eficaz sobre os principais aspectos envolvendo a sua situação jurídica, como do local de nascimento, da idade (para fins de demonstrar a capacidade civil), da nacionalidade (para gozo e exercício de direitos políticos) e do estado civil (para demonstrar, por exemplo, a condição de casado, de divorciado ou de viúvo)[143].

Em termos históricos, o registro civil é instituição que teve origem na Igreja Católica, que desde a Idade Média procedia à anotação e inscrição de nascimentos, casamentos e óbitos nos livros paroquias[144].

No Brasil Império, em razão da ligação entre a Igreja Católica e o Estado, como se pode observar no art. 5º da Constituição de 1824, no sentido de que a Religião Católica Apostólica Romana permanecia como a Religião do Império, os registros eclesiásticos eram considerados fidedignos. Nesse sentido, admitia-se a prova da idade por meio do documento de batismo[145].

A secularização do registro civil teve início com o Decreto 9.886/1988, aplicando-se, na atualidade, a Lei 6.015/1973 (arts. 29 a 113)[146].

Os atos do registro civil de pessoas naturais são realizados, em regra, pelos oficiais do registro em questão[147].

Como situação especial, o comandante de aeronave deve proceder ao assento, no diário de bordo, dos nascimentos e óbitos que ocor-

---

[142] MONTEIRO, Washington de Barros; PINTO, Ana Cristina de Barros Monteiro França. *Curso de direito civil*: parte geral. 44. ed. São Paulo: Saraiva, 2012. v. 1. p. 93.

[143] MONTEIRO, Washington de Barros; PINTO, Ana Cristina de Barros Monteiro França. *Curso de direito civil*: parte geral. 44. ed. São Paulo: Saraiva, 2012. v. 1. p. 93.

[144] MONTEIRO, Washington de Barros; PINTO, Ana Cristina de Barros Monteiro França. *Curso de direito civil*: parte geral. 44. ed. São Paulo: Saraiva, 2012. v. 1. p. 94.

[145] MONTEIRO, Washington de Barros; PINTO, Ana Cristina de Barros Monteiro França. *Curso de direito civil*: parte geral. 44. ed. São Paulo: Saraiva, 2012. v. 1. p. 94.

[146] MONTEIRO, Washington de Barros; PINTO, Ana Cristina de Barros Monteiro França. *Curso de direito civil*: parte geral. 44. ed. São Paulo: Saraiva, 2012. v. 1. p. 94.

[147] MONTEIRO, Washington de Barros; PINTO, Ana Cristina de Barros Monteiro França. *Curso de direito civil*: parte geral. 44. ed. São Paulo: Saraiva, 2012. v. 1. p. 94.

rerem durante a viagem, e dele extrairá cópia para os fins de direito (art. 173 da Lei 7.565/1986).

Além disso, conforme o art. 18 da Lei de Introdução às Normas do Direito Brasileiro, tratando-se de brasileiros, as autoridades consulares brasileiras são competentes para lhes celebrar o casamento e os demais atos de registro civil e de tabelionato, inclusive o registro de nascimento e de óbito dos filhos de brasileiro ou brasileira nascidos no país da sede do consulado.

As autoridades consulares brasileiras também podem celebrar a separação consensual e o divórcio consensual de brasileiros, não havendo filhos menores ou incapazes do casal e observados os requisitos legais quanto aos prazos, devendo constar da respectiva escritura pública as disposições relativas à descrição e à partilha dos bens comuns e à pensão alimentícia e, ainda, ao acordo quanto à retomada pelo cônjuge de seu nome de solteiro ou à manutenção do nome adotado quando se deu o casamento (art. 18, § 1º, da Lei de Introdução às Normas do Direito Brasileiro, incluído pela Lei 12.874/2013). Nesses casos, é indispensável a assistência de advogado, devidamente constituído, que se dará mediante a subscrição de petição, juntamente com ambas as partes, ou com apenas uma delas, caso a outra constitua advogado próprio, não se fazendo necessário que a assinatura do advogado conste da escritura pública (art. 18, § 2º, da Lei de Introdução às Normas do Direito Brasileiro, incluído pela Lei 12.874/2013).

Devem ser registrados em registro público: I – os nascimentos, casamentos e óbitos; II – a emancipação por outorga dos pais ou por sentença do juiz; III – a interdição por incapacidade absoluta ou relativa; IV – a sentença declaratória de ausência e de morte presumida (art. 9º do Código Civil).

Os registros em questão devem ser efetuados de acordo com a Lei 6.015/1973, que disciplina o registro civil de pessoas naturais nos arts. 29 a 113[148].

A Lei 3.764/1960 estabelece rito sumaríssimo para retificações no registro civil.

---

[148] MONTEIRO, Washington de Barros; PINTO, Ana Cristina de Barros Monteiro França. *Curso de direito civil*: parte geral. 44. ed. São Paulo: Saraiva, 2012. v. 1. p. 95.

Frise-se ainda que as medidas de proteção à criança e ao adolescente devem ser acompanhadas da regularização do registro civil (art. 102 da Lei 8.069/1990).

Esclareça-se que são gratuitos para os reconhecidamente pobres, na forma da lei: a) o registro civil de nascimento; b) a certidão de óbito (art. 5º, inciso LXXVI, da Constituição Federal de 1988).

Nos termos do art. 30 da Lei 6.015/1973, não devem ser cobrados emolumentos pelo registro civil de nascimento e pelo assento de óbito, bem como pela primeira certidão respectiva.

Os reconhecidamente pobres estão isentos de pagamento de emolumentos pelas demais certidões extraídas pelo cartório de registro civil (art. 30, § 1º, da Lei 6.015/1973). É proibida a inserção nessas certidões de expressões que indiquem condição de pobreza ou semelhantes.

O estado de pobreza deve ser comprovado por declaração do próprio interessado ou a rogo, tratando-se de analfabeto, neste caso, acompanhada da assinatura de duas testemunhas. A falsidade da declaração ensejará a responsabilidade civil e criminal do interessado.

Os cartórios de registros públicos devem afixar, em local de grande visibilidade, que permita fácil leitura e acesso ao público, quadros contendo tabelas atualizadas das custas e emolumentos, além de informações claras sobre a gratuidade prevista no art. 30 da Lei 6.015/1973.

Deve ser feita averbação[149] em registro público: I – das sentenças que decretarem a nulidade ou anulação do casamento, o divórcio, a separação judicial e o restabelecimento da sociedade conjugal; II – dos atos judiciais ou extrajudiciais que declararem ou reconhecerem a filiação (art. 10 do Código Civil).

Devem ser arquivados e averbados no registro civil, bem como no Registro Público de Empresas Mercantis, os pactos e declarações antenupciais do empresário, o título de doação, herança, ou legado, de bens clausulados de incomunicabilidade ou inalienabilidade (art. 979 do Código Civil).

---

[149] AZEVEDO, Álvaro Villaça. *Teoria geral do direito civil*: parte geral. São Paulo: Atlas, 2012. p. 30: "A averbação pode ser conceituada como a modificação, a alteração, a ampliação ou a extinção de um assento ou documento, anteriormente registrado, dando publicidade e valendo contra terceiros".

A sentença que decretar ou homologar a separação judicial do empresário e o ato de reconciliação não podem ser opostos a terceiros, antes de arquivados e averbados no Registro Público de Empresas Mercantis (art. 980 do Código Civil).

O Registro Público de Empresas Mercantis e Atividades Afins, observado o disposto na Lei 8.934/1994, deve ser exercido em todo o território nacional, de forma sistêmica, por órgãos federais, estaduais e distrital, com as seguintes finalidades: I – dar garantia, publicidade, autenticidade, segurança e eficácia aos atos jurídicos das empresas mercantis, submetidos a registro na forma da Lei 8.934/1994; II – cadastrar as empresas nacionais e estrangeiras em funcionamento no País e manter atualizadas as informações pertinentes; III – proceder à matrícula dos agentes auxiliares do comércio, bem como ao seu cancelamento (art. 1º da Lei 8.934/1994, com redação dada pela Lei 13.833/2019).

Os atos das firmas mercantis individuais e das sociedades mercantis devem ser arquivados no Registro Público de Empresas Mercantis e Atividades Afins, independentemente de seu objeto, salvo as exceções previstas em lei (art. 2º da Lei 8.934/1994).

Os serviços do Registro Público de Empresas Mercantis e Atividades Afins devem ser exercidos, em todo o território nacional, de maneira uniforme, harmônica e interdependente, pelo Sistema Nacional de Registro de Empresas Mercantis (Sinrem), composto pelos seguintes órgãos: I – o Departamento Nacional de Registro Empresarial e Integração, órgão central do Sistema Nacional de Registro de Empresas Mercantis (Sinrem), com as seguintes funções: a) supervisora, orientadora, coordenadora e normativa, na área técnica; b) supletiva, na área administrativa; II – as Juntas Comerciais, como órgãos locais, com funções executora e administradora dos serviços de registro (art. 3º da Lei 8.934/1994).

2.15 ESTADO DA PESSOA NATURAL

Em termos etiológicos, estado provém da palavra latina *status*, que era utilizada no Direito Romano para expressar as qualidades integrantes da personalidade, dizendo respeito aos direitos da pessoa natural na sociedade civil. Nessa época, esse estado abrangia a liberdade, a cidade e a família (*status libertatis*, *status civitatis* e *status familiae*). A personalidade era plena se reunidos esses três aspectos, caso em que a pessoa era considerada *caput civile*. A ausência de um desses elementos significava *capitis diminutio*, que podia ser: máxima (perda da liberdade, que acarretava a perda dos outros estados); média (perda do direito de cidade, que acarretava a perda do estado de família); mínima (perda apenas do estado de família)[150].

No Direito contemporâneo são previstos os estados individual, de nacionalidade, de família e político, uma vez que todos os seres humanos são livres (art. 5º da Constituição Federal de 1988) e capazes de direitos e deveres (art. 1º do Código Civil)[151].

Parte da doutrina faz referência, ainda, ao estado profissional, conforme a profissão ou atividade realizada pela pessoa, como servidor público, empregado, empregador, profissional liberal, trabalhador autônomo, militar, sacerdote etc.[152]. Nesse aspecto, cabe ressaltar a proibição de distinção (discriminação) entre trabalho manual, técnico e intelectual ou entre os profissionais respectivos (art. 7º, inciso XXXII, da Constituição Federal de 1988).

Entende-se por estado a posição da pessoa natural na vida em sociedade, do que decorrem diversas relações jurídicas[153], sendo disciplinado por normas de ordem pública[154].

O estado individual é o modo de ser da pessoa quanto ao aspecto físico ou orgânico, considerando condições individuais como idade,

---

150 MONTEIRO, Washington de Barros; PINTO, Ana Cristina de Barros Monteiro França. *Curso de direito civil*: parte geral. 44. ed. São Paulo: Saraiva, 2012. v. 1. p. 96.

151 MONTEIRO, Washington de Barros; PINTO, Ana Cristina de Barros Monteiro França. *Curso de direito civil*: parte geral. 44. ed. São Paulo: Saraiva, 2012. v. 1. p. 96-97.

152 AZEVEDO, Álvaro Villaça. *Teoria geral do direito civil*: parte geral. São Paulo: Atlas, 2012. p. 13.

153 GOMES, Orlando. *Introdução ao direito civil*. 19. ed., revista, atualizada e aumentada por Edvaldo Brito e Reginalda Paranhos de Brito. Rio de Janeiro: Forense, 2007. p. 150: "*Estado* (*status*), em direito privado, é noção técnica destinada a caracterizar a posição jurídica da pessoa no meio social. Pelo *estado* define-se a situação do indivíduo na sociedade política e na família" (destaques do original).

154 MONTEIRO, Washington de Barros; PINTO, Ana Cristina de Barros Monteiro França. *Curso de direito civil*: parte geral. 44. ed. São Paulo: Saraiva, 2012. v. 1. p. 97.

desenvolvimento mental e saúde, o que tem reflexos na capacidade civil de exercício ou de fato[155].

O estado familiar é a posição da pessoa no âmbito da família, envolvendo a existência de vínculo conjugal, união estável e parentesco. Nesse aspecto, normalmente denominado de estado civil, a pessoa natural é considerada casada, solteira, separada ou divorciada, podendo ter parentes consanguíneos ou afins[156].

O estado político é a qualidade jurídica da pessoa no âmbito da organização política do Estado, dizendo respeito à nacionalidade e aos direitos políticos (cidadania em sentido estrito)[157].

A Constituição Federal de 1988, no âmbito dos direitos e garantias fundamentais, faz referência a direitos individuais e coletivos (art. 5º), direitos sociais (arts. 6º a 11), nacionalidade (arts. 12 e 13), direitos políticos (arts. 14 a 16) e partidos políticos (art. 17).

Os direitos individuais ou civis são de titularidade da pessoa humana, individualmente considerada. Os direitos políticos dizem respeito à participação do indivíduo na organização política, como alistamento eleitoral, voto e elegibilidade[158].

A soberania popular é exercida pelo sufrágio universal e pelo voto direto e secreto, com valor igual para todos, e, nos termos da lei, mediante plebiscito, referendo e iniciativa popular (art. 14 da Constituição da República).

2.16 NACIONALIDADE E CIDADANIA

O art. 15 da Declaração Universal dos Direitos Humanos estabelece que todo indivíduo tem direito a uma nacionalidade.

---

155 MONTEIRO, Washington de Barros; PINTO, Ana Cristina de Barros Monteiro França. *Curso de direito civil*: parte geral. 44. ed. São Paulo: Saraiva, 2012. v. 1. p. 97.

156 MONTEIRO, Washington de Barros; PINTO, Ana Cristina de Barros Monteiro França. *Curso de direito civil*: parte geral. 44. ed. São Paulo: Saraiva, 2012. v. 1. p. 97.

157 MONTEIRO, Washington de Barros; PINTO, Ana Cristina de Barros Monteiro França. *Curso de direito civil*: parte geral. 44. ed. São Paulo: Saraiva, 2012. v. 1. p. 97-98.

158 MONTEIRO, Washington de Barros; PINTO, Ana Cristina de Barros Monteiro França. *Curso de direito civil*: parte geral. 44. ed. São Paulo: Saraiva, 2012. v. 1. p. 104.

O indivíduo, quanto à *nacionalidade*, pode ser brasileiro ou estrangeiro. O art. 5º da Constituição Federal de 1988 estabelece que todos são iguais perante a lei, sem distinção de qualquer natureza, garantindo-se aos brasileiros e aos estrangeiros residentes no País a inviolabilidade do direito à vida, à liberdade, à igualdade, à segurança e à propriedade.

Não será concedida extradição de estrangeiro por crime político ou de opinião (art. 5º, inciso LII, da Constituição da República). Nenhum brasileiro será extraditado, salvo o naturalizado, em caso de crime comum, praticado antes da naturalização, ou de comprovado envolvimento em tráfico ilícito de entorpecentes e drogas afins, na forma da lei (art. 5º, inciso LI, da Constituição da Federal de 1988).

A extradição é a medida de cooperação internacional entre o Estado brasileiro e outro Estado pela qual se concede ou solicita a entrega de pessoa sobre quem recaia condenação criminal definitiva ou para fins de instrução de processo penal em curso (art. 81 da Lei 13.445/2017). Nos termos da Súmula 421 do STF: "Não impede a extradição a circunstância de ser o extraditando casado com brasileira ou ter filho brasileiro".

Apesar do exposto, há regras que estabelecem certas previsões específicas e restrições quanto aos estrangeiros.

Os estrangeiros não podem alistar-se como eleitores (art. 14, § 2º, da Constituição Federal de 1988).

Na administração pública, os cargos, empregos e funções públicas são acessíveis aos brasileiros que preencham os requisitos estabelecidos em lei, assim como aos estrangeiros, na forma da lei (art. 37, inciso I, da Constituição da República).

É facultado às universidades admitir professores, técnicos e cientistas estrangeiros, na forma da lei (art. 207, § 1º, da Constituição Federal de 1988).

A propriedade de empresa jornalística e de radiodifusão sonora e de sons e imagens é privativa de brasileiros natos ou naturalizados há mais de 10 anos, ou de pessoas jurídicas constituídas sob as leis brasileiras e que tenham sede no País (art. 222 da Constituição da República).

A adoção deve ser assistida pelo poder público, na forma da lei, que estabelecerá casos e condições de sua efetivação por parte de estrangeiros (art. 227, § 5º, da Constituição Federal de 1988).

A Lei 13.445/2017 dispõe sobre os direitos e os deveres do migrante e do visitante, regula a sua entrada e estada no País e estabelece princípios e diretrizes para as políticas públicas para o emigrante.

Considera-se imigrante a pessoa nacional de outro país ou apátrida que trabalha ou reside e se estabelece temporária ou definitivamente no Brasil. Considera-se visitante a pessoa nacional de outro país ou apátrida que vem ao Brasil para estadas de curta duração, sem pretensão de se estabelecer temporária ou definitivamente no território nacional. Apátrida é a pessoa que não seja considerada como nacional por nenhum Estado, segundo a sua legislação, nos termos da Convenção sobre o Estatuto dos Apátridas, de 1954, promulgada pelo Decreto 4.246/2002, ou assim reconhecida pelo Estado brasileiro.

Ao migrante é garantida no território nacional, em condição de igualdade com os nacionais, a inviolabilidade do direito à vida, à liberdade, à igualdade, à segurança e à propriedade, bem como são assegurados os direitos previstos no art. 4º da Lei 13.445/2017.

As legislações dos diversos Estados soberanos adotam certos parâmetros para a aquisição da nacionalidade. De acordo com o critério do *jus soli*, o indivíduo que nasce no território do Estado adquire a sua nacionalidade. Segundo o critério do *jus sanguinis*, o filho adquire a nacionalidade dos pais. Para evitar situações injustas decorrentes da adoção exclusiva de um desses sistemas, é possível a previsão conjunta de seus aspectos pela legislação[159].

São brasileiros *natos*: a) os nascidos na República Federativa do Brasil, ainda que de pais estrangeiros, desde que estes não estejam a serviço de seu país; b) os nascidos no estrangeiro, de pai brasileiro ou mãe brasileira, desde que qualquer deles esteja a serviço da República Federativa do Brasil; c) os nascidos no estrangeiro de pai brasileiro ou de mãe brasileira, desde que sejam registrados em repartição brasileira

---

[159] MONTEIRO, Washington de Barros; PINTO, Ana Cristina de Barros Monteiro França. *Curso de direito civil*: parte geral. 44. ed. São Paulo: Saraiva, 2012. v. 1. p. 99-100.

competente ou venham a residir na República Federativa do Brasil e optem, em qualquer tempo, depois de atingida a maioridade, pela nacionalidade brasileira (art. 12, inciso I, da Constituição Federal de 1988)[160].

O filho de pai ou de mãe brasileiro nascido no exterior e que não tenha sido registrado em repartição consular pode, a qualquer tempo, promover ação de opção de nacionalidade (art. 63 da Lei 13.445/2017). O órgão de registro deve informar periodicamente à autoridade competente os dados relativos à opção de nacionalidade, conforme regulamento.

São brasileiros *naturalizados*: a) os que, na forma da lei, adquiram a nacionalidade brasileira, exigidas aos originários de países de língua portuguesa apenas residência por um ano ininterrupto e idoneidade moral; b) os estrangeiros de qualquer nacionalidade, residentes na República Federativa do Brasil há mais de 15 anos ininterruptos e sem condenação penal, desde que requeiram a nacionalidade brasileira (art. 12, inciso II, da Constituição Federal de 1988).

A naturalização pode ser ordinária, extraordinária, especial ou provisória (art. 64 da Lei 13.445/2017).

Será concedida a naturalização ordinária àquele que preencher as seguintes condições: I – ter capacidade civil, segundo a lei brasileira; II – ter residência em território nacional, pelo prazo mínimo de quatro anos; III – comunicar-se em língua portuguesa, consideradas as condições do naturalizando; e IV – não possuir condenação penal ou estiver reabilitado, nos termos da lei (art. 65 da Lei 13.445/2017).

O prazo de residência fixado no inciso II do art. 65 da Lei 13.445/2017 será reduzido para, no mínimo, um ano se o naturalizando preencher quaisquer das seguintes condições: ter filho brasileiro; ter cônjuge ou companheiro brasileiro e não estar dele separado legalmente ou de fato

[160] "III – A nacionalidade é o liame jurídico-político estabelecido, de modo originário ou adquirido, entre o Estado e o indivíduo, e, a teor do art. 12, I, *c*, da Constituição da República, foi contemplada no ordenamento jurídico pátrio a possibilidade da chamada nacionalidade potestativa, mediante a qual a outorga da condição de brasileiro nato dos nascidos no estrangeiro de pai brasileiro ou de mãe brasileira, que venham a residir na República Federativa do Brasil, fica subordinada à opção, após atingida a maioridade, em qualquer tempo, pela nacionalidade brasileira, em caráter personalíssimo" (STJ, 1ª Seção, CC 150.164/SP, 2016/0319385-6, Rel. Min. Regina Helena Costa, DJe 14.12.2018).

no momento de concessão da naturalização; haver prestado ou poder prestar serviço relevante ao Brasil; ou recomendar-se por sua capacidade profissional, científica ou artística (art. 66 da Lei 13.445/2017).

A naturalização extraordinária será concedida a pessoa de qualquer nacionalidade fixada no Brasil há mais de 15 anos ininterruptos e sem condenação penal, desde que requeira a nacionalidade brasileira (art. 67 da Lei 13.445/2017).

A naturalização especial pode ser concedida ao estrangeiro que se encontre em uma das seguintes situações: I – seja cônjuge ou companheiro, há mais de cinco anos, de integrante do Serviço Exterior Brasileiro em atividade ou de pessoa a serviço do Estado brasileiro no exterior; ou II – seja ou tenha sido empregado em missão diplomática ou em repartição consular do Brasil por mais de 10 anos ininterruptos (art. 68 da Lei 13.445/2017).

São requisitos para a concessão da naturalização especial: I – ter capacidade civil, segundo a lei brasileira; II – comunicar-se em língua portuguesa, consideradas as condições do naturalizando; e III – não possuir condenação penal ou estiver reabilitado, nos termos da lei (art. 69 da Lei 13.445/2017).

A naturalização provisória pode ser concedida ao migrante criança ou adolescente que tenha fixado residência em território nacional antes de completar 10 anos de idade e deve ser requerida por intermédio de seu representante legal (art. 70 da Lei 13.445/2017). A referida naturalização será convertida em definitiva se o naturalizando expressamente assim o requerer no prazo de dois anos após atingir a maioridade.

O pedido de naturalização deve ser apresentado e processado na forma prevista pelo órgão competente do Poder Executivo, sendo cabível recurso em caso de denegação (art. 71 da Lei 13.445/2017).

No curso do processo de naturalização, o naturalizando pode requerer a tradução ou a adaptação de seu nome à língua portuguesa. Será mantido cadastro com o nome traduzido ou adaptado associado ao nome anterior.

No prazo de até um ano após a concessão da naturalização, o naturalizado deve comparecer perante a Justiça Eleitoral para o devido cadastramento (art. 72 da Lei 13.445/2017).

A naturalização produz efeitos após a publicação no Diário Oficial do ato de naturalização (art. 73 da Lei 13.445/2017).

Aos portugueses com residência permanente no País, se houver reciprocidade em favor de brasileiros, serão atribuídos os direitos inerentes ao brasileiro, salvo os casos previstos na Constituição Federal de 1988 (art. 12, § 1º).

A lei não pode estabelecer distinção entre brasileiros natos e naturalizados, salvo nos casos previstos na Constituição Federal de 1988 (art. 12, § 2º).

Frise-se que são privativos de brasileiro nato os cargos: de Presidente e Vice-Presidente da República; de Presidente da Câmara dos Deputados; de Presidente do Senado Federal; de Ministro do Supremo Tribunal Federal; da carreira diplomática; de oficial das Forças Armadas; de Ministro de Estado da Defesa (art. 12, § 3º, da Constituição da República).

Será declarada a perda da nacionalidade do brasileiro que: I – tiver cancelada sua naturalização, por sentença judicial, em virtude de atividade nociva ao interesse nacional; II – adquirir outra nacionalidade, salvo nos casos: a) de reconhecimento de nacionalidade originária pela lei estrangeira; b) de imposição de naturalização, pela norma estrangeira, ao brasileiro residente em estado estrangeiro, como condição para permanência em seu território ou para o exercício de direitos civis (art. 12, § 4º, da Constituição da República).

O naturalizado perderá a nacionalidade em razão de condenação transitada em julgado por atividade nociva ao interesse nacional, nos termos do inciso I do § 4º do art. 12 da Constituição Federal de 1988 (art. 75 da Lei 13.445/2017). O risco de geração de situação de apátrida deve ser levado em consideração antes da efetivação da perda da nacionalidade.

O brasileiro que, em razão do previsto no inciso II do § 4º do art. 12 da Constituição Federal de 1988, houver perdido a nacionalidade, uma vez cessada a causa, pode readquiri-la ou ter o ato que declarou a perda revogado, na forma definida pelo órgão competente do Poder Executivo (art. 76 da Lei 13.445/2017).

A nacionalidade não se confunde com a *cidadania*, pois esta, em sentido estrito, diz respeito a ter e exercer direitos políticos (arts. 14 e 15 da Constituição Federal de 1988). Cidadão, nesse enfoque, tem o sentido de eleitor[161].

Qualquer *cidadão* é parte legítima para propor ação popular que vise a anular ato lesivo ao patrimônio público ou de entidade de que o Estado participe, à moralidade administrativa, ao meio ambiente e ao patrimônio histórico e cultural, ficando o autor, salvo comprovada má-fé, isento de custas judiciais e do ônus da sucumbência (art. 5º, inciso LXXIII, da Constituição da República).

Em termos mais amplos, a cidadania é um dos fundamentos da República Federativa do Brasil, que se constitui em Estado Democrático de Direito (art. 1º, inciso II, da Constituição Federal de 1988). Nessa linha abrangente, como ressaltado por Hannah Arendt, o "direito a ter direitos" é voltado à concepção de cidadania e dignidade, pelo fato de ser pessoa humana[162].

O alistamento eleitoral e o voto são: I – obrigatórios para os maiores de 18 anos; II – facultativos para: a) os analfabetos; b) os maiores de 70 anos; c) os maiores de 16 e menores de 18 anos (art. 14, § 1º, da Constituição Federal de 1988).

Não podem alistar-se como eleitores os estrangeiros e, durante o período do serviço militar obrigatório, os conscritos (art. 14, § 2º, da Constituição Federal de 1988).

São condições de elegibilidade, na forma da lei: I – a nacionalidade brasileira; II – o pleno exercício dos direitos políticos; III – o alistamento eleitoral; IV – o domicílio eleitoral na circunscrição; V – a filiação partidária; VI – a idade mínima de: a) 35 anos para Presidente e Vice-Presidente da República e Senador; b) 30 anos para Governador e Vice-Governador de Estado e do Distrito Federal; c) 21 anos para Deputado Federal, Deputado Estadual ou Distrital, Prefeito,

---

161 MONTEIRO, Washington de Barros; PINTO, Ana Cristina de Barros Monteiro França. *Curso de direito civil*: parte geral. 44. ed. São Paulo: Saraiva, 2012. v. 1. p. 103.

162 LAFER, Celso. *A reconstrução dos direitos humanos*: um diálogo com o pensamento de Hannah Arendt. 1. ed., 4. reimpr. São Paulo: Companhia das Letras, 2001. p. 154.

Vice-Prefeito e juiz de paz; d) 18 anos para Vereador (art. 14, § 3º, da Constituição Federal de 1988).

São inelegíveis os inalistáveis e os analfabetos (art. 14, § 4º, da Constituição Federal de 1988).

É vedada a cassação de direitos políticos, cuja perda ou suspensão só se dará nos casos de: I – cancelamento da naturalização por sentença transitada em julgado; II – incapacidade civil absoluta; III – condenação criminal transitada em julgado, enquanto durarem seus efeitos; IV – recusa de cumprir obrigação a todos imposta ou prestação alternativa, nos termos do art. 5º, inciso VIII, da Constituição Federal de 1988[163]; V – improbidade administrativa, nos termos do art. 37, § 4º, da Constituição Federal de 1988[164] (art. 15 da Constituição da República).

[163] "VIII – ninguém será privado de direitos por motivo de crença religiosa ou de convicção filosófica ou política, salvo se as invocar para eximir-se de obrigação legal a todos imposta e recusar-se a cumprir prestação alternativa, fixada em lei".

[164] "§ 4º Os atos de improbidade administrativa importarão a suspensão dos direitos políticos, a perda da função pública, a indisponibilidade dos bens e o ressarcimento ao erário, na forma e gradação previstas em lei, sem prejuízo da ação penal cabível".

CAPÍTULO

3

DIREITOS DA PERSONALIDADE

3.1 CONCEITO

A pessoa natural é titular de direitos inerentes à sua personalidade, entendida como o conjunto de características provenientes da condição de ser humano, que vive em sociedade[1].

Os direitos da personalidade são essenciais à pessoa, em suas projeções física, psíquica, intelectual e moral[2]. Eles decorrem, assim, da própria existência do indivíduo e de sua vida em sociedade, como exteriorização da dignidade humana[3].

Trata-se de direitos da pessoa considerada em si mesma e em suas relações sociais, envolvendo valores como a vida, a intimidade, a honra,

---

1 MONTEIRO, Washington de Barros; PINTO, Ana Cristina de Barros Monteiro França. *Curso de direito civil*: parte geral. 44. ed. São Paulo: Saraiva, 2012. v. 1. p. 106.

2 GAGLIANO, Pablo Stolze; PAMPLONA FILHO, Rodolfo. *Novo curso de direito civil*: parte geral. 6. ed. São Paulo: Saraiva, 2005. v. 1. p. 157-158.

3 MONTEIRO, Washington de Barros; PINTO, Ana Cristina de Barros Monteiro França. *Curso de direito civil*: parte geral. 44. ed. São Paulo: Saraiva, 2012. v. 1. p. 106.

a imagem, a intelectualidade, a higidez física e psíquica, reconhecidos e assegurados pela ordem jurídica[4].

3.2 NATUREZA JURÍDICA

Há entendimento de que os direitos da personalidade são direitos naturais, que nascem com a pessoa humana, pois antecedem e transcendem ao Direito positivo, existindo em razão da condição humana do indivíduo[5].

Na atualidade, os direitos da personalidade estão positivados no sistema jurídico, sendo assegurados nos planos internacional, constitucional e legislativo, bem como reconhecidos pela jurisprudência e, no âmbito científico, pela doutrina[6].

A Constituição Federal de 1988 reconhece a dignidade da pessoa humana como um dos fundamentos do Estado Democrático de Direito (art. 1º, inciso III) e assegura os direitos à vida, liberdade, igualdade, segurança e à propriedade (art. 5º).

O art. 5º da Constituição Federal de 1988 proíbe o tratamento desumano ou degradante (inciso III), dispõe ser livre a manifestação do pensamento[7], sendo vedado o anonimato (inciso IV)[8], assegura o

---

4 BITTAR, Carlos Alberto. *Curso de direito civil.* Rio de Janeiro: Forense Universitária, 1994. v. 1. p. 201.

5 VENOSA, Sílvio de Salvo. *Direito civil*: parte geral. 13. ed. São Paulo: Atlas, 2013. v. 1. p. 179: "As Escolas do Direito Natural proclamam a existência desses direitos, por serem inerentes à personalidade".

6 AZEVEDO, Álvaro Villaça. *Teoria geral do direito civil*: parte geral. São Paulo: Atlas, 2012. p. 33.

7 "1. A Constituição protege a liberdade de expressão no seu duplo aspecto: o positivo, que é exatamente 'o cidadão pode se manifestar como bem entender', e o negativo, que proíbe a ilegítima intervenção do Estado, por meio de censura prévia. 2. A liberdade de expressão, em seu aspecto positivo, permite posterior responsabilidade civil e criminal pelo conteúdo difundido, além da previsão do direito de resposta. No entanto, não há permissivo constitucional para restringir a liberdade de expressão no seu sentido negativo, ou seja, para limitar preventivamente o conteúdo do debate público em razão de uma conjectura sobre o efeito que certos conteúdos possam vir a ter junto ao público" (STF, 1ª T., AgR-Rcl 38.201/SP, Rel. Min. Alexandre de Moraes, DJe 06.03.2020).

8 "2. Embora seja livre a manifestação do pensamento, tal direito não é absoluto. Ao contrário, encontra limites em outros direitos também essenciais para a concretização da

direito de resposta, proporcional ao agravo, além da indenização por dano material, moral ou à imagem (inciso V), e estabelece ser inviolável a liberdade de consciência e de crença (inciso VI)[9].

Frise-se que ninguém será privado de direitos por motivo de crença religiosa ou de convicção filosófica ou política, salvo se as invocar para eximir-se de obrigação legal a todos imposta e recusar-se a cumprir prestação alternativa, fixada em lei (art. 5º, inciso VIII, da Constituição Federal de 1988)[10].

É livre a expressão da atividade intelectual, artística, científica e de comunicação, independentemente de censura ou licença (art. 5º, inciso IX, da Constituição da República). São invioláveis a intimidade, a vida privada[11], a honra e a imagem das pessoas, assegurado o direito

---

dignidade da pessoa humana: a honra, a intimidade, a privacidade e o direito à imagem" (STF, Pleno, AO 1.390/PB, Rel. Min. Dias Toffoli, DJe 30.08.2011).

9 "1. A liberdade de expressão representa tanto o direito de não ser arbitrariamente privado ou impedido de manifestar seu próprio pensamento quanto o direito coletivo de receber informações e de conhecer a expressão do pensamento alheio. 2. Por ser um instrumento para a garantia de outros direitos, a jurisprudência do Supremo Tribunal Federal reconhece a primazia da liberdade de expressão. 3. A liberdade religiosa não é exercível apenas em privado, mas também no espaço público, e inclui o direito de tentar convencer os outros, por meio do ensinamento, a mudar de religião. O discurso proselitista é, pois, inerente à liberdade de expressão religiosa. Precedentes. 4. A liberdade política pressupõe a livre manifestação do pensamento e a formulação de discurso persuasivo e o uso do argumentos críticos. Consenso e debate público informado pressupõem a livre troca de ideias e não apenas a divulgação de informações" (STF, Pleno, ADI 2.566/DF, Red. Min. Edson Fachin, DJe 23.10.2018).

10 Supremo Tribunal Federal fixou a seguinte tese em recurso extraordinário com repercussão geral: "Nos termos do artigo 5º, VIII, da Constituição Federal, é possível a realização de etapas de concurso público em datas e horários distintos dos previstos em edital, por candidato que invoca escusa de consciência por motivo de crença religiosa, desde que presentes a razoabilidade da alteração, a preservação da igualdade entre todos os candidatos e que não acarrete ônus desproporcional à Administração Pública, que deverá decidir de maneira fundamentada" (STF, Pleno, RE 611.874/DF, Red. Min. Edson Fachin, j. 26.11.2020). Ainda quanto ao tema, o Supremo Tribunal Federal fixou a seguinte tese em recurso extraordinário com repercussão geral: "Nos termos do artigo 5º, VIII, da Constituição Federal, é possível à Administração Pública, inclusive durante o estágio probatório, estabelecer critérios alternativos para o regular exercício dos deveres funcionais inerentes aos cargos públicos, em face de servidores que invocam escusa de consciência por motivos de crença religiosa, desde que presentes a razoabilidade da alteração, não se caracterize o desvirtuamento do exercício de suas funções e não acarrete ônus desproporcional à Administração Pública, que deverá decidir de maneira fundamentada" (STF, Pleno, ARE 1.099.099/SP, Rel. Min. Edson Fachin, j. 26.11.2020).

11 "1. Os direitos à vida privada e à intimidade fazem parte do núcleo de direitos relacionados às liberdades individuais, sendo, portanto, protegidos em diversos países e em praticamente

a indenização pelo dano material ou moral decorrente de sua violação (art. 5º, inciso X, da Constituição da República)[12].

A dignidade da pessoa humana é qualidade intrínseca, irrenunciável e inalienável, assegurada a todos os seres humanos. Immanuel Kant ressalta a autonomia ética do ser humano, de modo que não pode ser tratado como objeto, nem pelos outros, nem por ele mesmo. O ser humano, assim, é titular de direitos pelo simples fato de ser pessoa humana, o que deve ser respeitado pelos semelhantes e pelo Estado[13].

A Declaração Universal dos Direitos Humanos, de 1948, reconhece que todos os seres humanos nascem livres e iguais em dignidade e em direitos (art. 1º). O referido diploma internacional estabelece que todo indivíduo tem direito à vida, à liberdade e à segurança pessoal (art. 3º), bem como ao reconhecimento, em todos os lugares, da sua personalidade jurídica (art. 6º). Ninguém sofrerá intromissões arbitrárias em sua vida privada, família, domicílio ou em sua correspondência, nem ataques à sua honra e reputação (art. 12). Todo ser humano tem direito à propriedade (art. 17), à liberdade de pensamento, de consciência e de religião (art. 18), assim como à liberdade de opinião e de expressão (art. 19).

Como se pode notar, os mencionados direitos, no âmbito internacional, fazem parte dos direitos humanos, e no plano constitucional, integram o rol dos direitos fundamentais, sendo aplicáveis também nas relações privadas[14], inclusive em razão da *eficácia horizontal* dos direitos fundamentais[15].

---

todos os documentos importantes de tutela dos direitos humanos" (STJ, 3ª Seção, RMS 60.698/RJ, 2019/0119654-6, Rel. Min. Rogerio Schietti Cruz, DJe 04.09.2020).

12 WALD, Arnoldo. *Obrigações e contratos*. 16. ed. São Paulo: Saraiva, 2004. p. 152.

13 KANT, Immanuel. *Fundamentação da metafísica dos costumes e outros escritos*. Tradução de Leopoldo Holzbach. São Paulo: Martin Claret, 2008. p. 58-59.

14 PEREIRA, Caio Mário da Silva. *Instituições de direito civil*: introdução ao direito civil; teoria geral de direito civil. 21. ed., revista e atualizada por Maria Celina Bodin de Moraes. Rio de Janeiro: Forense, 2006. v. 1. p. 24: "Diante da primazia da Constituição Federal, os *direitos fundamentais* passaram a ser dotados da mesma força cogente nas relações públicas e nas relações privadas" (destaques do original).

15 SARLET, Ingo Wolfgang. *A eficácia dos direitos fundamentais*. 7. ed. Porto Alegre: Livraria do Advogado, 2007. p. 398: "Para além de vincularem todos os poderes públicos, os direitos fundamentais exercem sua eficácia vinculante também na esfera jurídico-privada, isto é, no âmbito das relações jurídicas entre particulares. Esta temática, por sua vez, tem

Nesse contexto, reconhece-se que a dignidade da pessoa humana, como princípio fundante do Estado Democrático de Direito (art. 1º, inciso III, da Constituição Federal de 1988)[16] e valor que denota o "caráter único e insubstituível da cada ser humano"[17], incide também nas relações privadas[18].

No Direito Privado, os referidos direitos correspondem aos direitos da personalidade, os quais são direitos subjetivos inerentes à pessoa humana[19], como os direitos à vida, higidez psíquica, liberdade intelectual, nome, corpo, privacidade, imagem e honra[20].

Trata-se de rol sem natureza taxativa, considerando a dinâmica dos direitos envolvidos. Logo, mesmo não mencionados expressamente na Constituição ou na legislação, não fica afastada a necessária proteção jurídica[21]. Nesse sentido, os direitos e garantias expressos na Constituição não excluem outros decorrentes do regime e dos princípios por ela adotados, ou dos tratados internacionais em que a República Federativa do Brasil seja parte (art. 5º, § 2º, da Constituição Federal de 1988). A dignidade da pessoa humana, assegurada na esfera constitucional, é considerada cláusula geral que conforma os direitos da personalidade, previstos de forma expressa, ou não, no ordenamento jurídico[22].

Os direitos humanos e fundamentais, que têm origem na necessidade de proteção da pessoa perante o Estado, preservando a vida,

---

sido versada principalmente sob os títulos eficácia privada, eficácia externa (ou eficácia em relação a terceiros) ou horizontal dos direitos fundamentais".

16 BONAVIDES, Paulo. *Curso de direito constitucional*. 18. ed. São Paulo: Malheiros, 2006. p. 642.

17 COMPARATO, Fábio Konder. *A afirmação histórica dos direitos humanos*. 3. ed. São Paulo: Saraiva, 2004. p. 31.

18 VENOSA, Sílvio de Salvo. *Direito civil*: parte geral. 13. ed. São Paulo: Atlas, 2013. v. 1. p. 182: "Os direitos da personalidade são os que resguardam a dignidade humana".

19 VENOSA, Sílvio de Salvo. *Direito civil*: parte geral. 13. ed. São Paulo: Atlas, 2013. v. 1. p. 181: "Os direitos da personalidade são, portanto, direitos subjetivos de natureza privada".

20 RODRIGUES, Silvio. *Direito civil*: parte geral. 34. ed. São Paulo: Saraiva, 2003. v. 1. p. 61.

21 MONTEIRO, Washington de Barros; PINTO, Ana Cristina de Barros Monteiro França. *Curso de direito civil*: parte geral. 44. ed. São Paulo: Saraiva, 2012. v. 1. p. 107.

22 AZEVEDO, Álvaro Villaça. *Teoria geral do direito civil*: parte geral. São Paulo: Atlas, 2012. p. 43.

a liberdade e a dignidade dos indivíduos, estão situados no âmbito do Direito Público. No Direito Privado, que trata de relações entre particulares, os direitos da personalidade são protegidos em face de outras pessoas no convívio social[23].

Os direitos da personalidade, assim, são prerrogativas individuais, inerentes à pessoa humana, que o sistema jurídico reconhece e protege em face de ameaças e violações de autoridades e de particulares[24]. Vale dizer, os direitos da personalidade são os poderes ou faculdades relativas aos atributos físicos, psíquicos, intelectuais e morais da pessoa em si considerada e em suas projeções sociais[25].

3.3 CLASSIFICAÇÃO

Os direitos da personalidade podem ser classificados conforme o valor ou bem jurídico protegido, abrangendo os direitos relativos à integridade física, psíquica, intelectual e moral[26].

Os direitos da personalidade relativos à integridade física dizem respeito ao como os direitos à vida, ao corpo, à aparência externa e à voz[27].

---

23 RODRIGUES, Silvio. *Direito civil*: parte geral. 34. ed. São Paulo: Saraiva, 2003. v. 1. p. 62.

24 RODRIGUES, Silvio. *Direito civil*: parte geral. 34. ed. São Paulo: Saraiva, 2003. v. 1. p. 64.

25 GAGLIANO, Pablo Stolze; PAMPLONA FILHO, Rodolfo. *Novo curso de direito civil*: parte geral. 6. ed. São Paulo: Saraiva, 2005. v. 1. p. 150-152. Cf. ainda FRANÇA, Rubens Limongi. *Instituições de direito civil*. 5. ed. São Paulo: Saraiva, 1999. p. 935.

26 BITTAR, Carlos Alberto. *Curso de direito civil*. Rio de Janeiro: Forense Universitária, 1994. v. 1. p. 212, 244. GAGLIANO, Pablo Stolze; PAMPLONA FILHO, Rodolfo. *Novo curso de direito civil*: parte geral. 6. ed. São Paulo: Saraiva, 2005. v. 1. p. 164. MONTEIRO, Washington de Barros; PINTO, Ana Cristina de Barros Monteiro França. *Curso de direito civil*: parte geral. 44. ed. São Paulo: Saraiva, 2012. v. 1. p. 108. Cf. ainda ALVARENGA, Rúbia Zanotelli de. *Direitos da personalidade do trabalhador e poder empregatício*. São Paulo: LTr, 2013. p. 76.

27 "6. A voz humana encontra proteção nos direitos da personalidade, seja como direito autônomo ou como parte integrante do direito à imagem ou do direito à identidade pessoal" (STJ, 3ª T., REsp 1.630.851/SP, 2014/0308065-9, Rel. Min. Paulo De Tarso Sanseverino, DJe 22.06.2017).

Os direitos da personalidade relativos à integridade psíquica são relativos a aspectos internos, ou seja, da psique da pessoa, como os direitos à higidez mental, ao segredo (inclusive sigilo profissional)[28], à liberdade de pensamento, de expressão, de consciência e de crença.

Os direitos da personalidade relativos à integridade intelectual envolvem as criações decorrentes do intelecto da pessoa[29], como certos direitos de propriedade intelectual[30], abrangendo os direitos morais de autor (sobre obras literárias, artísticas e científicas)[31] e de propriedade industrial (sobre invenções, modelos de utilidade, desenhos industriais e marcas)[32].

Os direitos da personalidade relativos à integridade moral propriamente versam sobre os atributos e valores da pessoa em si consi-

---

28 "A ideia de sigilo expressa verdadeiro direito da personalidade, notadamente porque se traduz em garantia constitucional de inviolabilidade dos dados e informações inerentes a pessoa, advindas também de suas relações no âmbito digital. 2. Mesmo com tal característica, o direito ao sigilo não possui, na compreensão da jurisprudência pátria, dimensão absoluta. De fato, embora deva ser preservado na sua essência, este Superior Tribunal de Justiça, assim como a Suprema Corte, entende que é possível afastar sua proteção quando presentes circunstâncias que denotem a existência de interesse público relevante, invariavelmente por meio de decisão proferida por autoridade judicial competente, suficientemente fundamentada, na qual se justifique a necessidade da medida para fins de investigação criminal ou de instrução processual criminal, sempre lastreada em indícios que devem ser, em tese, suficientes à configuração de suposta ocorrência de crime sujeito à ação penal pública" (STJ, 3ª Seção, RMS 60.698/RJ, 2019/0119654-6, Rel. Min. Rogerio Schietti Cruz, DJe 04.09.2020).

29 SILVEIRA, Newton. *Propriedade intelectual*: propriedade industrial, direito de autor, *software*, cultivares. 3. ed. Barueri: Manole, 2005. p. 88: "Entre os bens imateriais, sobrelevam os que são fruto da criação intelectual: os direitos de autor e os direitos do inventor, ou do autor de criações industriais, na expressão adotada pela Constituição de 1988".

30 Como esclarece Newton Silveira: "a propriedade intelectual se acha presente nas três categorias dos direitos subjetivos: os direitos reais, os direitos de personalidade e os direitos obrigacionais" (SILVEIRA, Newton. *Propriedade intelectual*: propriedade industrial, direito de autor, *software*, cultivares. 3. ed. Barueri: Manole, 2005. p. 88).

31 SUEYOSHI, Tabir Dal Poggetto Oliveira. *Aspectos jurídicos do plágio literário*. São Paulo: Leud, 2020. p. 140: "Os direitos morais de autor estão no âmbito dos direitos da personalidade".

32 SILVEIRA, Newton. *Propriedade intelectual*: propriedade industrial, direito de autor, *software*, cultivares. 3. ed. Barueri: Manole, 2005. p. 87: "Essa interferência com os direitos de personalidade não se restringe aos direitos de autor, mas ocorre também com os direitos do inventor, seja quanto ao direito de inédito (o inventor não pode ser obrigado a revelar sua invenção), seja quanto ao direito de ter seu nome de criador mencionado na patente. Mesmo as marcas e o nome comercial ou de empresa, que o Direito trata como uma forma de propriedade, adentram os direitos de personalidade quando formados por nome ou imagem de pessoa, ou por obras artísticas ou seus títulos".

derada e na sociedade, como os direitos à identidade (nome e outros elementos que individualizam a pessoa)[33], à intimidade, à privacidade, à imagem e à honra[34].

3.4 CARACTERÍSTICAS

Como regra, os direitos da personalidade são gerais, extrapatrimoniais, irrenunciáveis, indisponíveis, inalienáveis, intransmissíveis, impenhoráveis, ilimitados, absolutos, imprescritíveis, incondicionais, inatos e vitalícios[35].

Nessa linha, de acordo com o art. 11 do Código Civil, com exceção dos casos previstos em lei, os direitos da personalidade são intransmissíveis e irrenunciáveis, não podendo o seu exercício sofrer limitação voluntária.

Os direitos da personalidade são gerais, ou seja, caracterizam-se pela generalidade, no sentido de que são de titularidade de todas as pessoas, pelo fato de existirem, como decorrência da dignidade que lhes é inerente[36].

Os direitos da personalidade são extrapatrimoniais, pois integram o patrimônio ideal ou intangível da pessoa[37].

O caráter extrapatrimonial dos direitos da personalidade significa a ausência de conteúdo pecuniário direto, aferível objetivamente, ainda

---

33 GAGLIANO, Pablo Stolze; PAMPLONA FILHO, Rodolfo. *Novo curso de direito civil*: parte geral. 6. ed. São Paulo: Saraiva, 2005. v. 1. p. 193.

34 GOMES, Orlando. *Introdução ao direito civil*. 19. ed., revista, atualizada e aumentada por Edvaldo Brito e Reginalda Paranhos de Brito. Rio de Janeiro: Forense, 2007. p. 138, 140-141.

35 MONTEIRO, Washington de Barros; PINTO, Ana Cristina de Barros Monteiro França. *Curso de direito civil*: parte geral. 44. ed. São Paulo: Saraiva, 2012. v. 1. p. 108. DINIZ, Maria Helena. *Curso de direito civil brasileiro*: teoria geral do direito civil. 29. ed. São Paulo: Saraiva, 2012. v. 1. p. 135-137. GOMES, Orlando. *Introdução ao direito civil*. 19. ed., revista, atualizada e aumentada por Edvaldo Brito e Reginalda Paranhos de Brito. Rio de Janeiro: Forense, 2007. p. 137-138.

36 GAGLIANO, Pablo Stolze; PAMPLONA FILHO, Rodolfo. *Novo curso de direito civil*: parte geral. 6. ed. São Paulo: Saraiva, 2005. v. 1. p. 159.

37 BITTAR, Carlos Alberto. *Curso de direito civil*. Rio de Janeiro: Forense Universitária, 1994. v. 1. p. 208.

que a sua lesão possa gerar efeitos econômicos[38]. Observam-se manifestações pecuniárias de certas modalidades de direitos, como nos direitos de autor, que se dividem em direitos morais (considerados direitos da personalidade) e patrimoniais (direito de utilizar, fruir e dispor da obra)[39].

Os direitos da personalidade são irrenunciáveis, ou seja, não podem ser abdicados pelo titular, por serem essenciais[40]. Os direitos da personalidade são, em regra, indisponíveis, pois o titular não pode deles dispor, inalienáveis, ou seja, não podem ser objeto de alienação ou cessão pelo titular, e intransmissíveis, isto é, não se transmitem a outrem[41].

Logo, os direitos da personalidade, com certas ressalvas, não podem ser objeto de renúncia, transferência, cessão ou transação. Como dispõe o art. 841 do Código Civil, só quanto a direitos patrimoniais de caráter privado se permite a transação[42]. Cabe registrar que certos poderes ínsitos aos direitos da personalidade podem ser excepcionalmente cedidos. Por exemplo, é possível a cessão do uso de imagem da pessoa[43].

Esclareça-se que eventuais créditos decorrentes da violação de direito da personalidade, que com este não de confundem, podem ser objeto de transmissão, em razão da morte do titular do direito subjetivo. A indenização devida tem natureza patrimonial e se transfere aos

---

[38] GOMES, Orlando. *Introdução ao direito civil*. 19. ed., revista, atualizada e aumentada por Edvaldo Brito e Reginalda Paranhos de Brito. Rio de Janeiro: Forense, 2007. p. 103: "A extrapatrimonialidade de um direito não exclui a possibilidade de produzir-se vantagem econômica para o seu titular, se ocorrer lesão da qual resulte dano. Nessa hipótese, assiste-lhe direito a receber indenização, mesmo se o dano é moral, como admitem algumas legislações".

[39] GAGLIANO, Pablo Stolze; PAMPLONA FILHO, Rodolfo. *Novo curso de direito civil*: parte geral. 6. ed. São Paulo: Saraiva, 2005. v. 1. p. 159-160.

[40] BITTAR, Carlos Alberto. *Curso de direito civil*. Rio de Janeiro: Forense Universitária, 1994. v. 1. p. 208.

[41] DE CUPIS, Adriano. *Os direitos da personalidade*. Tradução de Adriano Vera Jardim e Antonio Miguel Caeiro. Lisboa: Morais, 1961. p. 48.

[42] BITTAR, Carlos Alberto. *Curso de direito civil*. Rio de Janeiro: Forense Universitária, 1994. v. 1. p. 395: "Outro ponto de relevo em sua estruturação é o da disponibilidade dos direitos compreendidos na controvérsia, referindo-se, pois, a direitos privados de ordem patrimonial. Não podem, assim, direitos personalíssimos, bens imateriais em geral (com poucas exceções), e coisas fora do comércio, ter assento em seu contexto (não têm sido aceitas, na jurisprudência, transações sobre estado e capacidade de pessoas; investigação de paternidade; direitos de personalidade; alimentos, face à sua irrenunciabilidade, embora nada obste acordo em relação apenas ao valor)".

[43] GAGLIANO, Pablo Stolze; PAMPLONA FILHO, Rodolfo. *Novo curso de direito civil*: parte geral. 6. ed. São Paulo: Saraiva, 2005. v. 1. p. 160-161.

herdeiros[44]. Portanto, embora os mencionados direitos sejam personalíssimos, os direitos patrimoniais decorrentes, na esfera obrigacional, são transmissíveis[45]. O direito de exigir reparação e a obrigação de prestá-la transmitem-se com a herança (art. 943 do Código Civil).

Nesse sentido, conforme a Súmula 642 do STJ: "O direito à indenização por danos morais transmite-se com o falecimento do titular, possuindo os herdeiros da vítima legitimidade ativa para ajuizar ou prosseguir a ação indenizatória".

Além disso, salvo por exigência médica, é defeso o ato de disposição do próprio corpo, quando importar diminuição permanente da integridade física, ou contrariar os bons costumes (art. 13 do Código Civil). O referido ato será admitido para fins de transplante, na forma estabelecida em lei especial. A disposição gratuita de tecidos, órgãos e partes do corpo humano, em vida ou *post mortem*, para fins de transplante e tratamento, é permitida na forma da Lei 9.434/1997.

A realização de transplante ou enxertos de tecidos, órgãos ou partes do corpo humano só pode ser realizada por estabelecimento de saúde, público ou privado, e por equipes médico-cirúrgicas de remoção e transplante previamente autorizados pelo órgão de gestão nacional do Sistema Único de Saúde (art. 2º da Lei 9.434/1997).

É válida, com objetivo científico, ou altruístico, a disposição gratuita do próprio corpo, no todo ou em parte, para depois da morte (art. 14 do Código Civil). O ato de disposição pode ser livremente revogado a qualquer tempo.

---

44 AZEVEDO, Álvaro Villaça. *Teoria geral do direito civil*: parte geral. São Paulo: Atlas, 2012. p. 36. Na jurisprudência: "2. O Superior Tribunal de Justiça tem entendimento firmado no sentido de que o direito à indenização por danos morais é transmissível aos sucessores do falecido por ter caráter patrimonial" (STJ, 3ª T., AgInt no AREsp 1.558.607/PR, 2019/0230318-8, Rel. Min. Ricardo Villas Bôas Cueva, DJe 18.08.2020).

45 "1. A posição atual e dominante que vigora nesta c. Corte é no sentido de que, embora a violação moral atinja apenas o plexo de direitos subjetivos da vítima, o direito à respectiva indenização transmite-se com o falecimento do titular do direito, possuindo o espólio ou os herdeiros legitimidade ativa *ad causam* para ajuizar ação indenizatória por danos morais, em virtude da ofensa moral suportada pelo *de cujus*. Incidência da Súmula nº 168/STJ (AgRg nos EREsp 978.651/SP, Rel. Ministro Felix Fischer, Corte Especial, DJe 10/02/2011)" (STJ, 1ª T., AgInt no AREsp 1.446.353/SP, 2019/0034395-8, Rel. Min. Sérgio Kukina, DJe 18.09.2019).

Como se pode notar, a indisponibilidade dos direitos da personalidade não é absoluta, pois são admitidas ressalvas. Nesse sentido, há direitos da personalidade em que a disponibilidade é relativa, podendo ser objeto de contrato e negociação jurídica pelo titular, inclusive com fins econômicos, como ocorre nos direitos de autor, de propriedade industrial e de imagem[46].

Nesse contexto, cabe ao autor o direito exclusivo de utilizar, fruir e dispor da obra literária, artística ou científica (art. 28 da Lei 9.610/1998).

No âmbito do direito de propriedade industrial, o pedido de patente ou a patente de invenção e de modelo de utilidade, ambos de conteúdo indivisível, podem ser cedidos, total ou parcialmente (art. 58 da Lei 9.279/1996). O pedido de registro ou o registro de desenho industrial também podem ser cedidos (art. 121 da Lei 9.279/1996). O pedido de registro ou o registro da marca podem ser cedidos, desde que o cessionário atenda aos requisitos legais para requerer tal registro (art. 134 da Lei 9.279/1996).

Se autorizadas, admite-se a divulgação de escritos, a transmissão da palavra, ou a publicação, a exposição ou a utilização da imagem de uma pessoa (art. 20 do Código Civil).

Os direitos da personalidade são impenhoráveis, uma vez que não estão sujeitos à penhora ou outra forma de constrição judicial. A impenhorabilidade dos direitos da personalidade decorre da sua indisponibilidade[47]. São impenhoráveis os bens inalienáveis (art. 833, inciso I, do CPC).

Os direitos da personalidade são ilimitados por ato de vontade, ou seja, o seu exercício, em regra, não pode sofrer limitação voluntária pelo titular. Como exceção, as limitações aos direitos da personalidade

---

[46] DINIZ, Maria Helena. *Curso de direito civil brasileiro*: teoria geral do direito civil. 29. ed. São Paulo: Saraiva, 2012. v. 1. p. 135. Na jurisprudência: "7. Os direitos da personalidade podem ser objeto de disposição voluntária, desde que não permanente nem geral, estando seu exercício condicionado à prévia autorização do titular e devendo sua utilização estar de acordo com o contrato. Enunciado n. 4 da I Jornada de Direito Civil" (STJ, 3ª T., REsp 1.630.851/SP, 2014/0308065-9, Rel. Min. Paulo de Tarso Sanseverino, DJe 22.06.2017).

[47] BITTAR, Carlos Alberto. *Curso de direito civil*. Rio de Janeiro: Forense Universitária, 1994. v. 1. p. 208. Cf. ainda GAGLIANO, Pablo Stolze; PAMPLONA FILHO, Rodolfo. *Novo curso de direito civil*: parte geral. 6. ed. São Paulo: Saraiva, 2005. v. 1. p. 163.

podem decorrer de previsão em lei, conforme a parte inicial do art. 11 do Código Civil[48].

Os direitos da personalidade são absolutos, no sentido de que podem ser opostos a todos, inclusive ao Estado, gerando o dever geral de respeito[49]. Vale dizer, são direitos oponíveis *erga omnes*, de modo que todos devem respeitá-los, tendo eficácia universal[50].

Os direitos da personalidade são imprescritíveis. Logo, não estão sujeitos a prazo de prescrição para serem exercidos pelo titular e não se extinguem pelo decurso do tempo. Entretanto, é prescritível a pretensão de reparação por violação a direito da personalidade (art. 189 do Código Civil), por ter natureza patrimonial, com fundamento na responsabilidade civil[51]. Cf. Capítulo 25, item 25.2.

Nos termos do art. 12 do Código Civil, pode-se exigir que cesse a ameaça, ou a lesão, a direito da personalidade, e reclamar perdas e danos, sem prejuízo de outras sanções previstas em lei. Em se tratando de morto, terá legitimação para requerer referida a medida o cônjuge sobrevivente, ou qualquer parente em linha reta, ou colateral até o quarto grau (art. 12, parágrafo único, do Código Civil). Entende-se que o companheiro, em caso de união estável (art. 226, § 3º, da Constituição Federal de 1988), também tem essa legitimação[52].

A lesão ao direito da personalidade, por si, gera o prejuízo ao ofendido. Nesse sentido, o dano moral ou extrapatrimonial, decorrente de afronta a direito da personalidade, é considerado *in re ipsa*[53]. No caso de pessoa

---

48 AZEVEDO, Álvaro Villaça. *Teoria geral do direito civil*: parte geral. São Paulo: Atlas, 2012. p. 34: "Essa norma é de ordem pública (não podendo o seu exercício sofrer limitação voluntária), afora os casos em que a lei determinar em contrário. Não pode o exercício desses direitos da personalidade sofrer limitação voluntária. O poder da vontade resta, portanto, inibido para realizar modificação do determinado em lei".

49 GOMES, Orlando. *Introdução ao direito civil*. 19. ed., revista, atualizada e aumentada por Edvaldo Brito e Reginalda Paranhos de Brito. Rio de Janeiro: Forense, 2007. p. 137.

50 GOMES, Orlando. *Introdução ao direito civil*. 19. ed., revista, atualizada e aumentada por Edvaldo Brito e Reginalda Paranhos de Brito. Rio de Janeiro: Forense, 2007. p. 101.

51 GAGLIANO, Pablo Stolze; PAMPLONA FILHO, Rodolfo. *Novo curso de direito civil*: parte geral. 6. ed. São Paulo: Saraiva, 2005. v. 1. p. 162-163.

52 MONTEIRO, Washington de Barros; PINTO, Ana Cristina de Barros Monteiro França. *Curso de direito civil*: parte geral. 44. ed. São Paulo: Saraiva, 2012. v. 1. p. 110.

53 LISBOA, Roberto Senise. *Manual de direito civil*: obrigações e responsabilidade civil. 7. ed. São Paulo: Saraiva, 2013. v. 2. p. 308: "A responsabilidade de agente causador do

natural, não há necessidade de comprovar sofrimento psicológico, abalo físico ou dor de natureza moral pelo ofendido, que são presumidos[54].

Os direitos da personalidade são incondicionais[55], isto é, não estão submetidos a condição para serem exercidos, tendo eficácia plena e imediata. No plano constitucional, as normas definidoras dos direitos e garantias fundamentais têm aplicação imediata (art. 5º, § 1º, da Constituição Federal de 1988).

Os direitos da personalidade são inatos, pois existem desde o nascimento da pessoa até a sua morte. Os direitos da personalidade são vitalícios[56], ou seja, permanecem com o titular durante toda a sua vida. Há direitos da personalidade que se projetam até mesmo além da morte, como o direito ao corpo[57].

3.5 DIREITOS INERENTES À PERSONALIDADE

Além das disposições do Código Civil, é importante salientar a presença de diplomas legais específicos, voltados a pessoas que integram grupos de maior vulnerabilidade social, e que também asseguram direitos da personalidade, como a seguir indicado.

A criança e o adolescente gozam de todos os direitos fundamentais inerentes à pessoa humana, sem prejuízo da proteção integral de que trata a Lei 8.069/1990, assegurando-se, por lei ou por outros meios, todas as oportunidades e facilidades, a fim de lhes facultar o desenvolvimento físico, mental, moral, espiritual e social, em condições de liberdade e de dignidade (art. 3º do Estatuto da Criança e do Adolescente).

---

dano moral advém da violação, ou seja, trata-se de responsabilidade *ex facto*, bastando a verificação do acontecimento de dano. A prova do dano moral decorre, destarte, da simples comprovação do fato (*damnum in re ipsa*)".

54 MONTEIRO, Washington de Barros; PINTO, Ana Cristina de Barros Monteiro França. *Curso de direito civil*: parte geral. 44. ed. São Paulo: Saraiva, 2012. v. 1. p. 110.

55 MONTEIRO, Washington de Barros; PINTO, Ana Cristina de Barros Monteiro França. *Curso de direito civil*: parte geral. 44. ed. São Paulo: Saraiva, 2012. v. 1. p. 108.

56 GOMES, Orlando. *Introdução ao direito civil*. 19. ed., revista, atualizada e aumentada por Edvaldo Brito e Reginalda Paranhos de Brito. Rio de Janeiro: Forense, 2007. p. 138.

57 GAGLIANO, Pablo Stolze; PAMPLONA FILHO, Rodolfo. *Novo curso de direito civil*: parte geral. 6. ed. São Paulo: Saraiva, 2005. v. 1. p. 163.

O idoso goza de todos os direitos fundamentais inerentes à pessoa humana, sem prejuízo da proteção integral de que trata a Lei 10.741/2003, assegurando-se, por lei ou por outros meios, todas as oportunidades e facilidades, para preservação de sua saúde física e mental e seu aperfeiçoamento moral, intelectual, espiritual e social, em condições de liberdade e dignidade (art. 2º do Estatuto do Idoso).

Deve-se assegurar e a promover, em condições de igualdade, o exercício dos direitos e das liberdades fundamentais por pessoa com deficiência, visando à sua inclusão social e cidadania (art. 1º da Lei 13.146/2015 – Estatuto da Pessoa com Deficiência).

Observados esses aspectos, cabe analisar os principais direitos da personalidade, quanto aos seus aspectos essenciais.

3.5.1 Direito à vida

O direito à vida é o de maior relevância para o ser humano (art. 5º da Constituição Federal de 1988), pois dele decorrem os demais direitos, impondo-se o seu respeito por toda a sociedade e pelo próprio titular, como norma essencial para a convivência em sociedade[58].

A violação do direito à vida é prevista como crime de homicídio (art. 121 do Código Penal). O induzimento, instigação ou auxílio a suicídio, por sua vez, é crime previsto no art. 122 do Código Penal.

Ademais, com fundamento na dignidade da pessoa humana (art. 1º, inciso III, da Constituição da República), deve-se assegurar a vida digna aos indivíduos.

Quanto ao direito à vida e à integridade física, o art. 15 do Código Civil estabelece que ninguém pode ser constrangido a submeter-se, com risco de vida, a tratamento médico ou a intervenção cirúrgica[59].

Em matéria de saúde, além do princípio da preservação da autonomia das pessoas na defesa de sua integridade física e moral, incide

---

[58] MONTEIRO, Washington de Barros; PINTO, Ana Cristina de Barros Monteiro França. *Curso de direito civil*: parte geral. 44. ed. São Paulo: Saraiva, 2012. v. 1. p. 109.

[59] AZEVEDO, Álvaro Villaça. *Teoria geral do direito civil*: parte geral. São Paulo: Atlas, 2012. p. 41: "Não há dúvidas de que tal dispositivo é uma manifestação da dignidade da pessoa humana, porquanto prima pela autonomia da vontade".

o princípio do direito à informação, às pessoas assistidas, sobre sua saúde (art. 7º, incisos III e V, da Lei 8.080/1990).

O paciente, assim, tem o direito de não querer se submeter a tratamento médico ou cirurgia que sejam perigosos. Na esfera da responsabilidade civil, cabe ao médico, notadamente em casos que possam gerar risco para a vida, sempre que possível, atuar mediante autorização do paciente, ou, se inconsciente, da família[60].

3.5.2 Direito ao corpo

A respeito do tema, como mencionado anteriormente, salvo por exigência médica, é proibido o ato de disposição do próprio corpo, quando importar diminuição permanente da integridade física, ou contrariar os bons costumes (art. 13 do Código Civil).

O ato de disposição do próprio corpo é admitido para fins de transplante, na forma estabelecida em lei especial (art. 13, parágrafo único, do Código Civil). A Lei 9.434/1997 versa sobre disposição gratuita de tecidos, órgãos e partes do corpo humano, em vida ou *post mortem*, para fins de transplante e tratamento.

A retirada *post mortem* de tecidos, órgãos ou partes do corpo humano destinados a transplante ou tratamento deve ser precedida de diagnóstico de morte encefálica, constatada e registrada por dois médicos não participantes das equipes de remoção e transplante, mediante a utilização de critérios clínicos e tecnológicos definidos por resolução do Conselho Federal de Medicina (art. 3º da Lei 9.434/1997).

A retirada de tecidos, órgãos e partes do corpo de pessoas falecidas para transplantes ou outra finalidade terapêutica depende da autorização do cônjuge ou parente, maior de idade, obedecida a linha sucessória, reta ou colateral, até o segundo grau inclusive, firmada em documento subscrito por duas testemunhas presentes à verificação da morte (art. 4º da Lei 9.434/1997, com redação dada pela Lei 10.211/2001).

A remoção *post mortem* de tecidos, órgãos ou partes do corpo de pessoa juridicamente incapaz pode ser feita desde que permitida ex-

[60] RODRIGUES, Silvio. *Direito civil*: parte geral. 34. ed. São Paulo: Saraiva, 2003. v. 1. p. 71-72.

pressamente por ambos os pais, ou por seus responsáveis legais (art. 5º da Lei 9.434/1997).

É vedada a remoção *post mortem* de tecidos, órgãos ou partes do corpo de pessoas não identificadas (art. 6º da Lei 9.434/1997).

É permitida à pessoa juridicamente capaz dispor gratuitamente de tecidos, órgãos e partes do próprio corpo vivo, para fins terapêuticos ou para transplantes em cônjuge ou parentes consanguíneos até o quarto grau, inclusive, na forma do § 4º do art. 9º da Lei 9.434/1997 (preferencialmente por escrito e diante de testemunhas), ou em qualquer outra pessoa, mediante autorização judicial, dispensada esta em relação à medula óssea (art. 9º da Lei 9.434/1997, com redação dada pela Lei 10.211/2001).

Só é permitida a mencionada doação (em vida) quando se tratar de órgãos duplos, de partes de órgãos, tecidos ou partes do corpo cuja retirada não impeça o organismo do doador de continuar vivendo sem risco para a sua integridade e não represente grave comprometimento de suas aptidões vitais e saúde mental e não cause mutilação ou deformação inaceitável, e corresponda a uma necessidade terapêutica comprovadamente indispensável à pessoa receptora.

O doador deve autorizar, preferencialmente por escrito e diante de testemunhas, especificamente o tecido, órgão ou parte do corpo objeto da retirada (art. 9º, § 4º, da Lei 9.434/1997). A doação pode ser revogada pelo doador ou pelos responsáveis legais a qualquer momento antes de sua concretização.

O indivíduo juridicamente incapaz, com compatibilidade imunológica comprovada, pode fazer doação nos casos de transplante de medula óssea, desde que haja consentimento de ambos os pais ou seus responsáveis legais e autorização judicial e o ato não oferecer risco para a sua saúde.

É vedado à gestante dispor de tecidos, órgãos ou partes de seu corpo vivo, exceto quando se tratar de doação de tecido para ser utilizado em transplante de medula óssea e o ato não oferecer risco à sua saúde ou ao feto.

O autotransplante depende apenas do consentimento do próprio indivíduo, registrado em seu prontuário médico ou, se ele for juridicamente incapaz, de um de seus pais ou responsáveis legais.

3.5.3 Direito à integridade física

O direito à integridade física é direito da personalidade ligado à saúde (art. 6º da Constituição Federal de 1988) e à vida (art. 5º da Constituição da República), essenciais à preservação da dignidade da pessoa humana (art. 1º, inciso III, da Constituição Federal de 1988).

Na esfera criminal, o induzimento, instigação ou auxílio a automutilação é previsto como crime no art. 122 do Código Penal.

O dano estético decorre da violação do direito à integridade física[61], em especial quanto à aparência externa ou imagem que a pessoa apresenta[62]. Teresa Ancona Lopez conceitua o dano estético "como qualquer modificação duradoura ou permanente na aparência externa de uma pessoa, modificação esta que lhe acarreta um 'enfeamento' e lhe causa humilhações e desgostos, dando origem, portanto, a uma dor moral"[63].

Entende-se que o dano estético (decorrente da violação do direito à integridade física) é autônomo do dano moral (decorrente da violação de outros direitos da personalidade)[64], inclusive para fins de indenização[65]. Nesse sentido, como prevê a Súmula 387 do STJ: "É lícita a cumulação das indenizações de dano estético e dano moral" Cf. Capítulo 22, item 22.3.3.1.

3.5.4 Direito ao nome

O nome é direito da personalidade, fazendo parte da integridade moral da pessoa. Trata-se de relevante atributo da personalidade, por

61 CAVALIERI FILHO, Sergio. *Programa de responsabilidade civil*. 8. ed. São Paulo: Atlas, 2008. p. 101.

62 LOPEZ, Teresa Ancona. *O dano estético*: responsabilidade civil. 3. ed. São Paulo: RT, 2004. p. 64: "o dano estético é a lesão a um direito da personalidade – o direito à integridade física, especialmente na sua aparência externa, na imagem que se apresenta".

63 LOPEZ, Teresa Ancona. *O dano estético*: responsabilidade civil. 3. ed. São Paulo: RT, 2004. p. 46.

64 WALD, Arnoldo. *Obrigações e contratos*. 16. ed. São Paulo: Saraiva, 2004. p. 700.

65 "12. A reparabilidade do dano estético exsurge, tão somente, da constatação da deformidade física sofrida pela vítima. 13. Para além do prejuízo estético, a perda parcial de um braço atinge a integridade psíquica do ser humano, trazendo-lhe dor e sofrimento, com afetação de sua autoestima e reflexos no próprio esquema de vida idealizado pela pessoa, seja no âmbito das relações profissionais, como nas simples relações do dia a dia social. É devida, portanto, compensação pelo dano moral sofrido pelo ofendido, independentemente de prova

identificar a pessoa não apenas durante a vida, mas mesmo depois da morte. Nos diversos acontecimentos, relações sociais e atos jurídicos, o ser humano normalmente se apresenta pelo nome[66].

O nome é elemento da personalidade que individualiza a pessoa, ou seja, exteriorização por meio da qual ela é designada, identificada e reconhecida nos âmbitos familiar e social[67]. Em razão de sua utilidade, o uso do nome foi estendido a pessoas jurídicas, e mesmo a localidades, edificações e animais[68].

Nos termos do art. 16 do Código Civil, toda pessoa tem direito ao nome, nele compreendidos o prenome e o sobrenome. No sistema brasileiro, o prenome (ou nome próprio) antecede ao sobrenome (ou apelido de família)[69]. Esclareça-se que agnome é o sinal distintivo que se acrescenta ao final do nome completo da pessoa, como Filho, Neto e Júnior[70].

Embora o prenome possa ser escolhido pelos interessados, há certos limites, não se admitindo o que possa expor a pessoa à zombaria ou ao ridículo. Nesse sentido, conforme o parágrafo único do art. 55 da Lei 6.015/1973, os oficiais do registro civil não registrarão prenomes suscetíveis de expor ao ridículo os seus portadores. Quando os pais não se conformarem com a recusa do oficial, este deve submeter por escrito o caso, independente da cobrança de quaisquer emolumentos, à decisão do juiz competente.

O nome (prenome e sobrenome) deve constar no assento de nascimento do registro civil de pessoas naturais (art. 54 da Lei 6.015/1973).

---

do abalo extrapatrimonial" (STJ, 3ª T., REsp 1.637.884/SC, 2013/0286689-4, Rel. Min. Nancy Andrighi, DJe 23.02.2018).

66 MONTEIRO, Washington de Barros; PINTO, Ana Cristina de Barros Monteiro França. *Curso de direito civil*: parte geral. 44. ed. São Paulo: Saraiva, 2012. v. 1. p. 117.

67 "4. O nome é um dos atributos da personalidade, mediante o qual é reconhecido o seu portador, tanto no campo de sua esfera íntima quanto nos desdobramentos de suas relações sociais. Ou seja, é através do nome que se personifica, individua e identifica exteriormente uma pessoa, de forma a impor-lhe direitos e obrigações" (STJ, 4ª T., REsp 1.020.936/ES, 2008/0001128-3, Rel. Min. Luis Felipe Salomão, DJe 22.02.2011).

68 MONTEIRO, Washington de Barros; PINTO, Ana Cristina de Barros Monteiro França. *Curso de direito civil*: parte geral. 44. ed. São Paulo: Saraiva, 2012. v. 1. p. 117-118.

69 MONTEIRO, Washington de Barros; PINTO, Ana Cristina de Barros Monteiro França. *Curso de direito civil*: parte geral. 44. ed. São Paulo: Saraiva, 2012. v. 1. p. 120.

70 GOMES, Orlando. *Introdução ao direito civil*. 19. ed., revista, atualizada e aumentada por Edvaldo Brito e Reginalda Paranhos de Brito. Rio de Janeiro: Forense, 2007. p. 143.

O prenome é definitivo, admitindo-se, todavia, a sua substituição por apelidos públicos notórios (art. 58 da Lei 6.015/1973, com redação dada pela Lei 9.708/1998), ou seja, denominações pelas quais a pessoa se torna conhecida por todos, passando a ser assim chamada no meio social em que vive[71].

A substituição do prenome é ainda admitida em razão de fundada coação ou ameaça decorrente da colaboração com a apuração de crime, por determinação, em sentença, de juiz competente, ouvido o Ministério Público (art. 58, parágrafo único, da Lei 6.015/1973, incluído pela Lei 9.807/1999). A medida é voltada à proteção de testemunha que tenha colaborado com o Poder Judiciário na apuração de crime[72].

Se o prenome expõe a pessoa à zombaria ou ao ridículo, mas ainda assim foi registrado pelo oficial do registro civil, gerando constrangimento ou vexame, a pessoa pode requerer a sua modificação[73]. Nos termos do art. 57 da Lei 6.015/1973, com redação dada pela Lei 12.100/2009, a alteração posterior de nome, *somente por exceção e motivadamente*, após audiência do Ministério Público, será permitida por sentença do juiz a que estiver sujeito o registro, arquivando-se o mandado e publicando-se a alteração pela imprensa, ressalvada a hipótese do art. 110 da Lei 6.015/1973.

Admite-se a correção de erros de grafia do prenome[74]. De acordo com o art. 110, inciso I, da Lei 6.015/1973, incluído pela Lei 13.484/2017, o oficial retificará o registro, de ofício ou a requerimento do interessado, mediante petição assinada pelo interessado, representante legal ou procurador, independentemente de prévia autorização judicial ou manifestação do Ministério Público, no caso de erros que não exijam qualquer indagação para a constatação imediata de necessidade de sua correção.

O Supremo Tribunal Federal, com fundamento nos direitos ao nome, ao reconhecimento da personalidade jurídica, à liberdade pessoal, à

---

71 MONTEIRO, Washington de Barros; PINTO, Ana Cristina de Barros Monteiro França. *Curso de direito civil*: parte geral. 44. ed. São Paulo: Saraiva, 2012. v. 1. p. 122.

72 MONTEIRO, Washington de Barros; PINTO, Ana Cristina de Barros Monteiro França. *Curso de direito civil*: parte geral. 44. ed. São Paulo: Saraiva, 2012. v. 1. p. 123.

73 MONTEIRO, Washington de Barros; PINTO, Ana Cristina de Barros Monteiro França. *Curso de direito civil*: parte geral. 44. ed. São Paulo: Saraiva, 2012. v. 1. p. 123.

74 MONTEIRO, Washington de Barros; PINTO, Ana Cristina de Barros Monteiro França. *Curso de direito civil*: parte geral. 44. ed. São Paulo: Saraiva, 2012. v. 1. p. 122.

honra e à dignidade, decidiu que a pessoa transgênero tem direito à alteração do prenome e do sexo no registro civil, independentemente de cirurgia ou da realização de tratamentos hormonais[75].

Nesse sentido, o Supremo Tribunal Federal fixou a seguinte tese em recurso extraordinário com repercussão geral: "I – O transgênero tem direito fundamental subjetivo à alteração de seu prenome e de sua classificação de gênero no registro civil, não se exigindo, para tanto, nada além da manifestação de vontade do indivíduo, o qual poderá exercer tal faculdade tanto pela via judicial como diretamente pela via administrativa; II – Essa alteração deve ser averbada à margem do assento de nascimento, vedada a inclusão do termo 'transgênero'; III – Nas certidões do registro não constará nenhuma observação sobre a origem do ato, vedada a expedição de certidão de inteiro teor, salvo a requerimento do próprio interessado ou por determinação judicial; IV – Efetuando-se o procedimento pela via judicial, caberá ao magistrado determinar de ofício ou a requerimento do interessado a expedição de mandados específicos para a alteração dos demais registros nos órgãos públicos ou privados pertinentes, os quais deverão preservar o sigilo sobre a origem dos atos" (STF, Pleno, RE 670.422/RS, Rel. Min. Dias Toffoli, DJe 10.03.2020).

A Resolução 2.265/2019 do Conselho Federal de Medicina dispõe sobre o cuidado específico à pessoa com incongruência de gênero ou transgênero.

O sobrenome é o patronímico ou nome de família[76], transmitido pelos pais ao filho, ou adquirido pelo cônjuge, em razão de casamento

---

[75] "Ação direta de inconstitucionalidade. Direito Constitucional e Registral. Pessoa transgênero. Alteração do prenome e do sexo no registro civil. Possibilidade. Direito ao nome, ao reconhecimento da personalidade jurídica, à liberdade pessoal, à honra e à dignidade. Inexigibilidade de cirurgia de transgenitalização ou da realização de tratamentos hormonais ou patologizantes. 1. O direito à igualdade sem discriminações abrange a identidade ou expressão de gênero. 2. A identidade de gênero é manifestação da própria personalidade da pessoa humana e, como tal, cabe ao Estado apenas o papel de reconhecê-la, nunca de constituí-la. 3. A pessoa transgênero que comprove sua identidade de gênero dissonante daquela que lhe foi designada ao nascer por autoidentificação firmada em declaração escrita desta sua vontade dispõe do direito fundamental subjetivo à alteração do prenome e da classificação de gênero no registro civil pela via administrativa ou judicial, independentemente de procedimento cirúrgico e laudos de terceiros, por se tratar de tema relativo ao direito fundamental ao livre desenvolvimento da personalidade. 4. Ação direta julgada procedente" (STF, Pleno, ADI 4.275/DF, Red. Min. Edson Fachin, DJe 07.03.2019).

[76] GOMES, Orlando. *Introdução ao direito civil*. 19. ed., revista, atualizada e aumentada por Edvaldo Brito e Reginalda Paranhos de Brito. Rio de Janeiro: Forense, 2007. p. 142:

(ou pelo companheiro, em razão de união estável). Com o acolhimento do pedido em ação de investigação de paternidade, a decisão defere a atribuição do sobrenome do investigado ao filho[77]. O sobrenome serve para indicar a filiação da pessoa, podendo ser paterno ou materno e, em regra, é inalterável[78].

O interessado, no primeiro ano após ter atingido a maioridade civil, pode, pessoalmente ou por procurador bastante, alterar o nome, desde que não prejudique os apelidos de família, averbando-se a alteração que será publicada pela imprensa (art. 56 da Lei 6.015/1973). Sendo assim, a pessoa pode inserir no nome outros elementos, como acrescentar um sobrenome que não constou no assento de nascimento, bem como fazer supressões ou traduções no nome, desde que o sobrenome não seja prejudicado[79].

Em caso de adoção, constituída por sentença judicial, que deve ser inscrita no registro civil mediante mandado do qual não se fornecerá certidão, a sentença conferirá ao adotado o nome (sobrenome) do adotante e, a pedido de qualquer deles, pode determinar a modificação do prenome (art. 47, § 5º, da Lei 8.069/1990, com redação dada pela Lei 12.010/2009).

Com o casamento, qualquer dos nubentes, querendo, pode acrescer ao seu o sobrenome do outro (art. 1.565, § 1º, do Código Civil). Tanto o homem como a mulher podem acrescentar em seu nome o sobrenome do cônjuge ou manter o nome de solteiro[80]. Entende-se que a referida previsão também se aplica à união estável (art. 226, § 3º, da Constituição Federal de 1988)[81].

"O nome patronímico é o comum a todos os membros da família. Também se chama nome de família, e, vulgarmente, sobrenome".

77 RODRIGUES, Silvio. *Direito civil*: parte geral. 34. ed. São Paulo: Saraiva, 2003. v. 1. p. 72-73.

78 MONTEIRO, Washington de Barros; PINTO, Ana Cristina de Barros Monteiro França. *Curso de direito civil*: parte geral. 44. ed. São Paulo: Saraiva, 2012. v. 1. p. 121.

79 MONTEIRO, Washington de Barros; PINTO, Ana Cristina de Barros Monteiro França. *Curso de direito civil*: parte geral. 44. ed. São Paulo: Saraiva, 2012. v. 1. p. 125.

80 MONTEIRO, Washington de Barros; PINTO, Ana Cristina de Barros Monteiro França. *Curso de direito civil*: parte geral. 44. ed. São Paulo: Saraiva, 2012. v. 1. p. 128.

81 "Civil. Processual Civil. Recurso especial. União estável. Alteração do assento registral de nascimento. Inclusão do patronímico do companheiro. Possibilidade. Pedido de alteração do registro de nascimento para a adoção, pela companheira, do sobrenome de companheiro, com quem mantém união estável há mais de 30 anos. A redação do o art. 57, § 2º, da Lei 6.015/73 outorgava, nas situações de concubinato, tão somente à mulher, a possibilidade de averbação do patronímico do companheiro, sem prejuízo dos apelidos próprios, desde que

Dissolvido o casamento pelo divórcio direto ou por conversão, o cônjuge pode manter o nome de casado; salvo, no segundo caso, se a sentença de separação judicial dispuser em contrário (art. 1.571, § 2º, do Código Civil).

O cônjuge declarado culpado na ação de separação judicial perde o direito de usar o sobrenome do outro, desde que expressamente requerido pelo cônjuge inocente e se a alteração não acarretar: I – evidente prejuízo para a sua identificação; II – manifesta distinção entre o seu nome de família e o dos filhos havidos da união dissolvida; III – dano grave reconhecido na decisão judicial (art. 1.578 do Código Civil). O cônjuge inocente na ação de separação judicial pode renunciar, a qualquer momento, ao direito de usar o sobrenome do outro. Nos demais casos é cabível a opção pela conservação do nome de casado.

Quanto ao estrangeiro, no curso do processo de naturalização, o naturalizando pode requerer a tradução ou a adaptação de seu nome à língua portuguesa (art. 71, § 1º, da Lei 13.445/2017). Deve ser mantido cadastro com o nome traduzido ou adaptado associado ao nome anterior (art. 71, § 2º, da Lei 13.445/2017).

O nome da pessoa não pode ser empregado por outrem em publicações ou representações que a exponham ao desprezo público, ainda quando não haja intenção difamatória (art. 17 do Código Civil). Protege-se, assim, o nome da pessoa, não se admitindo o seu uso por terceiros que gere a exposição a situações humilhantes, ainda que de forma não dolosa[82]. Admite-se a citação do nome da pessoa em obras

---

houvesse impedimento legal para o casamento, situação explicada pela indissolubilidade do casamento, então vigente. A imprestabilidade desse dispositivo legal para balizar os pedidos de adoção de sobrenome dentro de uma união estável, situação completamente distinta daquela para qual foi destinada a referida norma, reclama a aplicação analógica das disposições específicas do Código Civil relativas à adoção de sobrenome dentro do casamento, porquanto se mostra claro o elemento de identidade entre os institutos e a parelha *ratio legis* relativa à união estável, com aquela que orientou o legislador na fixação, dentro do casamento, da possibilidade de acréscimo do sobrenome de um dos cônjuges, pelo outro. Assim, possível o pleito de adoção do sobrenome dentro de uma união estável, em aplicação analógica do art. 1.565, § 1º, do CC-02, devendo-se, contudo, em atenção às peculiaridades dessa relação familiar, ser feita sua prova documental, por instrumento público, com anuência do companheiro cujo nome será adotado. Recurso especial provido" (STJ, 3ª T., REsp 1.206.656/GO, 2010/0141558-3, Rel. Min. Nancy Andrighi, DJe 11.12.2012).

[82] MONTEIRO, Washington de Barros; PINTO, Ana Cristina de Barros Monteiro França. *Curso de direito civil*: parte geral. 44. ed. São Paulo: Saraiva, 2012. v. 1. p. 131.

culturais e científicas, sem fins diretamente econômicos, enaltecendo a pessoa, ainda que se trate de crítica literária, desde que sem ridicularizar, ou seja, sem exposição a desprezo[83].

Além disso, sem autorização, não se pode usar o nome alheio em propaganda comercial (art. 18 do Código Civil). A utilização do nome da pessoa para fins comerciais exige o seu consentimento[84]. Logo, se o nome da pessoa for usado para fins comerciais, sem autorização do titular, este tem direito de ajuizar ação com o objetivo de fazer cessar a prática e de receber a indenização decorrente da lesão do direito[85].

O pseudônimo adotado para atividades lícitas goza da proteção que se dá ao nome (art. 19 do Código Civil)[86]. O pseudônimo, como nome fictício, criado e utilizado, por exemplo, por alguns escritores, também identifica a pessoa. Em razão disso, é protegido pelo sistema jurídico, da mesma forma que o nome[87].

Registre-se ainda que enquanto o nome civil, da pessoa natural, tem valor essencialmente moral, o nome empresarial tem também valor pecuniário, em termos econômicos, pois serve para identificar a atividade empresarial pela clientela. O nome civil é inalienável, mas o nome empresarial é essencialmente patrimonial e transmissível, normalmente cedido com o fundo do negócio[88].

Além disso, não há exclusividade quanto ao nome civil, pois o seu titular não pode impedir que outra pessoa seja registrada com o mesmo nome. Diversamente, aplica-se ao nome empresarial a exclusividade, podendo o seu titular impedir que outra sociedade utilize denominação idêntica ou semelhante, que possa gerar confusão no

---

[83] RODRIGUES, Silvio. *Direito civil*: parte geral. 34. ed. São Paulo: Saraiva, 2003. v. 1. p. 73.

[84] MONTEIRO, Washington de Barros; PINTO, Ana Cristina de Barros Monteiro França. *Curso de direito civil*: parte geral. 44. ed. São Paulo: Saraiva, 2012. v. 1. p. 131.

[85] RODRIGUES, Silvio. *Direito civil*: parte geral. 34. ed. São Paulo: Saraiva, 2003. v. 1. p. 73.

[86] GOMES, Orlando. *Introdução ao direito civil*. 19. ed., revista, atualizada e aumentada por Edvaldo Brito e Reginalda Paranhos de Brito. Rio de Janeiro: Forense, 2007. p. 143: "A escolha de *pseudônimo* é livre, estendendo-se-lhe a proteção jurídica quanto ao uso e defesa. Distingue-se do nome porque não é imposto, pode ser livremente mudado e ser mais de um" (destaque do original).

[87] MONTEIRO, Washington de Barros; PINTO, Ana Cristina de Barros Monteiro França. *Curso de direito civil*: parte geral. 44. ed. São Paulo: Saraiva, 2012. v. 1. p. 131.

[88] MONTEIRO, Washington de Barros; PINTO, Ana Cristina de Barros Monteiro França. *Curso de direito civil*: parte geral. 44. ed. São Paulo: Saraiva, 2012. v. 1. p. 129.

mercado[89]. A respeito do tema, segundo o art. 1.163 do Código Civil, o nome de empresário deve distinguir-se de qualquer outro já inscrito no mesmo registro. Se o empresário tiver nome idêntico ao de outros já inscritos, deverá acrescentar designação que o distinga (art. 1.163, parágrafo único, do Código Civil).

3.5.5 Direitos intelectuais e morais

A palavra e os escritos da pessoa humana são direitos da personalidade. Havendo uso não autorizado, a parte lesada pode postular judicialmente que cesse a violação ao direito e receber a indenização por prejuízos decorrentes[90].

De acordo com o art. 20 do Código Civil, salvo se autorizadas, ou se necessárias à administração da justiça ou à manutenção da ordem pública, a divulgação de escritos, a transmissão da palavra, ou a publicação, a exposição ou a utilização da imagem de uma pessoa podem ser proibidas, a seu requerimento e sem prejuízo da indenização que couber, se lhe atingirem a honra, a boa fama ou a respeitabilidade, ou se se destinarem a fins comerciais.

Em se tratando de morto ou de ausente, são partes legítimas para requerer essa proteção o cônjuge, os ascendentes ou os descendentes (art. 20, parágrafo único, do Código Civil). Considerando o art. 226, § 3º, da Constituição Federal de 1988, no caso de união estável, o companheiro também é parte legítima para requerer a mencionada proteção.

Portanto, a divulgação de escritos ou a transmissão da palavra da pessoa podem ser proibidas, a requerimento do titular e sem prejuízo da indenização que couber, se lhe atingirem a honra, a boa fama ou a respeitabilidade, ou se destinadas a fins comerciais. Como exceção, a divulgação de escritos ou a transmissão da palavra da pessoa são admitidas se autorizadas, ou se necessárias à administração da justiça ou à manutenção da ordem pública.

---

89 MONTEIRO, Washington de Barros; PINTO, Ana Cristina de Barros Monteiro França. *Curso de direito civil*: parte geral. 44. ed. São Paulo: Saraiva, 2012. v. 1. p. 129. Cf. ainda COELHO, Fábio Ulhoa. *Manual de direito comercial*. 16. ed. São Paulo: Saraiva, 2005. p. 82: "O titular de um nome empresarial tem o direito à exclusividade de uso, podendo impedir que outro empresário se identifique com nome idêntico ou semelhante, que possa provocar confusão em consumidores ou no meio empresarial".

90 RODRIGUES, Silvio. *Direito civil*: parte geral. 34. ed. São Paulo: Saraiva, 2003. v. 1. p. 74.

Como mencionado anteriormente, é livre a manifestação do pensamento, sendo vedado o anonimato (art. 5º, inciso IV, da Constituição Federal de 1988). Da mesma forma, é livre a expressão da atividade intelectual, artística, científica e de comunicação, independentemente de censura ou licença (art. 5º, inciso IX, da Constituição Federal de 1988).

Nesse contexto, o Supremo Tribunal Federal julgou procedente o pedido formulado em ação direta de inconstitucionalidade "para dar interpretação conforme à Constituição aos arts. 20 e 21 do Código Civil, sem redução de texto, para, em consonância com os direitos fundamentais à liberdade de pensamento e de sua expressão, de criação artística, produção científica, declarar inexigível autorização de pessoa biografada relativamente a obras biográficas literárias ou audiovisuais, sendo também desnecessária autorização de pessoas retratadas como coadjuvantes (ou de seus familiares, em caso de pessoas falecidas ou ausentes)" (STF, Pleno, ADI 4.815/DF, Rel. Min. Cármen Lúcia, DJe 01.02.2016)[91].

---

[91] "Ação direta de inconstitucionalidade. Arts. 20 e 21 da Lei n. 10.406/2002 (Código Civil). Preliminar de ilegitimidade ativa rejeitada. Requisitos legais observados. Mérito: aparente conflito entre princípios constitucionais: liberdade de expressão, de informação, artística e cultural, independente de censura ou autorização prévia (art. 5º, incs. IV, IX, XIV; 220, §§ 1º e 2º) e inviolabilidade da intimidade, vida privada, honra e imagem das pessoas (art. 5º, inc. X). Adoção de critério da ponderação para interpretação de princípio constitucional. Proibição de censura (estatal ou particular). Garantia constitucional de indenização e de direito de resposta. Ação direta julgada procedente para dar interpretação conforme à Constituição aos arts. 20 e 21 do Código Civil, sem redução de texto. [...] 2. O objeto da presente ação restringe-se à interpretação dos arts. 20 e 21 do Código Civil relativa à divulgação de escritos, à transmissão da palavra, à produção, publicação, exposição ou utilização da imagem de pessoa biografada. 3. A Constituição do Brasil proíbe qualquer censura. O exercício do direito à liberdade de expressão não pode ser cerceado pelo Estado ou por particular. 4. O direito de informação, constitucionalmente garantido, contém a liberdade de informar, de se informar e de ser informado. O primeiro refere-se à formação da opinião pública, considerado cada qual dos cidadãos que pode receber livremente dados sobre assuntos de interesse da coletividade e sobre as pessoas cujas ações, público-estatais ou público-sociais, interferem em sua esfera do acervo do direito de saber, de aprender sobre temas relacionados a suas legítimas cogitações. 5. Biografia é história. A vida não se desenvolve apenas a partir da soleira da porta de casa. 6. Autorização prévia para biografia constitui censura prévia particular. O recolhimento de obras é censura judicial, a substituir a administrativa. O risco é próprio do viver. Erros corrigem-se segundo o direito, não se coartando liberdades conquistadas. A reparação de danos e o direito de resposta devem ser exercidos nos termos da lei. 7. A liberdade é constitucionalmente garantida, não se podendo anular por outra norma constitucional (inc. IV do art. 60), menos ainda por norma de hierarquia inferior (lei civil), ainda que sob o argumento de se estar a resguardar e proteger outro direito constitucionalmente assegurado, qual seja, o da inviolabilidade do direito à intimidade, à privacidade, à honra e à imagem. 8. Para a coexistência das normas constitucionais dos incs. IV, IX e X do art. 5º,

Como o rol dos direitos da personalidade não é taxativo, discute-se a respeito do *direito ao esquecimento*[92], como decorrência da dignidade da pessoa humana, dos direitos fundamentais e da integridade moral[93].

Ressalte-se que é livre o exercício de qualquer trabalho, ofício ou profissão, atendidas as qualificações profissionais que a lei estabelecer

---

há de se acolher o balanceamento de direitos, conjugando-se o direito às liberdades com a inviolabilidade da intimidade, da privacidade, da honra e da imagem da pessoa biografada e daqueles que pretendem elaborar as biografias" (STF, Pleno, ADI 4.815/DF, Rel. Min. Cármen Lúcia, DJe 01.02.2016).

92 "3. Assim como os condenados que cumpriram pena e os absolvidos que se envolveram em processo-crime (REsp. n. 1.334/097/RJ), as vítimas de crimes e seus familiares têm direito ao esquecimento - se assim desejarem -, direito esse consistente em não se submeterem a desnecessárias lembranças de fatos passados que lhes causaram, por si, inesquecíveis feridas. Caso contrário, chegar-se-ia à antipática e desumana solução de reconhecer esse direito ao ofensor (que está relacionado com sua ressocialização) e retirá-lo dos ofendidos, permitindo que os canais de informação se enriqueçam mediante a indefinida exploração das desgraças privadas pelas quais passaram. 4. Não obstante isso, assim como o direito ao esquecimento do ofensor - condenado e já penalizado - deve ser ponderado pela questão da historicidade do fato narrado, assim também o direito dos ofendidos deve observar esse mesmo parâmetro. Em um crime de repercussão nacional, a vítima - por torpeza do destino - frequentemente se torna elemento indissociável do delito, circunstância que, na generalidade das vezes, inviabiliza a narrativa do crime caso se pretenda omitir a figura do ofendido" (STJ, 4ª T., REsp 1.335.153/RJ, 2011/0057428-0, Rel. Min. Luis Felipe Salomão, DJe 10.09.2013).

93 "2. Nos presentes autos, o cerne da controvérsia passa pela ausência de contemporaneidade da notícia de fatos passados, que reabriu antigas feridas já superadas pelo autor e reacendeu a desconfiança da sociedade quanto à sua índole. O autor busca a proclamação do seu direito ao esquecimento, um direito de não ser lembrado contra sua vontade, especificamente no tocante a fatos desabonadores, de natureza criminal, nos quais se envolveu, mas que, posteriormente, fora inocentado. [...] 12. Assim como é acolhido no direito estrangeiro, é imperiosa a aplicabilidade do direito ao esquecimento no cenário interno, com base não só na principiologia decorrente dos direitos fundamentais e da dignidade da pessoa humana, mas também diretamente do direito positivo infraconstitucional. A assertiva de que uma notícia lícita não se transforma em ilícita com o simples passar do tempo não tem nenhuma base jurídica. O ordenamento é repleto de previsões em que a significação conferida pelo Direito à passagem do tempo é exatamente o esquecimento e a estabilização do passado, mostrando-se ilícito sim reagitar o que a lei pretende sepultar. Precedentes de direito comparado. 13. Nesse passo, o Direito estabiliza o passado e confere previsibilidade ao futuro por institutos bem conhecidos de todos: prescrição, decadência, perdão, anistia, irretroatividade da lei, respeito ao direito adquirido, ato jurídico perfeito, coisa julgada, prazo máximo para que o nome de inadimplentes figure em cadastros restritivos de crédito, reabilitação penal e o direito ao sigilo quanto à folha de antecedentes daqueles que já cumpriram pena (art. 93 do Código Penal, art. 748 do Código de Processo Penal e art. 202 da Lei de Execuções Penais). Doutrina e precedentes" (STJ, 4ª T., REsp 1.334.097/RJ, 2012/0144910-7, Rel. Min. Luis Felipe Salomão, DJe 10.09.2013).

(art. 5º, inciso XIII, da Constituição Federal de 1988). É assegurado a todos o acesso à informação e resguardado o sigilo da fonte, quando necessário ao exercício profissional (art. 5º, inciso XIV, da Constituição Federal de 1988).

Sendo assim, no âmbito da *comunicação social*, a manifestação do pensamento, a criação, a expressão e a informação, sob qualquer forma, processo ou veículo não sofrerão qualquer restrição, observado o disposto na Constituição Federal de 1988 (art. 220).

Nenhuma lei conterá dispositivo que possa constituir embaraço à plena liberdade de informação jornalística em qualquer veículo de comunicação social, observado o disposto no art. 5º, incisos IV, V, X, XIII e XIV, da Constituição Federal de 1988 (art. 220, § 1º). É vedada toda e qualquer censura de natureza política, ideológica e artística (art. 220, § 2º, da Constituição da República).

Nesse contexto, o Supremo Tribunal Federal fixou a seguinte tese em recurso extraordinário com repercussão geral: "É incompatível com a Constituição a ideia de um direito ao esquecimento, assim entendido como o poder de obstar, em razão da passagem do tempo, a divulgação de fatos ou dados verídicos e licitamente obtidos e publicados em meios de comunicação social analógicos ou digitais. Eventuais excessos ou abusos no exercício da liberdade de expressão e de informação devem ser analisados caso a caso, a partir dos parâmetros constitucionais - especialmente os relativos à proteção da honra, da imagem, da privacidade e da personalidade em geral - e as expressas e específicas previsões legais nos âmbitos penal e cível" (STF, Pleno, RE 1.010.606/RJ, Rel. Min. Dias Toffoli, j. 11.02.2021).

A Lei 9.610/1998 regula os direitos autorais, entendendo-se sob esta denominação os direitos de autor e os que lhes são conexos.

São *obras intelectuais* protegidas as criações do espírito, expressas por qualquer meio ou fixadas em qualquer suporte, tangível ou intangível, conhecido ou que se invente no futuro, tais como: I – os textos de obras literárias, artísticas ou científicas; II – as conferências, alocuções, sermões e outras obras da mesma natureza; III – as obras dramáticas e dramático-musicais; IV – as obras coreográficas e pantomímicas, cuja execução cênica se fixe por escrito ou por outra qualquer forma; V – as composições musicais, tenham ou não letra; VI – as obras audiovisuais, sonorizadas ou não, inclusive as cinematográficas; VII – as obras fotográficas e as produzidas por qualquer processo análogo ao da fotografia; VIII – as obras de desenho, pintura, gravura, escultura, litografia e arte cinética; IX – as ilustrações, cartas geográficas e outras obras da mesma natureza; X – os projetos, esboços e obras plásticas concernentes à geografia, engenharia, topografia, arquitetura, paisagismo, cenografia e ciência; XI – as adaptações, traduções e outras transformações de obras originais, apresentadas como criação intelectual nova; XII – os programas de computador; XIII – as coletâneas ou compilações, antologias, enciclopédias, dicionários, bases de dados e outras obras, que, por sua seleção, organização ou disposição de seu conteúdo, constituam uma criação intelectual (art. 7º da Lei 9.610/1998).

Esclareça-se que a proteção aos direitos autorais independe de registro (art. 18 da Lei 9.610/1998)[94]. Ainda assim, é facultado ao autor registrar a sua obra (art. 19 da Lei 9.610/1998)[95]. Nesse sentido, para segurança de seus direitos, o autor da obra intelectual pode registrá-la na forma do art. 17 da Lei 5.988/1973.

Pertencem ao autor os direitos morais e patrimoniais sobre a obra que criou (art. 22 da Lei 9.610/1998).

São direitos morais do autor: I – o de reivindicar, a qualquer tempo, a autoria da obra; II – o de ter seu nome, pseudônimo ou sinal convencional indicado ou anunciado, como sendo o do autor, na utilização de sua obra; III – o de conservar a obra inédita; IV – o de assegurar a integridade da obra, opondo-se a quaisquer modificações ou à prática de atos que, de qualquer forma, possam prejudicá-la ou atingi-lo, como autor, em sua reputação ou honra; V – o de modificar a obra, antes ou depois de utilizada; VI – o de retirar de circulação a obra ou de suspender qualquer forma de utilização já autorizada, quando a circulação ou utilização implicarem afronta à sua reputação e imagem; VII – o de ter acesso a exemplar único e raro da obra, quando se encontre legitimamente em poder de outrem, para o fim de, por meio de processo fotográfico ou assemelhado, ou audiovisual,

---

94 SUEYOSHI, Tabir Dal Poggetto Oliveira. *Aspectos jurídicos do plágio literário*. São Paulo: Leud, 2020. p. 121: "A proteção das obras autorais independe de registro".

95 SUEYOSHI, Tabir Dal Poggetto Oliveira. *Aspectos jurídicos do plágio literário*. São Paulo: Leud, 2020. p. 122: "Conquanto o registro seja facultativo para a proteção autoral (art. 19 da Lei n. 9.610/1998), é prudente registrar a obra autoral para ser um meio de prova em eventuais litígios".

preservar sua memória, de forma que cause o menor inconveniente possível a seu detentor, que, em todo caso, será indenizado de qualquer dano ou prejuízo que lhe seja causado (art. 24 da Lei 9.610/1998).

Por morte do autor, transmitem-se a seus sucessores os direitos a que se referem os incisos I a IV do art. 24 da Lei 9.610/1998. Compete ao Estado a defesa da integridade e autoria da obra caída em domínio público[96].

Os direitos morais do autor são inalienáveis e irrenunciáveis (art. 27 da Lei 9.610/1998)[97].

A lei deve assegurar aos autores de inventos industriais privilégio temporário para sua utilização, bem como proteção às criações industriais, à propriedade das marcas, aos nomes de empresas e a outros signos distintivos, tendo em vista o interesse social e o desenvolvimento tecnológico e econômico do País (art. 5º, inciso XXIX, da Constituição Federal de 1988).

A Lei 9.279/1996 regula direitos e obrigações relativos à propriedade industrial.

A proteção dos direitos relativos à propriedade industrial, considerado o seu interesse social e o desenvolvimento tecnológico e econômico do País, efetua-se mediante: I – concessão de patentes de invenção e de modelo de utilidade; II – concessão de registro de desenho industrial[98]; III – concessão de registro de marca[99]; IV – repressão às falsas

---

[96] Além das obras em relação às quais decorreu o prazo de proteção aos direitos patrimoniais, pertencem ao domínio público: I – as de autores falecidos que não tenham deixado sucessores; II – as de autor desconhecido, ressalvada a proteção legal aos conhecimentos étnicos e tradicionais (art. 45 da Lei 9.610/1998).

[97] SUEYOSHI, Tabir Dal Poggetto Oliveira. *Aspectos jurídicos do plágio literário*. São Paulo: Leud, 2020. p. 140: "Vale destacar que os direitos morais de autor são inalienáveis, imprescritíveis e, acima de tudo, perpétuos. Em razão disso, mesmo após a morte do autor, os direitos morais de autor têm amparo jurídico contra qualquer violação. Entretanto, os direitos patrimoniais de autor deixam de existir, escoado o prazo de proteção *post mortem*, ingressando no domínio público".

[98] SILVEIRA, Newton. *Propriedade intelectual*: propriedade industrial, direito de autor, *software*, cultivares. 3. ed. Barueri: Manole, 2005. p. 85: "Tanto as patentes (de invenção e de modelo de utilidade) quanto os registros de desenho industrial são concedidos por um órgão federal – o Instituto Nacional de Propriedade Industrial (INPI)".

[99] SILVEIRA, Newton. *Propriedade intelectual*: propriedade industrial, direito de autor, *software*, cultivares. 3. ed. Barueri: Manole, 2005. p. 85: "O registro de marca tem caráter concorrencial, de forma que cada marca é exclusiva dentro do ramo de atividade de seu

indicações geográficas; V – repressão à concorrência desleal (art. 2º da Lei 9.279/1996).

Ao autor de invenção ou modelo de utilidade é assegurado o direito de obter a patente que lhe garanta a propriedade, nas condições estabelecidas na Lei 9.279/1996 (art. 6º)[100]. É patenteável a *invenção*[101] que atenda aos requisitos de novidade, atividade inventiva e aplicação industrial (art. 8º da Lei 9.279/1996)[102]. É patenteável como *modelo de utilidade* o objeto de uso prático, ou parte deste, suscetível de aplicação industrial, que apresente nova forma ou disposição, envolvendo ato inventivo, que resulte em melhoria funcional no seu uso ou em sua fabricação (art. 9º da Lei 9.279/1996)[103].

Ao autor é assegurado o direito de obter registro de *desenho industrial* que lhe confira a propriedade, nas condições estabelecidas na Lei 9.279/1996 (art. 94). Considera-se desenho industrial a forma plástica ornamental de um objeto ou o conjunto ornamental de linhas e cores que possa ser aplicado a um produto, proporcionando resultado visual novo e original na sua configuração externa e que possa servir de tipo de fabricação industrial (art. 95 da Lei 9.279/1996)[104].

---

titular, com exceção das marcas famosas, chamadas de alto renome, que possuem uma ampla proteção".

[100] SUEYOSHI, Tabir Dal Poggetto Oliveira. *Aspectos jurídicos do plágio literário*. São Paulo: Leud, 2020. p. 121: "Para se obter a proteção patentária, de modo diverso da proteção autoral, o invento deve ser analisado por órgão registrador de patente".

[101] SILVEIRA, Newton. *Propriedade intelectual*: propriedade industrial, direito de autor, *software*, cultivares. 3. ed. Barueri: Manole, 2005. p. 6: "Constitui a invenção uma concepção, uma ideia de solução original, que pode residir no modo de colocar o problema, nos meios empregados ou, ainda, no resultado ou no efeito técnico obtido pelo inventor".

[102] SILVEIRA, Newton. *Propriedade intelectual*: propriedade industrial, direito de autor, *software*, cultivares. 3. ed. Barueri: Manole, 2005. p. 6: "A lei de propriedade industrial não protege, entretanto, todas as invenções técnicas, mas apenas as invenções industriais, ou seja, as que consistem em um novo produto ou processo industrial".

[103] SILVEIRA, Newton. *Propriedade intelectual*: propriedade industrial, direito de autor, *software*, cultivares. 3. ed. Barueri: Manole, 2005. p. 7: "o modelo de utilidade corresponde a uma forma nova de produto conhecido que resulta em melhor utilização. [...] Os modelos de utilidade visam a melhorar o uso ou a utilidade dos produtos, dotando-os de maior eficiência ou comodidade em sua utilização, por meio de nova configuração".

[104] SILVEIRA, Newton. *Propriedade intelectual*: propriedade industrial, direito de autor, *software*, cultivares. 3. ed. Barueri: Manole, 2005. p. 7: "Já os desenhos industriais se reduzem a objetos de caráter meramente ornamental, objetos de gosto, como se dizia no passado. [...] A nova forma, de caráter ornamental, aplica-se a qualquer classe de objetos,

São suscetíveis de registro como *marca* os sinais distintivos visualmente perceptíveis, não compreendidos nas proibições legais (art. 122 da Lei 9.279/1996)[105]. Para os efeitos da Lei 9.279/1996, considera-se: I – marca de produto ou serviço: aquela usada para distinguir produto ou serviço de outro idêntico, semelhante ou afim, de origem diversa; II – marca de certificação: aquela usada para atestar a conformidade de um produto ou serviço com determinadas normas ou especificações técnicas, notadamente quanto à qualidade, natureza, material utilizado e metodologia empregada; III – marca coletiva: aquela usada para identificar produtos ou serviços provindos de membros de uma determinada entidade (art. 123 da Lei 9.279/1996).

3.5.6 Direito à imagem

No âmbito dos direitos da personalidade relativos à integridade moral, cabe fazer referência à imagem. Trata-se de direito que admite disponibilidade relativa, podendo ser objeto de contrato e negociação jurídica pelo titular, como no caso de cessão do uso da imagem[106].

A imagem é a aparência da pessoa, com suas características externas próprias, envolvendo a identidade física (imagem-retrato)[107]. São

---

desde que eles possam ser industrializados, caso contrário estariam fora do âmbito de proteção da lei de propriedade industrial. Os desenhos industriais constituem invenções de forma (invenções em sentido lato), destinadas a produzir efeito meramente visual, não sendo requisito essencial dessas criações o cunho artístico, mas apenas a sua novidade".

105 SILVEIRA, Newton. *Propriedade intelectual*: propriedade industrial, direito de autor, *software*, cultivares. 3. ed. Barueri: Manole, 2005. p. 15: "a marca é um sinal que se acresce ao produto para identificá-lo e deve ser suficientemente característica para preencher tal finalidade".

106 "1. A imagem é forma de exteriorização da personalidade inserida na cláusula geral de tutela da pessoa humana (art. 1°, III, da CF e En. 274 das Jornadas de Direito Civil), com raiz na Constituição Federal e em diversos outros normativos federais, sendo intransmissível e irrenunciável (CC, art. 11), não podendo sofrer limitação voluntária, permitindo-se a disponibilidade relativa (limitada), desde que não seja de forma geral nem permanente (En. 4 das Jornadas de Direito Civil)" (STJ, 4ª T., REsp 1.594.865/RJ, 2014/0189467-2, Rel. Min. Luis Felipe Salomão, DJe 18.08.2017).

107 "Processo civil. Uso indevido de imagem em publicação jornalística. Formação do polo passivo para a ação de compensação por danos morais. Inclusão, neste, do editor, de diretores da revista e do fotógrafo responsável pelo retrato. Inaplicabilidade da Lei de Imprensa para o deslinde da questão. Reiterada é a jurisprudência do STJ no sentido de que a utilização de imagem sem a devida autorização, ainda que por meio de comunicação, é questão diversa daquelas relacionadas ao exercício do direito de informação, que estão reguladas pela Lei 5.250/67. A alegação da recorrente diz respeito à violação

invioláveis a honra e a imagem das pessoas, assegurado o direito a indenização pelo dano material ou moral decorrente de sua violação (art. 5º, incisos X, da Constituição Federal de 1988)[108].

A imagem envolve ainda as qualidades da pessoa, reconhecidas na esfera social (imagem-atributo). É assegurada a indenização por dano material, moral ou à imagem (art. 5º, incisos V, da Constituição Federal de 1988)[109].

Sendo assim, a publicação, a exposição ou a utilização da imagem da pessoa podem ser proibidas, a requerimento do titular e sem prejuízo da indenização que couber, se lhe atingirem a honra, a boa fama ou a respeitabilidade, ou se destinadas a fins comerciais. Como exceção, a publicação, a exposição ou a utilização da imagem da pessoa são admitidas se autorizadas[110], ou se necessárias à administração da justiça ou à manutenção da ordem pública (art. 20 do Código Civil).

Segundo esclarece a Súmula 403 do STJ: "Independe de prova do prejuízo a indenização pela publicação não autorizada de imagem de pessoa com fins econômicos ou comerciais".

---

de sua imagem-retrato, ou seja, de sua identidade física, pela publicação não autorizada de fotografia, nos termos do inciso X do art. 5º da CF; não é de se aplicar, portanto, o regramento específico da Lei de Imprensa a questão que não diz respeito à liberdade de manifestação de pensamento e de informação. Recurso especial provido" (STJ, 3ª T., REsp 569.812/SC, 2003/0142477-0, Rel. Min. Nancy Andrighi, DJ 01.08.2005).

[108] DINIZ, Maria Helena. *Curso de direito civil brasileiro*: teoria geral do direito civil. 29. ed. São Paulo: Saraiva, 2012. v. 1. p. 146: "A imagem-retrato é a representação física da pessoa, como um todo ou em partes separadas do corpo (nariz, olhos, sorriso etc.) desde que identificáveis, implicando o reconhecimento de seu titular, por meio de fotografia, escultura, desenho, pintura, interpretação dramática, cinematografia, televisão, sites etc., que requer autorização do retratado (CF, art. 5º, X)".

[109] DINIZ, Maria Helena. *Curso de direito civil brasileiro*: teoria geral do direito civil. 29. ed. São Paulo: Saraiva, 2012. v. 1. p. 146: "A imagem-atributo é o conjunto de caracteres ou qualidades cultivados pela pessoa, reconhecidos socialmente (CF, art. 5º, V), como habilidade, competência, lealdade, pontualidade etc. A imagem abrange também a reprodução, romanceada em livro, filme, ou novela, da vida de pessoa de notoriedade".

[110] "A imagem é a projeção dos elementos visíveis que integram a personalidade humana, e a emanação da própria pessoa, e o eflúvio dos caracteres físicos que a individualizam. A sua reprodução, consequentemente, somente pode ser autorizada pela pessoa a que pertence, por se tratar de direito personalíssimo, sob pena de acarretar o dever de indenizar que, no caso, surge com a sua própria utilização indevida" (STJ, 4ª T., REsp 58.101/SP, 1994/0038904-3, Rel. Min. Cesar Asfor Rocha, DJ 09.03.1998).

Portanto, a utilização da imagem da pessoa, sem autorização, para fins comerciais, ou de modo a lhe atingir a honra, a boa fama ou a respeitabilidade, geram ao titular o direito de postular que a lesão cesse, bem como a indenização pelos danos material e moral causados[111].

Registre-se haver situações em que é admitida certa mitigação quanto à proteção do direito à imagem, ao presumir o consentimento de publicações voltadas ao interesse geral, com fins didáticos, científicos ou desportivos, sobre pessoas famosas ou que exerçam alguma atividade pública, ou quando retiradas em local público[112]. Entretanto, mesmo nesses casos, não se admite o abuso de direito na utilização da imagem, excedendo manifestamente os limites impostos pelo seu fim econômico ou social, pela boa-fé ou pelos bons costumes (art. 187 do Código Civil)[113].

---

[111] RODRIGUES, Silvio. *Direito civil*: parte geral. 34. ed. São Paulo: Saraiva, 2003. v. 1. p. 75.

[112] GOMES, Orlando. *Introdução ao direito civil*. 19. ed., revista, atualizada e aumentada por Edvaldo Brito e Reginalda Paranhos de Brito. Rio de Janeiro: Forense, 2007. p. 141: "O retrato de uma pessoa não pode ser exposto, ou reproduzido, sem o consentimento dela, salvo se assim o justifiquem a sua notoriedade, o cargo que desempenhe, exigências de política ou de justiça, finalidades científicas, didáticas ou culturais, ou quando a reprodução da imagem vier enquadrada na de lugares públicos ou de fatos de interesse público, ou que em público hajam ocorrido". Na jurisprudência: "Em relação especificamente à imagem, há situações em que realmente se verifica alguma forma de mitigação da tutela desse direito. Em princípio, tem-se como presumido o consentimento das publicações voltadas ao interesse geral (fins didáticos, científicos, desportivos) que retratem pessoas famosas ou que exerçam alguma atividade pública; ou, ainda, retiradas em local público" (STJ, 4ª T., REsp 1.594.865/RJ, 2014/0189467-2, Rel. Min. Luis Felipe Salomão, DJe 18.08.2017).

[113] GOMES, Orlando. *Introdução ao direito civil*. 19. ed., revista, atualizada e aumentada por Edvaldo Brito e Reginalda Paranhos de Brito. Rio de Janeiro: Forense, 2007. p. 141: "Proíbe-se a reprodução, ou exposição, quando o fato atenta contra a honra, a boa fama e a respeitabilidade da pessoa retratada, admitindo-se que, nesses casos, possa o ofendido requerer a proibição e pleitear indenização do dano que sofreu". Na jurisprudência: "3. Mesmo nas situações em que há alguma forma de mitigação, não é tolerável o abuso, estando a liberdade de expressar-se, exprimir-se, enfim, de comunicar-se, limitada à condicionante ética do respeito ao próximo e aos direitos da personalidade. 4. No tocante às pessoas notórias, apesar de o grau de resguardo e de tutela da imagem não ter a mesma extensão daquela conferida aos particulares, já que comprometidos com a publicidade, restará configurado o abuso do direito de uso da imagem quando se constatar a vulneração da intimidade, da vida privada ou de qualquer contexto minimamente tolerável. 5. Na hipótese, apesar de se tratar de pessoa famosa e de a fotografia ter sido retirada em local público, verifica-se que a forma em que a atriz foi retratada, tendo-se em conta o veículo de publicação, o contexto utilizado na matéria e o viés econômico, demonstra o abuso do direito da demandada, pois excedido manifestamente os limites impostos pelo

3.5.7 Direito à privacidade

Ainda no âmbito da integridade moral, a vida privada da pessoa natural é inviolável, e o juiz, a requerimento do interessado, adotará as providências necessárias para impedir ou fazer cessar ato contrário a esta norma (art. 21 do Código Civil).

A privacidade diz respeito a aspectos particulares da vida da pessoa, protegidos de exposição pública indesejada e indevida. A intimidade pode ser entendida como a esfera mais reservada ou secreta da vida pessoa[114].

A pessoa tem direito de não ser importunada na sua casa e em atividades particulares, tendo direito ao sossego e ao silêncio[115]. Cabe salientar que a casa é asilo inviolável do indivíduo, ninguém nela podendo penetrar sem consentimento do morador, salvo em caso de flagrante delito[116] ou desastre, ou para prestar socorro, ou, durante o dia, por determinação judicial (art. 5º, inciso XI, da Constituição da República)[117].

O Supremo Tribunal Federal fixou a seguinte tese em recurso extraordinário com repercussão geral: "A entrada forçada em domicílio sem mandado judicial só é lícita, mesmo em período noturno, quando amparada em fundadas razões, devidamente justificadas *a posteriori*,

---

seu fim econômico ou social, pela boa-fé ou pelos bons costumes (CC, art. 187)" (STJ, 4ª T., REsp 1.594.865/RJ, 2014/0189467-2, Rel. Min. Luis Felipe Salomão, DJe 18.08.2017).

114 SILVA, José Afonso da. *Curso de direito constitucional positivo*. 10. ed. São Paulo: Malheiros, 1995. p. 202-203. Na jurisprudência: "3. Os limites entre privacidade e publicidade embora tênues não podem deixar de existir. Quanto maior for a proximidade das informações a revelar das esferas de intimidade e de segredo, maior peso terão que assumir as razões para a sua revelação, do ponto de vista do interesse público" (STJ, 3ª T., REsp 1.687.860/SP, 2015/0310570-3, Rel. Min. Nancy Andrighi, DJe 10.05.2019).

115 MONTEIRO, Washington de Barros; PINTO, Ana Cristina de Barros Monteiro França. *Curso de direito civil*: parte geral. 44. ed. São Paulo: Saraiva, 2012. v. 1. p. 115.

116 "4. A inviolabilidade de sua morada é uma das expressões do direito à privacidade do indivíduo, o qual, na companhia de seu grupo familiar, espera ter o seu espaço de intimidade preservado contra devassas indiscriminadas e arbitrárias, perpetradas sem os cuidados e os limites que a excepcionalidade da ressalva a tal franquia constitucional exige. 5. O ingresso em moradia alheia depende, para sua validade e sua regularidade, da existência de fundadas razões (justa causa) que sinalizem para a possibilidade de mitigação do direito fundamental em questão. É dizer, somente quando o contexto fático anterior à invasão permitir a conclusão acerca da ocorrência de crime no interior da residência é que se mostra possível sacrificar o direito à inviolabilidade do domicílio" (STJ, 6ª T., RHC 117.380/SC, 2019/0258201-7, Rel. Min. Rogerio Schietti Cruz, DJe 13.12.2019).

117 TAVARES, André Ramos. *Curso de direito constitucional*. 8. ed. São Paulo: Saraiva, 2010. p. 671.

que indiquem que dentro da casa ocorre situação de flagrante delito, sob pena de responsabilidade disciplinar, civil e penal do agente ou da autoridade, e de nulidade dos atos praticados" (STF, Pleno, RE 603.616/RO, Rel. Min. Gilmar Mendes, DJe 10.05.2016).

A pessoa tem direito ao sigilo de correspondência, de comunicação telefônica, de mensagens eletrônicas e de dados[118]. Nos termos do art. 5º, inciso XII, da Constituição Federal de 1988, é inviolável o sigilo da correspondência e das comunicações telegráficas, de dados[119] e das comunicações telefônicas[120], salvo, no último caso, por ordem judicial, nas hipóteses e na forma que a lei estabelecer para fins de investigação criminal ou instrução processual penal.

A Lei 12.965/2014 estabelece princípios, garantias, direitos e deveres para o uso da internet no Brasil e determina as diretrizes para atuação da União, dos Estados, do Distrito Federal e dos Municípios em relação à matéria[121].

A disciplina do uso da internet no Brasil tem como fundamento o respeito à liberdade de expressão, bem como: I – o reconhecimento

---

[118] "2. A despeito de constituir garantia constitucional individual, identificada como cláusula pétrea, a jurisprudência é uníssona em reconhecer, também, que a intimidade e a privacidade das pessoas tem, como um de seus corolários, a proteção ao sigilo de dados bancários e fiscais, não constituindo, entretanto, direitos absolutos, podendo sofrer restrições, quando presentes os requisitos exigidos pela Constituição (art. 5º, inciso XII) e pela Lei" (STJ, 5ª T., HC 506.999/PR, 2019/0120319-8, Rel. Min. Reynaldo Soares da Fonseca, DJe 16.09.2019).

[119] "1. Os dados armazenados nos aparelhos celulares – envio e recebimento de mensagens via SMS, programas ou aplicativos de troca de mensagens, fotografias etc. –, por dizerem respeito à intimidade e à vida privada do indivíduo, são invioláveis, nos termos em que previsto no inciso X do art. 5º da Constituição Federal, só podendo, portanto, ser acessados e utilizados mediante prévia autorização judicial, com base em decisão devidamente motivada que evidencie a imprescindibilidade da medida, capaz de justificar a mitigação do direito à intimidade e à privacidade do agente" (STJ, 6ª T., HC 492.052/SP, 2019/0034392-2, Rel. Min. Rogerio Schietti Cruz, DJe 02.06.2020).

[120] "Há uma distinção conceitual entre a quebra de sigilo de dados armazenados e a interceptação do fluxo de comunicações. Decerto que o art. 5º, X, da CF/88 garante a inviolabilidade da intimidade e da privacidade, inclusive quando os dados informáticos constarem de banco de dados ou de arquivos virtuais mais sensíveis. Entretanto, o acesso a esses dados registrados ou arquivos virtuais não se confunde com a interceptação das comunicações e, por isso mesmo, a amplitude de proteção não pode ser a mesma" (STJ, 3ª Seção, RMS 60.698/RJ, 2019/0119654-6, Rel. Min. Rogerio Schietti Cruz, DJe 04.09.2020).

[121] "7. O Marco Civil da Internet dispõe sobre a guarda e fornecimento de dados de conexão e de acesso à aplicação em observância aos direitos de intimidade e privacidade" (STJ, 3ª T., REsp 1.777.769/SP, 2018/0292747-0, Rel. Min. Nancy Andrighi, DJe 08.11.2019).

da escala mundial da rede; II – os direitos humanos, o desenvolvimento da personalidade e o exercício da cidadania em meios digitais; III – a pluralidade e a diversidade; IV – a abertura e a colaboração; V – a livre iniciativa, a livre concorrência e a defesa do consumidor; VI – a finalidade social da rede (art. 2º da Lei 12.965/2014).

A disciplina do uso da internet no Brasil tem os seguintes princípios: I – garantia da liberdade de expressão, comunicação e manifestação de pensamento, nos termos da Constituição Federal; II – proteção da privacidade; III – proteção dos dados pessoais, na forma da lei; IV – preservação e garantia da neutralidade de rede; V – preservação da estabilidade, segurança e funcionalidade da rede, por meio de medidas técnicas compatíveis com os padrões internacionais e pelo estímulo ao uso de boas práticas; VI – responsabilização dos agentes de acordo com suas atividades, nos termos da lei; VII – preservação da natureza participativa da rede; VIII – liberdade dos modelos de negócios promovidos na internet, desde que não conflitem com os demais princípios estabelecidos na Lei 12.965/2014 (art. 3º).

Os princípios expressos na Lei 12.965/2014 não excluem outros previstos no ordenamento jurídico pátrio relacionados à matéria ou nos tratados internacionais em que a República Federativa do Brasil seja parte.

A Lei 13.709/2018 dispõe sobre o tratamento de dados pessoais, inclusive nos meios digitais, por pessoa natural ou por pessoa jurídica de direito público ou privado, com o objetivo de proteger os direitos fundamentais de liberdade e de privacidade e o livre desenvolvimento da personalidade da pessoa natural.

A disciplina da proteção de dados pessoais tem como fundamentos: I – o respeito à privacidade; II – a autodeterminação informativa[122];

[122] "7. Os direitos à intimidade e à proteção da vida privada, diretamente relacionados à utilização de dados pessoais por bancos de dados de proteção ao crédito, consagram o direito à autodeterminação informativa e encontram guarida constitucional no art. 5º, X, da Carta Magna, que deve ser aplicado nas relações entre particulares por força de sua eficácia horizontal e privilegiado por imposição do princípio da máxima efetividade dos direitos fundamentais" (STJ, 3ª T., EDcl no REsp 1.630.659/DF, 2016/0263672-7, Rel. Min. Nancy Andrighi, DJe 06.12.2018).

III – a liberdade de expressão, de informação, de comunicação e de opinião; IV – a inviolabilidade da intimidade, da honra e da imagem; V – o desenvolvimento econômico e tecnológico e a inovação; VI – a livre iniciativa, a livre concorrência e a defesa do consumidor; VII – os direitos humanos, o livre desenvolvimento da personalidade, a dignidade e o exercício da cidadania pelas pessoas naturais (art. 2º da Lei 13.709/2018)[123].

3.5.8 Direito à honra

O direito à honra é direito da personalidade voltado à integridade moral da pessoa[124].

A honra abrange as esferas objetiva e subjetiva[125]. A honra objetiva diz respeito à boa fama e à reputação da pessoa na sociedade. A honra

[123] "1. Decorrências dos direitos da personalidade, o respeito à privacidade e à autodeterminação informativa foram positivados, no art. 2º, I e II, da Lei nº 13.709/2018 (Lei Geral de Proteção de Dados Pessoais), como fundamentos específicos da disciplina da proteção de dados pessoais. 2. Na medida em que relacionados à identificação – efetiva ou potencial – de pessoa natural, o tratamento e a manipulação de dados pessoais hão de observar os limites delineados pelo âmbito de proteção das cláusulas constitucionais assecuratórias da liberdade individual (art. 5º, *caput*), da privacidade e do livre desenvolvimento da personalidade (art. 5º, X e XII), sob pena de lesão a esses direitos. O compartilhamento, com ente público, de dados pessoais custodiados por concessionária de serviço público há de assegurar mecanismos de proteção e segurança desses dados" (STF, Pleno, Ref-MC-ADI 6.387/DF, Rel. Min. Rosa Weber, DJe 12.11.2020).

[124] "9. Os danos morais dizem respeito à atentados à parte afetiva (honra subjetiva) e à parte social da personalidade (honra objetiva)" (STJ, 3ª T., REsp 1.822.640/SC, 2019/0181962-4, Rel. Min. Nancy Andrighi, DJe 19.11.2019).

[125] "3. Os danos morais podem referir-se à aflição dos aspectos mais íntimos da personalidade ou à valoração social do indivíduo no meio em que vive e atua. A primeira lesão reporta-se à honra subjetiva, a segunda à honra objetiva. 4. A pessoa jurídica, por não ser uma pessoa natural, não possui honra subjetiva, estando, portanto, imune às violências a esse aspecto de sua personalidade, não podendo ser ofendida com atos que atinjam a sua dignidade, respeito próprio e autoestima. 5. Existe uma relação unívoca entre a honra vulnerada e a modalidade de ofensa: enquanto a honra subjetiva é atingida pela atribuição de qualificações, atributos, que ofendam a dignidade e o decoro, a honra objetiva é vulnerada pela atribuição da autoria de fatos certos que sejam ofensivos ao bom nome do ofendido, sua fama e sua reputação no meio social em que atua. Aplicação analógica das definições do Direito Penal" (STJ, 3ª T., REsp 1.650.725/MG, 2017/0018900-9, Rel. Min. Nancy Andrighi, DJe 26.05.2017).

subjetiva envolve a dignidade, o decoro e a autoestima[126]. A honra objetiva é aplicável à pessoa natural e à pessoa jurídica[127].

No Direito Penal, a calúnia, a difamação e a injúria são crimes contra a honra[128].

Caluniar alguém, imputando-lhe falsamente fato definido como crime, tem previsão de pena de detenção, de seis meses a dois anos, e multa (art. 138 do Código Penal)[129]. Na mesma pena incorre quem,

---

[126] "O dano, na hipótese, exsurge da própria injúria proferida, pois a vulneração ao sentimento de autoestima do ofendido, que já seria suficiente para gerar o dano moral compensável, é suplantado, na hipótese específica, pela percepção que os impropérios proferidos, atingiriam um homem médio em sua honra subjetiva, fato suficiente para demonstrar a existência de dano, na hipótese, *in re ipsa*" (STJ, 3ª T., REsp 1.677.524/SE, 2015/0242000-4, Rel. Min. Nancy Andrighi, DJe 10.08.2017).

[127] "3. A pessoa jurídica, por ser titular de honra objetiva, faz jus à proteção de sua imagem, seu bom nome e sua credibilidade. Por tal motivo, quando os referidos bens jurídicos forem atingidos pela prática de ato ilícito, surge o potencial dever de indenizar (Súmula nº 227/STJ)" (STJ, 3ª T., REsp 1.334.357/SP, 2012/0147415-7, Rel. Min. Ricardo Villas Bôas Cueva, DJe 06.10.2014). "1. A pessoa jurídica somente poderá ser indenizada por dano moral quando violada sua honra objetiva. Hipótese em que não são alegados fatos que permitam a conclusão de que a pessoa jurídica autora tenha sofrido dano à sua honra objetiva, vale dizer, tenha tido atingidos o conceito, a reputação, a credibilidade, de que goza perante terceiros" (STJ, 4ª T., AgRg no AREsp 149.523/GO, 2012/0036372-0, Rel. Min. Maria Isabel Gallotti, DJe 14.02.2014).

[128] "3. Como é sabido, os crimes de calúnia, difamação e injúria descritos na queixa-crime possuem, respectivamente, os seguintes tipos objetivos: a) imputação falsa de fato definido como crime (honra objetiva); b) imputação de fato determinado que, embora sem se revestir de caráter criminoso, é ofensivo à reputação da pessoa a quem se atribui (honra objetiva); c) imputação de ofensa ou insulto à pessoa determinada, capaz de ferir sua dignidade ou decoro (honra subjetiva)" (STJ, Corte Especial, APn 881/DF, 2017/0241648-1, Rel. Min. Og Fernandes, DJe 21.08.2018). "3. Nos crimes contra a honra, é imprescindível a demonstração da intenção de ofender ou, no caso da calúnia, de se imputar a prática de crime" (STJ, 6ª T., HC 213.583/MG, 2011/0165999-7, Rel. Min. Sebastião Reis Júnior, DJe 06.08.2012).

[129] "4. No crime de calúnia, o tipo penal exige a falsa imputação de fato definido como crime. No crime de difamação, o bem jurídico tutelado é a honra objetiva, consistindo na imputação de um fato ofensivo à honra objetiva da vítima, desde que tais fatos não sejam crimes (hipótese em que o crime seria de calúnia)" (STJ, Corte Especial, APn 713/SP, 2012/0245150-8, Rel. Min. Humberto Martins, DJe 29.11.2013). "3. Nos crimes contra a honra, é imprescindível a demonstração da intenção de ofender ou, no caso da calúnia, de se imputar a prática de crime. [...] 5. A configuração do delito de calúnia exige a imputação expressa de prática de crime, cuja falsidade é de conhecimento daquele que faz a assertiva" (STJ, 6ª T., HC 213.583/MG, 2011/0165999-7, Rel. Min. Sebastião Reis Júnior, DJe 06.08.2012). "Para a configuração do crime de calúnia faz-se necessário que o agente tenha consciência da falsidade da imputação" (STJ, Corte Especial, Apn 148/DF, 1999/0064902-8, Rel. Min. José Arnaldo da Fonseca, DJ 09.04.2001).

sabendo falsa a imputação, a propala ou divulga. É punível a calúnia contra os mortos.

Difamar alguém, imputando-lhe fato ofensivo à sua reputação, tem previsão de pena de detenção, de três meses a um ano, e multa (art. 139 do Código Penal)[130].

Injuriar alguém, ofendendo-lhe a dignidade ou o decoro, tem previsão de pena de detenção, de um a seis meses, ou multa (art. 140 do Código Penal)[131].

3.6 TITULARIDADE

Os direitos da personalidade, por serem inerentes e essenciais ao ser humano[132], são de titularidade da pessoa natural, alcançando, ainda, os nascituros (art. 2º, segunda parte, do Código Civil)[133]. Na atualidade,

---

[130] "7. A difamação é crime que atinge a honra objetiva do indivíduo, sua reputação, o juízo que terceiros fazem acerca de seus atributos e pressupõe seja o ato ofensivo à dignidade levado ao conhecimento de terceiros" (STJ, 3ª Seção, CC 157.328/MG, 2018/0063329-7, Rel. Min. Reynaldo Soares da Fonseca, DJe 05.06.2018). "1. Para se caracterizar a difamação (art. 139 do CP), faz-se indispensável a existência de imputação de fatos a pessoa determinada – pouco importando se são falsos ou verdadeiros –, revelando-se a finalidade de ofender a reputação de outrem, isto é, sua honra objetiva, seja por escrito, gestos ou palavras. É de se visualizar que o bem jurídico protegido é a honra objetiva. O objeto material é a pessoa contra a qual recair a difamação. Vê-se, pois, que a conduta consiste em imputar fato ofensivo a reputação da vítima" (STJ, 6ª T., AgRg no AREsp 463.523/DF, 2014/0015092-4, Rel. Min. Sebastião Reis Júnior, DJe 23.09.2014).

[131] "II – Na injúria não se imputa fato determinado, mas se formula juízos de valor, exteriorizando-se qualidades negativas ou defeitos que importem menoscabo, ultraje ou vilipêndio de alguém" (STJ, Corte Especial, Apn 368/PR, 2004/0122410-3, Rel. Min. Felix Fischer, DJ 15.05.2006). "Os crimes de calúnia e difamação ofendem a chamada honra objetiva. A consumação ocorre quando terceiros (excluídos autor e vítima) tomam conhecimento do feito. A injúria, ao contrário, porque relativa à honra subjetiva, quando a irrogação for conhecida do sujeito passivo" (STJ, 6ª T., RHC 5.134/MG, 1995/0065353-2, Rel. p/ ac. Min. Adhemar Maciel, DJ 16.06.1997).

[132] GOMES, Orlando. *Introdução ao direito civil*. 19. ed., revista, atualizada e aumentada por Edvaldo Brito e Reginalda Paranhos de Brito. Rio de Janeiro: Forense, 2007. p. 134. Cf. ainda BITTAR, Carlos Alberto. *Os direitos da personalidade*. 3. ed. Rio de Janeiro: Forense Universitária, 1999. p. 7-9.

[133] BITTAR, Carlos Alberto. *Curso de direito civil*. Rio de Janeiro: Forense Universitária, 1994. v. 1. p. 209: "Alcançam esses direitos, de outro lado, os nascituros, dentro da regra geral do Código Civil, que lhes reserva direitos desde a concepção". Na jurisprudência: "4. Ademais, hoje, mesmo que se adote qualquer das outras duas teorias restritivas, há de

de forma mais abrangente, entende-se que as pessoas jurídicas também são titulares de certos direitos da personalidade[134].

Em caso de morte do titular, a proteção ao direito da personalidade (abrangendo cessação da ameaça ou da lesão e perdas e danos) pode ser pleiteada pelo cônjuge sobrevivente (ou companheiro, em se tratando de união estável), ou qualquer parente em linha reta, ou colateral até o quarto grau (art. 12, parágrafo único, do Código Civil).

Nos casos de divulgação de escritos, transmissão da palavra, ou publicação, exposição ou utilização da imagem da pessoa, em se tratando de morto ou de ausente, são partes legítimas para requerer a proteção (abrangendo proibição da prática e indenização) o cônjuge (ou companheiro, em se tratando de união estável), os ascendentes ou os descendentes (art. 20, parágrafo único, do Código Civil).

Nos termos do art. 52 do Código Civil, aplica-se às pessoas jurídicas, no que couber, a proteção dos direitos da personalidade. Há certos direitos da personalidade, portanto, que se aplicam à pessoa jurídica[135], como os direitos ao nome, identidade[136], imagem na sociedade, criações intelectuais, privacidade (segredo) e honra objetiva[137].

Considera-se nome empresarial a firma ou a denominação adotada, de conformidade com os arts. 1.155 a 1.168 do Código Civil, para o exercício de empresa (art. 1.155 do Código Civil). Equipara-se ao

---

se reconhecer a titularidade de direitos da personalidade ao nascituro, dos quais o direito à vida é o mais importante" (STJ, 4ª T., REsp 1.415.727/SC, 2013/0360491-3, Rel. Min. Luis Felipe Salomão, DJe 29.09.2014).

134 WALD, Arnoldo. *Obrigações e contratos*. 16. ed. São Paulo: Saraiva, 2004. p. 699: "Embora a pessoa jurídica não seja comparável à pessoa física em todos os seus aspectos, em especial no âmbito psíquico e sentimental, ela tem direito à boa reputação e respeito ao seu nome, de modo que, se for difamada, pode sofrer danos morais".

135 BITTAR, Carlos Alberto. *Curso de direito civil*. Rio de Janeiro: Forense Universitária, 1994. v. 1. p. 209: "Por fim, são eles plenamente compatíveis com pessoas jurídicas, pois, como entes dotados de personalidade pelo ordenamento positivo [...], fazem jus ao reconhecimento de atributos intrínsecos à sua essencialidade, como, por exemplo, os direitos ao nome, à marca, aos símbolos, à honra".

136 "Certos direitos de personalidade são extensíveis às pessoas jurídicas, nos termos do art. 52 do CC/02 e, entre eles, se encontra a identidade" (STJ, 3ª T., REsp 1.032.014/RS, 2008/0033686-0, Rel. Min. Nancy Andrighi, DJe 04.06.2009).

137 MONTEIRO, Washington de Barros; PINTO, Ana Cristina de Barros Monteiro França. *Curso de direito civil*: parte geral. 44. ed. São Paulo: Saraiva, 2012. v. 1. p. 116.

nome empresarial, para os efeitos da proteção da lei, a denominação das sociedades simples, associações e fundações.

Nesse contexto, segundo dispõe a Súmula 227 do STJ: "A pessoa jurídica pode sofrer dano moral"[138]. Logo, em casos assim, a proteção aos direitos da personalidade é aplicada também à pessoa jurídica e a sua violação gera danos morais[139].

Prevalece o entendimento de que, na hipótese de pessoa jurídica, o dano moral, em regra, não é presumido, devendo ser demonstrado o prejuízo ou o abalo no meio social em que atua, ou seja, ao seu bom nome, imagem comercial, credibilidade ou reputação[140].

---

[138] "2. Toda a edificação da teoria acerca da possibilidade de pessoa jurídica experimentar dano moral está calçada na violação de sua honra objetiva, consubstanciada em atributo externalizado, como uma mácula à sua imagem, admiração, respeito e credibilidade no tráfego comercial. Assim, a violação à honra objetiva está intimamente relacionada à publicidade de informações potencialmente lesivas à reputação da pessoa jurídica" (STJ, 4ª T., AgRg no AREsp 389.410/SP, 2013/0290944-9, Rel. Min. Luis Felipe Salomão, DJe 02.02.2015).

[139] "6. As pessoas jurídicas merecem, no que couber, a adequada proteção de seus direitos da personalidade, tendo a jurisprudência dessa Corte consolidado, na Súmula 227/STJ, o entendimento de que as pessoas jurídicas podem sofrer dano moral. 7. A tutela da personalidade da pessoa jurídica, que não possui honra subjetiva, restringe-se à proteção de sua honra objetiva, a qual é vulnerada sempre que os ilícitos afetarem seu bom nome, sua fama e reputação" (STJ, 3ª T., REsp 1.807.242/RS, 2019/0094086-2, Rel. Min. Nancy Andrighi, DJe 22.08.2019).

[140] "8. A distinção entre o dano moral da pessoa natural e o da pessoa jurídica acarreta uma diferença de tratamento, revelada na necessidade de comprovação do efetivo prejuízo à valoração social no meio em que a pessoa jurídica atua (bom nome, credibilidade e reputação). 9. É, portanto, impossível ao julgador avaliar a existência e a extensão de danos morais supostamente sofridos pela pessoa jurídica sem qualquer tipo de comprovação, apenas alegando sua existência a partir do cometimento do ato ilícito pelo ofensor (*in re ipsa*). Precedente" (STJ, 3ª T., REsp 1.807.242/RS, 2019/0094086-2, Rel. Min. Nancy Andrighi, DJe 22.08.2019). "2. Segundo o entendimento desta Corte, para a pessoa jurídica, o dano moral é fenômeno distinto daquele relacionado à pessoa natural, não se admitindo o dano moral em si mesmo, como decorrência intrínseca à existência de ato ilícito, devendo haver a demonstração do prejuízo extrapatrimonial. Precedentes" (STJ, 4ª T., AgInt no AREsp 1.493.580/SP, 2019/0118503-4, Rel. Min. Raul Araújo, DJe 13.12.2019). "3. O dano moral à pessoa jurídica não é presumível, motivo pelo qual deve estar demonstrado nos autos o prejuízo ou abalo à imagem comercial, coisa não verificada na hipótese" (STJ, 4ª T., REsp 1.463.777/MG, 2014/0060017-1, Rel. Min. Marco Buzzi, DJe 16.10.2020). "3. A jurisprudência do Superior Tribunal de Justiça é consolidada no sentido de que o dano moral à pessoa jurídica não é presumível, motivo pelo qual deve estar demonstrado nos autos o prejuízo ou abalo à imagem comercial. Precedentes: REsp 1.370.126/PR, Rel. Ministro Og Fernandes, Segunda Turma, julgado em 14/4/2015, DJe 23/4/2015; AgRg no AREsp 294.355/RS, Rel. Ministro Sérgio Kukina,

Entretanto, segundo a jurisprudência: "Nos casos de protesto indevido ou inscrição irregular em cadastro de inadimplentes, o dano moral se configura *in re ipsa*, mesmo que o ato tenha prejudicado pessoa jurídica" (STJ, 3ª T., AgInt nos EDcl no AREsp 1.584.856/SP, 2019/0277043-3, Rel. Min. Ricardo Villas Bôas Cueva, DJe 31.08.2020). Portanto, nessas hipóteses, não há necessidade de prova do prejuízo[141].

Registre-se o entendimento de que "é impossível à pessoa jurídica de direito público (administração pública direta, autarquias, fundações públicas), de índole não comercial ou lucrativa, ser vítima de dano moral por ofensa de particular, já que constituiria subversão da ordem natural dos direitos fundamentais" (STJ, 2ª T., REsp 1.505.923/PR, 2014/0338886-7, Rel. Min. Herman Benjamin, DJe 19.04.2017). Nessa linha, segundo a jurisprudência do Superior Tribunal de Justiça, "não cabe reparação por danos morais a pessoa jurídica de direito público" (STJ, 2ª T., AgInt no REsp 1.653.783/SP, 2017/0030192-0, Rel. Min. Mauro Campbell Marques, DJe 30.10.2017)[142]. Entretanto, cabe fazer

---

Primeira Turma, julgado em 20/8/2013, DJe 26/8/2013; REsp 1.326.822/AM, Rel. Ministro Herman Benjamin, Segunda Turma, julgado em 11/12/2012, DJe 24/10/2016" (STJ, 1ª T., AgInt no REsp 1.850.992/RJ, 2019/0164204-4, Rel. Min. Benedito Gonçalves, DJe 27.05.2020).

141 "1. Cuidando-se de protesto indevido de título ou inscrição irregular em cadastro de inadimplentes, conforme expressamente reconhecido pelo Tribunal *a quo*, o dano moral, ainda que a prejudicada seja pessoa jurídica, configura-se *in re ipsa*, prescindindo, portanto, de prova. Precedentes" (STJ, 4ª T., AgInt no REsp 1.828.271/RS, 2019/0217250-7, Rel. Min. Raul Araújo, DJe 12.03.2020).

142 "Direito Civil Constitucional. Responsabilidade civil. Informações veiculadas em rede de rádio e televisão. Ação indenizatória por dano moral ajuizada por Município contra o particular. Impossibilidade. Direitos fundamentais. Pessoa jurídica de direito público. Reconhecimento limitado. 1. A tese relativa à indenização pelo dano moral decorrente de ofensa à honra, imagem, violação da vida privada e intimidade das pessoas somente foi acolhida às expressas no ordenamento jurídico brasileiro com a Constituição Federal de 1988 (artigo 5º, incisos V e X), que o alçou ao seleto catálogo de direitos fundamentais. Com efeito, por essa ótica de abordagem, a indagação acerca da aptidão de alguém sofrer dano moral passa necessariamente pela investigação da possibilidade teórica de titularização de direitos fundamentais, especificamente daqueles a que fazem referência os incisos V e X do art. 5º da Constituição Federal. [...] 5. No caso em exame, o reconhecimento da possibilidade teórica de o município pleitear indenização por dano moral contra o particular constitui a completa subversão da essência dos direitos fundamentais, não se mostrando presente nenhum elemento justificador do pleito, como aqueles apontados pela doutrina e relacionados à defesa de suas prerrogativas, competência ou alusivos a garantias constitucionais do processo. Antes, o caso é emblemático e revela todos os riscos de se franquear ao Estado a via da ação indenizatória. 6. Pretende-se a

referência a julgado em que se reconheceu a possibilidade da reparação por danos morais causados por agentes do Estado a autarquia (pessoa jurídica de direito público)[143].

Quanto ao condomínio edilício, por se tratar de ente despersonalizado, registre-se o entendimento de não ser dotado de honra

---

responsabilidade de rede de rádio e televisão local por informações veiculadas em sua programação que, como alega o autor, teriam atingido a honra e a imagem da própria Municipalidade. Tal pretensão representa real ameaça a centros nervosos do Estado Democrático de Direito, como a imprensa livre e independente, ameaça que poderia voltar-se contra outros personagens igualmente essenciais à democracia. 7. A Súmula n. 227/STJ constitui solução pragmática à recomposição de danos de ordem material de difícil liquidação – em regra, microdanos – potencialmente resultantes do abalo à honra objetiva da pessoa jurídica. Cuida-se, com efeito, de resguardar a credibilidade mercadológica ou a reputação negocial da empresa, que poderiam ser paulatinamente fragmentadas por violações a sua imagem, o que, ao fim e ao cabo, conduziria a uma perda pecuniária na atividade empresarial. Porém, esse cenário não se verifica no caso de suposta violação à imagem ou à honra – se existente – de pessoa jurídica de direito público. 8. Recurso especial não provido" (STJ, 4ª T., REsp 1.258.389/PB, 2011/0133579-9, Rel. Min. Luis Felipe Salomão, DJe 15.04.2014).

143 "Civil e administrativo. [...] Lesões extrapatrimoniais causadas por agentes do Estado ao INSS. Prejuízos insuscetíveis de apreciação econômica e de extensão incalculável. Danos extrapatrimoniais. Indenização. Cabimento. Histórico da demanda. [...] Reconhecimento de dano moral: distinção presente no caso dos autos. 4. Embora haja no STJ diversas decisões em que se reconheceu a impossibilidade da pessoa jurídica de Direito Público ser vítima de dano moral, o exame dos julgados revela que essa orientação não se aplica ao caso dos autos. 5. Por exemplo, no Recurso Especial 1.258.389/PB, da relatoria do Min. Luis Felipe Salomão, o que estava sob julgamento era ação indenizatória ajuizada por município em razão de programas radiofônicos e televisivos locais que faziam críticas ao Poder Executivo. No Recurso Especial 1.505.923/PR, Relator Min. Herman Benjamin, a pretensão indenizatória se voltava contra afirmações de que autarquia federal teria produzido cartilha com informações inverídicas. No Recurso Especial 1.653.783/SP, Relator Min. Mauro Cambpell, discutiu-se o uso indevido de logotipo do Ibama. 6. Diversamente do que se verifica no caso dos autos, nesses precedentes estava em jogo a livre manifestação do pensamento, a liberdade de crítica dos cidadãos ou o uso indevido de bem imaterial do ente público. Danos extrapatrimoniais. 7. Também não afasta a pretensão reparatória o argumento de que as pessoas que integram o Estado não sofrem 'descrédito mercadológico'. 8. O direito das pessoas jurídicas à reparação por dano moral não exsurge apenas no caso de prejuízos comerciais, mas também nas hipóteses, mais abrangentes, de ofensa à honra objetiva. Nesse plano, até mesmo entidades sem fins lucrativos podem se atingidas. [...] 10. Não se pode afastar a possibilidade de resposta judicial à agressão perpetrada por agentes do Estado contra a credibilidade institucional da autarquia. [...] Conclusão. 13. Recurso Especial provido, com determinação de retorno dos autos, para que, tendo como fixada a viabilidade jurídica da reparação por danos morais, o Tribunal de origem reaprecie a questão como entender de direito" (STJ, 2ª T., REsp 1.722.423/RJ, 2018/0025662-1, Rel. Min. Herman Benjamin, DJe 18.12.2020).

objetiva[144], o que afasta o direito à indenização por dano moral a si próprio[145].

3.7 PROTEÇÃO

A proteção aos direitos da personalidade abrange a cessação da ameaça ou da lesão, bem como a indenização dos prejuízos decorrentes de sua violação[146]. Nesse sentido dispõe o art. 12 do Código Civil, ao prever a possibilidade de exigir que cesse a ameaça, ou a lesão, a direito da personalidade, e reclamar perdas e danos, sem prejuízo de outras sanções previstas em lei.

A cessação da ameaça ou da lesão é obtida por meio de decisão judicial que ponha fim à violação ao direito da personalidade[147]. Nos

---

[144] "2. A doutrina dominante reconhece que os condomínios edilícios não possuem personalidade jurídica, sendo, pois, entes despersonalizados; também chamados de entes formais, com a massa falida e o espólio. 3. Não havendo falar em personalidade jurídica, menos ainda se poderá dizer do maltrato a direitos voltados à personalidade e, especialmente, àqueles ligados à honra objetiva" (STJ, 3ª T., AgInt no REsp 1.521.404/PE, 2015/0061485-8, Rel. Min. Paulo de Tarso Sanseverino, DJe 06.11.2017).

[145] "5. No âmbito das Turmas que compõem a Segunda Seção do STJ, prevalece a corrente de que os condomínios são entes despersonalizados, pois não são titulares das unidades autônomas, tampouco das partes comuns, além de não haver, entre os condôminos, a *affectio societatis*, tendo em vista a ausência de intenção dos condôminos de estabelecerem, entre si, uma relação jurídica, sendo o vínculo entre eles decorrente do direito exercido sobre a coisa e que é necessário à administração da propriedade comum. 6. Caracterizado o condomínio como uma massa patrimonial, não há como reconhecer que seja ele próprio dotado de honra objetiva, senão admitir que qualquer ofensa ao conceito que possui perante a comunidade representa, em verdade, uma ofensa individualmente dirigida a cada um dos condôminos, pois quem goza de reputação são os condôminos e não o condomínio, ainda que o ato lesivo seja a este endereçado. 7. Diferentemente do que ocorre com as pessoas jurídicas, qualquer repercussão econômica negativa será suportada, ao fim e ao cabo, pelos próprios condôminos, a quem incumbe contribuir para todas as despesas condominiais, e/ou pelos respectivos proprietários, no caso de eventual desvalorização dos imóveis no mercado imobiliário. 8. Hipótese em que se afasta o dano moral do condomínio, ressaltando que, a par da possibilidade de cada interessado ajuizar ação para a reparação dos danos que eventualmente tenha suportado, o ordenamento jurídico autoriza o condomínio a impor sanções administrativas para o condômino nocivo e/ou antissocial, defendendo a doutrina, inclusive, a possibilidade de interdição temporária ou até definitiva do uso da unidade imobiliária" (STJ, 3ª T., REsp 1.736.593/SP, 2017/0235980-8, Rel. Min. Nancy Andrighi, DJe 13.02.2020).

[146] RODRIGUES, Silvio. *Direito civil*: parte geral. 34. ed. São Paulo: Saraiva, 2003. v. 1. p. 65.

[147] RODRIGUES, Silvio. *Direito civil*: parte geral. 34. ed. São Paulo: Saraiva, 2003. v. 1. p. 65.

termos do art. 5º, inciso XXXV, da Constituição Federal de 1988, a lei não excluirá da apreciação do Poder Judiciário lesão ou ameaça a direito.

Exemplificando, o uso indevido do nome ou da imagem da pessoa pode ser objeto de decisão judicial que determine a cessação e proíba a conduta lesiva[148], inclusive por meio de tutela provisória de urgência (art. 294 do CPC). A respeito do tema, a tutela de urgência será concedida quando houver elementos que evidenciem a probabilidade do direito e o perigo de dano ou o risco ao resultado útil do processo (art. 300 do CPC).

Se a violação do direito da personalidade ocorreu, tendo causado prejuízo, este deve ser objeto de indenização, condenando-se o agressor no pagamento de perdas e danos[149]. É possível, ainda, a cumulação de pedidos, no sentido de que cesse a lesão ao direito da personalidade e de que sejam indenizados os prejuízos decorrentes[150].

A violação do direito da personalidade pode gerar, ao mesmo tempo, danos materiais (patrimoniais), morais e estéticos (extrapatrimoniais). Nesse sentido, o art. 5º, inciso V, da Constituição Federal de 1988 assegura o direito de resposta, proporcional ao agravo, além da indenização por dano material, moral ou à imagem[151]. O art. 5º, inciso X, da Constituição da República, por sua vez, dispõe que são invioláveis a intimidade, a vida privada, a honra e a imagem das pessoas, assegurado o direito a indenização pelo dano material ou moral decorrente de sua violação[152].

---

148 RODRIGUES, Silvio. *Direito civil*: parte geral. 34. ed. São Paulo: Saraiva, 2003. v. 1. p. 65-66.

149 RODRIGUES, Silvio. *Direito civil*: parte geral. 34. ed. São Paulo: Saraiva, 2003. v. 1. p. 66.

150 RODRIGUES, Silvio. *Direito civil*: parte geral. 34. ed. São Paulo: Saraiva, 2003. v. 1. p. 66.

151 "1. O Superior Tribunal de Justiça estabeleceu, para situações de conflito entre a liberdade de expressão e os direitos da personalidade, entre outros, os seguintes elementos de ponderação: a) o compromisso ético com a informação verossímil; b) a preservação dos chamados direitos da personalidade, aí incluídos os direitos à honra, à imagem, à privacidade e à intimidade; e c) a vedação de veiculação de crítica jornalística com intuito de difamar, injuriar ou caluniar a pessoa (*animus injuriandi vel diffamandi*)" (STJ, 3ª T., AgInt no AREsp 1.514.105/CE, 2019/0155020-3, Rel. Min. Marco Aurélio Bellizze, DJe 05.11.2019).

152 "4. Os direitos à informação e à livre manifestação do pensamento, apesar de merecedores de relevante proteção constitucional, não possuem caráter absoluto, encontrando limites em outros direitos e garantias constitucionais não menos essenciais à concretização da dignidade da pessoa humana, tais como o direito à honra, à intimidade, à privacidade e à

Como explicita a Súmula 37 do STJ: "São cumuláveis as indenizações por dano material e dano moral oriundos do mesmo fato". Além disso, conforme dispõe a Súmula 387 do STJ: "É lícita a cumulação das indenizações de dano estético e dano moral"[153].

Confirmando o exposto, segundo o art. 186 do Código Civil, aquele que, por ação ou omissão voluntária, negligência ou imprudência, violar direito e causar dano a outrem, *ainda que exclusivamente moral*, comete ato ilícito. Logo, é devida a correspondente indenização. Cf. Capítulo 22, item 22.3.3.1.

imagem" (STJ, 3ª T., AgInt no AREsp 1.414.871/PR, 2018/0329457-9, Rel. Min. Ricardo Villas Bôas Cueva, DJe 26.06.2020).

[153] "Ademais, frise-se, perfeitamente legítima a cumulação da indenização por dano moral e estético, entendimento que está inclusive em absoluta consonância ao da Superior Corte (STJ, Súmula 387; REsp 1.281.555, AGAREsp 559.386). Destaque-se que a indenização pelo dano moral visa recompor o transtorno psíquico sofrido, derivado do indigitado procedimento, ao passo que a outra, afeta à mesma origem, objetivar reparar a deformidade de sua imagem no meio íntimo e social" (STJ, 2ª T., REsp 1.678.855/SP, 2017/0129776-9, Rel. Min. Herman Benjamin, DJe 12.09.2017).

CAPÍTULO

4

AUSÊNCIA

4.1 CONCEITO

Em sentido comum, ausente é a pessoa que não está presente em seu domicílio. Em termos jurídicos, ausente é a pessoa que, em razão de ter desaparecido, é assim declarada por decisão do juiz. Portanto, em sentido técnico, a ausência não se configura apenas com a não presença, sendo exigida a falta de notícias sobre a pessoa, surgindo dúvida se está viva, bem como a declaração judicial desse estado[1].

Se a pessoa ausente tiver bens, há interesse do ausente, dos herdeiros e da própria sociedade, no sentido de evitar que pereçam. Sendo assim, o ordenamento jurídico, inicialmente, estabelece medidas para preservar os bens do ausente, evitando que se deteriorem, caso ele retorne. Após certo período, se o ausente não retorna, o sistema

[1] MONTEIRO, Washington de Barros; PINTO, Ana Cristina de Barros Monteiro França. *Curso de direito civil*: parte geral. 44. ed. São Paulo: Saraiva, 2012. v. 1. p. 133.

jurídico passa a proteger o interesse dos seus herdeiros, que teriam direito aos bens no caso da morte daquele[2].

No caso de pessoa que desaparece do seu domicílio, sem que se tenha notícia a respeito, depois de declarada ausente por decisão judicial, tem-se a instituição da curadoria dos seus bens para posterior sucessão[3].

A ausência abrange três fases, quais sejam, a curadoria dos bens do ausente, a sucessão provisória e a sucessão definitiva. Em cada fase são estabelecidas previsões de crescente gravidade, considerando a probabilidade, cada vez menor, de vida ou de retorno do ausente, culminando com transmissão dos bens do ausente, por meio da sucessão definitiva[4].

Sendo assim, conforme o período de desaparecimento e ausência se prolonga, são previstas medidas distintas pela lei. Inicialmente, por se supor que o desaparecimento da pessoa é transitório, as previsões têm como objetivo preservar os bens do ausente, caso ele retorne. Trata-se da curadoria dos bens do ausente. Após certo período, caso o ausente não retorne, como a sua volta passa a ter menor probabilidade, enquanto a sua morte passa a ser mais provável, objetivando-se proteger o interesse dos herdeiros, torna-se possível a sucessão provisória. Por fim, se mesmo depois de outro período o ausente não retorna, como a probabilidade de ter morrido se torna mais elevada, considerando o interesse dos herdeiros, tem-se a possibilidade da sucessão definitiva[5].

No Código Civil de 1916, os ausentes, declarados tais por ato do juiz, eram considerados absolutamente incapazes de exercer pessoalmente os atos da vida civil (art. 5º, inciso IV), o que não se revelava adequado em termos conceituais[6]. Ainda no Código Civil de 1916,

---

2 RODRIGUES, Silvio. *Direito civil*: parte geral. 34. ed. São Paulo: Saraiva, 2003. v. 1. p. 77-78.

3 MONTEIRO, Washington de Barros; PINTO, Ana Cristina de Barros Monteiro França. *Curso de direito civil*: parte geral. 44. ed. São Paulo: Saraiva, 2012. v. 1. p. 133.

4 MONTEIRO, Washington de Barros; PINTO, Ana Cristina de Barros Monteiro França. *Curso de direito civil*: parte geral. 44. ed. São Paulo: Saraiva, 2012. v. 1. p. 133-134.

5 RODRIGUES, Silvio. *Direito civil*: parte geral. 34. ed. São Paulo: Saraiva, 2003. v. 1. p. 78.

6 GAGLIANO, Pablo Stolze; PAMPLONA FILHO, Rodolfo. *Novo curso de direito civil*: parte geral. 6. ed. São Paulo: Saraiva, 2005. v. 1. p. 140.

a ausência era disciplinada na Parte Especial, no Livro sobre Direito de Família (arts. 463 a 484). Com o Código Civil de 2002, o ausente não é mais considerado incapaz e a ausência é disciplinada na Parte Geral (art. 22 a 39)[7].

4.2 CURADORIA DOS BENS DO AUSENTE

Desaparecendo uma pessoa do seu domicílio sem dela haver notícia, se não houver deixado representante ou procurador a quem caiba administrar-lhe os bens, o juiz, a requerimento de qualquer interessado ou do Ministério Público, deve declarar a ausência e lhe nomear curador (art. 22 do Código Civil).

Também se deve declarar a ausência e nomear curador quando o ausente deixar mandatário que não queira ou não possa exercer ou continuar o mandato, ou se os seus poderes forem insuficientes (art. 23 do Código Civil).

Como se pode notar, a declaração judicial de ausência e a nomeação de curador ocorrem em dois casos, acima indicados. A curadoria envolve situações em que os bens estejam sem os cuidados do titular ou de representante, não havendo notícias da pessoa e não tendo esta deixado quem os administre, ou quando o representante não queira ou não possa exercer o mandato, ou não tenha poderes suficientes[8]. Objetiva-se, assim, proteger os bens da pessoa desaparecida, para que não pereçam[9].

O juiz que nomear o curador deve fixar-lhe os poderes e obrigações, conforme as circunstâncias, observando, no que for aplicável, o disposto a respeito dos tutores e curadores (art. 24 do Código Civil).

O cônjuge do ausente, sempre que não esteja separado judicialmente, ou de fato por mais de dois anos antes da declaração da ausência,

---

[7] AZEVEDO, Álvaro Villaça. *Teoria geral do direito civil*: parte geral. São Paulo: Atlas, 2012. p. 53.

[8] MONTEIRO, Washington de Barros; PINTO, Ana Cristina de Barros Monteiro França. *Curso de direito civil*: parte geral. 44. ed. São Paulo: Saraiva, 2012. v. 1. p. 134.

[9] RODRIGUES, Silvio. *Direito civil*: parte geral. 34. ed. São Paulo: Saraiva, 2003. v. 1. p. 79.

será o seu legítimo curador (art. 25 do Código Civil). Entende-se que o companheiro do ausente, no caso de união estável (art. 226, § 3º, da Constituição Federal de 1988), também tem legitimidade para ser nomeado curador[10].

Em falta do cônjuge, a curadoria dos bens do ausente incumbe aos pais ou aos descendentes, nessa ordem, não havendo impedimento que os iniba de exercer o cargo. Entre os descendentes, os mais próximos precedem os mais remotos. Na falta das pessoas mencionadas, compete ao juiz a escolha do curador.

Portanto, declarada a ausência nos casos previstos em lei, o juiz deve mandar arrecadar os bens do ausente e lhes nomear curador, observando-se o disposto em lei (art. 744 do CPC).

Feita a arrecadação dos bens, o juiz deve mandar publicar editais na rede mundial de computadores, no sítio do tribunal a que estiver vinculado e na plataforma de editais do Conselho Nacional de Justiça, onde permanecerá por um ano, ou, não havendo sítio, no órgão oficial e na imprensa da comarca, durante um ano, reproduzida de dois em dois meses, anunciando a arrecadação e chamando o ausente a entrar na posse de seus bens (art. 745 do CPC).

4.3 SUCESSÃO PROVISÓRIA

Decorrido um ano da arrecadação dos bens do ausente, ou, se ele deixou representante ou procurador, em se passando três anos, os interessados podem requerer que se declare a ausência e se abra provisoriamente a sucessão (art. 26 do Código Civil).

Tendo em vista o tempo transcorrido, com a maior probabilidade de que o ausente tenha falecido, em razão do interesse dos herdeiros, permite-se a sucessão provisória[11].

---

10 RODRIGUES, Silvio. *Direito civil*: parte geral. 34. ed. São Paulo: Saraiva, 2003. v. 1. p. 79.

11 RODRIGUES, Silvio. *Direito civil*: parte geral. 34. ed. São Paulo: Saraiva, 2003. v. 1. p. 79.

Para o efeito dessa previsão, somente se consideram interessados: o cônjuge não separado judicialmente; os herdeiros presumidos, legítimos ou testamentários; os que tiverem sobre os bens do ausente direito dependente de sua morte; os credores de obrigações vencidas e não pagas (art. 27 do Código Civil). O companheiro do ausente, no caso de união estável (art. 226, § 3º, da Constituição Federal de 1988), também tem interesse para requerer a abertura da sucessão provisória.

Na mesma linha, de acordo com o art. 745, § 1º, do CPC, após a arrecadação dos bens, findo o prazo previsto no edital, os interessados podem requerer a abertura da sucessão provisória, observando-se o disposto em lei.

O interessado, ao requerer a abertura da sucessão provisória, deve pedir a citação pessoal dos herdeiros presentes e do curador e, por editais, a dos ausentes para requererem habilitação, na forma dos arts. 689 a 692 do CPC (art. 745, § 2º, do CPC).

A sentença que determinar a abertura da sucessão provisória só produzirá efeito 180 dias depois de publicada pela imprensa. Entretanto, logo que passe em julgado, deve-se proceder à abertura do testamento, se houver, e ao inventário e partilha dos bens, como se o ausente fosse falecido (art. 28 do Código Civil).

Findo o prazo um ano da arrecadação dos bens do ausente (art. 26 do Código Civil), e não havendo interessados na sucessão provisória, cumpre ao Ministério Público requerê-la ao juízo competente.

Não comparecendo herdeiro ou interessado para requerer o inventário até 30 dias depois de passar em julgado a sentença que mandar abrir a sucessão provisória, proceder-se-á à arrecadação dos bens do ausente pela forma estabelecida nos arts. 1.819 a 1.823 do Código Civil, que dispõem sobre herança jacente.

Antes da partilha, o juiz, quando julgar conveniente, deve ordenar a conversão dos bens móveis, sujeitos a deterioração ou a extravio, em imóveis ou em títulos garantidos pela União (art. 29 do Código Civil).

Para os herdeiros se imitirem na posse dos bens do ausente, devem dar garantias da restituição deles, mediante penhores ou hipotecas equivalentes aos quinhões respectivos (art. 30 do Código Civil).

Aquele que tiver direito à posse provisória, mas não puder prestar a garantia exigida, deve ser excluído, mantendo-se os bens que lhe deviam caber sob a administração do curador, ou de outro herdeiro designado pelo juiz, e que preste essa garantia.

Os ascendentes, os descendentes e o cônjuge, uma vez provada a sua qualidade de herdeiros, podem, independentemente de garantia, entrar na posse dos bens do ausente.

Os imóveis do ausente só se podem alienar, não sendo por desapropriação, ou hipotecar, quando o ordene o juiz, para lhes evitar a ruína (art. 31 do Código Civil).

Empossados nos bens, os sucessores provisórios ficam representando ativa e passivamente o ausente, de modo que contra eles correrão as ações pendentes e as que de futuro àquele forem movidas (art. 32 do Código Civil).

O descendente, ascendente ou cônjuge que for sucessor provisório do ausente, fará seus todos os frutos e rendimentos dos bens que a este couberem. Entretanto, os outros sucessores devem capitalizar metade desses frutos e rendimentos, segundo o disposto no art. 29 do Código Civil (ou seja, converter em imóveis ou em títulos garantidos pela União), de acordo com o representante do Ministério Público, e prestar anualmente contas ao juiz competente (art. 33 do Código Civil).

As referidas previsões têm como justificativa a possibilidade de o ausente retornar, procurando assegurar que, caso isso ocorra, seja possível a devolução dos seus bens[12].

Se o ausente aparecer, e ficar provado que a ausência foi voluntária e injustificada, ele perderá, em favor do sucessor, sua parte nos frutos e rendimentos (art. 33, parágrafo único, do Código Civil).

O excluído, segundo o art. 30 do Código Civil, da posse provisória pode, justificando falta de meios, requerer lhe seja entregue metade dos rendimentos do quinhão que lhe tocaria (art. 34 do Código Civil).

---

[12] RODRIGUES, Silvio. *Direito civil*: parte geral. 34. ed. São Paulo: Saraiva, 2003. v. 1. p. 81.

Se durante a posse provisória se provar a época exata do falecimento do ausente, deve-se considerar, nessa data, aberta a sucessão em favor dos herdeiros, que o eram àquele tempo (art. 35 do Código Civil).

Se o ausente aparecer, ou se lhe provar a existência, depois de estabelecida a posse provisória, devem cessar para logo as vantagens dos sucessores nela imitidos, ficando, todavia, obrigados a tomar as medidas assecuratórias precisas, até a entrega dos bens a seu dono (art. 36 do Código Civil).

4.4 SUCESSÃO DEFINITIVA

Presentes os requisitos legais, pode ser requerida a conversão da sucessão provisória em definitiva (art. 745, § 3º, do CPC).

Sendo assim, 10 anos depois de passada em julgado a sentença que concede a abertura da sucessão provisória, podem os interessados requerer a sucessão definitiva e o levantamento das cauções prestadas (art. 37 do Código Civil).

Pode ser requerida a sucessão definitiva, também, provando-se que o ausente tem 80 anos de idade, e que de cinco anos datam as últimas notícias dele (art. 38 do Código Civil).

Como se pode notar, em razão de todo o tempo transcorrido, deixa-se praticamente de lado o interesse do ausente e, considerando o interesse dos sucessores, torna-se possível requerer a sucessão definitiva[13].

Ainda assim, regressando o ausente nos 10 anos seguintes à abertura da sucessão definitiva, ou algum de seus descendentes ou ascendentes, aquele ou estes receberão só os bens existentes no estado em que se acharem, os sub-rogados em seu lugar, ou o preço que os herdeiros e demais interessados houverem recebido pelos bens alienados depois daquele tempo (art. 39 do Código Civil).

Se os bens móveis que estavam sujeitos a deterioração ou a extravio tiverem sido alienados e convertidos em imóveis ou em títulos

[13] RODRIGUES, Silvio. *Direito civil*: parte geral. 34. ed. São Paulo: Saraiva, 2003. v. 1. p. 81.

garantidos pela União, por ordem do juiz (art. 29 do Código Civil), ocorre a sub-rogação real, no sentido de que, no patrimônio do ausente, os bens adquiridos ficam no lugar dos bens alienados. Caso o ausente retorne nos 10 anos seguintes à abertura da sucessão definitiva, os bens sub-rogados devem ser entregues no estado em que estiverem[14].

Se nos referidos 10 anos o ausente não regressar, e nenhum interessado promover a sucessão definitiva, os bens arrecadados devem passar ao domínio do Município ou do Distrito Federal, se localizados nas respectivas circunscrições, incorporando-se ao domínio da União, quando situados em território federal.

Em termos processuais, regressando o ausente ou algum de seus descendentes ou ascendentes para requerer ao juiz a entrega de bens, devem ser citados para contestar o pedido os sucessores provisórios ou definitivos, o Ministério Público e o representante da Fazenda Pública, seguindo-se o procedimento comum (art. 745, § 4º, do CPC).

4.5 FORO COMPETENTE

Na esfera processual, a ação em que o ausente for réu deve ser proposta no foro de seu último domicílio, também competente para a arrecadação, o inventário, a partilha e o cumprimento de disposições testamentárias (art. 49 do CPC). Trata-se de competência territorial e, portanto, relativa (art. 65 do CPC)[15].

Quanto ao Direito Internacional Privado, a sucessão por ausência obedece à lei do país em que domiciliado o desaparecido, qualquer que seja a natureza e a situação dos bens (art. 10 da Lei de Introdução às Normas do Direito Brasileiro). A sucessão de bens de estrangeiros, situados no País, deve ser regulada pela lei brasileira em benefício do cônjuge ou dos filhos brasileiros, ou de quem os represente, sempre que não lhes seja mais favorável a lei pessoal do *de cujus*. A lei do domicílio do herdeiro ou legatário regula a capacidade para suceder.

---

14 RODRIGUES, Silvio. *Direito civil*: parte geral. 34. ed. São Paulo: Saraiva, 2003. v. 1. p. 81-82.

15 GONÇALVES, Marcus Vinicius Rios. *Direito processual civil esquematizado*. 9. ed. São Paulo: Saraiva, 2018. p. 131.

4.6 REGISTRO

Nos termos do art. 9º, inciso IV, do Código Civil, deve ser registrada em registro público a sentença declaratória de ausência. No mesmo sentido, segundo o art. 29, inciso VI, da Lei 6.015/1973, devem ser registradas no registro civil de pessoas naturais as sentenças declaratórias de ausência.

O registro das sentenças declaratórias de ausência, que nomearem curador, deve ser feita no cartório do domicílio anterior do ausente, com as mesmas cautelas e efeitos do registro de interdição, declarando-se: 1º) data do registro; 2º) nome, idade, estado civil, profissão e domicílio anterior do ausente, data e cartório em que foram registrados o nascimento e o casamento, bem como o nome do cônjuge, se for casado; 3º) tempo de ausência até a data da sentença; 4º) nome do promotor que atuou no processo; 5º) data da sentença, nome e vara do juiz que a proferiu; 6º) nome, estado, profissão, domicílio e residência do curador e os limites da curatela (art. 94 da Lei 6.015/1973).

Ainda quanto ao registro civil de pessoas naturais, no livro de emancipações, interdições e ausências deve ser feita a averbação das substituições dos curadores de ausentes, bem como da cessação da ausência pelo aparecimento do ausente (art. 104 da Lei 6.015/1973). Deve-se averbar também, no assento de ausência, a sentença de abertura de sucessão provisória, após o trânsito em julgado, com referência especial ao testamento do ausente se houver e indicação de seus herdeiros habilitados.

4.7 EFEITOS JURÍDICOS DA AUSÊNCIA

A existência da pessoa natural termina com a morte. Esta é presumida, quanto aos ausentes, nos casos em que a lei autoriza a abertura de sucessão definitiva (art. 6º do Código Civil).

O casamento válido só se dissolve pela morte de um dos cônjuges ou pelo divórcio, aplicando-se a presunção estabelecida no Código Civil quanto ao ausente (art. 1.571, § 1º, do Código Civil). Sendo assim, a abertura da sucessão definitiva, em caso de declaração de ausência (morte presumida), é causa de dissolução do casamento, ou seja, do vínculo conjugal[16].

Mesmo com o desaparecimento, o cônjuge do ausente pode requerer o divórcio, o qual dissolve o casamento (art. 226, § 6º, da Constituição Federal de 1988)[17].

Conforme a Súmula 331 do STF: "É legítima a incidência do imposto de transmissão *causa mortis* no inventário por morte presumida".

Os filhos menores devem ser postos em tutela se os pais forem julgados ausentes (art. 1.728, inciso I, do Código Civil).

---

[16] MONTEIRO, Washington de Barros; PINTO, Ana Cristina de Barros Monteiro França. *Curso de direito civil*: parte geral. 44. ed. São Paulo: Saraiva, 2012. v. 1. p. 138.

[17] RODRIGUES, Silvio. *Direito civil*: parte geral. 34. ed. São Paulo: Saraiva, 2003. v. 1. p. 82-83.

CAPÍTULO

5

PESSOAS JURÍDICAS

5.1 INTRODUÇÃO

Há relações jurídicas em que certos sujeitos não são seres humanos, mas instituições ou entidades que figuram como titulares de direitos e deveres, não se confundindo com as pessoas que as compõem. As pessoas jurídicas, assim, são entes que têm personalidade própria, atribuída pela lei, distinta da personalidade de seus integrantes, sendo capazes de direitos e deveres na ordem civil[1].

A pessoa física, de forma individual, nem sempre é capaz de realizar certos objetivos mais complexos, que vão além das suas condições e dos limites de sua vida. Para que isso se torne possível, há necessidade de se unir a outras pessoas, constituindo entidades com estrutura e personalidade próprias. Essa conjugação de esforços está

---

1 RODRIGUES, Silvio. *Direito civil*: parte geral. 34. ed. São Paulo: Saraiva, 2003. v. 1. p. 85-86.

em harmonia com o convívio do ser humano em sociedade e resulta em vantagens na concretização de fins que não teriam como ser alcançados de forma individual[2].

Nesse contexto é que surgem as pessoas jurídicas, também denominadas pessoas morais ou pessoas coletivas, as quais são entidades ou instituições constituídas para a realização de certos objetivos e reconhecidas pelo sistema jurídico como sujeitos de direito[3]. Embora as pessoas jurídicas não se confundam com as pessoas naturais, há naquelas o intuito de alcançar certos interesses destas[4].

Na atualidade, o ordenamento jurídico também prevê a pessoa jurídica individual, pois as empresas individuais de responsabilidade limitada são arroladas como pessoas jurídicas, conforme art. 44, inciso VI, do Código Civil, incluído pela Lei 12.441/2011. Além disso, a sociedade limitada pode ser constituída por uma ou mais pessoas (art. 1.052, § 1º, do Código Civil, incluído pela Lei 13.874/2019).

No âmbito das sociedades por ações, a companhia ou sociedade anônima pode ser constituída, mediante escritura pública, tendo como único acionista sociedade brasileira (art. 251 da Lei 6.404/1976).

O sistema jurídico também reconhece certos entes despersonalizados, que têm legitimidade atuar nas relações jurídicas, por meio de seus representantes[5]. Nesse sentido, a massa falida, a herança jacente, o espólio e o condomínio[6] são representados em juízo pelo adminis-

---

2 MONTEIRO, Washington de Barros; PINTO, Ana Cristina de Barros Monteiro França. *Curso de direito civil*: parte geral. 44. ed. São Paulo: Saraiva, 2012. v. 1. p. 139.

3 MONTEIRO, Washington de Barros; PINTO, Ana Cristina de Barros Monteiro França. *Curso de direito civil*: parte geral. 44. ed. São Paulo: Saraiva, 2012. v. 1. p. 140.

4 RODRIGUES, Silvio. *Direito civil*: parte geral. 34. ed. São Paulo: Saraiva, 2003. v. 1. p. 86-87.

5 BITTAR, Carlos Alberto. *Curso de direito civil*. Rio de Janeiro: Forense Universitária, 1994. v. 1. p. 63.

6 "5. No âmbito das Turmas que compõem a Segunda Seção do STJ, prevalece a corrente de que os condomínios são entes despersonalizados, pois não são titulares das unidades autônomas, tampouco das partes comuns, além de não haver, entre os condôminos, a *affectio societatis*, tendo em vista a ausência de intenção dos condôminos de estabelecerem, entre si, uma relação jurídica, sendo o vínculo entre eles decorrente do direito exercido sobre a coisa e que é necessário à administração da propriedade comum" (STJ, 3ª T., REsp 1.736.593/SP, 2017/0235980-8, Rel. Min. Nancy Andrighi, DJe 13.02.2020).

trador judicial, pelo curador, pelo inventariante e pelo administrador ou síndico (art. 75, incisos V, VI, VII e XI, do CPC). A sociedade e a associação irregulares e outros entes organizados sem personalidade jurídica são representados em juízo pela pessoa a quem couber a administração de seus bens (art. 75, inciso IX, do CPC).

Parte da doutrina menciona também a família como ente ou grupo despersonalizado[7], formado por um conjunto de pessoas naturais, não tendo legitimidade ativa ou passiva na esfera processual[8]. A família, base da sociedade, tem especial proteção do Estado (art. 226 da Constituição Federal de 1988). No Direito do Trabalho, a família pode figurar como empregador no contrato de trabalho doméstico, o que indica a possibilidade de ser sujeito na relação jurídica em questão. Nesse sentido, o empregado doméstico presta serviços de forma contínua, subordinada, onerosa e pessoal e de finalidade não lucrativa à pessoa natural ou à *família*, no âmbito residencial destas, por mais de dois dias por semana (art. 1º da Lei Complementar 150/2015).

5.2 ASPECTOS HISTÓRICOS

No Direito Romano antigo (753 a.C. a 510 a.C.) não havia a figura da pessoa jurídica. No Império Romano (27 a.C. a 476 d.C.) passam a ser conhecidas certas associações de interesse público, como *universitates* (universidades), *sodalitates* (sodalícios), *corpora* (corporações) e *collegia* (colégios), com objetivos religiosos, profissionais, comerciais, funerários etc.[9]. Na época do imperador Justiniano (527 d.C. a 565 d.C.), as fundações passam a ser referidas[10]. No Direito

---

7 GOMES, Orlando. *Introdução ao direito civil*. 19. ed., revista, atualizada e aumentada por Edvaldo Brito e Reginalda Paranhos de Brito. Rio de Janeiro: Forense, 2007. p. 178.

8 TARTUCE, Flávio. *Direito civil*: lei de introdução e parte geral. 4. ed. São Paulo: Método, 2008. v. 1. p. 244.

9 AZEVEDO, Álvaro Villaça. *Teoria geral do direito civil*: parte geral. São Paulo: Atlas, 2012. p. 73.

10 De acordo com Álvaro Villaça Azevedo: "No período pós-clássico dos séculos III ao VII d.C., surgiram as fundações, na era cristã, em que um determinado patrimônio ficava vinculado a certas finalidades, geralmente beneficentes e religiosas (*piae causae*)" (AZE-

germânico antigo não havia o conceito de pessoa jurídica, pois as pessoas naturais eram sujeitos de direito[11].

No Direito Canônico o instituto passa a ser desenvolvido, por meio das fundações, denominadas de *corpus mysticum*, como entes autônomos. Inicialmente eram vinculadas à Igreja Católica, mas depois se tornaram independentes[12].

Em tempos mais recentes, as instituições se tornam de interesse político dos Estados e, na modernidade, multiplicaram-se para diversos fins, nas esferas pública e privada. Com a evolução histórica, surgem, por exemplo, as autarquias, as sociedades de economia mista, as empresas públicas, os institutos previdenciários (de seguro social), as caixas de aposentadorias e pensões, as caixas econômicas, os sindicatos, as fundações, os partidos políticos, as sociedades civis, as associações e as organizações religiosas. A pessoa jurídica, assim, passa a abranger entes não apenas de Direito Privado, mas também de Direito Público[13].

5.3 NATUREZA JURÍDICA

A natureza jurídica da pessoa jurídica é explicada por diversas teorias, indicadas a seguir[14].

A *teoria da ficção*, considerada tradicional, tem origem no Direito Canônico e prevaleceu até o século XIX. Segundo essa doutrina, apenas o ser humano é sujeito de direitos, mas o ordenamento jurídico pode

---

VEDO, Álvaro Villaça. *Teoria geral do direito civil*: parte geral. São Paulo: Atlas, 2012. p. 74).

11 MONTEIRO, Washington de Barros; PINTO, Ana Cristina de Barros Monteiro França. *Curso de direito civil*: parte geral. 44. ed. São Paulo: Saraiva, 2012. v. 1. p. 140.

12 MONTEIRO, Washington de Barros; PINTO, Ana Cristina de Barros Monteiro França. *Curso de direito civil*: parte geral. 44. ed. São Paulo: Saraiva, 2012. v. 1. p. 140.

13 MONTEIRO, Washington de Barros; PINTO, Ana Cristina de Barros Monteiro França. *Curso de direito civil*: parte geral. 44. ed. São Paulo: Saraiva, 2012. v. 1. p. 140-142.

14 GOMES, Orlando. *Introdução ao direito civil*. 19. ed., revista, atualizada e aumentada por Edvaldo Brito e Reginalda Paranhos de Brito. Rio de Janeiro: Forense, 2007. p. 169. AZEVEDO, Álvaro Villaça. *Teoria geral do direito civil*: parte geral. São Paulo: Atlas, 2012. p. 75-77.

estabelecer modificações a essa regra, excluindo a capacidade jurídica de certas pessoas, como ocorreu com os escravos, ou estendendo-a para outros entes, como as pessoas jurídicas. Estas são consideradas seres fictícios, por não terem vontade própria, sendo representadas como os incapazes. De acordo com essa teoria, a pessoa jurídica é uma criação artificial da lei para o exercício de direitos patrimoniais, tendo personalidade em razão de abstrações legislativas, embora não exista na realidade. Trata-se de pessoa imaginária, existente no intelecto (Savigny), ou de pessoa aparente, criada pela técnica, ocultando os verdadeiros sujeitos, que são os seres humanos (Ihering)[15].

Sendo assim, conforme a teoria da ficção legal, a personalidade da pessoa jurídica é uma ficção da lei, criada pelo Direito, diversamente da personalidade da pessoa natural, criada pela natureza. Nesse enfoque, apenas por ficção da lei é atribuída existência à pessoa jurídica, a qual não existe em termos reais[16].

A teoria da ficção não é atualmente aceita, mesmo porque não explicou a existência do Estado como pessoa jurídica. Como o Estado não se confunde com as pessoas naturais, se fosse considerado ficção, até mesmo o Direito estatal seria assim considerado, pois produzido por aquele. Em última análise, a própria teoria em questão, por se situar no âmbito jurídico, seria uma ficção[17].

A *teoria da equiparação*, de Windscheid e Brinz, também nega a existência real da pessoa jurídica, como ente dotado, em substância, de personalidade jurídica. Admite apenas a presença de certas massas de bens, como patrimônios, os quais são equiparados, para fins jurídicos, às pessoas naturais. Nessa linha, as pessoas jurídicas são patrimônios personificados pelo Direito, passando a ser considerados sujeitos de direito, em razão de certos objetivos que buscam alcançar[18].

---

15 MONTEIRO, Washington de Barros; PINTO, Ana Cristina de Barros Monteiro França. *Curso de direito civil*: parte geral. 44. ed. São Paulo: Saraiva, 2012. v. 1. p. 143.

16 RODRIGUES, Silvio. *Direito civil*: parte geral. 34. ed. São Paulo: Saraiva, 2003. v. 1. p. 87-88.

17 MONTEIRO, Washington de Barros; PINTO, Ana Cristina de Barros Monteiro França. *Curso de direito civil*: parte geral. 44. ed. São Paulo: Saraiva, 2012. v. 1. p. 143-144.

18 MONTEIRO, Washington de Barros; PINTO, Ana Cristina de Barros Monteiro França. *Curso de direito civil*: parte geral. 44. ed. São Paulo: Saraiva, 2012. v. 1. p. 144.

A *teoria da realidade objetiva* ou orgânica, desenvolvida por de Gierke e Zitelmann, na Alemanha, é oposta à teoria da ficção. Consideram-se pessoas não apenas os seres humanos (pessoas físicas), mas também certos entes que existem na realidade (pessoas jurídicas). Nessa concepção, além das pessoas naturais, como organismos vivos, há as pessoas jurídicas, como organismos sociais, que têm vontade própria, vida autônoma e objetivam a realização de fim social. Sendo assim, as pessoas jurídicas, como realidades vivas, são organismos sociais, que não são criados pelo Direito, pois este apenas declara a sua existência[19]. Nesse enfoque, a vontade pública ou privada pode dar origem às pessoas jurídicas, como organismos que realmente existem na sociedade e têm vida própria[20].

Ainda assim, argumenta-se que a mencionada teoria incide em ficção ao sustentar que a pessoa jurídica teria vontade própria, pois esta é inerente ao ser humano, não existindo em entidades coletivas[21].

A *teoria da realidade técnica* ou *jurídica* é eclética, reconhecendo certos aspectos das teorias da ficção e da realidade quanto à natureza da pessoa jurídica. Em termos físicos, orgânicos ou naturais, apenas a pessoa física existe na realidade, de modo que a pessoa jurídica, nesse âmbito, seria ficção. Os institutos da personalidade jurídica e sujeito de direito, entretanto, não fazem parte do mundo físico ou natural, pois integram a esfera própria do Direito. Da mesma forma que a personalidade jurídica do ser humano decorre do Direito, este a defere a outras entidades, quando buscam alcançar interesses sociais. Nessa linha, a personalidade jurídica não é ficção, mas atributo que o Direito concede a certos entes que atuam na sociedade. A pessoa jurídica, portanto, não tem realidade física (do mundo natural), mas tem realidade jurídica ou ideal (do âmbito do Direito). Na esfera do ordenamento jurídico, tanto as pessoas naturais como as pessoas jurídicas são sujeitos de direito[22].

---

19 MONTEIRO, Washington de Barros; PINTO, Ana Cristina de Barros Monteiro França. *Curso de direito civil*: parte geral. 44. ed. São Paulo: Saraiva, 2012. v. 1. p. 144.

20 RODRIGUES, Silvio. *Direito civil*: parte geral. 34. ed. São Paulo: Saraiva, 2003. v. 1. p. 88.

21 MONTEIRO, Washington de Barros; PINTO, Ana Cristina de Barros Monteiro França. *Curso de direito civil*: parte geral. 44. ed. São Paulo: Saraiva, 2012. v. 1. p. 144.

22 MONTEIRO, Washington de Barros; PINTO, Ana Cristina de Barros Monteiro França. *Curso de direito civil*: parte geral. 44. ed. São Paulo: Saraiva, 2012. v. 1. p. 144-145.

Nessa concepção, as pessoas jurídicas existem e são titulares de direito. Trata-se de existência real, e não fictícia, mas de ordem técnica, tendo como objetivo alcançar interesses humanos[23].

A *teoria institucionalista*, de Hauriou, assevera que uma instituição existe previamente quando surge a pessoa jurídica. A instituição abrange uma ideia que faz nascer um vínculo na sociedade, ao unir indivíduos voltados ao mesmo fim, e uma organização, entendida como conjunto de meios para se alcançar o referido objetivo. A instituição tem vida interior, que envolve a atividade de seus integrantes e revela a hierarquia entre os órgãos de direção e os demais membros, constituindo uma estrutura orgânica, e vida exterior, relativa à atuação na esfera do Direito, voltada à realização da ideia, buscando alcançar o fim comum. Quando a concentração e a organização da instituição alcançam certo grau mais elevado, esta se torna pessoa jurídica[24].

De acordo com o art. 45 do Código Civil, começa a *existência legal* das pessoas jurídicas de direito privado com a inscrição do ato constitutivo no respectivo registro. Como se pode notar, as pessoas jurídicas existem legalmente, ou seja, têm existência real (e não fictícia) no Direito. Trata-se, assim, de realidade técnica[25] ou jurídica[26].

5.4 CLASSIFICAÇÃO

As pessoas jurídicas podem ser classificadas conforme diversos critérios, a seguir explicitados[27].

Quanto às funções e capacidade, as pessoas jurídicas são direito público, interno ou externo, e de direito privado (art. 40 do Código

[23] RODRIGUES, Silvio. *Direito civil*: parte geral. 34. ed. São Paulo: Saraiva, 2003. v. 1. p. 88.

[24] RODRIGUES, Silvio. *Direito civil*: parte geral. 34. ed. São Paulo: Saraiva, 2003. v. 1. p. 88-89.

[25] GAGLIANO, Pablo Stolze; PAMPLONA FILHO, Rodolfo. *Novo curso de direito civil*: parte geral. 6. ed. São Paulo: Saraiva, 2005. v. 1. p. 205.

[26] MONTEIRO, Washington de Barros; PINTO, Ana Cristina de Barros Monteiro França. *Curso de direito civil*: parte geral. 44. ed. São Paulo: Saraiva, 2012. v. 1. p. 145.

[27] AZEVEDO, Álvaro Villaça. *Teoria geral do direito civil*: parte geral. São Paulo: Atlas, 2012. p. 77-83.

Civil). Quanto à estrutura, as pessoas jurídicas, em termos tradicionais, eram classificadas em associações (juntamente com sociedades) e fundações. Quanto à nacionalidade, as pessoas jurídicas são nacionais ou estrangeiras. Menciona-se, ainda, a classificação das pessoas jurídicas em entes civis e entes eclesiásticos[28].

As associações, sociedades e fundações são criadas por um elemento pessoal e outro elemento real: a reunião de várias pessoas (como regra) e o conjunto de bens. A associação e a sociedade se caracterizam pela pluralidade de pessoas (em regra) com fins comuns. Atualmente, são também previstas as organizações religiosas e os partidos políticos, semelhantes às associações, e as empresas individuais de responsabilidade limitada. Além disso, a sociedade limitada pode ser constituída por uma ou mais pessoas (art. 1.052, § 1º, do Código Civil, incluído pela Lei 13.874/2019). A fundação tem como requisito o patrimônio destinado a certo objetivo. Na associação e na sociedade, o patrimônio é o meio para alcançar certos fins. Na fundação, o patrimônio é elemento essencial, juntamente com o objetivo que se busca concretizar[29].

Portanto, em relação ao aspecto estrutural, há pessoas jurídicas em que o elemento pessoal é preponderante, como as associações e sociedades (*universitas personarum*), incluindo-se atualmente, nesse contexto, as organizações religiosas, os partidos políticos e as empresas individuais de responsabilidade limitada. Diversamente, há pessoas jurídicas que são constituídas com base em um patrimônio voltado a certo fim, como as fundações (*universitas bonorum*)[30].

5.5 PERSONALIDADE JURÍDICA DA PESSOA JURÍDICA

A pessoa jurídica tem personalidade jurídica própria, que não se confunde com a de seus membros. Além disso, a pessoa jurídica tem

---

[28] MONTEIRO, Washington de Barros; PINTO, Ana Cristina de Barros Monteiro França. *Curso de direito civil*: parte geral. 44. ed. São Paulo: Saraiva, 2012. v. 1. p. 145.

[29] MONTEIRO, Washington de Barros; PINTO, Ana Cristina de Barros Monteiro França. *Curso de direito civil*: parte geral. 44. ed. São Paulo: Saraiva, 2012. v. 1. p. 145-146.

[30] RODRIGUES, Silvio. *Direito civil*: parte geral. 34. ed. São Paulo: Saraiva, 2003. v. 1. p. 90.

patrimônio autônomo, ou seja, distinto do patrimônio de seus integrantes. A pessoa jurídica tem atuação própria, que se distingue daquela de seus membros[31].

Nesse sentido, a pessoa jurídica não se confunde com os seus sócios, associados, instituidores ou administradores (art. 49-A do Código Civil, incluído pela Lei 13.874/2019).

A autonomia patrimonial das pessoas jurídicas é um instrumento lícito de alocação e segregação de riscos, estabelecido pela lei com a finalidade de estimular empreendimentos, para a geração de empregos, tributo, renda e inovação em benefício de todos (art. 49-A, parágrafo único, do Código Civil, incluído pela Lei 13.874/2019).

A pessoa jurídica, assim como a pessoa natural, é titular de direitos e pode exercer atos e negócios jurídicos. Além disso, havendo violação de seus direitos, a pretensão estará sujeita a prazos prescricionais. As pessoas jurídicas têm ação contra os seus representantes legais, que derem causa à prescrição, ou não a alegarem oportunamente (art. 195 do Código Civil). A pessoa jurídica é titular de certos direitos da personalidade (art. 52 do Código Civil), como o nome e a honra objetiva. Evidentemente, a pessoa jurídica não pode realizar atos exclusivos da pessoa natural, como casar, adotar e fazer testamento[32].

Embora se questione se a pessoa jurídica possa ser autora de crimes, há previsão de certos delitos praticados por pessoa jurídica. Nesse sentido, as condutas e atividades consideradas lesivas ao meio ambiente sujeitarão os infratores, pessoas físicas ou jurídicas, a sanções penais e administrativas, independentemente da obrigação de reparar os danos causados (art. 225, § 3º, da Constituição Federal de 1988).

As pessoas jurídicas serão responsabilizadas administrativa, civil e penalmente conforme o disposto na Lei 9.605/1998, sobre condutas e atividades lesivas ao meio ambiente, nos casos em que a infração seja cometida por decisão de seu representante legal ou contratual, ou de seu órgão colegiado, no interesse ou benefício da sua entidade (art. 3º

---

[31] MONTEIRO, Washington de Barros; PINTO, Ana Cristina de Barros Monteiro França. *Curso de direito civil*: parte geral. 44. ed. São Paulo: Saraiva, 2012. v. 1. p. 146.

[32] MONTEIRO, Washington de Barros; PINTO, Ana Cristina de Barros Monteiro França. *Curso de direito civil*: parte geral. 44. ed. São Paulo: Saraiva, 2012. v. 1. p. 146.

da Lei 9.605/1998). A responsabilidade das pessoas jurídicas não exclui a das pessoas físicas, autoras, coautoras ou partícipes do mesmo fato.

Frise-se ainda que a lei, sem prejuízo da responsabilidade individual dos dirigentes da pessoa jurídica, estabelecerá a responsabilidade desta, sujeitando-a às punições compatíveis com sua natureza, nos atos praticados contra a ordem econômica e financeira e contra a economia popular (art. 173, § 5º, da Constituição da República).

A pessoa jurídica pode ser sujeito passivo de certos delitos, como o crime de difamação (art. 139 do Código Penal), no âmbito dos crimes contra a honra[33].

A Lei 12.846/2013 dispõe sobre a responsabilização objetiva administrativa e civil de pessoas jurídicas pela prática de atos contra a administração pública, nacional ou estrangeira (art. 1º). Aplica-se o disposto na Lei 12.846/2013 às sociedades empresárias e às sociedades simples, personificadas ou não, independentemente da forma de organização ou modelo societário adotado, bem como a quaisquer fundações, associações de entidades ou pessoas, ou sociedades estrangeiras, que tenham sede, filial ou representação no território brasileiro, constituídas de fato ou de direito, ainda que temporariamente.

5.6 DESCONSIDERAÇÃO DA PERSONALIDADE JURÍDICA

Embora a pessoa jurídica tenha personalidade jurídica própria, caso esta seja utilizada de forma abusiva ou fraudulenta, torna-se possível a sua desconsideração, com o objetivo de alcançar os bens dos seus integrantes.

O exercício regular de um direito é ato lícito. Entretanto, comete ato ilícito o titular de um direito que, ao exercê-lo, excede manifestamente os limites impostos pelo seu fim econômico ou social, pela boa-fé ou pelos bons costumes (art. 187 do Código Civil).

Nesse enfoque, o direito à personalidade jurídica própria (distinta dos seus integrantes) deve ser exercido pela pessoa jurídica de forma

---

[33] MONTEIRO, Washington de Barros; PINTO, Ana Cristina de Barros Monteiro França. *Curso de direito civil*: parte geral. 44. ed. São Paulo: Saraiva, 2012. v. 1. p. 147.

regular, ou seja, sem exceder os limites estabelecidos pelo sistema jurídico. Se o referido direito for exercido com abuso ou fraude pela pessoa jurídica, causando prejuízo a terceiros, admite-se a desconsideração da personalidade jurídica[34], permitindo afastar, quanto à situação específica, a regra da autonomia patrimonial entre a pessoa jurídica e seus integrantes[35].

Em caso de *abuso da personalidade jurídica*, caracterizado pelo desvio de finalidade ou pela confusão patrimonial, pode o juiz, a requerimento da parte, ou do Ministério Público quando lhe couber intervir no processo, desconsiderá-la para que os efeitos de certas e determinadas relações de obrigações sejam estendidos aos bens particulares de administradores ou de sócios da pessoa jurídica beneficiados direta ou indiretamente pelo abuso (art. 50 do Código Civil, com redação dada pela Lei 13.874/2019).

Logo, por meio da desconsideração da personalidade jurídica, os bens daqueles que compõem a pessoa jurídica e foram beneficiados direta ou indiretamente pelo referido abuso são alcançados, para que respondam pelas obrigações da pessoa jurídica. Saliente-se que a desconsideração da personalidade jurídica não extingue a pessoa jurídica[36], mas apenas estende os efeitos de certas relações obrigacionais aos bens particulares dos seus integrantes[37].

O abuso da personalidade jurídica é gênero, que tem como espécies o desvio de finalidade[38] e pela confusão patrimonial[39]. Frise-se que a

---

[34] RODRIGUES, Silvio. *Direito civil*: parte geral. 34. ed. São Paulo: Saraiva, 2003. v. 1. p. 96-97.

[35] REQUIÃO, Rubens. Abuso de direito e fraude através da personalidade jurídica. *Revista dos Tribunais*, São Paulo, RT, ano 58, v. 410, p. 12-24, dez. 1969.

[36] REQUIÃO, Rubens. *Curso de direito comercial*. 21. ed. São Paulo: Saraiva, 1993. v. 1. p. 283

[37] FREITAS, Elizabeth Cristina Campos Martins de. *Desconsideração da personalidade jurídica*: análise à luz do Código de Defesa do Consumidor e do novo Código Civil. São Paulo: Atlas, 2002. p. 64, 68-70.

[38] OLIVEIRA, José Lamartine Corrêa de. *A dupla crise da pessoa jurídica*. São Paulo: Saraiva, 1979. p. 613.

[39] COMPARATO, Fábio Konder. *O poder de controle na sociedade anônima*. São Paulo: RT, 1976. p. 362.

desconsideração da personalidade jurídica, por ser medida excepcional[40], exige a presença dos requisitos legais sobre o tema[41].

Para os fins da mencionada previsão, *desvio de finalidade* é a utilização da pessoa jurídica com o propósito de lesar credores e para a prática de atos ilícitos de qualquer natureza (art. 50, § 1º, do Código Civil). Sendo assim, inclui-se a fraude, na qual a pessoa jurídica atua de forma a escapar da incidência da lei, em prejuízo a credores[42].

---

[40] "3. A desconsideração da personalidade jurídica constitui medida de caráter excepcional que somente pode ser decretada após a análise, no caso concreto, da existência de vícios que configurem abuso de direito, caracterizado por desvio de finalidade ou confusão patrimonial, requisitos que não se presumem em casos de dissolução irregular ou de insolvência. Precedentes" (STJ, 3ª T., REsp 1.816.794/PR, 2018/0295103-2, Rel. Min. Paulo de Tarso Sanseverino, DJe 01.07.2020).

[41] "Agravo interno no agravo em recurso especial. Civil. Processual Civil. Julgamento monocrático. Ofensa ao princípio da colegialidade. Não ocorrência. Execução. Desconsideração da personalidade jurídica. Código Civil de 2002 (art. 50). Teoria maior. Requisitos objetivos: desvio de finalidade ou confusão patrimonial. Desconsideração autorizada na origem com base na ausência de bens sujeitos à penhora. Inviabilidade. Precedentes do STJ. Agravo interno improvido. [...] 2. Interpretando o disposto no art. 50 do Código Civil de 2002, o Superior Tribunal de Justiça concluiu que, nas relações jurídicas de natureza civil-empresarial, o legislador pátrio adotou a teoria maior da desconsideração da personalidade jurídica, segundo a qual é exigida a demonstração da ocorrência de algum dos elementos objetivos caracterizadores de abuso da personalidade jurídica, tais como o desvio de finalidade (caracterizado pelo ato intencional dos sócios em fraudar terceiros com o uso abusivo da personalidade jurídica) ou a confusão patrimonial (caracterizada pela inexistência, no campo dos fatos, de separação patrimonial entre o patrimônio da pessoa jurídica e bens particulares dos sócios ou, ainda, dos haveres de diversas pessoas jurídicas). [...] 4. Contudo, nos termos da jurisprudência desta Corte Superior, 'a mera demonstração de inexistência de patrimônio da pessoa jurídica ou de dissolução irregular da empresa sem a devida baixa na junta comercial, por si sós, não ensejam a desconsideração da personalidade jurídica' (AgRg no AREsp n. 347.476/DF, Relator Ministro Raul Araújo, Quarta Turma, julgado em 5/5/2016, DJe 17/5/2016). 5. Agravo interno improvido" (STJ, 3ª T., AgInt no AREsp 1.565.590/SP, 2019/0241940-9, Rel. Min. Marco Aurélio Bellizze, DJe 30.03.2020).

[42] "Recurso Especial. Civil e Processual Civil. Falência. Desconsideração da personalidade jurídica. Sócio majoritário. Atos de gestão. Inexistência. Ausência. Polo passivo. Exclusão. 1. Para fins de aplicação da Teoria Maior da desconsideração da personalidade jurídica (art. 50 do CC/2002), exige-se a comprovação de abuso caracterizado pelo desvio de finalidade (ato intencional dos sócios com intuito de fraudar terceiros) ou confusão patrimonial, requisitos que não se presumem mesmo em casos de dissolução irregular ou de insolvência da sociedade empresária. 2. Vai muito além da extensão pretendida pelo legislador admitir que os efeitos da desconsideração da personalidade jurídica atinja o sócio que, a despeito de deter a posição de majoritário, nunca participou dos atos sociais da empresa, menos ainda na condição de administrador. 3. Recurso especial provido"

Entende-se por *confusão patrimonial* a ausência de separação de fato entre os patrimônios, caracterizada por: I – cumprimento repetitivo pela sociedade de obrigações do sócio ou do administrador ou vice-versa; II – transferência de ativos ou de passivos sem efetivas contraprestações, exceto os de valor proporcionalmente insignificante; III – outros atos de descumprimento da autonomia patrimonial (art. 50, § 2º, do Código Civil)[43].

O disposto no *caput* e nos §§ 1º e 2º do art. 50 do Código Civil também se aplica à extensão das obrigações de sócios ou de administradores à pessoa jurídica (art. 50, § 3º, do Código Civil). Trata-se da chamada desconsideração inversa da personalidade jurídica. Nesse caso, os bens da pessoa jurídica passam a responder por obrigações dos seus integrantes[44].

A mera existência de grupo econômico sem a presença dos requisitos de que trata o art. 50 do Código Civil não autoriza a desconsideração da personalidade da pessoa jurídica (art. 50, § 4º, do Código Civil). No âmbito das obrigações civis, a existência de grupo econômico, por si, não é suficiente para a desconsideração da personalidade jurídica, exigindo o mencionado abuso na sua utilização, caracterizado pelo desvio de finalidade ou pela confusão patrimonial[45].

(STJ, 3ª T., REsp 1.686.162/SP, 2016/0297682-6, Rel. Min. Ricardo Villas Bôas Cueva, DJe 03.12.2019).

43 "V – Configura-se a confusão patrimonial no caso de indistinção entre patrimônios do administrador ou sócio e da empresa, em afronta à autonomia patrimonial, com o objetivo de se esquivar ao cumprimento de obrigação" (STJ, 2ª T., REsp 1.810.414/RO, 2019/0112568-5, Rel. Min Francisco Falcão, DJe 18.10.2019).

44 "VI – Incide o instituto da desconsideração inversa da personalidade jurídica (art. 50 do CC/2002 c/c art. 133, § 2º, do CPC/2015), na hipótese em que o administrador ou sócio esvazia seu patrimônio pessoal para ocultá-lo de credores sob o manto de uma pessoa jurídica" (STJ, 2ª T., REsp 1.810.414/RO, 2019/0112568-5, Rel. Min Francisco Falcão, DJe 18.10.2019).

45 "Agravo interno no agravo em recurso especial. Súmula 182/STJ. Não incidência. Reconsideração da decisão da Presidência. Direito Civil e Processual Civil. Ação de cobrança. Desconsideração da personalidade jurídica. Formação de grupo econômico, confusão patrimonial e fraude. Reconhecimento pelas instâncias ordinárias. Modificação das premissas fáticas. Inviabilidade. Súmulas 5 e 7 do STJ. Agravo interno provido. Recurso especial desprovido. 1. A desconsideração da personalidade jurídica, embora seja medida de caráter excepcional, é admitida quando ficar caracterizado desvio de finalidade ou confusão patrimonial (CC/2002, art. 50). 2. Nos termos da jurisprudência do Superior Tribunal de

Esclareça-se que não constitui desvio de finalidade a mera expansão ou a alteração da finalidade original da atividade econômica específica da pessoa jurídica (art. 50, § 5º, do Código Civil). A pessoa jurídica, assim, pode ampliar ou modificar a finalidade originalmente prevista da sua atividade, por meio de alteração no contrato social ou no estatuto, o que, por si, não configura desvio de finalidade, nem, portanto, abuso da personalidade jurídica.

Nas relações de consumo, a desconsideração da personalidade jurídica tem disciplina própria, prevista no Código de Defesa do Consumidor.

O juiz pode desconsiderar a personalidade jurídica da sociedade quando, em detrimento do consumidor, houver abuso de direito, excesso de poder, infração da lei, fato ou ato ilícito ou violação dos estatutos ou contrato social. A desconsideração também será efetivada quando houver falência, estado de insolvência, encerramento ou inatividade da pessoa jurídica provocados por má administração (art. 28 da Lei 8.078/1990).

Como se pode notar, as hipóteses em que se admite a desconsideração da personalidade jurídica são mais amplas nas relações de consumo, que adota a *teoria menor* da desconsideração da personalidade jurídica[46], do

---

Justiça, uma vez 'reconhecido o grupo econômico e verificada confusão patrimonial, é possível desconsiderar a personalidade jurídica de uma empresa para responder por dívidas de outra, inclusive em cumprimento de sentença, sem ofensa à coisa julgada' (AgRg no AREsp 441.465/PR, Rel. Ministro Ricardo Villas Bôas Cueva, Terceira Turma, julgado em 18/06/2015, DJe de 03/08/2015). 3. Hipótese em que as instâncias ordinárias, examinando as circunstâncias da causa, consignaram estar demonstrada formação de grupo econômico, confusão patrimonial e fraude para frustrar a satisfação do crédito. A modificação desse entendimento demandaria o revolvimento de matéria fático-probatória, assim como a interpretação de cláusulas contratuais, inviável em recurso especial (Súmulas 5 e 7 do STJ). 4. Agravo interno provido para reconsiderar a decisão agravada e, em novo julgamento, conhecer do agravo para negar provimento ao recurso especial" (STJ, 4ª T., AgInt no AREsp 1.635.669/SP, 2019/0367020-5, Rel. Min. Raul Araújo, DJe 20.10.2020).

46 "2. Esta Corte tem entendimento que, 'de acordo com a Teoria Menor, a incidência da desconsideração se justifica: a) pela comprovação da insolvência da pessoa jurídica para o pagamento de suas obrigações, somada à má administração da empresa (art. 28, *caput*, do CDC); ou b) pelo mero fato de a personalidade jurídica representar um obstáculo ao ressarcimento de prejuízos causados aos consumidores, nos termos do § 5º do art. 28 do CDC' (REsp 1735004/SP, Rel. Ministra Nancy Andrighi, Terceira Turma, julgado em 26/06/2018, DJe 29/06/2018)" (STJ, 3ª T., AgInt no AREsp 1.518.388/MG, 2019/0145402-1, Rel. Min. Marco Aurélio Bellizze, DJe 21.11.2019).

que nas relações civis em sentido estrito, que adota a *teoria maior* da desconsideração da personalidade jurídica[47].

As sociedades integrantes dos grupos societários e as sociedades controladas são subsidiariamente responsáveis pelas obrigações decorrentes do Código de Defesa do Consumidor (art. 28, § 2º, da Lei 8.078/1990).

A sociedade controladora e suas controladas podem constituir grupo de sociedades, mediante convenção pela qual se obriguem a combinar recursos ou esforços para a realização dos respectivos objetos, ou a participar de atividades ou empreendimentos comuns (art. 265 da Lei 6.404/1976). A sociedade controladora ou de comando do grupo deve ser brasileira e exercer, direta ou indiretamente, e de modo permanente, o controle das sociedades filiadas, como titular de direitos de sócio ou acionista, ou mediante acordo com outros sócios ou acionistas (art. 265, § 1º, da Lei 6.404/1976).

No Direito Societário, as relações entre as sociedades, a estrutura administrativa do grupo e a coordenação ou subordinação dos administradores das sociedades filiadas devem ser estabelecidas na convenção do grupo, mas cada sociedade conservará personalidade e patrimônios distintos (art. 266 da Lei 6.404/1976).

Trata-se do grupo de direito, em que são atendidos os requisitos legais de constituição, registro e publicidade (arts. 269 a 271 da Lei 6.404/1976). O grupo pode ser, ainda, de fato, envolvendo sociedades coligadas, controladoras e controladas (art. 243 da Lei 6.404/1976).

Considera-se controlada a sociedade na qual a controladora, diretamente ou por meio de outras controladas, é titular de direitos de

---

[47] "1. Interpretando o disposto no art. 50 do Código Civil de 2002, o Superior Tribunal de Justiça concluiu que, nas relações jurídicas de natureza civil-empresarial, o legislador pátrio adotou a teoria maior da desconsideração da personalidade jurídica, segundo a qual é exigida a demonstração da ocorrência de algum dos elementos objetivos caracterizadores de abuso da personalidade jurídica, tais como o desvio de finalidade (caracterizado pelo ato intencional dos sócios em fraudar terceiros com o uso abusivo da personalidade jurídica) ou a confusão patrimonial (configurada pela inexistência, no campo dos fatos, de separação patrimonial entre o patrimônio da pessoa jurídica e bens particulares dos sócios ou, ainda, dos haveres de diversas pessoas jurídicas)" (STJ, 3ª T., AgInt no AREsp 1.672.689/SP, 2020/0048846-1, Rel. Min. Marco Aurélio Bellizze, DJe 24.09.2020).

sócio que lhe assegurem, de modo permanente, preponderância nas deliberações sociais e o poder de eleger a maioria dos administradores (art. 243, § 2º, da Lei 6.404/1976).

Nas relações de consumo, as sociedades que integram grupos societários e as sociedades controladas são subsidiariamente responsáveis pelas obrigações decorrentes da Lei 8.078/1990. Não se trata de responsabilidade solidária, mas sim subsidiária, ou seja, que incide em um segundo momento, quando o responsável principal não cumpre a obrigação, por não ter bens suficientes.

As sociedades consorciadas são solidariamente responsáveis pelas obrigações decorrentes do Código de Defesa do Consumidor (art. 28, § 3º, da Lei 8.078/1990).

As companhias (sociedades anônimas) e quaisquer outras sociedades, sob o mesmo controle ou não, podem constituir consórcio para executar determinado empreendimento (art. 278 da Lei 6.404/1976). O consórcio é constituído mediante contrato aprovado pelo órgão da sociedade competente para autorizar a alienação de bens do ativo não circulante, do qual deve constar, entre outros requisitos, a definição das obrigações e responsabilidade de cada sociedade consorciada, e das prestações específicas (art. 279, inciso IV, da Lei 6.404/1976).

Na esfera das relações societárias, o consórcio não tem personalidade jurídica e as consorciadas somente se obrigam nas condições previstas no respectivo contrato, respondendo cada uma por suas obrigações, sem presunção de solidariedade (art. 278, § 1º, da Lei 6.404/1976). Entretanto, especificamente nas relações de consumo, as sociedades consorciadas são solidariamente responsáveis pelas obrigações decorrentes da Lei 8.078/1990.

As sociedades coligadas só respondem por culpa (art. 28, § 4º, da Lei 8.078/1990).

Diz-se coligada ou filiada a sociedade de cujo capital outra sociedade participa com 10% ou mais, do capital da outra, sem controlá-la (art. 1.099 do Código Civil).

No âmbito das sociedades por ações, são coligadas as sociedades nas quais a companhia (sociedade anônima) investidora tenha influência significativa (art. 243, § 1º, da Lei 6.404/1976, com redação dada pela Lei 11.941/2009). Considera-se que há influência significativa quando a investidora detém ou exerce o poder de participar nas decisões das políticas financeira ou operacional da investida, sem controlá-la (art. 243, § 4º, da Lei 6.404/1976, incluído pela Lei 11.941/2009). É presumida influência significativa quando a investidora for titular de 20% ou mais do capital votante da investida, sem controlá-la (art. 243, § 5º, da Lei 6.404/1976, incluído pela Lei 11.941/2009).

Segundo leciona Rubens Requião: "A falta de controle, como se vê, é que caracteriza a 'coligação de sociedades', permanecendo elas num mesmo plano horizontal, sem uma subordinar à outra seus interesses"[48].

Sendo assim, nas relações de consumo, a responsabilização da sociedade coligada por conduta ou omissão da outra sociedade, que participa do seu capital sem controlá-la, exige dolo ou culpa daquela.

Também pode ser desconsiderada a pessoa jurídica sempre que sua personalidade for, de alguma forma, obstáculo ao ressarcimento de prejuízos causados aos consumidores (art. 28, § 5º, da Lei 8.078/1990)[49].

Esse dispositivo confirma que os requisitos para a desconsideração da personalidade jurídica no Direito do Consumidor são menos rigorosos do que no Direito Civil, bastando, naquele caso, que a personalidade distinta da pessoa jurídica impeça o ressarcimento, aos consumidores, de prejuízos causados pela pessoa jurídica.

No Direito Ambiental, pode ser desconsiderada a pessoa jurídica sempre que sua personalidade for obstáculo ao ressarcimento de prejuízos causados à qualidade do meio ambiente (art. 4º da Lei 9.605/1998).

---

[48] REQUIÃO, Rubens. *Curso de direito comercial*. 19. ed. São Paulo: Saraiva, 1993. v. 2. p. 219.

[49] "2.1. O entendimento do acórdão recorrido amolda-se aos termos da jurisprudência desta Corte, segundo a qual a aplicação da teoria menor da desconsideração da personalidade jurídica da empresa é justificada pelo mero fato de a personalidade jurídica representar um obstáculo ao ressarcimento de prejuízos causados aos consumidores, nos termos do § 5º do artigo 28 do CDC, o que atrai o teor da Súmula 83/STJ" (STJ, 4ª T., AgInt no AREsp 1.560.415/DF, 2019/0231008-0, Rel. Min. Marco Buzzi, DJe 01.04.2020).

Frise-se ainda que a personalidade jurídica do responsável por infração da ordem econômica pode ser desconsiderada quando houver da parte deste abuso de direito, excesso de poder, infração da lei, fato ou ato ilícito ou violação dos estatutos ou contrato social (art. 34 da Lei 12.529/2011). A desconsideração também será efetivada quando houver falência, estado de insolvência, encerramento ou inatividade da pessoa jurídica provocados por má administração.

No plano processual, para que sejam respeitados os princípios do contraditório, da ampla defesa e do devido processo legal (art. 5º, incisos LIV e LV, da Constituição Federal de 1988), o incidente de desconsideração da personalidade jurídica deve ser instaurado a pedido da parte ou do Ministério Público, quando lhe couber intervir no processo (art. 133 do CPC).

O pedido de desconsideração da personalidade jurídica deve observar os pressupostos previstos em lei, ou seja, os requisitos estabelecidos no Direito material, como é o caso do art. 50 do Código Civil. Aplica-se o disposto nos arts. 133 a 137 do Código de Processo Civil à hipótese de desconsideração inversa da personalidade jurídica.

O incidente de desconsideração da personalidade jurídica é cabível em todas as fases do processo de conhecimento, no cumprimento de sentença e na execução fundada em título executivo extrajudicial (art. 134 do CPC).

Quanto ao procedimento, instaurado o incidente, o sócio ou a pessoa jurídica deve ser citado para manifestar-se e requerer as provas cabíveis no prazo de 15 dias (art. 135 do CPC).

Concluída a instrução, se necessária, o incidente deve ser resolvido por decisão interlocutória (art. 136 do CPC), que é modalidade de pronunciamento do juiz (art. 203, § 2º, do CPC). Se a decisão for proferida pelo relator, no âmbito de tribunal, cabe o recurso denominado agravo interno.

Acolhido o pedido de desconsideração da personalidade jurídica, a alienação ou a oneração de bens, havida em fraude de execução (art. 792 do CPC), será ineficaz em relação ao requerente (art. 137 do CPC).

No Direito Empresarial, é vedada a extensão da falência ou de seus efeitos, no todo ou em parte, aos sócios de responsabilidade limitada, aos controladores e aos administradores da sociedade falida, admitida, contudo, a *desconsideração da personalidade jurídica* (art. 82-A da Lei 11.101/2005, incluído pela Lei 14.112/2020).

A desconsideração da personalidade jurídica da sociedade falida, para fins de responsabilização de terceiros, grupo, sócio ou administrador por obrigação desta, somente pode ser decretada pelo juízo falimentar com a observância do art. 50 do Código Civil e dos arts. 133, 134, 135, 136 e 137 do Código de Processo Civil, não aplicada a suspensão do processo de que trata o § 3º do art. 134 do CPC (art. 82-A, parágrafo único, da Lei 11.101/2005, incluído pela Lei 14.112/2020).

Logo, para que a desconsideração da personalidade jurídica da sociedade falida seja decretada pelo juízo da falência, devem ser observadas as referidas normas jurídicas materiais e processuais sobre a matéria, em respeito à ordem jurídica e ao devido processo legal.

Esclareça-se que o art. 82-A, parágrafo único, da Lei 11.101/2005 não estabelece a exclusividade do juízo falimentar para a desconsideração da personalidade jurídica da sociedade falida[50], mas os requisitos exigidos para a sua decretação pelo referido juízo.

5.7 PESSOA JURÍDICA PRESTADORA DE SERVIÇOS INTELECTUAIS

Nos termos do art. 129 da Lei 11.196/2005, para fins fiscais e previdenciários, a prestação de serviços intelectuais, inclusive os de natureza científica, artística ou cultural, em caráter personalíssimo ou não, com ou sem a designação de quaisquer obrigações a sócios ou empregados da *sociedade prestadora de serviços*, quando por esta realizada, se sujeita tão somente à legislação aplicável às pessoas jurídicas, sem prejuízo da observância do disposto no art. 50 do Código Civil.

---

[50] "Processual Civil. Agravo interno nos embargos de declaração no conflito de competência. Competência do juízo trabalhista para reconhecimento da desconsideração da personalidade jurídica. Decisão mantida. 1. A jurisprudência do STJ consolidou-se no sentido de que 'não traduz violação ao juízo atrativo da falência e da recuperação judicial o prosseguimento, perante a Justiça do Trabalho, de execuções contra sócios não atingidos pelo plano de recuperação ou pela decretação da falência' (AgRg no CC 136.779/MT, Relator Ministro Marco Aurélio Bellizze, Segunda Seção, julgado em 26/11/2014, DJe 02/12/2014). 2. Agravo interno a que se nega provimento" (STJ, 2ª Seção, AgInt nos EDcl no CC 161.953/GO, 2018/0288307-1, Rel. Min. Antonio Carlos Ferreira, DJe 22.08.2019).

O referido dispositivo legal estabelece que as *pessoas jurídicas* prestadoras de *serviços intelectuais*, incluídos os de natureza científica, artística ou cultural, sujeitam-se apenas ao regime fiscal e previdenciário das pessoas jurídicas. Admite-se, entretanto, a desconsideração da personalidade jurídica da sociedade, em caso de abuso da personalidade jurídica, caracterizado pelo desvio de finalidade ou pela confusão patrimonial.

O Supremo Tribunal Federal declarou a *constitucionalidade* do art. 129 da Lei 11.196/2005 (STF, Pleno, ADC 66/DF, Rel. Min. Cármen Lúcia, j. 21.12.2020).

Prevaleceu o entendimento de que essa norma legal está em harmonia com os preceitos constitucionais, notadamente com o art. 1º, inciso IV, da Constituição Federal de 1988, ao prever que a República Federativa do Brasil tem como fundamentos, entre outros, os valores sociais do trabalho e da livre iniciativa. Nesse contexto, é livre o exercício de qualquer trabalho, ofício ou profissão, atendidas as qualificações profissionais que a lei estabelecer (art. 5º, inciso XIII, da Constituição da República). Além disso, é assegurado a todos o livre exercício de qualquer atividade econômica, independentemente de autorização de órgãos públicos, salvo nos casos previstos em lei (art. 170, parágrafo único, da Constituição Federal de 1988).

Ainda assim, a contratação de pessoa jurídica para a prestação de serviços intelectuais, conforme o caso concreto, pode ser objeto de verificação quanto à legalidade e regularidade, por não se admitir a fraude à lei (art. 166, inciso VI, do Código Civil), o abuso de direito (art. 187 do Código Civil) e o abuso da personalidade jurídica (art. 50 do Código Civil).

CAPÍTULO

6

PESSOAS JURÍDICAS DE DIREITO PÚBLICO

6.1 INTRODUÇÃO

Há pessoas jurídicas de direito público interno e externo (art. 40 do Código Civil). As pessoas jurídicas de direito público têm personalidade jurídica de direito público e se submetem a regime jurídico de direito público[1].

6.2 PESSOAS JURÍDICAS DE DIREITO PÚBLICO EXTERNO

As pessoas jurídicas de direito público externo são os Estados estrangeiros e todas as pessoas que forem regidas pelo Direito Internacional Público (art. 42 do Código Civil). Desse modo, as pessoas

---

1 MONTEIRO, Washington de Barros; PINTO, Ana Cristina de Barros Monteiro França. *Curso de direito civil*: parte geral. 44. ed. São Paulo: Saraiva, 2012. v. 1. p. 149.

jurídicas de direito público externo abrangem os Estados estrangeiros, a Santa Sé e as organizações internacionais[2].

As organizações internacionais podem ser de alcance universal ou regional, podendo ter vocação mais genérica (política), voltada à preservação da paz e da segurança, ou técnica específica, como um objetivo econômico, social, financeiro ou cultural. A Organização das Nações Unidas (ONU) é exemplo de organização internacional de âmbito universal e finalidade política. A Organização dos Estados Americanos (OEA) é de alcance regional e vocação política, enquanto a Organização Internacional do Trabalho (OIT) é de alcance universal e finalidade técnica específica[3].

6.3 PESSOAS JURÍDICAS DE DIREITO PÚBLICO INTERNO

São pessoas jurídicas de direito público interno: I – a União; II – os Estados, o Distrito Federal e os Territórios; III – os Municípios; IV – as autarquias, inclusive as associações públicas; V – as demais entidades de caráter público criadas por lei (art. 41 do Código Civil).

Salvo disposição em contrário, as pessoas jurídicas de direito público, a que se tenha dado estrutura de direito privado, regem-se, no que couber, quanto ao seu funcionamento, pelas normas do Código Civil (art. 41, parágrafo único, do Código Civil).

A administração pública se divide em direta, centralizada, que realiza atividades inerentes ao Estado, e indireta, descentralizada, que realiza atividades típicas e atípicas do Estado[4].

A administração pública direta abrange os entes da Federação (entes políticos), ou seja, a União, os Estados, o Distrito Federal e os Municípios. São pessoas jurídicas de direito público.

---

[2] MONTEIRO, Washington de Barros; PINTO, Ana Cristina de Barros Monteiro França. *Curso de direito civil*: parte geral. 44. ed. São Paulo: Saraiva, 2012. v. 1. p. 149.

[3] REZEK, José Francisco. *Direito internacional público*: curso elementar. 5. ed. São Paulo: Saraiva, 1995. p. 266.

[4] MONTEIRO, Washington de Barros; PINTO, Ana Cristina de Barros Monteiro França. *Curso de direito civil*: parte geral. 44. ed. São Paulo: Saraiva, 2012. v. 1. p. 149-150.

A organização político-administrativa da República Federativa do Brasil compreende a União, os Estados, o Distrito Federal e os Municípios, todos autônomos, nos termos da Constituição Federal de 1988 (art. 18 da Constituição da República).

Os Territórios Federais integram a União, e sua criação, transformação em Estado ou reintegração ao Estado de origem são reguladas em lei complementar (art. 18, § 2º, da Constituição Federal de 1988).

Os Territórios Federais de Roraima e do Amapá foram transformados em Estados Federados (art. 14 do Ato das Disposições Constitucionais Transitórias). Foi extinto o Território Federal de Fernando de Noronha, sendo sua área reincorporada ao Estado de Pernambuco (art. 15 do Ato das Disposições Constitucionais Transitórias).

A administração pública indireta abrange as seguintes categorias de entidades, dotadas de personalidade jurídica própria: autarquias; fundações públicas; empresas públicas; sociedades de economia mista (art. 4º, inciso II, do Decreto-Lei 200/1967).

As entidades compreendidas na administração pública federal indireta vinculam-se ao Ministério em cuja área de competência estiver enquadrada sua principal atividade (art. 4º, parágrafo único, do Decreto-Lei 200/1967).

Autarquia é o serviço autônomo, criado por lei, com personalidade jurídica, patrimônio e receita próprios, para executar atividades típicas da administração pública, que requeiram, para seu melhor funcionamento, gestão administrativa e financeira descentralizada (art. 5º, inciso I, do Decreto-Lei 200/1967).

As autarquias têm personalidade jurídica de direito público (art. 41, inciso IV, do Código Civil).

Nos termos do art. 5º, inciso IV, do Decreto-Lei 200/1967, fundação pública é a entidade dotada de personalidade jurídica de direito privado, sem fins lucrativos, criada em virtude de autorização legislativa, para o desenvolvimento de atividades que não exijam execução por órgãos ou entidades de direito público, com autonomia administrativa, patrimônio próprio gerido pelos respectivos órgãos de direção, e funcionamento custeado por recursos da União (no âmbito federal) e de outras fontes.

Na realidade, as fundações públicas, instituídas pelo Estado, podem ter personalidade jurídica de direito público ou personalidade jurídica de direito privado[5]. As fundações públicas, como pessoas jurídicas de direito público, são criadas por lei específica. As fundações públicas, como pessoas jurídicas de direito privado, são criadas em razão de autorização de lei específica[6].

A respeito do tema, cabe fazer referência ao seguinte julgado do Supremo Tribunal Federal: "1. A distinção entre fundações públicas e privadas decorre da forma como foram criadas, da opção legal pelo regime jurídico a que se submetem, da titularidade de poderes e também da natureza dos serviços por elas prestados" (STF, Pleno, ADI 191/RS, Rel. Min. Cármen Lúcia, DJe 07.03.2008).

O Supremo Tribunal Federal fixou a seguinte tese em recurso extraordinário com repercussão geral: "I – A qualificação de uma fundação instituída pelo Estado como sujeita ao regime público ou privado depende (i) do estatuto de sua criação ou autorização e (ii) das atividades por ela prestadas. As atividades de conteúdo econômico e as passíveis de delegação, quando definidas como objetos de dada fundação, ainda que essa seja instituída ou mantida pelo Poder público, podem-se submeter ao regime jurídico de direito privado" (STF, Pleno, RE 716.378/SP, Rel. Min. Dias Toffoli, DJe 30.06.2020)[7].

---

5 MONTEIRO, Washington de Barros; PINTO, Ana Cristina de Barros Monteiro França. *Curso de direito civil*: parte geral. 44. ed. São Paulo: Saraiva, 2012. v. 1. p. 150-151.

6 "3. Nos termos da jurisprudência do STF e do STJ, fundação pública é toda fundação instituída pelo Estado, podendo sujeitar-se ao regime público ou privado, a depender do estatuto da fundação e das atividades por ela exercidas. As fundações públicas de direito público são criadas por lei específica, também chamadas de fundações autárquicas. No caso das fundações públicas de direito privado, uma lei específica é editada autorizando sua criação" (STJ, 4ª T., REsp 1.409.199/SC, 2013/0333310-9, Rel. Min. Luis Felipe Salomão, DJe 04.08.2020).

7 "4. Não pode a Administração Pública pretender que incida um regime jurídico de direito privado sobre uma entidade da administração indireta que exerça atividade constitucionalmente estatal – ainda que formalmente o tenha feito –, mais especificamente, um serviço público (*lato sensu*) que parte da doutrina denomina de serviço público próprio, seja porque essa atividade está definida na Constituição Federal como uma obrigação a ser executada diretamente (como são as atividades públicas de saúde, higiene e educação, *v.g.*), seja porque ela deve ser exercida com supremacia de poder, como é o caso do exercício do poder de polícia e da gestão da coisa pública. Essas atividades são essenciais, não podem ser terceirizadas, não podem ser delegadas a particulares e, portanto, devem se

São representados em juízo, ativa e passivamente: I – a União, pela Advocacia-Geral da União, diretamente ou mediante órgão vinculado; II – o Estado e o Distrito Federal, por seus procuradores; III – o Município, por seu prefeito ou procurador; IV – a autarquia e a fundação de direito público, por quem a lei do ente federado designar (art. 75 do CPC).

De acordo com o art. 5º, inciso II, do Decreto-Lei 200/1967, empresa pública é a entidade dotada de personalidade jurídica de direito privado, com patrimônio próprio e capital exclusivo da União (na esfera federal), criado por lei para a exploração de atividade econômica que o governo seja levado a exercer por força de contingência ou de conveniência administrativa podendo revestir-se de qualquer das formas admitidas em direito.

Conforme o art. 5º, inciso III, do Decreto-Lei 200/1967, sociedade de economia mista é a entidade dotada de personalidade jurídica de direito privado, criada por lei para a exploração de atividade econômica, sob a forma de sociedade anônima, cujas ações com direito a voto pertençam em sua maioria à União (no âmbito federal) ou a entidade da administração indireta.

As empresas públicas e as sociedades de economia mista, embora integrem a administração pública indireta, são pessoas jurídicas de direito privado.

A lei deve estabelecer o estatuto jurídico da empresa pública, da sociedade de economia mista e de suas subsidiárias que explorem atividade econômica de produção ou comercialização de bens ou de prestação de serviços, dispondo sobre a sujeição ao regime jurídico próprio das empresas privadas, inclusive quanto aos direitos e obriga-

---

submeter a regras eminentemente publicísticas, o que afasta a possibilidade da incidência de um regime jurídico de direito privado sobre elas. 5. Por outro lado, as atividades de cunho econômico (respeitados os arts. 37, inciso XIX, e 173 da CF, esse com a redação dada pela EC nº 19/1998) e aquelas passíveis de delegação, porque também podem ser executadas por particulares, ainda que em parceria com o Estado, a toda evidência, se forem definidas como objetos de fundações, ainda que sejam essas instituídas ou mantidas pelo Poder Público, podem se submeter ao regime jurídico de direito privado caso as respectivas fundações também tenham sido instituídas como entes privados" (STF, Pleno, RE 716.378/SP, Rel. Min. Dias Toffoli, DJe 30.06.2020).

ções civis, comerciais, trabalhistas e tributários (art. 173, § 1º, inciso II, da Constituição Federal de 1988).

A Lei 13.303/2016 dispõe sobre o estatuto jurídico da empresa pública, da sociedade de economia mista e de suas subsidiárias, abrangendo toda e qualquer empresa pública e sociedade de economia mista da União, dos Estados, do Distrito Federal e dos Municípios que explore atividade econômica de produção ou comercialização de bens ou de prestação de serviços, ainda que a atividade econômica esteja sujeita ao regime de monopólio da União ou seja de prestação de serviços públicos.

A exploração de atividade econômica pelo Estado será exercida por meio de empresa pública, de sociedade de economia mista e de suas subsidiárias (art. 2º da Lei 13.303/2016).

A constituição de empresa pública ou de sociedade de economia mista depende de prévia autorização legal que indique, de forma clara, relevante interesse coletivo ou imperativo de segurança nacional, nos termos do *caput* do art. 173 da Constituição Federal de 1988 (art. 2º, § 1º, da Lei 13.303/2016).

Empresa pública é a entidade dotada de personalidade jurídica de direito privado, com criação autorizada por lei e com patrimônio próprio, cujo capital social é integralmente detido pela União, pelos Estados, pelo Distrito Federal ou pelos Municípios (art. 3º da Lei 13.303/2016).

Desde que a maioria do capital votante permaneça em propriedade da União, do Estado, do Distrito Federal ou do Município, será admitida, no capital da empresa pública, a participação de outras pessoas jurídicas de direito público interno, bem como de entidades da administração indireta da União, dos Estados, do Distrito Federal e dos Municípios (art. 3º, parágrafo único, da Lei 13.303/2016).

Sociedade de economia mista é a entidade dotada de personalidade jurídica de direito privado, com criação autorizada por lei, sob a forma de sociedade anônima, cujas ações com direito a voto pertençam em sua maioria à União, aos Estados, ao Distrito Federal, aos Municípios ou a entidade da administração indireta (art. 4º da Lei 13.303/2016).

A pessoa jurídica que controla a sociedade de economia mista tem os deveres e as responsabilidades do acionista controlador, estabelecidos na Lei 6.404/1976 (que dispõe sobre as sociedades por ações), e deve exercer o poder de controle no interesse da companhia, respeitado o interesse público que justificou sua criação (art. 4º, § 1º, da Lei 13.303/2016).

Além das normas previstas na Lei 13.303/2016, a sociedade de economia mista com registro na Comissão de Valores Mobiliários sujeita-se às disposições da Lei 6.385/1976, que dispõe sobre o mercado de valores mobiliários (art. 4º, § 2º, da Lei 13.303/2016).

A Lei 11.107/2005 dispõe sobre normas gerais para a União, os Estados, o Distrito Federal e os Municípios contratarem consórcios públicos para a realização de objetivos de interesse comum e dá outras providências.

O consórcio público constituirá associação pública (com personalidade jurídica de direito público) ou pessoa jurídica de direito privado.

Os objetivos dos consórcios públicos devem ser determinados pelos entes da Federação que se consorciarem, observados os limites constitucionais (art. 2º da Lei 11.107/2005).

O consórcio público adquire personalidade jurídica de direito público, no caso de constituir associação pública, mediante a vigência das leis de ratificação do protocolo de intenções (art. 6º, inciso I, da Lei 11.107/2005). O consórcio público adquire personalidade jurídica de direito privado, mediante o atendimento dos requisitos da legislação civil (art. 6º, inciso II, da Lei 11.107/2005).

O consórcio público com personalidade jurídica de direito público integra a administração pública indireta de todos os entes da Federação consorciados.

O consórcio público, com personalidade jurídica de direito público ou privado, deve observar as normas de direito público no que concerne à realização de licitação, à celebração de contratos, à prestação de contas e à admissão de pessoal, que será regido pela Consolidação das Leis do Trabalho (art. 6º, § 2º, da Lei 11.107/2005, com redação dada pela Lei 13.822/2019).

Os estatutos devem dispor sobre a organização e o funcionamento de cada um dos órgãos constitutivos do consórcio público (art. 7º da Lei 11.107/2005).

Os serviços sociais autônomos e de formação profissional, como entes que cooperam com o Estado, mas não integram a administração pública, têm personalidade jurídica de direito privado (art. 240 da Constituição Federal de 1988)[8]. Sendo assim, o Serviço Social da Indústria (SESI), o Serviço Social do Comércio (SESC), o Serviço Brasileiro de Apoio às Micro e Pequenas Empresas (SEBRAE), o Serviço Nacional de Aprendizagem Industrial (SENAI) e o Serviço Nacional de Aprendizagem Comercial (SENAC), por exemplo, são pessoas jurídicas de direito privado[9].

6.4 RESPONSABILIDADE CIVIL DO ESTADO

As atividades exercidas pelo Estado englobam, em essência, as atividades de natureza jurídica, ao assegurar e manter a ordem pública e a distribuição de justiça, e as atividades de natureza social, voltadas à promoção do bem comum[10].

Essas atividades e funções do Estado, para serem realizadas, exigem a atuação de agentes e servidores públicos, cujos atos são considerados da própria administração pública. Se esses agentes, no exercício de suas funções, causarem danos a terceiros, discute-se a respeito da responsabilidade civil do Estado[11].

Em termos históricos, segundo a *teoria da irresponsabilidade absoluta do Estado*, como este produz e tutela o Direito, não poderia

---

8 MONTEIRO, Washington de Barros; PINTO, Ana Cristina de Barros Monteiro França. *Curso de direito civil*: parte geral. 44. ed. São Paulo: Saraiva, 2012. v. 1. p. 151.

9 "I – O SENAI, a exemplo do Serviço Social da Indústria – SESI, está sujeito à jurisdição da Justiça estadual, nos termos da Súmula 516 do Supremo Tribunal Federal. Os serviços sociais autônomos do denominado sistema 'S', embora compreendidos na expressão de entidade paraestatal, são pessoas jurídicas de direito privado, definidos como entes de colaboração, mas não integrantes da Administração Pública. II – Quando o produto das contribuições ingressa nos cofres dos Serviços Sociais Autônomos perde o caráter de recurso público. Precedentes" (STF, Pleno, AgR-ACO 1.953/ES, Rel. Min. Ricardo Lewandowski, DJe 19.02.2014).

10 MONTEIRO, Washington de Barros; PINTO, Ana Cristina de Barros Monteiro França. *Curso de direito civil*: parte geral. 44. ed. São Paulo: Saraiva, 2012. v. 1. p. 151.

11 MONTEIRO, Washington de Barros; PINTO, Ana Cristina de Barros Monteiro França. *Curso de direito civil*: parte geral. 44. ed. São Paulo: Saraiva, 2012. v. 1. p. 151.

violar a lei. Nessa concepção, como o agente público representa o Estado apenas quando atua nos limites legais, havendo violação de direitos de terceiros, o próprio agente deve responder pessoalmente pela reparação dos danos, e não o Estado. Trata-se de teoria injusta e contrária ao Direito, não sendo mais admitida[12].

De acordo com a *teoria civilista*, os atos do Estado podem ser de império ou de gestão. Quando o Estado atua como ente soberano, exercendo seu poder supremo, pratica atos de império. Nesse sentido, mencionam-se como exemplos a edição de decreto pelo Poder Executivo de desapropriação por necessidade pública, a aprovação de lei pelo Poder Legislativo e a prolação de sentença pelo Poder Judiciário. Diversamente, quando o Estado atua da mesma forma que o particular, na administração do seu patrimônio, pratica atos de gestão, como, por exemplo, quando realiza licitação ou celebra um contrato. Nessa concepção, se o dano decorre de ato de império, não é passível de indenização, pois a soberania se impõe a todos. Em se tratando de ato de gestão, a indenização apenas é devida em caso de culpa do agente público. Essa teoria não é mais aceita, pois a diferenciação entre atos de império e atos de gestão é arbitrária, sabendo-se que em ambas as modalidades é o Estado que atua. Além disso, mesmo nos atos de gestão, o poder público age para a realização de seus fins e não como simples particular[13].

A matéria relativa à responsabilidade civil do Estado, na atualidade, não é mais disciplinada segundo o critério do Direito Civil tradicional, fundado na culpa, mas sim no âmbito do Direito Público. Essa responsabilização tem como principais fundamentos os princípios da igualdade de encargos e da solidariedade social. Como o serviço público é voltado a toda a coletividade, a indenização de eventuais danos deve ser absorvida por toda a sociedade, por meio do Estado[14].

Segundo o art. 43 do Código Civil, as pessoas jurídicas de direito público interno são civilmente responsáveis por atos dos seus agentes que

---

[12] MONTEIRO, Washington de Barros; PINTO, Ana Cristina de Barros Monteiro França. *Curso de direito civil*: parte geral. 44. ed. São Paulo: Saraiva, 2012. v. 1. p. 151-152.

[13] MONTEIRO, Washington de Barros; PINTO, Ana Cristina de Barros Monteiro França. *Curso de direito civil*: parte geral. 44. ed. São Paulo: Saraiva, 2012. v. 1. p. 152-153.

[14] MONTEIRO, Washington de Barros; PINTO, Ana Cristina de Barros Monteiro França. *Curso de direito civil*: parte geral. 44. ed. São Paulo: Saraiva, 2012. v. 1. p. 153.

nessa qualidade causem danos a terceiros, ressalvado direito regressivo contra os causadores do dano, se houver, por parte destes, culpa ou dolo.

Nessa linha, nos termos do art. 37, § 6º, da Constituição Federal de 1988, as pessoas jurídicas de direito público e as de direito privado prestadoras de serviços públicos respondem pelos danos que seus agentes, nessa qualidade, causarem a terceiros, assegurado o direito de regresso contra o responsável nos casos de dolo ou culpa.

Trata-se de responsabilidade objetiva da administração pública, com a adoção da teoria do risco administrativo[15], aplicada às reparações civis de danos causados por seus agentes a terceiros.

Para a responsabilidade civil das pessoas jurídicas de direito público e das pessoas jurídicas de direito privado prestadoras de serviços públicos[16], assim, exige-se o dano e o nexo causal com a conduta dos seus agentes, independentemente de dolo ou culpa. Essa responsabilidade incide ainda que a conduta do agente seja lícita e regular, ou que o agente tenha atuado de forma ilegal ou criminosa, fora dos limites da lei ou com abuso de poder. Para a incidência da referida responsabilidade, os mencionados agentes devem ter atuado nessa qualidade, ou seja, no exercício da função pública ou na prestação do serviço público[17].

Se o agente agiu com dolo ou culpa, será cabível ação de regresso, a ser ajuizada pelas pessoas jurídicas de direito público e de direito privado prestadoras de serviços públicos, para que estas sejam reembolsadas da indenização que foi paga ao terceiro lesado[18].

---

15 MEIRELLES, Hely Lopes. *Direito administrativo brasileiro*. 26. ed. atualizada por Eurico de Andrade Azevedo, Délcio Balestero Aleixo e José Emmanuel Burle Filho. São Paulo: Malheiros, 2001. p. 614.

16 "5. A responsabilidade civil das pessoas jurídicas de direito privado prestadoras de serviço público é objetiva relativamente a terceiros usuários e não usuários do serviço" (STJ, 3ª T., AgInt no AREsp 1.669.120/SP, 2020/0043537-1, Rel. Min. Nancy Andrighi, DJe 17.09.2020). "2. A jurisprudência do STJ é pacífica no sentido de que a responsabilidade civil das pessoas jurídicas de direito privado prestadoras de serviço público é objetiva, sendo suficiente à configuração do dever de indenizar a comprovação da ação/omissão, do dano e do nexo causal." (STJ, 4ª T., AgInt no AREsp 1.574.278/RS, 2019/0258031-3, Rel. Min. Raul Araújo, DJe 13.02.2020).

17 MONTEIRO, Washington de Barros; PINTO, Ana Cristina de Barros Monteiro França. *Curso de direito civil*: parte geral. 44. ed. São Paulo: Saraiva, 2012. v. 1. p. 155.

18 MONTEIRO, Washington de Barros; PINTO, Ana Cristina de Barros Monteiro França. *Curso de direito civil*: parte geral. 44. ed. São Paulo: Saraiva, 2012. v. 1. p. 155-156.

A respeito do tema, o Supremo Tribunal Federal fixou a seguinte tese em recurso extraordinário com repercussão geral: "A teor do disposto no art. 37, § 6º, da Constituição Federal, a ação por danos causados por agente público deve ser ajuizada contra o Estado ou a pessoa jurídica de direito privado prestadora de serviço público, sendo parte ilegítima para a ação o autor do ato, assegurado o direito de regresso contra o responsável nos casos de dolo ou culpa" (STF, Pleno, RE 1.027.633/SP, Rel. Min. Marco Aurélio, DJe 06.12.2019).

No regime jurídico dos servidores públicos civis da União, das autarquias e das fundações públicas federais, o servidor responde civil, penal e administrativamente pelo exercício irregular de suas atribuições (art. 121 da Lei 8.112/1990).

A responsabilidade civil decorre de ato omissivo ou comissivo, doloso ou culposo, que resulte em prejuízo ao erário ou a terceiros (art. 122 da Lei 8.112/1990). Tratando-se de dano causado a terceiros, o servidor responde perante a Fazenda Pública, em ação regressiva. A obrigação de reparar o dano estende-se aos sucessores e contra eles deve ser executada, até o limite do valor da herança recebida.

As sanções civis, penais e administrativas podem cumular-se, sendo independentes entre si (art. 125 da Lei 8.112/1990).

A responsabilidade do Estado fica excluída nas hipóteses de caso fortuito, força maior (art. 393, parágrafo único, do Código Civil) e culpa exclusiva da vítima ou de terceiro[19]. Cf. Capítulo 22, item 22.4.1.

O agente público responde pessoalmente por suas decisões ou opiniões técnicas em caso de dolo ou erro grosseiro (art. 28 da Lei de Introdução às Normas do Direito Brasileiro, incluído pela Lei 13.655/2018). Considera-se erro grosseiro aquele manifesto, evidente e inescusável praticado com culpa grave, caracterizado por ação ou omissão com elevado grau de negligência, imprudência ou imperícia (art. 12, § 1º, do Decreto 9.830/2019).

Prevalece o entendimento de que a responsabilidade objetiva do Estado, em regra, não é aplicável aos atos jurisdicionais, salvo nos

[19] MONTEIRO, Washington de Barros; PINTO, Ana Cristina de Barros Monteiro França. *Curso de direito civil*: parte geral. 44. ed. São Paulo: Saraiva, 2012. v. 1. p. 158.

casos do art. 5º, inciso LXXV, da Constituição da República e nas hipóteses expressamente previstos em lei[20].

O Estado deve indenizar o condenado por erro judiciário, assim como o que ficar preso além do tempo fixado na sentença (art. 5º, inciso LXXV, da Constituição Federal de 1988). Nos termos do art. 630 do Código de Processo Penal, sobre revisão criminal, o tribunal, se o interessado o requerer, pode reconhecer o direito a uma justa indenização pelos prejuízos sofridos.

O juiz responde, civil e regressivamente, por perdas e danos quando: I – no exercício de suas funções, proceder com dolo ou fraude; II – recusar, omitir ou retardar, sem justo motivo, providência que deva ordenar de ofício ou a requerimento da parte (art. 143 do CPC). As hipóteses previstas no inciso II somente serão verificadas depois que a parte requerer ao juiz que determine a providência e o requerimento não for apreciado no prazo de 10 dias.

O escrivão, o chefe de secretaria e o oficial de justiça são responsáveis, civil e regressivamente, quando: I – sem justo motivo, se recusarem a cumprir no prazo os atos impostos pela lei ou pelo juiz a que estão subordinados; II – praticarem ato nulo com dolo ou culpa (art. 155 do CPC).

---

20 "Agravo regimental em recurso extraordinário. 2. Direito Administrativo. Responsabilidade civil do Estado por erro judiciário. A teoria da responsabilidade objetiva do Estado, em regra, não é cabível para atos jurisdicionais, salvo nos casos do art. 5º, LXXV, da CF e naqueles expressamente declarados em lei. Precedentes. 3. Ausência de argumentos capazes de infirmar a decisão agravada. 4. Agravo regimental a que se nega provimento. Sem majoração da verba honorária" (STF, 2ª T., AgR-RE 831.186/SC, Rel. Min. Gilmar Mendes, DJe 03.09.2019).

CAPÍTULO

7

PESSOAS JURÍDICAS DE DIREITO PRIVADO

7.1 ESPÉCIES

São pessoas jurídicas de direito privado: I – as associações; II – as sociedades; III – as fundações; IV – as organizações religiosas; V – os partidos políticos; VI – as empresas individuais de responsabilidade limitada (art. 44 do Código Civil).

As sociedades exercem atividade econômica, com finalidade de lucro (art. 981 do Código Civil), e as associações têm fins não econômicos, ou seja, são pessoas jurídicas sem finalidade lucrativa (art. 53 do Código Civil)[1]. No caso da sociedade cooperativa, as pessoas reciprocamente se obrigam a contribuir com bens ou serviços para o exercício de uma atividade econômica, de proveito comum, sem objetivo de lucro (art. 3º da Lei 5.764/1971).

---

1 MONTEIRO, Washington de Barros; PINTO, Ana Cristina de Barros Monteiro França. *Curso de direito civil*: parte geral. 44. ed. São Paulo: Saraiva, 2012. v. 1. p. 159. RODRIGUES, Silvio. *Direito civil*: parte geral. 34. ed. São Paulo: Saraiva, 2003. v. 1. p. 90-91.

As fundações são consideradas universalidades personalizadas de bens, em razão das finalidades que lhes conferem unidade[2].

Enquanto nas associações e sociedades há interesses e fins próprios, definidos pelos associados e sócios, nas fundações os interesses e fins são estabelecidos pelo fundador, cabendo aos administradores executá-los. Nas associações e sociedades, os associados e sócios deliberam sobre a sua constituição e direção. Nas fundações, o patrimônio é fornecido pelo instituidor, que delimita a sua atuação[3].

Portanto, as associações e sociedades são normalmente formadas por grupos de pessoas que se unem para alcançar fins comuns. A fundação é formada por um patrimônio separado, destinado a certo fim[4].

As organizações religiosas e os partidos políticos passaram a ser previstos, de forma específica, no art. 44, incisos IV e V, do Código Civil, incluídos pela Lei 10.825/2003). Anteriormente, eram considerados associações civis, com peculiaridades e objetivos voltados a suas áreas de atuação[5].

As empresas individuais de responsabilidade limitada passaram a ser previstas no art. 44, inciso VI, do Código Civil, incluído pela Lei 12.441/2011. Cf. item 7.13.

7.2 INÍCIO DA PESSOA JURÍDICA

A constituição de associações e sociedades exige a presença de elementos de natureza material (o ato de associação ou de sociedade, os seus fins e o conjunto de bens) e formal[6].

---

2 MONTEIRO, Washington de Barros; PINTO, Ana Cristina de Barros Monteiro França. *Curso de direito civil*: parte geral. 44. ed. São Paulo: Saraiva, 2012. v. 1. p. 159-160.

3 MONTEIRO, Washington de Barros; PINTO, Ana Cristina de Barros Monteiro França. *Curso de direito civil*: parte geral. 44. ed. São Paulo: Saraiva, 2012. v. 1. p. 160.

4 RODRIGUES, Silvio. *Direito civil*: parte geral. 34. ed. São Paulo: Saraiva, 2003. v. 1. p. 91.

5 GAGLIANO, Pablo Stolze; PAMPLONA FILHO, Rodolfo. *Novo curso de direito civil*: parte geral. 6. ed. São Paulo: Saraiva, 2005. v. 1. p. 246-248.

6 MONTEIRO, Washington de Barros; PINTO, Ana Cristina de Barros Monteiro França. *Curso de direito civil*: parte geral. 44. ed. São Paulo: Saraiva, 2012. v. 1. p. 161.

O ato de associação ou de sociedade refere-se ao agrupamento dos associados ou sócios. Os requisitos para a admissão de integrantes devem ser disciplinados no ato constitutivo, não devendo haver previsões de conteúdo discriminatório. Os associados e sócios podem ser de diversas classes ou grupos, cabendo ao ato constitutivo prever os seus direitos e deveres mais específicos[7].

O fim a que se destina a pessoa jurídica deve ser lícito, determinado e possível[8]. Nos termos do art. 5º, inciso XVII, da Constituição Federal de 1988, é plena a liberdade de associação para fins lícitos, vedada a de caráter paramilitar.

O conjunto de bens é o patrimônio da pessoa jurídica, voltado à realização de seus fins sociais. Não se exige que exista integralmente desde o ato de constituição, podendo se formar por meio de futuras contribuições dos associados e sócios[9].

O elemento formal diz respeito ao modo pelo qual a associação ou a sociedade é constituída. O estatuto ou o contrato social é o documento apto a constituir a pessoa jurídica, devendo ser por escrito e objeto de registro[10].

Começa a existência legal das pessoas jurídicas de direito privado com a inscrição do ato constitutivo no respectivo registro, precedida, quando necessário, de autorização ou aprovação do Poder Executivo, averbando-se no registro todas as alterações por que passar o ato constitutivo (art. 45 do Código Civil).

O dispositivo em questão disciplina a existência da pessoa jurídica no plano do Direito, atribuindo-se a ela personalidade jurídica, por determinação legal, o que tem início com a inscrição do ato constitutivo no registro civil de pessoas jurídicas (art. 114 da Lei 6.015/1973). Antes

---

7 MONTEIRO, Washington de Barros; PINTO, Ana Cristina de Barros Monteiro França. *Curso de direito civil*: parte geral. 44. ed. São Paulo: Saraiva, 2012. v. 1. p. 162.

8 MONTEIRO, Washington de Barros; PINTO, Ana Cristina de Barros Monteiro França. *Curso de direito civil*: parte geral. 44. ed. São Paulo: Saraiva, 2012. v. 1. p. 163.

9 MONTEIRO, Washington de Barros; PINTO, Ana Cristina de Barros Monteiro França. *Curso de direito civil*: parte geral. 44. ed. São Paulo: Saraiva, 2012. v. 1. p. 164.

10 MONTEIRO, Washington de Barros; PINTO, Ana Cristina de Barros Monteiro França. *Curso de direito civil*: parte geral. 44. ed. São Paulo: Saraiva, 2012. v. 1. p. 164.

dessa inscrição, a pessoa jurídica pode existir no plano dos fatos, mas não tem existência legal. Nesse caso, por ainda não ter personalidade jurídica, não tem capacidade para ser titular de direitos[11].

Os atos e contratos constitutivos de pessoas jurídicas, sob pena de nulidade, só podem ser admitidos a registro, nos órgãos competentes, quando visados por advogados (art. 1º, § 2º, da Lei 8.906/1994).

Decai em três anos o direito de anular a constituição das pessoas jurídicas de direito privado, por defeito do ato respectivo, contado o prazo da publicação de sua inscrição no registro (art. 45, parágrafo único, do Código Civil).

Portanto, a existência legal das pessoas jurídicas só começa com o registro de seus atos constitutivos (art. 119 da Lei 6.015/1973). Quando o funcionamento da sociedade depender de aprovação da autoridade, sem esta não pode ser feito o registro.

Não podem ser registrados os atos constitutivos de pessoas jurídicas quando o seu objeto ou circunstâncias relevantes indiquem fins ou atividades ilícitos ou contrários, nocivos ou perigosos ao bem público, à segurança do Estado e da coletividade, à ordem pública ou social, à moral e aos bons costumes (art. 115 da Lei 6.015/1973). Ocorrendo qualquer dos referidos motivos, o oficial do registro, de ofício ou por provocação de qualquer autoridade, deve sobrestar no processo de registro e suscitar dúvida para o juiz, que a decidirá.

Frise-se que a criação de associações e, na forma da lei, a de cooperativas independem de autorização, sendo vedada a interferência estatal em seu funcionamento (art. 5º, inciso XVIII, da Constituição Federal de 1988).

A lei não pode exigir autorização do Estado para a fundação de sindicato, ressalvado o registro no órgão competente, vedadas ao poder público a interferência e a intervenção na organização sindical (art. 8º, inciso I, da Constituição Federal de 1988). Nos termos da Súmula 677 do STF: "Até que lei venha a dispor a respeito, incumbe ao Ministério do Trabalho proceder ao registro das entidades sindicais e

---

[11] RODRIGUES, Silvio. *Direito civil*: parte geral. 34. ed. São Paulo: Saraiva, 2003. v. 1. p. 91-92.

zelar pela observância do princípio da unicidade". Na atualidade, essa incumbência cabe ao Ministério da Economia.

As organizações destinadas a fins de interesse coletivo, como as sociedades e as fundações, obedecem à lei do Estado em que se constituírem (art. 11 da Lei de Introdução às Normas do Direito Brasileiro). Entretanto, não podem ter filiais, agências ou estabelecimentos no Brasil antes de serem os atos constitutivos aprovados pelo governo brasileiro, ficando sujeitas à lei brasileira (art. 11, § 1º, da Lei de Introdução às Normas do Direito Brasileiro).

O registro da pessoa jurídica de direito privado deve declarar: I – a denominação, os fins, a sede, o tempo de duração e o fundo social, quando houver; II – o nome e a individualização dos fundadores ou instituidores, e dos diretores; III – o modo por que se administra e representa, ativa e passivamente, judicial e extrajudicialmente; IV – se o ato constitutivo é reformável no tocante à administração, e de que modo; V – se os membros respondem, ou não, subsidiariamente, pelas obrigações sociais; VI – as condições de extinção da pessoa jurídica e o destino do seu patrimônio, nesse caso (art. 46 do Código Civil).

Para o registro dos partidos políticos também devem ser obedecidos os requisitos estabelecidos em lei específica (art. 120, parágrafo único, da Lei 6.015/1973).

Para o registro devem ser apresentadas duas vias do estatuto ou contrato social, pelas quais deve ser feito o registro mediante petição do representante legal da pessoa jurídica, lançando o oficial, nas duas vias, a competente certidão do registro, com o respectivo número de ordem, livro e folha. Uma das vias deve ser entregue ao representante e a outra arquivada em cartório, rubricando o oficial as folhas em que estiver impresso o contrato, compromisso ou estatuto (art. 121 da Lei 6.015/1973).

Esclareça-se que as associações, sociedades e fundações, constituídas na forma das leis anteriores, bem como os empresários, devem se adaptar às disposições do Código Civil de 2002 até 11 de janeiro de 2007 (art. 2.031 do Código Civil, com redação dada pela Lei 11.127/2005). Essa disposição não se aplica às organizações religiosas nem aos partidos políticos.

As fundações, instituídas segundo a legislação anterior, inclusive as de fins diversos dos previstos no parágrafo único do art. 62 do Código Civil, subordinam-se, quanto ao seu funcionamento, ao disposto no Código Civil (art. 2.032).

Salvo o disposto em lei especial, as modificações dos atos constitutivos das pessoas jurídicas referidas no art. 44 do Código Civil, bem como a sua transformação, incorporação, cisão ou fusão, regem-se desde logo pelo Código Civil (art. 2.033).

Com a inscrição do ato constitutivo da pessoa jurídica no respectivo registro, esta adquire personalidade jurídica e, portanto, capacidade para ser titular de direitos e deveres, passando a ser sujeito de direito. A pessoa jurídica pode ser titular de direitos que sejam compatíveis com a sua condição. Ainda assim, além dos direitos patrimoniais, aplica-se às pessoas jurídicas, no que couber, a proteção dos direitos da personalidade (art. 52 do Código Civil)[12].

Se presentes os requisitos da responsabilidade civil (conduta, dano, nexo causal e dolo ou culpa, salvo hipóteses de responsabilidade objetiva), a pessoa jurídica responde por prejuízos causados, nas esferas contratual (art. 389 do Código Civil) e extracontratual (art. 927 do Código Civil)[13].

7.3 SOCIEDADE DEPENDENTE DE AUTORIZAÇÃO

A sociedade que dependa de autorização do Poder Executivo para funcionar rege-se pelos arts. 1.123 a 1.141 do Código Civil, sem prejuízo do disposto em lei especial (art. 1.123 do Código Civil)[14]. A competência para a autorização será sempre do Poder Executivo federal.

---

12 RODRIGUES, Silvio. *Direito civil*: parte geral. 34. ed. São Paulo: Saraiva, 2003. v. 1. p. 93.

13 RODRIGUES, Silvio. *Direito civil*: parte geral. 34. ed. São Paulo: Saraiva, 2003. v. 1. p. 94-96.

14 AZEVEDO, Álvaro Villaça. *Teoria geral do direito civil*: parte geral. São Paulo: Atlas, 2012. p. 86.

Na falta de prazo estipulado em lei ou em ato do poder público, deve ser considerada caduca (ou seja, extinta) a autorização se a sociedade não entrar em funcionamento nos 12 meses seguintes à respectiva publicação (art. 1.124 do Código Civil).

Ao Poder Executivo é facultado, a qualquer tempo, cassar a autorização concedida a sociedade nacional ou estrangeira que infringir disposição de ordem pública ou praticar atos contrários aos fins declarados no seu estatuto (art. 1.125 do Código Civil).

As instituições financeiras somente podem funcionar no País mediante prévia autorização do Banco Central do Brasil ou decreto do Poder Executivo, quando forem estrangeiras (art. 18 da Lei 4.595/1964). Esclareça-se que além dos estabelecimentos bancários oficiais ou privados, das sociedades de crédito, financiamento e investimentos, das caixas econômicas e das cooperativas de crédito ou a seção de crédito das cooperativas que a tenham, também se subordinam às disposições e disciplina da Lei 4.595/1964, no que for aplicável, as bolsas de valores, companhias de seguros e de capitalização, as sociedades que efetuam distribuição de prêmios em imóveis, mercadorias ou dinheiro, mediante sorteio de títulos de sua emissão ou por qualquer forma, e as pessoas físicas ou jurídicas que exerçam, por conta própria ou de terceiros, atividade relacionada com a compra e venda de ações e outros quaisquer títulos, realizando nos mercados financeiros e de capitais operações ou serviços de natureza dos executados pelas instituições financeiras.

7.3.1 Sociedade nacional

É nacional a sociedade organizada de conformidade com a lei brasileira e que tenha no País a sede de sua administração (art. 1.126 do Código Civil).

Não haverá mudança de nacionalidade de sociedade brasileira sem o consentimento unânime dos sócios ou acionistas (art. 1.127 do Código Civil).

O requerimento de autorização de sociedade nacional deve ser acompanhado de cópia do contrato, assinada por todos os sócios, ou, tratando-se de sociedade anônima, de cópia, autenticada pelos fundadores, dos documentos exigidos pela lei especial (art. 1.128 do Código Civil). Se a sociedade tiver sido constituída por escritura pública, basta juntar-se ao requerimento a respectiva certidão.

Ao Poder Executivo é facultado exigir que se procedam a alterações ou aditamento no contrato ou no estatuto, devendo os sócios, ou, tratando-se de sociedade anônima, os fundadores, cumprir as formalidades legais para revisão dos atos constitutivos, e juntar ao processo prova regular (art. 1.129 do Código Civil). Ao Poder Executivo é facultado recusar a autorização, se a sociedade não atender às condições econômicas, financeiras ou jurídicas especificadas em lei (art. 1.130 do Código Civil).

Expedido o decreto de autorização, cumpre à sociedade publicar os atos referidos nos arts. 1.128 (contrato social ou estatuto) e 1.129 (contrato social ou estatuto alterados ou aditados) do Código Civil, em 30 dias, no órgão oficial da União, cujo exemplar representará prova para inscrição, no registro próprio, dos atos constitutivos da sociedade (art. 1.131 do Código Civil). A sociedade deve promover, também no órgão oficial da União e no prazo de 30 dias, a publicação do termo de inscrição.

As sociedades anônimas nacionais, que dependam de autorização do Poder Executivo para funcionar, não se constituirão sem obtê-la, quando seus fundadores pretenderem recorrer a subscrição pública para a formação do capital (art. 1.132 do Código Civil).

Dependem de aprovação as modificações do contrato ou do estatuto de sociedade sujeita a autorização do Poder Executivo, salvo se decorrerem de aumento do capital social, em virtude de utilização de reservas ou reavaliação do ativo (art. 1.133 do Código Civil).

7.3.2 Sociedade estrangeira

A Constituição Federal de 1988 estabelece certas restrições à atuação de empresas e pessoas jurídicas estrangeiras em áreas específicas e determinadas atividades consideradas estratégicas, com fundamento na soberania e no interesse nacional.

Nesse contexto, a lei deve regular e limitar a aquisição ou o arrendamento de propriedade rural por pessoa física ou jurídica estrangeira e estabelecer os casos que dependem de autorização do Congresso Nacional (art. 190 da Constituição Federal de 1988).

Além disso, é vedada a participação direta ou indireta de empresas ou capitais estrangeiros na assistência à saúde no País, salvo nos casos previstos em lei (art. 199, § 3º, da Constituição Federal de 1988).

A respeito do tema, é permitida a participação direta ou indireta, inclusive controle, de empresas ou de capital estrangeiro na assistência à saúde nos seguintes casos: I – doações de organismos internacionais vinculados à Organização das Nações Unidas, de entidades de cooperação técnica e de financiamento e empréstimos; II – pessoas jurídicas destinadas a instalar, operacionalizar ou explorar: a) hospital geral, inclusive filantrópico, hospital especializado, policlínica, clínica geral e clínica especializada; b) ações e pesquisas de planejamento familiar; III – serviços de saúde mantidos, sem finalidade lucrativa, por empresas, para atendimento de seus empregados e dependentes, sem qualquer ônus para a seguridade social; IV – demais casos previstos em legislação específica (art. 23 da Lei 8.080/1990, com redação dada pela Lei 13.097/2015).

Frise-se ainda que a pesquisa e a lavra de recursos minerais e o aproveitamento dos potenciais a de energia hidráulica somente podem ser efetuados mediante autorização ou concessão da União, no interesse nacional, por brasileiros ou empresa constituída sob as leis brasileiras e que tenha sua sede e administração no País, na forma da lei, que estabelecerá as condições específicas quando essas atividades se desenvolverem em faixa de fronteira ou terras indígenas (art. 176, § 1º, da Constituição Federal de 1988).

A propriedade de empresa jornalística e de radiodifusão sonora e de sons e imagens é privativa de brasileiros natos ou naturalizados há mais de 10 anos, ou de pessoas jurídicas constituídas sob as leis brasileiras e que tenham sede no País (art. 222 da Constituição Federal de 1988, com redação dada pela Emenda Constitucional 36/2002).

Em qualquer caso, pelo menos 70% do capital total e do capital votante das empresas jornalísticas e de radiodifusão sonora e de sons e imagens deve pertencer, direta ou indiretamente, a brasileiros natos ou naturalizados há mais de 10 anos, que devem exercer obrigatoriamente a gestão das atividades e estabelecerão o conteúdo da programação (art. 222, § 1º, da Constituição Federal de 1988).

A responsabilidade editorial e as atividades de seleção e direção da programação veiculada são privativas de brasileiros natos ou naturalizados há mais de 10 anos, em qualquer meio de comunicação social (art. 222, § 2º, da Constituição Federal de 1988).

A lei deve disciplinar a participação de capital estrangeiro nas empresas jornalísticas e de radiodifusão sonora e de sons e imagens (art. 222, § 4º, da Constituição Federal de 1988). A Lei 10.610/2002 disciplina a participação de capital estrangeiro nas empresas jornalísticas e de radiodifusão sonora e de sons e imagens de que trata o § 4º do art. 222 da Constituição Federal de 1988.

As alterações de controle societário das empresas jornalísticas e de radiodifusão sonora e de sons e imagens devem ser comunicadas ao Congresso Nacional (art. 222, § 5º, da Constituição Federal de 1988).

Observados esses aspectos, a sociedade estrangeira, qualquer que seja o seu objeto, não pode, sem autorização do Poder Executivo, funcionar no País, ainda que por estabelecimentos subordinados, podendo, todavia, ressalvados os casos expressos em lei, ser acionista de sociedade anônima brasileira (art. 1.134 do Código Civil). É facultado ao Poder Executivo, para conceder a autorização, estabelecer condições convenientes à defesa dos interesses nacionais (art. 1.135 do Código Civil).

A sociedade autorizada não pode iniciar sua atividade antes de inscrita no registro próprio do lugar em que se deva estabelecer (art. 1.136 do Código Civil). A sociedade estrangeira autorizada a funcionar fica sujeita às leis e aos tribunais brasileiros, quanto aos atos ou operações praticados no Brasil (art. 1.137 do Código Civil).

A sociedade estrangeira autorizada a funcionar é obrigada a ter, permanentemente, representante no Brasil, com poderes para resolver quaisquer questões e receber citação judicial pela sociedade (art. 1.138 do Código Civil). Qualquer modificação no contrato ou no estatuto dependerá da aprovação do Poder Executivo, para produzir efeitos no território nacional (art. 1.139 do Código Civil).

A sociedade estrangeira deve, sob pena de lhe ser cassada a autorização, reproduzir no órgão oficial da União, e do Estado, se for o caso, as publicações que, segundo a sua lei nacional, seja obrigada a fazer relativamente ao balanço patrimonial e ao de resultado econômico, bem como aos atos de sua administração (art. 1.140 do Código Civil).

Mediante autorização do Poder Executivo, a sociedade estrangeira admitida a funcionar no País pode nacionalizar-se, transferindo sua sede para o Brasil (art. 1.141 do Código Civil).

7.4 SOCIEDADES IRREGULARES E DE FATO

Mesmo antes do registro da pessoa jurídica (art. 45 do Código Civil), como esta pode existir no plano dos fatos, certas consequências podem ser estabelecidas pelo ordenamento jurídico[15]. Ainda que ausente a existência legal da pessoa jurídica, se houver existência de fato, há entendimento no sentido de que possa adquirir (suceder) por testamento[16]. Na sucessão testamentária podem ser chamados a suceder as pessoas jurídicas, cuja organização for determinada pelo testador sob a forma de fundação (art. 1.799, inciso III, do Código Civil).

Conforme previa o art. 20, § 2º, do Código Civil de 1916, as pessoas jurídicas de direito privado que, por falta de autorização ou de registro, não se reputarem, em termos legais, pessoas jurídicas, não podem acionar a seus membros, nem a terceiros, mas estes podem responsabilizá-las por todos os seus atos.

A sociedade e a associação irregulares e outros entes organizados sem personalidade jurídica são representados em juízo, ativa e passivamente, pela pessoa a quem couber a administração de seus bens (art. 75, inciso IX, do CPC).

15 RODRIGUES, Silvio. *Direito civil*: parte geral. 34. ed. São Paulo: Saraiva, 2003. v. 1. p. 92.

16 MONTEIRO, Washington de Barros; PINTO, Ana Cristina de Barros Monteiro França. *Curso de direito civil*: parte geral. 44. ed. São Paulo: Saraiva, 2012. v. 1. p. 166-167.

É competente o foro do lugar onde exerce suas atividades, para a ação em que for ré sociedade ou associação sem personalidade jurídica (art. 53, inciso III, alínea *c*, do CPC).

Pode-se dizer que a sociedade irregular é a que tem ato constitutivo escrito, mas não registrado, enquanto a sociedade de fato é a que não tem ato constitutivo escrito. Ainda assim, ambas as modalidades estão sujeitas ao mesmo regime, sendo abrangidas pela sociedade em comum[17].

A sociedade em comum é não personificada, ou seja, não tem personalidade jurídica própria. Nesse contexto, enquanto não inscritos os atos constitutivos, reger-se-á a sociedade, exceto por ações em organização, pelo disposto nos arts. 986 a 990 do Código Civil, sobre sociedade em comum, observadas, subsidiariamente e no que com ele forem compatíveis, as normas da sociedade simples (art. 986 do Código Civil).

Na sociedade em comum, os sócios, nas relações entre si ou com terceiros, somente por escrito podem provar a existência da sociedade, mas os terceiros podem prová-la de qualquer modo (art. 987 do Código Civil).

Por se tratar de sociedade não personificada, todos os sócios respondem solidária e ilimitadamente pelas obrigações sociais, excluído do benefício de ordem, previsto no art. 1.024, aquele que contratou pela sociedade (art. 990 do Código Civil). Cf. item 7.9.1.

7.5 REPRESENTAÇÃO DA PESSOA JURÍDICA

As pessoas jurídicas, embora tenham personalidade própria, precisam de quem as represente nas relações jurídicas em que figuram como sujeito de direitos e deveres[18].

---

[17] COELHO, Fábio Ulhoa. *Manual de direito comercial*. 16. ed. São Paulo: Saraiva, 2005. p. 124-125.

[18] AZEVEDO, Álvaro Villaça. *Teoria geral do direito civil*: parte geral. São Paulo: Atlas, 2012. p. 86.

A representação da pessoa jurídica nos atos judiciais e extrajudiciais não se confunde com a representação do incapaz. No caso deste, cabe ao representante manifestar a vontade, em razão da ausência de capacidade de exercício do representado, enquanto na pessoa jurídica cabe ao representante exteriorizar a vontade dela[19].

O art. 17 do Código Civil de 1916 previa que as pessoas jurídicas são representadas, ativa o passivamente, nos atos judiciais e extrajudiciais, por quem os respectivos estatutos designarem ou, não o designando, pelos seus diretores.

O registro da pessoa jurídica deve declarar o modo por que se administra e representa, ativa e passivamente, judicial e extrajudicialmente (art. 46, inciso III, do Código Civil).

A pessoa jurídica é representada em juízo, ativa e passivamente, por quem os respectivos atos constitutivos designarem ou, não havendo essa designação, por seus diretores (art. 75, inciso VIII, do CPC).

A pessoa jurídica estrangeira é representada em juízo, ativa e passivamente, pelo gerente, representante ou administrador de sua filial, agência ou sucursal aberta ou instalada no Brasil (art. 75, inciso X, do CPC).

7.6 ADMINISTRAÇÃO DA PESSOA JURÍDICA

A respeito do tema em questão, conforme observa Álvaro Villaça Azevedo: "As pessoas jurídicas, como entes abstratos, necessitam de pessoas que as administrem, que pratiquem negócios, exerçam direitos e assumam obrigações, e que são chamadas administradores"[20].

Os atos dos administradores, exercidos nos limites de seus poderes definidos no ato constitutivo, obrigam a pessoa jurídica (art. 47 do Código Civil). A *contrario sensu*, pode-se dizer que os atos dos administradores

---

[19] MONTEIRO, Washington de Barros; PINTO, Ana Cristina de Barros Monteiro França. *Curso de direito civil*: parte geral. 44. ed. São Paulo: Saraiva, 2012. v. 1. p. 161.

[20] AZEVEDO, Álvaro Villaça. *Teoria geral do direito civil*: parte geral. São Paulo: Atlas, 2012. p. 87.

exercidos fora dos limites de seus poderes definidos no ato constitutivo, em tese, não obrigam a pessoa jurídica, cabendo ao representante que ultrapassou os seus poderes a responsabilidade pelos atos praticados em excesso[21]. Entretanto, mesmo nesses casos, entende-se aplicável a teoria da aparência[22], de modo a obrigar a pessoa jurídica em face de terceiros de boa-fé, quanto a atos relacionados ao seu objeto social, praticados por meio de quem aparenta ter poderes para isso[23].

---

21 RODRIGUES, Silvio. *Direito civil*: parte geral. 34. ed. São Paulo: Saraiva, 2003. v. 1. p. 94.

22 "Direito Empresarial. Negócio jurídico celebrado por gerente de sociedade anônima. Ausência de poderes. Ato conexo com a especialização estatutária da empresa. Limitação estatutária. Matéria, em princípio, *interna corporis*. Terceiro de boa-fé. Teoria da aparência. Aplicabilidade. 1. No caso em exame, debatem as partes em torno de aditivo que apenas estabeleceu nova forma de reajuste do contrato original – em relação ao qual não se discute a validade –, circunstância a revelar que o negócio jurídico levado a efeito pelo então Gerente de Suprimentos, que é acessório, possui a mesma natureza do principal – prestação de serviços –, o qual, a toda evidência, poderia ser celebrado pela sociedade recorrente por se tratar de ato que se conforma com seu objeto social. 2. Na verdade, se a pessoa jurídica é constituída em razão de uma finalidade específica (objeto social), em princípio, os atos consentâneos a essa finalidade, não sendo estranho ao seu objeto, praticados em nome e por conta da sociedade, por seus representantes legais, devem ser a ela imputados. 3. As limitações estatutárias ao exercício de atos por parte da Diretoria da Sociedade Anônima, em princípio, são, de fato, matéria *interna corporis*, inoponíveis a terceiros de boa fé que com a sociedade venham a contratar. 4. Por outro lado, a adequada representação da pessoa jurídica e a boa-fé do terceiro contratante devem ser somadas ao fato de ter ou não a sociedade praticado o ato nos limites do seu objeto social, por intermédio de pessoa que ostentava ao menos aparência de poder. 5. A moldura fática delineada pelo acórdão não indica a ocorrência de qualquer ato de má-fé por parte da autora, ora recorrida, além de deixar estampado o fato de que o subscritor do negócio jurídico ora impugnado – Gerente de Suprimento – assinou o apontado 'aditivo contratual' na sede da empresa e no exercício ordinário de suas atribuições, as quais, aliás, faziam ostentar a nítida aparência a terceiros de que era, deveras, representante da empresa. 6. Com efeito, não obstante o fato de o subscritor do negócio jurídico não possuir poderes estatutários para tanto, a circunstância de este comportar-se, no exercício de suas atribuições – e somente porque assim o permitiu a companhia –, como legítimo representante da sociedade atrai a responsabilidade da pessoa jurídica por negócios celebrados pelo seu representante putativo com terceiros de boa-fé. Aplicação da teoria da aparência. 7. Recurso especial improvido" (STJ, 4ª T., REsp 887.277/SC, 2006/0200405-7, Rel. Min. Luis Felipe Salomão, DJe 09.11.2010).

23 "2. Em razão do princípio da boa-fé de terceiro e da teoria da aparência, 'o Superior Tribunal de Justiça tem considerado válidas as obrigações assumidas pelas pessoas jurídicas, relacionadas com seu objeto social, mesmo quando firmadas não exatamente por aqueles representantes designados pelos estatutos sociais' (AgRg no AREsp 161.495/RJ, Rel. Ministro Ricardo Villas Bôas Cueva, Terceira Turma, julgado em 27/08/2013, DJe 05/09/2013)" (STJ, 4ª T., AgRg no AREsp 417.152/RJ, 2013/0356105-5, Rel. Min. Antonio Carlos Ferreira, DJe 26.08.2019).

Segundo o art. 1.015 do Código Civil, no silêncio do contrato social, os administradores podem praticar todos os atos pertinentes à gestão da sociedade. Se não constituir objeto social, a oneração ou a venda de bens imóveis depende do que a maioria dos sócios decidir.

O excesso por parte dos administradores somente pode ser oposto a terceiros se ocorrer pelo menos uma das seguintes hipóteses: I – se a limitação de poderes estiver inscrita ou averbada no registro próprio da sociedade; II – provando-se que era conhecida do terceiro; III – tratando-se de operação evidentemente estranha aos negócios da sociedade (art. 1.015, parágrafo único, do Código Civil).

Nesses casos, entende-se que os terceiros, se agissem com diligência, teriam como saber a respeito do excesso na atuação dos administradores, o que exclui a responsabilidade da sociedade por eventuais prejuízos decorrentes, sofridos por terceiros[24].

De todo modo, os administradores respondem solidariamente perante a sociedade e os terceiros prejudicados, por culpa no desempenho de suas funções (art. 1.016 do Código Civil).

Se a pessoa jurídica tiver administração coletiva, ou seja, formada por vários administradores[25], as decisões devem ser tomadas pela maioria de votos dos presentes, salvo se o ato constitutivo dispuser de modo diverso (art. 48 do Código Civil). Decai em três anos o direito de anular as referidas decisões, quando violarem a lei ou estatuto, ou forem eivadas de erro, dolo, simulação ou fraude (art. 48, parágrafo único, do Código Civil).

Se a administração da pessoa jurídica vier a faltar, o juiz, a requerimento de qualquer interessado, deve nomear-lhe administrador provisório (art. 49 do Código Civil)[26].

---

24 RODRIGUES, Silvio. *Direito civil*: parte geral. 34. ed. São Paulo: Saraiva, 2003. v. 1. p. 94.

25 AZEVEDO, Álvaro Villaça. *Teoria geral do direito civil*: parte geral. São Paulo: Atlas, 2012. p. 89.

26 AZEVEDO, Álvaro Villaça. *Teoria geral do direito civil*: parte geral. São Paulo: Atlas, 2012. p. 90: "Esse administrador provisório, nos limites de sua atuação, obrigará a pessoa jurídica por seus atos de mera gerência, sob fiscalização judicial, e durará estritamente até que se recomponha a empresa, com seus novos administradores".

7.7 TÉRMINO DA PESSOA JURÍDICA

A extinção da pessoa jurídica ocorre após a sua dissolução e a conclusão da liquidação. Somente depois de encerrada a liquidação é que deve ser feita no registro da pessoa jurídica a averbação de sua dissolução e, por fim, o cancelamento do registro da pessoa jurídica[27].

A extinção da pessoa jurídica pode ser classificada em estatutária (prevista no estatuto), convencional (deliberada pelos integrantes), judicial (determinada por decisão judicial), legal (determinada pela lei) e administrativa (quando cassada a autorização do Poder Executivo para funcionar)[28].

Frise-se que a concessão do registro dos atos constitutivos da pessoa jurídica quando seu objeto indique fins ou atividades ilícitas ou contrárias, nocivas ou perigosas ao bem público, à segurança do Estado e da coletividade, à ordem pública ou social, à moral e aos bons costumes não obsta a propositura de ação de dissolução da pessoa jurídica (arts. 2º, 4º e 5º do Decreto-Lei 9.085/1946).

Dissolve-se a sociedade quando ocorrer: I – o vencimento do prazo de duração, salvo se, vencido este e sem oposição de sócio, não entrar a sociedade em liquidação, caso em que se prorrogará por tempo indeterminado; II – o consenso unânime dos sócios; III – a deliberação dos sócios, por maioria absoluta, na sociedade de prazo indeterminado; IV – a falta de pluralidade de sócios, não reconstituída no prazo de 180 dias; V – a extinção, na forma da lei, de autorização para funcionar (art. 1.033 do Código Civil).

Não se aplica o disposto no inciso IV do art. 1.033 do Código Civil caso o sócio remanescente, inclusive na hipótese de concentração de todas as cotas da sociedade sob sua titularidade, requeira, no Registro Público de Empresas Mercantis, a transformação do registro da sociedade para empresário individual ou para empresa individual

---

27 MONTEIRO, Washington de Barros; PINTO, Ana Cristina de Barros Monteiro França. *Curso de direito civil*: parte geral. 44. ed. São Paulo: Saraiva, 2012. v. 1. p. 169.

28 AZEVEDO, Álvaro Villaça. *Teoria geral do direito civil*: parte geral. São Paulo: Atlas, 2012. p. 94.

de responsabilidade limitada, observado, no que couber, o disposto nos arts. 1.113 a 1.115 do Código Civil, sobre transformação da sociedade.

Ocorrendo a hipótese prevista no inciso V do art. 1.033 do Código Civil, o Ministério Público, tão logo lhe comunique a autoridade competente, deve promover a liquidação judicial da sociedade, se os administradores não o tiverem feito nos 30 dias seguintes à perda da autorização, ou se o sócio não houver exercido a faculdade assegurada no parágrafo único do art. 1.036 do Código Civil, ao prever que dissolvida de pleno direito a sociedade, pode o sócio requerer, desde logo, a liquidação judicial (art. 1.037 do Código Civil). Caso o Ministério Público não promova a liquidação judicial da sociedade nos 15 dias subsequentes ao recebimento da comunicação, a autoridade competente para conceder a autorização deve nomear interventor com poderes para requerer a medida e administrar a sociedade até que seja nomeado o liquidante.

A sociedade pode ser dissolvida judicialmente, a requerimento de qualquer dos sócios, quando: anulada a sua constituição; exaurido o fim social, ou verificada a sua inexequibilidade (art. 1.034 do Código Civil).

O contrato pode prever outras causas de dissolução, a serem verificadas judicialmente quando contestadas (art. 1.035 do Código Civil).

Ocorrida a dissolução, cumpre aos administradores providenciar imediatamente a investidura do liquidante, e restringir a gestão própria aos negócios inadiáveis, vedadas novas operações, pelas quais responderão solidária e ilimitadamente (art. 1.036 do Código Civil). Dissolvida de pleno direito a sociedade, pode o sócio requerer, desde logo, a liquidação judicial.

Se não estiver designado no contrato social, o liquidante deve ser eleito por deliberação dos sócios, podendo a escolha recair em pessoa estranha à sociedade (art. 1.038 do Código Civil). O liquidante pode ser destituído, a todo tempo: se eleito pela referida forma, mediante deliberação dos sócios; em qualquer caso, por via judicial, a requerimento de um ou mais sócios, ocorrendo justa causa.

A liquidação da sociedade se processa de conformidade com o disposto nos arts. 1.102 a 1.112 do Código Civil.

Ao Poder Executivo é facultado, a qualquer tempo, cassar a autorização concedida a sociedade nacional ou estrangeira que infringir disposição de ordem pública ou praticar atos contrários aos fins declarados no seu estatuto (art. 1.125 do Código Civil).

Nos casos de dissolução da pessoa jurídica ou cassada a autorização para seu funcionamento, ela subsistirá para os fins de liquidação, até que esta se conclua (art. 51 do Código Civil). No registro onde a pessoa jurídica estiver inscrita deve ser feita a averbação de sua dissolução (art. 51, § 1º, do Código Civil).

As disposições para a liquidação das sociedades aplicam-se, no que couber, às demais pessoas jurídicas de direito privado (art. 51, § 2º, do Código Civil).

Encerrada a liquidação, deve-se promover o cancelamento da inscrição da pessoa jurídica (art. 51, § 3º, do Código Civil).

A dissolução e a liquidação das pessoas jurídicas referidas no art. 44 do Código Civil, quando iniciadas antes da vigência do Código Civil, devem obedecer ao disposto nas leis anteriores (art. 2.034 do Código Civil).

Registre-se que a ação de dissolução *parcial* de sociedade é disciplinada nos arts. 599 a 609 do Código de Processo Civil, no âmbito dos procedimentos especiais. A dissolução parcial da sociedade permite a preservação da pessoa jurídica e da sua atividade[29].

A dissolução parcial da sociedade pode decorrer, em essência, das seguintes situações de *resolução da sociedade em relação a um sócio*: morte de sócio (art. 1.028 do Código Civil); retirada do sócio, nos casos previstos em lei ou no contrato, ou de forma voluntária (art. 1.029 do Código Civil); exclusão judicial do sócio, mediante iniciativa da maioria dos demais sócios, por falta grave no cumprimento de suas obrigações, ou, ainda, por incapacidade superveniente (art. 1.030 do Código Civil)[30].

---

[29] A respeito da ação de dissolução parcial de sociedade, cf. GARCIA, Gustavo Filipe Barbosa. *Manual de direito processual civil*. 3. ed. Salvador: Juspodivm, 2021. p. 1074-1078.

[30] GONÇALVES, Marcus Vinicius Rios. *Direito processual civil esquematizado*. 9. ed. São Paulo: Saraiva, 2018. p. 657.

7.8 ASSOCIAÇÕES

As associações são pessoas jurídicas de direito privado (art. 44, inciso I, do Código Civil) que se constituem pela união de pessoas que se organizem para fins não econômicos (art. 53 do Código Civil). Na realidade, entende-se que as associações não têm fins lucrativos[31], mas podem obter rendas ou receitas, formando seu patrimônio, decorrentes de doações, contribuições dos associados e de atividades realizadas em conformidade com seus estatutos, para sua manutenção ou ampliação, e não para distribuir lucros aos associados[32]. O ato constitutivo da associação é o estatuto[33].

Não há, entre os associados, direitos e obrigações recíprocos (art. 53, parágrafo único, do Código Civil), pois não há distribuição de lucros aos associados[34]. Registre-se, entretanto, que há direitos e deveres dos associados em face da associação[35]. Além disso, pode haver relação obrigacional entre a associação e terceiros, em razão da celebração de negócios jurídicos[36]. Como salienta Álvaro Villaça Azevedo: "As relações jurídicas estabelecem-se entre a associação e seus associados e, também, com terceiros"[37].

O estatuto das associações deve conter, sob pena de nulidade: I – a denominação, os fins e a sede da associação; II – os requisitos para a

---

31 TARTUCE, Flávio. *Direito civil*: lei de introdução e parte geral. 4. ed. São Paulo: Método, 2008. v. 1. p. 223.

32 AZEVEDO, Álvaro Villaça. *Teoria geral do direito civil*: parte geral. São Paulo: Atlas, 2012. p. 97-98. Cf. ainda DINIZ, Maria Helena. *Curso de direito civil brasileiro*: teoria geral do direito civil. 29. ed. São Paulo: Saraiva, 2012. v. 1. p. 275.

33 GAGLIANO, Pablo Stolze; PAMPLONA FILHO, Rodolfo. *Novo curso de direito civil*: parte geral. 6. ed. São Paulo: Saraiva, 2005. v. 1. p. 228-229.

34 AZEVEDO, Álvaro Villaça. *Teoria geral do direito civil*: parte geral. São Paulo: Atlas, 2012. p. 99.

35 DINIZ, Maria Helena. *Curso de direito civil brasileiro*: teoria geral do direito civil. 29. ed. São Paulo: Saraiva, 2012. v. 1. p. 278: "Nas relações entre associação e associados há deveres e direitos, oriundos do estatuto social, cuja natureza é a de ato coletivo".

36 DINIZ, Maria Helena. *Curso de direito civil brasileiro*: teoria geral do direito civil. 29. ed. São Paulo: Saraiva, 2012. v. 1. p. 278-279: "Há liame obrigacional entre associação e terceiro em razão de atos negociais, como locação de prédio para sua sede, aquisição de materiais etc.".

37 AZEVEDO, Álvaro Villaça. *Teoria geral do direito civil*: parte geral. São Paulo: Atlas, 2012. p. 99.

admissão, demissão e exclusão dos associados; III – os direitos e deveres dos associados; IV – as fontes de recursos para sua manutenção; V – o modo de constituição e de funcionamento dos órgãos deliberativos; VI – as condições para a alteração das disposições estatutárias e para a dissolução; VII – a forma de gestão administrativa e de aprovação das respectivas contas (art. 54 do Código Civil).

Com fundamento na eficácia horizontal dos direitos fundamentais, entende-se que o estatuto da associação não pode estabelecer discriminação quanto a critérios de admissão, exclusão e tratamento de associados[38], como em caso de restrição injusta ou tratamento prejudicial a certas pessoas sem justificativa lógica, que resulte em exteriorização de preconceito (art. 3º, inciso IV, e art. 5º, inciso XLI, da Constituição Federal de 1988)[39].

Frise-se que ninguém pode ser compelido a associar-se ou a permanecer associado (art. 5º, inciso XX, da Constituição Federal de 1988).

O Superior Tribunal de Justiça fixou a seguinte tese em recurso repetitivo: "As taxas de manutenção criadas por associações de moradores não obrigam os não associados ou que a elas não anuíram" (STJ, 2ª Seção, REsp 1.280.871/SP, 2011/0189659-0, Rel. p/ ac. Min. Marco Buzzi, DJe 22.05.2015)[40].

---

38 "Agravo interno. Civil e Processual Civil. Associação civil. Direito de associação. Recusa injustificada. Eficácia horizontal dos direitos fundamentais. [...] 3. A interpretação dos arts. 54 e 55 do Código Civil deve ser feita à luz dos princípios constitucionais, que impedem discriminações arbitrárias em associações profissionais" (STJ, 4ª T., AgInt no AREsp 330.494/SP, 2013/0115011-7, Rel. Min. Maria Isabel Gallotti, DJe 05.10.2016).

39 "Clube social. Dependente. Menor sob guarda. Garante-se aos associados dispor, nos estatutos do clube, da forma que mais conveniente lhes parecer quanto ao acesso ao quadro social. Não é possível, entretanto, estabelecer discriminação que a lei não admite" (STJ, 3ª T., REsp 93.634/MG, 1996/0023455-8, Rel. Min. Eduardo Ribeiro, DJ 18.10.1999).

40 "Direito Civil. Agravo interno no recurso especial. Associação de moradores. Taxa de manutenção. Cobrança de não associado. Impossibilidade. Possibilidade de desfiliação. Decisão mantida. 1. 'As taxas de manutenção criadas por associações de moradores não obrigam os não associados ou que a elas não anuíram' (Recurso Especial repetitivo n. 1.439.163/SP, Rel. Ministro Ricardo Villas Bôas Cueva, Rel. p/ Acórdão Ministro Marco Buzzi, julgado em 11/3/2015, DJe 22/5/2015). 2. Ainda, 'não há qualquer vedação para o associado se desfiliar da associação, de sorte que as taxas de manutenção serão devidas apenas e tão somente até a data da sua manifestação' (AgInt no REsp 1794541/SP, Rel. Ministro Paulo de Tarso Sanseverino, Terceira Turma, julgado em 10/06/2019, DJe 14/06/2019). 3. Agravo interno a que se nega provimento" (STJ, 4ª T., AgInt no REsp 1.863.367/SP, 2020/0044810-9, Rel. Min. Antonio Carlos Ferreira, DJe 26.10.2020).

Esclareça-se que pode haver, em terrenos, partes designadas de lotes que são propriedade exclusiva e partes que são propriedade comum dos condôminos (art. 1.358-A do Código Civil, incluído pela Lei 13.465/2017). Aplica-se ao *condomínio de lotes*, no que couber, o disposto sobre *condomínio edilício* nos arts. 1.331 a 1.358 do Código Civil, respeitada a legislação urbanística (art. 1.358-A, § 2º, do Código Civil, incluído pela Lei 13.465/2017). Sendo assim, é possível aplicar ao condomínio de lotes o disposto no art. 1.336, inciso I, do Código Civil, ao prever que é dever do condômino contribuir para as despesas do condomínio na proporção das suas frações ideais, salvo disposição em contrário na convenção.

Além disso, as atividades desenvolvidas pelas associações de proprietários de imóveis, titulares de direitos ou moradores em *loteamentos* ou empreendimentos assemelhados, desde que não tenham fins lucrativos, bem como pelas entidades civis organizadas em função da solidariedade de interesses coletivos desse público com o objetivo de administração, conservação, manutenção, disciplina de utilização e convivência, visando à valorização dos imóveis que compõem o empreendimento, tendo em vista a sua natureza jurídica, vinculam-se, por critérios de afinidade, similitude e conexão, à atividade de administração de imóveis (art. 36-A da Lei 6.766/1979, incluído pela Lei 13.465/2017). A administração de imóveis na referida forma sujeita seus titulares à normatização e à disciplina constantes de seus atos constitutivos, *cotizando-se* na forma desses atos para suportar a consecução dos seus objetivos (art. 36-A, parágrafo único, da Lei 6.766/1979, incluído pela Lei 13.465/2017).

Nesse contexto, o Supremo Tribunal Federal fixou a seguinte tese em recurso extraordinário com repercussão geral: "É inconstitucional a cobrança por parte de associação de taxa de manutenção e conservação de loteamento imobiliário urbano de proprietário não associado até o advento da Lei nº 13.465/17, ou de anterior lei municipal que discipline a questão, a partir da qual se torna possível a cotização dos proprietários de imóveis, titulares de direitos ou moradores em loteamentos de acesso controlado, que i) já possuindo lote, adiram ao ato constitutivo das entidades equiparadas a administradoras de imóveis ou (ii) sendo novos adquirentes de lotes, o ato constitutivo da obrigação esteja registrado no competente Registro de Imóveis" (STF, Pleno, RE 695.911/SP, Rel. Min. Dias Toffoli, j. 18.12.2020).

As entidades associativas, quando expressamente autorizadas, têm legitimidade para representar seus filiados judicial ou extrajudicialmente (art. 5º, inciso XXI, da Constituição Federal de 1988).

O Supremo Tribunal Federal fixou as seguintes teses em recurso extraordinário com repercussão geral: "I – A previsão estatutária genérica não é suficiente para legitimar a atuação, em Juízo, de associações na defesa de direitos dos filiados, sendo indispensável autorização expressa, ainda que deliberada em assembleia, nos termos do artigo 5º, inciso XXI, da Constituição Federal; II – As balizas subjetivas do título judicial, formalizado em ação proposta por associação, são definidas pela representação no processo de conhecimento, limitada a execução aos associados apontados na inicial" (STF, RE 573.232/SC, Red. Min. Marco Aurélio, DJe 19.09.2014).

Os associados devem ter iguais direitos, mas o estatuto pode instituir categorias com vantagens especiais (art. 55 do Código Civil). Sendo assim, admite-se a previsão no estatuto de categorias distintas de associados, com direitos e deveres diferenciados e vantagens específicas, por exemplo, sobre direito de voto e obrigação de pagamento de contribuições[41], em harmonia com a igualdade substancial, em que situações especiais podem receber tratamento diferenciado[42].

A qualidade de associado é intransmissível, se o estatuto não dispuser o contrário (art. 56 do Código Civil). A intransmissibilidade da qualidade de associado decorre de ser a admissão na associação ato personalíssimo. Como o estatuto pode prever em sentido contrário, trata-se de norma dispositiva[43].

Se o associado for titular de quota ou fração ideal do patrimônio da associação, a transferência daquela não importa, por si, na atribui-

---

[41] AZEVEDO, Álvaro Villaça. *Teoria geral do direito civil*: parte geral. São Paulo: Atlas, 2012. p. 101.

[42] TARTUCE, Flávio. *Direito civil*: lei de introdução e parte geral. 4. ed. São Paulo: Método, 2008. v. 1. p. 224.

[43] TARTUCE, Flávio. *Direito civil*: lei de introdução e parte geral. 4. ed. São Paulo: Método, 2008. v. 1. p. 224.

ção da qualidade de associado ao adquirente ou ao herdeiro, salvo disposição diversa do estatuto (art. 56, parágrafo único, do Código Civil). Essa previsão indica a possibilidade de haver duas modalidades ou categorias de associados, quais sejam, associado titular de quota ou fração ideal do patrimônio da associação (associado patrimonial) e associado que não é titular de quota ou fração ideal do patrimônio da associação (associado contribuinte)[44].

A exclusão do associado só é admissível havendo justa causa, assim reconhecida em procedimento que assegure direito de defesa e de recurso, nos termos previstos no estatuto (art. 57 do Código Civil, com redação dada pela Lei 11.127/2005). Tem-se, no caso, a eficácia horizontal dos direitos fundamentais, ou seja, a sua incidência nas relações privadas, devendo ser observada a ampla defesa, com os meios e recursos a ela inerentes (art. 5º, inciso LV, da Constituição Federal de 1988), no âmbito da associação, notadamente para fins de exclusão de associado[45].

Nenhum associado pode ser impedido de exercer direito ou função que lhe tenha sido legitimamente conferido, a não ser nos casos e pela forma previstos na lei ou no estatuto (art. 58 do Código Civil). Como

---

[44] VENOSA, Sílvio de Salvo. *Direito civil*: parte geral. 13. ed. São Paulo: Atlas, 2013. v. 1. p. 279.

[45] "I. Eficácia dos direitos fundamentais nas relações privadas. As violações a direitos fundamentais não ocorrem somente no âmbito das relações entre o cidadão e o Estado, mas igualmente nas relações travadas entre pessoas físicas e jurídicas de direito privado. Assim, os direitos fundamentais assegurados pela Constituição vinculam diretamente não apenas os poderes públicos, estando direcionados também à proteção dos particulares em face dos poderes privados. II. Os princípios constitucionais como limites à autonomia privada das associações. A ordem jurídico-constitucional brasileira não conferiu a qualquer associação civil a possibilidade de agir à revelia dos princípios inscritos nas leis e, em especial, dos postulados que têm por fundamento direto o próprio texto da Constituição da República, notadamente em tema de proteção às liberdades e garantias fundamentais. O espaço de autonomia privada garantido pela Constituição às associações não está imune à incidência dos princípios constitucionais que asseguram o respeito aos direitos fundamentais de seus associados. A autonomia privada, que encontra claras limitações de ordem jurídica, não pode ser exercida em detrimento ou com desrespeito aos direitos e garantias de terceiros, especialmente aqueles positivados em sede constitucional, pois a autonomia da vontade não confere aos particulares, no domínio de sua incidência e atuação, o poder de transgredir ou de ignorar as restrições postas e definidas pela própria Constituição, cuja eficácia e força normativa também se impõem, aos particulares, no âmbito de suas relações privadas, em tema de liberdades fundamentais" (STF, 2ª T., RE 201.819/RJ, Red. Min. Gilmar Mendes, DJ 27.10.2006).

regra, deve ser respeitado o legítimo direito de exercício das prerrogativas e funções atribuídas aos associados, salvo situações previstas em lei ou estatuto.

Compete privativamente à assembleia geral: I – destituir os administradores; II – alterar o estatuto (art. 59 do Código Civil, com redação dada pela Lei 11.127/2005). Para tratar dessas matérias é exigida deliberação da assembleia especialmente convocada para esse fim, cujo quórum será o estabelecido no estatuto, bem como os critérios de eleição dos administradores (art. 59, parágrafo único, do Código Civil). Procura-se, com isso, simplificar a forma de atuação da assembleia geral da associação, remetendo-se ao estatuto o quórum para deliberação sobre as matérias indicadas.

A convocação dos órgãos deliberativos deve ser feita na forma do estatuto, garantido a 1/5 dos associados o direito de promovê-la (art. 60 do Código Civil, com redação dada pela Lei 11.127/2005). Os órgãos deliberativos da associação devem ser previstos no estatuto (art. 54, inciso V, do Código Civil), o qual também deve estabelecer a forma de convocação, por exemplo, por edital ou comunicação pessoal[46]. Matérias que não sejam previstas no art. 59 do Código Civil podem ser tratadas por órgãos deliberativos da associação (por exemplo, conselhos de administração e fiscal), diversos da assembleia geral, conforme disposto no estatuto[47].

As associações só podem ser compulsoriamente dissolvidas ou ter suas atividades suspensas por decisão judicial, exigindo-se, no primeiro caso, o trânsito em julgado (art. 5º, inciso XIX, da Constituição Federal de 1988).

Dissolvida a associação, o remanescente do seu patrimônio líquido, depois de deduzidas, se for o caso, as quotas ou frações ideais do patrimônio da associação, deve ser destinado à entidade de fins não econômicos designada no estatuto. Se o estatuto for omisso, por deliberação dos associados, o remanescente do patrimônio líquido

---

[46] AZEVEDO, Álvaro Villaça. *Teoria geral do direito civil*: parte geral. São Paulo: Atlas, 2012. p. 105.

[47] TARTUCE, Flávio. *Direito civil*: lei de introdução e parte geral. 4. ed. São Paulo: Método, 2008. v. 1. p. 226.

pode ser destinado à instituição municipal, estadual ou federal, de fins idênticos ou semelhantes (art. 61 do Código Civil).

Por cláusula do estatuto ou, no seu silêncio, por deliberação dos associados, podem estes, antes da mencionada destinação do remanescente, receber em restituição, atualizado o respectivo valor, as contribuições que tiverem prestado ao patrimônio da associação (art. 61, § 1º, do Código Civil).

Não existindo no Município, no Estado, no Distrito Federal ou no Território, em que a associação tiver sede, instituição nas condições indicadas no art. 61 do Código Civil, o que remanescer do seu patrimônio deve ser devolvido à Fazenda do Estado, do Distrito Federal ou da União (art. 61, § 2º, do Código Civil).

As disposições concernentes às associações aplicam-se subsidiariamente às sociedades que são objeto do Livro II da Parte Especial do Código Civil (arts. 966 a 1.195), sobre Direito de Empresa (art. 44, § 2º, do Código Civil).

Em regimes democráticos e de liberdade sindical, os sindicatos são pessoas jurídicas de direito privado[48], tendo natureza de associação[49]. Nos termos do art. 8º da Constituição Federal de 1988, é livre a associação profissional ou sindical. Ao sindicato cabe a defesa dos direitos e interesses coletivos ou individuais da categoria, inclusive em questões judiciais ou administrativas (art. 8º, inciso III, da Constituição da República). É garantido ao servidor público civil o direito à livre associação sindical (art. 37, inciso VI, da Constituição Federal).

7.9 SOCIEDADES

As sociedades são pessoas jurídicas de direito privado (art. 44, inciso II, do Código Civil) que exercem atividades econômicas, isto é, com fins lucrativos[50].

---

[48] NASCIMENTO, Amauri Mascaro. *Curso de direito do trabalho*. 26. ed. São Paulo: Saraiva, 2011. p. 1302-1303.

[49] DINIZ, Maria Helena. *Curso de direito civil brasileiro*: teoria geral do direito civil. 29. ed. São Paulo: Saraiva, 2012. v. 1. p. 284.

[50] RODRIGUES, Silvio. *Direito civil*: parte geral. 34. ed. São Paulo: Saraiva, 2003. v. 1. p. 91.

Celebram contrato de sociedade as pessoas que reciprocamente se obrigam a contribuir, com bens ou serviços, para o exercício de atividade econômica e a partilha, entre si, dos resultados (art. 981 do Código Civil)[51]. A atividade da sociedade pode restringir-se à realização de um ou mais negócios determinados. O ato constitutivo da sociedade é o contrato social (art. 997 do Código Civil).

O sócio procura alcançar certos objetivos por meio da sociedade, pois, a partir da *affectio societatis*, tem a intenção de "unir seus esforços para obter resultados comuns, que isoladamente não seriam tão plenamente conseguidos"[52].

Nos termos do art. 985 do Código Civil, a sociedade adquire personalidade jurídica com a inscrição, no registro próprio e na forma da lei, dos seus atos constitutivos (arts. 45 e 1.150 do Código Civil)[53].

O empresário e a sociedade empresária vinculam-se ao Registro Público de Empresas Mercantis a cargo das Juntas Comerciais, e a sociedade simples ao Registro Civil das Pessoas Jurídicas, o qual deve obedecer às normas fixadas para aquele registro, se a sociedade simples adotar um dos tipos de sociedade empresária (art. 1.150 do Código Civil).

As sociedades classificam-se em sociedades não personificadas e sociedades personificadas[54].

As sociedades não personificadas são a sociedade em comum (arts. 986 a 990 do Código Civil) e a sociedade em conta de participação (arts. 991 a 996 do Código Civil).

---

51 GOMES, Orlando. *Introdução ao direito civil.* 19. ed., revista, atualizada e aumentada por Edvaldo Brito e Reginalda Paranhos de Brito. Rio de Janeiro: Forense, 2007. p. 172: "Se duas ou mais pessoas põem em comum sua atividade ou seus recursos com o objetivo de partilhar o proveito resultante do empreendimento, constituem uma *sociedade*" (destaque do original).

52 REQUIÃO, Rubens. *Curso de direito comercial.* 21. ed. São Paulo: Saraiva, 1993. v. 1. p. 295.

53 "1. A personalidade jurídica da sociedade não se confunde com a de seus sócios, dispondo a primeira de patrimônio e domicílio próprios, sendo, então, distintos os direitos e obrigações. Por tal motivo, detém a empresa legitimidade para responder em juízo, tanto ativa quanto passivamente, não se confundindo os seus atos com os praticados pelas pessoas físicas que a representam, salvo as exceções expressamente previstas em lei" (STJ, 3ª T., AgInt no AREsp 1.429.321/SP, 2019/0008957-7, Rel. Min. Marco Aurélio Bellizze, DJe 31.05.2019).

54 GOMES, Orlando. *Introdução ao direito civil.* 19. ed., revista, atualizada e aumentada por Edvaldo Brito e Reginalda Paranhos de Brito. Rio de Janeiro: Forense, 2007. p. 173.

As sociedades personificadas são a sociedade simples (arts. 997 a 1.038 do Código Civil), a sociedade em nome coletivo (arts. 1.039 a 1.044 do Código Civil), a sociedade em comandita simples (arts. 1.045 a 1.051 do Código Civil), a sociedade limitada (arts. 1.052 a 1.087 do Código Civil), a sociedade anônima (arts. 1.088 e 1.089 do Código Civil e Lei 6.404/1976), a sociedade em comandita por ações (arts. 1.090 e 1.092 do Código Civil) e a sociedade cooperativa (arts. 1.093 e 1.096 do Código Civil).

Cabe ainda mencionar a antiga sociedade de capital e indústria (art. 317 do Código Comercial), com a presença de "sócios que contribuem para a formação do capital com dinheiro, créditos e outros bens, e sócios que não concorrem para o mesmo capital, pois apenas ingressam com o seu trabalho"[55]. Os sócios de indústria somente prestam à sociedade o seu trabalho, não sofrendo seus bens pessoais quaisquer ônus em face das obrigações sociais[56]. O Código Civil de 2002, no art. 2.045, além de revogar a Parte Primeira do Código Comercial (na qual estavam inseridos os seus arts. 317 a 324), não mais prevê a sociedade de capital e indústria.

De acordo com o modo de exercício da atividade econômica, ou seja, a forma de exploração do objeto, as sociedades classificam-se em sociedade simples e sociedade empresária[57].

Salvo as exceções expressas, considera-se empresária a sociedade que tem por objeto o exercício de atividade própria de empresário sujeito a registro (art. 967 do Código Civil), e consideram-se simples as demais sociedades (art. 982 do Código Civil).

Sendo assim, deve-se esclarecer que se considera empresário quem exerce profissionalmente atividade econômica organizada para a produção ou a circulação de bens ou de serviços (art. 966 do Código Civil).

Empresa é a atividade econômica organizada, mediante a coordenação dos fatores de produção (capital, trabalho, recursos naturais e

---

[55] DORIA, Dylson. *Curso de direito comercial.* 7. ed. São Paulo: Saraiva, 1991. v. 1. p. 190-191.

[56] DORIA, Dylson. *Curso de direito comercial.* 7. ed. São Paulo: Saraiva, 1991. v. 1. p. 194.

[57] COELHO, Fábio Ulhoa. *Manual de direito comercial.* 16. ed. São Paulo: Saraiva, 2005. p. 110-111.

materiais e conhecimento)[58], para a produção ou circulação de bens ou de serviços ao mercado[59]. O empresário, por sua vez, é quem exerce profissionalmente essa atividade[60]. A empresa, como atividade[61], pode ser individual e coletiva, sendo exercida, respectivamente, pelo empresário individual (pessoa natural) e pela sociedade empresária (pessoa jurídica)[62].

Há aqueles que, embora realizem atividade econômica, não são considerados empresários, em razão de expressa exclusão prevista em lei, ou de ausência da organização dos fatores de produção. Não se considera empresário quem exerce profissão intelectual, de natureza científica, literária ou artística, ainda com o concurso de auxiliares ou colaboradores, salvo se o exercício da profissão constituir elemento de empresa (art. 966, parágrafo único, do Código Civil)[63]. Em consonância com essa ressalva final, se o exercício da referida profissão envolver atividade realizada mediante a organização dos fatores de produção para a produção ou circulação de bens ou serviços, verifica-se a presença de atividade empresarial[64].

---

58 ALMEIDA, Amador Paes de. *Direito de empresa no Código Civil*. São Paulo: Saraiva, 2004. p. 21. COELHO, Fábio Ulhoa. *Manual de direito comercial*. 16. ed. São Paulo: Saraiva, 2005. p. 3.

59 FERNÁNDEZ, Raymundo L.; GÓMEZ LEO, Osvaldo R. *Tratado teórico-práctico de derecho comercial*. Reimpresión. Buenos Aires: Depalma, 1987. t. 1. p. 374.

60 FERNÁNDEZ, Raymundo L.; GÓMEZ LEO, Osvaldo R. *Tratado teórico-práctico de derecho comercial*. Reimpresión. Buenos Aires: Depalma, 1987. t. 1. p. 382. Cf. ainda CORRENTI, Vincenzo. L´imprenditore. In: RESCIGNO, Pietro. *Trattato di diritto privato*: impresa e lavoro. Torino: Unione Tipografico-Editrice Torinese, 1986. t. I. v. 15. p. 169.

61 REQUIÃO, Rubens. *Curso de direito comercial*. 21. ed. São Paulo: Saraiva, 1993. v. 1. p. 57.

62 REQUIÃO, Rubens. *Curso de direito comercial*. 21. ed. São Paulo: Saraiva, 1993. v. 1. p. 58. Cf. ainda COELHO, Fábio Ulhoa. *Manual de direito comercial*. 16. ed. São Paulo: Saraiva, 2005. p. 19.

63 "2. Com esteio na Teoria da Empresa, em tese, qualquer atividade econômica organizada profissionalmente submete-se às regras e princípios do Direito Empresarial, salvo previsão legal específica, como são os casos dos profissionais intelectuais, das sociedades simples, das cooperativas e do exercente de atividade econômica rural, cada qual com tratamento legal próprio. Insere-se na ressalva legal, portanto, o exercente de atividade econômica rural, o qual possui a faculdade, o direito subjetivo de se submeter, ou não, ao regime jurídico empresarial" (STJ, 3ª T., REsp 1.811.953/MT, 2019/0129908-0, Rel. Min. Marco Aurélio Bellizze, DJe 15.10.2020).

64 COELHO, Fábio Ulhoa. *Manual de direito comercial*. 16. ed. São Paulo: Saraiva, 2005. p. 16-17.

É obrigatória a inscrição do empresário no Registro Público de Empresas Mercantis da respectiva sede, antes do início de sua atividade (art. 967 do Código Civil). A inscrição do empresário far-se-á mediante requerimento que contenha os requisitos do art. 968 do Código Civil.

O empresário que instituir sucursal, filial ou agência, em lugar sujeito à jurisdição de outro Registro Público de Empresas Mercantis, neste deverá também inscrevê-la, com a prova da inscrição originária (art. 969 do Código Civil). Em qualquer caso, a constituição do estabelecimento secundário deve ser averbada no Registro Público de Empresas Mercantis da respectiva sede.

A lei assegurará tratamento favorecido, diferenciado e simplificado ao empresário rural e ao pequeno empresário, quanto à inscrição e aos efeitos daí decorrentes (art. 970 do Código Civil).

O empresário, cuja atividade rural constitua sua principal profissão, pode, observadas as formalidades de que tratam o art. 968 e seus parágrafos do Código Civil, requerer inscrição no Registro Público de Empresas Mercantis da respectiva sede, caso em que, depois de inscrito, ficará equiparado, para todos os efeitos, ao empresário sujeito a registro (art. 971 do Código Civil)[65].

---

[65] "3. A constituição do empresário rural dá-se a partir do exercício profissional da atividade econômica rural organizada para a produção e circulação de bens ou de serviços, sendo irrelevante, à sua caracterização, a efetivação de sua inscrição na Junta Comercial. Todavia, sua submissão ao regime empresarial apresenta-se como faculdade, que será exercida, caso assim repute conveniente, por meio da inscrição no Registro Público de Empresas Mercantis. 3.1 Tal como se dá com o empresário comum, a inscrição do produtor rural na Junta Comercial não o transforma em empresário. Perfilha-se o entendimento de que, também no caso do empresário rural, a inscrição assume natureza meramente declaratória, a autorizar, tecnicamente, a produção de efeitos retroativos (*ex tunc*). 3.2 A própria redação do art. 971 do Código Civil traz, em si, a assertiva de que o empresário rural poderá proceder à inscrição. Ou seja, antes mesmo do ato registral, a qualificação jurídica de empresário – que decorre do modo profissional pelo qual a atividade econômica é exercida – já se faz presente. Desse modo, a inscrição do empresário rural na Junta Comercial apenas declara, formaliza a qualificação jurídica de empresário, presente em momento anterior ao registro. Exercida a faculdade de inscrição no Registro Público de Empresas Mercantis, o empresário rural, por deliberação própria e voluntária, passa a se submeter ao regime jurídico empresarial. 4. A finalidade do registro para o empresário rural, difere, claramente, daquela emanada da inscrição para o empresário comum. Para o empresário comum, a inscrição no Registro Público de Empresas Mercantis, que tem condão de declarar a qualidade jurídica de empresário, apresenta-se obrigatória e se destina a conferir-lhe *status* de regularidade. De modo diverso, para o empresário rural, a inscrição, que também se reveste de natureza declaratória,

Logo, a sociedade empresária tem por objeto o exercício profissional de atividade econômica organizada para a produção ou a circulação de bens ou de serviços.

Independentemente de seu objeto, considera-se empresária a sociedade por ações, e considera-se simples a sociedade cooperativa (art. 982, parágrafo único, do Código Civil).

A companhia ou sociedade anônima tem o capital dividido em ações, e a responsabilidade dos sócios ou acionistas é limitada ao preço de emissão das ações subscritas ou adquiridas (art. 1º da Lei 6.404/1976).

A cooperativa é sociedades de pessoas, com forma e natureza jurídica próprias, de natureza não empresarial, não sujeita a falência,

constitui mera faculdade e tem por escopo precípuo submeter o empresário, segundo a sua vontade, ao regime jurídico empresarial. 4.1 O empresário rural que objetiva se valer dos benefícios do processo recuperacional, instituto próprio do regime jurídico empresarial, há de proceder à inscrição no Registro Público de Empresas Mercantis, não porque o registro o transforma em empresário, mas sim porque, ao assim proceder, passou a voluntariamente se submeter ao aludido regime jurídico. A inscrição, sob esta perspectiva, assume a condição de procedibilidade ao pedido de recuperação judicial, como bem reconheceu esta Terceira Turma, por ocasião do julgamento do REsp 1.193.115/MT, e agora, mais recentemente, a Quarta Turma do STJ (no REsp 1.800.032/MT) assim compreendeu. 4.2 A inscrição, por ser meramente opcional, não se destina a conferir ao empresário rural o *status* de regularidade, simplesmente porque este já se encontra em situação absolutamente regular, mostrando-se, por isso, descabida qualquer interpretação tendente a penalizá-lo por, eventualmente, não proceder ao registro, possibilidade que a própria lei lhe franqueou. Portanto, a situação jurídica do empresário rural, mesmo antes de optar por se inscrever na Junta comercial, já ostenta *status* de regularidade. 5. Especificamente quanto à inscrição no Registro Público das Empresas Mercantis, para o empresário comum, o art. 967 do Código Civil determina a obrigatoriedade da inscrição no Registro Público de Empresas Mercantis da respectiva sede, antes do início de sua atividade. Será irregular, assim, o exercício profissional da atividade econômica, sem a observância de exigência legal afeta à inscrição. Por consequência, para o empresário comum, o prazo mínimo de 2 (dois) anos deve ser contado, necessariamente, da consecução do registro. Diversamente, o empresário rural exerce profissional e regularmente sua atividade econômica independentemente de sua inscrição no Registro Público de Empresas Mercantis. Mesmo antes de proceder ao registro, atua em absoluta conformidade com a lei, na medida em que a inscrição, ao empresário rural, apresenta-se como faculdade – de se submeter ao regime jurídico empresarial. 6. Ainda que relevante para viabilizar o pedido de recuperação judicial, como instituto próprio do regime empresarial, o registro é absolutamente desnecessário para que o empresário rural demonstre a regularidade (em conformidade com a lei) do exercício profissional de sua atividade agropecuária pelo biênio mínimo, podendo ser comprovado por outras formas admitidas em direito e, principalmente, levando-se em conta período anterior à inscrição" (STJ, 3ª T., REsp 1.811.953/MT, 2019/0129908-0, Rel. Min. Marco Aurélio Bellizze, DJe 15.10.2020).

constituída para prestar serviços aos sócios, distinguindo-se das demais sociedades (art. 4º da Lei 5.764/1971).

A sociedade empresária deve constituir-se segundo um dos tipos regulados nos arts. 1.039 a 1.092 do Código Civil (sociedade em nome coletivo, sociedade em comandita simples, sociedade limitada, sociedade anônima e sociedade em comandita por ações). A sociedade simples pode constituir-se de conformidade com um desses tipos, e, não o fazendo, subordina-se às normas que lhe são próprias, previstas nos arts. 997 a 1.038 do Código Civil (art. 983 do Código Civil).

Ressalvam-se as disposições concernentes à sociedade em conta de participação e à cooperativa, bem como as constantes de leis especiais que, para o exercício de certas atividades, imponham a constituição da sociedade segundo determinado tipo (art. 983, parágrafo único, do Código Civil).

A sociedade que tenha por objeto o exercício de atividade própria de empresário rural e seja constituída, ou transformada, de acordo com um dos tipos de sociedade empresária, pode, com as formalidades do art. 968 do Código Civil, requerer inscrição no Registro Público de Empresas Mercantis da sua sede, caso em que, depois de inscrita, ficará equiparada, para todos os efeitos, à sociedade empresária (art. 984 do Código Civil).

Portanto, a sociedade que exerça atividade econômica rural organizada para a produção ou a circulação de bens ou de serviços equipara-se à sociedade empresária caso seja constituída ou transformada em um dos tipos de sociedade empresária e seja inscrita no Registro Público de Empresas Mercantis.

Embora já constituída a sociedade segundo um daqueles tipos, o pedido de inscrição se subordina, no que for aplicável, às normas que regem a transformação (art. 984, parágrafo único, do Código Civil).

As sociedades podem ser classificadas em sociedades de pessoas e sociedades de capital. Nas sociedades de pessoas, os sócios podem obstar o ingresso de estranhos no quadro associativo. Nas sociedades de capital, há a livre circulação da participação societária. A sociedade simples, a sociedade em nome coletivo, a sociedade em comandita simples e a sociedade cooperativa são sociedades de pessoas. A sociedade anônima e a sociedade em comandita por ações são sociedades de capital. A sociedade limitada pode ser de pessoas ou de capital, conforme a previsão do seu contrato social[66].

7.9.1 Sociedade em comum

A sociedade em comum é espécie de sociedade não personificada em razão da ausência de registro de ato constitutivo[67].

Nesse sentido, enquanto não inscritos os atos constitutivos, reger-se-á a sociedade, exceto por ações em organização, pelo disposto nos arts. 986 a 990 do Código Civil, observadas, subsidiariamente e no que com ele forem compatíveis, as normas da sociedade simples (art. 986 do Código Civil).

Na sociedade em comum, os sócios, nas relações entre si ou com terceiros, somente por escrito podem provar a existência da sociedade, mas os terceiros podem prová-la de qualquer modo (art. 987 do Código Civil).

Os bens e dívidas sociais constituem patrimônio especial, do qual os sócios são titulares em comum (art. 988 do Código Civil). Os bens sociais respondem pelos atos de gestão praticados por qualquer dos sócios, salvo pacto expresso limitativo de poderes, que somente tem eficácia contra o terceiro que o conheça ou deva conhecer (art. 989 do Código Civil).

Na sociedade em comum, todos os sócios respondem solidária e ilimitadamente pelas obrigações sociais, excluído do benefício de ordem, previsto no art. 1.024 do Código Civil, aquele que contratou pela sociedade (art. 990 do Código Civil).

7.9.2 Sociedade em conta de participação

A sociedade em conta de participação é espécie de sociedade não personificada, sendo integrada por sócio ostensivo e sócio participante[68].

---

66 COELHO, Fábio Ulhoa. *Manual de direito comercial*. 16. ed. São Paulo: Saraiva, 2005. p. 121-124.

67 COELHO, Fábio Ulhoa. *Manual de direito comercial*. 16. ed. São Paulo: Saraiva, 2005. p. 125.

68 COELHO, Fábio Ulhoa. *Manual de direito comercial*. 16. ed. São Paulo: Saraiva, 2005. p. 150.

Na sociedade em conta de participação, a atividade constitutiva do objeto social é exercida unicamente pelo sócio ostensivo, em seu nome individual e sob sua própria e exclusiva responsabilidade, participando os demais dos resultados correspondentes (art. 991 do Código Civil). Obriga-se perante terceiro apenas o sócio ostensivo. Obriga-se exclusivamente perante o sócio ostensivo o sócio participante, nos termos do contrato social.

A constituição da sociedade em conta de participação independe de qualquer formalidade e pode provar-se por todos os meios de direito (art. 992 do Código Civil).

O contrato social produz efeito somente entre os sócios, e a eventual inscrição de seu instrumento em qualquer registro não confere personalidade jurídica à sociedade em conta de participação (art. 993 do Código Civil).

Sem prejuízo do direito de fiscalizar a gestão dos negócios sociais, o sócio participante não pode tomar parte nas relações do sócio ostensivo com terceiros, sob pena de responder solidariamente com este pelas obrigações em que intervier.

A contribuição do sócio participante constitui, com a do sócio ostensivo, patrimônio especial, objeto da conta de participação relativa aos negócios sociais (art. 994 do Código Civil). A especialização patrimonial somente produz efeitos em relação aos sócios.

A falência do sócio ostensivo acarreta a dissolução da sociedade e a liquidação da respectiva conta, cujo saldo constituirá crédito quirografário. Falindo o sócio participante, o contrato social fica sujeito às normas que regulam os efeitos da falência nos contratos bilaterais do falido.

Salvo estipulação em contrário, o sócio ostensivo não pode admitir novo sócio sem o consentimento expresso dos demais (art. 995 do Código Civil).

Aplica-se à sociedade em conta de participação, subsidiariamente e no que com ela for compatível, o disposto para a sociedade simples, e a sua liquidação rege-se pelas normas relativas à prestação de contas, na forma da lei processual (art. 996 do Código Civil). Havendo mais de um sócio ostensivo, as respectivas contas devem ser prestadas e julgadas no mesmo processo.

7.9.3 Sociedade simples

A sociedade simples é modalidade de sociedade personificada que não exerce atividade empresarial[69].

A sociedade simples constitui-se mediante contrato escrito, particular ou público, que, além de cláusulas estipuladas pelas partes, deve mencionar: I – nome, nacionalidade, estado civil, profissão e residência dos sócios, se pessoas naturais, e a firma ou a denominação, nacionalidade e sede dos sócios, se jurídicas; II – denominação, objeto, sede e prazo da sociedade; III – capital da sociedade, expresso em moeda corrente, podendo compreender qualquer espécie de bens, suscetíveis de avaliação pecuniária; IV – a quota de cada sócio no capital social, e o modo de realizá-la; V – as prestações a que se obriga o sócio, cuja contribuição consista em serviços; VI – as pessoas naturais incumbidas da administração da sociedade, e seus poderes e atribuições; VII – a participação de cada sócio nos lucros e nas perdas; VIII – se os sócios respondem, ou não, subsidiariamente, pelas obrigações sociais (art. 997 do Código Civil). É ineficaz em relação a terceiros qualquer pacto separado, contrário ao disposto no instrumento do contrato.

Nos 30 dias subsequentes à sua constituição, a sociedade deve requerer a inscrição do contrato social no Registro Civil das Pessoas Jurídicas do local de sua sede (art. 998 do Código Civil).

As modificações do contrato social, que tenham por objeto matéria indicada no art. 997 do Código Civil, dependem do consentimento de todos os sócios. As demais matérias podem ser decididas por maioria absoluta de votos, se o contrato não determinar a necessidade de deliberação unânime (art. 999 do Código Civil).

A sociedade simples que instituir sucursal, filial ou agência na circunscrição de outro Registro Civil das Pessoas Jurídicas, neste deve também inscrevê-la, com a prova da inscrição originária (art. 1.000

---

[69] GAGLIANO, Pablo Stolze; PAMPLONA FILHO, Rodolfo. *Novo curso de direito civil*: parte geral. 6. ed. São Paulo: Saraiva, 2005. v. 1. p. 237.

do Código Civil). Em qualquer caso, a constituição da sucursal, filial ou agência deve ser averbada no Registro Civil da respectiva sede.

As obrigações dos sócios começam imediatamente com o contrato, se este não fixar outra data, e terminam quando, liquidada a sociedade simples, se extinguirem as responsabilidades sociais (art. 1.001 do Código Civil).

O sócio não pode ser substituído no exercício das suas funções, sem o consentimento dos demais sócios, expresso em modificação do contrato social (art. 1.002 do Código Civil).

A cessão total ou parcial de quota, sem a correspondente modificação do contrato social com o consentimento dos demais sócios, não tem eficácia quanto a estes e à sociedade (art. 1.003 do Código Civil).

Os sócios são obrigados, na forma e prazo previstos, às contribuições estabelecidas no contrato social, e aquele que deixar de fazê-lo, nos 30 dias seguintes ao da notificação pela sociedade, responde perante esta pelo dano emergente da mora (art. 1.004 do Código Civil).

Salvo estipulação em contrário, o sócio participa dos lucros e das perdas, na proporção das respectivas quotas, mas aquele, cuja contribuição consiste em serviços, somente participa dos lucros na proporção da média do valor das quotas (art. 1.007 do Código Civil).

É nula a estipulação contratual que exclua qualquer sócio de participar dos lucros e das perdas (art. 1.008 do Código Civil).

A distribuição de lucros ilícitos ou fictícios acarreta responsabilidade solidária dos administradores que a realizarem e dos sócios que os receberem, conhecendo ou devendo conhecer-lhes a ilegitimidade (art. 1.009 do Código Civil).

Quando, por lei ou pelo contrato social, competir aos sócios decidir sobre os negócios da sociedade, as deliberações devem ser tomadas por maioria de votos, contados segundo o valor das quotas de cada um (art. 1.010 do Código Civil).

Para formação da maioria absoluta são necessários votos correspondentes a mais de metade do capital. Prevalece a decisão sufragada por maior número de sócios no caso de empate, e, se este persistir, decidirá o juiz. Responde por perdas e danos o sócio que, tendo em alguma operação interesse contrário ao da sociedade, participar da deliberação que a aprove graças a seu voto.

A administração da sociedade, nada dispondo o contrato social, compete separadamente a cada um dos sócios (art. 1.013 do Código Civil). Se a administração competir separadamente a vários administradores, cada um pode impugnar operação pretendida por outro, cabendo a decisão aos sócios, por maioria de votos. Responde por perdas e danos perante a sociedade o administrador que realizar operações, sabendo ou devendo saber que estava agindo em desacordo com a maioria.

O administrador, nomeado por instrumento em separado, deve averbá-lo à margem da inscrição da sociedade, e, pelos atos que praticar, antes de requerer a averbação, responde pessoal e solidariamente com a sociedade (art. 1.012 do Código Civil).

O administrador da sociedade deve ter, no exercício de suas funções, o cuidado e a diligência que todo homem ativo e probo costuma empregar na administração de seus próprios negócios (art. 1.011 do Código Civil).

No silêncio do contrato, os administradores podem praticar todos os atos pertinentes à gestão da sociedade. Caso não constitua objeto social, a oneração ou a venda de bens imóveis depende do que a maioria dos sócios decidir (art. 1.015 do Código Civil).

Os administradores respondem solidariamente perante a sociedade e os terceiros prejudicados, por culpa no desempenho de suas funções (art. 1.016 do Código Civil).

Ao administrador é vedado fazer-se substituir no exercício de suas funções, sendo-lhe facultado, nos limites de seus poderes, constituir mandatários da sociedade, especificados no instrumento os atos e operações que poderão praticar (art. 1.018 do Código Civil).

São irrevogáveis os poderes do sócio investido na administração por cláusula expressa do contrato social, salvo justa causa, reconhecida judicialmente, a pedido de qualquer dos sócios (art. 1.019 do Código Civil). São revogáveis, a qualquer tempo, os poderes conferidos a sócio por ato separado, ou a quem não seja sócio.

Os administradores são obrigados a prestar aos sócios contas justificadas de sua administração, e apresentar-lhes o inventário anualmente, bem como o balanço patrimonial e o de resultado econômico (art. 1.020 do Código Civil).

Salvo estipulação que determine época própria, o sócio pode, a qualquer tempo, examinar os livros e documentos, e o estado da caixa e da carteira da sociedade (art. 1.021 do Código Civil).

A sociedade simples adquire direitos, assume obrigações e procede judicialmente, por meio de administradores com poderes especiais, ou, não os havendo, por intermédio de qualquer administrador (art. 1.022 do Código Civil).

Se os bens da sociedade não lhe cobrirem as dívidas, respondem os sócios pelo saldo, na proporção em que participem das perdas sociais, salvo cláusula de responsabilidade solidária (art. 1.023 do Código Civil).

Os bens particulares dos sócios não podem ser executados por dívidas da sociedade, senão depois de executados os bens sociais (art. 1.024 do Código Civil).

O sócio, admitido em sociedade já constituída, não se exime das dívidas sociais anteriores à admissão (art. 1.025 do Código Civil).

O credor particular de sócio pode, na insuficiência de outros bens do devedor, fazer recair a execução sobre o que a este couber nos lucros da sociedade, ou na parte que lhe tocar em liquidação (art. 1.026 do Código Civil). Se a sociedade não estiver dissolvida, pode o credor requerer a liquidação da quota do devedor, cujo valor, apurado na forma do art. 1.031 do Código Civil, deve ser depositado em dinheiro, no juízo da execução, até 90 dias após aquela liquidação.

Os herdeiros do cônjuge de sócio, ou o cônjuge do que se separou judicialmente, não podem exigir desde logo a parte que lhes couber na quota social, mas concorrer à divisão periódica dos lucros, até que se liquide a sociedade (art. 1.027 do Código Civil).

7.9.4 Sociedade em nome coletivo

Somente pessoas físicas podem tomar parte na sociedade em nome coletivo, respondendo todos os sócios, solidária e ilimitadamente, pelas obrigações sociais (art. 1.039 do Código Civil)[70]. Sem prejuízo da responsabilidade perante terceiros, podem os sócios, no ato constitutivo, ou por unânime convenção posterior, limitar entre si a responsabilidade de cada um.

O contrato deve mencionar, além das indicações referidas no art. 997 do Código Civil, a firma social (art. 1.041 do Código Civil).

A administração da sociedade compete exclusivamente a sócios, sendo o uso da firma, nos limites do contrato, privativo dos que tenham os necessários poderes (art. 1.042 do Código Civil).

O credor particular de sócio não pode, antes de dissolver-se a sociedade, pretender a liquidação da quota do devedor (art. 1.043 do Código Civil). Pode fazê-lo quando: a sociedade houver sido prorrogada tacitamente; tendo ocorrido prorrogação contratual, for acolhida judicialmente oposição do credor, levantada no prazo de noventa dias, contado da publicação do ato dilatório.

A sociedade se dissolve de pleno direito por qualquer das causas enumeradas no art. 1.033 do Código Civil e, se empresária, também pela declaração da falência (art. 1.044 do Código Civil).

7.9.5 Sociedade em comandita simples

Na sociedade em comandita simples tomam parte sócios de duas categorias: os comanditados, pessoas físicas, responsáveis solidária e ilimitadamente pelas obrigações sociais; e os comanditários, obrigados somente pelo valor de sua quota (art. 1.045 do Código Civil)[71]. O contrato deve discriminar os comanditados e os comanditários.

Aplicam-se à sociedade em comandita simples as normas da sociedade em nome coletivo, no que forem compatíveis com as dos arts. 1.045 a 1.051 do Código Civil (art. 1.046 do Código Civil). Aos

---

[70] COELHO, Fábio Ulhoa. *Manual de direito comercial*. 16. ed. São Paulo: Saraiva, 2005. p. 148.

[71] COELHO, Fábio Ulhoa. *Manual de direito comercial*. 16. ed. São Paulo: Saraiva, 2005. p. 149.

comanditados cabem os mesmos direitos e obrigações dos sócios da sociedade em nome coletivo.

Sem prejuízo da faculdade de participar das deliberações da sociedade e de lhe fiscalizar as operações, não pode o comanditário praticar qualquer ato de gestão, nem ter o nome na firma social, sob pena de ficar sujeito às responsabilidades de sócio comanditado (art. 1.047 do Código Civil). Pode o comanditário ser constituído procurador da sociedade, para negócio determinado e com poderes especiais.

Somente após averbada a modificação do contrato, produz efeito, quanto a terceiros, a diminuição da quota do comanditário, em consequência de ter sido reduzido o capital social, sempre sem prejuízo dos credores preexistentes (art. 1.048 do Código Civil).

O sócio comanditário não é obrigado à reposição de lucros recebidos de boa-fé e de acordo com o balanço (art. 1.049 do Código Civil). Diminuído o capital social por perdas supervenientes, não pode o comanditário receber quaisquer lucros, antes de reintegrado aquele.

No caso de morte de sócio comanditário, a sociedade, salvo disposição do contrato, continuará com os seus sucessores, que devem designar quem os represente (art. 1.050 do Código Civil).

7.9.6 Sociedade limitada

Na sociedade limitada, a responsabilidade de cada sócio é restrita ao valor de suas quotas, mas todos respondem solidariamente pela integralização do capital social (art. 1.052 do Código Civil)[72].

A sociedade limitada pode ser constituída por uma ou mais pessoas (art. 1.052, § 1º, do Código Civil, incluído pela Lei 13.874/2019). Se a sociedade limitada for unipessoal, aplicam-se ao documento de

[72] "3. A criação de uma sociedade de responsabilidade limitada visa, sobretudo, à limitação para os sócios dos riscos da atividade econômica, cujo exercício, por sua vez, a todos interessa, na medida em que incentiva a produção de riquezas, aumenta a arrecadação de tributos, cria empregos e gera renda, contribuindo, portanto, com o desenvolvimento socioeconômico do País" (STJ, 3ª T., REsp 1.395.288/SP, 2013/0151854-8, Rel. Min. Nancy Andrighi, DJe 02.06.2014).

constituição do sócio único, no que couber, as disposições sobre o contrato social (art. 1.052, § 2º, do Código Civil, incluído pela Lei 13.874/2019).

O capital social divide-se em quotas, iguais ou desiguais, cabendo uma ou diversas a cada sócio (art. 1.055 do Código Civil). Pela exata estimação de bens conferidos ao capital social respondem solidariamente todos os sócios, até o prazo de cinco anos da data do registro da sociedade. É vedada contribuição que consista em prestação de serviços.

A sociedade limitada é administrada por uma ou mais pessoas designadas no contrato social ou em ato separado (art. 1.060 do Código Civil)[73]. A administração atribuída no contrato a todos os sócios não se estende de pleno direito aos que posteriormente adquiram essa qualidade.

A designação de administradores não sócios depende de aprovação da unanimidade dos sócios, enquanto o capital não estiver integralizado, e de 2/3, no mínimo, após a integralização (art. 1.061 do Código Civil, com redação dada pela Lei 12.375/2010).

O administrador designado em ato separado investe-se no cargo mediante termo de posse no livro de atas da administração (art. 1.062 do Código Civil).

O exercício do cargo de administrador cessa pela destituição, em qualquer tempo, do titular, ou pelo término do prazo se, fixado no contrato ou em ato separado, não houver recondução (art. 1.063 do Código Civil).

Tratando-se de sócio nomeado administrador no contrato, sua destituição somente se opera pela aprovação de titulares de quotas correspondentes a mais da metade do capital social, salvo disposição contratual diversa (art. 1.063, § 1º, do Código Civil, com redação dada pela Lei 13.792/2019).

A cessação do exercício do cargo de administrador deve ser averbada no registro competente, mediante requerimento apresentado nos 10 dias seguintes ao da ocorrência.

---

[73] COELHO, Fábio Ulhoa. *Manual de direito comercial*. 16. ed. São Paulo: Saraiva, 2005. p. 162.

A renúncia de administrador torna-se eficaz, em relação à sociedade, desde o momento em que esta toma conhecimento da comunicação escrita do renunciante. A renúncia de administrador torna-se eficaz, em relação a terceiros, após a averbação e publicação.

O uso da firma ou denominação social é privativo dos administradores que tenham os necessários poderes (art. 1.064 do Código Civil).

Ao término de cada exercício social, deve-se proceder à elaboração do inventário, do balanço patrimonial e do balanço de resultado econômico (art. 1.065 do Código Civil).

Sem prejuízo dos poderes da assembleia dos sócios, pode o contrato instituir conselho fiscal composto de três ou mais membros e respectivos suplentes, sócios ou não, residentes no País, eleitos na assembleia anual prevista no art. 1.078 do Código Civil (art. 1.066 do Código Civil).

A remuneração dos membros do conselho fiscal será fixada, anualmente, pela assembleia dos sócios que os eleger (art. 1.068 do Código Civil).

As atribuições e poderes conferidos pela lei ao conselho fiscal não podem ser outorgados a outro órgão da sociedade. A responsabilidade dos membros conselho fiscal obedece à regra que define a dos administradores (art. 1.016 do Código Civil), ou seja, respondem solidariamente perante a sociedade e os terceiros prejudicados, por culpa no desempenho de suas funções (art. 1.070 do Código Civil).

O conselho fiscal pode escolher para assisti-lo no exame dos livros, dos balanços e das contas, contabilista legalmente habilitado, mediante remuneração aprovada pela assembleia dos sócios.

Dependem da deliberação dos sócios, além de outras matérias indicadas na lei ou no contrato: I – a aprovação das contas da administração; II – a designação dos administradores, quando feita em ato separado; III – a destituição dos administradores; IV – o modo de sua remuneração, quando não estabelecido no contrato; V – a modificação do contrato social; VI – a incorporação, a fusão e a dissolução da sociedade, ou a cessação do estado de liquidação; VII – a nomeação e destituição dos liquidantes e o julgamento das suas contas; VIII – o pedido de concordata (art. 1.071 do Código Civil).

As deliberações dos sócios, obedecido o disposto no art. 1.010 do Código Civil (maioria de votos, contados segundo o valor das quotas de cada um), devem ser tomadas em reunião ou em assembleia, conforme previsto no contrato social, devendo ser convocadas pelos administradores nos casos previstos em lei ou no contrato (art. 1.072 do Código Civil).

As deliberações infringentes do contrato ou da lei tornam ilimitada a responsabilidade dos que expressamente as aprovaram (art. 1.080 do Código Civil).

O sócio pode participar e votar a distância em reunião ou em assembleia, nos termos do regulamento do órgão competente do Poder Executivo federal (art. 1.080-A do Código Civil, incluído pela Lei 14.030/2020). A reunião ou a assembleia pode ser realizada de forma digital, respeitados os direitos legalmente previstos de participação e de manifestação dos sócios e os demais requisitos regulamentares.

7.9.7 Sociedade anônima

Na sociedade anônima ou companhia, o capital divide-se em ações, obrigando-se cada sócio ou acionista somente pelo preço de emissão das ações que subscrever ou adquirir (art. 1.088 do Código Civil).

A sociedade anônima rege-se por lei especial, aplicando-se, nos casos omissos, as disposições do Código Civil (art. 1.089 do Código Civil). A Lei 6.404/1976 dispõe sobre as sociedades por ações[74].

Pode ser objeto da companhia (sociedade anônima ou sociedade por ações) qualquer empresa de fim lucrativo, não contrário à lei, à ordem pública e aos bons costumes (art. 2º da Lei 6.404/1976).

Qualquer que seja o objeto, a companhia é sociedade empresarial. Cabe ao estatuto social definir o objeto de modo preciso e completo. A companhia pode ter por objeto participar de outras sociedades; ainda que não prevista no estatuto, a participação é facultada como meio de realizar o objeto social, ou para beneficiar-se de incentivos fiscais.

---

[74] COELHO, Fábio Ulhoa. *Manual de direito comercial*. 16. ed. São Paulo: Saraiva, 2005. p. 181.

As entidades abertas de previdência complementar são constituídas unicamente sob a forma de sociedades anônimas e têm por objetivo instituir e operar planos de benefícios de caráter previdenciário concedidos em forma de renda continuada ou pagamento único, acessíveis a quaisquer pessoas físicas (art. 36 da Lei Complementar 109/2001).

7.9.8 Sociedade em comandita por ações

A sociedade em comandita por ações tem o capital dividido em ações, regendo-se pelas normas relativas à sociedade anônima, sem prejuízo das modificações constantes nos arts. 1.090 a 1.092 do Código Civil, e opera sob firma ou denominação (art. 1.090 do Código Civil).

Na sociedade em comandita por ações, somente o acionista tem qualidade para administrar a sociedade e, como diretor, responde subsidiária e ilimitadamente pelas obrigações da sociedade (art. 1.091 do Código Civil)[75]. Se houver mais de um diretor, serão solidariamente responsáveis, depois de esgotados os bens sociais. Os diretores são nomeados no ato constitutivo da sociedade, sem limitação de tempo, e somente podem ser destituídos por deliberação de acionistas que representem no mínimo dois terços do capital social. O diretor destituído ou exonerado continua, durante dois anos, responsável pelas obrigações sociais contraídas sob sua administração.

A assembleia geral não pode, sem o consentimento dos diretores, mudar o objeto essencial da sociedade, prorrogar o prazo de sua duração, aumentar ou diminuir o capital social, criar debêntures ou partes beneficiárias (art. 1.092 do Código Civil).

7.9.9 Sociedade cooperativa

A lei deve apoiar e estimular o cooperativismo e outras formas de associativismo (art. 174, § 2º, da Constituição Federal de 1988).

A sociedade cooperativa rege-se pelo disposto nos arts. 1.093 a 1.096 do Código Civil, ressalvada a legislação especial (art. 1.093 do

---

[75] COELHO, Fábio Ulhoa. *Manual de direito comercial*. 16. ed. São Paulo: Saraiva, 2005. p. 227-228.

Código Civil). A Lei 5.764/1971 institui o regime jurídico das sociedades cooperativas.

Celebram contrato de sociedade cooperativa as pessoas que reciprocamente se obrigam a contribuir com bens ou serviços para o exercício de uma atividade econômica, de proveito comum, sem objetivo de lucro (art. 3º da Lei 5.764/1971).

A cooperativa de trabalho é regulada pela Lei 12.690/2012 e, no que com ela não colidir, pela Lei 5.764/1971 e pelo Código Civil. Considera-se cooperativa de trabalho a sociedade constituída por trabalhadores para o exercício de suas atividades laborativas ou profissionais com proveito comum, autonomia e autogestão para obterem melhor qualificação, renda, situação socioeconômica e condições gerais de trabalho (art. 2º da Lei 12.690/2012).

São características da sociedade cooperativa: I – variabilidade ou dispensa do capital social; II – concurso de sócios em número mínimo necessário a compor a administração da sociedade, sem limitação de número máximo; III – limitação do valor da soma de quotas do capital social que cada sócio pode tomar; IV – intransferibilidade das quotas do capital a terceiros estranhos à sociedade, ainda que por herança; V – quórum, para a assembleia geral funcionar e deliberar, fundado no número de sócios presentes à reunião, e não no capital social representado; VI – direito de cada sócio a um só voto nas deliberações, tenha ou não capital a sociedade, e qualquer que seja o valor de sua participação; VII – distribuição dos resultados, proporcionalmente ao valor das operações efetuadas pelo sócio com a sociedade, podendo ser atribuído juro fixo ao capital realizado; VIII – indivisibilidade do fundo de reserva entre os sócios, ainda que em caso de dissolução da sociedade (art. 1.094 do Código Civil).

Na sociedade cooperativa, a responsabilidade dos sócios pode ser limitada ou ilimitada (art. 1.095 do Código Civil).

É limitada a responsabilidade na cooperativa em que o sócio responde somente pelo valor de suas quotas e pelo prejuízo verificado nas operações sociais, guardada a proporção de sua participação nas mesmas operações.

É ilimitada a responsabilidade na cooperativa em que o sócio responde solidária e ilimitadamente pelas obrigações sociais.

No que a lei for omissa, aplicam-se as disposições referentes à sociedade simples, resguardadas as características estabelecidas no art. 1.094 do Código Civil (art. 1.096 do Código Civil).

Cabe à lei complementar estabelecer normas gerais em matéria de legislação tributária, especialmente sobre adequado tratamento tributário ao ato cooperativo praticado pelas sociedades cooperativas (art. 146, inciso III, alínea *c*, da Constituição Federal de 1988).

7.9.10 Sociedade de advogados

O advogado é indispensável à administração da justiça, sendo inviolável por seus atos e manifestações no exercício da profissão, nos limites da lei (art. 133 da Constituição Federal de 1988). A Lei 8.906/1994 dispõe sobre o Estatuto da Advocacia e a Ordem dos Advogados do Brasil (OAB).

Os advogados podem reunir-se em sociedade simples de prestação de serviços de advocacia ou constituir sociedade unipessoal de advocacia, na forma disciplinada na Lei 8.906/1994 e no seu regulamento geral (art. 15 da Lei 8.906/1994, com redação dada pela Lei 13.247/2016).

A sociedade de advogados e a sociedade unipessoal de advocacia adquirem personalidade jurídica com o registro aprovado dos seus atos constitutivos no Conselho Seccional da OAB em cuja base territorial tiver sede (art. 15, § 1º, da Lei 8.906/1994, com redação dada pela Lei 13.247/2016).

Aplica-se à sociedade de advogados e à sociedade unipessoal de advocacia o Código de Ética e Disciplina, no que couber (art. 15, § 2º, da Lei 8.906/1994, com redação dada pela Lei 13.247/2016).

As procurações devem ser outorgadas individualmente aos advogados e indicar a sociedade de que façam parte (art. 15, § 3º, da Lei 8.906/1994).

Nenhum advogado pode integrar mais de uma sociedade de advogados, constituir mais de uma sociedade unipessoal de advocacia, ou integrar, simultaneamente, uma sociedade de advogados e uma sociedade unipessoal de advocacia, com sede ou filial na mesma área territorial do respectivo Conselho Seccional (art. 15, § 4º, da Lei 8.906/1994, com redação dada pela Lei 13.247/2016).

O ato de constituição de filial deve ser averbado no registro da sociedade e arquivado no Conselho Seccional onde se instalar, ficando os sócios, inclusive o titular da sociedade unipessoal de advocacia, obrigados à inscrição suplementar (art. 15, § 5º, da Lei 8.906/1994, com redação dada pela Lei 13.247/2016).

Os advogados sócios de uma mesma sociedade profissional não podem representar em juízo clientes de interesses opostos (art. 15, § 6º, da Lei 8.906/1994).

A sociedade unipessoal de advocacia pode resultar da concentração por um advogado das quotas de uma sociedade de advogados, independentemente das razões que motivaram tal concentração (art. 15, § 7º, da Lei 8.906/1994, incluído pela Lei 13.247/2016).

Não são admitidas a registro nem podem funcionar todas as espécies de sociedades de advogados que apresentem forma ou características de sociedade empresária, que adotem denominação de fantasia, que realizem atividades estranhas à advocacia, que incluam como sócio ou titular de sociedade unipessoal de advocacia pessoa não inscrita como advogado ou totalmente proibida de advogar (art. 16 da Lei 8.906/1994, com redação dada pela Lei 13.247/2016).

A razão social deve ter, obrigatoriamente, o nome de, pelo menos, um advogado responsável pela sociedade, podendo permanecer o de sócio falecido, desde que prevista tal possibilidade no ato constitutivo (art. 16, § 1º, da Lei 8.906/1994).

O licenciamento do sócio para exercer atividade incompatível com a advocacia em caráter temporário deve ser averbado no registro da sociedade, não alterando sua constituição (art. 16, § 2º, da Lei 8.906/1994).

É proibido o registro, nos cartórios de registro civil de pessoas jurídicas e nas juntas comerciais, de sociedade que inclua, entre outras finalidades, a atividade de advocacia (art. 16, § 3º, da Lei 8.906/1994).

A denominação da sociedade unipessoal de advocacia deve ser obrigatoriamente formada pelo nome do seu titular, completo ou parcial, com a expressão "Sociedade Individual de Advocacia" (art. 16, § 4º, da Lei 8.906/1994, incluído pela Lei 13.247/2016).

Além da sociedade, o sócio e o titular da sociedade individual de advocacia respondem subsidiária e ilimitadamente pelos danos causados aos clientes por ação ou omissão no exercício da advocacia, sem prejuízo da responsabilidade disciplinar em que possam incorrer (art. 17 da Lei 8.906/1994, com redação dada pela Lei 13.247/2016).

7.10 FUNDAÇÕES

A fundação é pessoa jurídica de direito privado (art. 44, inciso III, do Código Civil) cuja essência não diz respeito à coletividade de membros, e sim à disposição de bens para serem alcançados certos fins[76].

Trata-se de acervo de bens ou patrimônio destinado a certa finalidade, tendo personalidade jurídica atribuída pela lei e, portanto, capacidade para ser titular de direitos e deveres. Nesse enfoque, a fundação é universalidade de bens (*universitas bonorum*) com personalidade jurídica. Embora os bens, em regra, sejam objetos de direito, a fundação é sujeito de direito, por ter como objetivo a satisfação de interesses humano[77].

A sua constituição abrange o ato de fundação, *inter vivos* (por escritura pública) ou *mortis causa* (por testamento), e o ato de dotação, isto é, a reserva de bens livres, com indicação do fim a que se destina e a maneira de administrá-los[78]. A formação pode ocorrer de forma direta, ou seja, pessoalmente pelo instituidor, ou fiduciária, quando o instituidor incumbe a alguém a sua organização[79].

---

[76] MONTEIRO, Washington de Barros; PINTO, Ana Cristina de Barros Monteiro França. *Curso de direito civil*: parte geral. 44. ed. São Paulo: Saraiva, 2012. v. 1. p. 174.

[77] RODRIGUES, Silvio. *Direito civil*: parte geral. 34. ed. São Paulo: Saraiva, 2003. v. 1. p. 98-99.

[78] MONTEIRO, Washington de Barros; PINTO, Ana Cristina de Barros Monteiro França. *Curso de direito civil*: parte geral. 44. ed. São Paulo: Saraiva, 2012. v. 1. p. 171-172.

[79] MONTEIRO, Washington de Barros; PINTO, Ana Cristina de Barros Monteiro França. *Curso de direito civil*: parte geral. 44. ed. São Paulo: Saraiva, 2012. v. 1. p. 172.

Para criar uma fundação, o seu instituidor fará, por escritura pública ou testamento, dotação especial de bens livres, especificando o fim a que se destina, e declarando, se quiser, a maneira de administrá-la (art. 62 do Código Civil)[80].

O ato constitutivo da fundação deve ser inscrito no Registro Civil de Pessoas Jurídicas (arts. 45 e 46 do Código Civil).

A fundação somente pode constituir-se para fins de: I – assistência social; II – cultura, defesa e conservação do patrimônio histórico e artístico; III – educação; IV – saúde; V – segurança alimentar e nutricional; VI – defesa, preservação e conservação do meio ambiente e promoção do desenvolvimento sustentável; VII – pesquisa científica, desenvolvimento de tecnologias alternativas, modernização de sistemas de gestão, produção e divulgação de informações e conhecimentos técnicos e científicos; VIII – promoção da ética, da cidadania, da democracia e dos direitos humanos; IX – atividades religiosas (art. 62, parágrafo único, do Código Civil).

Quando insuficientes para constituir a fundação, os bens a ela destinados serão, se de outro modo não dispuser o instituidor, incorporados em outra fundação que se proponha a fim igual ou semelhante (art. 63 do Código Civil).

Constituída a fundação por negócio jurídico entre vivos, o instituidor é obrigado a transferir-lhe a propriedade, ou outro direito real, sobre os bens dotados, e, se não o fizer, devem ser registrados, em nome dela, por mandado judicial (art. 64 do Código Civil). Logo, o ato do instituidor da fundação de dotação dos bens, no caso, por escritura pública, é irrevogável[81].

Aqueles a quem o instituidor cometer a aplicação do patrimônio, em tendo ciência do encargo, devem formular logo, de acordo com as suas bases (art. 62 do Código Civil), o estatuto da fundação projetada,

---

80 GOMES, Orlando. *Introdução ao direito civil*. 19. ed., revista, atualizada e aumentada por Edvaldo Brito e Reginalda Paranhos de Brito. Rio de Janeiro: Forense, 2007. p. 174: "Trata-se de negócio jurídico *unilateral* para a constituição de uma pessoa jurídica, que se exaure ao produzir seu efeito específico" (destaque do original).

81 RODRIGUES, Silvio. *Direito civil*: parte geral. 34. ed. São Paulo: Saraiva, 2003. v. 1. p. 101.

submetendo-o, em seguida, à aprovação da autoridade competente, com recurso ao juiz (art. 65 do Código Civil).

Sendo assim, o juiz decidirá sobre a aprovação do estatuto das fundações e de suas alterações sempre que o requeira o interessado, quando: ela for negada previamente pelo Ministério Público ou por este forem exigidas modificações com as quais o interessado não concorde; o interessado discordar do estatuto elaborado pelo Ministério Público (art. 764 do CPC).

O estatuto das fundações deve observar o disposto no Código Civil. Antes de suprir a aprovação, o juiz pode mandar fazer no estatuto modificações a fim de adaptá-lo ao objetivo do instituidor.

Se o estatuto não for elaborado no prazo assinado pelo instituidor, ou, não havendo prazo, em 180 dias, a incumbência caberá ao Ministério Público (art. 65, parágrafo único, do Código Civil).

Deve velar pelas fundações o Ministério Público do Estado onde situadas (art. 66 do Código Civil). Se funcionarem no Distrito Federal ou em Território, cabe o encargo ao Ministério Público do Distrito Federal e Territórios. Se estenderem a atividade por mais de um Estado, cabe o encargo, em cada um deles, ao respectivo Ministério Público.

Para que se possa alterar o estatuto da fundação é mister que a reforma: I – seja deliberada por 2/3 dos competentes para gerir e representar a fundação; II – não contrarie ou desvirtue o fim desta; III – seja aprovada pelo órgão do Ministério Público no prazo máximo de 45 dias, findo o qual ou no caso de o Ministério Público a denegar, o juiz pode supri-la, a requerimento do interessado (art. 67 do Código Civil).

Caso não sejam observados esses requisitos, a minoria vencida pode ajuizar ação com pedido de nulidade da modificação estatutária[82].

Quando a alteração não houver sido aprovada por votação unânime, os administradores da fundação, ao submeterem o estatuto ao órgão

---

82 RODRIGUES, Silvio. *Direito civil*: parte geral. 34. ed. São Paulo: Saraiva, 2003. v. 1. p. 102.

do Ministério Público, requererão que se dê ciência à minoria vencida para impugná-la, se quiser, em 10 dias (art. 68 do Código Civil).

Os bens que compõem o patrimônio da fundação, em regra, são inalienáveis, para que os seus fins sejam alcançados. Como exceção, mesmo que o instituidor tenha inserido cláusula de inalienabilidade, caso seja demonstrada a necessidade de venda do bem, esta pode ser objeto de autorização judicial, após oitiva do Ministério Público, possibilitando a aquisição de outro bem voltado aos mesmos fins[83].

Cabe ao administrador da fundação prestar contas de sua atuação, devendo ser substituído por decisão judicial se demonstrado prejuízo decorrente de sua gestão, ainda que o administrador tenha sido nomeado em caráter vitalício. Por ser o estatuto a norma essencial da fundação, não pode ser contrariado pelos órgãos de administração[84].

Qualquer interessado ou o Ministério Público deve promover em juízo a extinção da fundação quando: se tornar ilícito o seu objeto; for impossível a sua manutenção; vencer o prazo de sua existência (art. 765 do CPC).

Esclareça-se que a fundação, em regra, é constituída por prazo indeterminado[85].

Tornando-se ilícita, impossível ou inútil a finalidade a que visa a fundação, ou vencido o prazo de sua existência, o órgão do Ministério Público, ou qualquer interessado, deve promover a sua extinção, incorporando-se o seu patrimônio, salvo disposição em contrário no ato constitutivo, ou no estatuto, em outra fundação, designada pelo juiz, que se proponha a fim igual ou semelhante (art. 69 do Código Civil).

As entidades fechadas de previdência complementar organizam-se sob a forma de fundação (art. 31, § 1º, da Lei Complementar 109/2001).

---

[83] MONTEIRO, Washington de Barros; PINTO, Ana Cristina de Barros Monteiro França. *Curso de direito civil*: parte geral. 44. ed. São Paulo: Saraiva, 2012. v. 1. p. 173-174.

[84] MONTEIRO, Washington de Barros; PINTO, Ana Cristina de Barros Monteiro França. *Curso de direito civil*: parte geral. 44. ed. São Paulo: Saraiva, 2012. v. 1. p. 174.

[85] RODRIGUES, Silvio. *Direito civil*: parte geral. 34. ed. São Paulo: Saraiva, 2003. v. 1. p. 102.

7.11 ORGANIZAÇÕES RELIGIOSAS

No âmbito dos direitos fundamentais, a Constituição da República estabelecer ser inviolável a liberdade de consciência e de crença, sendo assegurado o livre exercício dos cultos religiosos e garantida, na forma da lei, a proteção aos locais de culto e a suas liturgias (art. 5º, inciso VI)[86]. Além disso, é assegurada, nos termos da lei, a prestação de assistência religiosa nas entidades civis e militares de internação coletiva (art. 5º, inciso VII).

É vedado à União, aos Estados, ao Distrito Federal e aos Municípios estabelecer cultos religiosos ou igrejas, subvencioná-los, embaraçar-lhes o funcionamento ou manter com eles ou seus representantes relações de dependência ou aliança, ressalvada, na forma da lei, a colaboração de interesse público (art. 19, inciso I, da Constituição Federal de 1988).

A República Federativa do Brasil, assim, é um Estado laico, sendo garantida a liberdade de crença e de culto religioso.

Nesse contexto, as organizações religiosas são pessoas jurídicas de direito privado (art. 44, inciso IV, do Código Civil).

São livres a criação, a organização, a estruturação interna e o funcionamento das organizações religiosas, sendo vedado ao poder público negar-lhes reconhecimento ou registro dos atos constitutivos e necessários ao seu funcionamento (art. 44, § 1º, do Código Civil).

7.12 PARTIDOS POLÍTICOS

Os partidos políticos são pessoas jurídicas de direito privado (art. 44, inciso V, do Código Civil) e devem ser organizados e funcionar conforme o disposto em lei específica (art. 44, § 3º, do Código Civil).

---

86 SILVA, José Afonso da. *Curso de direito constitucional positivo*. 10. ed. São Paulo: Malheiros, 1995. p. 242-243.

É livre a criação, fusão, incorporação e extinção de partidos políticos, resguardados a soberania nacional, o regime democrático, o pluripartidarismo, os direitos fundamentais da pessoa humana e observados os seguintes preceitos: caráter nacional; proibição de recebimento de recursos financeiros de entidade ou governo estrangeiros ou de subordinação a estes; prestação de contas à Justiça Eleitoral; funcionamento parlamentar de acordo com a lei (art. 17 da Constituição Federal de 1988).

Os partidos políticos, após adquirirem personalidade jurídica, na forma da lei civil, devem registrar seus estatutos no Tribunal Superior Eleitoral. É vedada a utilização pelos partidos políticos de organização paramilitar.

O partido político, pessoa jurídica de direito privado, destina-se a assegurar, no interesse do regime democrático, a autenticidade do sistema representativo e a defender os direitos fundamentais definidos na Constituição Federal de 1988 (art. 1º da Lei 9.096/1995). O partido político não se equipara às entidades paraestatais.

É livre a criação, fusão, incorporação e extinção de partidos políticos cujos programas respeitem a soberania nacional, o regime democrático, o pluripartidarismo e os direitos fundamentais da pessoa humana (art. 2º da Lei 9.096/1995).

É assegurada, ao partido político, autonomia para definir sua estrutura interna, organização e funcionamento (art. 3º da Lei 9.096/1995). Os filiados de um partido político têm iguais direitos e deveres (art. 4º da Lei 9.096/1995).

A ação do partido tem caráter nacional e é exercida de acordo com seu estatuto e programa, sem subordinação a entidades ou governos estrangeiros (art. 5º da Lei 9.096/1995).

É vedado ao partido político ministrar instrução militar ou paramilitar, utilizar-se de organização da mesma natureza e adotar uniforme para seus membros (art. 6º da Lei 9.096/1995).

O partido político, após adquirir personalidade jurídica na forma da lei civil, deve registrar seu estatuto no Tribunal Superior Eleitoral (art. 7º da Lei 9.096/1995).

7.13 EMPRESA INDIVIDUAL DE RESPONSABILIDADE LIMITADA

As empresas individuais de responsabilidade limitada são pessoas jurídicas de direito privado (art. 44, inciso VI, do Código Civil, incluído pela Lei 12.441/2011) que exercem atividade empresarial.

A empresa individual de responsabilidade limitada é constituída por uma única pessoa titular da totalidade do capital social, devidamente integralizado, que não será inferior a 100 vezes o maior salário mínimo vigente no País (art. 980-A do Código Civil, incluído pela Lei 12.441/2011)[87].

Prevalece o entendimento de que a empresa individual de responsabilidade limitada pode ser constituída tanto por pessoa natural quanto por pessoa jurídica, nacional ou estrangeira (Instrução Normativa 81/2020 do Departamento Nacional de Registro Empresarial e Integração).

O nome empresarial deve ser formado pela inclusão da expressão "EIRELI" após a firma ou a denominação social da empresa individual de responsabilidade limitada (art. 980-A, § 1º, do Código Civil).

A pessoa natural que constituir empresa individual de responsabilidade limitada somente pode figurar em uma única empresa dessa modalidade (art. 980-A, § 2º, do Código Civil).

Quando o titular da empresa individual de responsabilidade limitada for pessoa natural deve constar do corpo do ato constitutivo cláusula com a declaração de que o seu constituinte não figura em nenhuma outra empresa dessa modalidade. A pessoa jurídica pode figurar em mais de uma empresa individual de responsabilidade limitada (Instrução Normativa 81/2020 do Departamento Nacional de Registro Empresarial e Integração).

A empresa individual de responsabilidade limitada também pode resultar da concentração das quotas de outra modalidade societária em um único sócio, independentemente das razões que motivaram tal concentração (art. 980-A, § 3º, do Código Civil).

---

[87] O Supremo Tribunal Federal julgou ser válida a previsão do art. 980-A do Código Civil, incluído pela Lei 12.441/2011, que exige capital social de pelo menos 100 vezes o salário mínimo para a constituição de empresa individual de responsabilidade limitada (STF, Pleno, ADI 4.637/DF, Rel. Min. Gilmar Mendes, j. 07.12.2020).

Pode ser atribuída à empresa individual de responsabilidade limitada constituída para a prestação de serviços de qualquer natureza a remuneração decorrente da cessão de direitos patrimoniais de autor ou de imagem, nome, marca ou voz de que seja detentor o titular da pessoa jurídica, vinculados à atividade profissional (art. 980-A, § 5º, do Código Civil).

Aplicam-se à empresa individual de responsabilidade limitada, no que couber, as regras previstas para as sociedades limitadas (art. 980-A, § 6º, do Código Civil).

Somente o patrimônio social da empresa responde pelas dívidas da empresa individual de responsabilidade limitada, hipótese em que não se confunde, em qualquer situação, com o patrimônio do titular que a constitui, ressalvados os casos de fraude (art. 980-A, § 7º, do Código Civil, incluído pela Lei 13.874/2019).

Havendo fraude, ou seja, utilização indevida da empresa individual de responsabilidade limitada para fins ilícitos, em prejuízo de terceiros, é possível a desconsideração da personalidade jurídica daquela, para alcançar os bens da pessoa natural que constituiu e integra a referida pessoa jurídica. Portanto, em caso de abuso da personalidade jurídica, caracterizado pelo desvio de finalidade ou pela confusão patrimonial, aplica-se à empresa individual de responsabilidade limitada a previsão do art. 50 do Código Civil.

7.14 ORGANIZAÇÕES SOCIAIS E ORGANIZAÇÕES DA SOCIEDADE CIVIL DE INTERESSE PÚBLICO

As organizações sociais e as organizações da sociedade civil de interesse público não são modalidades específicas de pessoas jurídicas, mas sim qualificações que podem ser aprovadas ou outorgadas pelo poder público a certas pessoas jurídicas de direito privado sem fins lucrativos (associações), que fazem parte do chamado "terceiro setor"[88], quando preenchidos os requisitos legais específicos.

[88] "15. As organizações sociais, por integrarem o Terceiro Setor, não fazem parte do conceito constitucional de Administração Pública, razão pela qual não se submetem,

A Lei 9.637/1998 dispõe sobre a qualificação de entidades como organizações sociais. O Poder Executivo pode qualificar como organizações sociais pessoas jurídicas de direito privado, sem fins lucrativos, cujas atividades sejam dirigidas ao ensino, à pesquisa científica, ao desenvolvimento tecnológico, à proteção e preservação do meio ambiente, à cultura e à saúde, atendidos aos requisitos previstos na Lei 9.637/1998 (art. 1º)[89].

Quanto aos requisitos específicos para que as mencionadas entidades privadas habilitem-se à qualificação como organização social, destaca-se a necessidade de comprovar o registro de seu ato constitutivo, dispondo sobre: a) natureza social de seus objetivos relativos à respectiva área de atuação; b) finalidade não lucrativa, com a obrigatoriedade de investimento de seus excedentes financeiros no desenvolvimento das

---

em suas contratações com terceiros, ao dever de licitar, o que consistiria em quebra da lógica de flexibilidade do setor privado, finalidade por detrás de todo o marco regulatório instituído pela Lei. Por receberem recursos públicos, bens públicos e servidores públicos, porém, seu regime jurídico tem de ser minimamente informado pela incidência do núcleo essencial dos princípios da Administração Pública (CF, art. 37, *caput*), dentre os quais se destaca o princípio da impessoalidade, de modo que suas contratações devem observar o disposto em regulamento próprio (Lei nº 9.637/98, art. 4º, VIII), fixando regras objetivas e impessoais para o dispêndio de recursos públicos. 16. Os empregados das Organizações Sociais não são servidores públicos, mas sim empregados privados, por isso que sua remuneração não deve ter base em lei (CF, art. 37, X), mas nos contratos de trabalho firmados consensualmente. Por identidade de razões, também não se aplica às Organizações Sociais a exigência de concurso público (CF, art. 37, II), mas a seleção de pessoal, da mesma forma como a contratação de obras e serviços, deve ser posta em prática através de um procedimento objetivo e impessoal" (STF, Pleno, ADI 1.923/DF, Red. Min. Luiz Fux, DJe 17.12.2015).

89 "5. O marco legal das Organizações Sociais inclina-se para a atividade de fomento público no domínio dos serviços sociais, entendida tal atividade como a disciplina não coercitiva da conduta dos particulares, cujo desempenho em atividades de interesse público é estimulado por sanções premiais, em observância aos princípios da consensualidade e da participação na Administração Pública. 6. A finalidade de fomento, *in casu*, é posta em prática pela cessão de recursos, bens e pessoal da Administração Pública para as entidades privadas, após a celebração de contrato de gestão, o que viabilizará o direcionamento, pelo Poder Público, da atuação do particular em consonância com o interesse público, através da inserção de metas e de resultados a serem alcançados, sem que isso configure qualquer forma de renúncia aos deveres constitucionais de atuação. 7. Na essência, preside a execução deste programa de ação institucional a lógica que prevaleceu no jogo democrático, de que a atuação privada pode ser mais eficiente do que a pública em determinados domínios, dada a agilidade e a flexibilidade que marcam o regime de direito privado" (STF, Pleno, ADI 1.923/DF, Red. Min. Luiz Fux, DJe 17.12.2015).

próprias atividades; c) previsão expressa de a entidade ter, como órgãos de deliberação superior e de direção, um conselho de administração e uma diretoria definidos nos termos do estatuto, asseguradas àquele a composição e a atribuições normativas e de controle básicas previstas na Lei 9.637/1998; d) previsão de participação, no órgão colegiado de deliberação superior, de representantes do poder público e de membros da comunidade, de notória capacidade profissional e idoneidade moral; e) composição e atribuições da diretoria; f) obrigatoriedade de publicação anual, no Diário Oficial da União, dos relatórios financeiros e do relatório de execução do contrato de gestão; g) no caso de associação civil, a aceitação de novos associados, na forma do estatuto; h) proibição de distribuição de bens ou de parcela do patrimônio líquido em qualquer hipótese, inclusive em razão de desligamento, retirada ou falecimento de associado ou membro da entidade; i) previsão de incorporação integral do patrimônio, dos legados ou das doações que lhe foram destinados, bem como dos excedentes financeiros decorrentes de suas atividades, em caso de extinção ou desqualificação, ao patrimônio de outra organização social qualificada no âmbito da União, da mesma área de atuação, ou ao patrimônio da União, dos Estados, do Distrito Federal ou dos Municípios, na proporção dos recursos e bens por estes alocados (art. 2º, inciso I, da Lei 9.637/1998).

A Lei 9.790/1999 dispõe sobre a qualificação de pessoas jurídicas de direito privado, sem fins lucrativos, como organizações da sociedade civil de interesse público. Podem qualificar-se como organizações da sociedade civil de interesse público as pessoas jurídicas de direito privado sem fins lucrativos que tenham sido constituídas e se encontrem em funcionamento regular há, no mínimo, três anos, desde que os respectivos objetivos sociais e normas estatutárias atendam aos requisitos instituídos pela Lei 9.790/1999.

Para os efeitos da Lei 9.790/1999, considera-se sem fins lucrativos a pessoa jurídica de direito privado que não distribui, entre os seus sócios ou associados, conselheiros, diretores, empregados ou doadores, eventuais excedentes operacionais, brutos ou líquidos, dividendos, bonificações, participações ou parcelas do seu patrimônio, auferidos mediante o exercício de suas atividades, e que os aplica integralmente na consecução do respectivo objeto social.

Não são passíveis de qualificação como organizações da sociedade civil de interesse público, ainda que se dediquem de qualquer forma às atividades descritas no art. 3º da Lei 9.790/1999: I – as sociedades comerciais; II – os sindicatos, as associações de classe ou de representação de categoria profissional; III – as instituições religiosas ou voltadas para a disseminação de credos, cultos, práticas e visões devocionais e confessionais; IV – as organizações partidárias e assemelhadas, inclusive suas fundações; V – as entidades de benefício mútuo destinadas a proporcionar bens ou serviços a um círculo restrito de associados ou sócios; VI – as entidades e empresas que comercializam planos de saúde e assemelhados; VII – as instituições hospitalares privadas não gratuitas e suas mantenedoras; VIII – as escolas privadas dedicadas ao ensino formal não gratuito e suas mantenedoras; IX – as organizações sociais; X – as cooperativas; XI – as fundações públicas; XII – as fundações, sociedades civis ou associações de direito privado criadas por órgão público ou por fundações públicas; XIII – as organizações creditícias que tenham qualquer tipo de vinculação com o sistema financeiro nacional a que se refere o art. 192 da Constituição Federal de 1988 (art. 2º da Lei 9.790/1999).

Não constituem impedimento à qualificação como organização da sociedade civil de interesse público as operações destinadas a microcrédito realizadas com instituições financeiras na forma de recebimento de repasses, venda de operações realizadas ou atuação como mandatárias (art. 2º, parágrafo único, da Lei 9.790/1999, incluído pela Lei 13.999/2020).

A qualificação instituída pela Lei 9.790/1999, observado em qualquer caso, o princípio da universalização dos serviços, no respectivo âmbito de atuação das organizações, somente será conferida às pessoas jurídicas de direito privado, sem fins lucrativos, cujos objetivos sociais tenham pelo menos uma das seguintes finalidades: I – promoção da assistência social; II – promoção da cultura, defesa e conservação do patrimônio histórico e artístico; III – promoção gratuita da educação, observando-se a forma complementar de participação das organizações de que trata a Lei 9.790/1999; IV – promoção gratuita da saúde, observando-se a forma complementar de participação das organizações de que trata a Lei 9.790/1999; V – promoção da segurança alimentar e nutricional; VI – defesa, preservação e conservação do meio ambiente e promoção do desenvolvimento sustentável; VII – promoção do voluntariado; VIII – promoção do desenvolvimento econômico e social e combate à pobreza; IX – experimentação, não lucrativa, de novos modelos socioprodutivos e de sistemas alternativos de produção, comércio, emprego e crédito; X – promoção de direitos estabelecidos, construção de novos direitos e assessoria jurídica gratuita de interesse suplementar; XI – promoção da ética, da paz, da cidadania, dos direitos humanos, da democracia e de outros valores universais; XII – estudos e pesquisas, desenvolvimento de tecnologias alternativas, produção e divulgação de informações e conhecimentos técnicos e científicos que digam respeito às atividades aqui mencionadas; XIII – estudos e pesquisas para o desenvolvimento, a disponibilização e a implementação de tecnologias voltadas à mobilidade de pessoas, por qualquer meio de transporte (art. 3º da Lei 9.790/1999).

A dedicação às atividades acima previstas configura-se mediante a execução direta de projetos, programas, planos de ações correlatas, por meio da doação de recursos físicos, humanos e financeiros, ou ainda pela prestação de serviços intermediários de apoio a outras organizações sem fins lucrativos e a órgãos do setor público que atuem em áreas afins.

CAPÍTULO

8

DOMICÍLIO

8.1 CONCEITO

Como o Direito rege as relações mantidas entre as pessoas na sociedade, há necessidade de fixação de local previamente conhecido, onde elas exerçam suas relações jurídicas, para que possam ser oficialmente encontradas e responder pelos deveres jurídicos assumidos[1]. Esse local de referência é o domicílio, considerado a sede legal da pessoa, onde se pressupõe que ela esteja presente para efeitos jurídicos[2]. Trata-se, assim, do lugar em que a pessoa está legalmente fixada, isto é, onde ela atua na esfera jurídica[3].

---

1 RODRIGUES, Silvio. *Direito civil*: parte geral. 34. ed. São Paulo: Saraiva, 2003. v. 1. p. 103.

2 MONTEIRO, Washington de Barros; PINTO, Ana Cristina de Barros Monteiro França. *Curso de direito civil*: parte geral. 44. ed. São Paulo: Saraiva, 2012. v. 1. p. 178.

3 RODRIGUES, Silvio. *Direito civil*: parte geral. 34. ed. São Paulo: Saraiva, 2003. v. 1. p. 104.

O domicílio tem conotação jurídica, pois decorre da lei, que o fixa levando em consideração aspectos objetivos e subjetivos. Não se confunde com a residência, que tem conotação fática, no sentido de lugar em que a pessoa mora, permanece habitualmente ou onde tem as suas ocupações[4].

O domicílio resulta da fixação em certo local (elemento objetivo) mais o ânimo de permanência em definitivo (elemento subjetivo)[5]. Enquanto a residência envolve uma relação de fato entre a pessoa e o lugar onde ela habita, o domicílio compõe-se da residência e da intenção de permanecer de forma definitiva ou fixar nesse local o centro de suas atividades[6].

A definição do domicílio é relevante em diversas áreas do ordenamento jurídico, como no Direito Civil, no Direito Internacional Privado (para fins de definição da lei a ser aplicada), no Direito Eleitoral (para fins de inscrição do eleitor) e no Direito Processual Civil (para a fixação da competência territorial).

No Direito das Obrigações, o pagamento deve ser efetuado no domicílio do devedor, salvo se as partes convencionarem diversamente, ou se o contrário resultar da lei, da natureza da obrigação ou das circunstâncias (art. 327 do Código Civil). Assim, em princípio, a dívida é quesível, ou seja, deve ser paga no domicílio do devedor[7]. Quando a dívida é portável, deve ser paga no domicílio do credor[8].

---

4 MONTEIRO, Washington de Barros; PINTO, Ana Cristina de Barros Monteiro França. *Curso de direito civil*: parte geral. 44. ed. São Paulo: Saraiva, 2012. v. 1. p. 178-179.

5 GAGLIANO, Pablo Stolze; PAMPLONA FILHO, Rodolfo. *Novo curso de direito civil*: parte geral. 6. ed. São Paulo: Saraiva, 2005. v. 1. p. 269.

6 RODRIGUES, Silvio. *Direito civil*: parte geral. 34. ed. São Paulo: Saraiva, 2003. v. 1. p. 105.

7 AZEVEDO, Álvaro Villaça. *Teoria geral do direito civil*: parte geral. São Paulo: Atlas, 2012. p. 122. Na jurisprudência: "II – A lei [...] civil, em seu artigo 327, encerra uma presunção (legal). Não havendo contratação específica quanto ao local do cumprimento da obrigação, esta será considerada quesível, ou seja, o credor, quando do vencimento, deve dirigir-se até o domicílio do devedor para receber o pagamento que lhe é devido" (STJ, 3ª T., REsp 1.101.524/AM, 2008/0249868-9, Rel. Min. Massami Uyeda, DJe 27.04.2011).

8 "2. A obrigação quesível (*quérable*) é aquela em que o pagamento deve ser feito no domicílio do devedor, ficando o credor, portanto, obrigado a buscar a quitação. Na obrigação portável (*portable*), a dívida deverá ser satisfeita no domicílio do credor, incidindo o devedor em mora se não efetuar o pagamento no tempo e lugar pré-fixados (art. 394 do Código Civil). Relevante notar que a demarcação do local de pagamento tem sua *ratio* na

A sucessão abre-se no lugar do último domicílio do falecido (art. 1.785 do Código Civil).

A lei do país em que domiciliada a pessoa determina as regras sobre o começo e o fim da personalidade, o nome, a capacidade e os direitos de família (art. 7º da Lei de Introdução às Normas do Direito Brasileiro). A lei do domicílio do herdeiro ou legatário regula a capacidade para suceder (art. 10, § 2º, da Lei de Introdução às Normas do Direito Brasileiro).

O alistamento se faz mediante a qualificação e inscrição do eleitor (art. 42 da Lei 4.737/1965). Para o efeito da inscrição, é domicílio eleitoral o lugar de residência ou moradia do requerente, e, verificado ter o alistando mais de uma, considerar-se-á domicílio qualquer delas (art. 42, parágrafo único, do Código Eleitoral).

A ação fundada em direito pessoal ou em direito real sobre bens móveis deve ser proposta, em regra, no foro de domicílio do réu (art. 46 do CPC). Tendo mais de um domicílio, o réu deve ser demandado no foro de qualquer deles. Sendo incerto ou desconhecido o domicílio do réu, ele pode ser demandado onde for encontrado ou no foro de domicílio do autor. Quando o réu não tiver domicílio ou residência no Brasil, a ação deve ser proposta no foro de domicílio do autor, e, se este também residir fora do Brasil, a ação será proposta em qualquer foro. Havendo dois ou mais réus com diferentes domicílios, devem ser demandados no foro de qualquer deles, à escolha do autor. A execução fiscal deve ser proposta no foro de domicílio do réu, no de sua residência ou no do lugar onde for encontrado.

O foro de domicílio do autor da herança, no Brasil, é o competente para o inventário, a partilha, a arrecadação, o cumprimento de disposições de última vontade, a impugnação ou anulação de partilha extrajudicial e para todas as ações em que o espólio for réu, ainda que o óbito tenha ocorrido no estrangeiro (art. 48 do CPC).

Se o autor da herança não possuía domicílio certo, é competente: o foro de situação dos bens imóveis; havendo bens imóveis em foros

---

aferição de quem deve tomar a iniciativa do adimplemento" (STJ, 4ª T., REsp 1.427.936/MG, 2013/0422376-7, Rel. Min. Luis Felipe Salomão, DJe 03.02.2015).

diferentes, qualquer destes; não havendo bens imóveis, o foro do local de qualquer dos bens do espólio (art. 48, parágrafo único, do CPC).

A ação em que o ausente for réu deve ser proposta no foro de seu último domicílio, também competente para a arrecadação, o inventário, a partilha e o cumprimento de disposições testamentárias (art. 49 do CPC).

Ainda no processo civil, é competente o foro:

I – para a ação de divórcio, separação, anulação de casamento e reconhecimento ou dissolução de união estável: a) de domicílio do guardião de filho incapaz; b) do último domicílio do casal, caso não haja filho incapaz; c) de domicílio do réu, se nenhuma das partes residir no antigo domicílio do casal; d) de domicílio da vítima de violência doméstica e familiar, nos termos da Lei 11.340/2006 (Lei Maria da Penha);

II – de domicílio ou residência do alimentando, para a ação em que se pedem alimentos;

III – do lugar: a) onde está a sede, para a ação em que for ré pessoa jurídica; b) onde se acha agência ou sucursal, quanto às obrigações que a pessoa jurídica contraiu; c) onde exerce suas atividades, para a ação em que for ré sociedade ou associação sem personalidade jurídica; d) onde a obrigação deve ser satisfeita, para a ação em que se lhe exigir o cumprimento; e) de residência do idoso, para a causa que verse sobre direito previsto no respectivo estatuto; f) da sede da serventia notarial ou de registro, para a ação de reparação de dano por ato praticado em razão do ofício;

IV – do lugar do ato ou fato para a ação: a) de reparação de dano; b) em que for réu administrador ou gestor de negócios alheios;

V – de domicílio do autor ou do local do fato, para a ação de reparação de dano sofrido em razão de delito ou acidente de veículos, inclusive aeronaves (art. 53 do CPC).

As ações previstas nos arts. 208 a 224 da Lei 8.069/1990 (sobre proteção judicial dos interesses individuais, difusos e coletivos assegurados à criança e ao adolescente) devem ser propostas no foro do local onde ocorreu ou deva ocorrer a ação ou omissão, cujo juízo tem competência absoluta para processar a causa, ressalvadas a competência da Justiça Federal e a competência originária dos tribunais superiores (art. 209 da Lei 8.069/1990).

Na mesma linha, conforme o Estatuto do Idoso, as ações cíveis fundadas em interesses difusos, coletivos, individuais indisponíveis ou homogêneos devem ser propostas no foro do domicílio do idoso, cujo juízo tem competência absoluta para processar a causa, ressalvadas as competências da Justiça Federal e a competência originária dos Tribunais Superiores (art. 80 da Lei 10.741/2003).

8.2 DOMICÍLIO DA PESSOA NATURAL

No Direito Romano, o domicílio era estabelecido considerando o lar, como a sede da vida da pessoa, e o lugar central dos seus negócios. Nesse enfoque, domicílio é o local onde a pessoa vive e se estabelece com o intuito de permanecer[9].

No sistema alemão é admitida a pluralidade de domicílios, critério adotado no Código Civil brasileiro, enquanto no sistema francês o domicílio deve ser único[10].

O domicílio da pessoa natural é o lugar onde ela estabelece a sua residência com ânimo definitivo (art. 70 do Código Civil). O domicílio civil da pessoa natural, portanto, exige o elemento material ou objetivo, isto é, a fixação da pessoa em certo local, onde viva, e o elemento subjetivo ou psicológico, que diz respeito à intenção de ali se permanecer definitivamente, como sede de suas atividades habituais[11]. Nessa linha, o elemento material refere-se à residência e o elemento psicológico envolve o ânimo definitivo, o qual é revelado por meio de

[9] MONTEIRO, Washington de Barros; PINTO, Ana Cristina de Barros Monteiro França. *Curso de direito civil*: parte geral. 44. ed. São Paulo: Saraiva, 2012. v. 1. p. 180.

[10] RODRIGUES, Silvio. *Direito civil*: parte geral. 34. ed. São Paulo: Saraiva, 2003. v. 1. p. 105.

[11] MONTEIRO, Washington de Barros; PINTO, Ana Cristina de Barros Monteiro França. *Curso de direito civil*: parte geral. 44. ed. São Paulo: Saraiva, 2012. v. 1. p. 181. Cf. ainda GOMES, Orlando. *Introdução ao direito civil*. 19. ed., revista, atualizada e aumentada por Edvaldo Brito e Reginalda Paranhos de Brito. Rio de Janeiro: Forense, 2007. p. 159.

circunstâncias que exteriorizam a intenção da pessoa no sentido de que certo local seja o centro de suas relações e atividades e ocupações[12].

Se, porém, a pessoa natural tiver diversas residências, onde, alternadamente, viva, considerar-se-á domicílio seu qualquer delas (art. 71 do Código Civil). Logo, em caso de pluralidade de residências, qualquer dos lugares onde a pessoa natural vive é considerado o seu domicílio.

Ter-se-á por domicílio da pessoa natural, que não tenha residência habitual, o lugar onde for encontrada (art. 73 do Código Civil). Portanto, se a pessoa não vive em local fixo, o seu domicílio será o local em que for encontrada. Trata-se do "domicílio ocasional", por exemplo, no caso de pessoa que se mantém permanentemente em viagem, sem se fixar em certo lugar[13].

É possível diferenciar o "domicílio residencial", considerado o lugar onde a pessoa mantém as suas relações jurídicas de natureza pessoal e familiar, do "domicílio profissional", como lugar onde a pessoa mantém suas relações jurídicas de natureza profissional. O domicílio residencial, assim, pode ser em lugar diverso do domicílio profissional[14]. Nesse caso, registre-se o entendimento no sentido de que, conforme o tipo de questão envolvida, se relacionada à vida pessoal ou profissional, aplica-se a modalidade de domicílio correspondente. É possível haver pluralidade de cada tipo de domicílio. O local dos domicílios residencial e profissional pode coincidir[15].

É também domicílio da pessoa natural, quanto às relações concernentes à profissão, o lugar onde esta é exercida (art. 72 do Código Civil). Se a pessoa exercitar profissão em lugares diversos, cada um deles constitui domicílio para as relações que lhe corresponderem (art. 72, parágrafo único, do Código Civil). Portanto, admite-se também a pluralidade de domicílios profissionais.

---

12 RODRIGUES, Silvio. *Direito civil*: parte geral. 34. ed. São Paulo: Saraiva, 2003. v. 1. p. 104-105.

13 RODRIGUES, Silvio. *Direito civil*: parte geral. 34. ed. São Paulo: Saraiva, 2003. v. 1. p. 108.

14 AZEVEDO, Álvaro Villaça. *Teoria geral do direito civil*: parte geral. São Paulo: Atlas, 2012. p. 124.

15 MONTEIRO, Washington de Barros; PINTO, Ana Cristina de Barros Monteiro França. *Curso de direito civil*: parte geral. 44. ed. São Paulo: Saraiva, 2012. v. 1. p. 181.

Se a pessoa natural não tiver residência habitual, nem local de exercício de atividade profissional, o seu domicílio será onde for encontrada, tanto para questões pessoas e familiares, como profissionais, conforme aplicação do art. 73 do Código Civil[16].

Muda-se o domicílio, transferindo a residência, com a intenção manifesta de o mudar (art. 74 do Código Civil). A alteração de domicílio, assim, exige o elemento material, relativo à transferência do lugar de moradia, e o elemento subjetivo, ou seja, o intuito explícito dessa mudança[17].

A prova da intenção resultará do que declarar a pessoa às municipalidades dos lugares, que deixa, e para onde vai, ou, se tais declarações não fizer, da própria mudança, com as circunstâncias que a acompanharem (art. 74, parágrafo único, do Código Civil).

As mencionadas circunstâncias, a serem verificadas se a pessoa não tiver feito as declarações às municipalidades dos lugares que deixa e para onde vai, podem envolver, por exemplo, o fato de o indivíduo ter se mudado com a família, vendido o imóvel situado no lugar onde residia e adquirido outro na localidade em que passou a morar, indicando que houve transferência do domicílio.

Na realidade, em termos práticos, a pessoa dificilmente declara às municipalidades dos lugares que deixa e para onde se transfere o objetivo de mudar de domicílio. Por isso, admite-se a prova dessa intenção com base em condutas tomadas pela pessoa, que possam revelar o intuito de mudança do centro de suas relações jurídicas[18].

Se a questão relativa à mudança de domicílio for objeto de discussão em processo judicial, aplicando-se a primeira parte do art. 375 do CPC, o juiz deve aplicar as regras de experiência comum subministradas pela observação do que ordinariamente acontece.

---

16 MONTEIRO, Washington de Barros; PINTO, Ana Cristina de Barros Monteiro França. *Curso de direito civil*: parte geral. 44. ed. São Paulo: Saraiva, 2012. v. 1. p. 182.

17 MONTEIRO, Washington de Barros; PINTO, Ana Cristina de Barros Monteiro França. *Curso de direito civil*: parte geral. 44. ed. São Paulo: Saraiva, 2012. v. 1. p. 182-183.

18 RODRIGUES, Silvio. *Direito civil*: parte geral. 34. ed. São Paulo: Saraiva, 2003. v. 1. p. 108.

Ainda na esfera processual, se a mudança de domicílio ocorre depois do ajuizamento da ação, não há alteração na competência territorial[19], por ser, em regra, de natureza relativa[20]. Nesse sentido, determina-se a competência no momento do registro ou da distribuição da petição inicial, sendo irrelevantes as modificações do estado de fato ou de direito ocorridas posteriormente, salvo quando suprimirem órgão judiciário ou alterarem a competência absoluta (art. 43 do CPC).

8.3 DOMICÍLIO DA PESSOA JURÍDICA

Quanto às pessoas jurídicas, o domicílio é:

I – da União, o Distrito Federal;

II – dos Estados e Territórios, as respectivas capitais;

III – do Município, o lugar onde funcione a administração municipal;

IV – das demais pessoas jurídicas, o lugar onde funcionarem as respectivas diretorias e administrações, ou onde elegerem domicílio especial no seu estatuto ou atos constitutivos (art. 75 do Código Civil).

Na esfera processual, aos juízes federais compete processar e julgar as causas em que a União, entidade autárquica ou empresa pública federal forem interessadas na condição de autoras, rés, assistentes ou oponentes, exceto as de falência, as de acidentes de trabalho e as sujeitas à Justiça Eleitoral e à Justiça do Trabalho (art. 109, inciso I, da Constituição Federal de 1988).

As causas em que a União for autora devem ser ajuizadas na seção judiciária onde tiver domicílio a outra parte (art. 109, § 1º, da Constituição Federal de 1988).

As causas propostas em face da União podem ser ajuizadas na seção judiciária em que for domiciliado o autor, naquela onde houver ocorrido o ato ou fato que deu origem à demanda ou onde esteja situada

[19] MONTEIRO, Washington de Barros; PINTO, Ana Cristina de Barros Monteiro França. *Curso de direito civil*: parte geral. 44. ed. São Paulo: Saraiva, 2012. v. 1. p. 182.

[20] Súmula 33 do STJ: "A incompetência relativa não pode ser declarada de ofício".

a coisa, ou, ainda, no Distrito Federal (art. 109, § 2º, da Constituição Federal de 1988).

De forma semelhante à União, as autarquias federais têm representação em todo o território nacional e, em regra, as mesmas prerrogativas processuais. Sendo assim, o Supremo Tribunal Federal fixou a seguinte tese em recurso extraordinário com repercussão geral: "A regra prevista no § 2º do art. 109 da Constituição Federal também se aplica às ações movidas em face de autarquias federais" (STF, Pleno, RE 627.709/DF, Rel. Min. Ricardo Lewandowski, DJe 30.10.2014).

Nessa linha, de modo mais amplo, registre-se o entendimento de que: "A faculdade prevista no art. 109, § 2º, da Constituição Federal abrange o ajuizamento de ação contra quaisquer das entidades federais capazes de atrair a competência da Justiça Federal, uma vez que o ordenamento constitucional, neste aspecto, objetiva facilitar o acesso ao Poder Judiciário da parte litigante" (STJ, 1ª Seção, AgInt no CC 153.878/DF, 2017/0204847-2, Rel. Min. Sérgio Kukina, DJe 19.06.2018).

Sendo assim, é competente o foro de domicílio do réu para as causas em que seja autora a União (art. 51 do CPC). Se a União for a demandada, a ação pode ser proposta no foro de domicílio do autor, no de ocorrência do ato ou fato que originou a demanda, no de situação da coisa ou no Distrito Federal.

É competente o foro de domicílio do réu para as causas em que seja autor Estado ou o Distrito Federal (art. 52 do CPC). Se Estado ou o Distrito Federal for o demandado, a ação pode ser proposta no foro de domicílio do autor, no de ocorrência do ato ou fato que originou a demanda, no de situação da coisa ou na capital do respectivo ente federado.

O domicílio das pessoas jurídicas de direito privado é o lugar onde funcionarem as respectivas diretorias e administrações, ou onde elegerem domicílio especial no seu estatuto ou atos constitutivos (art. 75, inciso IV, do Código Civil).

Saliente-se que o registro da pessoa jurídica de direito privado deve declarar a sua sede (art. 46, inciso I, do Código Civil). Logo, se no ato constitutivo da pessoa jurídica de direito privado não constar a declaração do seu domicílio, este será no local onde funcionem a sua diretoria e administração[21].

Se a pessoa jurídica tiver diversos estabelecimentos em lugares diferentes, cada um deles deve ser considerado domicílio para os atos nele praticados (art. 75, § 1º, do Código Civil).

Logo, no caso de pessoa jurídica que tenha sede e filiais, cada estabelecimento é considerado seu domicílio, quanto aos atos ali praticados. Trata-se de regra que favorece quem mantém relação negocial com a pessoa jurídica[22]. Admite-se que o autor da demanda não utilize essa previsão em seu benefício, podendo ajuizar a ação na sede, ou seja, no estabelecimento principal da pessoa jurídica[23].

No plano processual, é competente o foro do lugar: a) onde está a sede, para a ação em que for ré pessoa jurídica; b) onde se acha agência ou sucursal, quanto às obrigações que a pessoa jurídica contraiu (art. 53, inciso III, do CPC).

Nessa linha, de acordo com a Súmula 363 do STF: "A pessoa jurídica de direito privado pode ser demandada no domicílio da agência, ou estabelecimento, em que se praticou o ato".

Se a administração ou a diretoria tiver a sede no estrangeiro, haver-se-á por domicílio da pessoa jurídica, no tocante às obrigações contraídas por cada uma das suas agências, o lugar do estabelecimento, situado no Brasil, a que ela corresponder (art. 75, § 2º, do Código Civil).

Nesse contexto, compete à autoridade judiciária brasileira processar e julgar as ações em que o réu, qualquer que seja a sua nacionalidade, estiver domiciliado no Brasil (art. 21, inciso I, do CPC). Para esse fim, considera-se domiciliada no Brasil a pessoa jurídica estrangeira que nele tiver agência, filial ou sucursal.

Portanto, se alguém manteve relação jurídica com pessoa jurídica estrangeira que tem agência, filial ou sucursal no Brasil, aquele não

---

21 RODRIGUES, Silvio. *Direito civil*: parte geral. 34. ed. São Paulo: Saraiva, 2003. v. 1. p. 108.

22 MONTEIRO, Washington de Barros; PINTO, Ana Cristina de Barros Monteiro França. *Curso de direito civil*: parte geral. 44. ed. São Paulo: Saraiva, 2012. v. 1. p. 184-185.

23 RODRIGUES, Silvio. *Direito civil*: parte geral. 34. ed. São Paulo: Saraiva, 2003. v. 1. p. 112.

é obrigado a ajuizar a ação no país estrangeiro, onde está a sede de sua administração ou diretoria, podendo fazê-lo perante o Poder Judiciário brasileiro[24].

8.4 CLASSIFICAÇÃO

Considerando o titular do domicílio, este pode ser classificado em domicílio da pessoa natural (arts. 70 a 73 do Código Civil) e domicílio da pessoa jurídica (art. 75 do Código Civil). Este pode dizer respeito à pessoa jurídica de direito público (art. 75, incisos I a III, do Código Civil) e à pessoa jurídica de direito privado (art. 75, inciso IV, do Código Civil)[25].

Quanto à origem, o domicílio é classificado em voluntário, no qual a sua fixação depende da vontade da pessoa, e necessário, decorrente de determinação legal[26].

O domicílio necessário pode ser originário, quando determinado pela lei desde o nascimento da pessoa (como no caso do incapaz recém-nascido), ou legal, quando fixado pela lei em razão da condição de certas pessoas[27].

Têm domicílio necessário o incapaz, o servidor público, o militar, o marítimo e o preso (art. 76 do Código Civil). Trata-se de presunção legal e absoluta, ou seja, que não admite prova em sentido diverso[28]. Vejamos, assim, o domicílio necessário de cada um deles.

O domicílio do incapaz é o do seu representante (em se tratando de absolutamente incapaz) ou assistente (no caso de relativamente incapaz). No âmbito processual, a ação em que o incapaz for réu deve

---

24 RODRIGUES, Silvio. *Direito civil*: parte geral. 34. ed. São Paulo: Saraiva, 2003. v. 1. p. 112.

25 RODRIGUES, Silvio. *Direito civil*: parte geral. 34. ed. São Paulo: Saraiva, 2003. v. 1. p. 106-107.

26 MONTEIRO, Washington de Barros; PINTO, Ana Cristina de Barros Monteiro França. *Curso de direito civil*: parte geral. 44. ed. São Paulo: Saraiva, 2012. v. 1. p. 186.

27 MONTEIRO, Washington de Barros; PINTO, Ana Cristina de Barros Monteiro França. *Curso de direito civil*: parte geral. 44. ed. São Paulo: Saraiva, 2012. v. 1. p. 186.

28 GOMES, Orlando. *Introdução ao direito civil*. 19. ed., revista, atualizada e aumentada por Edvaldo Brito e Reginalda Paranhos de Brito. Rio de Janeiro: Forense, 2007. p. 165.

ser proposta no foro de domicílio de seu representante ou assistente (art. 50 do CPC).

O domicílio do servidor público é o lugar em que exercer permanentemente suas funções. O domicílio do militar é onde servir, e, sendo da Marinha ou da Aeronáutica, a sede do comando a que se encontrar imediatamente subordinado. O domicílio do marítimo é onde o navio estiver matriculado. O domicílio do preso é o lugar em que cumprir a sentença (art. 76, parágrafo único, do Código Civil).

O agente diplomático do Brasil, que, citado no estrangeiro, alegar extraterritorialidade sem designar onde tem, no País, o seu domicílio, pode ser demandado no Distrito Federal ou no último ponto do território brasileiro onde o teve (art. 77 do Código Civil).

Se a pessoa não estiver sujeita a domicílio necessário, ela pode de forma livre, ou seja, voluntária, definir o lugar onde estabelecerá a sua residência com ânimo definitivo (art. 70 do Código Civil) ou o lugar onde exercerá a sua profissão (art. 72 do Código Civil)[29].

Os direitos e deveres referentes à sociedade conjugal são exercidos igualmente pelo homem e pela mulher (art. 226, § 5º, da Constituição Federal de 1988). Em harmonia com essa previsão, o domicílio do casal será escolhido por ambos os cônjuges, mas um e outro podem ausentar-se do domicílio conjugal para atender a encargos públicos, ao exercício de sua profissão, ou a interesses particulares relevantes (art. 1.569 do Código Civil).

Em relação à natureza, o domicílio é classificado em geral, quando o domicílio necessário ou voluntário é fixado segundo as previsões gerais a respeito da matéria, e especial, quando convencionado pelas partes em contrato[30]. Nesse último caso, tem-se o domicílio de eleição[31] ou contratual[32].

---

29 MONTEIRO, Washington de Barros; PINTO, Ana Cristina de Barros Monteiro França. *Curso de direito civil*: parte geral. 44. ed. São Paulo: Saraiva, 2012. v. 1. p. 187.

30 MONTEIRO, Washington de Barros; PINTO, Ana Cristina de Barros Monteiro França. *Curso de direito civil*: parte geral. 44. ed. São Paulo: Saraiva, 2012. v. 1. p. 187.

31 RODRIGUES, Silvio. *Direito civil*: parte geral. 34. ed. São Paulo: Saraiva, 2003. v. 1. p. 107.

32 GOMES, Orlando. *Introdução ao direito civil*. 19. ed., revista, atualizada e aumentada por Edvaldo Brito e Reginalda Paranhos de Brito. Rio de Janeiro: Forense, 2007. p. 163.

Sendo assim, quando ao modo de se estabelecer o domicílio, este pode ser classificado em voluntário, necessário ou legal e domicílio de eleição ou convencional[33].

A respeito do tema, nos contratos escritos, os contratantes podem especificar domicílio onde se exercitem e cumpram os direitos e obrigações deles resultantes (art. 78 do Código Civil).

Em harmonia com o exposto, na esfera processual, as partes podem modificar a competência em razão do valor e do território, elegendo foro onde deve ser proposta ação oriunda de direitos e obrigações (art. 63 do CPC). O foro de eleição, assim, é admitido com o objetivo de modificar a competência relativa. Nos termos da Súmula 335 do STF: "É válida a cláusula de eleição do foro para os processos oriundos do contrato".

A eleição de foro só produz efeito quando constar de instrumento escrito e aludir expressamente a determinado negócio jurídico (art. 63, § 1º, do CPC). Esclareça-se que o foro contratual obriga os herdeiros e sucessores das partes (art. 63, § 2º, do CPC).

Antes da citação, a cláusula de eleição de foro, se abusiva, pode ser reputada ineficaz de ofício pelo juiz, que determinará a remessa dos autos ao juízo do foro de domicílio do réu (art. 63, § 3º, do CPC). Embora o foro de eleição diga respeito à competência territorial, se a cláusula contratual a respeito da questão for abusiva, dificultando de forma indevida ou excessiva o acesso de uma das partes à jurisdição, cabe ao juiz, antes da citação, reconhecer de ofício a sua ineficácia e determinar a remessa dos autos do processo ao juízo do foro de domicílio do réu.

A hipótese pode ocorrer, por exemplo, nas relações de consumo, pois um dos direitos básicos do consumidor é o acesso aos órgãos judiciários e administrativos com vistas à prevenção ou reparação de danos patrimoniais e morais, individuais, coletivos ou difusos (art. 6º, inciso VII, da Lei 8.078/1990). Frise-se que a Política Nacional das Relações de Consumo deve observar o princípio do reconhecimento da vulnerabilidade do consumidor no mercado de consumo (art. 4º,

---

[33] RODRIGUES, Silvio. *Direito civil*: parte geral. 34. ed. São Paulo: Saraiva, 2003. v. 1. p. 107.

inciso I, da Lei 8.078/1990). Além disso, os contratos que regulam as relações de consumo não obrigam os consumidores, se não lhes for dada a oportunidade de tomar conhecimento prévio de seu conteúdo, ou se os respectivos instrumentos forem redigidos de modo a dificultar a compreensão de seu sentido e alcance (art. 46 da Lei 8.078/1990). Trata-se de previsão que se aplica à cláusula contratual de eleição de foro. Sendo assim, são nulas de pleno direito, entre outras, as cláusulas contratuais relativas ao fornecimento de produtos e serviços que estejam em desacordo com o sistema de proteção ao consumidor (art. 51, inciso XV, da Lei 8.078/1990).

De todo modo, uma vez citado, incumbe ao réu alegar a abusividade da cláusula de eleição de foro na contestação, sob pena de preclusão (art. 63, § 4º, do CPC). Portanto, se o juiz não declarar a nulidade do foro de eleição, nem o réu arguir a incompetência territorial do foro de eleição, ela será prorrogada, por se tratar de competência territorial, que tem natureza relativa (art. 65 do CPC). Se o autor ajuizar a ação em foro diverso do eleito, cabe ao réu alegar essa incompetência relativa em preliminar de contestação. Se não o fizer, prorroga-se a competência do foro onde a demanda foi ajuizada (art. 65 do CPC), ocorrendo a renúncia tácita do foro de eleição[34].

Ressalte-se que para as ações fundadas em direito real sobre imóveis é competente o foro de situação da coisa (art. 47 do CPC). O autor pode optar pelo foro de domicílio do réu ou pelo foro de eleição se o litígio não recair sobre direito de propriedade, vizinhança, servidão, divisão e demarcação de terras e de nunciação de obra nova (art. 47, § 1º, do CPC)[35]. A ação possessória imobiliária deve ser proposta no foro de situação da coisa, cujo juízo tem competência absoluta (art. 47, § 2º, do CPC).

---

[34] GONÇALVES, Marcus Vinicius Rios. *Direito processual civil esquematizado*. 9. ed. São Paulo: Saraiva, 2018. p. 141.

[35] GONÇALVES, Marcus Vinicius Rios. *Direito processual civil esquematizado*. 9. ed. São Paulo: Saraiva, 2018. p. 132: "A regra, portanto, é que a competência nas ações reais imobiliárias é do foro de situação da coisa e é absoluta, uma vez que a imensa maioria das ações reais versa sobre aqueles temas, indicados no art. 47, § 1º. Se porventura a ação não versar sobre esses temas, *admitir-se-ão a eleição e a propositura no domicílio do réu*. Se versar – o que ocorre em quase todas as ações reais –, a competência será absoluta, sendo inadmissível a eleição" (destaques do original).

CAPÍTULO

9

BENS

9.1 CONCEITO

A relação jurídica, além dos sujeitos, tem o objeto, o qual, no aspecto mediato, é um bem jurídico, em sentido amplo[1].

Em sentido econômico, bens são coisas úteis ao ser humano, existentes em quantidade limitada, que podem ser objeto de apropriação. Os conflitos de interesses surgem da disputa entre as pessoas a respeito de bens econômicos, pois estes são limitados. O Direito, assim, disciplina as relações sociais entre as pessoas quanto aos referidos bens, que se tornam relações jurídicas[2].

---

[1] GOMES, Orlando. *Introdução ao direito civil.* 19. ed., revista, atualizada e aumentada por Edvaldo Brito e Reginalda Paranhos de Brito. Rio de Janeiro: Forense, 2007. p. 92: "Objeto é o bem no qual incide o poder do sujeito, ou a prestação exigível. Tudo o que representa uma utilidade para a pessoa pode ser objeto de direito. Não somente as coisas, mas, também, as ações humanas (prestações)".

[2] RODRIGUES, Silvio. *Direito civil*: parte geral. 34. ed. São Paulo: Saraiva, 2003. v. 1. p. 115-116.

Em termos filosóficos, bem é aquilo que pode trazer benefícios ao ser humano. Os bens jurídicos, compreendidos de forma ampla, são valores que podem ser objeto da relação jurídica, abrangendo coisas corpóreas e incorpóreas, materiais e imateriais, fatos e condutas humanas[3].

Em sentido genérico, coisa é tudo o que existe fora do ser humano. Na concepção jurídica, é tudo o que existe em quantidade limitada, podendo ser apropriado pelo ser humano e aferido em termos econômicos[4].

Os bens são normalmente coisas úteis que existem em quantidade limitada, podem ser apropriadas e têm valor econômico. O Direito regula as relações entre as pessoas a respeito dos bens econômicos[5]. Há valores que têm conteúdo econômico, mas não são considerados coisas, mas sim bens incorpóreos, como o direito de autor. Existem ainda valores inerentes ao ser humano, sem conteúdo econômico imediato ou pecuniário, como os direitos da personalidade, que são bens extrapatrimoniais[6].

Embora a questão seja controvertida na doutrina, é possível entender que os bens são mais amplos, abrangendo as coisas (objetos corpóreos ou materiais) e os bens imateriais[7].

Na Parte Geral do Código Civil, o Livro II (arts. 79 a 103) trata dos bens em sentido amplo, abrangendo coisas e direitos[8]. Na Parte

---

3 MONTEIRO, Washington de Barros; PINTO, Ana Cristina de Barros Monteiro França. *Curso de direito civil*: parte geral. 44. ed. São Paulo: Saraiva, 2012. v. 1. p. 189.

4 MONTEIRO, Washington de Barros; PINTO, Ana Cristina de Barros Monteiro França. *Curso de direito civil*: parte geral. 44. ed. São Paulo: Saraiva, 2012. v. 1. p. 190.

5 RODRIGUES, Silvio. *Direito civil*: parte geral. 34. ed. São Paulo: Saraiva, 2003. v. 1. p. 116.

6 RODRIGUES, Silvio. *Direito civil*: parte geral. 34. ed. São Paulo: Saraiva, 2003. v. 1. p. 116.

7 GAGLIANO, Pablo Stolze; PAMPLONA FILHO, Rodolfo. *Novo curso de direito civil*: parte geral. 6. ed. São Paulo: Saraiva, 2005. v. 1. p. 281: "Preferimos, na linha do Direito alemão, identificar a *coisa* sob o aspecto de sua *materialidade*, reservando o vocábulo aos objetos corpóreos. Os *bens*, por sua vez, compreenderiam os objetos corpóreos ou materiais (coisas) e os ideais (bens imateriais). Dessa forma, há bens jurídicos que não são coisas: a liberdade, a honra, a integridade moral, a imagem, a vida" (destaques do original).

8 GOMES, Orlando. *Introdução ao direito civil*. 19. ed., revista, atualizada e aumentada por Edvaldo Brito e Reginalda Paranhos de Brito. Rio de Janeiro: Forense, 2007. p. 179-

Especial do Código Civil, o Livro III, sobre o Direito das Coisas (arts. 1.196 a 1.510-E), trata da posse e dos direitos reais[9].

O art. 57 do Código Civil de 1916 previa o patrimônio como universalidade de direito, por subsistir mesmo não constando de objetos materiais. Nesse enfoque, o patrimônio é formado pelas relações jurídicas ativas e passivas do indivíduo, abrangendo os direitos e deveres do seu titular. Considera-se patrimônio bruto todo o ativo da pessoa, enquanto o patrimônio líquido é o ativo deduzindo-se o passivo[10].

O patrimônio é o conjunto de bens da pessoa que podem ser aferidos em termos econômicos ou pecuniários. No Direito das Obrigações, o patrimônio do devedor é que garante o cumprimento das obrigações[11].

Nesse enfoque, o devedor responde com todos os seus bens presentes e futuros para o cumprimento de suas obrigações, salvo as restrições estabelecidas em lei (art. 789 do CPC). Pelo inadimplemento (ou seja, descumprimento) das obrigações respondem todos os bens do devedor (art. 391 do Código Civil).

As coisas e bens econômicos, que podem ser aferidos em termos pecuniários, formam o patrimônio material da pessoa natural ou jurídica. Há ainda bens não econômicos, de natureza extrapatrimonial ou moral, como a vida, a integridade física, psíquica e psicológica, a honra, a liberdade, a privacidade e o nome, os quais decorrem da personalidade. Integram o patrimônio ideal da pessoa e, se violados, podem ser objeto de indenização[12].

180: "Bem e *coisa* não se confundem. O primeiro é gênero, a segunda, espécie. [...] Do mesmo modo, há bens que não são coisas, como os direitos e as prestações. O vocábulo *coisa* é empregado, também, em sentido ainda mais estreito, para designar, tão somente, os *objetos corpóreos*, como no Código Civil alemão" (destaques do original).

9 MONTEIRO, Washington de Barros; PINTO, Ana Cristina de Barros Monteiro França. *Curso de direito civil*: parte geral. 44. ed. São Paulo: Saraiva, 2012. v. 1. p. 190.

10 RODRIGUES, Silvio. *Direito civil*: parte geral. 34. ed. São Paulo: Saraiva, 2003. v. 1. p. 117.

11 RODRIGUES, Silvio. *Direito civil*: parte geral. 34. ed. São Paulo: Saraiva, 2003. v. 1. p. 117-118.

12 MONTEIRO, Washington de Barros; PINTO, Ana Cristina de Barros Monteiro França. *Curso de direito civil*: parte geral. 44. ed. São Paulo: Saraiva, 2012. v. 1. p. 190.

9.2 CLASSIFICAÇÃO

Classificar tem o sentido agrupar as espécies de um gênero, reunindo na mesma classe as que têm elementos comuns entre si, de modo que todas sejam distribuídas nas categorias apropriadas[13].

Há diversas classes de bens, como se observa no Livro II da Parte Geral do Código Civil, que trata dos bens considerados em si mesmos (arts. 79 a 91), dos bens reciprocamente considerados (arts. 92 a 97) e dos bens públicos (arts. 98 a 103).

Os bens considerados em si mesmos abrangem os bens imóveis (arts. 79 a 81), os bens móveis (arts. 82 a 84), os bens fungíveis e consumíveis (arts. 85 e 86), os bens divisíveis (arts. 87 e 88) e os bens singulares e coletivos (arts. 89 a 91). São consideradas as qualidades físicas ou jurídicas dos próprios bens[14].

Os bens reciprocamente considerados abrangem os bens principais e acessórios. Essa classificação, portanto, leva em consideração as relações entre os bens[15].

Os bens públicos, por sua vez, distinguem-se dos bens particulares. Trata-se de classificação que considera o titular do bem[16], isto é, o sujeito[17].

Na realidade, o bem pode se enquadrar em mais de uma classificação, como, por exemplo, o bem imóvel, principal e público, ou o bem móvel, acessório e privado[18].

---

13 RODRIGUES, Silvio. *Direito civil*: parte geral. 34. ed. São Paulo: Saraiva, 2003. v. 1. p. 118.

14 MONTEIRO, Washington de Barros; PINTO, Ana Cristina de Barros Monteiro França. *Curso de direito civil*: parte geral. 44. ed. São Paulo: Saraiva, 2012. v. 1. p. 191.

15 MONTEIRO, Washington de Barros; PINTO, Ana Cristina de Barros Monteiro França. *Curso de direito civil*: parte geral. 44. ed. São Paulo: Saraiva, 2012. v. 1. p. 191.

16 MONTEIRO, Washington de Barros; PINTO, Ana Cristina de Barros Monteiro França. *Curso de direito civil*: parte geral. 44. ed. São Paulo: Saraiva, 2012. v. 1. p. 191.

17 GOMES, Orlando. *Introdução ao direito civil*. 19. ed., revista, atualizada e aumentada por Edvaldo Brito e Reginalda Paranhos de Brito. Rio de Janeiro: Forense, 2007. p. 189.

18 MONTEIRO, Washington de Barros; PINTO, Ana Cristina de Barros Monteiro França. *Curso de direito civil*: parte geral. 44. ed. São Paulo: Saraiva, 2012. v. 1. p. 191.

9.3 BENS CORPÓREOS E INCORPÓREOS

Os bens podem ser corpóreos e incorpóreos[19].

Os bens corpóreos têm existência física ou material, ou seja, são tangíveis ou perceptíveis, podendo ser notados pelos sentidos, como os bens imóveis por natureza (art. 79 do Código Civil). Os bens incorpóreos têm existência abstrata ou ideal, mas reconhecidos pelo Direito e de valor econômico para o ser humano, como os direitos autorais (Lei 9.610/1998), a propriedade industrial (Lei 9.279/1996), o direito à sucessão aberta (art. 80, inciso II, do Código Civil) e os direitos reais sobre imóveis e as ações que os asseguram (art. 80, inciso I, do Código Civil). Enquanto os bens corpóreos podem ser adquiridos e alienados por meio de compra e venda, os bens incorpóreos podem ser objeto de cessão. Os bens corpóreos podem ser objeto de tradição e usucapião, o que não ocorre com as bens incorpóreos[20].

9.4 BENS MÓVEIS E IMÓVEIS

Conforme a natureza do bem, este pode ser móvel ou imóvel[21]. Essa classificação considera os bens em si mesmos, levando em conta se podem ou não se mover. Nesse enfoque, os bens imóveis não têm como ser transportados sem a sua destruição[22].

No Direito Medieval (ou seja, na Idade Média), apenas a propriedade imóvel tinha efetivo valor, sendo a propriedade móvel secundária. Na teoria fisiocrata (século XVIII), a terra é considerada a fonte da riqueza da sociedade. O Código Civil de Napoleão (1804) estabelecia

---

19 GOMES, Orlando. *Introdução ao direito civil*. 19. ed., revista, atualizada e aumentada por Edvaldo Brito e Reginalda Paranhos de Brito. Rio de Janeiro: Forense, 2007. p. 191-192.

20 MONTEIRO, Washington de Barros; PINTO, Ana Cristina de Barros Monteiro França. *Curso de direito civil*: parte geral. 44. ed. São Paulo: Saraiva, 2012. v. 1. p. 192.

21 MONTEIRO, Washington de Barros; PINTO, Ana Cristina de Barros Monteiro França. *Curso de direito civil*: parte geral. 44. ed. São Paulo: Saraiva, 2012. v. 1. p. 192-193.

22 RODRIGUES, Silvio. *Direito civil*: parte geral. 34. ed. São Paulo: Saraiva, 2003. v. 1. p. 121.

o primado dos imóveis ou bens de raiz. Em tempos mais recentes, os bens móveis passam a ter reconhecido valor, pela facilidade de circulação e crescente relevância econômica[23].

Vejamos algumas distinções entre bens móveis e imóveis[24].

No Direito das Coisas, as formas de aquisição da propriedade imóvel são disciplinadas nos arts. 1.238 a 1.259 do Código Civil, ou seja, usucapião, registro do título e acessão. As formas de aquisição da propriedade móvel, por sua vez, são disciplinadas nos arts. 1.260 a 1.274 do Código Civil, ou seja, usucapião, ocupação, achado do tesouro, tradição, especificação, confusão, comissão e adjunção.

A propriedade das coisas móveis se transfere pela tradição (art. 1.267 do Código Civil). Transfere-se entre vivos a propriedade imóvel mediante o registro do título translativo no Registro de Imóveis (art. 1.245 do Código Civil).

Não dispondo a lei em contrário, a escritura pública é essencial à validade dos negócios jurídicos que visem à constituição, transferência, modificação ou renúncia de direitos reais sobre imóveis de valor superior a 30 vezes o maior salário mínimo vigente no País (art. 108 do Código Civil).

Em regra, nenhum dos cônjuges pode, sem autorização do outro, exceto no regime da separação absoluta, alienar ou gravar de ônus real os bens imóveis (art. 1.647, inciso I, do Código Civil).

Não podem os pais alienar, ou gravar de ônus real os imóveis dos filhos menores, nem contrair, em nome deles, obrigações que ultrapassem os limites da simples administração, salvo por necessidade ou evidente interesse da prole, mediante prévia autorização do juiz (art. 1.691 do Código Civil).

O crime de furto consiste em subtrair, para si ou para outrem, coisa alheia móvel (art. 155 do Código Penal). O crime de roubo consiste em subtrair coisa móvel alheia, para si ou para outrem, mediante grave

---

[23] MONTEIRO, Washington de Barros; PINTO, Ana Cristina de Barros Monteiro França. *Curso de direito civil*: parte geral. 44. ed. São Paulo: Saraiva, 2012. v. 1. p. 192-193.

[24] MONTEIRO, Washington de Barros; PINTO, Ana Cristina de Barros Monteiro França. *Curso de direito civil*: parte geral. 44. ed. São Paulo: Saraiva, 2012. v. 1. p. 193-194.

ameaça ou violência a pessoa, ou depois de havê-la, por qualquer meio, reduzido à impossibilidade de resistência (art. 157 do Código Penal).

No Direito Internacional Privado, para qualificar os bens e regular as relações a eles concernentes, deve-se aplicar a lei do país em que estiverem situados (art. 8º da Lei de Introdução às Normas do Direito Brasileiro). Aplicar-se-á a lei do país em que for domiciliado o proprietário, quanto aos bens móveis que ele trouxer ou se destinarem a transporte para outros lugares.

9.4.1 Bens imóveis

Segundo a doutrina tradicional, os bens imóveis abrangem: imóveis por sua natureza; imóveis por acessão física industrial ou artificial; imóveis por acessão intelectual; bens imóveis por disposição legal[25].

O art. 79 do Código Civil prevê que são bens imóveis o solo e tudo quanto se lhe incorporar natural ou artificialmente.

O solo e o que se lhe incorporar naturalmente são bens imóveis por sua natureza[26]. Dessa forma, as acessões naturais e as árvores ligadas ao solo são bens imóveis por sua própria natureza[27], pois incorporadas a ele naturalmente, o mesmo ocorrendo com os frutos nessa condição. Caso as árvores sejam destinadas ao corte, tornam-se bens móveis por antecipação[28]. O art. 43, inciso I, do Código Civil de 1916 previa como bens imóveis o solo com os seus acessórios e adjacências naturais compreendendo a superfície, as árvores e frutos pendentes, o espaço aéreo e o subsolo[29].

---

[25] GOMES, Orlando. *Introdução ao direito civil*. 19. ed., revista, atualizada e aumentada por Edvaldo Brito e Reginalda Paranhos de Brito. Rio de Janeiro: Forense, 2007. p. 195-196. GAGLIANO, Pablo Stolze; PAMPLONA FILHO, Rodolfo. *Novo curso de direito civil*: parte geral. 6. ed. São Paulo: Saraiva, 2005. v. 1. p. 286-288. TARTUCE, Flávio. *Direito civil*: lei de introdução e parte geral. 4. ed. São Paulo: Método, 2008. v. 1. p. 257-258.

[26] RODRIGUES, Silvio. *Direito civil*: parte geral. 34. ed. São Paulo: Saraiva, 2003. v. 1. p. 122.

[27] GOMES, Orlando. *Introdução ao direito civil*. 19. ed., revista, atualizada e aumentada por Edvaldo Brito e Reginalda Paranhos de Brito. Rio de Janeiro: Forense, 2007. p. 196.

[28] MONTEIRO, Washington de Barros; PINTO, Ana Cristina de Barros Monteiro França. *Curso de direito civil*: parte geral. 44. ed. São Paulo: Saraiva, 2012. v. 1. p. 196.

[29] MONTEIRO, Washington de Barros; PINTO, Ana Cristina de Barros Monteiro França. *Curso de direito civil*: parte geral. 44. ed. São Paulo: Saraiva, 2012. v. 1. p. 194.

No Direito das Coisas, a acessão (forma originária de aquisição da propriedade imóvel) natural abrange a formação de ilhas, a aluvião, a avulsão e o abandono de álveo (art. 1.248, incisos I a IV, do Código Civil).

A propriedade do solo abrange a do espaço aéreo e subsolo correspondentes, em altura e profundidade úteis ao seu exercício, não podendo o proprietário opor-se a atividades que sejam realizadas, por terceiros, a uma altura ou profundidade tais, que não tenha ele interesse legítimo em impedi-las (art. 1.229 do Código Civil).

A propriedade do solo não abrange as jazidas, minas e demais recursos minerais, os potenciais de energia hidráulica, os monumentos arqueológicos e outros bens referidos por leis especiais (art. 1.230 do Código Civil).

Esclareça-se que as jazidas, em lavra ou não, e demais recursos minerais e os potenciais de energia hidráulica constituem propriedade distinta da do solo, para efeito de exploração ou aproveitamento, e pertencem à União, garantida ao concessionário a propriedade do produto da lavra (art. 176 da Constituição Federal de 1988). É assegurada participação ao proprietário do solo nos resultados da lavra, na forma e no valor que dispuser a lei.

Os recursos minerais, inclusive os do subsolo, são bens da União (art. 20, inciso IX, da Constituição Federal de 1988).

As quedas d'água e outras fontes de energia hidráulica são bens imóveis e consideradas coisas distintas e não integrantes das terras em que se encontrem. A propriedade superficial não abrange a água, o álveo do curso no trecho em que se acha a queda d'água, nem a respectiva energia hidráulica, para o efeito de seu aproveitamento industrial (art. 145 do Código de Águas, Decreto 24.643/1934).

Os bens incorporados de forma artificial ao solo também são imóveis (art. 79 do Código Civil). Trata-se dos bens imóveis por acessão física industrial ou artificial, no sentido de incorporação permanente de uma coisa ao solo pelo ser humano, não podendo removê-la sem destruição ou dano, como os canos, tijolos[30], sementes lançadas à

[30] RODRIGUES, Silvio. *Direito civil*: parte geral. 34. ed. São Paulo: Saraiva, 2003. v. 1. p. 123.

terra, os edifícios, plantações e construções[31]. O art. 43, inciso II, do Código Civil de 1916 previa que são bens imóveis tudo quanto o homem incorporar permanentemente ao solo, como a semente lançada à terra, os edifícios e construções, de modo que se não possa retirar sem destruição, modificação, fratura ou dano[32].

No Direito das Coisas, a acessão (forma originária de aquisição da propriedade imóvel) industrial ou artificial diz respeito a plantações ou construções (art. 1.248, inciso V, do Código Civil).

Esclareça-se que não perdem o caráter de imóveis: I – as edificações que, separadas do solo, mas conservando a sua unidade, forem removidas para outro local; II – os materiais provisoriamente separados de um prédio, para nele se reempregarem (art. 81 do Código Civil)[33].

Os bens imóveis por acessão intelectual ou destinação do proprietário são os bens móveis que o titular do imóvel, de forma intencional, mantém nele incorporados ou empregados, tornando-se bens imóveis, podendo ser mobilizados a qualquer tempo. Por exemplo, o ar condicionado, as máquinas agrícolas[34] e os animais empregados no cultivo da terra[35]. São as pertenças[36], bens acessórios previstos no art. 93 do Código Civil[37]. O art. 43, inciso III, do Código Civil de 1916 previa como bens imóveis tudo quanto no imóvel o proprietário

---

31 GAGLIANO, Pablo Stolze; PAMPLONA FILHO, Rodolfo. *Novo curso de direito civil*: parte geral. 6. ed. São Paulo: Saraiva, 2005. v. 1. p. 287. TARTUCE, Flávio. *Direito civil*: lei de introdução e parte geral. 4. ed. São Paulo: Método, 2008. v. 1. p. 257.

32 MONTEIRO, Washington de Barros; PINTO, Ana Cristina de Barros Monteiro França. *Curso de direito civil*: parte geral. 44. ed. São Paulo: Saraiva, 2012. v. 1. p. 194-195.

33 TARTUCE, Flávio. *Direito civil*: lei de introdução e parte geral. 4. ed. São Paulo: Método, 2008. v. 1. p. 257-258.

34 RODRIGUES, Silvio. *Direito civil*: parte geral. 34. ed. São Paulo: Saraiva, 2003. v. 1. p. 124.

35 GOMES, Orlando. *Introdução ao direito civil*. 19. ed., revista, atualizada e aumentada por Edvaldo Brito e Reginalda Paranhos de Brito. Rio de Janeiro: Forense, 2007. p. 196.

36 DINIZ, Maria Helena. *Curso de direito civil brasileiro*: teoria geral do direito civil. 29. ed. São Paulo: Saraiva, 2012. v. 1. p. 371.

37 GAGLIANO, Pablo Stolze; PAMPLONA FILHO, Rodolfo. *Novo curso de direito civil*: parte geral. 6. ed. São Paulo: Saraiva, 2005. v. 1. p. 287-288.

mantiver intencionalmente empregado em sua exploração industrial, aformoseamento ou comodidade[38].

Com o objetivo de conferir maior segurança jurídica, há ainda bens considerados imóveis por disposição da lei. Nesse sentido, consideram-se imóveis para os efeitos legais: I – os direitos reais sobre imóveis e as ações que os asseguram; II – o direito à sucessão aberta (art. 80 do Código Civil)[39].

Como o direito à sucessão aberta é considerado bem imóvel, a renúncia da herança é considerada renúncia de bem imóvel[40]. A renúncia da herança deve constar expressamente de instrumento público ou termo judicial (art. 1.806 do Código Civil).

A jazida é bem imóvel, distinto do solo onde se encontra, não abrangendo a propriedade deste o minério ou a substância mineral útil que a constitui (art. 84 do Código de Mineração, Decreto-Lei 227/1967). Considera-se jazida toda massa individualizada de substância mineral ou fóssil, aflorando à superfície ou existente no interior da terra, e que tenha valor econômico. Considera-se mina a jazida em lavra, ainda que suspensa (art. 4º do Código de Mineração, Decreto-Lei 227/1967).

A mina, como jazida em lavra, é bem imóvel. Registre-se que se consideram integrantes da mina: a) edifícios, construções, máquinas, aparelhos e instrumentos destinados à mineração e ao beneficiamento do produto da lavra, desde que este seja realizado na área de concessão da mina: b) servidões indispensáveis ao exercício da lavra; c) animais e veículos empregados no serviço; d) materiais necessários aos trabalhos da lavra, quando dentro da área concedida; e) provisões necessárias aos trabalhos da lavra, para um período de 120 dias (art. 6º, parágrafo único, do Código de Mineração, Decreto-Lei 227/1967)[41].

---

[38] MONTEIRO, Washington de Barros; PINTO, Ana Cristina de Barros Monteiro França. *Curso de direito civil*: parte geral. 44. ed. São Paulo: Saraiva, 2012. v. 1. p. 194-195.

[39] MONTEIRO, Washington de Barros; PINTO, Ana Cristina de Barros Monteiro França. *Curso de direito civil*: parte geral. 44. ed. São Paulo: Saraiva, 2012. v. 1. p. 195.

[40] RODRIGUES, Silvio. *Direito civil*: parte geral. 34. ed. São Paulo: Saraiva, 2003. v. 1. p. 126.

[41] RODRIGUES, Silvio. *Direito civil*: parte geral. 34. ed. São Paulo: Saraiva, 2003. v. 1. p. 125.

9.4.2 Bens móveis

Os bens móveis abrangem os bens móveis por sua própria natureza, os bens móveis por antecipação e os bens móveis por disposição legal[42].

São móveis os bens suscetíveis de movimento próprio, ou de remoção por força alheia, sem alteração da substância ou da destinação econômico-social (art. 82 do Código Civil). Trata-se dos bens móveis por sua natureza[43]. Os materiais destinados a alguma construção, enquanto não forem empregados, conservam sua qualidade de móveis (art. 84, primeira parte, do Código Civil)[44]. Readquirem a qualidade de bens móveis os materiais provenientes da demolição de algum prédio (art. 84, segunda parte, do Código Civil)[45].

Os bens móveis que podem se movimentar por si são os semoventes. Há bens móveis que podem ser movimentados por meio de força alheia, como as mercadorias. Frise-se que para que sejam bens móveis, essa movimentação não pode modificar a substância ou a sua destinação social e econômica[46].

Os animais, por serem suscetíveis de movimento próprio, segundo o entendimento tradicional, são bens semoventes[47]. Entretanto, registre-se a tendência no sentido de que os animais não devem ser considerados bens ou coisas, pois são seres vivos dotados de sensibilidade, como sujeitos de direitos sem personalidade jurídica ou tendo natureza jurídica *sui generis*. Para assegurar a efetividade do direito ao

---

[42] GAGLIANO, Pablo Stolze; PAMPLONA FILHO, Rodolfo. *Novo curso de direito civil*: parte geral. 6. ed. São Paulo: Saraiva, 2005. v. 1. p. 290. Cf. ainda GOMES, Orlando. *Introdução ao direito civil*. 19. ed., revista, atualizada e aumentada por Edvaldo Brito e Reginalda Paranhos de Brito. Rio de Janeiro: Forense, 2007. p. 198-199.

[43] MONTEIRO, Washington de Barros; PINTO, Ana Cristina de Barros Monteiro França. *Curso de direito civil*: parte geral. 44. ed. São Paulo: Saraiva, 2012. v. 1. p. 196.

[44] TARTUCE, Flávio. *Direito civil*: lei de introdução e parte geral. 4. ed. São Paulo: Método, 2008. v. 1. p. 259.

[45] DINIZ, Maria Helena. *Curso de direito civil brasileiro*: teoria geral do direito civil. 29. ed. São Paulo: Saraiva, 2012. v. 1. p. 373.

[46] MONTEIRO, Washington de Barros; PINTO, Ana Cristina de Barros Monteiro França. *Curso de direito civil*: parte geral. 44. ed. São Paulo: Saraiva, 2012. v. 1. p. 196.

[47] RODRIGUES, Silvio. *Direito civil*: parte geral. 34. ed. São Paulo: Saraiva, 2003. v. 1. p. 126.

meio ambiente ecologicamente equilibrado, incumbe ao Poder Público proteger a fauna e a flora, vedadas, na forma da lei, as práticas que coloquem em risco sua função ecológica, provoquem a extinção de espécies ou submetam os animais a crueldade (art. 225, § 1º, inciso VII, da Constituição Federal de 1988).

Os bens móveis por antecipação são bens aderentes ao solo, mas que se tornam móveis ao serem destinados ou separados, pela vontade humana, para certos fins[48], como as árvores que se destinam ao corte[49].

Há bens considerados móveis por disposição da lei[50].

Nesse sentido, consideram-se móveis para os efeitos legais: I – as energias que tenham valor econômico; II – os direitos reais sobre objetos móveis e as ações correspondentes; III – os direitos pessoais de caráter patrimonial e respectivas ações (art. 83 do Código Civil).

Consideram-se bens móveis, para os efeitos legais, os direitos de propriedade industrial (art. 5º da Lei 9.279/1996).

Os direitos autorais reputam-se, para os efeitos legais, bens móveis (art. 3º da Lei 9.610/1998).

---

48 MONTEIRO, Washington de Barros; PINTO, Ana Cristina de Barros Monteiro França. *Curso de direito civil*: parte geral. 44. ed. São Paulo: Saraiva, 2012. v. 1. p. 196. Na jurisprudência: "Venda de safra futura. Bens móveis por antecipação. A venda de frutos, de molde a manifestar o intuito de separação do objeto da venda em relação ao solo a que adere, impõe a consideração de que tais coisas tenham sido, pela manifestação de vontade das partes contratantes, antecipadamente mobilizadas" (STJ, 3ª T., AgRg no Ag 1.74.406/SP, 1998/0003457-9, Rel. Min. Eduardo Ribeiro, DJ 23.11.1998).

49 GAGLIANO, Pablo Stolze; PAMPLONA FILHO, Rodolfo. *Novo curso de direito civil*: parte geral. 6. ed. São Paulo: Saraiva, 2005. v. 1. p. 290: "Móveis por antecipação: São bens que, embora incorporados ao solo, são destinados a serem destacados e convertidos em móveis, como é o caso, por exemplo, das árvores destinadas ao corte". Na jurisprudência: "2. Conforme consta dos artigos 79 e 92 do Código Civil, salvo expressa disposição em contrário, as árvores incorporadas ao solo mantêm a característica de bem imóvel, pois acessórios do principal, motivo pelo qual, em regra, a acessão artificial recebe a mesma classificação/natureza jurídica do terreno sobre o qual é plantada. 2.1 No entanto, essa classificação legal pode ser interpretada de acordo com a destinação econômica conferida ao bem, sendo viável transmudar a sua natureza jurídica para bem móvel por antecipação, cuja peculiaridade reside na vontade humana de mobilizar a coisa em função da finalidade econômica" (STJ, 4ª T., REsp 1.567.479/PR, 2011/0271419-1, Rel. Min. Marco Buzzi, DJe 18.06.2019).

50 MONTEIRO, Washington de Barros; PINTO, Ana Cristina de Barros Monteiro França. *Curso de direito civil*: parte geral. 44. ed. São Paulo: Saraiva, 2012. v. 1. p. 197.

No crime de furto, equipara-se à coisa móvel a energia elétrica ou qualquer outra que tenha valor econômico (art. 155, § 3º, do Código Penal).

Como mencionado anteriormente, os materiais destinados a alguma construção, enquanto não forem empregados, conservam sua qualidade de móveis. Readquirem essa qualidade os materiais provenientes da demolição de algum prédio (art. 84 do Código Civil). Nessa hipótese, os referidos materiais retornam à qualidade de bens móveis, desde que não sejam materiais provisoriamente separados de um prédio (imóvel), para nele se reempregarem (art. 81, inciso II, do Código Civil)[51].

9.5 BENS FUNGÍVEIS E INFUNGÍVEIS

Os bens podem ser fungíveis e infungíveis. A fungibilidade e a não fungibilidade decorrem, em regra, da própria natureza do bem ou da coisa, mas também poder decorrer da vontade das partes[52].

Fungível significa substituível. São fungíveis os móveis que podem substituir-se por outros da mesma espécie, qualidade e quantidade (art. 85 do Código Civil). Não existem bens imóveis fungíveis[53].

A diferenciação entre bens fungíveis e infungíveis têm aplicação também nas relações jurídicas[54].

O mútuo é o empréstimo de coisas fungíveis. O mutuário é obrigado a restituir ao mutuante o que dele recebeu em coisa do mesmo gênero, qualidade e quantidade (art. 586 do Código Civil).

O depósito de coisas fungíveis, em que o depositário se obrigue a restituir objetos do mesmo gênero, qualidade e quantidade, regula-se pelo disposto acerca do mútuo (art. 645 do Código Civil).

---

[51] AZEVEDO, Álvaro Villaça. *Teoria geral do direito civil*: parte geral. São Paulo: Atlas, 2012. p. 143.

[52] MONTEIRO, Washington de Barros; PINTO, Ana Cristina de Barros Monteiro França. *Curso de direito civil*: parte geral. 44. ed. São Paulo: Saraiva, 2012. v. 1. p. 198-199.

[53] MONTEIRO, Washington de Barros; PINTO, Ana Cristina de Barros Monteiro França. *Curso de direito civil*: parte geral. 44. ed. São Paulo: Saraiva, 2012. v. 1. p. 198.

[54] RODRIGUES, Silvio. *Direito civil*: parte geral. 34. ed. São Paulo: Saraiva, 2003. v. 1. p. 128-129.

Se se der em pagamento coisa fungível, não se pode mais reclamar do credor que, de boa-fé, a recebeu e consumiu, ainda que o solvente não tivesse o direito de aliená-la (art. 307, parágrafo único, do Código Civil).

A compensação efetua-se entre dívidas líquidas, vencidas e de coisas fungíveis (art. 369 do Código Civil). Embora sejam do mesmo gênero as coisas fungíveis, objeto das duas prestações, não se compensarão, verificando-se que diferem na qualidade, quando especificada no contrato (art. 370 do Código Civil).

Se o legado for de coisa que se determine pelo gênero, deve ser cumprido, ainda que a referida coisa não exista entre os bens deixados pelo testador (art. 1.915 do Código Civil).

Os bens infungíveis são os que não podem ser substituídos por outros da mesma espécie, qualidade e quantidade. Os bens imóveis são sempre infungíveis. Há bens móveis que são infungíveis[55]. Os bens infungíveis são considerados, na esfera jurídica, em sua individualidade[56].

Na locação de coisas, uma das partes se obriga a ceder à outra, por tempo determinado ou não, o uso e gozo de coisa não fungível, mediante certa retribuição (art. 565 do Código Civil).

O comodato é o empréstimo gratuito de coisas não fungíveis. Perfaz-se com a tradição do objeto (art. 579 do Código Civil).

Considera-se fiduciária a propriedade resolúvel de coisa móvel infungível que o devedor, com escopo de garantia, transfere ao credor (art. 1.361 do Código Civil).

As obrigações ou prestações também podem ser fungíveis e infungíveis[57].

---

[55] MONTEIRO, Washington de Barros; PINTO, Ana Cristina de Barros Monteiro França. *Curso de direito civil*: parte geral. 44. ed. São Paulo: Saraiva, 2012. v. 1. p. 198.

[56] RODRIGUES, Silvio. *Direito civil*: parte geral. 34. ed. São Paulo: Saraiva, 2003. v. 1. p. 128. Cf. ainda GOMES, Orlando. *Introdução ao direito civil*. 19. ed., revista, atualizada e aumentada por Edvaldo Brito e Reginalda Paranhos de Brito. Rio de Janeiro: Forense, 2007. p. 200-201: "Não é fungível a coisa singularizada pelas qualidades próprias, ou sinais que a distingam das outras da mesma espécie. Um automóvel, *v.g.*, coisa fungível, pode, no entanto, tornar-se infungível, se individualizado pela marca de fábrica e número do motor".

[57] MONTEIRO, Washington de Barros; PINTO, Ana Cristina de Barros Monteiro França. *Curso de direito civil*: parte geral. 44. ed. São Paulo: Saraiva, 2012. v. 1. p. 199.

A obrigação de fazer fungível pode ser prestada por qualquer pessoa, como nas tarefas que não exijam especialização. Na obrigação não fungível, leva-se em especial consideração a pessoa do devedor, não podendo ser substituído no cumprimento da prestação[58].

Incorre na obrigação de indenizar perdas e danos o devedor que recusar a prestação a ele só imposta, ou só por ele exequível (art. 247 do Código Civil). Tem-se, no caso, prestação infungível.

Se o fato puder ser executado por terceiro, será livre ao credor mandá-lo executar à custa do devedor, havendo recusa ou mora deste, sem prejuízo da indenização cabível (art. 249 do Código Civil). A hipótese trata de prestação fungível.

O credor não é obrigado a receber prestação diversa da que lhe é devida, ainda que mais valiosa (art. 313 do Código Civil). Trata-se de prestação infungível.

9.6 BENS CONSUMÍVEIS E INCONSUMÍVEIS

Os bens podem ser consumíveis e inconsumíveis[59].

São consumíveis os bens móveis cujo uso importa destruição imediata da própria substância, sendo também considerados tais os destinados à alienação (art. 86 do Código Civil).

Sendo assim, os bens são consumíveis quando se exaurem com o primeiro uso. A consuntibilidade (qualidade do bem que é consumível) pode ser de fato (por exemplo, no caso de gênero alimentício) ou de direito (por exemplo, no caso de dinheiro)[60].

São inconsumíveis os bens que possibilitam a utilização várias vezes, sem destruição de sua substância[61].

---

[58] RODRIGUES, Silvio. *Direito civil*: parte geral. 34. ed. São Paulo: Saraiva, 2003. v. 1. p. 129.

[59] GOMES, Orlando. *Introdução ao direito civil*. 19. ed., revista, atualizada e aumentada por Edvaldo Brito e Reginalda Paranhos de Brito. Rio de Janeiro: Forense, 2007. p. 202.

[60] MONTEIRO, Washington de Barros; PINTO, Ana Cristina de Barros Monteiro França. *Curso de direito civil*: parte geral. 44. ed. São Paulo: Saraiva, 2012. v. 1. p. 200.

[61] MONTEIRO, Washington de Barros; PINTO, Ana Cristina de Barros Monteiro França. *Curso de direito civil*: parte geral. 44. ed. São Paulo: Saraiva, 2012. v. 1. p. 200.

No aspecto físico, todas as coisas que são utilizadas, de certa forma, modificam-se ou são consumidas. Em termos jurídicos, os bens consumíveis e inconsumíveis devem ser assim considerados considerando o aspecto econômico. Desse modo, o bem consumível é destruído com o primeiro uso, como, por exemplo, o alimento. No Direito, o bem que vai se desgastando com o uso frequente é inconsumível, como, por exemplo, o automóvel. Além disso, há bens inconsumíveis, considerando a sua natureza, mas que podem se tornar consumíveis, quando destinados à alienação[62]. Por exemplo, o livro, para o estudante, é bem inconsumível, pois não é destruído ao ser utilizado. Entretanto, para a livraria, o livro é consumível, pois a sua utilização (no caso, a sua alienação), gera o seu desaparecimento para o alienante[63]. Um bem pode ser tornar inconsumível pela vontade das partes, como no caso de certa garrafa rara de vinho, destinada apenas para exposição, e não para consumo[64].

No usufruto, se, entre os acessórios e os acrescidos, houver coisas consumíveis, o usufrutuário terá o dever de restituir, findo o usufruto, as que ainda houver e, das outras, o equivalente em gênero, qualidade e quantidade, ou, não sendo possível, o seu valor, estimado ao tempo da restituição (art. 1.392, § 1º, do Código Civil).

9.7 BENS DIVISÍVEIS E INDIVISÍVEIS

Os bens podem ser divisíveis e indivisíveis[65].

Os bens divisíveis são os que se podem fracionar sem alteração na sua substância, diminuição considerável de valor, ou prejuízo do uso a que se destinam (art. 87 do Código Civil). Logo, os bens divisíveis

---

62 MONTEIRO, Washington de Barros; PINTO, Ana Cristina de Barros Monteiro França. *Curso de direito civil*: parte geral. 44. ed. São Paulo: Saraiva, 2012. v. 1. p. 200.

63 RODRIGUES, Silvio. *Direito civil*: parte geral. 34. ed. São Paulo: Saraiva, 2003. v. 1. p. 130.

64 GAGLIANO, Pablo Stolze; PAMPLONA FILHO, Rodolfo. *Novo curso de direito civil*: parte geral. 6. ed. São Paulo: Saraiva, 2005. v. 1. p. 292.

65 GOMES, Orlando. *Introdução ao direito civil*. 19. ed., revista, atualizada e aumentada por Edvaldo Brito e Reginalda Paranhos de Brito. Rio de Janeiro: Forense, 2007. p. 203.

podem ser repartidos em frações, mantendo a mesma substância, o mesmo valor essencial e a mesma utilidade[66].

Os bens indivisíveis são os que não podem ser fracionados, ou os que, se fracionados, não preservam a sua substância, sofrem perda considerável de valor ou ficam prejudicados quanto ao uso a que se destinam[67].

A indivisibilidade pode ser material ou física (quando o bem não pode ser fracionado sem modificação da substância), e intelectual ou jurídica (quando decorrente da lei ou da vontade das partes). Nesse sentido, os bens naturalmente divisíveis podem tornar-se indivisíveis por determinação da lei ou por vontade das partes (art. 88 do Código Civil)[68].

O imóvel rural não é divisível em áreas de dimensão inferior à constitutiva do módulo de propriedade rural (art. 65 da Lei 4.504/1964, que dispõe sobre o Estatuto da Terra).

Não se aplica essa previsão aos parcelamentos de imóveis rurais em dimensão inferior à do módulo, fixada pelo órgão fundiário federal, quando promovidos pelo Poder Público, em programas oficiais de apoio à atividade agrícola familiar, cujos beneficiários sejam agricultores que não possuam outro imóvel rural ou urbano (art. 65, § 5º, da Lei 4.504/1964, incluído pela Lei 11.446/2007). Nenhum imóvel rural adquirido na mencionada forma pode ser desmembrado ou dividido (art. 65, § 6º, da Lei 4.504/1964, incluído pela Lei 11.446/2007).

No contrato de depósito, sendo dois ou mais depositantes, e divisível a coisa, o depositário só entregará a cada um a respectiva parte, salvo se houver entre eles solidariedade (art. 639 do Código Civil).

A transação não aproveita, nem prejudica senão aos que nela intervierem, ainda que diga respeito a coisa indivisível (art. 844 do Código Civil).

---

66 MONTEIRO, Washington de Barros; PINTO, Ana Cristina de Barros Monteiro França. *Curso de direito civil*: parte geral. 44. ed. São Paulo: Saraiva, 2012. v. 1. p. 200-201.

67 MONTEIRO, Washington de Barros; PINTO, Ana Cristina de Barros Monteiro França. *Curso de direito civil*: parte geral. 44. ed. São Paulo: Saraiva, 2012. v. 1. p. 201.

68 MONTEIRO, Washington de Barros; PINTO, Ana Cristina de Barros Monteiro França. *Curso de direito civil*: parte geral. 44. ed. São Paulo: Saraiva, 2012. v. 1. p. 201.

No caso de condomínio, sendo a coisa divisível, a todo tempo será lícito ao condômino exigir a divisão da coisa comum, respondendo o quinhão de cada um pela sua parte nas despesas da divisão (art. 1.320 do Código Civil).

Ainda em se tratando de condomínio, quando a coisa for indivisível, e os consortes não quiserem adjudicá-la a um só, indenizando os outros, será vendida e repartido o apurado, preferindo-se, na venda, em condições iguais de oferta, o condômino ao estranho, e entre os condôminos aquele que tiver na coisa benfeitorias mais valiosas, e, não as havendo, o de quinhão maior (art. 1.322 do Código Civil).

Nesse contexto, não pode um condômino em coisa indivisível vender a sua parte a estranhos, se outro consorte a quiser, tanto por tanto. O condômino, a quem não se der conhecimento da venda, pode, depositando o preço, haver para si a parte vendida a estranhos, se o requerer no prazo de 180 dias, sob pena de decadência (art. 504 do Código Civil). Sendo muitos os condôminos, terá preferência o que tiver benfeitorias de maior valor e, na falta de benfeitorias, o de quinhão maior. Se as partes forem iguais, terão direito à parte vendida os coproprietários, que a quiserem, depositando previamente o preço.

As obrigações e os direitos também podem ser divisíveis e indivisíveis[69].

Havendo mais de um devedor ou mais de um credor em obrigação divisível, esta presume-se dividida em tantas obrigações, iguais e distintas, quantos os credores ou devedores (art. 257 do Código Civil).

A obrigação é indivisível quando a prestação tem por objeto uma coisa ou um fato não suscetíveis de divisão, por sua natureza, por motivo de ordem econômica, ou dada a razão determinante do negócio jurídico (art. 258 do Código Civil). Se, havendo dois ou mais devedores, a prestação não for divisível, cada um será obrigado pela dívida toda (art. 259 do Código Civil). Perde a qualidade de indivisível a obrigação que se resolver em perdas e danos (art. 263 do Código Civil).

---

[69] MONTEIRO, Washington de Barros; PINTO, Ana Cristina de Barros Monteiro França. *Curso de direito civil*: parte geral. 44. ed. São Paulo: Saraiva, 2012. v. 1. p. 201-202. GOMES, Orlando. *Introdução ao direito civil*. 19. ed., revista, atualizada e aumentada por Edvaldo Brito e Reginalda Paranhos de Brito. Rio de Janeiro: Forense, 2007. p. 203.

No Direito das Coisas, as servidões prediais[70] são indivisíveis, e subsistem, no caso de divisão dos imóveis, em benefício de cada uma das porções do prédio dominante, e continuam a gravar cada uma das do prédio serviente, salvo se, por natureza, ou destino, só se aplicarem a certa parte de um ou de outro (art. 1.386 do Código Civil).

A hipoteca, em regra, é indivisível[71], pois o pagamento de uma ou mais prestações da dívida não importa exoneração correspondente da garantia, ainda que esta compreenda vários bens, salvo disposição expressa no título ou na quitação (art. 1.421 do Código Civil).

A herança defere-se como um todo unitário, ainda que vários sejam os herdeiros (art. 1.791 do Código Civil).

9.8 BENS SINGULARES E COLETIVOS

Ainda considerados em si mesmos, os bens podem ser singulares e coletivos[72].

Os bens simples ou compostos, materiais ou imateriais, são singulares ou coletivos[73].

Os bens simples constituem um todo homogêneo e as suas partes são unidas naturalmente. Podem ser materiais (por exemplo, uma planta) ou imateriais (por exemplo, um crédito)[74]. Os bens compostos são formados de diversas partes ligadas pela ação humana. Podem ser materiais (por exemplo, um edifício) ou imateriais (por exemplo, o fundo de negócio)[75].

---

[70] A servidão proporciona utilidade para o prédio dominante, e grava o prédio serviente, que pertence a diverso dono, e constitui-se mediante declaração expressa dos proprietários, ou por testamento, e subsequente registro no Cartório de Registro de Imóveis (art. 1.378 do Código Civil).

[71] MONTEIRO, Washington de Barros; PINTO, Ana Cristina de Barros Monteiro França. *Curso de direito civil*: parte geral. 44. ed. São Paulo: Saraiva, 2012. v. 1. p. 202.

[72] RODRIGUES, Silvio. *Direito civil*: parte geral. 34. ed. São Paulo: Saraiva, 2003. v. 1. p. 132.

[73] MONTEIRO, Washington de Barros; PINTO, Ana Cristina de Barros Monteiro França. *Curso de direito civil*: parte geral. 44. ed. São Paulo: Saraiva, 2012. v. 1. p. 202.

[74] MONTEIRO, Washington de Barros; PINTO, Ana Cristina de Barros Monteiro França. *Curso de direito civil*: parte geral. 44. ed. São Paulo: Saraiva, 2012. v. 1. p. 202.

[75] MONTEIRO, Washington de Barros; PINTO, Ana Cristina de Barros Monteiro França. *Curso de direito civil*: parte geral. 44. ed. São Paulo: Saraiva, 2012. v. 1. p. 202.

Os bens materiais são corpóreos (por exemplo, a casa) e os bens imateriais são incorpóreos (por exemplo, o direito autoral)[76].

São singulares os bens que, embora reunidos, se consideram *de per si*, independentemente dos demais (art. 89 do Código Civil). Vale dizer, os bens singulares, ainda que sejam reunidos, têm independência e individualidade[77], como unidades autônomas[78]. Os bens singulares podem ser simples (quando as partes integrantes são ligadas naturalmente, como uma árvore ou um animal) ou compostas (quando as partes integrantes são ligadas pela ação humana, como um relógio)[79].

Como regra, os bens são singulares. Entretanto, por determinação legal ou por vontade das partes, os bens podem ser considerados coletivos ou universais[80].

Os bens coletivos ou universais (universalidades) são formados de pluralidade de bens singulares reunidos em um único todo, o qual tem individualidade distinta das unidades que os integram[81]. Os bens coletivos são constituídos de bens singulares que formam um conjunto, ou seja, são unificados e agrupados em um todo[82].

Os bens coletivos abrangem as universalidades de fato, quando os bens singulares são reunidos pela vontade do sujeito, com a mesma destinação (por exemplo, uma biblioteca ou um rebanho), e as universalidades de direito, como conjuntos de direitos e obrigações a que o ordenamento jurídico confere unidade (por exemplo, a herança, a massa falida e o patrimônio)[83].

---

[76] RODRIGUES, Silvio. *Direito civil*: parte geral. 34. ed. São Paulo: Saraiva, 2003. v. 1. p. 133.

[77] MONTEIRO, Washington de Barros; PINTO, Ana Cristina de Barros Monteiro França. *Curso de direito civil*: parte geral. 44. ed. São Paulo: Saraiva, 2012. v. 1. p. 202.

[78] GAGLIANO, Pablo Stolze; PAMPLONA FILHO, Rodolfo. *Novo curso de direito civil*: parte geral. 6. ed. São Paulo: Saraiva, 2005. v. 1. p. 294.

[79] GAGLIANO, Pablo Stolze; PAMPLONA FILHO, Rodolfo. *Novo curso de direito civil*: parte geral. 6. ed. São Paulo: Saraiva, 2005. v. 1. p. 294.

[80] MONTEIRO, Washington de Barros; PINTO, Ana Cristina de Barros Monteiro França. *Curso de direito civil*: parte geral. 44. ed. São Paulo: Saraiva, 2012. v. 1. p. 202.

[81] MONTEIRO, Washington de Barros; PINTO, Ana Cristina de Barros Monteiro França. *Curso de direito civil*: parte geral. 44. ed. São Paulo: Saraiva, 2012. v. 1. p. 202.

[82] RODRIGUES, Silvio. *Direito civil*: parte geral. 34. ed. São Paulo: Saraiva, 2003. v. 1. p. 132-133.

[83] GOMES, Orlando. *Introdução ao direito civil*. 19. ed., revista, atualizada e aumentada por Edvaldo Brito e Reginalda Paranhos de Brito. Rio de Janeiro: Forense, 2007. p. 205.

Constitui universalidade de fato a pluralidade de bens singulares que, pertinentes à mesma pessoa, tenham destinação unitária (art. 90 do Código Civil). Sendo assim, a universalidade de fato é o conjunto de bens interligados, formando um todo, pela vontade da pessoa, para certa destinação[84]. Os bens que formam a universalidade de fato podem ser objeto de relações jurídicas próprias (art. 90, parágrafo único, do Código Civil).

Constitui universalidade de direito o complexo de relações jurídicas, de uma pessoa, dotadas de valor econômico (art. 91 do Código Civil). A universalidade de direito é o conjunto de bens que a lei estabelece o caráter de unidade[85]. Como apenas as relações jurídicas que tenham valor econômico constituam a universalidade de direito, não se incluem os direitos que não tenham essa característica, como o poder familiar, o estado de casado e os direitos políticos[86].

Na universalidade de direito, a extinção de uma ou algumas das relações jurídicas não extingue aquela. Na herança e no patrimônio, mesmo que permaneça apenas uma relação jurídica, desaparecendo as demais, a herança e o patrimônio continuam existindo nessa condição, sendo universalidades de direito[87].

9.9 BENS RECIPROCAMENTE CONSIDERADOS

Os bens reciprocamente considerados se classificam em principais e acessórios[88].

MONTEIRO, Washington de Barros; PINTO, Ana Cristina de Barros Monteiro França. *Curso de direito civil*: parte geral. 44. ed. São Paulo: Saraiva, 2012. v. 1. p. 202. GAGLIANO, Pablo Stolze; PAMPLONA FILHO, Rodolfo. *Novo curso de direito civil*: parte geral. 6. ed. São Paulo: Saraiva, 2005. v. 1. p. 294-295.

84 RODRIGUES, Silvio. *Direito civil*: parte geral. 34. ed. São Paulo: Saraiva, 2003. v. 1. p. 133-134.

85 RODRIGUES, Silvio. *Direito civil*: parte geral. 34. ed. São Paulo: Saraiva, 2003. v. 1. p. 133-134.

86 MONTEIRO, Washington de Barros; PINTO, Ana Cristina de Barros Monteiro França. *Curso de direito civil*: parte geral. 44. ed. São Paulo: Saraiva, 2012. v. 1. p. 203.

87 RODRIGUES, Silvio. *Direito civil*: parte geral. 34. ed. São Paulo: Saraiva, 2003. v. 1. p. 134-135.

88 GOMES, Orlando. *Introdução ao direito civil*. 19. ed., revista, atualizada e aumentada por Edvaldo Brito e Reginalda Paranhos de Brito. Rio de Janeiro: Forense, 2007. p. 209.

Principal é o bem que existe sobre si, abstrata ou concretamente. Acessório é o bem cuja existência supõe a do principal (art. 92 do Código Civil). Por exemplo, o solo é o bem principal, pois existe sobre si, sem depender de outra, e a árvore é o bem acessório, pois a sua existência está ligada à do solo[89].

O bem principal tem substância em si, não dependendo de outro bem para existir. O bem acessório, para existir, dependente da existência do bem principal[90].

Essa distinção também se aplica aos direitos e obrigações. Por exemplo, um crédito existe sobre si, e a cláusula penal tem a existência subordinada à da obrigação principal[91]. Nas relações jurídicas, se a obrigação principal for nula, a cláusula penal também será nula, por ser obrigação acessória daquela[92].

Observa-se o princípio de que o acessório segue o principal. Segundo previa o art. 59 do Código Civil de 1916, salvo disposição especial em contrário, a coisa acessória segue a principal. Trata-se de princípio aplicável a bens materiais e imateriais, bem como relações jurídicas. Entretanto, as partes podem convencionar em sentido diverso[93].

O acessório acompanha o principal quanto à destinação. Além disso, o acessório passa a ter a natureza do principal. O proprietário do principal, em regra, é proprietário do acessório, mas pode haver ressalva feita pela lei ou por convenção das partes[94].

O mencionado princípio é aplicado em diversas questões disciplinadas pelo Direito, como a seguir exemplificado[95].

---

89 MONTEIRO, Washington de Barros; PINTO, Ana Cristina de Barros Monteiro França. *Curso de direito civil*: parte geral. 44. ed. São Paulo: Saraiva, 2012. v. 1. p. 204.

90 RODRIGUES, Silvio. *Direito civil*: parte geral. 34. ed. São Paulo: Saraiva, 2003. v. 1. p. 138.

91 MONTEIRO, Washington de Barros; PINTO, Ana Cristina de Barros Monteiro França. *Curso de direito civil*: parte geral. 44. ed. São Paulo: Saraiva, 2012. v. 1. p. 204.

92 RODRIGUES, Silvio. *Direito civil*: parte geral. 34. ed. São Paulo: Saraiva, 2003. v. 1. p. 138.

93 MONTEIRO, Washington de Barros; PINTO, Ana Cristina de Barros Monteiro França. *Curso de direito civil*: parte geral. 44. ed. São Paulo: Saraiva, 2012. v. 1. p. 204-205.

94 RODRIGUES, Silvio. *Direito civil*: parte geral. 34. ed. São Paulo: Saraiva, 2003. v. 1. p. 139-140.

95 MONTEIRO, Washington de Barros; PINTO, Ana Cristina de Barros Monteiro França. *Curso de direito civil*: parte geral. 44. ed. São Paulo: Saraiva, 2012. v. 1. p. 204.

A obrigação de dar coisa certa abrange os acessórios dela embora não mencionados, salvo se o contrário resultar do título ou das circunstâncias do caso (art. 233 do Código Civil).

Salvo disposição em contrário, na cessão de um crédito abrangem-se todos os seus acessórios (art. 287 do Código Civil).

A posse do imóvel faz presumir, até prova contrária, a das coisas móveis que nele estiverem (art. 1.209 do Código Civil).

Os bens acessórios abrangem os frutos, os produtos, os rendimentos, as acessões, as benfeitorias e as pertenças[96].

No Direito das Coisas, a acessão é forma de aquisição da propriedade imóvel, podendo ocorrer por formação de ilhas, aluvião, avulsão, abandono de álveo e plantações ou construções (art. 1.248 do Código Civil). As previsões a respeito da acessão[97] inspiram-se no princípio de que o acessório segue o principal[98].

As ilhas que se formarem em correntes comuns ou particulares pertencem aos proprietários ribeirinhos fronteiros, observadas as regras seguintes: as que se formarem no meio do rio consideram-se acréscimos sobrevindos aos terrenos ribeirinhos fronteiros de ambas as margens, na proporção de suas testadas, até a linha que dividir o álveo em duas partes iguais; as que se formarem entre a referida linha e uma das margens consideram-se acréscimos aos terrenos ribeirinhos fronteiros desse mesmo lado; as que se formarem pelo desdobramento de um novo braço do rio continuam a pertencer aos proprietários dos terrenos à custa dos quais se constituíram (art. 1.249 do Código Civil). Entende-se que os proprietários ribeirinhos, por serem titulares dos bens principais, adquirem os acessórios, no caso, as ilhas que se formam no rio que corre à sua frente[99].

---

[96] GOMES, Orlando. *Introdução ao direito civil*. 19. ed., revista, atualizada e aumentada por Edvaldo Brito e Reginalda Paranhos de Brito. Rio de Janeiro: Forense, 2007. p. 209.

[97] GOMES, Orlando. *Introdução ao direito civil*. 19. ed., revista, atualizada e aumentada por Edvaldo Brito e Reginalda Paranhos de Brito. Rio de Janeiro: Forense, 2007. p. 211: "Tudo o que se incorpora, natural ou artificialmente, a uma coisa denomina-se *acessão*. A natureza acessória das coisas aderentes é manifesta" (destaque do original).

[98] RODRIGUES, Silvio. *Direito civil*: parte geral. 34. ed. São Paulo: Saraiva, 2003. v. 1. p. 139.

[99] RODRIGUES, Silvio. *Direito civil*: parte geral. 34. ed. São Paulo: Saraiva, 2003. v. 1. p. 139.

Quanto à aluvião, os acréscimos formados, sucessiva e imperceptivelmente, por depósitos e aterros naturais ao longo das margens das correntes, ou pelo desvio das águas destas, pertencem aos donos dos terrenos marginais, sem indenização (art. 1.250 do Código Civil). O terreno aluvial, que se formar em frente de prédios de proprietários diferentes, deve ser dividido entre eles, na proporção da testada de cada um sobre a antiga margem. O proprietário do terreno principal adquire o acréscimo de terreno formado pela aluvião, por ser acessório[100].

A respeito da avulsão, quando, por força natural violenta, uma porção de terra se destacar de um prédio e se juntar a outro, o dono deste adquirirá a propriedade do acréscimo, se indenizar o dono do primeiro ou, sem indenização, se, em um ano, ninguém houver reclamado (art. 1.251 do Código Civil). Recusando-se ao pagamento de indenização, o dono do prédio a que se juntou a porção de terra deve aquiescer a que se remova a parte acrescida. O proprietário do terreno principal adquire o acréscimo de porção de terra que se destacou, decorrente da avulsão, por ser acessório.

O álveo abandonado de corrente pertence aos proprietários ribeirinhos das duas margens, sem que tenham indenização os donos dos terrenos por onde as águas abrirem novo curso, entendendo-se que os prédios marginais se estendem até o meio do álveo (art. 1.252 do Código Civil). Os proprietários ribeirinhos, titulares dos bens principais, adquirem o álveo abandonado, por ser acessório.

Toda construção ou plantação existente em um terreno presume-se feita pelo proprietário e à sua custa, até que se prove o contrário (art. 1.253 do Código Civil). Aquele que semeia, planta ou edifica em terreno próprio com sementes, plantas ou materiais alheios, adquire a propriedade destes. Entretanto, fica obrigado a pagar-lhes o valor, além de responder por perdas e danos, se agiu de má-fé (art. 1.254 do Código Civil). Aquele que semeia, planta ou edifica em terreno alheio perde, em proveito do proprietário, as sementes, plantas e construções. Caso tenha procedido de boa-fé, terá direito a indenização (art. 1.255 do Código Civil). Se a construção ou a plantação exceder

---

100 RODRIGUES, Silvio. *Direito civil*: parte geral. 34. ed. São Paulo: Saraiva, 2003. v. 1. p. 139.

consideravelmente o valor do terreno, aquele que, de boa-fé, plantou ou edificou, adquirirá a propriedade do solo, mediante pagamento da indenização fixada judicialmente, se não houver acordo.

Se de ambas as partes houve má-fé, adquirirá o proprietário as sementes, plantas e construções, devendo ressarcir o valor das acessões (art. 1.256 do Código Civil). Presume-se má-fé no proprietário, quando o trabalho de construção, ou lavoura, se fez em sua presença e sem impugnação sua.

O disposto no art. 1.256 do Código Civil aplica-se ao caso de não pertencerem as sementes, plantas ou materiais a quem de boa-fé os empregou em solo alheio (art. 1.257 do Código Civil). O proprietário das sementes, plantas ou materiais pode cobrar do proprietário do solo a indenização devida, quando não puder havê-la do plantador ou construtor. Como se pode notar, o proprietário do terreno, por ser o bem principal, adquire a propriedade das sementes, plantas e construções, como acessórios, feitas naquele.

São pertenças os bens que, não constituindo partes integrantes[101], se destinam, de modo duradouro, ao uso, ao serviço ou ao aformoseamento de outro (art. 93 do Código Civil).

As pertenças são bens acessórios que têm como objetivo, de forma permanente, conservar ou facilitar o uso do bem principal ou o seu embelezamento. Por exemplo, máquinas utilizadas no cultivo agrícola do solo, peças de decoração[102], máquinas utilizadas na fábrica e aparelhos de ar condicionado[103].

Os negócios jurídicos que dizem respeito ao bem principal não abrangem as pertenças, salvo se o contrário resultar da lei, da manifestação de vontade, ou das circunstâncias do caso (art. 94 do Código

---

[101] GOMES, Orlando. *Introdução ao direito civil*. 19. ed., revista, atualizada e aumentada por Edvaldo Brito e Reginalda Paranhos de Brito. Rio de Janeiro: Forense, 2007. p. 212: "Pertença e parte integrante distinguem-se porque a pertença não completa a coisa, por isso a coisa principal não se altera com a sua separação".

[102] MONTEIRO, Washington de Barros; PINTO, Ana Cristina de Barros Monteiro França. *Curso de direito civil*: parte geral. 44. ed. São Paulo: Saraiva, 2012. v. 1. p. 206-207.

[103] GOMES, Orlando. *Introdução ao direito civil*. 19. ed., revista, atualizada e aumentada por Edvaldo Brito e Reginalda Paranhos de Brito. Rio de Janeiro: Forense, 2007. p. 212.

Civil). As pertenças podem existir entre coisas, e não entre direitos. Como as pertenças não constituem partes integrantes do bem principal, este não é modificado se houver separação. O proprietário da pertença pode ser distinto do proprietário do bem principal. Sendo assim, o negócio jurídico relativo ao bem principal não abrange as pertenças, salvo se o contrário decorrer de previsão legal, da vontade das partes ou das circunstâncias do caso[104].

As partes integrantes são bens acessórios unidos a um bem principal, formando com este um todo, o que torna possível sua utilização. As partes integrantes, assim, não têm existência material própria, mas mantêm sua identidade. Por exemplo, a lâmpada de um lustre; rodas e motor de um automóvel[105].

Apesar de ainda não separados do bem principal, os frutos e produtos podem ser objeto de negócio jurídico (art. 95 do Código Civil).

Os frutos são utilidades produzidas de forma normal e periódica pelo bem, sem a sua alteração e sem perda de sua substância[106].

Os frutos podem ser naturais (renovam-se periodicamente, de forma orgânica, como a fruta produzida pela árvore), industriais (decorrentes de intervenção humana sobre o bem, como os produtos de uma indústria) e civis (rendas ou rendimentos provenientes da utilização do bem, como os juros, as rendas e os aluguéis)[107].

Os rendimentos, assim, são frutos civis[108].

---

[104] MONTEIRO, Washington de Barros; PINTO, Ana Cristina de Barros Monteiro França. *Curso de direito civil*: parte geral. 44. ed. São Paulo: Saraiva, 2012. v. 1. p. 207.

[105] DINIZ, Maria Helena. *Curso de direito civil brasileiro*: teoria geral do direito civil. 29. ed. São Paulo: Saraiva, 2012. v. 1. p. 392.

[106] MONTEIRO, Washington de Barros; PINTO, Ana Cristina de Barros Monteiro França. *Curso de direito civil*: parte geral. 44. ed. São Paulo: Saraiva, 2012. v. 1. p. 205.

[107] MONTEIRO, Washington de Barros; PINTO, Ana Cristina de Barros Monteiro França. *Curso de direito civil*: parte geral. 44. ed. São Paulo: Saraiva, 2012. v. 1. p. 205. RODRIGUES, Silvio. *Direito civil*: parte geral. 34. ed. São Paulo: Saraiva, 2003. v. 1. p. 140.

[108] MONTEIRO, Washington de Barros; PINTO, Ana Cristina de Barros Monteiro França. *Curso de direito civil*: parte geral. 44. ed. São Paulo: Saraiva, 2012. v. 1. p. 206. Cf. ainda GOMES, Orlando. *Introdução ao direito civil*. 19. ed., revista, atualizada e aumentada por Edvaldo Brito e Reginalda Paranhos de Brito. Rio de Janeiro: Forense, 2007. p. 211: "Denominados *frutos civis*, os rendimentos são prestações periódicas, em dinheiro, decorrentes da concessão do uso e gozo de uma coisa que uma pessoa faz a outra" (destaques do original).

Os frutos podem ser pendentes (unidos à coisa principal), percebidos ou colhidos (separados ou destacados da coisa principal), estantes (separados ou destacados e que permanecem guardados para a venda), percipiendos (deveriam ter sido colhidos, mas ainda não foram) e consumidos (já utilizados, não existindo mais)[109].

O possuidor de boa-fé tem direito, enquanto ela durar, aos frutos percebidos (art. 1.214 do Código Civil). Os frutos pendentes ao tempo em que cessar a boa-fé devem ser restituídos, depois de deduzidas as despesas da produção e custeio; devem ser também restituídos os frutos colhidos com antecipação.

Os frutos naturais e industriais reputam-se colhidos e percebidos, logo que são separados. Os frutos civis reputam-se percebidos dia por dia (art. 1.215 do Código Civil).

O possuidor de má-fé responde por todos os frutos colhidos e percebidos, bem como pelos que, por culpa sua, deixou de perceber, desde o momento em que se constituiu de má-fé. O possuidor de má-fé tem direito às despesas da produção e custeio (art. 1.216 do Código Civil).

Os produtos são utilidades extraídas dos bens, com redução gradual da quantidade. Diferenciam-se dos frutos, pois não são produzidos de forma periódica. Como exemplo, são produtos as pedras retiradas da pedreira e o sal extraído da salina[110].

Os frutos e produtos são bens acessórios. Entretanto, podem ser objeto de negócio jurídico, mesmo que ainda não separados, ou seja, retirados ou extraídos, do bem principal. Trata-se de exceção ao princípio de que o acessório segue o principal, justificando-se porque os frutos podem ser separados do bem principal, sem que este seja alterado, passando a ter existência própria. Os produtos têm existência

---

[109] MONTEIRO, Washington de Barros; PINTO, Ana Cristina de Barros Monteiro França. *Curso de direito civil*: parte geral. 44. ed. São Paulo: Saraiva, 2012. v. 1. p. 205. RODRIGUES, Silvio. *Direito civil*: parte geral. 34. ed. São Paulo: Saraiva, 2003. v. 1. p. 140. GAGLIANO, Pablo Stolze; PAMPLONA FILHO, Rodolfo. *Novo curso de direito civil*: parte geral. 6. ed. São Paulo: Saraiva, 2005. v. 1. p. 296.

[110] MONTEIRO, Washington de Barros; PINTO, Ana Cristina de Barros Monteiro França. *Curso de direito civil*: parte geral. 44. ed. São Paulo: Saraiva, 2012. v. 1. p. 206.

distinta, sendo autônomos do bem principal, embora gerem a redução da quantidade deste, podendo ser objeto de negócio jurídico mesmo antes de extraídos.

As benfeitorias são obras realizadas no bem principal (móvel ou imóvel), de titularidade de outrem, com o objetivo de sua conservação, melhoria ou embelezamento. As benfeitorias são bens acessórios[111]. Trata-se de obras realizadas pelo ser humano[112].

As benfeitorias podem ser voluptuárias, úteis ou necessárias (art. 96 do Código Civil)[113].

São voluptuárias as benfeitorias de mero deleite ou recreio, que não aumentam o uso habitual do bem, ainda que o tornem mais agradável ou sejam de elevado valor (art. 96, § 1º, do Código Civil). Por exemplo, a pintura da casa ou a construção de piscina na residência[114].

São úteis as benfeitorias que aumentam ou facilitam o uso do bem (art. 96, § 2º, do Código Civil). Por exemplo, a construção de garagem na casa[115].

São necessárias as benfeitorias que têm por fim conservar o bem ou evitar que se deteriore (art. 96, § 3º, do Código Civil). Por exemplo, a reforma do telhado da casa que iria desabar[116].

O possuidor de boa-fé tem direito à indenização das benfeitorias necessárias e úteis, bem como, quanto às voluptuárias, se não lhe forem pagas, a levantá-las, quando o puder sem detrimento da coisa, e pode exercer o direito de retenção pelo valor das benfeitorias necessárias e úteis (art. 1.219 do Código Civil).

---

111 MONTEIRO, Washington de Barros; PINTO, Ana Cristina de Barros Monteiro França. *Curso de direito civil*: parte geral. 44. ed. São Paulo: Saraiva, 2012. v. 1. p. 208.

112 RODRIGUES, Silvio. *Direito civil*: parte geral. 34. ed. São Paulo: Saraiva, 2003. v. 1. p. 141.

113 AZEVEDO, Álvaro Villaça. *Teoria geral do direito civil*: parte geral. São Paulo: Atlas, 2012. p. 157.

114 MONTEIRO, Washington de Barros; PINTO, Ana Cristina de Barros Monteiro França. *Curso de direito civil*: parte geral. 44. ed. São Paulo: Saraiva, 2012. v. 1. p. 208.

115 MONTEIRO, Washington de Barros; PINTO, Ana Cristina de Barros Monteiro França. *Curso de direito civil*: parte geral. 44. ed. São Paulo: Saraiva, 2012. v. 1. p. 208.

116 MONTEIRO, Washington de Barros; PINTO, Ana Cristina de Barros Monteiro França. *Curso de direito civil*: parte geral. 44. ed. São Paulo: Saraiva, 2012. v. 1. p. 208.

Ao possuidor de má-fé devem ser ressarcidas somente as benfeitorias necessárias. Ao possuidor de má-fé não assiste o direito de retenção pela importância das benfeitorias necessárias, nem o de levantar as voluptuárias (art. 1.220 do Código Civil). Logo, o possuidor de má-fé não tem direito ao ressarcimento das benfeitorias úteis e voluptuárias[117].

As benfeitorias compensam-se com os danos, e só obrigam ao ressarcimento se ao tempo da evicção ainda existirem (art. 1.221 do Código Civil).

O reivindicante, obrigado a indenizar as benfeitorias ao possuidor de má-fé, tem o direito de optar entre o seu valor atual e o seu custo. O reivindicante, obrigado a indenizar as benfeitorias ao possuidor de boa-fé, deve indenizar pelo valor atual (art. 1.222 do Código Civil).

Não se consideram benfeitorias os melhoramentos ou acréscimos sobrevindos ao bem sem a intervenção do proprietário, possuidor ou detentor (art. 97 do Código Civil). Logo, não se consideram benfeitorias os melhoramentos ou acréscimos decorrentes de acessões naturais (formação de ilhas, aluvião, avulsão e abandono de álveo)[118], produzidos por fatos eventuais, naturais e fortuitos (art. 1.248 do Código Civil). Por se tratar de obras da natureza, não se confundem com as benfeitorias e, assim, não são objeto de indenização[119]. As benfeitorias, como mencionado anteriormente, são obras realizadas pelo ser humano[120].

As construções e plantações, como modalidades de acessão industrial ou artificial (art. 1.248, inciso V, do Código Civil), são obras que criam coisas novas e distintas, as quais aderem ao bem imóvel que já existia, tendo disciplina própria (arts. 1.253 a 1.257 do Código Civil), tratando-se de modos de aquisição da propriedade. Portanto, não se confundem com as benfeitorias[121].

---

[117] RODRIGUES, Silvio. *Direito civil*: parte geral. 34. ed. São Paulo: Saraiva, 2003. v. 1. p. 142.

[118] AZEVEDO, Álvaro Villaça. *Teoria geral do direito civil*: parte geral. São Paulo: Atlas, 2012. p. 158.

[119] MONTEIRO, Washington de Barros; PINTO, Ana Cristina de Barros Monteiro França. *Curso de direito civil*: parte geral. 44. ed. São Paulo: Saraiva, 2012. v. 1. p. 209.

[120] RODRIGUES, Silvio. *Direito civil*: parte geral. 34. ed. São Paulo: Saraiva, 2003. v. 1. p. 141.

[121] MONTEIRO, Washington de Barros; PINTO, Ana Cristina de Barros Monteiro França. *Curso de direito civil*: parte geral. 44. ed. São Paulo: Saraiva, 2012. v. 1. p. 208. Cf. ainda GAGLIANO, Pablo Stolze; PAMPLONA FILHO, Rodolfo. *Novo curso de direito civil*: parte geral. 6. ed. São Paulo: Saraiva, 2005. v. 1. p. 299-300.

9.10 BENS PÚBLICOS E PARTICULARES

Quanto à modalidade de proprietário, os bens são públicos e particulares[122].

São públicos os bens do domínio nacional pertencentes às pessoas jurídicas de direito público interno. Todos os outros bens são particulares, seja qual for a pessoa a que pertencerem (art. 98 do Código Civil).

Na realidade, os bens públicos são de titularidade das pessoas jurídicas de direito público interno, como a União, Estados, Distrito Federal, Municípios, não se exigindo que sejam sempre de "domínio nacional". Ademais, há bens que não são públicos, mas não são particulares, pois não pertencem a ninguém, como as coisas abandonadas (*res derelicta*) e as coisas sem dono (*res nullius*)[123].

A rigor, a matéria relativa aos bens públicos faz parte do Direito Constitucional e do Direito Administrativo, como ramos do Direito Público[124].

São bens públicos:

I – os de uso comum do povo, tais como rios, mares, estradas, ruas e praças;

II – os de uso especial, tais como edifícios ou terrenos destinados a serviço ou estabelecimento da administração federal, estadual, territorial ou municipal, inclusive os de suas autarquias;

III – os dominicais, que constituem o patrimônio das pessoas jurídicas de direito público, como objeto de direito pessoal, ou real, de cada uma dessas entidades (art. 99 do Código Civil).

Logo, há três modalidades de bens públicos, quais sejam, os de uso comum do povo, os de uso especial e os dominicais[125].

---

[122] MONTEIRO, Washington de Barros; PINTO, Ana Cristina de Barros Monteiro França. *Curso de direito civil*: parte geral. 44. ed. São Paulo: Saraiva, 2012. v. 1. p. 209.

[123] MONTEIRO, Washington de Barros; PINTO, Ana Cristina de Barros Monteiro França. *Curso de direito civil*: parte geral. 44. ed. São Paulo: Saraiva, 2012. v. 1. p. 209-210.

[124] RODRIGUES, Silvio. *Direito civil*: parte geral. 34. ed. São Paulo: Saraiva, 2003. v. 1. p. 145.

[125] GAGLIANO, Pablo Stolze; PAMPLONA FILHO, Rodolfo. *Novo curso de direito civil*: parte geral. 6. ed. São Paulo: Saraiva, 2005. v. 1. p. 301-302.

Os bens de uso comum do povo são de titularidade dos entes de direito público interno (União, Estados, Distrito Federal e Municípios), mas podem ser usados por quaisquer pessoas, desde que observados os seus regulamentos[126]. Por exemplo, os rios, mares, estradas, ruas e praças[127].

O uso comum dos bens públicos pode ser gratuito ou retribuído, conforme for estabelecido legalmente pela entidade a cuja administração pertencerem (art. 103 do Código Civil).

Todos têm direito ao meio ambiente ecologicamente equilibrado, *bem de uso comum do povo* e essencial à sadia qualidade de vida, impondo-se ao Poder Público e à coletividade o dever de defendê-lo e preservá-lo para as presentes e futuras gerações (art. 225 da Constituição Federal de 1988).

Na atualidade, o meio ambiente é considerado bem difuso[128], por dizer respeito a direito transindividual, de natureza indivisível, cujos titulares são pessoas indeterminadas e ligadas por circunstâncias de fato (art. 81, parágrafo único, inciso I, da Lei 8.078/1990). Entende-se por meio ambiente o conjunto de condições, leis, influências e interações de ordem física, química e biológica, que permite, abriga e rege a vida em todas as suas formas (art. 3º, inciso I, da Lei 6.938/1981).

Os bens públicos de uso especial são os imóveis utilizados no serviço público, como as construções militares[129], os prédios de repartições públicas e os seus móveis. Por exemplo, os edifícios ou terrenos destinados a serviço ou estabelecimento da administração pública. Também fazem parte dessa classe os bens com fixação de preço público para serem utilizados, como pedágios e zonas azuis, e os bens com autorização, permissão ou concessão de uso por particular mediante o pagamento correspondente ao poder público[130].

---

[126] RODRIGUES, Silvio. *Direito civil*: parte geral. 34. ed. São Paulo: Saraiva, 2003. v. 1. p. 146.

[127] MONTEIRO, Washington de Barros; PINTO, Ana Cristina de Barros Monteiro França. *Curso de direito civil*: parte geral. 44. ed. São Paulo: Saraiva, 2012. v. 1. p. 210.

[128] TARTUCE, Flávio. *Direito civil*: lei de introdução e parte geral. 4. ed. São Paulo: Método, 2008. v. 1. p. 271-273.

[129] RODRIGUES, Silvio. *Direito civil*: parte geral. 34. ed. São Paulo: Saraiva, 2003. v. 1. p. 146.

[130] MONTEIRO, Washington de Barros; PINTO, Ana Cristina de Barros Monteiro França. *Curso de direito civil*: parte geral. 44. ed. São Paulo: Saraiva, 2012. v. 1. p. 211.

Os bens dominicais ou dominiais integram o patrimônio das pessoas jurídicas de direito público, podendo ser imóveis e móveis, como terrenos de marinha, terras devolutas (ou seja, não aplicadas a algum uso público), prédios de renda e títulos da dívida pública, objeto de direito pessoal ou real[131].

O Decreto-Lei 9.760/1946 dispõe sobre os bens imóveis da União e versa sobre a conceituação de terrenos de marinha, terrenos acrescidos de marinha, terrenos marginais e terras devolutas (arts. 2º a 5º).

Não dispondo a lei em contrário, consideram-se dominicais os bens pertencentes às pessoas jurídicas de direito público a que se tenha dado estrutura de direito privado (art. 99, parágrafo único, do Código Civil). Desse modo, os bens dominicais são bens de titularidade do poder público, mas da mesma maneira que a pessoa jurídica de direito privado é titular do seu patrimônio[132].

Os bens públicos de uso comum do povo e os de uso especial são inalienáveis, enquanto conservarem a sua qualificação, na forma que a lei determinar (art. 100 do Código Civil). Os bens públicos dominicais podem ser alienados, observadas as exigências da lei (art. 101 do Código Civil).

Na realidade, os bens públicos se tornam alienáveis se houver autorização legal nesse sentido, ou seja, se ocorrer a desafetação do bem público. A Lei 9.636/1998 dispõe sobre a regularização, administração, aforamento e alienação de bens imóveis de domínio da União. Portanto, havendo permissão legal e observados os seus requisitos, não são apenas os bens dominicais que podem ser alienados[133].

Os bens públicos são, em regra, inalienáveis e imprescritíveis[134]. Os bens imóveis da União, seja qual for a sua natureza, não são sujeitos a usucapião (art. 200 do Decreto-Lei 9.760/1946).

---

[131] MONTEIRO, Washington de Barros; PINTO, Ana Cristina de Barros Monteiro França. *Curso de direito civil*: parte geral. 44. ed. São Paulo: Saraiva, 2012. v. 1. p. 211.

[132] RODRIGUES, Silvio. *Direito civil*: parte geral. 34. ed. São Paulo: Saraiva, 2003. v. 1. p. 146.

[133] MONTEIRO, Washington de Barros; PINTO, Ana Cristina de Barros Monteiro França. *Curso de direito civil*: parte geral. 44. ed. São Paulo: Saraiva, 2012. v. 1. p. 211-212.

[134] MONTEIRO, Washington de Barros; PINTO, Ana Cristina de Barros Monteiro França. *Curso de direito civil*: parte geral. 44. ed. São Paulo: Saraiva, 2012. v. 1. p. 212.

Nos termos da Súmula 340 do STF: "Desde a vigência do Código Civil, os bens dominicais, como os demais bens públicos, não podem ser adquiridos por usucapião". O art. 102 do Código Civil de 2002 estabelece que os bens públicos não estão sujeitos a usucapião[135].

Aquele que, não sendo proprietário de imóvel rural ou urbano, possua como seu, por cinco anos ininterruptos, sem oposição, área de terra, em zona rural, não superior a 50 hectares, tornando-a produtiva por seu trabalho ou de sua família, tendo nela sua moradia, adquirir-lhe-á a propriedade (art. 191 da Constituição Federal de 1988). Os imóveis públicos não serão adquiridos por usucapião (art. 191, parágrafo único, da Constituição Federal de 1988).

Aquele que possuir como sua área urbana de até 250 metros quadrados, por cinco anos, ininterruptamente e sem oposição, utilizando-a para sua moradia ou de sua família, adquirir-lhe-á o domínio, desde que não seja proprietário de outro imóvel urbano ou rural (art. 183 da Constituição Federal de 1988). Os imóveis públicos não serão adquiridos por usucapião (art. 183, § 3º, da Constituição Federal de 1988).

Prevalece, assim, o entendimento de que os bens públicos, de qualquer natureza, não podem ser adquiridos por usucapião[136]. Entretanto, cabe fazer referência ao entendimento minoritário de que as terras devolutas, como espécies de bens públicos dominicais, previstas no art. 188, *caput*, da Constituição Federal de 1988, seriam suscetíveis de usucapião[137].

A destinação de terras públicas e devolutas deve ser compatibilizada com a política agrícola e com o plano nacional de reforma agrária (art. 188 da Constituição Federal de 1988). A alienação ou a concessão, a qualquer título, de terras públicas com área superior a 2.500 hectares a pessoa física ou jurídica, ainda que por interposta pessoa, depende de prévia aprovação do Congresso Nacional (art. 188, § 1º, da Cons-

135 GAGLIANO, Pablo Stolze; PAMPLONA FILHO, Rodolfo. *Novo curso de direito civil*: parte geral. 6. ed. São Paulo: Saraiva, 2005. v. 1. p. 302.

136 MONTEIRO, Washington de Barros; PINTO, Ana Cristina de Barros Monteiro França. *Curso de direito civil*: parte geral. 44. ed. São Paulo: Saraiva, 2012. v. 1. p. 212.

137 RODRIGUES, Silvio. *Direito civil*: parte geral. 34. ed. São Paulo: Saraiva, 2003. v. 1. p. 148, nota 168.

tituição Federal de 1988). Excetuam-se dessa disposição as alienações ou as concessões de terras públicas para fins de reforma agrária (art. 188, § 2º, da Constituição Federal de 1988).

São bens da União: I – os que atualmente lhe pertencem e os que lhe vierem a ser atribuídos; II – as terras devolutas indispensáveis à defesa das fronteiras, das fortificações e construções militares, das vias federais de comunicação e à preservação ambiental, definidas em lei; III – os lagos, rios e quaisquer correntes de água em terrenos de seu domínio, ou que banhem mais de um Estado, sirvam de limites com outros países, ou se estendam a território estrangeiro ou dele provenham, bem como os terrenos marginais e as praias fluviais; IV – as ilhas fluviais e lacustres nas zonas limítrofes com outros países; as praias marítimas; as ilhas oceânicas e as costeiras, excluídas, destas, as que contenham a sede de Municípios, exceto aquelas áreas afetadas ao serviço público e a unidade ambiental federal, e as referidas no art. 26, inciso II, da Constituição Federal de 1988; V – os recursos naturais da plataforma continental e da zona econômica exclusiva; VI – o mar territorial; VII – os terrenos de marinha e seus acrescidos; VIII – os potenciais de energia hidráulica; IX – os recursos minerais, inclusive os do subsolo; X – as cavidades naturais subterrâneas e os sítios arqueológicos e pré-históricos; XI – as terras tradicionalmente ocupadas pelos índios (art. 20 da Constituição Federal de 1988).

Cabe ao Congresso Nacional, com a sanção do Presidente da República, dispor sobre todas as matérias de competência da União, especialmente sobre limites do território nacional, espaço aéreo e marítimo e bens do domínio da União (art. 48, inciso V, da Constituição Federal de 1988).

As jazidas arqueológicas ou pré-históricas de qualquer natureza, não manifestadas e registradas na forma dos arts. 4º e 6º da Lei 3.924/1961, são consideradas, para todos os efeitos bens patrimoniais da União (art. 7º da Lei 3.924/1961).

A Lei 6.383/1976 dispõe sobre o processo discriminatório de terras devolutas da União.

Incluem-se entre os bens dos Estados: I – as águas superficiais ou subterrâneas, fluentes, emergentes e em depósito, ressalvadas, neste caso, na forma da lei, as decorrentes de obras da União; II – as áreas, nas ilhas oceânicas e costeiras, que estiverem no seu domínio, excluídas aquelas sob domínio da União, Municípios ou terceiros; III – as ilhas fluviais e lacustres não pertencentes à União; IV – as terras devolutas não compreendidas entre as da União (art. 26 da Constituição Federal de 1988).

A Floresta Amazônica brasileira, a Mata Atlântica, a Serra do Mar, o Pantanal Mato-Grossense e a Zona Costeira são patrimônio nacional, e sua utilização deve ser feita, na forma da lei, dentro de condições que assegurem a preservação do meio ambiente, inclusive quanto ao uso dos recursos naturais (art. 225, § 4º, da Constituição Federal de 1988).

São indisponíveis as terras devolutas ou arrecadadas pelos Estados, por ações discriminatórias, necessárias à proteção dos ecossistemas naturais (art. 225, § 5º, da Constituição Federal de 1988).

Os animais de quaisquer espécies, em qualquer fase do seu desenvolvimento e que vivem naturalmente fora do cativeiro, constituindo a fauna silvestre, bem como seus ninhos, abrigos e criadouros naturais são propriedades do Estado, sendo proibida a sua utilização, perseguição, destruição, caça ou apanha (art. 1º da Lei 5.197/1967).

Registre-se a existência de coisas que não são públicas nem particulares[138], ou seja, que não estão no patrimônio de ninguém[139]. A coisa sem dono (*res nullius*) móvel e a coisa abandonada (*res derelicta*) móvel podem ser adquiridas por ocupação, caso não haja proibição legal[140]. Trata-se de aquisição originária da propriedade móvel[141]. Nesse sentido,

---

[138] DINIZ, Maria Helena. *Curso de direito civil brasileiro*: teoria geral do direito civil. 29. ed. São Paulo: Saraiva, 2012. v. 1. p. 400-401.

[139] GOMES, Orlando. *Introdução ao direito civil*. 19. ed., revista, atualizada e aumentada por Edvaldo Brito e Reginalda Paranhos de Brito. Rio de Janeiro: Forense, 2007. p. 187. Cf. ainda MONTEIRO, Washington de Barros; PINTO, Ana Cristina de Barros Monteiro França. *Curso de direito civil*: parte geral. 44. ed. São Paulo: Saraiva, 2012. v. 1. p. 209-210: "Muitas coisas existem, no mar e em terra, que não pertencem a ninguém (as pérolas que jazem no fundo dos mares, os tesouros, as águas pluviais não captadas, as coisas abandonadas, as *res nullius* etc.)".

[140] GAGLIANO, Pablo Stolze; PAMPLONA FILHO, Rodolfo. *Novo curso de direito civil*: parte geral. 6. ed. São Paulo: Saraiva, 2005. v. 1. p. 314.

[141] VENOSA, Sílvio de Salvo. *Direito civil*: parte geral. 13. ed. São Paulo: Atlas, 2013. v. 1. p. 347: "É originária a aquisição feita pelo titular, sem qualquer relacionamento com

quem se assenhorear de coisa sem dono para logo lhe adquire a propriedade, não sendo essa ocupação defesa por lei (art. 1.263 do Código Civil). O abandono gera a perda da propriedade (art. 1.275, inciso III, do Código Civil).

Em se tratando de bem imóvel abandonado, aplica-se o art. 1.276 do Código Civil, sobre perda da propriedade[142]. O imóvel urbano que o proprietário abandonar, com a intenção de não mais o conservar em seu patrimônio, e que se não encontrar na posse de outrem, pode ser arrecadado, como bem vago, e passar, três anos depois, à propriedade do Município ou à do Distrito Federal, se se achar nas respectivas circunscrições (art. 1.276 do Código Civil). O imóvel situado na zona rural, abandonado nas mesmas circunstâncias, pode ser arrecadado, como bem vago, e passar, três anos depois, à propriedade da União, onde quer que ele se localize. Presume-se de modo absoluto a referida intenção, quando, cessados os atos de posse, deixar o proprietário de satisfazer os ônus fiscais.

A coisa sem dono (*res nullius*) e a coisa abandonada (*res derelicta*) não se confundem com a coisa perdida (*res desperdicta*)[143]. Quem quer que ache coisa alheia perdida há de restituí-la ao dono ou legítimo possuidor (art. 1.233 do Código Civil). Não o conhecendo, o descobridor fará por encontrá-lo, e, se não o encontrar, deve entregar a coisa achada à autoridade competente. Incorre em crime quem acha coisa alheia perdida e dela se apropria, total ou parcialmente, deixando de restituí-la ao dono ou legítimo possuidor ou de entregá-la à autoridade competente, dentro no prazo de 15 dias. O crime de apropriação de coisa achada tem previsão de pena de detenção, de um mês a um ano, ou multa (art. 169, parágrafo único, inciso II, do Código Penal).

---

um titular anterior ao direito a adquirir, tanto porque o direito surge pela primeira vez (como é o caso da aquisição da propriedade pela ocupação de uma coisa sem dono – *res nullius*), como porque o direito já existia, como na coisa abandonada (*res derelicta*)".

142 DINIZ, Maria Helena. *Curso de direito civil brasileiro*: teoria geral do direito civil. 29. ed. São Paulo: Saraiva, 2012. v. 1. p. 401.

143 GAGLIANO, Pablo Stolze; PAMPLONA FILHO, Rodolfo. *Novo curso de direito civil*: parte geral. 6. ed. São Paulo: Saraiva, 2005. v. 1. p. 314: "Note-se que o abandono é necessariamente voluntário, sendo distinto da hipótese de coisa perdida (involuntariamente), que continua, abstratamente, a pertencer ao patrimônio do titular".

9.11 BENS FORA DO COMÉRCIO

Os bens fora de comércio são insuscetíveis de apropriação e os legalmente inalienáveis. Assim previa o art. 69 do Código Civil de 1916. Os bens voltados à personalidade humana, como objeto dos direitos da personalidade, também são considerados fora do comércio (art. 11 do Código Civil). Os demais bens estão no comércio[144].

Comércio, no caso, tem o sentido de possibilidade de alienação, ou seja, liberdade de circulação econômica dos bens[145]. Os bens no comércio podem ser, por exemplo, adquiridos, vendidos, trocados, cedidos, doados, alugados e emprestados[146].

Os bens fora do comércio são assim considerados em razão de sua própria natureza ou por previsão legal[147].

As coisas que por sua natureza são insuscetíveis de apropriação englobam os bens não econômicos e os bens da sociedade[148].

As coisas insuscetíveis de apropriação por serem bens não econômicos dizem respeito, por exemplo, o ar atmosférico, a luz solar e a água dos oceanos[149]. São bens fora do comércio de forma absoluta, em razão de sua natureza[150].

Há ainda as coisas insuscetíveis de apropriação por serem bens da sociedade. São os bens de uso comum do povo e os destinados a satisfazer necessidades sociais da coletividade, submetidos a regime de

---

[144] MONTEIRO, Washington de Barros; PINTO, Ana Cristina de Barros Monteiro França. *Curso de direito civil*: parte geral. 44. ed. São Paulo: Saraiva, 2012. v. 1. p. 213.

[145] RODRIGUES, Silvio. *Direito civil*: parte geral. 34. ed. São Paulo: Saraiva, 2003. v. 1. p. 149.

[146] MONTEIRO, Washington de Barros; PINTO, Ana Cristina de Barros Monteiro França. *Curso de direito civil*: parte geral. 44. ed. São Paulo: Saraiva, 2012. v. 1. p. 213.

[147] GOMES, Orlando. *Introdução ao direito civil*. 19. ed., revista, atualizada e aumentada por Edvaldo Brito e Reginalda Paranhos de Brito. Rio de Janeiro: Forense, 2007. p. 187.

[148] RODRIGUES, Silvio. *Direito civil*: parte geral. 34. ed. São Paulo: Saraiva, 2003. v. 1. p. 150.

[149] RODRIGUES, Silvio. *Direito civil*: parte geral. 34. ed. São Paulo: Saraiva, 2003. v. 1. p. 150.

[150] MONTEIRO, Washington de Barros; PINTO, Ana Cristina de Barros Monteiro França. *Curso de direito civil*: parte geral. 44. ed. São Paulo: Saraiva, 2012. v. 1. p. 213.

monopólio do Estado. Como os anteriores, são bens fora do comércio em razão de sua natureza[151].

Nesse contexto, constituem monopólio da União: I – a pesquisa e a lavra das jazidas de petróleo e gás natural e outros hidrocarbonetos fluidos; II – a refinação do petróleo nacional ou estrangeiro; III – a importação e exportação dos produtos e derivados básicos resultantes das atividades previstas nos incisos anteriores; IV – o transporte marítimo do petróleo bruto de origem nacional ou de derivados básicos de petróleo produzidos no País, bem assim o transporte, por meio de conduto, de petróleo bruto, seus derivados e gás natural de qualquer origem; V – a pesquisa, a lavra, o enriquecimento, o reprocessamento, a industrialização e o comércio de minérios e minerais nucleares e seus derivados, com exceção dos radioisótopos cuja produção, comercialização e utilização podem ser autorizadas sob regime de permissão, conforme as alíneas *b* e *c* do inciso XXIII do art. 21 da Constituição Federal de 1988 (art. 177 da Constituição da República). A União pode contratar com empresas estatais ou privadas a realização das atividades previstas nos incisos I a IV, devendo ser observadas as condições estabelecidas em lei.

As terras tradicionalmente ocupadas pelos índios são inalienáveis e indisponíveis, e os direitos sobre elas, imprescritíveis (art. 231, § 4º, da Constituição Federal de 1988). Esclareça-se que são terras tradicionalmente ocupadas pelos índios as por eles habitadas em caráter permanente, as utilizadas para suas atividades produtivas, as imprescindíveis à preservação dos recursos ambientais necessários a seu bem-estar e as necessárias a sua reprodução física e cultural, segundo seus usos, costumes e tradições (art. 231, § 1º, da Constituição Federal de 1988).

Os bens legalmente inalienáveis são aqueles que seriam suscetíveis de apropriação, mas a lei exclui essa possibilidade, considerando certo fim social ou destinação[152].

---

[151] RODRIGUES, Silvio. *Direito civil*: parte geral. 34. ed. São Paulo: Saraiva, 2003. v. 1. p. 150.

[152] RODRIGUES, Silvio. *Direito civil*: parte geral. 34. ed. São Paulo: Saraiva, 2003. v. 1. p. 151-152.

No condomínio edilício, o solo, a estrutura do prédio, o telhado, a rede geral de distribuição de água, esgoto, gás e eletricidade, a calefação e refrigeração centrais, e as demais partes comuns, inclusive o acesso ao logradouro público, são utilizados em comum pelos condôminos, não podendo ser alienados separadamente, ou divididos (art. 1.331, § 2º, do Código Civil).

Há bens legalmente inalienáveis em razão da vontade da pessoa humana, admitida pela lei, como no caso de cláusula de inalienabilidade imposta ao bem por ato de liberalidade[153].

Há bens fora do comércio em que a essa condição é absoluta ou essencial. Por exemplo, o ar atmosférico. Os bens públicos são inalienáveis, salvo se houver autorização na lei (arts. 100 e 101 do Código Civil). Há bens fora do comércio em que essa condição é relativa ou acidental. Nesses casos, a inalienabilidade pode ser afastada, se observadas as previsões legais a respeito. Por exemplo, o bem de família instituído por meio de escritura pública ou testamento e os bens com cláusula de inalienabilidade, embora sejam inalienáveis por previsão legal, em certos casos, podem ser alienados, se observadas as previsões legais a respeito[154].

O prédio e os valores mobiliários, constituídos como bem da família, não podem ser alienados sem o consentimento dos interessados e seus representantes legais, ouvido o Ministério Público (art. 1.717 do Código Civil).

Esclareça-se que o bem de família voluntário, previsto nos arts. 1.711 a 1.722 do Código Civil, não se confunde com o bem de família legal, previsto na Lei 8.009/1990[155], que dispõe sobre a sua impenhorabilidade, mas não restringe a sua alienabilidade[156].

---

[153] RODRIGUES, Silvio. *Direito civil*: parte geral. 34. ed. São Paulo: Saraiva, 2003. v. 1. p. 152.

[154] MONTEIRO, Washington de Barros; PINTO, Ana Cristina de Barros Monteiro França. *Curso de direito civil*: parte geral. 44. ed. São Paulo: Saraiva, 2012. v. 1. p. 213-214.

[155] A respeito do bem de família previsto na Lei 8.009/1990, cf. GARCIA, Gustavo Filipe Barbosa. *Manual de direito processual civil*. 3. ed. Salvador: Juspodivm, 2021. p. 975-982.

[156] GAGLIANO, Pablo Stolze; PAMPLONA FILHO, Rodolfo. *Novo curso de direito civil*: parte geral. 6. ed. São Paulo: Saraiva, 2005. v. 1. p. 303-313.

Salvo se houver justa causa, declarada no testamento, não pode o testador estabelecer cláusula de inalienabilidade, impenhorabilidade e de incomunicabilidade sobre os bens da legítima (art. 1.848 do Código Civil). Entende-se aplicável essa previsão também em caso de doação[157].

A cláusula de inalienabilidade, imposta aos bens por ato de liberalidade, implica impenhorabilidade e incomunicabilidade[158] (art. 1.911 do Código Civil)[159]. No caso de desapropriação de bens clausulados, ou de sua alienação, por conveniência econômica do donatário ou do herdeiro, mediante autorização judicial, o produto da venda deve ser convertido em outros bens, sobre os quais incidirão as restrições apostas aos primeiros (art. 1.911, parágrafo único, do Código Civil).

---

[157] "Recurso especial. Direito Civil. Doação. Herdeiros necessários. Antecipação de legítima. Cláusula de inalienabilidade e usufruto. Morte dos doadores. 1. Controvérsia acerca da possibilidade de cancelamento de cláusula de inalienabilidade instituída pelos pais em relação ao imóvel doado aos filhos. 2. A doação do genitor para os filhos e a instituição de cláusula de inalienabilidade, por representar adiantamento de legítima, deve ser interpretada na linha do que prescreve o art. 1.848 do CCB, exigindo-se justa causa notadamente para a instituição da restrição ao direito de propriedade. 3. Possibilidade de cancelamento da cláusula de inalienabilidade após a morte dos doadores, passadas quase duas décadas do ato de liberalidade, em face da ausência de justa causa para a sua manutenção. 4. Interpretação do art. 1.848 do Código Civil à luz do princípio da função social da propriedade. 5. Recurso especial provido" (STJ, 3ª T., REsp 1.631.278/PR, 2016/0265893-1, Rel. Min. Paulo de Tarso Sanseverino, DJe 29.03.2019).

[158] "2. A doutrina e jurisprudência pátrias entendem que a inalienabilidade importa, em princípio, em incomunicabilidade, porque o bem não pode ser transferido de propriedade" (STJ, 3ª T., REsp 1.529.548/MG, 2015/0100189-0, Rel. Min. Ricardo Villas Bôas Cueva, DJe 02.12.2015). "2. A cláusula de incomunicabilidade imposta a um bem não se relaciona com a vocação hereditária. Assim, se o indivíduo recebeu por doação ou testamento bem imóvel com a referida cláusula, sua morte não impede que seu herdeiro receba o mesmo bem" (STJ, 4ª T., REsp 1.552.553/RJ, 2014/0289212-8, Rel. Min. Maria Isabel Gallotti, DJe 11.02.2016).

[159] "1. A exegese do *caput* do art. 1.911 do Código Civil de 2002 conduz ao entendimento de que: a) há possibilidade de imposição autônoma das cláusulas de inalienabilidade, impenhorabilidade e incomunicabilidade, a critério do doador/instituidor; b) uma vez aposto o gravame da inalienabilidade, pressupõe-se, *ex vi lege*, automaticamente, a impenhorabilidade e a incomunicabilidade; c) a inserção exclusiva da proibição de não penhorar e/ou não comunicar não gera a presunção do ônus da inalienabilidade; e d) a instituição autônoma da impenhorabilidade, por si só, não pressupõe a incomunicabilidade e vice-versa" (STJ, 4ª T., REsp 1.155.547/MG, 2009/0171881-7, Rel. Min. Marco Buzzi, DJe 09.11.2018).

A cláusula de inalienabilidade vitalícia tem duração enquanto viver o beneficiário[160], não se admitindo a inalienabilidade perpétua[161].

Cabe ainda lembrar que os direitos da personalidade, por serem inerentes ao ser humano, em regra, são inalienáveis[162].

Nesse contexto, salvo por exigência médica, é defeso o ato de disposição do próprio corpo, quando importar diminuição permanente da integridade física, ou contrariar os bons costumes (art. 13 do Código Civil). O referido ato é admitido para fins de transplante, na forma estabelecida em lei especial.

É válida, com objetivo científico, ou altruístico, a disposição gratuita do próprio corpo, no todo ou em parte, para depois da morte (art. 14 do Código Civil). O ato de disposição pode ser livremente revogado a qualquer tempo. Cf. Capítulo 3, item 3.5.2.

A lei deve dispor sobre as condições e os requisitos que facilitem a remoção de órgãos, tecidos e substâncias humanas para fins de transplante, pesquisa e tratamento, bem como a coleta, processamento e transfusão de sangue e seus derivados, sendo vedado todo tipo de comercialização (art. 199, § 4º, da Constituição Federal de 1988).

---

160 "4. A cláusula de inalienabilidade vitalícia implica a impenhorabilidade e a incomunicabilidade do bem (art. 1.911 do CC/02) e tem vigência enquanto viver o beneficiário" (STJ, 3ª T., REsp 1.712.097/RS, 2015/0001069-2, Rel. Min. Nancy Andrighi, DJe 13.04.2018). "1. Conforme estabelece o art. 1.676 do Código Civil de 1916 (art. 1.911 do Código Civil de 2002), a cláusula de inalienabilidade vitalícia tem vigência enquanto viver o beneficiário, cuja morte tem o efeito de transferir os bens objeto da restrição livres e desembaraçados aos seus herdeiros, podendo sobre eles, então, recair penhora. Precedentes" (STJ, 4ª T., AgInt no AREsp 1.364.591/SP, 2018/0240028-7, Rel. Min. Maria Isabel Gallotti, DJe 01.10.2020).

161 "A cláusula de inalienabilidade vitalícia tem vigência enquanto viver o beneficiário, passando livres e desembaraçados aos seus herdeiros os bens objeto da restrição" (STJ, 3ª T., REsp 1.101.702/RS, 2008/0251419-1, Rel. Min. Nancy Andrighi, DJe 09.10.2009). "2. Conforme a doutrina e a jurisprudência do STJ, a cláusula de inalienabilidade vitalícia tem duração limitada à vida do beneficiário – herdeiro, legatário ou donatário –, não se admitindo o gravame perpétuo, transmitido sucessivamente por direito hereditário. 3. Assim, as cláusulas de inalienabilidade, incomunicabilidade e impenhorabilidade não tornam nulo o testamento que dispõe sobre transmissão *causa mortis* de bem gravado, haja vista que o ato de disposição somente produz efeitos após a morte do testador, quando então ocorrerá a transmissão da propriedade" (STJ, 4ª T., REsp 1.641.549/RJ, 2014/0118574-4, Rel. Min. Antonio Carlos Ferreira, DJe 20.08.2019).

162 RODRIGUES, Silvio. *Direito civil*: parte geral. 34. ed. São Paulo: Saraiva, 2003. v. 1. p. 150.

A Lei 9.434/1997 dispõe sobre a remoção de órgãos, tecidos e partes do corpo humano para fins de transplante e tratamento e dá outras providências. Sendo assim, a disposição gratuita de tecidos, órgãos e partes do corpo humano, em vida ou *post mortem*, para fins de transplante e tratamento, é permitida na forma da Lei 9.434/1997.

CAPÍTULO

10

FATOS JURÍDICOS

10.1 CONCEITO

Há fatos decorrentes da natureza ou da vontade que são indiferentes ao Direito, ou seja, acontecimentos que não produzem efeitos jurídicos. São os fatos não jurídicos[1].

Os fatos jurídicos são os acontecimentos que produzem efeitos jurídicos[2], isto é, criam, conservam, modificam ou extinguem as relações jurídicas[3]. Estas são vínculos entre pessoas, titulares de direitos subjetivos e deveres jurídicos, a respeito de certos bens ou prestações[4].

---

[1] MONTEIRO, Washington de Barros; PINTO, Ana Cristina de Barros Monteiro França. *Curso de direito civil*: parte geral. 44. ed. São Paulo: Saraiva, 2012. v. 1. p. 217.

[2] GOMES, Orlando. *Introdução ao direito civil*. 19. ed., revista, atualizada e aumentada por Edvaldo Brito e Reginalda Paranhos de Brito. Rio de Janeiro: Forense, 2007. p. 215: "Fato jurídico é tudo aquilo a que uma norma jurídica atribui um efeito jurídico".

[3] MONTEIRO, Washington de Barros; PINTO, Ana Cristina de Barros Monteiro França. *Curso de direito civil*: parte geral. 44. ed. São Paulo: Saraiva, 2012. v. 1. p. 216.

[4] RODRIGUES, Silvio. *Direito civil*: parte geral. 34. ed. São Paulo: Saraiva, 2003. v. 1. p. 155.

Os direitos subjetivos, assim, surgem dos fatos jurídicos em sentido amplo, que podem ser naturais ou humanos, positivos ou negativos, ordinários ou extraordinários, instantâneos ou continuados. Os mencionados direitos são mantidos pelo seu exercício ou defesa e se extinguem quando ocorre algum acontecimento que gera o seu término[5].

10.2 CLASSIFICAÇÃO

Todos os acontecimentos que geram a criação, a conservação, a modificação e a extinção dos direitos são fatos jurídicos em sentido amplo[6]. Englobam eventos decorrentes de fatos naturais ou de atividades das pessoas que produzam efeitos na esfera do Direito[7].

Há fatos jurídicos de ordem natural, sem a presença da vontade, ou em que a vontade humana é verificada apenas de forma indireta. Abrangem acontecimentos naturais ou fortuitos, que não dependem da vontade. São os fatos jurídicos em sentido estrito. Por exemplo: o nascimento, a maioridade e a morte, quanto à pessoa natural; a destruição do prédio por um evento da natureza, o álveo abandonado de rio, os acréscimos formados ao terreno por aluvião, a avulsão de porção de terra, quanto aos bens; o decurso do tempo, o caso fortuito e a força maior, quanto aos direitos de forma genérica[8].

Há fatos jurídicos que decorrem da vontade e englobam os atos jurídicos em sentido amplo[9]. São os acontecimentos ou condutas voluntárias. Há atos voluntários que produzem efeitos jurídicos de acordo com a vontade manifestada pelo agente, que os pratica com a intenção de obter esses resultados. São os negócios jurídicos, os quais consistem

---

5 MONTEIRO, Washington de Barros; PINTO, Ana Cristina de Barros Monteiro França. *Curso de direito civil*: parte geral. 44. ed. São Paulo: Saraiva, 2012. v. 1. p. 216.

6 MONTEIRO, Washington de Barros; PINTO, Ana Cristina de Barros Monteiro França. *Curso de direito civil*: parte geral. 44. ed. São Paulo: Saraiva, 2012. v. 1. p. 216.

7 RODRIGUES, Silvio. *Direito civil*: parte geral. 34. ed. São Paulo: Saraiva, 2003. v. 1. p. 155-156.

8 MONTEIRO, Washington de Barros; PINTO, Ana Cristina de Barros Monteiro França. *Curso de direito civil*: parte geral. 44. ed. São Paulo: Saraiva, 2012. v. 1. p. 216-217.

9 AZEVEDO, Álvaro Villaça. *Teoria geral do direito civil*: parte geral. São Paulo: Atlas, 2012. p. 168, 374.

em declarações de vontade[10]. Por exemplo, o testamento (negócio jurídico unilateral) e o contrato (negócio jurídico bilateral). Há atos voluntários que produzem efeitos jurídicos previamente estabelecidos pela lei, como consequência legal de sua prática, mesmo sem o agente os pretender, ou sem levar em consideração a sua vontade, não tendo intuito negocial[11]. São os atos jurídicos em sentido estrito ou atos jurídicos lícitos. Por exemplo, a fixação e a mudança de domicílio (art. 74 do Código Civil)[12] e o reconhecimento de filho (art. 1.607 do Código Civil)[13]. Há atos voluntários que são praticados e violam o Direito, ou seja, produzem efeitos contrários ao Direito. São os atos ilícitos[14].

Registre-se o entendimento de que como os atos ilícitos são ações humanas contrárias ao Direito, ou seja, antijurídicos, não poderiam ser considerados atos jurídicos[15]. Parte da doutrina defende que estariam incluídos entre os fatos jurídicos[16]. Argumenta-se que embora os atos ilícitos sejam ações humanas, não seriam atos jurídicos, pois os seus efeitos jurídicos seriam involuntários, ou seja, determinados pela lei, com a imposição de sanção[17]. Cf. Capítulo 22, item 22.1.

No âmbito dos fatos jurídicos em sentido amplo, como gênero, parte da doutrina faz referência, como modalidade específica, ao ato-fato jurídico, no sentido de ato humano que produz efeitos jurídicos, mas a vontade é irrelevante[18]. Como exemplo de ato-fato jurídico, menciona-se a

---

10 AZEVEDO, Antonio Junqueira de. *Negócio jurídico*: existência, validade e eficácia. 4. ed. São Paulo: Saraiva, 2007. p. 16.

11 RODRIGUES, Silvio. *Direito civil*: parte geral. 34. ed. São Paulo: Saraiva, 2003. v. 1. p. 157-158.

12 GOMES, Orlando. *Introdução ao direito civil*. 19. ed., revista, atualizada e aumentada por Edvaldo Brito e Reginalda Paranhos de Brito. Rio de Janeiro: Forense, 2007. p. 160-161.

13 MONTEIRO, Washington de Barros; PINTO, Ana Cristina de Barros Monteiro França. *Curso de direito civil*: parte geral. 44. ed. São Paulo: Saraiva, 2012. v. 1. p. 347.

14 MONTEIRO, Washington de Barros; PINTO, Ana Cristina de Barros Monteiro França. *Curso de direito civil*: parte geral. 44. ed. São Paulo: Saraiva, 2012. v. 1. p. 216-217.

15 TARTUCE, Flávio. *Direito civil*: lei de introdução e parte geral. 4. ed. São Paulo: Método, 2008. v. 1. p. 307.

16 MONTEIRO, Washington de Barros; PINTO, Ana Cristina de Barros Monteiro França. *Curso de direito civil*: parte geral. 44. ed. São Paulo: Saraiva, 2012. v. 1. p. 217, 348.

17 GOMES, Orlando. *Introdução ao direito civil*. 19. ed., revista, atualizada e aumentada por Edvaldo Brito e Reginalda Paranhos de Brito. Rio de Janeiro: Forense, 2007. p. 217.

18 VENOSA, Sílvio de Salvo. *Direito civil*: parte geral. 13. ed. São Paulo: Atlas, 2013. v. 1. p. 340: "O ato-fato jurídico, nessa classificação, é um fato jurídico qualificado pela atuação

compra e venda realizada por criança, ou seja, por agente absolutamente incapaz[19]. Ainda como exemplo, o achado do tesouro, como forma de aquisição da propriedade móvel. Na realidade, entende-se que essa última hipótese configura ato jurídico em sentido estrito[20], mesmo porque o Código Civil não menciona a expressão ato-fato jurídico. Nessa linha, o achado casual de tesouro (art. 1.264 do Código Civil)[21], a especificação (art. 1.269 do Código Civil)[22] e a plantação em terreno próprio com semente alheia (art. 1.254 do Código Civil)[23] são atos jurídicos em sentido estrito. Embora sejam atos humanos voluntários, os efeitos jurídicos decorrem de previsão legal, e não por terem sido pretendidos pelo agente, não havendo intuito negocial[24].

FATOS JURÍDICOS (em sentido amplo): FATOS JURÍDICOS (em sentido estrito) e ATOS JURÍDICOS (em sentido amplo).

ATOS JURÍDICOS (em sentido amplo): NEGÓCIOS JURÍDICOS, ATOS JURÍDICOS (em sentido estrito) e ATOS ILÍCITOS.

Aos atos jurídicos lícitos, que não sejam negócios jurídicos, aplicam-se, no que couber, as disposições relativas ao negócio jurídico (art. 185 do Código Civil). Logo, as previsões sobre a validade dos negócios jurídicos, em princípio, são aplicáveis aos atos jurídicos em sentido estrito.

---

humana. Nesse caso, é irrelevante para o direito se a pessoa teve ou não a intenção de praticá-lo. O que se leva em conta é o efeito resultante do ato que pode ter repercussão jurídica".

19 GAGLIANO, Pablo Stolze; PAMPLONA FILHO, Rodolfo. *Novo curso de direito civil*: parte geral. 6. ed. São Paulo: Saraiva, 2005. v. 1. p. 325.

20 TARTUCE, Flávio. *Direito civil*: lei de introdução e parte geral. 4. ed. São Paulo: Método, 2008. v. 1. p. 310.

21 "Art. 1.264. O depósito antigo de coisas preciosas, oculto e de cujo dono não haja memória, será dividido por igual entre o proprietário do prédio e o que achar o tesouro casualmente".

22 "Art. 1.269. Aquele que, trabalhando em matéria-prima em parte alheia, obtiver espécie nova, desta será proprietário, se não se puder restituir à forma anterior".

23 "Art. 1.254. Aquele que semeia, planta ou edifica em terreno próprio com sementes, plantas ou materiais alheios, adquire a propriedade destes; mas fica obrigado a pagar-lhes o valor, além de responder por perdas e danos, se agiu de má-fé".

24 RODRIGUES, Silvio. *Direito civil*: parte geral. 34. ed. São Paulo: Saraiva, 2003. v. 1. p. 157-158.

Os atos jurídicos em sentido estrito podem ser divididos em atos materiais (atuações humanas da vontade em que os efeitos são previstos pelo ordenamento jurídico) e participações (comunicações dirigidas a certos destinatários, para ciência de intenção ou de fato, sem intuito negocial)[25]. Como exemplos de atos materiais, podem ser mencionados a ocupação (art. 1.263 do Código Civil)[26], a descoberta de tesouro (art. 1.264 do Código Civil), a especificação (art. 1.269 do Código Civil), a tradição (art. 1.267 do Código Civil)[27], a percepção de frutos, a fixação e a transferência de domicílio (art. 74 do Código Civil), o pagamento (art. 304 do Código Civil) e o reconhecimento de filho (art. 1.607 do Código Civil). São exemplos de participações a intimação, a notificação, a interpelação, o aviso, a denúncia e a confissão[28].

Os fatos jurídicos em geral podem ser classificados quanto à sua natureza em positivos (por exemplo, o nascimento e a morte) e negativos (por exemplo, o não pagamento da dívida no tempo, lugar e forma devidos)[29].

Os fatos jurídicos em sentido amplo podem ser classificados quanto à maneira pela qual são produzidos em instantâneos (por exemplo, o caso fortuito e a força maior) e continuados ou de realização progressiva (por exemplo, a usucapião e a prescrição extintiva)[30].

Os fatos jurídicos podem ser classificados quanto à sua normalidade em ordinários (por exemplo, o decurso do tempo) e extraordinários (por exemplo, o caso fortuito e a força maior)[31].

---

[25] GOMES, Orlando. *Introdução ao direito civil*. 19. ed., revista, atualizada e aumentada por Edvaldo Brito e Reginalda Paranhos de Brito. Rio de Janeiro: Forense, 2007. p. 231-234.

[26] "Art. 1.263. Quem se assenhorear de coisa sem dono para logo lhe adquire a propriedade, não sendo essa ocupação defesa por lei".

[27] "Art. 1.267. A propriedade das coisas não se transfere pelos negócios jurídicos antes da tradição".

[28] GAGLIANO, Pablo Stolze; PAMPLONA FILHO, Rodolfo. *Novo curso de direito civil*: parte geral. 6. ed. São Paulo: Saraiva, 2005. v. 1. p. 328-329.

[29] MONTEIRO, Washington de Barros; PINTO, Ana Cristina de Barros Monteiro França. *Curso de direito civil*: parte geral. 44. ed. São Paulo: Saraiva, 2012. v. 1. p. 218.

[30] MONTEIRO, Washington de Barros; PINTO, Ana Cristina de Barros Monteiro França. *Curso de direito civil*: parte geral. 44. ed. São Paulo: Saraiva, 2012. v. 1. p. 218.

[31] MONTEIRO, Washington de Barros; PINTO, Ana Cristina de Barros Monteiro França. *Curso de direito civil*: parte geral. 44. ed. São Paulo: Saraiva, 2012. v. 1. p. 218.

10.3 AQUISIÇÃO DE DIREITOS

Os direitos subjetivos podem ser adquiridos por ato próprio ou por intermédio de outra pessoa. Sendo assim, o agente pode adquirir direitos para si ou para outrem[32].

A aquisição do direito subjetivo pode ocorrer de forma originária ou derivada. Nesse sentido, os direitos podem ser classificados, quanto aos meios de aquisição, em originários e derivados. Nos direitos originários, a aquisição ocorre de forma direta pelo titular, sem a transmissão do direito por outrem. Ou seja, não há vínculo jurídico entre o adquirente e o titular anterior[33]. Por exemplo, a ocupação (art. 1.263 do Código Civil) e a acessão (art. 1.248 do Código Civil). Nos direitos derivados, a aquisição pressupõe a transmissão do direito pelo titular anterior ao adquirente. Nesse caso, há vínculo jurídico entre o adquirente e o titular anterior[34]. Por exemplo, a tradição (art. 1.267 do Código Civil) e a aquisição pelo registro do título (art. 1.245 do Código Civil)[35].

Nas formas derivadas de aquisição dos direitos podem ser aplicados os seguintes brocardos[36]: ninguém pode transferir mais direitos do que tem[37]; resolvido (extinto) o direito do outorgante (cedente), resolve-se (extingue-se) o direito do outorgado (adquirente)[38]. Como decorrência do primeiro preceito, se alguém adquire bem imóvel de alguém que não era proprietário, o adquirente não se torna titular

---

32 RODRIGUES, Silvio. *Direito civil*: parte geral. 34. ed. São Paulo: Saraiva, 2003. v. 1. p. 160.

33 RODRIGUES, Silvio. *Direito civil*: parte geral. 34. ed. São Paulo: Saraiva, 2003. v. 1. p. 162.

34 RODRIGUES, Silvio. *Direito civil*: parte geral. 34. ed. São Paulo: Saraiva, 2003. v. 1. p. 162.

35 MONTEIRO, Washington de Barros; PINTO, Ana Cristina de Barros Monteiro França. *Curso de direito civil*: parte geral. 44. ed. São Paulo: Saraiva, 2012. v. 1. p. 220.

36 Os brocardos jurídicos são ideias ou máximas que sintetizam orientações a respeito de certas matérias, podendo ter valor prático se utilizados com o devido cuidado. Cf. REALE, Miguel. *Lições preliminares de direito*. 18. ed. São Paulo: Saraiva, 1991. p. 314-315.

37 VENOSA, Sílvio de Salvo. *Direito civil*: parte geral. 13. ed. São Paulo: Atlas, 2013. v. 1. p. 348.

38 MONTEIRO, Washington de Barros; PINTO, Ana Cristina de Barros Monteiro França. *Curso de direito civil*: parte geral. 44. ed. São Paulo: Saraiva, 2012. v. 1. p. 220-221.

do domínio[39]. Esses brocardos, entretanto, não se aplicam às formas originárias de aquisição dos direitos[40].

A aquisição do direito subjetivo pode ser a título universal e a título singular. Na aquisição a título universal, o adquirente substitui o titular anterior na totalidade dos direitos, ou em quota ideal deles. A aquisição a título universal tem por objeto uma universalidade ou quota de uma universalidade de bens[41]. Por exemplo, na hipótese de sucessão hereditária[42]. Na aquisição a título singular, o adquirente substitui o titular anterior em certos direitos. A aquisição a título singular tem por objeto um ou mais bens determinados[43]. Por exemplo, nos casos do comprador e do legatário[44].

A respeito do tema, o sucessor universal continua de direito a posse do seu antecessor. Ao sucessor singular é facultado unir sua posse à do antecessor, para os efeitos legais (art. 1.207 do Código Civil).

A aquisição do direito subjetivo pode ser por ato *inter vivos* (entre vivos), por exemplo, a compra e venda, e *mortis causa* (em razão da morte), como a herança[45].

Além disso, a aquisição do direito subjetivo pode ser de forma gratuita e de forma onerosa. Na aquisição a título gratuito, o direito é adquirido sem contraprestação do adquirente[46]. Por exemplo, o comodato, que é o empréstimo gratuito de coisas não fungíveis (art. 579 do Código Civil). Na aquisição a título oneroso, o direito é adquirido

---

[39] RODRIGUES, Silvio. *Direito civil*: parte geral. 34. ed. São Paulo: Saraiva, 2003. v. 1. p. 162.

[40] MONTEIRO, Washington de Barros; PINTO, Ana Cristina de Barros Monteiro França. *Curso de direito civil*: parte geral. 44. ed. São Paulo: Saraiva, 2012. v. 1. p. 221.

[41] RODRIGUES, Silvio. *Direito civil*: parte geral. 34. ed. São Paulo: Saraiva, 2003. v. 1. p. 162.

[42] GOMES, Orlando. *Introdução ao direito civil*. 19. ed., revista, atualizada e aumentada por Edvaldo Brito e Reginalda Paranhos de Brito. Rio de Janeiro: Forense, 2007. p. 219.

[43] RODRIGUES, Silvio. *Direito civil*: parte geral. 34. ed. São Paulo: Saraiva, 2003. v. 1. p. 162.

[44] MONTEIRO, Washington de Barros; PINTO, Ana Cristina de Barros Monteiro França. *Curso de direito civil*: parte geral. 44. ed. São Paulo: Saraiva, 2012. v. 1. p. 221.

[45] MONTEIRO, Washington de Barros; PINTO, Ana Cristina de Barros Monteiro França. *Curso de direito civil*: parte geral. 44. ed. São Paulo: Saraiva, 2012. v. 1. p. 221.

[46] RODRIGUES, Silvio. *Direito civil*: parte geral. 34. ed. São Paulo: Saraiva, 2003. v. 1. p. 162.

e há contraprestação do adquirente. Por exemplo, a compra e venda (art. 481 do Código Civil)[47].

10.4 EXTINÇÃO DE DIREITOS

Quando o direito é transmitido a outra pessoa, extingue-se somente em relação ao titular anterior. Nesse caso, ocorre a alteração de sujeito ativo, mas o direito, em si, não perece, ou seja, não se extingue[48].

Depois de adquirido o direito subjetivo, este permanece até a sua extinção, ou seja, a eliminação de seus elementos constitutivos. Em regra, o direito não se extingue por não ter sido usado. Como exceção, extingue-se a servidão, ficando ao dono do prédio serviente a faculdade de fazê-la cancelar, mediante a prova da extinção, pelo não uso, durante 10 anos contínuos (art. 1.389, inciso III, do Código Civil)[49]. Além disso, extingue-se o usufruto, cancelando-se o registro no Cartório de Registro de Imóveis, pelo não uso, ou não fruição, da coisa em que o usufruto recai (art. 1.410, inciso VIII, do Código Civil).

Como o objeto do direito subjetivo é seu elemento constitutivo, o seu perecimento extingue aquele. Desse modo, o direito subjetivo se extingue quando o seu objeto perde as suas qualidades essenciais, quando o objeto se confunde com outro, não podendo distinguir-se, e quando o seu objeto fica em lugar inacessível[50].

Nesse sentido, segundo previa o art. 77 do Código Civil de 1916, perece o direito, perecendo o seu objeto. Entende-se que pereceu o objeto do direito: I – quando perde as qualidades essenciais, ou o valor econômico; II – quando se confunde com outro, de modo que se não possa distinguir; III – quando fica em lugar de onde não pode ser retirado (art. 78 do Código Civil de 1916).

---

[47] MONTEIRO, Washington de Barros; PINTO, Ana Cristina de Barros Monteiro França. *Curso de direito civil*: parte geral. 44. ed. São Paulo: Saraiva, 2012. v. 1. p. 221.

[48] RODRIGUES, Silvio. *Direito civil*: parte geral. 34. ed. São Paulo: Saraiva, 2003. v. 1. p. 162.

[49] MONTEIRO, Washington de Barros; PINTO, Ana Cristina de Barros Monteiro França. *Curso de direito civil*: parte geral. 44. ed. São Paulo: Saraiva, 2012. v. 1. p. 226.

[50] MONTEIRO, Washington de Barros; PINTO, Ana Cristina de Barros Monteiro França. *Curso de direito civil*: parte geral. 44. ed. São Paulo: Saraiva, 2012. v. 1. p. 226.

Se o direito subjetivo for personalíssimo, com a morte do seu titular, extingue-se o direito, uma vez que intransmissível, como a seguir exemplificado[51].

Com exceção dos casos previstos em lei, os direitos da personalidade são intransmissíveis e irrenunciáveis (art. 11 do Código Civil). O direito de preferência não se pode ceder nem passa aos herdeiros (art. 520 do Código Civil). O direito de revogar a doação não se transmite aos herdeiros do doador, nem prejudica os do donatário. Mas aqueles podem prosseguir na ação iniciada pelo doador, continuando-a contra os herdeiros do donatário, se este falecer depois de ajuizada a lide (art. 560 do Código Civil).

A confusão também extingue obrigações e direitos[52]. Extingue-se a obrigação, desde que na mesma pessoa se confundam as qualidades de credor e devedor (art. 381 do Código Civil). Extingue-se o penhor confundindo-se na mesma pessoa as qualidades de credor e de dono da coisa (art. 1.436, inciso IV, do Código Civil).

No Direito das Coisas, perde-se a posse quando cessa, embora contra a vontade do possuidor, o poder sobre o bem (art. 1.223 do Código Civil).

Além das causas consideradas no Código Civil, perde-se a propriedade: I – por alienação; II – pela renúncia[53]; III – por abandono; IV – por perecimento da coisa; V – por desapropriação (art. 1.275 do Código Civil). Nos casos dos incisos I e II, os efeitos da perda da propriedade imóvel ficam subordinados ao registro do título transmissivo ou do ato de renúncia no Registro de Imóveis.

Resolvida a propriedade pelo implemento da condição ou pelo advento do termo, entendem-se também resolvidos os direitos reais

---

51 MONTEIRO, Washington de Barros; PINTO, Ana Cristina de Barros Monteiro França. *Curso de direito civil*: parte geral. 44. ed. São Paulo: Saraiva, 2012. v. 1. p. 227.

52 MONTEIRO, Washington de Barros; PINTO, Ana Cristina de Barros Monteiro França. *Curso de direito civil*: parte geral. 44. ed. São Paulo: Saraiva, 2012. v. 1. p. 227.

53 GOMES, Orlando. *Introdução ao direito civil*. 19. ed., revista, atualizada e aumentada por Edvaldo Brito e Reginalda Paranhos de Brito. Rio de Janeiro: Forense, 2007. p. 222: "*Renúncia* é o fato pelo qual o titular do direito declara a vontade de se desfazer dele, ou de não o aceitar" (destaque do original).

concedidos na sua pendência, e o proprietário, em cujo favor se opera a resolução, pode reivindicar a coisa do poder de quem a possua ou detenha (art. 1.359 do Código Civil).

Os arts. 1.387 a 1.389 do Código Civil disciplinam a extinção das servidões. Os art. 1.410 e 1.411 do Código Civil versam sobre a extinção do usufruto. O art. 1.436 do Código Civil trata da extinção do penhor. Os arts. 1.499 e 1.500 dispõem sobre a extinção da hipoteca.

Se o objeto do direito pereceu em decorrência de ação ou omissão de terceiro, presentes os requisitos da responsabilidade civil, o titular do direito subjetivo extinto que sofreu prejuízo pode exigir a respectiva indenização[54].

No âmbito da responsabilidade civil extracontratual, aquele que, por ato ilícito (arts. 186 e 187), causar dano a outrem, fica obrigado a repará-lo (art. 927 do Código Civil).

Quanto à responsabilidade civil contratual, não cumprida a obrigação, responde o devedor por perdas e danos, mais juros e atualização monetária segundo índices oficiais regularmente estabelecidos, e honorários de advogado (art. 389 do Código Civil). Nesse contexto, por exemplo, no contrato de depósito, o depositário é obrigado a ter na guarda e conservação da coisa depositada o cuidado e diligência que costuma com o que lhe pertence, bem como a restituí-la, com todos os frutos e acrescidos, quando o exija o depositante (art. 629 do Código Civil).

A prescrição extingue a pretensão[55], que nasce para o titular do direito subjetivo quando este é violado (art. 189 do Código Civil)[56].

---

[54] MONTEIRO, Washington de Barros; PINTO, Ana Cristina de Barros Monteiro França. *Curso de direito civil*: parte geral. 44. ed. São Paulo: Saraiva, 2012. v. 1. p. 227.

[55] GOMES, Orlando. *Introdução ao direito civil*. 19. ed., revista, atualizada e aumentada por Edvaldo Brito e Reginalda Paranhos de Brito. Rio de Janeiro: Forense, 2007. p. 99: "*Pretensão* é o poder do titular do direito subjetivo de exigir uma ação ou uma omissão de quem deve praticá-la ou de quem deve abster-se" (destaque do original).

[56] "4. A prescrição acarreta a perda da exigibilidade de um direito (ou a perda de uma pretensão deduzível em juízo), de modo que somente pode ser prejudicado pela passagem do tempo aquele a quem se puder atribuir inércia injustificada na busca de seus interesses" (STJ, 3ª T., REsp 1.868.419/MG, 2020/0070866-4, Rel. Min. Nancy Andrighi, DJe 28.09.2020).

Desse modo, a prescrição torna a prestação relativa ao direito violado inexigível[57].

A decadência (art. 207 do Código Civil) extingue o direito potestativo, entendido como o poder exercido de forma unilateral pelo titular, não dependendo da manifestação de vontade do sujeito passivo, que fica em estado de sujeição, quando há estabelecimento de prazo para o seu exercício[58], quanto à constituição, modificação ou desconstituição da relação jurídica[59]. Cf. Capítulo 25.

Esclareça-se que o direito subjetivo, relativo ao Direito material, não se confunde com o direito de ação[60], o qual é assegurado pela Constituição da República e disciplinado pelo Direito Processual.

Nos termos do art. 5º, inciso XXXV, da Constituição Federal de 1988, a lei não excluirá da apreciação do Poder Judiciário lesão ou ameaça a direito. Assegura-se o acesso à justiça, garantindo-se a inafastabilidade do controle jurisdicional em caso de lesão ou ameaça a direito subjetivo.

A ação é direito público exercido contra o Estado, que tem o dever de prestar a atividade jurisdicional, com o objetivo de pacificação dos conflitos sociais[61]. O direito de ação, assim, é autônomo do direito

---

57 AMORIM FILHO, Agnelo. Critério científico para distinguir a prescrição da decadência e identificar as ações imprescritíveis. *Revista dos Tribunais*, São Paulo, RT, ano 86, v. 744, p. 736, out. 1997: "só os direitos da primeira categoria (isto é, os *direitos a uma prestação*) conduzem à prescrição, pois somente eles são suscetíveis de lesão ou de violação" (destaques do original).

58 AMORIM FILHO, Agnelo. Critério científico para distinguir a prescrição da decadência e identificar as ações imprescritíveis. *Revista dos Tribunais*, São Paulo, RT, ano 86, v. 744, p. 738, out. 1997: "os potestativos são os únicos direitos que podem estar subordinados a prazos de decadência, uma vez que o objetivo e efeito desta é, precisamente, a extinção dos direitos não exercitados dentro dos prazos fixados".

59 "7. Já a decadência incide sobre os direitos exercidos independentemente da manifestação de vontade do sujeito passivo do direito, os quais são conhecidos na doutrina como potestativos. Dessarte, para o exercício do direito potestativo e a consequente incidência da decadência, desnecessário haver afronta a esse direito ou expressa manifestação do sujeito passivo para configurar resistência, pois o titular pode exercer o direito independentemente da manifestação de vontade de terceiros" (STJ, 1ª Seção, REsp 1.644.191/RS, 2016/0330818-3, Rel. Min. Herman Benjamin, DJe 04.08.2020).

60 MONTEIRO, Washington de Barros; PINTO, Ana Cristina de Barros Monteiro França. *Curso de direito civil*: parte geral. 44. ed. São Paulo: Saraiva, 2012. v. 1. p. 223.

61 RODRIGUES, Silvio. *Direito civil*: parte geral. 34. ed. São Paulo: Saraiva, 2003. v. 1. p. 163.

subjetivo material, ainda que este seja postulado em juízo, no âmbito de processo judicial. Da mesma forma, a relação jurídica material não se confunde com a relação jurídica processual[62].

[62] CINTRA, Antonio Carlos de Araújo; GRINOVER, Ada Pellegrini; DINAMARCO, Cândido Rangel. *Teoria geral do processo*. 31. ed. São Paulo: Malheiros, 2015. p. 291, 320.

CAPÍTULO

11

NEGÓCIO JURÍDICO

11.1 CONCEITO

O negócio jurídico é ato de vontade. Diferencia-se, assim, do fato jurídico em sentido estrito, que diz respeito, em essência, a fatos da natureza. No negócio jurídico, a vontade da parte (ou das partes) é manifestada com o propósito de obter o fim pretendido. Distingue-se, portanto, do ato jurídico em sentido estrito (ato jurídico lícito), em que o efeito jurídico é produzido por estar assim previsto em lei, independentemente da vontade da parte (ou das partes)[1], não havendo intuito negocial[2].

O negócio jurídico é ato lícito, ou seja, em consonância com o Direito. Logo, não se confunde com o ato ilícito, que, embora produza efeitos jurídicos, afronta o Direito[3].

---

1 MONTEIRO, Washington de Barros; PINTO, Ana Cristina de Barros Monteiro França. *Curso de direito civil*: parte geral. 44. ed. São Paulo: Saraiva, 2012. v. 1. p. 228.

2 RODRIGUES, Silvio. *Direito civil*: parte geral. 34. ed. São Paulo: Saraiva, 2003. v. 1. p. 169.

3 MONTEIRO, Washington de Barros; PINTO, Ana Cristina de Barros Monteiro França. *Curso de direito civil*: parte geral. 44. ed. São Paulo: Saraiva, 2012. v. 1. p. 228.

O negócio jurídico tem por fim adquirir, resguardar (conservar), transferir, modificar ou extinguir direitos. O negócio jurídico, assim, é a declaração de vontade que tem como fim produzir certo efeito jurídico pretendido pela parte (ou pelas partes)[4]. Como o intuito pretendido pelo agente é lícito, ou seja, admitido pelo sistema jurídico, o efeito jurídico que se almeja é imediatamente alcançado por meio do negócio jurídico[5].

O negócio jurídico resulta do exercício da prerrogativa da pessoa, assegurada pelo Direito, de criar relações jurídicas por meio da atuação da vontade, produzindo os efeitos pretendidos no plano social, uma vez que em conformidade com o sistema jurídico. No negócio jurídico, a declaração de vontade tem como objetivo a produção dos efeitos jurídicos pretendidos pelo agente, os quais, por serem admitidos pelo ordenamento jurídico, são efetivamente produzidos. O princípio da autonomia da vontade reconhece às pessoas a possibilidade de realizar negócios jurídicos, tendo como fim a produção dos efeitos jurídicos pretendidos[6].

Nesse sentido, o negócio jurídico é o meio de realização da autonomia privada[7], entendida como a possibilidade, assegurada aos particulares pelo ordenamento jurídico, de regular as suas relações e interesses, observando certos limites[8].

Segundo leciona Antonio Junqueira de Azevedo, "negócio jurídico é todo fato jurídico consistente em declaração de vontade, a que o ordenamento jurídico atribui os efeitos designados como queridos,

---

4 MONTEIRO, Washington de Barros; PINTO, Ana Cristina de Barros Monteiro França. *Curso de direito civil*: parte geral. 44. ed. São Paulo: Saraiva, 2012. v. 1. p. 229.

5 RODRIGUES, Silvio. *Direito civil*: parte geral. 34. ed. São Paulo: Saraiva, 2003. v. 1. p. 170.

6 RODRIGUES, Silvio. *Direito civil*: parte geral. 34. ed. São Paulo: Saraiva, 2003. v. 1. p. 170.

7 GOMES, Orlando. *Introdução ao direito civil*. 19. ed., revista, atualizada e aumentada por Edvaldo Brito e Reginalda Paranhos de Brito. Rio de Janeiro: Forense, 2007. p. 240: "É através dos negócios jurídicos que os particulares *autorregulam* seus interesses, estatuindo as regras a que voluntariamente quiseram subordinar o próprio comportamento" (destaque do original).

8 LARENZ, Karl. *Derecho civil*: parte general. Traducción y notas de Miguel Izquierdo y Macías-Picavea. Madrid: Editoriales de Derecho Reunidas, 1978. p. 55, 422.

respeitados os pressupostos de existência, validade e eficácia impostos pela norma jurídica que sobre ele incide"[9].

Frise-se que as convenções estabelecidas entre as pessoas, isto é, os contratos, como negócios jurídicos bilaterais, dando origem a relações jurídicas, são reconhecidas pelo sistema jurídico, que as considera obrigatórias entre as partes e dotadas de coercibilidade. Tem-se, no caso, o princípio da *pacta sunt servanda*, no sentido de que as convenções celebradas entre os particulares devem ser observadas[10]. Nesse contexto, em consonância com o "princípio da força obrigatória dos contratos", estes devem ser cumpridos pelas partes, tendo força de lei entre os contratantes[11]. Entretanto, normas de ordem pública podem limitar o alcance da autonomia privada[12].

11.2 ELEMENTOS

Os elementos que integram o negócio jurídico são os elementos essenciais, naturais e acidentais[13].

Os *elementos essenciais*, também denominados *elementos constitutivos*[14], compõem a estrutura do negócio jurídico, ou seja, dão substância a ele, sem os quais o negócio jurídico não existe[15]. Os ele-

---

9 AZEVEDO, Antonio Junqueira de. *Negócio jurídico*: existência, validade e eficácia. 4. ed. São Paulo: Saraiva, 2007. p. 16.

10 RODRIGUES, Silvio. *Direito civil*: parte geral. 34. ed. São Paulo: Saraiva, 2003. v. 1. p. 170.

11 GOMES, Orlando. *Contratos*. 26. ed., atualizada por Antonio Junqueira de Azevedo e Francisco Paulo de Crescenzo Marino. Rio de Janeiro: Forense, 2008. p. 38.

12 RODRIGUES, Silvio. *Direito civil*: parte geral. 34. ed. São Paulo: Saraiva, 2003. v. 1. p. 170. Cf. ainda AZEVEDO, Álvaro Villaça. *Teoria geral do direito civil*: parte geral. São Paulo: Atlas, 2012. p. 179: "Destaque-se que o princípio da força obrigatória dos negócios jurídicos, ao lado da autonomia da vontade e da equivalência da ordem pública, é um dos que informam e que dão fundamento ao Direito contratual. Os negócios realizam-se para serem cumpridos (*pacta sunt servanda*)".

13 MONTEIRO, Washington de Barros; PINTO, Ana Cristina de Barros Monteiro França. *Curso de direito civil*: parte geral. 44. ed. São Paulo: Saraiva, 2012. v. 1. p. 229.

14 GAGLIANO, Pablo Stolze; PAMPLONA FILHO, Rodolfo. *Novo curso de direito civil*: parte geral. 6. ed. São Paulo: Saraiva, 2005. v. 1. p. 348-349.

15 MONTEIRO, Washington de Barros; PINTO, Ana Cristina de Barros Monteiro França. *Curso de direito civil*: parte geral. 44. ed. São Paulo: Saraiva, 2012. v. 1. p. 229.

mentos essenciais ou constitutivos do negócio jurídico são a declaração de vontade, o agente, o objeto e a forma[16].

Discute-se se a causa é elemento essencial ou constitutivo do negócio jurídico[17]. A corrente anticausalista argumenta que a causa é elemento dispensável[18], pois se confunde com o objeto do negócio jurídico ou com o consentimento[19].

Na concepção subjetiva, a causa do negócio jurídico é o fim visado pelas partes[20], isto é, a razão da vontade de celebrar o negócio jurídico[21]. Mesmo nesse entendimento, a causa não corresponde ao motivo pessoal, de caráter psicológico, mas ao "fim próximo" que leva as partes a concluir o negócio jurídico[22]. Por exemplo, no contrato de compra e venda, a causa é o objetivo do vendedor de receber o preço, e o intuito do comprador de receber o bem[23].

A causa é ainda compreendida como o fim típico da modalidade negocial[24]. Por exemplo, "o fim típico do pagamento de uma dívida é sua extinção, pouco importando o motivo pessoal do ato"[25]. Como

---

16 RODRIGUES, Silvio. *Direito civil*: parte geral. 34. ed. São Paulo: Saraiva, 2003. v. 1. p. 171.

17 GAGLIANO, Pablo Stolze; PAMPLONA FILHO, Rodolfo. *Novo curso de direito civil*: parte geral. 6. ed. São Paulo: Saraiva, 2005. v. 1. p. 353-355.

18 VENOSA, Sílvio de Salvo. *Direito civil*: parte geral. 13. ed. São Paulo: Atlas, 2013. v. 1. p. 386.

19 GOMES, Orlando. *Introdução ao direito civil*. 19. ed., revista, atualizada e aumentada por Edvaldo Brito e Reginalda Paranhos de Brito. Rio de Janeiro: Forense, 2007. p. 338. Cf. ainda AZEVEDO, Álvaro Villaça. *Teoria geral do direito civil*: parte geral. São Paulo: Atlas, 2012. p. 217: "A causa negocial faz parte integrante da manifestação da vontade".

20 MONTEIRO, Washington de Barros; PINTO, Ana Cristina de Barros Monteiro França. *Curso de direito civil*: parte geral. 44. ed. São Paulo: Saraiva, 2012. v. 1. p. 232.

21 GOMES, Orlando. *Introdução ao direito civil*. 19. ed., revista, atualizada e aumentada por Edvaldo Brito e Reginalda Paranhos de Brito. Rio de Janeiro: Forense, 2007. p. 338.

22 VENOSA, Sílvio de Salvo. *Direito civil*: parte geral. 13. ed. São Paulo: Atlas, 2013. v. 1. p. 386.

23 MONTEIRO, Washington de Barros; PINTO, Ana Cristina de Barros Monteiro França. *Curso de direito civil*: parte geral. 44. ed. São Paulo: Saraiva, 2012. v. 1. p. 249.

24 GOMES, Orlando. *Introdução ao direito civil*. 19. ed., revista, atualizada e aumentada por Edvaldo Brito e Reginalda Paranhos de Brito. Rio de Janeiro: Forense, 2007. p. 308: "É esse fim de ordem geral que se chama *causa da atribuição patrimonial*, isto é, a projeção de uma *causa genérica* em determinada *relação negocial*" (destaques do original).

25 GOMES, Orlando. *Introdução ao direito civil*. 19. ed., revista, atualizada e aumentada por Edvaldo Brito e Reginalda Paranhos de Brito. Rio de Janeiro: Forense, 2007. p. 307-308.

mencionado, a causa do negócio jurídico não se confunde com o motivo pessoal ou subjetivo, no sentido de razão íntima ou intuito psicológico, que leva o agente a negociar e varia conforme cada situação[26]. Exemplificando, no contrato de compra e venda, a causa é a entrega da coisa e o pagamento do preço[27].

Na concepção objetiva, a causa é a função econômico-social[28] que caracteriza o tipo ou a modalidade de negócio jurídico[29]. Nesse contexto, entende-se que a lei exige uma "justificação" para que o vínculo criado pelo negócio jurídico possa ser protegido pelo Direito. Essa "justificação" decorre da "relevância social do interesse" que se pretende realizar e do "fim" que se busca alcançar, o que corresponde à "causa" do negócio jurídico[30].

Esclareça-se que cada modalidade de negócio jurídico tem os seus elementos essenciais específicos. Por exemplo, os elementos essenciais do contrato de compra e venda são a coisa, o preço e o consentimento (art. 482 do Código Civil)[31].

Os *elementos naturais* são as consequências ou os efeitos que decorrem da própria natureza do negócio jurídico, não havendo necessidade de menção expressa, pois são previstos em lei. Por exemplo, no contrato de compra e venda, a obrigação do vendedor de responder pelos

---

[26] GOMES, Orlando. *Introdução ao direito civil.* 19. ed., revista, atualizada e aumentada por Edvaldo Brito e Reginalda Paranhos de Brito. Rio de Janeiro: Forense, 2007. p. 307-308.

[27] VENOSA, Sílvio de Salvo. *Direito civil*: parte geral. 13. ed. São Paulo: Atlas, 2013. v. 1. p. 386.

[28] GOMES, Orlando. *Introdução ao direito civil.* 19. ed., revista, atualizada e aumentada por Edvaldo Brito e Reginalda Paranhos de Brito. Rio de Janeiro: Forense, 2007. p. 339.

[29] RODRIGUES, Silvio. *Direito civil*: parte geral. 34. ed. São Paulo: Saraiva, 2003. v. 1. p. 171-172. Cf. ainda VENOSA, Sílvio de Salvo. *Direito civil*: parte geral. 13. ed. São Paulo: Atlas, 2013. v. 1. p. 386: "a função econômico-social própria de cada figura negocial".

[30] GOMES, Orlando. *Introdução ao direito civil.* 19. ed., revista, atualizada e aumentada por Edvaldo Brito e Reginalda Paranhos de Brito. Rio de Janeiro: Forense, 2007. p. 343: "Em suma: a lei exige uma *justificação* para a criação, por um negócio jurídico, de um vínculo digno de proteção. A *justificação* encontra-se na *relevância social do interesse* que se quer tutelar e no *fim* que se pretende alcançar. É a *causa*" (destaques do original).

[31] MONTEIRO, Washington de Barros; PINTO, Ana Cristina de Barros Monteiro França. *Curso de direito civil*: parte geral. 44. ed. São Paulo: Saraiva, 2012. v. 1. p. 229, 291.

vícios redibitórios (art. 441 do Código Civil)[32] e pela evicção[33] (art. 447 do Código Civil)[34], a obrigação do vendedor de entregar a coisa e a obrigação do comprador de pagar o preço (art. 481 do Código Civil)[35].

Os *elementos acidentais* são estipulações que podem ser adicionadas ao negócio jurídico, com o objetivo de modificar as suas consequências jurídicas naturais. Os elementos acidentais do negócio jurídico são, principalmente, a condição, o termo e o encargo (arts. 121 a 137)[36].

Observados esses aspectos, cabe ressaltar que o negócio jurídico pode ser analisado nos planos da existência, validade e eficácia[37].

11.3 EXISTÊNCIA DO NEGÓCIO JURÍDICO

A existência do negócio jurídico exige a presença dos seus elementos essenciais ou constitutivos. Assim, para que o negócio jurídico exista no âmbito do Direito, deve haver declaração de vontade, agente, objeto e forma[38].

---

[32] "Art. 441. A coisa recebida em virtude de contrato comutativo pode ser enjeitada por vícios ou defeitos ocultos, que a tornem imprópria ao uso a que é destinada, ou lhe diminuam o valor".

[33] "3. A evicção representa um sistema especial de responsabilidade negocial decorrente da perda total ou parcial de um direito, atribuído, por sentença, a outrem, cujo direito é anterior ao contrato de onde nasceu a pretensão do evicto" (STJ, 3ª T., REsp 1.779.055/SC, 2018/0228123-1, Rel. Min. Nancy Andrighi, DJe 22.03.2019).

[34] MONTEIRO, Washington de Barros; PINTO, Ana Cristina de Barros Monteiro França. *Curso de direito civil*: parte geral. 44. ed. São Paulo: Saraiva, 2012. v. 1. p. 229, 233. Cf. ainda DINIZ, Maria Helena. *Curso de direito civil brasileiro*: teoria geral do direito civil. 29. ed. São Paulo: Saraiva, 2012. v. 1. p. 484. RODRIGUES, Silvio. *Direito civil*: parte geral. 34. ed. São Paulo: Saraiva, 2003. v. 1. p. 171.

[35] MONTEIRO, Washington de Barros; PINTO, Ana Cristina de Barros Monteiro França. *Curso de direito civil*: parte geral. 44. ed. São Paulo: Saraiva, 2012. v. 1. p. 291.

[36] MONTEIRO, Washington de Barros; PINTO, Ana Cristina de Barros Monteiro França. *Curso de direito civil*: parte geral. 44. ed. São Paulo: Saraiva, 2012. v. 1. p. 229-230, 233.

[37] AZEVEDO, Antonio Junqueira de. *Negócio jurídico*: existência, validade e eficácia. 4. ed. São Paulo: Saraiva, 2007. p. 24-25. Cf. ainda BITTAR, Carlos Alberto. *Curso de direito civil*. Rio de Janeiro: Forense Universitária, 1994. v. 1. p. 166: "cumpre distinguir-se o negócio jurídico nos três planos básicos em que se apresenta, o da existência, o da validade e o da eficácia".

[38] GAGLIANO, Pablo Stolze; PAMPLONA FILHO, Rodolfo. *Novo curso de direito civil*: parte geral. 6. ed. São Paulo: Saraiva, 2005. v. 1. p. 348-353. Cf. ainda TARTUCE, Flá-

Como a vontade é elemento interno, de caráter subjetivo, ela se manifesta por meio da declaração[39]. Quanto ao modo de expressão, a declaração de vontade pode ser expressa (quando exteriorizada por palavras ou gestos), ou tácita (quando inferida pelas circunstâncias)[40].

O agente é a parte do negócio jurídico[41]. No caso de negócio jurídico unilateral, há declaração de vontade de uma só parte[42]. Em se tratando de negócio jurídico bilateral, há declaração de vontade de duas partes[43].

O objeto do negócio jurídico é o bem (material ou imaterial)[44] ou a prestação de interesse das partes[45]. O objeto deve ser idôneo em relação ao negócio jurídico considerado. Nesse enfoque, podem ser objeto de hipoteca os bens indicados no art. 1.473 do Código Civil. Entretanto, outros bens seriam inidôneos para ser objeto da hipoteca.

---

vio. *Direito civil*: lei de introdução e parte geral. 4. ed. São Paulo: Método, 2008. v. 1. p. 318.

39 RODRIGUES, Silvio. *Direito civil*: parte geral. 34. ed. São Paulo: Saraiva, 2003. v. 1. p. 171.

40 GOMES, Orlando. *Introdução ao direito civil*. 19. ed., revista, atualizada e aumentada por Edvaldo Brito e Reginalda Paranhos de Brito. Rio de Janeiro: Forense, 2007. p. 262. Cf. ainda AZEVEDO, Álvaro Villaça. *Teoria geral do direito civil*: parte geral. São Paulo: Atlas, 2012. p. 168: "a vontade, além de poder ser declarada, expressamente, de modo verbal ou por escrito, pode, também, manifestar-se tacitamente ou pelo gesto, como, ainda, pelo silêncio".

41 Como esclarece Orlando Gomes: "Parte não se confunde, realmente, com pessoa. [...] Quando uma das partes está integrada por diversas pessoas, têm de estar, conjuntamente, no mesmo lado como se fossem uma só. [...] As várias pessoas que constituem uma parte agem em bloco unificadas pelo mesmo interesse" (GOMES, Orlando. *Introdução ao direito civil*. 19. ed., revista, atualizada e aumentada por Edvaldo Brito e Reginalda Paranhos de Brito. Rio de Janeiro: Forense, 2007. p. 277).

42 GOMES, Orlando. *Introdução ao direito civil*. 19. ed., revista, atualizada e aumentada por Edvaldo Brito e Reginalda Paranhos de Brito. Rio de Janeiro: Forense, 2007. p. 278.

43 GOMES, Orlando. *Introdução ao direito civil*. 19. ed., revista, atualizada e aumentada por Edvaldo Brito e Reginalda Paranhos de Brito. Rio de Janeiro: Forense, 2007. p. 272.

44 GOMES, Orlando. *Introdução ao direito civil*. 19. ed., revista, atualizada e aumentada por Edvaldo Brito e Reginalda Paranhos de Brito. Rio de Janeiro: Forense, 2007. p. 332: "Entre os [negócios jurídicos] que têm como objeto *bens*, incluem-se os que recaem nos bens imateriais (*direitos autorais, propriedade industrial*)" (destaques do original).

45 GOMES, Orlando. *Introdução ao direito civil*. 19. ed., revista, atualizada e aumentada por Edvaldo Brito e Reginalda Paranhos de Brito. Rio de Janeiro: Forense, 2007. p. 332-333. Cf. ainda DINIZ, Maria Helena. *Curso de direito civil brasileiro*: teoria geral do direito civil. 29. ed. São Paulo: Saraiva, 2012. v. 1. p. 489.

Ainda exemplificando, o comodato pode ter como objeto coisas não fungíveis (art. 579 do Código Civil). O mútuo pode ter como objeto coisas fungíveis (art. 586 do Código Civil)[46].

A forma é o meio de apresentação do negócio jurídico[47]. A forma, assim, exterioriza a declaração de vontade[48].

A ausência de um ou mais elementos essenciais acarreta a inexistência do negócio jurídico[49]. Por exemplo, não havendo declaração de vontade, não existe negócio jurídico.

11.3.1 Consentimento e silêncio

Como para a existência do negócio jurídico deve haver declaração de vontade, nos negócios jurídicos bilaterais, em que há manifestação de vontade dos sujeitos envolvidos, é necessária a existência de consentimento ou concordância das partes[50]. Ou seja, no caso de negócio jurídico bilateral, deve haver o concurso de vontades dos agentes. Se houver coação física absoluta, em que a mão do agente é conduzida por outrem para assinar certo documento, por não haver, em termos jurídicos, manifestação de vontade, entende-se que o negócio jurídico é inexistente[51].

A declaração de vontade e o consentimento podem ser expressos ou tácitos. A declaração de vontade expressa ou explícita pode ser

---

46 RODRIGUES, Silvio. *Direito civil*: parte geral. 34. ed. São Paulo: Saraiva, 2003. v. 1. p. 171.

47 AZEVEDO, Álvaro Villaça. *Teoria geral do direito civil*: parte geral. São Paulo: Atlas, 2012. p. 435.

48 GOMES, Orlando. *Introdução ao direito civil*. 19. ed., revista, atualizada e aumentada por Edvaldo Brito e Reginalda Paranhos de Brito. Rio de Janeiro: Forense, 2007. p. 343.

49 AZEVEDO, Álvaro Villaça. *Teoria geral do direito civil*: parte geral. São Paulo: Atlas, 2012. p. 217: "Os elementos essenciais estão ligados à estrutura negocial, fazem parte da própria substância do negócio jurídico. Sem esses elementos, o negócio não existe".

50 GOMES, Orlando. *Introdução ao direito civil*. 19. ed., revista, atualizada e aumentada por Edvaldo Brito e Reginalda Paranhos de Brito. Rio de Janeiro: Forense, 2007. p. 332: "Tecnicamente, consentimento ou consenso implica duas declarações de vontade, que se encontram; *in idem placitum consensus*. Nos negócios jurídicos unilaterais, não se fala em consentimento, mas, simplesmente, em vontade. O consenso é, assim, elemento dos contratos e demais negócios bilaterais".

51 MONTEIRO, Washington de Barros; PINTO, Ana Cristina de Barros Monteiro França. *Curso de direito civil*: parte geral. 44. ed. São Paulo: Saraiva, 2012. v. 1. p. 231-232.

de forma escrita, verbal ou mesmo por meio de gestos e mímica[52]. A declaração de vontade tácita ocorre de forma implícita[53], resultando do comportamento ou de atitudes do agente[54]. Por exemplo, a aceitação do mandato pode ser tácita, e resulta do começo de execução pelo mandatário (art. 659 do Código Civil). A aceitação da herança, quando expressa, faz-se por declaração escrita. A aceitação da herança, quando tácita, há de resultar tão somente de atos próprios da qualidade de herdeiro (art. 1.805 do Código Civil).

Há casos em que o silencia é considerado concordância, ou seja, manifestação implícita de vontade, no sentido de consentir. O silêncio importa anuência, quando as circunstâncias ou os usos o autorizarem, e não for necessária a declaração de vontade expressa (art. 111 do Código Civil)[55].

Vejamos alguns exemplos de hipótese em que o silêncio implica concordância de quem deveria manifestar a vontade[56].

Se o negócio for daqueles em que não seja costume a aceitação expressa, ou o proponente a tiver dispensado, reputa-se concluído o contrato, não chegando a tempo a recusa (art. 432 do Código Civil).

O doador pode fixar prazo ao donatário, para declarar se aceita ou não a liberalidade. Desde que o donatário, ciente do prazo, não faça, dentro dele, a declaração, entende-se que aceitou, se a doação não for sujeita a encargo (art. 539 do Código Civil).

---

52 VENOSA, Sílvio de Salvo. *Direito civil*: parte geral. 13. ed. São Paulo: Atlas, 2013. v. 1. p. 374.

53 MONTEIRO, Washington de Barros; PINTO, Ana Cristina de Barros Monteiro França. *Curso de direito civil*: parte geral. 44. ed. São Paulo: Saraiva, 2012. v. 1. p. 232.

54 VENOSA, Sílvio de Salvo. *Direito civil*: parte geral. 13. ed. São Paulo: Atlas, 2013. v. 1. p. 374.

55 MONTEIRO, Washington de Barros; PINTO, Ana Cristina de Barros Monteiro França. *Curso de direito civil*: parte geral. 44. ed. São Paulo: Saraiva, 2012. v. 1. p. 232. Como esclarece Sílvio de Salvo Venosa: "Na verdade, o silêncio apenas produz efeitos quando acompanhado de outras circunstâncias ou condições. O silêncio de um contratante só pode induzir manifestação de vontade, aquiescência de contratar, se naquelas determinadas circunstâncias, inclusive pelos usos e costumes do lugar, pode intuir-se uma manifestação volitiva" (VENOSA, Sílvio de Salvo. *Direito civil*: parte geral. 13. ed. São Paulo: Atlas, 2013. v. 1. p. 376).

56 MONTEIRO, Washington de Barros; PINTO, Ana Cristina de Barros Monteiro França. *Curso de direito civil*: parte geral. 44. ed. São Paulo: Saraiva, 2012. v. 1. p. 240-241.

O interessado em que o herdeiro declare se aceita, ou não, a herança, pode, 20 dias após aberta a sucessão, requerer ao juiz prazo razoável, não maior de 30 dias, para, nele, se pronunciar o herdeiro, sob pena de se haver a herança por aceita (art. 1.807 do Código Civil).

No Direito do Consumidor, registre-se ser vedado ao fornecedor de produtos ou serviços, entre outras práticas abusivas, enviar ou entregar ao consumidor, sem solicitação prévia, qualquer produto, ou fornecer qualquer serviço, bem como executar serviços sem a prévia elaboração de orçamento e autorização *expressa* do consumidor, ressalvadas as decorrentes de práticas anteriores entre as partes (art. 39, incisos III e VI, da Lei 8.078/1990)[57].

11.4 VALIDADE DO NEGÓCIO JURÍDICO

Se o negócio jurídico existe para fins do Direito, torna-se possível verificar a sua validade.

Para que o negócio jurídico seja válido, devem ser preenchidos os seus requisitos, os quais qualificam os elementos essenciais ou constitutivos. Desse modo, a declaração de vontade deve ser livre, ou seja, sem vícios, o agente deve ser capaz, o objeto deve ser lícito,

---

[57] "5. Com esse nítido escopo protetivo, o artigo 39 do CDC traz rol exemplificativo das condutas dos fornecedores consideradas abusivas, tais como o fornecimento ou a execução de qualquer serviço sem 'solicitação prévia' ou 'autorização expressa' do consumidor (incisos III e VI), requisitos legais que ostentam relação direta com o direito à informação clara e adequada, viabilizadora do exercício de uma opção desprovida de vício de consentimento da parte cujo déficit informacional é evidente. 6. Nessa perspectiva, em se tratando de práticas abusivas vedadas pelo código consumerista, não pode ser atribuído ao silêncio do consumidor (em um dado decurso de tempo) o mesmo efeito jurídico previsto no artigo 111 do Código Civil (anuência/aceitação tácita), tendo em vista a exigência legal de declaração de vontade expressa para a prestação de serviços ou aquisição de produtos no mercado de consumo, ressalvada tão somente a hipótese de 'prática habitual' entre as partes. 7. Ademais, é certo que o código consumerista tem aplicação prioritária nas relações entre consumidor e fornecedor, não se afigurando cabida a mitigação de suas normas – que partem da presunção legal absoluta da existência de desigualdade técnica e informacional entre os referidos agentes econômicos –, mediante a incidência de princípios do Código Civil que pressupõem a equidade (o equilíbrio) entre as partes" (STJ, 4ª T., REsp 1.326.592/GO, 2012/0113475-4, Rel. Min. Luis Felipe Salomão, DJe 06.08.2019).

possível, determinado ou determinável e a forma deve ser a e prevista ou não proibida pela lei[58].

Em se tratando de negócio jurídico bilateral, o consentimento das partes deve ocorrer de forma válida, ou seja, com higidez nas manifestações de vontade dos agentes. O vício na manifestação da vontade gera a anulabilidade do negócio jurídico, ou seja, a possibilidade de sua invalidação. É anulável o negócio jurídico por vício resultante de erro, dolo, coação, estado de perigo, lesão ou fraude contra credores (art. 171, inciso II, do Código Civil).

A validade do negócio jurídico requer: I – agente capaz; II – objeto lícito, possível, determinado ou determinável; III – forma prescrita ou não defesa em lei (art. 104 do Código Civil).

Quanto ao agente capaz (art. 104, inciso I, do Código Civil), em se tratando de pessoa natural, esta deve ter consciência e vontade, bem como ser reconhecida pelo ordenamento jurídico como apta ao exercício dos atos na ordem civil. Os absolutamente incapazes (art. 3º do Código Civil) devem ser representados pelos seus representantes legais e os relativamente incapazes (art. 4º do Código Civil) devem ser assistidos por estes (arts. 1.634, inciso VII, e 1.747, inciso I, do Código Civil). No caso de pessoa jurídica, esta deve ser representada, atuando por intermédio de quem a representa (art. 46, inciso III, do Código Civil)[59].

A manifestação de vontade pelo representante, nos limites de seus poderes, produz efeitos em relação ao representado (art. 116 do Código Civil).

Se o mencionado requisito não for observado, o negócio jurídico é inválido ou passível de invalidação. É nulo o negócio jurídico quando celebrado por pessoa absolutamente incapaz (art. 166, inciso I, do Código Civil). É anulável o negócio jurídico por incapacidade relativa do agente (art. 171, inciso I, do Código Civil).

---

[58] GAGLIANO, Pablo Stolze; PAMPLONA FILHO, Rodolfo. *Novo curso de direito civil*: parte geral. 6. ed. São Paulo: Saraiva, 2005. v. 1. p. 357-374. Cf. ainda TARTUCE, Flávio. *Direito civil*: lei de introdução e parte geral. 4. ed. São Paulo: Método, 2008. v. 1. p. 318.

[59] MONTEIRO, Washington de Barros; PINTO, Ana Cristina de Barros Monteiro França. *Curso de direito civil*: parte geral. 44. ed. São Paulo: Saraiva, 2012. v. 1. p. 230.

Há negócios jurídicos em que além da capacidade jurídica, também é exigida a legitimação[60], a qual diz respeito à relação específica do sujeito com o objeto de determinados negócios jurídicos[61]. Como exemplo, pode-se fazer referência ao art. 497 do Código Civil, sobre compra e venda, no sentido da ausência de legitimação de certas pessoas para a aquisição de determinados bens[62].

Ainda a respeito da legitimação no negócio jurídico, é anulável a venda de ascendente a descendente, salvo se os outros descendentes e o cônjuge do alienante expressamente houverem consentido (art. 496 do Código Civil)[63]. Desse modo, o ascendente apenas terá legitimação para vender o bem a descendentes se houver a concordância expressa dos outros descendentes e do cônjuge.

Na mesma linha, não pode um condômino em coisa indivisível vender a sua parte a estranhos, se outro consorte a quiser, tanto por tanto (art. 504 do Código Civil). Logo, o condômino apenas terá legitimação para a venda de seu quinhão da coisa indivisível a terceiros se, anteriormente, tiver oferecido aos consortes, e estes não manifestaram interesse na aquisição[64].

A capacidade jurídica é a aptidão da pessoa para a prática, em termos gerais, de atos e negócios jurídicos. A legitimação é a aptidão para a prática de certos negócios jurídicos, que tenham determinados objetos. Envolve, assim, a posição do agente em face de certos

---

[60] MONTEIRO, Washington de Barros; PINTO, Ana Cristina de Barros Monteiro França. *Curso de direito civil*: parte geral. 44. ed. São Paulo: Saraiva, 2012. v. 1. p. 230.

[61] VENOSA, Sílvio de Salvo. *Direito civil*: parte geral. 13. ed. São Paulo: Atlas, 2013. v. 1. p. 381.

[62] "Art. 497. Sob pena de nulidade, não podem ser comprados, ainda que em hasta pública: I – pelos tutores, curadores, testamenteiros e administradores, os bens confiados à sua guarda ou administração; II – pelos servidores públicos, em geral, os bens ou direitos da pessoa jurídica a que servirem, ou que estejam sob sua administração direta ou indireta; III – pelos juízes, secretários de tribunais, arbitradores, peritos e outros serventuários ou auxiliares da justiça, os bens ou direitos sobre que se litigar em tribunal, juízo ou conselho, no lugar onde servirem, ou a que se estender a sua autoridade; IV – pelos leiloeiros e seus prepostos, os bens de cuja venda estejam encarregados. Parágrafo único. As proibições deste artigo estendem-se à cessão de crédito".

[63] MONTEIRO, Washington de Barros; PINTO, Ana Cristina de Barros Monteiro França. *Curso de direito civil*: parte geral. 44. ed. São Paulo: Saraiva, 2012. v. 1. p. 230.

[64] RODRIGUES, Silvio. *Direito civil*: parte geral. 34. ed. São Paulo: Saraiva, 2003. v. 1. p. 173.

bens que podem constituir objeto de certas modalidades de negócios jurídicos[65].

A incapacidade relativa de uma das partes não pode ser invocada pela outra em benefício próprio, nem aproveita aos cointeressados capazes, salvo se, neste caso, for indivisível o objeto do direito ou da obrigação comum (art. 105 do Código Civil). Os relativamente incapazes devem ser assistidos pelos representantes legais nos negócios jurídicos, o que tem como objetivo a proteção daqueles[66]. Sendo assim, a incapacidade relativa é exceção ou defesa de natureza pessoal, ou seja, pode ser alegada apenas pelo próprio incapaz ou por seu representante legal. Por isso, esse aspecto não pode ser invocado pela outra parte, capaz, em benefício próprio. A referida alegação não aproveita as partes que também são interessadas, mas capazes, exceto se o objeto do direito ou da obrigação comum for indivisível[67].

O objeto do negócio jurídico diz respeito às vantagens ou interesses pretendidos pelas partes, podendo ser bens, serviços e prestações, aferíveis em termos econômicos[68]. A validade do negócio jurídico requer objeto lícito, possível, determinado ou determinável (art. 104, inciso II, do Código Civil)[69].

O objeto do negócio jurídico deve estar em consonância com o Direito, ou seja, sem afrontar a ordem jurídica[70]. Por exemplo, é inválido o negócio jurídico que tenha por objeto a lesão física de alguém, por ser ilícito.

O objeto do negócio jurídico deve ser possível, em termos físicos ou materiais e jurídicos[71]. Por exemplo, é fisicamente impossível a construção

---

65 RODRIGUES, Silvio. *Direito civil*: parte geral. 34. ed. São Paulo: Saraiva, 2003. v. 1. p. 173.

66 RODRIGUES, Silvio. *Direito civil*: parte geral. 34. ed. São Paulo: Saraiva, 2003. v. 1. p. 172.

67 MONTEIRO, Washington de Barros; PINTO, Ana Cristina de Barros Monteiro França. *Curso de direito civil*: parte geral. 44. ed. São Paulo: Saraiva, 2012. v. 1. p. 230-231.

68 GOMES, Orlando. *Introdução ao direito civil*. 19. ed., revista, atualizada e aumentada por Edvaldo Brito e Reginalda Paranhos de Brito. Rio de Janeiro: Forense, 2007. p. 332-333.

69 MONTEIRO, Washington de Barros; PINTO, Ana Cristina de Barros Monteiro França. *Curso de direito civil*: parte geral. 44. ed. São Paulo: Saraiva, 2012. v. 1. p. 231.

70 MONTEIRO, Washington de Barros; PINTO, Ana Cristina de Barros Monteiro França. *Curso de direito civil*: parte geral. 44. ed. São Paulo: Saraiva, 2012. v. 1. p. 231.

71 GOMES, Orlando. *Introdução ao direito civil*. 19. ed., revista, atualizada e aumentada por Edvaldo Brito e Reginalda Paranhos de Brito. Rio de Janeiro: Forense, 2007. p. 333: "Ob-

de prédio no Sol. Quanto à impossibilidade jurídica, não pode ser objeto de contrato a herança de pessoa viva (art. 426 do Código Civil). Ainda exemplificando, o pacto comissório é juridicamente impossível. Nesse sentido, é nula a cláusula que autoriza o credor pignoratício, anticrético ou hipotecário a ficar com o objeto da garantia, se a dívida não for paga no vencimento (art. 1.428 do Código Civil). A impossibilidade pode ser algo que comum a todas as pessoas ou que alcance apenas a parte[72].

O objeto do negócio jurídico deve ser determinado ou, pelo menos, determinável, quando de sua conclusão ou concretização[73]. A impossibilidade inicial do objeto não invalida o negócio jurídico se for relativa, ou se cessar antes de realizada a condição a que ele estiver subordinado (art. 106 do Código Civil).

Se os mencionados requisitos quanto ao objeto não forem observados, o negócio jurídico é inválido. É nulo o negócio jurídico quando for ilícito, impossível ou indeterminável o seu objeto (art. 166, inciso II, do Código Civil). Anulado o negócio jurídico, as partes devem ser restituídas ao estado em que antes dele se achavam, e, não sendo possível restituí-las, devem ser indenizadas com o equivalente (art. 182 do Código Civil).

Conforme referido anteriormente, discute-se se a causa é elemento essencial do negócio jurídico, o que reflete quanto aos seus requisitos de validade[74]. Cf. Capítulo 11, item 11.2.

Há entendimento de que como a causa é o objetivo do negócio jurídico, ou o fim visado pelas partes, se este é ilícito, o negócio jurídico é inválido (nulo), pois o seu objeto será ilícito[75].

---

jeto *fisicamente impossível* é o que, por sua própria natureza, não pode integrar qualquer relação jurídica. Objeto *juridicamente impossível*, o bem ou a prestação sobre os quais não permite a lei que os particulares transacionem, como as coisas que estão fora do comércio ou os atos contrários à moral e aos bons costumes. Na impossibilidade jurídica compreendem-se as coisas ou prestações que não se prestam a ser objeto do negócio ou de certo negócio" (destaques do original).

[72] MONTEIRO, Washington de Barros; PINTO, Ana Cristina de Barros Monteiro França. *Curso de direito civil*: parte geral. 44. ed. São Paulo: Saraiva, 2012. v. 1. p. 231.

[73] MONTEIRO, Washington de Barros; PINTO, Ana Cristina de Barros Monteiro França. *Curso de direito civil*: parte geral. 44. ed. São Paulo: Saraiva, 2012. v. 1. p. 231.

[74] GOMES, Orlando. *Introdução ao direito civil*. 19. ed., revista, atualizada e aumentada por Edvaldo Brito e Reginalda Paranhos de Brito. Rio de Janeiro: Forense, 2007. p. 335-343.

[75] MONTEIRO, Washington de Barros; PINTO, Ana Cristina de Barros Monteiro França. *Curso de direito civil*: parte geral. 44. ed. São Paulo: Saraiva, 2012. v. 1. p. 232.

A causa do negócio jurídico é o fim típico da modalidade negocial, ou a função econômico-social do negócio jurídico[76]. Segundo leciona Orlando Gomes: "A noção de *causa* é indispensável para a averiguação da validade e eficácia dos negócios jurídicos. Nega-se proteção jurídica aos que não têm causa e aos que têm-na *ilícita*, ou *viciada*"[77].

Entende-se que a causa é ilícita se o propósito negocial, no sentido do resultado que se objetiva alcançar por meio do negócio jurídico, é contrário à lei ou aos bons costumes[78].

Por qualquer ângulo, a causa não se confunde com o motivo pessoal do ato, no sentido de intuito subjetivo, motivação psicológica ou razão íntima que leva o agente a celebrar o negócio jurídico. Ainda assim, pode ocorrer de o motivo pessoal ter sido expresso pela parte como razão determinante do negócio jurídico[79]. Nessa hipótese, se o motivo subjetivo for falso, o negócio jurídico é anulável[80]. Diversamente, se o motivo pessoal, ainda que falso, não foi expresso pela parte como razão determinante do negócio jurídico, este é válido. Portanto, o falso motivo só vicia a declaração de vontade quando expresso como razão determinante (art. 140 do Código Civil)[81]. Cf. Capítulo 14, item 14.2.

Frise-se ainda ser nulo o negócio jurídico quando o motivo determinante, comum a ambas as partes, for ilícito (art. 166, inciso III, do Código Civil). Por exemplo, se o motivo (intuito subjetivo) comum a ambas as partes que determinou a celebração do contrato de compra

---

[76] GOMES, Orlando. *Introdução ao direito civil*. 19. ed., revista, atualizada e aumentada por Edvaldo Brito e Reginalda Paranhos de Brito. Rio de Janeiro: Forense, 2007. p. 307-308, 339.

[77] GOMES, Orlando. *Introdução ao direito civil*. 19. ed., revista, atualizada e aumentada por Edvaldo Brito e Reginalda Paranhos de Brito. Rio de Janeiro: Forense, 2007. p. 341 (destaques do original).

[78] GOMES, Orlando. *Introdução ao direito civil*. 19. ed., revista, atualizada e aumentada por Edvaldo Brito e Reginalda Paranhos de Brito. Rio de Janeiro: Forense, 2007. p. 342.

[79] MONTEIRO, Washington de Barros; PINTO, Ana Cristina de Barros Monteiro França. *Curso de direito civil*: parte geral. 44. ed. São Paulo: Saraiva, 2012. v. 1. p. 250: "Por exemplo, em meu testamento, faço legado a certa pessoa, declarando que assim procedo porque ela me salvou a vida. Desvendada a falsidade dessa assertiva, razão determinante da disposição testamentária, o ato não prevalece, impondo-se-lhe a anulação".

[80] GOMES, Orlando. *Introdução ao direito civil*. 19. ed., revista, atualizada e aumentada por Edvaldo Brito e Reginalda Paranhos de Brito. Rio de Janeiro: Forense, 2007. p. 310.

[81] MONTEIRO, Washington de Barros; PINTO, Ana Cristina de Barros Monteiro França. *Curso de direito civil*: parte geral. 44. ed. São Paulo: Saraiva, 2012. v. 1. p. 249-250.

e venda foi a prática de crime, em razão da sua ilicitude, há nulidade absoluta do negócio jurídico[82]. Reitere-se que a mencionada nulidade incide quando a ilicitude do motivo (pessoal ou subjetivo) determinante é de ambas as partes do negócio jurídico[83].

Na concepção objetiva, a causa é a função econômico-social de cada modalidade de negócio jurídico[84]. Como este deve ser harmonizar aos fins do sistema jurídico, é necessário que o negócio jurídico tenha como objetivo realizar certo interesse prático que esteja em consonância com o interesse social. Assim ocorrendo, o ordenamento jurídico prestigia a declaração de vontade e reconhece os efeitos jurídicos pretendidos pelas partes do negócio jurídico, o qual é considerado válido[85].

A forma do negócio jurídico é o meio de revelação da vontade[86], no sentido de sua exteriorização. A forma pode ser verbal, escrita[87], por meio de gestos ou mímica e, em certos casos, do silêncio[88].

A forma do negócio jurídico deve ser a prescrita ou não defesa (proibida) em lei (art. 104, inciso III, do Código Civil).

Há negócios jurídicos em que a lei exige forma específica. São os negócios jurídicos formais ou solenes[89]. Nesses casos, a forma prevista em lei é essencial ao negócio jurídico. Por exemplo, não dispondo a

---

82 TARTUCE, Flávio. *Direito civil*: lei de introdução e parte geral. 4. ed. São Paulo: Método, 2008. v. 1. p. 385.

83 VENOSA, Sílvio de Salvo. *Direito civil*: parte geral. 13. ed. São Paulo: Atlas, 2013. v. 1. p. 508: "Quando um só dos partícipes estiver ciente da ilicitude, não há como nulificar o negócio sob pena de constante instabilidade no mundo jurídico".

84 GOMES, Orlando. *Introdução ao direito civil*. 19. ed., revista, atualizada e aumentada por Edvaldo Brito e Reginalda Paranhos de Brito. Rio de Janeiro: Forense, 2007. p. 339-340.

85 RODRIGUES, Silvio. *Direito civil*: parte geral. 34. ed. São Paulo: Saraiva, 2003. v. 1. p. 171-172.

86 MONTEIRO, Washington de Barros; PINTO, Ana Cristina de Barros Monteiro França. *Curso de direito civil*: parte geral. 44. ed. São Paulo: Saraiva, 2012. v. 1. p. 232.

87 GOMES, Orlando. *Introdução ao direito civil*. 19. ed., revista, atualizada e aumentada por Edvaldo Brito e Reginalda Paranhos de Brito. Rio de Janeiro: Forense, 2007. p. 343: "Há duas espécies de *forma*, a *verbal* e a *escrita*, confiada a última a um *instrumento* que pode ser *público* ou *particular*" (destaques do original).

88 VENOSA, Sílvio de Salvo. *Direito civil*: parte geral. 13. ed. São Paulo: Atlas, 2013. v. 1. p. 381. Cf. ainda AZEVEDO, Antonio Junqueira de. *Negócio jurídico*: existência, validade e eficácia. 4. ed. São Paulo: Saraiva, 2002. p. 32.

89 RODRIGUES, Silvio. *Direito civil*: parte geral. 34. ed. São Paulo: Saraiva, 2003. v. 1. p. 176.

lei em contrário, a escritura pública é essencial à validade dos negócios jurídicos que visem à constituição, transferência, modificação ou renúncia de direitos reais sobre imóveis de valor superior a 30 vezes o maior salário mínimo vigente no País (art. 108 do Código Civil). No negócio jurídico celebrado com a cláusula de não valer sem instrumento público, este é da substância do ato (art. 109 do Código Civil). O pacto antenupcial deve ser feito por escritura pública (art. 1.640, parágrafo único, do Código Civil). Ainda como exemplos, o testamento e o casamento devem observar as exigências formais e solenidades previstas na lei para a realização[90].

A exigência de forma específica pela lei tem como objetivos facilitar a prova, garantir a autenticidade do negócio jurídico, assegurar a manifestação de vontade de forma hígida, ou seja, sem vícios, e chamar a atenção das partes para a relevância e seriedade do ato praticado[91].

Há negócios jurídicos em que a forma específica é prevista em lei como da substância do ato[92]. As formas substanciais (formas *ad substantiam* ou *ad solemnitatem*) são exigidas para que o negócio jurídico se aperfeiçoe e tenha validade. As formas *ad probationem*, por sua vez, são exigidas para a prova do negócio jurídico. Entretanto, essa distinção revela-se mais teórica, pois, na realidade, se a lei exige que o negócio jurídico seja provado apenas por determinada forma, esta é da substância do ato. Se a lei não exige forma específica, o negócio jurídico pode ser provado pelos diversos meios admitidos no Direito[93].

Na esfera processual, as partes têm o direito de empregar todos os meios legais, bem como os moralmente legítimos, ainda que não especificados no Código de Processo Civil, para provar a verdade dos fatos em que se funda o pedido ou a defesa e influir eficazmente na convicção do juiz (art. 369 do CPC).

---

[90] MONTEIRO, Washington de Barros; PINTO, Ana Cristina de Barros Monteiro França. *Curso de direito civil*: parte geral. 44. ed. São Paulo: Saraiva, 2012. v. 1. p. 232.

[91] RODRIGUES, Silvio. *Direito civil*: parte geral. 34. ed. São Paulo: Saraiva, 2003. v. 1. p. 176-177.

[92] RODRIGUES, Silvio. *Direito civil*: parte geral. 34. ed. São Paulo: Saraiva, 2003. v. 1. p. 171.

[93] RODRIGUES, Silvio. *Direito civil*: parte geral. 34. ed. São Paulo: Saraiva, 2003. v. 1. p. 177.

Se a forma prevista em lei não for observada, o negócio jurídico é inválido. É nulo o negócio jurídico quando não revestir a forma prescrita em lei ou for preterida alguma solenidade que a lei considere essencial para a sua validade (art. 166, incisos IV e V, do Código Civil)[94].

Se a lei proíbe que se adote certa forma, essa vedação deve ser observada pelas partes para que o negócio jurídico seja válido[95]. É nulo o negócio jurídico quando a lei taxativamente o declarar nulo, ou proibir-lhe a prática, sem cominar sanção (art. 166, inciso VII, do Código Civil).

Há outros negócios jurídicos em que a lei não exige forma específica. São os negócios jurídicos não formais ou não solenes. Os negócios jurídicos, em princípio, não são formais. Vale dizer, em regra, prevalece a liberdade de forma dos negócios jurídicos[96], podendo ser realizados, por exemplo, de forma escrita ou verbal, segundo a livre escolha das partes[97]. Nesse sentido, a validade da declaração de vontade não dependerá de forma especial, senão quando a lei expressamente a exigir (art. 107 do Código Civil)[98].

11.5 REPRESENTAÇÃO

A declaração de vontade normalmente é emitida pela própria pessoa que figura como parte no negócio jurídico. Entretanto, há casos em

---

94 MONTEIRO, Washington de Barros; PINTO, Ana Cristina de Barros Monteiro França. *Curso de direito civil*: parte geral. 44. ed. São Paulo: Saraiva, 2012. v. 1. p. 232.

95 RODRIGUES, Silvio. *Direito civil*: parte geral. 34. ed. São Paulo: Saraiva, 2003. v. 1. p. 176. Cf. ainda GOMES, Orlando. *Introdução ao direito civil*. 19. ed., revista, atualizada e aumentada por Edvaldo Brito e Reginalda Paranhos de Brito. Rio de Janeiro: Forense, 2007. p. 344: "Do mesmo modo que a lei prescreve o uso obrigatório de certa forma, proíbe a prática de determinados negócios por outra forma que não a prescrita. É a mesma regra, invertida".

96 RODRIGUES, Silvio. *Direito civil*: parte geral. 34. ed. São Paulo: Saraiva, 2003. v. 1. p. 176.

97 GOMES, Orlando. *Introdução ao direito civil*. 19. ed., revista, atualizada e aumentada por Edvaldo Brito e Reginalda Paranhos de Brito. Rio de Janeiro: Forense, 2007. p. 343: "A *forma escrita* pode, no entanto, ser usada espontaneamente em qualquer de suas espécies" (destaques do original).

98 MONTEIRO, Washington de Barros; PINTO, Ana Cristina de Barros Monteiro França. *Curso de direito civil*: parte geral. 44. ed. São Paulo: Saraiva, 2012. v. 1. p. 232-233.

que a declaração de vontade é emitida por uma pessoa (representante) em nome de outra e no interesse desta (representado)[99]. Nesse último caso ocorre a representação, em que a parte do negócio jurídico é representada por outra pessoa (representante).

A representação, assim, é a relação jurídica em que certa pessoa se obriga perante terceiro, por meio de ato praticado em seu nome pelo representante[100].

A referida atuação em nome de outro exige o "poder de representação", o qual tem como fundamento a lei ou o negócio jurídico, dando origem à representação legal e à representação voluntária[101].

Nesse sentido, os poderes de representação conferem-se por lei ou pelo interessado (art. 115 do Código Civil).

A representação legal decorre da presença de relevante interesse jurídico, sendo aplicável nos casos de pessoas incapazes, pessoas jurídicas e entidades despersonalizadas, como a massa falida, a herança jacente, o espólio e o condomínio edilício[102].

A representação voluntária ou convencional decorre do exercício da autonomia privada, por meio da celebração de negócio jurídico, em que uma pessoa (representado) investe a outra (representante) no poder de agir em seu nome[103].

De modo mais detalhado, a representação pode ser legal, judicial e convencional. Os representantes legais são as pessoas indicadas na lei com poderes para atuar em nome dos representados e administrar os seus bens e interesses. Por exemplo, os pais, tutores e curadores, quanto aos filhos menores, pupilos e curatelados, respectivamente. Os

---

[99] GOMES, Orlando. *Introdução ao direito civil*. 19. ed., revista, atualizada e aumentada por Edvaldo Brito e Reginalda Paranhos de Brito. Rio de Janeiro: Forense, 2007. p. 387.

[100] MONTEIRO, Washington de Barros; PINTO, Ana Cristina de Barros Monteiro França. *Curso de direito civil*: parte geral. 44. ed. São Paulo: Saraiva, 2012. v. 1. p. 235.

[101] GOMES, Orlando. *Introdução ao direito civil*. 19. ed., revista, atualizada e aumentada por Edvaldo Brito e Reginalda Paranhos de Brito. Rio de Janeiro: Forense, 2007. p. 389.

[102] GOMES, Orlando. *Introdução ao direito civil*. 19. ed., revista, atualizada e aumentada por Edvaldo Brito e Reginalda Paranhos de Brito. Rio de Janeiro: Forense, 2007. p. 389-391.

[103] GOMES, Orlando. *Introdução ao direito civil*. 19. ed., revista, atualizada e aumentada por Edvaldo Brito e Reginalda Paranhos de Brito. Rio de Janeiro: Forense, 2007. p. 391.

representantes judiciais atuam em nome do representado em juízo, ou seja, no processo judicial. Por exemplo, o administrador judicial, o curador, o inventariante e o administrador ou síndico, quanto à massa falida, à herança jacente, ao espólio e ao condomínio, respectivamente (art. 75, incisos V a VII, do CPC). Os representantes convencionais recebem do representado poderes para, em seu nome, praticar atos ou administrar interesses, como no caso do contrato de mandato[104].

Ainda na esfera processual, a parte deve ser representada em juízo por advogado regularmente inscrito na Ordem dos Advogados do Brasil (art. 103 do CPC). Esclareça-se que o mandato judicial fica subordinado às normas que lhe dizem respeito, constantes da legislação processual, e, supletivamente, às estabelecidas no Código Civil (art. 692 do Código Civil). A procuração é o instrumento do mandato (art. 653 do Código Civil)[105]. Sendo assim, o advogado não será admitido a postular em juízo sem procuração, salvo para evitar preclusão, decadência ou prescrição, ou para praticar ato considerado urgente (art. 104 do CPC).

Compete a ambos os pais, qualquer que seja a sua situação conjugal, o pleno exercício do poder familiar, que consiste em, quanto aos filhos representá-los judicial e extrajudicialmente até os 16 anos, nos atos da vida civil, e assisti-los, após essa idade, nos atos em que forem partes, suprindo-lhes o consentimento (art. 1.634, inciso VII, do Código Civil).

Compete aos pais, e na falta de um deles ao outro, com exclusividade, representar os filhos menores de 16 anos, bem como assisti-los até completarem a maioridade ou serem emancipados (art. 1.690 do Código Civil).

Compete ao tutor representar o menor, até os 16 anos, nos atos da vida civil, e assisti-lo, após essa idade, nos atos em que for parte (art. 1.747, inciso I, do Código Civil).

---

[104] MONTEIRO, Washington de Barros; PINTO, Ana Cristina de Barros Monteiro França. *Curso de direito civil*: parte geral. 44. ed. São Paulo: Saraiva, 2012. v. 1. p. 235.

[105] AZEVEDO, Álvaro Villaça. *Teoria geral do direito civil*: parte geral. São Paulo: Atlas, 2012. p. 206: “A procuração é o meio pelo qual são outorgados poderes de representação, que podem ser extintos, quando julgar o outorgante, pois esse instrumento é outorgado em confiança, *intuitu personae*, sendo, assim, revogável por sua própria natureza. O direito do outorgante é potestativo, portanto”.

Aplicam-se à curatela as disposições concernentes à tutela (art. 1.774 do Código Civil). Logo, o curador é o representante legal do curatelado (interdito) para a prática dos atos da vida civil.

O absolutamente incapaz (art. 3º do Código Civil) deve ser representado. O representante legal atua em nome da pessoa absolutamente incapaz no negócio jurídico. O relativamente incapaz deve ser assistido (art. 4º do Código Civil). Ele participa do negócio jurídico, mas é acompanhado, ou seja, assistido pelos representantes legais, que suprem a manifestação de vontade ou o consentimento do relativamente incapaz[106].

A representação também pode ser classificada em ativa (quando há manifestação de vontade pelo representante, em nome de outrem) e passiva (quando há o recebimento da manifestação de vontade pelo representante, em nome de outrem)[107].

Parte da doutrina faz referência à *representação indireta*, em que o a pessoa age em nome próprio, por conta alheia. Nesse caso, há vínculo interno entre representante e representado, de modo que o primeiro tem a obrigação de transferir direitos e obrigações contraídas em nome próprio[108].

Nesse contexto, o contrato de comissão tem por objeto a aquisição ou a venda de bens pelo comissário, em seu próprio nome, à conta do comitente (art. 693 do Código Civil). Trata-se, no caso, de representação (indireta) voluntária ou convencional[109]. O comissário fica diretamente obrigado para com as pessoas com quem contratar, sem que estas tenham ação contra o comitente, nem este contra elas, salvo se o comissário ceder seus direitos a qualquer das partes (art. 694 do Código Civil). O comissário é obrigado a agir de conformidade com as ordens e instruções do comitente, devendo, na falta destas,

---

[106] MONTEIRO, Washington de Barros; PINTO, Ana Cristina de Barros Monteiro França. *Curso de direito civil*: parte geral. 44. ed. São Paulo: Saraiva, 2012. v. 1. p. 236.

[107] AZEVEDO, Álvaro Villaça. *Teoria geral do direito civil*: parte geral. São Paulo: Atlas, 2012. p. 203.

[108] GOMES, Orlando. *Introdução ao direito civil*. 19. ed., revista, atualizada e aumentada por Edvaldo Brito e Reginalda Paranhos de Brito. Rio de Janeiro: Forense, 2007. p. 392.

[109] MONTEIRO, Washington de Barros; PINTO, Ana Cristina de Barros Monteiro França. *Curso de direito civil*: parte geral. 44. ed. São Paulo: Saraiva, 2012. v. 1. p. 235.

não podendo pedi-las a tempo, proceder segundo os usos em casos semelhantes (art. 695 do Código Civil). Não estipulada a remuneração devida ao comissário, será ela arbitrada segundo os usos correntes no lugar (art. 701 do Código Civil). São aplicáveis à comissão, no que couber, as regras sobre mandato (art. 709 do Código Civil).

A manifestação de vontade pelo representante, nos limites de seus poderes, produz efeitos em relação ao representado (art. 116 do Código Civil). Assim, o negócio jurídico realizado pelo representante, observando os limites dos poderes que lhe foram conferidos ou outorgados, obriga o representado[110].

Discute-se a respeito da possibilidade de ser o negócio jurídico celebrado pelo representante, atuando em nome do representado, com o próprio representante, no seu interesse ou de terceiros. Pode haver conflito de interesses quando o representante atua em defesa dos interesses do representado e dos seus próprios interesses, ou de terceiros[111]. O contrato consigo mesmo ou autocontrato[112], em regra, é vedado. Nessa convenção, a mesma pessoa detém duas qualidades jurídicas, ou seja, atua ao mesmo tempo em nome próprio e como representante de terceiro, como no caso de pessoa que, como representante de outra pessoa (representado), vende a si mesmo certo bem, que era do representado[113].

Salvo se o permitir a lei ou o representado, é anulável o negócio jurídico que o representante, no seu interesse ou por conta de outrem, celebrar consigo mesmo (art. 117 do Código Civil). Para esse efeito, tem-se como celebrado pelo representante o negócio realizado por aquele em quem os poderes houverem sido substabelecidos (art. 117, parágrafo único, do Código Civil).

Portanto, em regra, o negócio jurídico em que o representante, no seu interesse ou no interesse de outrem, celebrar consigo mesmo é anulável. Como exceção, se a lei ou o representado permitir, outorgando poderes

---

[110] MONTEIRO, Washington de Barros; PINTO, Ana Cristina de Barros Monteiro França. *Curso de direito civil*: parte geral. 44. ed. São Paulo: Saraiva, 2012. v. 1. p. 236.

[111] MONTEIRO, Washington de Barros; PINTO, Ana Cristina de Barros Monteiro França. *Curso de direito civil*: parte geral. 44. ed. São Paulo: Saraiva, 2012. v. 1. p. 236.

[112] GOMES, Orlando. *Introdução ao direito civil*. 19. ed., revista, atualizada e aumentada por Edvaldo Brito e Reginalda Paranhos de Brito. Rio de Janeiro: Forense, 2007. p. 405.

[113] RODRIGUES, Silvio. *Direito civil*: parte geral. 34. ed. São Paulo: Saraiva, 2003. v. 1. p. 166.

para isso, o negócio jurídico em que o representante, no seu interesse ou no interesse de outrem, celebrar consigo mesmo é válido[114].

Admite-se ainda o mandato em causa própria (mandato *in rem propriam* ou *in rem suam*), em que o mandante outorga poderes ao mandatário, com autorização para que este transfira o bem a si mesmo[115] ou a terceiro[116]. Conferido o mandato com a cláusula "em causa própria", a sua revogação não terá eficácia, nem se extinguirá pela morte de qualquer das partes[117], ficando o mandatário dispensado de prestar contas, e podendo transferir para si os bens móveis ou imóveis objeto do mandato, obedecidas as formalidades legais (art. 685 do Código Civil)[118].

O substabelecimento ocorre quando o representante transfere os poderes de representação, recebidos inicialmente, para um terceiro (substabelecido), que passa a atuar em nome do representado. Sendo assim, para os efeitos do art. 117 do Código Civil, considera-se celebrado pelo representante o negócio jurídico realizado por aquele em quem os poderes houverem sido substabelecidos.

---

[114] MONTEIRO, Washington de Barros; PINTO, Ana Cristina de Barros Monteiro França. *Curso de direito civil*: parte geral. 44. ed. São Paulo: Saraiva, 2012. v. 1. p. 236-237.

[115] "1. Para a caracterização da *procuratio in rem suam*, indispensável a existência de cláusula específica que garanta a transferência ao mandatário de todos os direitos do mandante sobre o bem, especificado no instrumento, devendo-se observar, para esse efeito, todas as formalidades legais. Precedentes" (STJ, 3ª T., AgInt nos EDcl no REsp 1.542.151/GO, 2015/0164068-6, Rel. Min. Marco Aurélio Bellizze, DJe 13.05.2020). Cf. ainda TARTUCE, Flávio. *Direito civil*: lei de introdução e parte geral. 4. ed. São Paulo: Método, 2008. v. 1. p. 145.

[116] "1. A transferência de ações de sociedades, mediante a outorga de procuração em causa própria, irrevogável, e na qual o mandatário é autorizado, expressamente, a transferir as ações até para o próprio nome ou para terceiro, esgota o negócio jurídico entre o mandante e o mandatário" (STJ, 3ª T., REsp 443.770/RJ, 2002/0073045-9, Rel. Min. Carlos Alberto Menezes Direito, DJ 24.02.2003).

[117] "1. A procuração em causa própria (*in rem suam*) não se extingue e nem se revoga em decorrência da morte do outorgante. Precedentes" (STJ, 4ª T., REsp 1.128.140/SC, 2009/0047861-4, Rel. Min. Raul Araújo, DJe 29.05.2017).

[118] "1. O beneficiário de mandato com cláusula 'em causa própria', tem garantido, ante quem lhe outorgou esse mandato, o direito subjetivo de transferir para si os bens móveis ou imóveis objeto do contrato, desde que obedecidas as formalidades legais. 3. Em face de terceiros, porém, a estipulação só é válida mediante o competente registro em cartório. 4. Assim, o mandatário não pode pretender a invalidação da alienação posteriormente efetuada pelo mandante, que figurava como regular proprietário do bem, a terceiro de boa-fé. 5. Resolve-se, pois, a obrigação em perdas e danos, os quais, na hipótese, foram, mesmo, contratual e previamente estipuladas" (STJ, 3ª T., REsp 1.269.572/SP, 2011/0120147-1, Rel. Min. Sidnei Beneti, DJe 09.05.2012).

A representação normalmente tem como objetivo a proteção dos incapazes, por serem considerados mais vulneráveis, ou suprir a presença ou a manifestação de vontade de quem não pode comparecer ou celebrar o negócio jurídico pessoalmente[119].

Desse modo, o representante é obrigado a provar às pessoas, com quem tratar em nome do representado, a sua qualidade e a extensão de seus poderes, sob pena de, não o fazendo, responder pelos atos que a estes excederem (art. 118 do Código Civil). Cabe ao representante, assim, comprovar essa sua qualidade e os seus poderes para as pessoas com quem negociar em nome do representado, com o objetivo de preservar a segurança nas relações jurídicas[120]. A previsão tem como fundamento, ainda, a boa-fé objetiva, exigindo-se probidade na conduta do representante, ao tratar com outras pessoas em nome do representado[121].

Na representação legal, o representante deve demonstrar ser o pai, o tutor ou o curador, por meio da apresentação da certidão de nascimento ou do título de nomeação. Na representação convencional, o representante deve demonstrar ser o mandatário, apresentando a procuração, que é o instrumento do mandato (art. 653 do Código Civil). Na representação judicial, o administrador judicial, o curador e o inventariante devem demonstrar essa condição, por meio da apresentação do respectivo título de nomeação[122].

É anulável o negócio concluído pelo representante em conflito de interesses com o representado, se tal fato era ou devia ser do conhecimento de quem com aquele tratou (art. 119 do Código Civil). A hipótese trata de negócio jurídico praticado pelo representante, em nome do representado, em contrariedade aos interesses deste, ou seja, que prejudica o representado[123].

---

[119] MONTEIRO, Washington de Barros; PINTO, Ana Cristina de Barros Monteiro França. *Curso de direito civil*: parte geral. 44. ed. São Paulo: Saraiva, 2012. v. 1. p. 237.

[120] MONTEIRO, Washington de Barros; PINTO, Ana Cristina de Barros Monteiro França. *Curso de direito civil*: parte geral. 44. ed. São Paulo: Saraiva, 2012. v. 1. p. 237.

[121] TARTUCE, Flávio. *Direito civil*: lei de introdução e parte geral. 4. ed. São Paulo: Método, 2008. v. 1. p. 146.

[122] MONTEIRO, Washington de Barros; PINTO, Ana Cristina de Barros Monteiro França. *Curso de direito civil*: parte geral. 44. ed. São Paulo: Saraiva, 2012. v. 1. p. 237.

[123] RODRIGUES, Silvio. *Direito civil*: parte geral. 34. ed. São Paulo: Saraiva, 2003. v. 1. p. 167.

Havendo no negócio jurídico celebrado conflito de interesses entre o representante e o representado, se a outra parte sabia ou devia saber a respeito disso, o negócio jurídico pode ser invalidado, ou seja, é anulável. Prevalece, nesse caso, o interesse do representado, uma vez que não se verifica terceiro de boa-fé. Se a outra parte do negócio jurídico desconhecia o conflito de interesses entre o representante e o representado, e não tinha como saber a respeito, o negócio jurídico é válido. Preserva-se, assim, o interesse do terceiro de boa-fé[124]. Nessa hipótese, o representante pode responder pelos prejuízos que causar ao representado[125].

É de 180 dias, a contar da conclusão do negócio ou da cessação da incapacidade, o prazo de decadência para se pleitear a anulação prevista no art. 119 do Código Civil (art. 119, parágrafo único, do Código Civil). Trata-se de prazo decadencial, pois a ação em que se postular a anulação do negócio jurídico tem natureza constitutiva negativa.

Os requisitos e os efeitos da representação legal são os estabelecidos nas normas respectivas. Os requisitos e os efeitos da representação voluntária são os da Parte Especial do Código Civil (art. 120 do Código Civil). Nesse aspecto, por exemplo, os arts. 974 a 976 do Código Civil tratam da representação quanto ao exercício da atividade de empresário[126].

11.6 RESERVA MENTAL

A manifestação de vontade subsiste ainda que o seu autor haja feito a reserva mental de não querer o que manifestou, salvo se dela o destinatário tinha conhecimento (art. 110 do Código Civil).

Na reserva mental, o agente manifesta vontade, mas, internamente, não quer aquilo que exteriorizou. Ou seja, na reserva mental, a

---

[124] RODRIGUES, Silvio. *Direito civil*: parte geral. 34. ed. São Paulo: Saraiva, 2003. v. 1. p. 167.

[125] MONTEIRO, Washington de Barros; PINTO, Ana Cristina de Barros Monteiro França. *Curso de direito civil*: parte geral. 44. ed. São Paulo: Saraiva, 2012. v. 1. p. 237.

[126] MONTEIRO, Washington de Barros; PINTO, Ana Cristina de Barros Monteiro França. *Curso de direito civil*: parte geral. 44. ed. São Paulo: Saraiva, 2012. v. 1. p. 237.

vontade declarada não corresponde à vontade interna ou subjetiva do agente[127]. Em razão da divergência entre a vontade declarada e a vontade real, se o destinatário não tinha conhecimento dessa dissonância, a declaração de vontade subsiste, ou seja, mantém-se. O negócio jurídico, nesse caso, é válido[128]. Entretanto, se o destinatário tinha conhecimento da dissonância entre a vontade declarada e a vontade real, a declaração de vontade não subsiste, ou seja, não se mantém[129]. Nesse caso, o negócio jurídico é nulo (art. 166, inciso VII, do Código Civil) e, portanto, ineficaz, pois equivale à simulação (art. 167 do Código Civil)[130].

A reserva mental pode ocorrer com o objetivo de enganar a outra parte. Se o destinatário não tinha conhecimento de que a vontade declarada era diversa da vontade real, tendo levado a sério, a declaração de vontade subsiste e, portanto, o negócio jurídico é válido. Se o destinatário tinha conhecimento de que a vontade declarada não correspondia à vontade real, a declaração de vontade não subsiste. Nessa hipótese, como mencionado acima, em razão da nulidade do negócio jurídico, por equivaler à simulação, não deve produzir efeitos[131].

---

[127] AZEVEDO, Álvaro Villaça. *Teoria geral do direito civil*: parte geral. São Paulo: Atlas, 2012. p. 183: "Reserva mental ou reticência é a ressalva que o agente do negócio jurídico faz, subjetiva e internamente, de não querer que sua manifestação de vontade produza efeitos".

[128] GOMES, Orlando. *Introdução ao direito civil*. 19. ed., revista, atualizada e aumentada por Edvaldo Brito e Reginalda Paranhos de Brito. Rio de Janeiro: Forense, 2007. p. 383: "Na *reserva mental*, oculta-se a vontade contrária à declarada. [...] Não pode uma das partes se prevalecer de uma *reticência*, desconhecida da outra, para eximir-se do cumprimento do contrato" (destaques do original).

[129] MONTEIRO, Washington de Barros; PINTO, Ana Cristina de Barros Monteiro França. *Curso de direito civil*: parte geral. 44. ed. São Paulo: Saraiva, 2012. v. 1. p. 233.

[130] MONTEIRO, Washington de Barros; PINTO, Ana Cristina de Barros Monteiro França. *Curso de direito civil*: parte geral. 44. ed. São Paulo: Saraiva, 2012. v. 1. p. 278-279. Cf. ainda GOMES, Orlando. *Introdução ao direito civil*. 19. ed., revista, atualizada e aumentada por Edvaldo Brito e Reginalda Paranhos de Brito. Rio de Janeiro: Forense, 2007. p. 383: "Evidentemente, a reserva mental não pode ser invocada pelo declarante para invalidar o contrato, mas a invalida se a outra parte tinha conhecimento. Se concordara, a reserva é bilateral, equivalendo à simulação. Reger-se-á, então, pelas regras aplicáveis a esta".

[131] MONTEIRO, Washington de Barros; PINTO, Ana Cristina de Barros Monteiro França. *Curso de direito civil*: parte geral. 44. ed. São Paulo: Saraiva, 2012. v. 1. p. 233.

11.7 EFICÁCIA DO NEGÓCIO JURÍDICO

A eficácia do negócio jurídico é a sua aptidão para produzir efeitos na esfera do Direito.

O negócio jurídico existente e válido, em regra, tem aptidão para produzir efeitos. Entretanto, se houver a presença de elemento acidental, como a condição suspensiva ou o termo[132], o negócio jurídico pode deixar de produzir efeitos[133].

O negócio jurídico inexistente não produz efeitos, ou seja, é ineficaz. Se o negócio jurídico é inválido, em regra, não produz efeitos. Entretanto, como exceção, há situações em que o negócio jurídico, apesar de inválido, mesmo no caso de nulidade absoluta, produz certos efeitos, os quais são reconhecidos pelo Direito[134]. Por exemplo, o casamento anulável ou nulo, quanto ao cônjuge ou terceiros de boa-fé[135].

Embora anulável ou mesmo nulo, se contraído de boa-fé por ambos os cônjuges, o casamento, em relação a estes como aos filhos, produz todos os efeitos até o dia da sentença anulatória (art. 1.561 do Código Civil). Se um dos cônjuges estava de boa-fé ao celebrar o casamento, os seus efeitos civis só a ele e aos filhos aproveitarão. Se ambos os cônjuges estavam de má-fé ao celebrar o casamento, os seus efeitos civis só aos filhos aproveitarão.

A sentença que decretar a nulidade do casamento retroagirá à data da sua celebração, sem prejudicar a aquisição de direitos, a título oneroso, por terceiros de boa-fé, nem a resultante de sentença transitada em julgado (art. 1.563 do Código Civil).

---

132 VENOSA, Sílvio de Salvo. *Direito civil*: parte geral. 13. ed. São Paulo: Atlas, 2013. v. 1. p. 372: "Por outro lado, o negócio pode existir, ser válido, mas ser ineficaz, quando sobre ele, por exemplo, pender condição suspensiva".

133 GAGLIANO, Pablo Stolze; PAMPLONA FILHO, Rodolfo. *Novo curso de direito civil*: parte geral. 6. ed. São Paulo: Saraiva, 2005. v. 1. p. 439-440. Cf. ainda VENOSA, Sílvio de Salvo. *Direito civil*: parte geral. 13. ed. São Paulo: Atlas, 2013. v. 1. p. 479.

134 AZEVEDO, Álvaro Villaça. *Teoria geral do direito civil*: parte geral. São Paulo: Atlas, 2012. p. 305.

135 TARTUCE, Flávio. *Direito civil*: lei de introdução e parte geral. 4. ed. São Paulo: Método, 2008. v. 1. p. 319.

Se o negócio jurídico é anulável, produz efeitos até a sua invalidação por decisão judicial[136]. Nesse sentido, a anulabilidade não tem efeito antes de julgada por sentença, nem se pronuncia de ofício (art. 177, primeira parte, do Código Civil).

11.8 CLASSIFICAÇÃO DO NEGÓCIO JURÍDICO

Considerando o tempo em que devem produzir efeitos, os negócios jurídicos são classificados em *inter vivos* e *mortis causa*. Os negócios jurídicos *inter vivos* têm como objetivo produzir efeitos em vida das partes. Por exemplo, a compra e venda, a permuta, a locação, o mandato, o casamento, o reconhecimento de filho e a adoção. Os negócios jurídicos *mortis causa* são destinados a produzir efeitos jurídicos depois da morte do agente. Por exemplo, o testamento e o codicilo[137]. Esclareça-se que a partilha amigável é feita por herdeiros capazes (art. 2.015 do Código Civil) em razão da abertura da sucessão, ou seja, da morte de quem deixou a herança (*de cujus*), mas o negócio jurídico é celebrado pelos herdeiros para produzir efeitos em vida destas.

Conforme as vantagens que possam produzir, os negócios jurídicos são classificados em gratuitos e onerosos. Os negócios jurídicos gratuitos produzem vantagens à parte beneficiada, sem impor a ela obrigação correspondente. Nesses casos, apenas uma das partes tem obrigações e a outra parte somente se beneficia[138]. Por exemplo, o reconhecimento de filho, a adoção e o comodato (empréstimo gratuito de coisas não fungíveis). Os negócios jurídicos onerosos produzem vantagens e sacrifícios recíprocos às partes. Por exemplo, a compra e venda, a locação e o seguro[139].

O mandato presume-se gratuito quando não houver sido estipulada retribuição, exceto se o seu objeto corresponder ao daqueles que o

---

[136] RODRIGUES, Silvio. *Direito civil*: parte geral. 34. ed. São Paulo: Saraiva, 2003. v. 1. p. 286.

[137] MONTEIRO, Washington de Barros; PINTO, Ana Cristina de Barros Monteiro França. *Curso de direito civil*: parte geral. 44. ed. São Paulo: Saraiva, 2012. v. 1. p. 234.

[138] RODRIGUES, Silvio. *Direito civil*: parte geral. 34. ed. São Paulo: Saraiva, 2003. v. 1. p. 179.

[139] MONTEIRO, Washington de Barros; PINTO, Ana Cristina de Barros Monteiro França. *Curso de direito civil*: parte geral. 44. ed. São Paulo: Saraiva, 2012. v. 1. p. 234.

mandatário trata por ofício ou profissão lucrativa (art. 658 do Código Civil). Se o mandato for oneroso, cabe ao mandatário a retribuição prevista em lei ou no contrato. Sendo estes omissos, deve ser ela determinada pelos usos do lugar, ou, na falta destes, por arbitramento (art. 658, parágrafo único, do Código Civil).

Os negócios jurídicos onerosos se subdividem em negócios jurídicos comutativos e aleatórios. Nos negócios jurídicos comutativos há equilíbrio entre as prestações, de modo que as vantagens e os sacrifícios das partes se equivalem. Por exemplo, o contrato de locação. Nos negócios jurídicos aleatórios não há equilíbrio entre as prestações, podendo a vantagem ser desproporcional ao sacrifício, que fica sujeita a acontecimento exterior ou que envolva o risco[140]. Por exemplo, contrato de compra e venda de coisa futura[141].

Os negócios jurídicos neutros não geram atribuição patrimonial, ou seja, não geram deslocamento de bem do patrimônio de uma parte para o de outra[142], de modo que não são onerosos, nem gratuitos, como no caso da instituição do bem de família[143].

Os negócios jurídicos bifrontes podem ser onerosos ou gratuitos, de acordo com o que for convencionado pelas partes. Por exemplo, os contratos de depósito e de mandato, em princípio, são gratuitos, mas podem ser onerosos, se as partes pactuarem a retribuição do depositário (art. 628 do Código Civil) e a retribuição do mandatário (art. 658 do Código Civil)[144].

Quanto à manifestação de vontade, os negócios jurídicos são classificados em unilaterais e bilaterais[145].

---

[140] GOMES, Orlando. *Introdução ao direito civil*. 19. ed., revista, atualizada e aumentada por Edvaldo Brito e Reginalda Paranhos de Brito. Rio de Janeiro: Forense, 2007. p. 313-314.

[141] GAGLIANO, Pablo Stolze; PAMPLONA FILHO, Rodolfo. *Novo curso de direito civil*: parte geral. 6. ed. São Paulo: Saraiva, 2005. v. 1. p. 343.

[142] GOMES, Orlando. *Introdução ao direito civil*. 19. ed., revista, atualizada e aumentada por Edvaldo Brito e Reginalda Paranhos de Brito. Rio de Janeiro: Forense, 2007. p. 305.

[143] GOMES, Orlando. *Introdução ao direito civil*. 19. ed., revista, atualizada e aumentada por Edvaldo Brito e Reginalda Paranhos de Brito. Rio de Janeiro: Forense, 2007. p. 314-315.

[144] GOMES, Orlando. *Introdução ao direito civil*. 19. ed., revista, atualizada e aumentada por Edvaldo Brito e Reginalda Paranhos de Brito. Rio de Janeiro: Forense, 2007. p. 315.

[145] MONTEIRO, Washington de Barros; PINTO, Ana Cristina de Barros Monteiro França. *Curso de direito civil*: parte geral. 44. ed. São Paulo: Saraiva, 2012. v. 1. p. 234.

Nos negócios jurídicos unilaterais, a declaração de vontade é emitida por um único agente, ou por mais de um agente, na mesma direção. Por exemplo, a renúncia, a promessa de recompensa (art. 854 do Código Civil), a emissão de título ao portador (arts. 904 a 909 do Código Civil) e o testamento (art. 1.857 do Código Civil)[146]. Nesses casos, há manifestação de vontade de uma das partes para que o negócio jurídico se complete[147].

Os negócios jurídicos unilaterais podem ser receptícios e não receptícios. Os negócios jurídicos receptícios produzem efeitos com o recebimento da declaração de vontade pelo destinatário. Por exemplo, a concentração (escolha) nas obrigações alternativas. Os negócios jurídicos não receptícios têm eficácia independentemente de ser a declaração de vontade recebida pelo destinatário. Por exemplo, a renúncia da herança[148].

Nos negócios jurídicos bilaterais, a declaração de vontade é formada pelo concurso de dois ou mais agentes, que manifestam a vontade em sentido convergente, dando origem ao consentimento[149]. Por exemplo, o contrato e o casamento. Nesses casos, exige-se a manifestação de vontade de ambas as partes para que o negócio jurídico se aperfeiçoe[150].

Nos negócios jurídicos plurilaterais há manifestações de vontade paralelas de duas ou mais partes, com a mesma finalidade, como ocorre no contrato de sociedade[151].

Esclareça-se que nem todo negócio jurídico bilateral é oneroso. Há contratos (negócios jurídicos bilaterais) que são gratuitos, como o

---

146 MONTEIRO, Washington de Barros; PINTO, Ana Cristina de Barros Monteiro França. *Curso de direito civil*: parte geral. 44. ed. São Paulo: Saraiva, 2012. v. 1. p. 234.

147 RODRIGUES, Silvio. *Direito civil*: parte geral. 34. ed. São Paulo: Saraiva, 2003. v. 1. p. 178.

148 MONTEIRO, Washington de Barros; PINTO, Ana Cristina de Barros Monteiro França. *Curso de direito civil*: parte geral. 44. ed. São Paulo: Saraiva, 2012. v. 1. p. 234.

149 MONTEIRO, Washington de Barros; PINTO, Ana Cristina de Barros Monteiro França. *Curso de direito civil*: parte geral. 44. ed. São Paulo: Saraiva, 2012. v. 1. p. 234.

150 RODRIGUES, Silvio. *Direito civil*: parte geral. 34. ed. São Paulo: Saraiva, 2003. v. 1. p. 178.

151 GAGLIANO, Pablo Stolze; PAMPLONA FILHO, Rodolfo. *Novo curso de direito civil*: parte geral. 6. ed. São Paulo: Saraiva, 2005. v. 1. p. 343.

comodato (art. 579 do Código Civil)[152], e, em regra, a doação (art. 538 do Código Civil)[153] e o mandato (art. 658 do Código Civil). Por outro lado, entende-se que todo negócio jurídico oneroso (com vantagens e sacrifícios recíprocos entre as partes) é bilateral (há manifestações de vontade de ambas as partes)[154].

Segundo parte da doutrina, os negócios jurídicos bilaterais podem ser bilaterais simples e sinalagmáticos. Nos negócios jurídicos bilaterais simples, há vantagens a uma parte e ônus à outra parte. Por exemplo, a doação, o comodato e o depósito gratuito. Nos negócios jurídicos bilaterais sinalagmáticos, os ônus e as vantagens são recíprocos. Por exemplo, a compra e venda, a locação e a sociedade[155]. Entretanto, entende-se mais adequada a classificação dos *contratos* (negócios jurídicos bilaterais)[156] em unilaterais (geram obrigações para apenas uma das partes) e bilaterais ou sinalagmáticos (geram direitos e obrigações recíprocas para as partes)[157].

Cabe frisar que o negócio jurídico bilateral não se confunde com o contrato bilateral.

Nas lições de Savigny, entende-se por declarações de vontade ou negócios jurídicos os fatos jurídicos em que a vontade do agente é dirigida imediatamente à constituição ou à extinção de uma relação jurídica[158]. Contrato, por sua vez, é o concurso de duas ou mais vonta-

---

152 "Art. 579. O comodato é o empréstimo gratuito de coisas não fungíveis. Perfaz-se com a tradição do objeto".

153 "Art. 538. Considera-se doação o contrato em que uma pessoa, por liberalidade, transfere do seu patrimônio bens ou vantagens para o de outra".

154 RODRIGUES, Silvio. *Direito civil*: parte geral. 34. ed. São Paulo: Saraiva, 2003. v. 1. p. 179.

155 MONTEIRO, Washington de Barros; PINTO, Ana Cristina de Barros Monteiro França. *Curso de direito civil*: parte geral. 44. ed. São Paulo: Saraiva, 2012. v. 1. p. 234.

156 GOMES, Orlando. *Contratos*. 26. ed., atualizada por Antonio Junqueira de Azevedo e Francisco Paulo de Crescenzo Marino. Rio de Janeiro: Forense, 2008. p. 4: "o *contrato* é uma espécie de *negócio jurídico* que se distingue, na *formação*, por exigir a presença pelo menos de duas partes. Contrato é, portanto, *negócio jurídico bilateral*, ou *plurilateral*" (destaques do original).

157 GOMES, Orlando. *Introdução ao direito civil*. 19. ed., revista, atualizada e aumentada por Edvaldo Brito e Reginalda Paranhos de Brito. Rio de Janeiro: Forense, 2007. p. 312.

158 SAVIGNY, Federico Carlo di. *Sistema del diritto romano attuale*. Seconda tiratura. Traduzione dall'originale tedesco di Vittorio Scialoja. Torino: Unione TipograficoEditrice, 1900. v. 3. p. 123.

des, de duas ou mais pessoas, em declaração de vontade concordante, pela qual são determinadas as suas relações jurídicas[159].

Conforme esclarece Orlando Gomes: "Negócio jurídico é toda declaração de vontade destinada à produção de efeitos jurídicos correspondentes ao *intento prático* do declarante, se reconhecido e garantido pela lei"[160]. O contrato é negócio jurídico bilateral, pois se forma "mediante coincidente declaração de vontade de duas partes", podendo ser admitida "a existência de contratos plurilaterais, isto é, com mais de duas partes", como o de sociedade, em que cada sócio, como parte, representa um "centro de interesses"[161]. Por isso, contrato é o negócio jurídico constituído pela integração de manifestações de vontade "correlatas e recíprocas, de duas ou mais partes"[162].

Como leciona Pontes de Miranda, os contratos são negócios jurídicos bilaterais, podendo ser plurilaterais. A bilateralidade, no caso, refere-se à "*composição* subjetiva do suporte fático, ao nascimento do negócio jurídico, com as duas manifestações de vontade concordes (plano da existência)". Os contratos bilaterais, por sua vez, são aqueles de que "se irradia eficácia bilateral (deveres, obrigações, ações, de ambos os lados)", gerando prestação e contraprestação entre as partes, de forma recíproca[163]. Também são denominados contratos sinalagmáticos[164].

---

159 SAVIGNY, Federico Carlo di. *Sistema del diritto romano attuale*. Seconda tiratura. Traduzione dall´originale tedesco di Vittorio Scialoja. Torino: Unione TipograficoEditrice, 1900. v. 3. p. 406.

160 GOMES, Orlando. *Introdução ao direito civil*. 19. ed., revista, atualizada e aumentada por Edvaldo Brito e Reginalda Paranhos de Brito. Rio de Janeiro: Forense, 2007. p. 245 (destaques do original).

161 GOMES, Orlando. *Introdução ao direito civil*. 19. ed., revista, atualizada e aumentada por Edvaldo Brito e Reginalda Paranhos de Brito. Rio de Janeiro: Forense, 2007. p. 272.

162 GOMES, Orlando. *Introdução ao direito civil*. 19. ed., revista, atualizada e aumentada por Edvaldo Brito e Reginalda Paranhos de Brito. Rio de Janeiro: Forense, 2007. p. 288.

163 MIRANDA, Pontes de. *Tratado de direito privado*: parte geral. Rio de Janeiro: Borsoi, 1954. t. 3. p. 209 (destaque do original).

164 RIPERT, Georges; BOULANGER, Jean. *Tratado de derecho civil*: segun el tratado de Planiol: las obligaciones, 1ª parte. Traducción de Delia García Daireaux. Supervisión por Jorge Joaquin LLambias. Buenos Aires: Ediciones La Ley, 1964. t. IV. v. 1. p. 59: "Un contrato es 'sinalagmático' cuando *los dos contratantes se obligan recíprocamente el uno para con el otro*" (destaques do original).

Quanto à forma, os negócios jurídicos são classificados em solenes e não solenes, conforme a exigência, ou não, de forma especial prevista em lei. Os negócios jurídicos solenes ou formais exigem forma específica, prevista em lei, para se aperfeiçoarem. Por exemplo, o casamento, o testamento e a adoção. Os negócios jurídicos não solenes ou não formais não dependem de forma específica para serem celebrados[165]. Nesse caso, as partes têm liberdade para escolher a forma, desde que não seja proibida pela lei[166]. Por exemplo, a compra e venda de coisas móveis e a doação verbal sobre bens móveis e de pequeno valor (art. 541, parágrafo único, do Código Civil) e o comodato e o mútuo[167].

Registre-se o entendimento de que há negócios jurídicos formais, pois devem observar certa forma, mas que não são solenes, por não se exigir a colaboração de autoridade pública. Como exemplo, o contrato de compra e venda de imóvel de valor *inferior* a 30 vezes o maior salário mínimo vigente no País não exige escritura pública (art. 108 do Código Civil), não sendo solene, mas deve ser celebrado por escrito, exigindo instrumento particular, o que o torna formal, tendo em vista a necessidade de registro do título translativo no Registro de Imóveis (art. 1.245 do Código Civil). Trata-se, assim, de negócio jurídico formal e não solene[168].

Quanto ao momento em que se aperfeiçoam, os negócios jurídicos podem ser classificados em consensuais e reais. Os negócios jurídicos consensuais produzem efeitos a partir do acordo de vontades entre as partes. Por exemplo, a compra e venda pura (art. 482 do Código Civil). Os negócios jurídicos reais produzem efeitos a partir da entrega do bem. Por exemplo, o comodato (empréstimo gratuito de

---

165 GOMES, Orlando. *Introdução ao direito civil*. 19. ed., revista, atualizada e aumentada por Edvaldo Brito e Reginalda Paranhos de Brito. Rio de Janeiro: Forense, 2007. p. 275: "O verdadeiro conceito de negócio solene é referido à forma como requisito essencial à sua validade".

166 RODRIGUES, Silvio. *Direito civil*: parte geral. 34. ed. São Paulo: Saraiva, 2003. v. 1. p. 179.

167 MONTEIRO, Washington de Barros; PINTO, Ana Cristina de Barros Monteiro França. *Curso de direito civil*: parte geral. 44. ed. São Paulo: Saraiva, 2012. v. 1. p. 235.

168 GOMES, Orlando. *Introdução ao direito civil*. 19. ed., revista, atualizada e aumentada por Edvaldo Brito e Reginalda Paranhos de Brito. Rio de Janeiro: Forense, 2007. p. 274.

coisas não fungíveis) perfaz-se com a tradição do objeto (art. 579 do Código Civil)[169].

Quanto ao momento da produção de efeitos, os negócios jurídicos se classificam em constitutivos e declarativos. Os negócios jurídicos constitutivos produzem efeitos a partir da celebração. Os negócios jurídicos declarativos geram efeitos de forma retroativa, a partir do momento da ocorrência do fato ao qual se liga a declaração de vontade[170].

11.9 INTERPRETAÇÃO DO NEGÓCIO JURÍDICO

A interpretação do negócio jurídico diz respeito à verificação do sentido e alcance de suas previsões[171].

Nas declarações de vontade se atenderá mais à intenção nelas consubstanciada do que ao sentido literal da linguagem (art. 112 do Código Civil). O dispositivo tem como objetivo a interpretação do negócio jurídico[172].

A declaração de vontade, em regra, deve corresponder à intenção da parte (ou das partes). A intenção contida na declaração de vontade deve prevalecer em face da mera literalidade da redação do negócio jurídico[173]. Vale dizer, deve-se verificar a intenção do agente (ou dos agentes) e os fins econômicos e sociais envolvidos. Reconhece-se,

---

169 TARTUCE, Flávio. *Direito civil*: lei de introdução e parte geral. 4. ed. São Paulo: Método, 2008. v. 1. p. 316.

170 GAGLIANO, Pablo Stolze; PAMPLONA FILHO, Rodolfo. *Novo curso de direito civil*: parte geral. 6. ed. São Paulo: Saraiva, 2005. v. 1. p. 344.

171 GOMES, Orlando. *Introdução ao direito civil*. 19. ed., revista, atualizada e aumentada por Edvaldo Brito e Reginalda Paranhos de Brito. Rio de Janeiro: Forense, 2007. p. 407: "Constituindo-se as *declarações*, como se constituem, de palavras com as quais as *partes* comunicam, uma à outra, o que querem, algumas vezes sem exprimir com exatidão a vontade, deve o intérprete iniciar sua tarefa pela averiguação do sentido destas" (destaques do original).

172 RODRIGUES, Silvio. *Direito civil*: parte geral. 34. ed. São Paulo: Saraiva, 2003. v. 1. p. 177.

173 "[...] Interpretação que privilegia a intenção dos contratantes, a boa-fé objetiva e os usos e costumes. 1. A principiologia adotada no art. 85 do CC/16 – no que foi reafirmada de modo mais eloquente pelo art. 112, do CC/02 – visa conciliar eventuais discrepâncias entre os dois elementos formativos da declaração de vontade, quais sejam, o objetivo – consubstanciado na literalidade externada –, e o subjetivo – consubstanciado na internalidade

entretanto, que pode não ser fácil conhecer o elemento interno e psíquico que norteou a parte (ou as partes)[174].

Na realidade, segundo prevê o art. 112 do Código Civil, deve-se priorizar a intenção *consubstanciada* na declaração de vontade, ou seja, nela presente, isto é, a intenção materializada na manifestação de vontade, que nela consta, e não o mero intuito subjetivo da parte (ou das partes). Logo, se a declaração é clara quanto ao seu sentido, não se pode afastá-la, sob o argumento de que não corresponderia à vontade interior do agente[175].

Os negócios jurídicos devem ser interpretados conforme a boa-fé e os usos do lugar de sua celebração (art. 113 do Código Civil). Trata-se da boa-fé objetiva, como norma de conduta, pautada pela ética e probidade, a ser observada pelas partes[176], devendo nortear a interpretação dos negócios jurídicos[177]. Em harmonia com essa previsão, saliente-se que os contratantes são obrigados a guardar, assim na conclusão do contrato, como em sua execução, os princípios de probidade e boa-fé (art. 422 do Código Civil).

Defende-se ainda que a interpretação do contrato (negócio jurídico bilateral) pode ser feita, adequadamente, com base na forma como as partes o executaram, em consonância com as condutas dos agentes após a sua celebração[178].

---

da vontade manifestada, ou seja, na intenção do agente" (STJ, 4ª T., REsp 1.013.976/SP, 2007/0293112-0, Rel. Min. Luis Felipe Salomão, DJe 29.05.2012).

[174] MONTEIRO, Washington de Barros; PINTO, Ana Cristina de Barros Monteiro França. *Curso de direito civil*: parte geral. 44. ed. São Paulo: Saraiva, 2012. v. 1. p. 238.

[175] RODRIGUES, Silvio. *Direito civil*: parte geral. 34. ed. São Paulo: Saraiva, 2003. v. 1. p. 178.

[176] "A boa-fé objetiva se apresenta como uma exigência de lealdade, modelo objetivo de conduta, arquétipo social pelo qual impõe o poder-dever de que cada pessoa ajuste a própria conduta a esse modelo, agindo como agiria uma pessoa honesta, escorreita e leal" (STJ, 3ª T., REsp 981.750/MG, 2007/0203871-4, Rel. Min. Nancy Andrighi, DJe 23.04.2010). "6. Da mesma forma, a conduta das partes contratantes deve ser fundada na boa-fé objetiva, que, independentemente do subjetivismo do agente, as partes contratuais devem agir conforme o modelo de conduta social, geralmente aceito (consenso social), sempre respeitando a confiança e o interesse do outro contratante" (STJ, 1ª T., AgRg no REsp 1.270.314/RS, 2011/0185942-2, Rel. Min. Napoleão Nunes Maia Filho, DJe 13.03.2014).

[177] GAGLIANO, Pablo Stolze; PAMPLONA FILHO, Rodolfo. *Novo curso de direito civil*: parte geral. 6. ed. São Paulo: Saraiva, 2005. v. 1. p. 345.

[178] MONTEIRO, Washington de Barros; PINTO, Ana Cristina de Barros Monteiro França. *Curso de direito civil*: parte geral. 44. ed. São Paulo: Saraiva, 2012. v. 1. p. 239.

A interpretação do negócio jurídico deve lhe atribuir o sentido que: I – for confirmado pelo comportamento das partes posterior à celebração do negócio; II – corresponder aos usos, costumes e práticas do mercado relativas ao tipo de negócio; III – corresponder à boa-fé; IV – for mais benéfico à parte que não redigiu o dispositivo, se identificável; V – corresponder a qual seria a razoável negociação das partes sobre a questão discutida, inferida das demais disposições do negócio e da racionalidade econômica das partes, consideradas as informações disponíveis no momento de sua celebração (art. 113, § 1º, do Código Civil, incluído pela Lei 13.874/2019).

As partes podem livremente pactuar regras de interpretação, de preenchimento de lacunas e de integração dos negócios jurídicos diversas daquelas previstas em lei (art. 113, § 2º, do Código Civil, incluído pela Lei 13.874/2019).

Nos contratos civis e empresariais as partes negociantes podem estabelecer parâmetros objetivos para a interpretação das cláusulas negociais e de seus pressupostos de revisão ou de resolução (art. 421-A, inciso I, do Código Civil de 2002, incluído pela Lei 13.874/2019).

Os negócios jurídicos benéficos e a renúncia interpretam-se estritamente (art. 114 do Código Civil). Se o negócio jurídico é vantajoso para apenas uma das partes, deve ser interpretado de forma estrita, para que não se conceda mais do que foi previsto ou declarado[179]. Nesse contexto, a fiança não admite interpretação extensiva (art. 819 do Código Civil)[180].

A transação interpreta-se restritivamente (art. 843, primeira parte, do Código Civil)[181].

---

[179] MONTEIRO, Washington de Barros; PINTO, Ana Cristina de Barros Monteiro França. *Curso de direito civil*: parte geral. 44. ed. São Paulo: Saraiva, 2012. v. 1. p. 238.

[180] "1. O entendimento do Tribunal de origem está em harmonia com a jurisprudência desta Corte Superior de Justiça, no sentido de que, quando houver o aditamento, a transação ou qualquer modificação do contrato de locação, os fiadores devem anuir expressamente, pois a fiança é um contrato a ser interpretado restritivamente, ou seja, a responsabilidade dos fiadores se resume aos termos expressamente acordados. Incidência da Súmula 83/STJ" (STJ, 4ª T., AgInt no REsp 1.763.058/MT, 2018/0222217-2, Rel. Min. Marco Buzzi, DJe 27.11.2019).

[181] "4. A jurisprudência do STJ é no sentido de que a interpretação restritiva que deve ser dada à transação é no sentido de que esta não deve ser ampliada por analogia ou alcançar situações não expressamente especificadas no instrumento, quando o débito tratar

Quando houver no contrato de adesão cláusulas ambíguas ou contraditórias, deve-se adotar a interpretação mais favorável ao aderente (art. 423 do Código Civil).

Quando a cláusula testamentária for suscetível de interpretações diferentes, deve prevalecer a que melhor assegure a observância da vontade do testador (art. 1.899 do Código Civil)[182].

As cláusulas contratuais devem ser interpretadas de maneira mais favorável ao consumidor (art. 47 da Lei 8.078/1990). Trata-se de previsão que decorre do reconhecimento da vulnerabilidade do consumidor no mercado de consumo (art. 4º, inciso I, da Lei 8.078/1990).

Interpretam-se restritivamente os negócios jurídicos sobre os direitos autorais (art. 4º da Lei 9.610/1998).

---

de parcelas distintas. Precedentes do STJ" (STJ, 3ª T., AgInt no AREsp 1.716.799/SC, 2020/0144897-4, Rel. Min. Nancy Andrighi, DJe 29.10.2020).

[182] "1. Na existência de cláusula testamentária duvidosa, que remete a interpretações distintas, deve-se compreendê-la de modo que melhor se harmonize com a vontade manifestada pelo testador, em atenção ao princípio da soberania da vontade desse, insculpido nos artigos 112 e 1.899 do Código Civil. 2. Quanto à aplicação do princípio da soberania da vontade do testador na interpretação dos testamentos pode-se determinar as seguintes premissas: a) naquelas hipóteses em que o texto escrito ensejar várias interpretações, deverá prevalecer a que melhor assegure a observância da vontade do testador; b) na busca pela real vontade do testador, deve ser adotada a solução que confira maior eficácia e utilidade à cláusula escrita; c) para poder aferir a real vontade do testador, torna-se necessário apreciar o conjunto das disposições testamentárias, e não determinada cláusula que, isoladamente, ofereça dúvida; e d) a interpretação buscada deve ser pesquisada no próprio testamento, isto é, a solução deve emergir do próprio texto do instrumento" (STJ, 4ª T., REsp 1.532.544/RJ, 2013/0208370-6, Rel. Min. Marco Buzzi, DJe 30.11.2016).

CAPÍTULO

12

CONDIÇÃO, TERMO E ENCARGO

12.1 INTRODUÇÃO

Os elementos acidentais do negócio jurídico são previsões ou cláusulas inseridas pelas partes, com o objetivo de modificar certas consequências naturais daquele. Os referidos elementos são a condição, o termo e o modo ou encargo[1].

Como ressalta Orlando Gomes: "Os *negócios jurídicos*, em geral, podem ter eficácia subordinada a certos acontecimentos, por determinação da vontade do agente, ou das partes"[2].

Os elementos acidentais, assim, não são imprescindíveis na constituição do negócio jurídico e não dizem respeito à sua existência, mas

---

1 MONTEIRO, Washington de Barros; PINTO, Ana Cristina de Barros Monteiro França. *Curso de direito civil*: parte geral. 44. ed. São Paulo: Saraiva, 2012. v. 1. p. 291-292.

2 GOMES, Orlando. *Introdução ao direito civil*. 19. ed., revista, atualizada e aumentada por Edvaldo Brito e Reginalda Paranhos de Brito. Rio de Janeiro: Forense, 2007. p. 345 (destaques do original).

podem ser inseridos por vontade das partes, com o objetivo de alterar as consequências que dele seriam ordinárias. Justamente por não se tratar de elementos essenciais, o negócio jurídico pode ser celebrado sem os elementos acidentais. Nesse sentido, a condição, o termo e o encargo decorrem de ajuste das partes, estabelecendo modificações quanto aos efeitos do negócio jurídico[3].

12.2 CONDIÇÃO

Considera-se condição a cláusula[4] que, derivando exclusivamente da vontade das partes, subordina o efeito do negócio jurídico a evento futuro e incerto (art. 121 do Código Civil).

O negócio jurídico está submetido a condição quando a sua eficácia está subordinada a acontecimento futuro e incerto. A condição, portanto, não diz respeito à existência do negócio jurídico, mas sim à produção dos seus efeitos[5].

A condição decorre apenas da vontade, é estabelecida para o futuro e prevê evento incerto[6].

A condição é cláusula inserida no negócio jurídico, como elemento acessório, em razão da vontade exclusiva das partes, no exercício da autonomia da vontade, e não por previsão de lei[7]. A condição é declaração de vontade de caráter acessório e, assim, segue a declaração principal de vontade, por exemplo, caso esta seja nula. Se a consequência prevista já decorre necessariamente do negócio jurídico, não se trata de condição[8].

---

3 RODRIGUES, Silvio. *Direito civil*: parte geral. 34. ed. São Paulo: Saraiva, 2003. v. 1. p. 239-240.

4 AZEVEDO, Álvaro Villaça. *Teoria geral do direito civil*: parte geral. São Paulo: Atlas, 2012. p. 222: "ela [condição] é chamada de cláusula, no sentido de que os contratantes, por meio dela, modificam o contrato de que participam".

5 RODRIGUES, Silvio. *Direito civil*: parte geral. 34. ed. São Paulo: Saraiva, 2003. v. 1. p. 240.

6 MONTEIRO, Washington de Barros; PINTO, Ana Cristina de Barros Monteiro França. *Curso de direito civil*: parte geral. 44. ed. São Paulo: Saraiva, 2012. v. 1. p. 292.

7 MONTEIRO, Washington de Barros; PINTO, Ana Cristina de Barros Monteiro França. *Curso de direito civil*: parte geral. 44. ed. São Paulo: Saraiva, 2012. v. 1. p. 292.

8 RODRIGUES, Silvio. *Direito civil*: parte geral. 34. ed. São Paulo: Saraiva, 2003. v. 1. p. 241-242.

A condição refere-se a evento futuro, e não a fato passado ou presente, ainda que desconhecido ou ignorado pelas partes. Se a condição fizer referência a acontecimento passado ou presente, caso este tenha ocorrido, trata-se, na realidade, de negócio jurídico puro e simples, e não condicional. Se a condição fizer referência a fato passado ou presente, e este não tiver ocorrido, o negócio jurídico se torna ineficaz, pois aquela não se implementou. Se nada está em suspenso, têm-se as chamadas "condições impróprias", mas estas, na realidade, isto é, em termos jurídicos, não são condições[9].

A condição diz respeito a acontecimento incerto, ou seja, que pode ocorrer ou não. Se o fato previsto for certo, como a morte, não se trata de condição, mas de termo[10]. No negócio jurídico submetido a termo inicial, o direito dele decorrente não é condicional[11], pois fica suspenso o exercício, mas não a aquisição do direito.

O negócio jurídico é ineficaz, isto é, não produz efeitos até a realização da condição suspensiva[12].

Na realidade, a condição pode incidir sobre a eficácia do negócio jurídico de duas maneiras: ao impedir que o negócio jurídico produza efeitos enquanto não sobrevier o acontecimento futuro e incerto, no caso de condição suspensiva; ao fazer cessar os efeitos do negócio jurídico com o advento do acontecimento futuro e incerto, em se tratando de condição resolutiva. Na condição suspensiva, se o evento não ocorrer, o negócio não produz efeitos. Na condição resolutiva, o negócio jurídico produz efeitos desde a celebração, mas, se ocorrer o evento futuro e incerto, ele deixa de produzir efeitos e se extingue[13].

As condições podem ser previstas em negócios jurídicos unilaterais ou bilaterais, gratuitos ou onerosos e *inter vivos* ou *mortis causa*. Há negócios jurídicos que não admitem a condição, como o casamento, a adoção, o reconhecimento de filho, a emancipação, o regime de bens do

---

9 MONTEIRO, Washington de Barros; PINTO, Ana Cristina de Barros Monteiro França. *Curso de direito civil*: parte geral. 44. ed. São Paulo: Saraiva, 2012. v. 1. p. 292-293.

10 MONTEIRO, Washington de Barros; PINTO, Ana Cristina de Barros Monteiro França. *Curso de direito civil*: parte geral. 44. ed. São Paulo: Saraiva, 2012. v. 1. p. 293.

11 RODRIGUES, Silvio. *Direito civil*: parte geral. 34. ed. São Paulo: Saraiva, 2003. v. 1. p. 242.

12 MONTEIRO, Washington de Barros; PINTO, Ana Cristina de Barros Monteiro França. *Curso de direito civil*: parte geral. 44. ed. São Paulo: Saraiva, 2012. v. 1. p. 293.

13 RODRIGUES, Silvio. *Direito civil*: parte geral. 34. ed. São Paulo: Saraiva, 2003. v. 1. p. 241.

casamento, a aceitação da herança, a renúncia da herança e a aceitação da testamentaria[14]. Trata-se de negócios jurídicos no âmbito do Direito de Família e do Direito das Sucessões, os quais devem ser constituídos de forma definitiva, por motivos de ordem pública, interesse social e necessidade de segurança jurídica. Por exemplo, não se pode aceitar ou renunciar a herança em parte, sob condição ou a termo (art. 1.808 do Código Civil)[15]. São ineficazes a condição e o termo apostos ao ato de reconhecimento do filho (art. 1.613 do Código Civil).

O pacto antenupcial, por natureza, é condicional, ou seja, celebrado com condição suspensiva. É ineficaz o pacto antenupcial se não lhe seguir o casamento (art. 1.653 do Código Civil)[16].

12.2.1 Condições lícitas e ilícitas

As condições podem ser classificadas em lícitas e ilícitas[17]. As condições lícitas são permitidas pela lei. As condições ilícitas são proibidas pela lei[18].

São lícitas, em geral, todas as condições não contrárias à lei, à ordem pública ou aos bons costumes. Entre as condições defesas (proibidas) se incluem as que privarem de todo efeito o negócio jurídico, ou o sujeitarem ao puro arbítrio de uma das partes (art. 122 do Código Civil).

As condições lícitas são as que não contrariam a lei, a ordem pública e os bons costumes. Por exemplo, a condição de não haver fidelidade recíproca no casamento, o que desrespeita o art. 1.566, inciso I, do Código Civil[19].

---

[14] MONTEIRO, Washington de Barros; PINTO, Ana Cristina de Barros Monteiro França. *Curso de direito civil*: parte geral. 44. ed. São Paulo: Saraiva, 2012. v. 1. p. 293.

[15] RODRIGUES, Silvio. *Direito civil*: parte geral. 34. ed. São Paulo: Saraiva, 2003. v. 1. p. 242-243.

[16] MONTEIRO, Washington de Barros; PINTO, Ana Cristina de Barros Monteiro França. *Curso de direito civil*: parte geral. 44. ed. São Paulo: Saraiva, 2012. v. 1. p. 293.

[17] MONTEIRO, Washington de Barros; PINTO, Ana Cristina de Barros Monteiro França. *Curso de direito civil*: parte geral. 44. ed. São Paulo: Saraiva, 2012. v. 1. p. 297.

[18] RODRIGUES, Silvio. *Direito civil*: parte geral. 34. ed. São Paulo: Saraiva, 2003. v. 1. p. 243-244.

[19] MONTEIRO, Washington de Barros; PINTO, Ana Cristina de Barros Monteiro França. *Curso de direito civil*: parte geral. 44. ed. São Paulo: Saraiva, 2012. v. 1. p. 297-298.

As condições ilícitas são as proibidas por lei, as que privarem de todo efeito o negócio jurídico e as condições que sujeitarem o negócio jurídico ao puro arbítrio de uma das partes[20].

Nem sempre é pacífico o entendimento a respeito da licitude ou ilicitude de certas cláusulas. A condição de não se casar é considerada ilícita, por violar a liberdade individual e afrontar a lei e o interesse social. Entretanto, há entendimento de que pode ser admitida a condição de o donatário não se casar com certa pessoa, por ter cometido crime contra o doador. É válida a condição de se casar, por estimular o casamento, o que está em harmonia com o interesse social. A condição de mudar de religião é ilícita, por violar a liberdade de consciência e de crença (art. 5º, inciso VI, da Constituição Federal de 1988). É ilícita a condição de não mais exercer o trabalho, ofício ou profissão (art. 5º, inciso XIII, da Constituição Federal de 1988) ou de não exercer atividade intelectual, artística, científica e de comunicação (art. 5º, inciso IX, da Constituição Federal de 1988). São consideradas lícitas a condição de se formar e a condição de morar fazendo companhia a certa pessoa[21].

12.2.2 Condições possíveis e impossíveis

As condições classificam-se ainda em possíveis e impossíveis[22].

As condições possíveis são os eventos que podem acontecer, conforme as leis da natureza (fisicamente possíveis) ou as previsões da lei (juridicamente possíveis)[23].

As condições impossíveis subordinam o efeito do negócio jurídico a acontecimento cujo advento é inalcançável em termos físicos ou jurídicos[24].

---

[20] MONTEIRO, Washington de Barros; PINTO, Ana Cristina de Barros Monteiro França. *Curso de direito civil*: parte geral. 44. ed. São Paulo: Saraiva, 2012. v. 1. p. 297.

[21] MONTEIRO, Washington de Barros; PINTO, Ana Cristina de Barros Monteiro França. *Curso de direito civil*: parte geral. 44. ed. São Paulo: Saraiva, 2012. v. 1. p. 298-299.

[22] MONTEIRO, Washington de Barros; PINTO, Ana Cristina de Barros Monteiro França. *Curso de direito civil*: parte geral. 44. ed. São Paulo: Saraiva, 2012. v. 1. p. 294-295.

[23] MONTEIRO, Washington de Barros; PINTO, Ana Cristina de Barros Monteiro França. *Curso de direito civil*: parte geral. 44. ed. São Paulo: Saraiva, 2012. v. 1. p. 294.

[24] RODRIGUES, Silvio. *Direito civil*: parte geral. 34. ed. São Paulo: Saraiva, 2003. v. 1. p. 246.

As condições impossíveis são as que não podem acontecer, segundo as leis da natureza (fisicamente impossíveis) ou as previsões da lei (juridicamente impossíveis)[25].

As condição fisicamente impossíveis são contrárias à natureza das coisas, como, por exemplo, o negócio jurídico com eficácia subordinada à condição de o Sol não nascer[26].

As condições juridicamente impossíveis são contrárias à lei, à ordem pública ou aos bons costumes[27]. Exemplo de condição que contrarie a lei seria a doação sob a condição de o donatário emancipar o filho antes de completar 16 anos, o que afronta o art. 5º, parágrafo único, inciso I, do Código Civil[28]. Exemplo de condição juridicamente impossível que contrarie a ordem pública seria a condição de cometer crime ou de se automutilar. Exemplo de condição que contrarie os bons costumes seria a condição de viver em concubinato, o que afronta o art. 1.566, inciso I, do Código Civil[29].

As condições impossíveis podem decorrer de impossibilidade da natureza, da lei ou de fato. Nessa última hipótese, nenhuma pessoa tem como realizar a condição[30].

Invalidam os negócios jurídicos que lhes são subordinados: I – as condições física ou juridicamente impossíveis, quando suspensivas; II – as condições ilícitas, ou de fazer coisa ilícita; III – as condições incompreensíveis ou contraditórias (art. 123 do Código Civil)[31].

---

25 MONTEIRO, Washington de Barros; PINTO, Ana Cristina de Barros Monteiro França. *Curso de direito civil*: parte geral. 44. ed. São Paulo: Saraiva, 2012. v. 1. p. 294.

26 RODRIGUES, Silvio. *Direito civil*: parte geral. 34. ed. São Paulo: Saraiva, 2003. v. 1. p. 247.

27 Como esclarecem Pablo Stolze Gagliano e Rodolfo Pamplona Filho: "Não vislumbramos diferença essencial entre a ilicitude e a impossibilidade jurídica de uma determinação acessória, uma vez que lhes é aplicável o mesmo sistema principiológico" (GAGLIANO, Pablo Stolze; PAMPLONA FILHO, Rodolfo. *Novo curso de direito civil*: parte geral. 6. ed. São Paulo: Saraiva, 2005. v. 1. p. 448).

28 MONTEIRO, Washington de Barros; PINTO, Ana Cristina de Barros Monteiro França. *Curso de direito civil*: parte geral. 44. ed. São Paulo: Saraiva, 2012. v. 1. p. 294.

29 RODRIGUES, Silvio. *Direito civil*: parte geral. 34. ed. São Paulo: Saraiva, 2003. v. 1. p. 247.

30 MONTEIRO, Washington de Barros; PINTO, Ana Cristina de Barros Monteiro França. *Curso de direito civil*: parte geral. 44. ed. São Paulo: Saraiva, 2012. v. 1. p. 294.

31 AZEVEDO, Álvaro Villaça. *Teoria geral do direito civil*: parte geral. São Paulo: Atlas, 2012. p. 227-228: "Desse modo, sendo nula a condição, resta inválido o negócio a que ela se atrelar. Contamina-se de nulidade o negócio todo, a não ser que a condição se

Têm-se por inexistentes as condições impossíveis, quando resolutivas, e as condições de não fazer coisa impossível (art. 124 do Código Civil).

As condições (física ou juridicamente) impossíveis, quando suspensivas, tornam inválidos (ou seja, nulos) os negócios jurídicos.

As condições ilícitas e as condições de fazer coisa ilícita invalidam os negócios jurídicos. Nessa hipótese, a condição é contrária à lei, à ordem pública ou aos bons costumes, o que gera a nulidade do negócio jurídico[32]. Por exemplo, é nulo o negócio jurídico sob a condição de a pessoa casada se manter nessa condição e casar novamente, em contrariedade ao art. 1.521, inciso VI, do Código Civil[33].

As condições incompreensíveis ou contraditórias tornam inválidos os negócios jurídicos. Nesse caso, em razão da obscuridade ou contradição da condição, o negócio jurídico é considerado nulo[34].

As condições (física ou juridicamente) impossíveis, quando resolutivas, são inexistentes, isto é, consideram-se não escritas.

As condições de não fazer coisa impossível também são inexistentes.

12.2.3 Condições casuais, potestativas e mistas

As condições são classificadas em casuais, potestativas e mistas[35].

A condição casual depende de evento fortuito ou acaso, isto é, acontecimento alheio à vontade das partes[36]. Por exemplo, doar certa

---

refira a parte desse negócio, situação em que será nula somente essa parte contaminada (nulidade parcial)".

32 MONTEIRO, Washington de Barros; PINTO, Ana Cristina de Barros Monteiro França. *Curso de direito civil*: parte geral. 44. ed. São Paulo: Saraiva, 2012. v. 1. p. 295.

33 RODRIGUES, Silvio. *Direito civil*: parte geral. 34. ed. São Paulo: Saraiva, 2003. v. 1. p. 248.

34 MONTEIRO, Washington de Barros; PINTO, Ana Cristina de Barros Monteiro França. *Curso de direito civil*: parte geral. 44. ed. São Paulo: Saraiva, 2012. v. 1. p. 295.

35 MONTEIRO, Washington de Barros; PINTO, Ana Cristina de Barros Monteiro França. *Curso de direito civil*: parte geral. 44. ed. São Paulo: Saraiva, 2012. v. 1. p. 295-296.

36 RODRIGUES, Silvio. *Direito civil*: parte geral. 34. ed. São Paulo: Saraiva, 2003. v. 1. p. 244-245.

quantia se amanhã o tempo estiver ensolarado[37]. A condição que depende da vontade exclusiva de terceiro também é casual[38].

A condição potestativa é o acontecimento que depende da vontade de uma das partes. Na condição potestativa, a vontade pode provocar ou impedir a ocorrência do evento[39]. As condições puramente potestativas distinguem-se das condições meramente ou simplesmente potestativas[40].

As condições puramente potestativas são as que ficam ao completo arbítrio ou capricho de uma das partes, sem depender de qualquer fator ou acontecimento externo[41]. Por exemplo, doar certa quantia se o doador cantar[42].

As condições simplesmente potestativas dependem da vontade de uma das partes, mas também envolvem circunstâncias ou acontecimentos que fogem do seu controle. Por exemplo, o comprador do bem se compromete a pagar o valor do bem adquirido quando conseguir revendê-lo. Considera-se válida a cláusula que permite a renovação do contrato de locação, ao seu término, pelo mesmo prazo e valor de aluguel, conforme a vontade do locatário, por se tratar de condição meramente ou simplesmente potestativa[43].

Apenas as condições *puramente potestativas* são proibidas pela lei, ou seja, ilícitas[44]. Nesse sentido, são proibidas as condições que

---

[37] MONTEIRO, Washington de Barros; PINTO, Ana Cristina de Barros Monteiro França. *Curso de direito civil*: parte geral. 44. ed. São Paulo: Saraiva, 2012. v. 1. p. 296.

[38] RODRIGUES, Silvio. *Direito civil*: parte geral. 34. ed. São Paulo: Saraiva, 2003. v. 1. p. 245.

[39] RODRIGUES, Silvio. *Direito civil*: parte geral. 34. ed. São Paulo: Saraiva, 2003. v. 1. p. 245.

[40] MONTEIRO, Washington de Barros; PINTO, Ana Cristina de Barros Monteiro França. *Curso de direito civil*: parte geral. 44. ed. São Paulo: Saraiva, 2012. v. 1. p. 296.

[41] RODRIGUES, Silvio. *Direito civil*: parte geral. 34. ed. São Paulo: Saraiva, 2003. v. 1. p. 245.

[42] MONTEIRO, Washington de Barros; PINTO, Ana Cristina de Barros Monteiro França. *Curso de direito civil*: parte geral. 44. ed. São Paulo: Saraiva, 2012. v. 1. p. 296.

[43] MONTEIRO, Washington de Barros; PINTO, Ana Cristina de Barros Monteiro França. *Curso de direito civil*: parte geral. 44. ed. São Paulo: Saraiva, 2012. v. 1. p. 296.

[44] RODRIGUES, Silvio. *Direito civil*: parte geral. 34. ed. São Paulo: Saraiva, 2003. v. 1. p. 245.

sujeitarem o negócio jurídico ao puro arbítrio de uma das partes (art. 122, segunda parte, do Código Civil). As condições meramente ou simplesmente potestativas são admitidas pela lei[45].

A condição puramente potestativa pode perder essa qualidade razão de dificuldades que possam surgir. Por exemplo, a doação sob a condição de o doador subir até o topo de certa montanha envolve condição puramente potestativa. Entretanto, a condição perde essa natureza potestativa se o doador for acometido de doença física que dificulte essa escalada[46].

A condição mista depende, ao mesmo tempo, de acontecimento fortuito (acaso) e da vontade das partes, o que ocorre de forma consciente e deliberada pela parte. Por exemplo, a doação condicionada ao casamento do donatário com certa pessoa[47]. Assim, a condição que depende da vontade de uma das partes e, ao mesmo tempo, da vontade de terceiro é mista[48].

12.2.4 Condições necessárias e voluntárias

As condições podem ser classificadas em necessárias e voluntárias[49].

As condições necessárias fazem parte da natureza do negócio jurídico ou decorrem exclusivamente da lei (*condiciones juris*)[50]. As condições voluntárias são previstas pela vontade das partes. Apenas estas são verdadeiras condições, conforme o art. 121 do Código Civil. Por exemplo, não é considerada condição, em sentido técnico, a

---

45 MONTEIRO, Washington de Barros; PINTO, Ana Cristina de Barros Monteiro França. *Curso de direito civil*: parte geral. 44. ed. São Paulo: Saraiva, 2012. v. 1. p. 296.

46 MONTEIRO, Washington de Barros; PINTO, Ana Cristina de Barros Monteiro França. *Curso de direito civil*: parte geral. 44. ed. São Paulo: Saraiva, 2012. v. 1. p. 297.

47 MONTEIRO, Washington de Barros; PINTO, Ana Cristina de Barros Monteiro França. *Curso de direito civil*: parte geral. 44. ed. São Paulo: Saraiva, 2012. v. 1. p. 297.

48 RODRIGUES, Silvio. *Direito civil*: parte geral. 34. ed. São Paulo: Saraiva, 2003. v. 1. p. 246.

49 MONTEIRO, Washington de Barros; PINTO, Ana Cristina de Barros Monteiro França. *Curso de direito civil*: parte geral. 44. ed. São Paulo: Saraiva, 2012. v. 1. p. 299.

50 GAGLIANO, Pablo Stolze; PAMPLONA FILHO, Rodolfo. *Novo curso de direito civil*: parte geral. 6. ed. São Paulo: Saraiva, 2005. v. 1. p. 442-443.

cláusula no sentido de que o filho se tornará herdeiro do pai se este falecer primeiro[51].

12.2.5 Condições positivas e negativas

As condições podem ser classificadas em positivas e negativas. As condições positivas dizem respeito à ocorrência de evento futuro e incerto. Por exemplo, se a pessoa se casar. As condições negativas envolvem a não ocorrência de evento futuro e incerto. Por exemplo, se o time não vencer a partida[52].

12.2.6 Condições suspensivas e resolutivas

As condições podem ser classificadas em suspensivas e resolutivas[53].

As condições suspensivas fazem com que o negócio jurídico não produza efeitos até o implemento do evento futuro e incerto. Vale dizer, o negócio jurídico tem a eficácia suspensa, só produzindo efeitos se a condição prevista se realizar. Por exemplo, a doação se o donatário se casar[54].

No negócio jurídico com eficácia subordinada à condição suspensiva, enquanto esta se não verificar, o direito a que ele diz respeito não é adquirido (art. 125 do Código Civil). Nesse caso, a aquisição do direito fica submetida à ocorrência do evento futuro e incerto. Se a condição se realizar, o direito se torna adquirido. Se a condição não se realizar, o direito não é adquirido[55].

Na condição suspensiva, enquanto esta não se verifica, há apenas expectativa de direito, ou seja, possibilidade de adquirir o direito, caso

---

51 MONTEIRO, Washington de Barros; PINTO, Ana Cristina de Barros Monteiro França. *Curso de direito civil*: parte geral. 44. ed. São Paulo: Saraiva, 2012. v. 1. p. 299.

52 MONTEIRO, Washington de Barros; PINTO, Ana Cristina de Barros Monteiro França. *Curso de direito civil*: parte geral. 44. ed. São Paulo: Saraiva, 2012. v. 1. p. 299.

53 GOMES, Orlando. *Introdução ao direito civil*. 19. ed., revista, atualizada e aumentada por Edvaldo Brito e Reginalda Paranhos de Brito. Rio de Janeiro: Forense, 2007. p. 350-351.

54 MONTEIRO, Washington de Barros; PINTO, Ana Cristina de Barros Monteiro França. *Curso de direito civil*: parte geral. 44. ed. São Paulo: Saraiva, 2012. v. 1. p. 299.

55 RODRIGUES, Silvio. *Direito civil*: parte geral. 34. ed. São Paulo: Saraiva, 2003. v. 1. p. 250.

a condição se realize[56]. No período em que a condição suspensiva não ocorre, a pessoa é titular de direito eventual. Ainda assim, é permitido ao titular do direito eventual praticar os atos destinados a conservá-lo (art. 130 do Código Civil)[57].

Por exemplo, na promessa de venda de certo automóvel, se no ano em que emitida for lançado um novo modelo (condição suspensiva), o promissário tem a expectativa de realizar a aquisição, se ocorrer esse evento futuro e incerto. Embora se trate de titular de direito eventual, o promissário pode tomar providências para conservá-lo, como o registro do contrato, para que produza efeitos em relação a terceiros (art. 129, item 5º, da Lei 6.015/1973)[58].

Se alguém dispuser de uma coisa sob condição suspensiva, e, pendente esta, fizer quanto àquela novas disposições, estas não terão valor, realizada a condição, se com ela forem incompatíveis (art. 126 do Código Civil). Logo, no exemplo acima, se, mesmo pendente a condição suspensiva, o promitente vendedor alienar o veículo a outra pessoa, caso a condição se verifique, essa venda (nova disposição) se extingue, pois os efeitos da realização da condição retroagem à data da celebração do negócio jurídico[59].

No Direito das Obrigações, quanto ao tempo do pagamento, as obrigações condicionais cumprem-se na data do implemento da condição, cabendo ao credor a prova de que deste teve ciência o devedor (art. 332 do Código Civil).

---

56 RODRIGUES, Silvio. *Direito civil*: parte geral. 34. ed. São Paulo: Saraiva, 2003. v. 1. p. 250.

57 "5. A cessão de direitos hereditários sobre bem singular, desde que celebrada por escritura pública e não envolva o direito de incapazes, não é negócio jurídico nulo, tampouco inválido, ficando apenas a sua eficácia condicionada a evento futuro e incerto, consubstanciado na efetiva atribuição do bem ao herdeiro cedente por ocasião da partilha. 6. Se o negócio não é nulo, mas tem apenas a sua eficácia suspensa, a cessão de direitos hereditários sobre bem singular viabiliza a transmissão da posse, que pode ser objeto de tutela específica na via dos embargos de terceiro" (STJ, 3ª T., REsp 1.809.548/SP, 2019/0106595-5, Rel. Min. Ricardo Villas Bôas Cueva, DJe 27.05.2020). Conforme o art. 1.793, § 2º, do Código Civil, é *ineficaz* a cessão, pelo coerdeiro, de seu direito hereditário sobre qualquer bem da herança considerado singularmente.

58 RODRIGUES, Silvio. *Direito civil*: parte geral. 34. ed. São Paulo: Saraiva, 2003. v. 1. p. 250.

59 RODRIGUES, Silvio. *Direito civil*: parte geral. 34. ed. São Paulo: Saraiva, 2003. v. 1. p. 250-251.

Há entendimento de que a condição, em essência, é suspensiva, pois o negócio jurídico tem a eficácia submetida a evento futuro e incerto. A condição suspensiva suspende a eficácia do negócio jurídico. A condição resolutiva suspende, ou seja, posterga a extinção ou a cessação do direito resultante do negócio jurídico[60].

A condição suspensiva pode alcançar os estados de pendência (enquanto não se verifica o evento futuro e incerto), de implemento (quando se verifica o evento futuro e incerto) e de frustração (quando a condição se frustra)[61].

No estado de condição pendente (*pendente conditione*), a eficácia do negócio jurídico fica suspensa. Nesse sentido, subordinando-se a eficácia do negócio jurídico à condição suspensiva, enquanto esta se não verificar, não se terá adquirido o direito, a que ele visa (art. 125 do Código Civil). Por exemplo, no caso de direito de crédito sob condição suspensiva, enquanto esta não se verificar, o credor não pode cobrá-lo e não terá início o prazo prescricional. Ainda assim, ao titular do direito eventual, mesmo no caso de condição suspensiva, é permitido praticar os atos destinados a conservá-lo (art. 130 do Código Civil)[62].

No estado de implemento da condição (*conditio existit*), ao se verificar a condição, o negócio jurídico passa a ser eficaz, tornando-se puro e simples, e o direito deixa de ser eventual, passando a ser direito adquirido[63]. Entretanto, os atos de administração e os frutos percebidos durante a pendência da condição suspensiva não são afetados[64].

No estado de frustração da condição (*conditio deficit*), o direito não se adquire e o negócio jurídico não produz efeitos, como se nunca tivesse havido a celebração[65].

---

[60] MONTEIRO, Washington de Barros; PINTO, Ana Cristina de Barros Monteiro França. *Curso de direito civil*: parte geral. 44. ed. São Paulo: Saraiva, 2012. v. 1. p. 299-300.

[61] MONTEIRO, Washington de Barros; PINTO, Ana Cristina de Barros Monteiro França. *Curso de direito civil*: parte geral. 44. ed. São Paulo: Saraiva, 2012. v. 1. p. 300.

[62] MONTEIRO, Washington de Barros; PINTO, Ana Cristina de Barros Monteiro França. *Curso de direito civil*: parte geral. 44. ed. São Paulo: Saraiva, 2012. v. 1. p. 300.

[63] MONTEIRO, Washington de Barros; PINTO, Ana Cristina de Barros Monteiro França. *Curso de direito civil*: parte geral. 44. ed. São Paulo: Saraiva, 2012. v. 1. p. 300.

[64] MONTEIRO, Washington de Barros; PINTO, Ana Cristina de Barros Monteiro França. *Curso de direito civil*: parte geral. 44. ed. São Paulo: Saraiva, 2012. v. 1. p. 300, 303.

[65] MONTEIRO, Washington de Barros; PINTO, Ana Cristina de Barros Monteiro França. *Curso de direito civil*: parte geral. 44. ed. São Paulo: Saraiva, 2012. v. 1. p. 300.

Se alguém dispuser de uma coisa sob condição suspensiva, e, pendente esta, fizer quanto àquela novas disposições, estas não terão valor, realizada a condição, se com ela forem incompatíveis (art. 126 do Código Civil). Trata-se de previsão de efeito retroativo da condição suspensiva implementada[66].

O negócio jurídico submetido à condição resolutiva se aperfeiçoa desde a celebração, mas fica sujeito a ser extinto, caso ocorra o evento futuro e incerto naquele referido. Por exemplo, a compra de fazenda sob condição de resolução (ou seja, extinção) do contrato, se gear no próximo ano. Nesse caso, o negócio jurídico produz efeitos desde a celebração e, se o evento futuro e incerto não ocorrer, permanece em vigor de forma plena. Entretanto, se a condição se implementar, o negócio jurídico deixa de produzir efeitos e se extingue, ou seja, resolve-se[67].

As condições resolutivas extinguem o direito instituído pelo negócio jurídico se houver o implemento do evento futuro e incerto. Por exemplo, a constituição de renda com cláusula de cessar se o beneficiário deixar de estudar[68].

Se a condição for resolutiva, enquanto esta se não realizar, o negócio jurídico vigora. O titular do direito decorrente do negócio jurídico sob condição resolutiva pode exercê-lo desde a conclusão (ou seja, celebração) do mencionado negócio (art. 127 do Código Civil).

Se for resolutiva a condição, enquanto esta se não realizar, vigorará o negócio jurídico, podendo exercer-se desde a conclusão deste o direito por ele estabelecido (art. 127 do Código Civil).

Sobrevindo a condição resolutiva, extingue-se, para todos os efeitos, o direito a que ela se opõe. Entretanto, se condição resolutiva for aposta a um negócio de execução continuada ou periódica, a sua realização, salvo disposição em contrário, não tem eficácia quanto aos

---

66 MONTEIRO, Washington de Barros; PINTO, Ana Cristina de Barros Monteiro França. *Curso de direito civil*: parte geral. 44. ed. São Paulo: Saraiva, 2012. v. 1. p. 302.

67 RODRIGUES, Silvio. *Direito civil*: parte geral. 34. ed. São Paulo: Saraiva, 2003. v. 1. p. 251.

68 MONTEIRO, Washington de Barros; PINTO, Ana Cristina de Barros Monteiro França. *Curso de direito civil*: parte geral. 44. ed. São Paulo: Saraiva, 2012. v. 1. p. 299.

atos já praticados, desde que compatíveis com a natureza da condição pendente e conforme aos ditames de boa-fé (art. 128 do Código Civil).

A condição resolutiva também pode alcançar os estados de pendência (enquanto não se verifica o evento futuro e incerto), de implemento (quando se verifica o evento futuro e incerto) e de frustração (quando a condição é frustrada). No primeiro estado, o negócio jurídico produz efeitos. No segundo estado, ou seja, verificada a condição, o negócio jurídico se extingue. No terceiro estado, o negócio jurídico continua produzindo efeitos e se torna puro e simples[69].

A condição resolutiva pode ser expressa ou tácita. A condição resolutiva expressa produz efeito de pleno direito. A condição resolutiva tácita opera efeito por interpelação judicial[70]. Quanto à extinção do contrato, a cláusula resolutiva expressa opera de pleno direito e a cláusula resolutiva tácita depende de interpelação judicial (art. 474 do Código Civil)[71].

Nos contratos bilaterais ou sinalagmáticos, em que há prestações recíprocas das partes, a condição resolutiva é sempre considerada presente. Caso não tenha sido prevista expressamente, a condição resolutiva tácita é inerente aos contratos bilaterais[72], incidindo na hipótese em que uma das partes não cumpre a sua prestação[73]. A respeito da cláusula resolutiva, a parte lesada pelo inadimplemento pode pedir a resolução do contrato, se não preferir exigir-lhe o cumprimento, cabendo, em qualquer dos casos, indenização por perdas e danos (art. 475 do Código Civil)[74]. Reitere-se que a cláusula resolutiva expressa opera de pleno direito, enquanto a cláusula resolutiva tácita depende de interpelação judicial (art. 474 do Código Civil).

---

69 MONTEIRO, Washington de Barros; PINTO, Ana Cristina de Barros Monteiro França. *Curso de direito civil*: parte geral. 44. ed. São Paulo: Saraiva, 2012. v. 1. p. 301.

70 MONTEIRO, Washington de Barros; PINTO, Ana Cristina de Barros Monteiro França. *Curso de direito civil*: parte geral. 44. ed. São Paulo: Saraiva, 2012. v. 1. p. 301.

71 AZEVEDO, Álvaro Villaça. *Teoria geral do direito civil*: parte geral. São Paulo: Atlas, 2012. p. 234.

72 GOMES, Orlando. *Introdução ao direito civil*. 19. ed., revista, atualizada e aumentada por Edvaldo Brito e Reginalda Paranhos de Brito. Rio de Janeiro: Forense, 2007. p. 351.

73 MONTEIRO, Washington de Barros; PINTO, Ana Cristina de Barros Monteiro França. *Curso de direito civil*: parte geral. 44. ed. São Paulo: Saraiva, 2012. v. 1. p. 301.

74 RODRIGUES, Silvio. *Direito civil*: parte geral. 34. ed. São Paulo: Saraiva, 2003. v. 1. p. 251.

Ao titular do direito eventual, nos casos de condição suspensiva ou resolutiva, é permitido praticar os atos destinados a conservá-lo (art. 130 do Código Civil). Logo, podem ser tomadas providências pelo titular do direito sujeito a condição, com o objetivo de conservar o direito eventual[75].

Havendo dúvida se a condição é suspensiva ou resolutiva, deve-se verificar as cláusulas do negócio jurídico, a intenção das partes, a declaração de vontade e as circunstâncias de cada caso[76].

12.2.7 Condição maliciosamente obstada ou provocada

Reputa-se verificada, quanto aos efeitos jurídicos, a condição cujo implemento for maliciosamente obstado pela parte a quem desfavorecer, considerando-se, ao contrário, não verificada a condição maliciosamente levada a efeito por aquele a quem aproveita o seu implemento (art. 129 do Código Civil).

Como se pode notar, a lei sanciona a conduta dolosa, tanto de quem maliciosamente impede o implemento da condição, como de quem maliciosamente força a realização da condição a efeito[77].

O dispositivo legal abrange as situações a seguir indicadas. No negócio jurídico sob condição suspensiva, a parte (credor) maliciosamente altera as circunstâncias de fato para forçar a sua implementação, para se beneficiar, ou a outra parte (devedor) maliciosamente evita que ela ocorra. No negócio jurídico sob condição resolutiva, o titular do direito impede maliciosamente a sua ocorrência para se manter nessa condição, ou a outra parte (credor) força a sua verificação, para se favorecer. Nessas hipóteses, a lei desconsidera a realidade, decorrente da atuação maliciosa de uma das partes, e determina a prevalência do contrário[78].

---

[75] MONTEIRO, Washington de Barros; PINTO, Ana Cristina de Barros Monteiro França. *Curso de direito civil*: parte geral. 44. ed. São Paulo: Saraiva, 2012. v. 1. p. 300.

[76] MONTEIRO, Washington de Barros; PINTO, Ana Cristina de Barros Monteiro França. *Curso de direito civil*: parte geral. 44. ed. São Paulo: Saraiva, 2012. v. 1. p. 301.

[77] RODRIGUES, Silvio. *Direito civil*: parte geral. 34. ed. São Paulo: Saraiva, 2003. v. 1. p. 252.

[78] RODRIGUES, Silvio. *Direito civil*: parte geral. 34. ed. São Paulo: Saraiva, 2003. v. 1. p. 252.

O preceito decorre da responsabilidade nos negócios jurídicos, uma vez que uma das partes, ao obstar ou provocar a condição, prejudica a outra. Por isso, como forma mais adequada de reparação, a norma legal considera a condição ocorrida ou não realizada, conforme a hipótese. Como o art. 129 do Código Civil utiliza o termo "maliciosamente", exige-se a intenção, ou seja, o dolo de uma das partes[79].

12.2.8 Retroatividade da condição

Discute-se a respeito da retroatividade, ou não, dos efeitos da condição[80].

De acordo com o sistema francês, verificada a condição, os seus efeitos retroagem à data da celebração do negócio jurídico. Diversamente, conforme o sistema alemão, ocorrida a condição, os seus efeitos não retroagem à data da celebração do negócio jurídico[81].

Segundo o princípio da retroatividade da condição, se esta for implementada, os principais efeitos do negócio jurídico retroagem para o momento em que este foi celebrado. Os direitos que tiverem sido constituídos durante a pendência da condição se extinguem, mantendo-se apenas os atos de administração e os frutos que foram percebidos[82].

Como a lei não prevê expressamente a retroatividade dos efeitos da condição que se implementa, observa-se o entendimento de que, em termos gerais, a condição não retroage. Nesse enfoque, prevalece o princípio da não retroatividade[83], de modo que a condição gera

---

79 RODRIGUES, Silvio. *Direito civil*: parte geral. 34. ed. São Paulo: Saraiva, 2003. v. 1. p. 252.

80 RODRIGUES, Silvio. *Direito civil*: parte geral. 34. ed. São Paulo: Saraiva, 2003. v. 1. p. 252.

81 MONTEIRO, Washington de Barros; PINTO, Ana Cristina de Barros Monteiro França. *Curso de direito civil*: parte geral. 44. ed. São Paulo: Saraiva, 2012. v. 1. p. 302.

82 MONTEIRO, Washington de Barros; PINTO, Ana Cristina de Barros Monteiro França. *Curso de direito civil*: parte geral. 44. ed. São Paulo: Saraiva, 2012. v. 1. p. 303.

83 GOMES, Orlando. *Introdução ao direito civil*. 19. ed., revista, atualizada e aumentada por Edvaldo Brito e Reginalda Paranhos de Brito. Rio de Janeiro: Forense, 2007. p. 356: "A preferência é manifestamente pelo princípio de que a condição não faz retroagir os efeitos do negócio jurídico ao momento de sua formação".

efeitos a partir do seu advento, salvo se houver previsão legal expressa ou convenção das partes no sentido da sua retroatividade[84]. Por consequência, os atos de administração e os frutos percebidos durante a pendência da condição suspensiva (*pendente conditione*) são mantidos[85].

O art. 126 do Código Civil prevê efeito retroativo da condição suspensiva realizada quanto a atos de disposição ocorridos na sua pendência, os quais se extinguem. Nesse sentido, se alguém dispuser de uma coisa sob *condição suspensiva*, e, pendente esta, fizer quanto àquela novas disposições, estas não terão valor, realizada a condição, se com ela forem incompatíveis[86].

Além disso, o art. 128, primeira parte, do Código Civil estabelece efeito retroativo da condição resolutiva ocorrida quanto a direitos que a ela se oponham, os quais se extinguem. Efetivamente, sobrevindo a *condição resolutiva*, extingue-se, para todos os efeitos, o direito a que ela se opõe. Ainda nessa linha, resolvida a propriedade pelo implemento da condição ou pelo advento do termo, entendem-se também resolvidos os direitos reais concedidos na sua pendência, e o proprietário, em cujo favor se opera a resolução, pode reivindicar a coisa do poder de quem a possua ou detenha (art. 1.359 do Código Civil)[87]. Trata-se da propriedade resolúvel[88].

Entretanto, se a condição resolutiva for aposta a um negócio de execução continuada ou periódica, a sua realização, salvo disposição em contrário, não tem eficácia quanto aos atos já praticados, desde que compatíveis com a natureza da condição pendente e conforme aos ditames de boa-fé (art. 128, segunda parte, do Código Civil). Logo, em se tratando de negócio de execução continuada ou periódica, se

---

84 RODRIGUES, Silvio. *Direito civil*: parte geral. 34. ed. São Paulo: Saraiva, 2003. v. 1. p. 254-255.

85 RODRIGUES, Silvio. *Direito civil*: parte geral. 34. ed. São Paulo: Saraiva, 2003. v. 1. p. 255.

86 RODRIGUES, Silvio. *Direito civil*: parte geral. 34. ed. São Paulo: Saraiva, 2003. v. 1. p. 255.

87 RODRIGUES, Silvio. *Direito civil*: parte geral. 34. ed. São Paulo: Saraiva, 2003. v. 1. p. 255.

88 AZEVEDO, Álvaro Villaça. *Teoria geral do direito civil*: parte geral. São Paulo: Atlas, 2012. p. 236-238.

realizada a condição resolutiva, esta, em regra, não gera efeitos de forma retroativa, pois são não alcança os atos já praticados[89], desde que estes sejam compatíveis com a natureza da condição pendente e estejam em conformidade com a boa-fé[90].

12.3 TERMO

Termo é a cláusula que estabelece o início ou o término do efeito do negócio jurídico[91]. Trata-se da data em que começa ou termina a eficácia do negócio jurídico[92]. O termo pode regular, ainda, o exercício de direito e o cumprimento de obrigação[93].

O termo não se confunde com o prazo, pois este é o espaço de tempo entre a declaração de vontade e o advento do termo[94]. O prazo também pode ser entendido como o período de tempo entre o termo inicial e o termo final[95].

O termo se distingue da condição. Enquanto a condição é cláusula que subordina o efeito do negócio jurídico a evento futuro e incerto, o termo diz respeito a evento futuro e certo[96].

---

89 GOMES, Orlando. *Introdução ao direito civil.* 19. ed., revista, atualizada e aumentada por Edvaldo Brito e Reginalda Paranhos de Brito. Rio de Janeiro: Forense, 2007. p. 358: "Nos contratos de trato sucessivo, a condição resolutiva não retroage para alcançar as prestações executadas".

90 AZEVEDO, Álvaro Villaça. *Teoria geral do direito civil*: parte geral. São Paulo: Atlas, 2012. p. 239: "para que os terceiros estejam de boa-fé, [...], eles precisam desconhecer a existência da condição".

91 MONTEIRO, Washington de Barros; PINTO, Ana Cristina de Barros Monteiro França. *Curso de direito civil*: parte geral. 44. ed. São Paulo: Saraiva, 2012. v. 1. p. 303.

92 RODRIGUES, Silvio. *Direito civil*: parte geral. 34. ed. São Paulo: Saraiva, 2003. v. 1. p. 255.

93 GOMES, Orlando. *Introdução ao direito civil.* 19. ed., revista, atualizada e aumentada por Edvaldo Brito e Reginalda Paranhos de Brito. Rio de Janeiro: Forense, 2007. p. 359.

94 MONTEIRO, Washington de Barros; PINTO, Ana Cristina de Barros Monteiro França. *Curso de direito civil*: parte geral. 44. ed. São Paulo: Saraiva, 2012. v. 1. p. 303.

95 GAGLIANO, Pablo Stolze; PAMPLONA FILHO, Rodolfo. *Novo curso de direito civil*: parte geral. 6. ed. São Paulo: Saraiva, 2005. v. 1. p. 452.

96 MONTEIRO, Washington de Barros; PINTO, Ana Cristina de Barros Monteiro França. *Curso de direito civil*: parte geral. 44. ed. São Paulo: Saraiva, 2012. v. 1. p. 303.

O termo pode ser certo quanto à ocorrência no futuro, mas incerto a respeito da data de sua verificação, como no caso da morte de alguém. Portanto, o termo pode ser certo ou incerto. O termo certo faz referência a uma data futura específica ou é fixado após o transcurso de certo prazo (lapso de tempo). O termo incerto menciona acontecimento que irá ocorrer no futuro, em data indeterminada[97]. Esclareça-se que a morte pode se tornar condição, quando prevista, por exemplo, da seguinte forma: se o donatário morrer antes que o doador[98].

O termo pode ser inicial ou final[99].

O termo inicial (*dies a quo*) suspende o exercício do direito. No termo inicial, a eficácia do negócio jurídico fica suspensa até o advento do acontecimento futuro e certo. Assemelha-se, assim, à condição suspensiva[100].

O termo inicial suspende o exercício, mas não a aquisição do direito (art. 131 do Código Civil). Logo, o termo inicial não impede a aquisição do direito, mas apenas posterga o seu exercício[101], ou seja, a sua eficácia[102]. Considera-se adquirido o direito cujo começo do exercício pelo titular tenha termo prefixo, ou seja, início previamente fixado (art. 6º, § 2º, da Lei de Introdução às Normas do Direito Brasileiro).

Embora haja semelhança entre termo inicial e condição suspensiva, nesta, enquanto não se verificar a condição suspensiva, não se terá adquirido o direito, a que o negócio jurídico visa (art. 125 do Código

---

[97] GOMES, Orlando. *Introdução ao direito civil.* 19. ed., revista, atualizada e aumentada por Edvaldo Brito e Reginalda Paranhos de Brito. Rio de Janeiro: Forense, 2007. p. 360: "Por abreviação, diz-se que há *termo certo* e *incerto*. A incerteza diz respeito ao momento em que deve começar ou cessar a eficácia do negócio. Sabe-se que esse momento chegará, mas, às vezes, se ignora *quando*" (destaques do original).

[98] MONTEIRO, Washington de Barros; PINTO, Ana Cristina de Barros Monteiro França. *Curso de direito civil*: parte geral. 44. ed. São Paulo: Saraiva, 2012. v. 1. p. 303.

[99] MONTEIRO, Washington de Barros; PINTO, Ana Cristina de Barros Monteiro França. *Curso de direito civil*: parte geral. 44. ed. São Paulo: Saraiva, 2012. v. 1. p. 304.

[100] MONTEIRO, Washington de Barros; PINTO, Ana Cristina de Barros Monteiro França. *Curso de direito civil*: parte geral. 44. ed. São Paulo: Saraiva, 2012. v. 1. p. 304.

[101] MONTEIRO, Washington de Barros; PINTO, Ana Cristina de Barros Monteiro França. *Curso de direito civil*: parte geral. 44. ed. São Paulo: Saraiva, 2012. v. 1. p. 304.

[102] RODRIGUES, Silvio. *Direito civil*: parte geral. 34. ed. São Paulo: Saraiva, 2003. v. 1. p. 256.

Civil)[103]. O direito condicional, assim, é direito eventual, e não direito adquirido[104].

Como mencionado, o termo inicial suspende o exercício do direito. É o momento em que tem início a eficácia do negócio jurídico. Trata-se do termo suspensivo, o qual posterga a exigibilidade do direito. Por exemplo, a prestação do serviço irá iniciar no primeiro dia do verão[105].

O termo final (*dies ad quem*) põe fim ao direito criado pelo negócio jurídico. No termo final, o negócio jurídico inicialmente produz efeitos, os quais cessam com o advento do termo. Assemelha-se, assim, à condição resolutiva[106].

O termo final faz cessar o direito estabelecido pelo negócio jurídico, direito este até então vigente e produzindo efeitos. É o momento em que termina a eficácia do negócio jurídico. Trata-se do termo extintivo ou resolutivo. Por exemplo, a prestação do serviço terminará no último dia do verão[107].

No Direito das Coisas, quanto ao usufruto, salvo direito adquirido por outrem, o usufrutuário faz seus os frutos naturais, pendentes ao começar o usufruto (termo inicial), sem encargo de pagar as despesas de produção (art. 1.396 do Código Civil). Os frutos naturais, pendentes ao tempo em que cessa o usufruto (termo final), pertencem ao dono, também sem compensação das despesas (art. 1.396, parágrafo único, do Código Civil).

As crias dos animais pertencem ao usufrutuário, deduzidas quantas bastem para inteirar as cabeças de gado existentes ao começar o usufruto (art. 1.397 do Código Civil). Os frutos civis, vencidos na data inicial do usufruto, pertencem ao proprietário, e ao usufrutuário os vencidos na data em que cessa o usufruto (art. 1.398 do Código Civil).

---

[103] MONTEIRO, Washington de Barros; PINTO, Ana Cristina de Barros Monteiro França. *Curso de direito civil*: parte geral. 44. ed. São Paulo: Saraiva, 2012. v. 1. p. 304.

[104] RODRIGUES, Silvio. *Direito civil*: parte geral. 34. ed. São Paulo: Saraiva, 2003. v. 1. p. 255-256.

[105] RODRIGUES, Silvio. *Direito civil*: parte geral. 34. ed. São Paulo: Saraiva, 2003. v. 1. p. 256.

[106] MONTEIRO, Washington de Barros; PINTO, Ana Cristina de Barros Monteiro França. *Curso de direito civil*: parte geral. 44. ed. São Paulo: Saraiva, 2012. v. 1. p. 304.

[107] RODRIGUES, Silvio. *Direito civil*: parte geral. 34. ed. São Paulo: Saraiva, 2003. v. 1. p. 256.

No Direito das Obrigações, o inadimplemento da obrigação, positiva e líquida, no seu termo, constitui de pleno direito em mora o devedor (art. 397 do Código Civil). Não havendo termo, a mora se constitui mediante interpelação judicial ou extrajudicial (art. 397, parágrafo único, do Código Civil).

Em razão das similaridades entre termo e condição, ao termo inicial e final aplicam-se, no que couber, as disposições relativas à condição suspensiva e resolutiva (art. 135 do Código Civil)[108].

Desse modo, ao titular do direito sujeito a termo, com fundamento no art. 130 do Código Civil, é permitido praticar os atos destinados a conservá-lo. Aplicando-se o art. 126 do Código Civil, se alguém dispuser de uma coisa sob termo inicial, e, pendente este, fizer quanto àquela novas disposições, estas se extinguem, uma vez realizado o termo, se com ele forem incompatíveis. Em caso de termo final, com base no art. 127 do Código Civil, enquanto este não se realizar, o negócio jurídico terá eficácia e o titular do direito pode exercê-lo. Se sobrevier o termo final, aplicando-se o art. 128 do Código Civil, extingue-se o direito a que ele se opõe[109].

O prazo, como mencionado anteriormente, é o período de tempo entre a declaração de vontade e a ocorrência do termo, ou o lapso de tempo entre os termos inicial e final[110]. Quanto à contagem, salvo disposição legal ou convencional em contrário, computam-se os prazos, excluído o dia do começo, e incluído o dia do vencimento (art. 132 do Código Civil)[111].

Da mesma forma, no Direito Processual Civil, salvo disposição em contrário, os prazos devem ser contados excluindo o dia do começo e incluindo o dia do vencimento (art. 224 do CPC).

---

[108] RODRIGUES, Silvio. *Direito civil*: parte geral. 34. ed. São Paulo: Saraiva, 2003. v. 1. p. 256-257.

[109] MONTEIRO, Washington de Barros; PINTO, Ana Cristina de Barros Monteiro França. *Curso de direito civil*: parte geral. 44. ed. São Paulo: Saraiva, 2012. v. 1. p. 304.

[110] TARTUCE, Flávio. *Direito civil*: lei de introdução e parte geral. 4. ed. São Paulo: Método, 2008. v. 1. p. 336.

[111] RODRIGUES, Silvio. *Direito civil*: parte geral. 34. ed. São Paulo: Saraiva, 2003. v. 1. p. 257.

Se o dia do vencimento cair em feriado, considerar-se-á prorrogado o prazo até o seguinte dia útil (art. 132, § 1º, do Código Civil)[112].

A Lei 9.093/1995 dispõe sobre feriados. São feriados civis: I – os declarados em lei federal; II – a data magna do Estado fixada em lei estadual. III – os dias do início e do término do ano do centenário de fundação do Município, fixados em lei municipal (art. 1º da Lei 9.093/1995). São feriados religiosos os dias de guarda, declarados em lei municipal, de acordo com a tradição local e em número não superior a quatro, neste incluída a Sexta-Feira da Paixão (art. 2º da Lei 9.093/1995).

Meado considera-se, em qualquer mês, o seu décimo quinto dia (art. 132, § 2º, do Código Civil).

Os prazos de meses e anos expiram no dia de igual número do dia de início, ou no imediato, se faltar exata correspondência (art. 132, § 3º, do Código Civil).

A Lei 810/1949 define o ano civil. Considera-se ano o período de 12 meses contado do dia do início ao dia e mês correspondentes do ano seguinte (art. 1º da Lei 810/1949). Considera-se mês o período de tempo contado do dia do início ao dia correspondente do mês seguinte (art. 2º da Lei 810/1949). Quando no ano ou mês do vencimento não houver o dia correspondente ao do início do prazo, este findará no primeiro dia subsequente (art. 3º da Lei 810/1949).

Os prazos fixados por hora contar-se-ão de minuto a minuto (art. 132, § 4º, do Código Civil).

Nos testamentos, presume-se o prazo em favor do herdeiro, e, nos contratos, em proveito do devedor, salvo, quanto a esses, se do teor do

---

[112] GOMES, Orlando. *Introdução ao direito civil*. 19. ed., revista, atualizada e aumentada por Edvaldo Brito e Reginalda Paranhos de Brito. Rio de Janeiro: Forense, 2007. p. 227: "Se o dia final de um prazo cai em feriado ou domingo, prorroga-se para o dia útil seguinte". Conforme esclarece Maria Helena Diniz: "Se o vencimento do negócio cair em feriado ou domingo, será prorrogado até o primeiro dia útil subsequente. Logo, como sábado não é feriado, não há qualquer prorrogação, a não ser que o pagamento tenha que ser efetuado em Banco que não tiver expediente aos sábados" (DINIZ, Maria Helena. *Curso de direito civil brasileiro*: teoria geral do direito civil. 29. ed. São Paulo: Saraiva, 2012. v. 1. p. 577). De acordo com o art. 1º da Lei 4.178/1962, os estabelecimentos de crédito não funcionarão aos sábados, em expediente externo ou interno.

instrumento, ou das circunstâncias, resultar que se estabeleceu a benefício do credor, ou de ambos os contratantes (art. 133 do Código Civil).

Em regra, presume-se o prazo em favor do herdeiro (em caso de testamento) e do devedor (na hipótese de contrato). Portanto, embora o devedor não possa ser obrigado a pagar a dívida antes do vencimento, em princípio, tem direito de fazê-lo, pois o prazo se presume em seu favor. Fica ressalvada a hipótese em que o prazo for estabelecido em proveito do credor ou de ambos os contratantes, o que pode decorrer do conteúdo do instrumento ou das circunstâncias do negócio jurídico[113]. Logo, se no negócio jurídico o prazo for expressamente estabelecido em proveito do credor, o devedor, em princípio, não pode efetuar o pagamento antes do vencimento. Registre-se, entretanto, a presença de diplomas legais que asseguram ao devedor o direito de pagamento antecipado da dívida, como a seguir indicado, não se admitindo, nesses casos, previsão em sentido contrário[114].

O devedor pode sempre liquidar ou amortizar a dívida quando hipotecária ou pignoratícia antes do vencimento, sem sofrer imposição de multa, gravame ou encargo de qualquer natureza por motivo dessa antecipação (art. 7º do Decreto 22.626/1933). No compromisso de compra e venda de lotes de terrenos, o promissário comprador tem o direito de, antecipando ou ultimando o pagamento integral do preço, e estando quites com os impostos e taxas, exigir a outorga da escritura de compra e venda (art. 15 do Decreto-Lei 58/1937). No fornecimento de produtos ou serviços que envolva outorga de crédito ou concessão de financiamento ao consumidor, é assegurado a este a liquidação antecipada do débito, total ou parcialmente, mediante redução proporcional dos juros e demais acréscimos (art. 52, § 2º, da Lei 8.078/1990).

Os negócios jurídicos entre vivos, sem prazo, são exequíveis desde logo, salvo se a execução tiver de ser feita em lugar diverso ou depender de tempo (art. 134 do Código Civil).

---

[113] MONTEIRO, Washington de Barros; PINTO, Ana Cristina de Barros Monteiro França. *Curso de direito civil*: parte geral. 44. ed. São Paulo: Saraiva, 2012. v. 1. p. 306.

[114] RODRIGUES, Silvio. *Direito civil*: parte geral. 34. ed. São Paulo: Saraiva, 2003. v. 1. p. 258.

Não havendo fixação de prazo no negócio jurídico, em regra, a obrigação é exequível desde logo. Entretanto, mesmo não havendo fixação de prazo no negócio jurídico, as obrigações não são exequíveis de imediato em duas hipóteses: se a execução tiver de ser feita em lugar diverso; ou se a execução depender de tempo[115].

Na mesma linha, no Direito das Obrigações, salvo disposição legal em contrário, não tendo sido ajustada época para o pagamento, pode o credor exigi-lo imediatamente (art. 331 do Código Civil).

No âmbito contratual, não se tendo convencionado expressamente, o prazo do mútuo será: I – até a próxima colheita, se o mútuo for de produtos agrícolas, assim para o consumo, como para semeadura; II – de 30 dias, pelo menos, se for de dinheiro; III – do espaço de tempo que declarar o mutuante, se for de qualquer outra coisa fungível (art. 592 do Código Civil).

No Direito das Obrigações, ao credor assistirá o direito de cobrar a dívida antes de vencido o prazo estipulado no contrato ou marcado no Código Civil: I – no caso de falência do devedor, ou de concurso de credores; II – se os bens, hipotecados ou empenhados, forem penhorados em execução por outro credor; III – se cessarem, ou se se tornarem insuficientes, as garantias do débito, fidejussórias, ou reais, e o devedor, intimado, se negar a reforçá-las (art. 333 do Código Civil). Nesses casos, se houver, no débito, solidariedade passiva, não se reputa vencido quanto aos outros devedores solventes.

O credor que demandar o devedor antes de vencida a dívida, fora dos casos em que a lei o permita, fica obrigado a esperar o tempo que faltava para o vencimento, a descontar os juros correspondentes, embora estipulados, e a pagar as custas em dobro (art. 939 do Código Civil). A penas prevista no art. 939 do Código Civil não se aplica quando o autor desistir da ação antes de apresentada contestação, salvo ao réu o direito de haver indenização por algum prejuízo que prove ter sofrido (art. 941 do Código Civil).

No plano processual, em caso de ajuizamento de ação antes do vencimento da dívida, não se tratando de hipótese em que a lei o

---

[115] RODRIGUES, Silvio. *Direito civil*: parte geral. 34. ed. São Paulo: Saraiva, 2003. v. 1. p. 258-259.

permita, há ausência de interesse processual (condição da ação), no enfoque da necessidade da tutela jurisdicional, acarretando a extinção do processo sem resolução do mérito (art. 485, inciso VI, do CPC)[116].

12.4 ENCARGO

Modo ou encargo é a cláusula que impõe uma obrigação a quem recebe certa liberalidade. Essa estipulação pode ser inserida em negócios jurídicos gratuitos, *inter vivos* e *mortis causa*, como a doação e o testamento (sobre herança e legado), e em declarações unilaterais de vontade (negócios jurídicos unilaterais), como a promessa de recompensa (art. 854 do Código Civil). Por exemplo, a doação de terreno com o encargo de se construir escola no local[117].

O encargo, assim, é uma limitação ou um ônus que incide sobre uma liberalidade, restringindo-a. Trata-se de cláusula acessória que estabelece o fim ao qual o bem deve ser aplicado ou impõe determinada prestação ao beneficiário[118].

Se for inserido encargo em negócio jurídico oneroso, aquele passa a integrar a contraprestação devida pela outra parte. Por exemplo, a compra e venda de museu em que o comprador tem a obrigação de permitir que as pessoas visitem o local. Essa obrigação, na realidade, não seria encargo propriamente, pois faz parte da contraprestação devida pelo comprador[119].

No Direito de Família, compete ao tutor, com autorização do juiz, aceitar pelo menor heranças, legados ou doações, ainda que com encargos (art. 1.748, inciso II, do Código Civil).

---

116 MONTEIRO, Washington de Barros; PINTO, Ana Cristina de Barros Monteiro França. *Curso de direito civil*: parte geral. 44. ed. São Paulo: Saraiva, 2012. v. 1. p. 306-307.

117 MONTEIRO, Washington de Barros; PINTO, Ana Cristina de Barros Monteiro França. *Curso de direito civil*: parte geral. 44. ed. São Paulo: Saraiva, 2012. v. 1. p. 307.

118 RODRIGUES, Silvio. *Direito civil*: parte geral. 34. ed. São Paulo: Saraiva, 2003. v. 1. p. 259.

119 MONTEIRO, Washington de Barros; PINTO, Ana Cristina de Barros Monteiro França. *Curso de direito civil*: parte geral. 44. ed. São Paulo: Saraiva, 2012. v. 1. p. 307-308. Cf. ainda GOMES, Orlando. *Introdução ao direito civil*. 19. ed., revista, atualizada e aumentada por Edvaldo Brito e Reginalda Paranhos de Brito. Rio de Janeiro: Forense, 2007. p. 365: "Só nos negócios gratuitos pode-se falar em modo".

O encargo não se confunde com a condição, pois esta subordina o efeito do negócio jurídico a evento futuro e incerto (art. 121 do Código Civil). Enquanto a condição suspensiva não se verificar, não se terá adquirido o direito a que o negócio jurídico visa (art. 125 do Código Civil). Diversamente, o encargo não suspende a aquisição nem o exercício do direito, salvo quando expressamente imposto no negócio jurídico, pelo disponente, como condição suspensiva (art. 136 do Código Civil)[120].

Em se tratando de negócio jurídico com previsão de encargo, o direito é adquirido e pode ser exercido pelo titular, mesmo antes de o encargo ser cumprido pela parte. Entretanto, se o ônus for imposto no negócio jurídico como condição suspensiva, o direito somente será adquirido com a realização do evento. Confirmando o exposto, desde a abertura da sucessão, pertence ao legatário a coisa certa, existente no acervo, salvo se o legado estiver sob condição suspensiva (art. 1.923 do Código Civil)[121].

O encargo é coercitivo, ou seja, o seu cumprimento pode ser exigido, o que não ocorre com a condição, pois nesta ninguém pode ser constrangido a se submeter ao evento nela previsto[122].

No contrato de doação, o donatário é obrigado a cumprir os encargos da doação, caso forem a benefício do doador, de terceiro ou do interesse geral (art. 553 do Código Civil). Se o encargo for dessa última espécie, o Ministério Público pode exigir sua execução, depois da morte do doador, se este não tiver feito (art. 553, parágrafo único, do Código Civil). Se o encargo não for cumprido, a liberalidade pode ser desfeita[123], o que significa a extinção do negócio jurídico. Nesse sentido, a doação pode ser revogada por inexecução do encargo (art. 555 do Código Civil). No Direito das Sucessões, no âmbito das dis-

---

120 MONTEIRO, Washington de Barros; PINTO, Ana Cristina de Barros Monteiro França. *Curso de direito civil*: parte geral. 44. ed. São Paulo: Saraiva, 2012. v. 1. p. 308.

121 RODRIGUES, Silvio. *Direito civil*: parte geral. 34. ed. São Paulo: Saraiva, 2003. v. 1. p. 259-260.

122 MONTEIRO, Washington de Barros; PINTO, Ana Cristina de Barros Monteiro França. *Curso de direito civil*: parte geral. 44. ed. São Paulo: Saraiva, 2012. v. 1. p. 308.

123 RODRIGUES, Silvio. *Direito civil*: parte geral. 34. ed. São Paulo: Saraiva, 2003. v. 1. p. 260.

posições testamentárias, esclareça-se que nos legados com encargo, aplica-se ao legatário o disposto no Código Civil quanto às doações de igual natureza (art. 1.938 do Código Civil)[124].

A doação com encargo ou gravada é denominada doação onerosa. Esclareça-se que a doação gravada, no excedente ao encargo imposto, não perde o caráter de liberalidade (art. 540 do Código Civil).

A doação onerosa pode ser revogada por inexecução do encargo, se o donatário incorrer em mora. Não havendo prazo para o cumprimento, o doador pode notificar judicialmente o donatário, assinando-lhe prazo razoável para que cumpra a obrigação assumida (art. 562 do Código Civil).

Nos legados com encargo, aplica-se ao legatário o disposto no Código Civil quanto às doações de igual natureza (art. 1.938 do Código Civil). Em caso de substituição do herdeiro ou do legatário, o substituto fica sujeito à condição ou encargo imposto ao substituído, quando não for diversa a intenção manifestada pelo testador, ou não resultar outra coisa da natureza da condição ou do encargo (art. 1.949 do Código Civil).

Na redação das cláusulas dos negócios jurídicos, as conjunções "se" e "caso" revelam tratar-se de condição, enquanto das expressões "para que", "a fim de que", "com o ônus de" e "com a obrigação de" indicam haver encargo[125].

Considera-se não escrito o encargo ilícito ou impossível, salvo se constituir o motivo determinante da liberalidade, caso em que se invalida o negócio jurídico (art. 137 do Código Civil)[126]. O encargo ilícito ou impossível, em regra, é juridicamente inexistente, ou seja,

---

[124] MONTEIRO, Washington de Barros; PINTO, Ana Cristina de Barros Monteiro França. *Curso de direito civil*: parte geral. 44. ed. São Paulo: Saraiva, 2012. v. 1. p. 307-308.

[125] MONTEIRO, Washington de Barros; PINTO, Ana Cristina de Barros Monteiro França. *Curso de direito civil*: parte geral. 44. ed. São Paulo: Saraiva, 2012. v. 1. p. 308.

[126] GAGLIANO, Pablo Stolze; PAMPLONA FILHO, Rodolfo. *Novo curso de direito civil*: parte geral. 6. ed. São Paulo: Saraiva, 2005. v. 1. p. 455: "Assim, se o ato de liberalidade (doação de um valioso imóvel) é feito com a finalidade específica (motivação típica) de o donatário empregá-la na implantação de uma casa de prostituição (encargo ilícito), deverá ser invalidado todo o negócio jurídico".

considera-se não escrito. Como exceção, se o encargo ilícito ou impossível for o motivo determinante da liberalidade, o negócio jurídico é inválido, ou seja, nulo[127].

[127] MONTEIRO, Washington de Barros; PINTO, Ana Cristina de Barros Monteiro França. *Curso de direito civil*: parte geral. 44. ed. São Paulo: Saraiva, 2012. v. 1. p. 308.

CAPÍTULO

13

DEFEITOS DO NEGÓCIO JURÍDICO

13.1 INTRODUÇÃO

Por ser o negócio jurídico declaração de vontade, esta deve ter existido e ser manifestada de forma válida, ou seja, livre e consciente[1], para que os efeitos jurídicos pretendidos possam ser produzidos. A ausência da vontade pode decorrer, por exemplo, de coação absoluta, gerando a inexistência, para fins de Direito, do negócio jurídico[2].

Mesmo havendo a vontade, pois o agente pretendeu realizar o negócio jurídico, ela pode estar eivada por algum vício do consentimento: erro ou ignorância, dolo, coação, estado de perigo e lesão.

---

[1] RODRIGUES, Silvio. *Direito civil*: parte geral. 34. ed. São Paulo: Saraiva, 2003. v. 1. p. 184.

[2] MONTEIRO, Washington de Barros; PINTO, Ana Cristina de Barros Monteiro França. *Curso de direito civil*: parte geral. 44. ed. São Paulo: Saraiva, 2012. v. 1. p. 242.

Nesse caso, o negócio jurídico, por ser declaração de vontade, estará afetado pelo mesmo defeito que sobre ela incidiu[3].

Há ainda situações em que existe a vontade, tendo sido manifestada de forma hígida, mas não se observa a lei ou a boa-fé, tendo como objetivo prejudicar terceiros ou violar o Direito. Podem ocorrer, assim, a fraude contra credores e a simulação. A fraude contra credores é modalidade de defeito do negócio jurídico, que gera a sua anulabilidade. A simulação é hipótese de invalidade do negócio jurídico, que gera a sua nulidade[4].

No Direito das Sucessões, a partilha é anulável pelos vícios e defeitos que invalidam, em geral, os negócios jurídicos (art. 2.027 do Código Civil, com redação dada pela Lei 13.105/2015). Extingue-se em um ano o direito de anular a partilha.

13.2 CLASSIFICAÇÃO

Os defeitos do negócio jurídico podem incidir sobre a vontade, gerando desajuste entre a intenção do sujeito e a sua manifestação, o que ocorre nos casos de erro ou ignorância, dolo, coação, estado de perigo e lesão. São os vícios da vontade ou do consentimento[5]. A fraude contra credores não incide sobre a vontade, mas é vício social, ao afrontar o sistema jurídico, a segurança e a probidade nas relações em sociedade[6]. A simulação, com o Código Civil de 2002, é hipótese de invalidade do negócio jurídico.

É anulável o negócio jurídico por vício resultante de erro, dolo, coação, estado de perigo, lesão ou fraude contra credores (art. 171,

---

3 MONTEIRO, Washington de Barros; PINTO, Ana Cristina de Barros Monteiro França. *Curso de direito civil*: parte geral. 44. ed. São Paulo: Saraiva, 2012. v. 1. p. 242.

4 MONTEIRO, Washington de Barros; PINTO, Ana Cristina de Barros Monteiro França. *Curso de direito civil*: parte geral. 44. ed. São Paulo: Saraiva, 2012. v. 1. p. 242-243.

5 RODRIGUES, Silvio. *Direito civil*: parte geral. 34. ed. São Paulo: Saraiva, 2003. v. 1. p. 182.

6 MONTEIRO, Washington de Barros; PINTO, Ana Cristina de Barros Monteiro França. *Curso de direito civil*: parte geral. 44. ed. São Paulo: Saraiva, 2012. v. 1. p. 243.

inciso II, do Código Civil). É nulo o negócio jurídico simulado (art. 167 do Código Civil).

13.3 VONTADE REAL E DECLARAÇÃO

Nos vícios do consentimento, havendo divergência entre a vontade real e a declaração de vontade, discute-se qual deve prevalecer.

De acordo com a *teoria da vontade real*, mais tradicional e individualista, havendo divergência entre a vontade do agente e a declaração, aquela deva prevalecer, protegendo-se o sujeito emissor da vontade. Segundo a *teoria da declaração*, deve prevalecer a exteriorização da vontade, ou seja, a declaração, com o objetivo de preservar a estabilidade nas relações sociais e de proteger os destinatários da declaração. Conforme a *teoria da responsabilidade*, a declaração deve prevalecer quando a divergência entre a vontade e a declaração decorre de culpa ou dolo do declarante, pois nesse caso ele seria responsável pela disparidade entre o seu intuito e o que manifestou. Nesse caso, se o declarante incidiu em erro ao manifestar a vontade, mas sem dolo, nem culpa, a outra parte, ainda que de boa-fé, não é protegida, pois o negócio jurídico pode ser anulado. Em consonância com a *teoria da confiança*, em caso de divergência, deve prevalecer a declaração sobre a vontade do declarante, desde que a outra parte, ou seja, o destinatário da declaração, esteja de boa-fé. Entretanto, se o destinatário tinha ciência da disparidade entre a vontade do declarante e a declaração, ou se tinha condições de saber a respeito, caso agisse de forma diligente, deve prevalecer a vontade real. Entende-se que, nesse caso, o destinatário da vontade estava ciente da possibilidade de anulação do negócio jurídico, por vício do consentimento, ou agiu de forma negligente, o que não deve ser protegido pelo sistema jurídico. Procura-se, assim, proteger o interesse geral[7].

É lícito à parte provar com testemunhas: I – nos contratos simulados, a divergência entre a vontade real e a vontade declarada; II – nos contratos em geral, os vícios de consentimento (art. 446 do CPC).

[7] RODRIGUES, Silvio. *Direito civil*: parte geral. 34. ed. São Paulo: Saraiva 2003. v. 1. p. 185-186.

As partes têm o direito de empregar todos os meios legais, bem como os moralmente legítimos, ainda que não especificados no Código de Processo Civil, para provar a verdade dos fatos em que se funda o pedido ou a defesa e influir eficazmente na convicção do juiz (art. 369 do CPC).

Esclareça-se que o ônus da prova incumbe: I – ao autor, quanto ao fato constitutivo de seu direito; II – ao réu, quanto à existência de fato impeditivo, modificativo ou extintivo do direito do autor (art. 373 do CPC).

CAPÍTULO

14

ERRO OU IGNORÂNCIA

14.1 CONCEITO

Ignorância significa o desconhecimento completo a respeito de algo. Erro é a compreensão equivocada a respeito de algo ou de certa pessoa. Nesses casos, embora o agente tenha celebrado o negócio jurídico, se tivesse o correto conhecimento a respeito, não o praticaria, ou faria em condições distintas. No erro, o agente tem uma ideia equivocada sobre a realidade, o que faz com que manifeste a sua vontade de forma distinta da que declararia se a conhecesse[1]. Os efeitos jurídicos decorrentes do erro ou da ignorância são os mesmos, tornando anulável o negócio jurídico[2].

---

[1] RODRIGUES, Silvio. *Direito civil*: parte geral. 34. ed. São Paulo: Saraiva, 2003. v. 1. p. 187.

[2] MONTEIRO, Washington de Barros; PINTO, Ana Cristina de Barros Monteiro França. *Curso de direito civil*: parte geral. 44. ed. São Paulo: Saraiva, 2012. v. 1. p. 243-244.

É anulável o negócio jurídico por vício resultante de erro (art. 171, inciso II, do Código Civil)[3].

É de quatro anos o prazo de decadência para pleitear-se a anulação do negócio jurídico, contado, no caso de erro, do dia em que se realizou o negócio jurídico (art. 178, inciso II, do Código Civil).

14.2 REQUISITOS

O negócio jurídico é anulável por vício da vontade se o erro for substancial ou essencial, isto é, sobre aspecto fundamental do negócio jurídico, sem o qual este não seria realizado[4], pois o consentimento não seria manifestado se o declarante tivesse conhecimento da realidade[5].

Nesse sentido, são anuláveis os negócios jurídicos, quando as declarações de vontade emanarem de erro substancial que poderia ser percebido por pessoa de diligência normal, em face das circunstâncias do negócio (art. 138 do Código Civil).

O erro é substancial quando interessa à natureza do negócio, ao objeto principal da declaração ou a alguma das qualidades a ele essenciais (art. 139, inciso I, do Código Civil).

O erro substancial sobre a natureza do negócio ocorre quando o agente pretende realizar certo negócio, mas celebra outro. Nesse caso, o vício de vontade atinge a essência do negócio jurídico[6]. Por exem-

---

3 "2. O negócio jurídico, na circunstância de apresentar erro substancial, levando à parte a uma noção equivocada do objeto tratado e, consequentemente, a ter sua vontade viciada, manifestada em razão do que acreditava estar negociando, pode ser anulado por meio da ação anulatória, via adequada a esse desiderato" (STJ, 3ª T., REsp 1.260.772/MG, 2011/0115781-3, Rel. Min. João Otávio de Noronha, DJe 16.03.2015).

4 MONTEIRO, Washington de Barros; PINTO, Ana Cristina de Barros Monteiro França. *Curso de direito civil*: parte geral. 44. ed. São Paulo: Saraiva, 2012. v. 1. p. 244.

5 RODRIGUES, Silvio. *Direito civil*: parte geral. 34. ed. São Paulo: Saraiva, 2003. v. 1. p. 188. Na jurisprudência: "1. O erro é vício do consentimento no qual há uma falsa percepção da realidade pelo agente, seja no tocante à pessoa, ao objeto ou ao próprio negócio jurídico, sendo que para render ensejo à desconstituição de um ato haverá de ser substancial e real" (STJ, 4ª T., REsp 1.163.118/RS, 2009/0210626-4, Rel. Min. Luis Felipe Salomão, DJe 13.06.2014).

6 MONTEIRO, Washington de Barros; PINTO, Ana Cristina de Barros Monteiro França. *Curso de direito civil*: parte geral. 44. ed. São Paulo: Saraiva, 2012. v. 1. p. 244.

plo, o alienante transfere o bem como venda e o adquirente o recebe achando tratar-se de doação[7].

O erro substancial sobre o objeto principal da declaração se verifica quando o bem que foi objeto do negócio jurídico não era o bem pretendido pelo agente[8]. Por exemplo, o adquirente imagina que está comprando o imóvel em certa rua, em bairro valorizado, mas na realidade o bem está localizado em rua com o mesmo nome, em local distinto[9].

O erro substancial sobre a alguma das qualidades essenciais do objeto principal da declaração ocorre quando o agente imaginava que o objeto tinha certa qualidade, mas esta, na realidade, não existia[10]. Por exemplo, o adquirente acredita que está adquirindo peça de arte original, mas se trata de réplica[11].

Além disso, o erro é substancial quando concerne à identidade ou à qualidade essencial da pessoa a quem se refira a declaração de vontade, desde que tenha influído nesta de modo relevante (art. 139, inciso II, do Código Civil)[12].

Nesse caso, o erro substancial incide sobre a identidade ou qualidade essencial da pessoa com quem o negócio jurídico foi celebrado. Exige-se que esses aspectos tenham sido determinantes na declaração de vontade. Logo, o vício da vontade ocorre se o negócio jurídico teve como um de seus aspectos essenciais a outra pessoa envolvida, tendo o agente imaginado que ela tinha certa identidade ou qualidade essencial que, na realidade, não se verifica[13]. A previsão legal diz

---

7 RODRIGUES, Silvio. *Direito civil*: parte geral. 34. ed. São Paulo: Saraiva, 2003. v. 1. p. 188.

8 MONTEIRO, Washington de Barros; PINTO, Ana Cristina de Barros Monteiro França. *Curso de direito civil*: parte geral. 44. ed. São Paulo: Saraiva, 2012. v. 1. p. 244.

9 RODRIGUES, Silvio. *Direito civil*: parte geral. 34. ed. São Paulo: Saraiva, 2003. v. 1. p. 189.

10 MONTEIRO, Washington de Barros; PINTO, Ana Cristina de Barros Monteiro França. *Curso de direito civil*: parte geral. 44. ed. São Paulo: Saraiva, 2012. v. 1. p. 245.

11 RODRIGUES, Silvio. *Direito civil*: parte geral. 34. ed. São Paulo: Saraiva, 2003. v. 1. p. 189.

12 MONTEIRO, Washington de Barros; PINTO, Ana Cristina de Barros Monteiro França. *Curso de direito civil*: parte geral. 44. ed. São Paulo: Saraiva, 2012. v. 1. p. 245.

13 MONTEIRO, Washington de Barros; PINTO, Ana Cristina de Barros Monteiro França. *Curso de direito civil*: parte geral. 44. ed. São Paulo: Saraiva, 2012. v. 1. p. 245-246.

respeito a negócios jurídicos *intuitu personae*, que levam em consideração, de forma específica, a pessoa mencionada na declaração de vontade[14].

O casamento pode ser anulado por vício da vontade, se houve por parte de um dos nubentes, ao consentir, erro essencial quanto à pessoa do outro (art. 1.556 do Código Civil). Considera-se erro essencial sobre a pessoa do outro cônjuge: I – o que diz respeito à sua identidade, sua honra e boa fama, sendo esse erro tal que o seu conhecimento ulterior torne insuportável a vida em comum ao cônjuge enganado; II – a ignorância de crime, anterior ao casamento, que, por sua natureza, torne insuportável a vida conjugal; III – a ignorância, anterior ao casamento, de defeito físico irremediável que não caracterize deficiência ou de moléstia grave e transmissível, por contágio ou por herança, capaz de pôr em risco a saúde do outro cônjuge ou de sua descendência (art. 1.557 do Código Civil).

O erro é substancial quando, sendo de direito e não implicando recusa à aplicação da lei, for o motivo único ou principal do negócio jurídico (art. 139, inciso III, do Código Civil). O dispositivo trata do erro de direito.

O erro de fato, como o próprio nome revela, incide sobre circunstâncias de fato do negócio jurídico, como qualidades essenciais do objeto ou da pessoa. O erro de direito é a percepção equivocada do agente quanto à existência da norma jurídica, o desconhecimento de sua vigência ou o equívoco quanto à sua interpretação. Por exemplo, o agente supõe que a norma jurídica em vigor, mas já foi revogada[15].

É certo que ninguém se escusa de cumprir a lei, alegando que não a conhece (art. 3º da Lei de Introdução às Normas do Direito Brasileiro). Trata-se de previsão que tem como objetivo preservar a segurança jurídica nas relações sociais e a autoridade do ordenamento jurídico, constituído de normas dotadas de imperatividade. Isso não

---

14 RODRIGUES, Silvio. *Direito civil*: parte geral. 34. ed. São Paulo: Saraiva, 2003. v. 1. p. 190.

15 MONTEIRO, Washington de Barros; PINTO, Ana Cristina de Barros Monteiro França. *Curso de direito civil*: parte geral. 44. ed. São Paulo: Saraiva, 2012. v. 1. p. 247-249.

se confunde com situações em que a pessoa tem uma apreciação equivocada sobre questões jurídicas envolvidas no caso, gerando desajuste na formação da vontade declarada, sem que o agente tivesse o intuito de afastar a norma jurídica incidente. Exemplificando, o agente supõe que a pessoa com quem negocia é estrangeira, mas de forma equivocada, por desconhecer detalhes a respeito da legislação sobre nacionalidade[16].

O erro de direito autoriza a anulação do negócio jurídico se não implicar recusa à aplicação da lei e for o motivo único ou principal do negócio jurídico[17].

O erro acidental diz respeito a qualidades acessórias, ou seja, secundárias do objeto ou da pessoa[18]. Nesse caso, o negócio jurídico não é anulável[19].

Embora haja proximidade entre as figuras, o erro não se confunde com os vícios redibitórios (arts. 441 a 446 do Código Civil), pois nestes há garantia legal de que o vendedor responde, em contrato comutativo, quanto a vícios ou defeitos ocultos da coisa, que a tornem imprópria ao uso a que é destinada, ou lhe diminuam o valor (art. 441 do Código Civil)[20]. Diversamente, no erro, em razão de vício na manifestação de vontade do agente ao celebrar o negócio jurídico, possibilita-se a sua anulação[21].

---

16 MONTEIRO, Washington de Barros; PINTO, Ana Cristina de Barros Monteiro França. *Curso de direito civil*: parte geral. 44. ed. São Paulo: Saraiva, 2012. v. 1. p. 248-249.

17 MONTEIRO, Washington de Barros; PINTO, Ana Cristina de Barros Monteiro França. *Curso de direito civil*: parte geral. 44. ed. São Paulo: Saraiva, 2012. v. 1. p. 249.

18 GOMES, Orlando. *Introdução ao direito civil*. 19. ed., revista, atualizada e aumentada por Edvaldo Brito e Reginalda Paranhos de Brito. Rio de Janeiro: Forense, 2007. p. 375: "Diz-se *acidental* o erro que, não recaindo na essência da declaração, por isso mesmo, não provoca divergência capaz de justificar a anulação desta. Admite-se que seu conhecimento ulterior não modificaria a conduta do declarante, isto é, que, ainda assim, teria realizado o negócio jurídico" (destaques do original).

19 MONTEIRO, Washington de Barros; PINTO, Ana Cristina de Barros Monteiro França. *Curso de direito civil*: parte geral. 44. ed. São Paulo: Saraiva, 2012. v. 1. p. 246.

20 GAGLIANO, Pablo Stolze; PAMPLONA FILHO, Rodolfo. *Novo curso de direito civil*: parte geral. 6. ed. São Paulo: Saraiva, 2005. v. 1. p. 380.

21 MONTEIRO, Washington de Barros; PINTO, Ana Cristina de Barros Monteiro França. *Curso de direito civil*: parte geral. 44. ed. São Paulo: Saraiva, 2012. v. 1. p. 247.

O erro deve ser escusável[22], isto é, justificável[23] ou perdoável[24], tendo motivo razoável, no sentido de que qualquer pessoa com diligência normal poderia nele incorrer[25]. O erro inescusável, ou seja, de alguém que nele incidiu por sua própria culpa, não tendo agido com diligência, não gera a anulação do negócio jurídico[26]. Parte da doutrina menciona, ainda, que o erro deve ser real, isto é, efetivo, gerando prejuízo ao agente[27].

Para que o negócio jurídico seja anulável, exige-se que o erro substancial pudesse ser percebido por pessoa de diligência normal, em face das circunstâncias do negócio (art. 138, parte final, do Código Civil). Sendo assim, o erro deve ser conhecido ou possível de ser conhecido pelo destinatário da declaração de vontade[28]. Diversamente, se o erro não era conhecido, nem reconhecível pelo destinatário da declaração de vontade (que estava de boa-fé), mesmo atuando com diligência normal, considerando as circunstâncias do negócio jurídico, este não é anulável[29].

---

[22] GOMES, Orlando. *Introdução ao direito civil*. 19. ed., revista, atualizada e aumentada por Edvaldo Brito e Reginalda Paranhos de Brito. Rio de Janeiro: Forense, 2007. p. 374. Em sentido divergente: "3. De acordo com o art. 138 do CC/02, não é necessário que o erro seja escusável ou justificável para que se dê a anulabilidade do negócio jurídico" (STJ, 3ª T., REsp 1.492.611/MG, 2014/0241184-6, Rel. Min. Moura Ribeiro, DJe 31.08.2017).

[23] AZEVEDO, Álvaro Villaça. *Teoria geral do direito civil*: parte geral. São Paulo: Atlas, 2012. p. 265-266.

[24] GAGLIANO, Pablo Stolze; PAMPLONA FILHO, Rodolfo. *Novo curso de direito civil*: parte geral. 6. ed. São Paulo: Saraiva, 2005. v. 1. p. 378.

[25] "2. O erro que enseja a anulação de negócio jurídico, além de essencial, deve ser escusável, decorrente da falsa representação da realidade própria do homem mediano, perdoável, no mais das vezes, pelo desconhecimento natural das circunstâncias e particularidades do negócio jurídico. Vale dizer, para ser escusável o erro deve ser de tal monta que qualquer pessoa de inteligência mediana o cometeria" (STJ, 4ª T., REsp 744.311/MT, 2005/0064667-5, Rel. Min. Luis Felipe Salomão, DJe 09.09.2010).

[26] RODRIGUES, Silvio. *Direito civil*: parte geral. 34. ed. São Paulo: Saraiva, 2003. v. 1. p. 190-191.

[27] MONTEIRO, Washington de Barros; PINTO, Ana Cristina de Barros Monteiro França. *Curso de direito civil*: parte geral. 44. ed. São Paulo: Saraiva, 2012. v. 1. p. 247.

[28] RODRIGUES, Silvio. *Direito civil*: parte geral. 34. ed. São Paulo: Saraiva, 2003. v. 1. p. 187.

[29] RODRIGUES, Silvio. *Direito civil*: parte geral. 34. ed. São Paulo: Saraiva, 2003. v. 1. p. 191-192.

Caso o erro seja acidental, isto é, de relevância reduzida, o negócio jurídico não é anulável. Além disso, se o declarante incidiu no erro por sua própria culpa, ou seja, em razão de negligência, imprudência ou imperícia, não se autoriza a anulação do negócio jurídico. Da mesma forma, se o destinatário da declaração tinha ciência do erro na manifestação de vontade do declarante, ou se aquele, com diligência normal, tinha condições de saber a respeito da falsa compreensão do declarante, o negócio jurídico não é anulável[30].

O falso motivo só vicia a declaração de vontade quando expresso como razão determinante (art. 140 do Código Civil). A causa do negócio jurídico não se confunde com o motivo pessoal do ato[31], no sentido de intuito subjetivo ou razão psicológica que impulsiona a pessoa a negociar na situação concreta[32]. Cf. Capítulo 11, item 11.2.

O negócio jurídico é válido se preenchidos os requisitos do art. 104 do Código Civil, independentemente do motivo íntimo ou pessoal do agente. Entretanto, é possível que o motivo subjetivo seja expresso como razão determinante do negócio jurídico. Nesse caso, se for falso, o negócio jurídico é anulável (art. 140 do Código Civil), por haver "*erro* sobre o *motivo*"[33]. Por exemplo, se o bem foi doado a alguém, com declaração expressa de que a razão determinante da doação é que o donatário salvou a vida do doador, caso se descubra ser esse motivo falso, o negócio jurídico é anulável. Se não houver essa declaração expressa do motivo pessoal como razão determinante do negócio jurídico, este é válido[34]. Cf. Capítulo 11, item 11.4.

A transmissão errônea da vontade por meios interpostos é anulável nos mesmos casos em que o é a declaração direta (art. 141 do Código

---

30 RODRIGUES, Silvio. *Direito civil*: parte geral. 34. ed. São Paulo: Saraiva, 2003. v. 1. p. 187.

31 GOMES, Orlando. *Introdução ao direito civil*. 19. ed., revista, atualizada e aumentada por Edvaldo Brito e Reginalda Paranhos de Brito. Rio de Janeiro: Forense, 2007. p. 307-308.

32 MONTEIRO, Washington de Barros; PINTO, Ana Cristina de Barros Monteiro França. *Curso de direito civil*: parte geral. 44. ed. São Paulo: Saraiva, 2012. v. 1. p. 249.

33 GOMES, Orlando. *Introdução ao direito civil*. 19. ed., revista, atualizada e aumentada por Edvaldo Brito e Reginalda Paranhos de Brito. Rio de Janeiro: Forense, 2007. p. 310 (destaques do original).

34 MONTEIRO, Washington de Barros; PINTO, Ana Cristina de Barros Monteiro França. *Curso de direito civil*: parte geral. 44. ed. São Paulo: Saraiva, 2012. v. 1. p. 250.

Civil). Se a vontade é declarada de forma indireta, ou seja, utilizando instrumento (inclusive eletrônico) ou pessoa, mas sem corresponder à efetiva vontade do agente, admite-se a anulação do negócio jurídico, com fundamento no erro, nas mesmas hipóteses da declaração direta da vontade[35]. Por exemplo, se o declarante transmite a vontade por meio de telegrama ou mensageiro, mas a mensagem chega truncada ao destinatário, ocorrendo transmissão errônea da vontade do agente, esta pode ser anulada nas mesmas condições da declaração direta de vontade[36].

O erro de indicação da pessoa ou da coisa a que se referir a declaração de vontade não viciará o negócio quando, por seu contexto e pelas circunstâncias, se puder identificar a coisa ou pessoa cogitada (art. 142 do Código Civil)[37]. Trata-se, assim, de hipótese de erro acidental[38].

Nesse contexto, o erro na designação da pessoa do herdeiro, do legatário, ou da coisa legada anula a disposição, salvo se, pelo contexto do testamento, por outros documentos, ou por fatos inequívocos, se puder identificar a pessoa ou coisa a que o testador queria referir-se (art. 1.903 do Código Civil).

O erro pode ser alegado por quem nele incidiu, ou seja, pelo agente a quem aproveita o reconhecimento desse vício do consentimento, e não pela outra parte. Enquanto o negócio jurídico celebrado com erro substancial não for anulado por decisão judicial, produzirá efeitos[39]. Nesse sentido, a anulabilidade não tem efeito antes de julgada por sentença (art. 177, primeira parte, do Código Civil).

---

[35] MONTEIRO, Washington de Barros; PINTO, Ana Cristina de Barros Monteiro França. *Curso de direito civil*: parte geral. 44. ed. São Paulo: Saraiva, 2012. v. 1. p. 250.

[36] RODRIGUES, Silvio. *Direito civil*: parte geral. 34. ed. São Paulo: Saraiva, 2003. v. 1. p. 192-193.

[37] AZEVEDO, Álvaro Villaça. *Teoria geral do direito civil*: parte geral. São Paulo: Atlas, 2012. p. 273: "Para que possa ser corrigido o erro, portanto, é preciso que exista essa possibilidade concreta de identificação da coisa ou da pessoa erroneamente indicada".

[38] TARTUCE, Flávio. *Direito civil*: lei de introdução e parte geral. 4. ed. São Paulo: Método, 2008. v. 1. p. 353: "O erro acidental está previsto no art. 142 do Código, eis que nos casos de erro quanto ao objeto (*error in corpore*) e de erro quanto à pessoa (*error in persona*), não se anulará o negócio jurídico quando for possível a identificação dessa coisa ou pessoa posteriormente".

[39] MONTEIRO, Washington de Barros; PINTO, Ana Cristina de Barros Monteiro França. *Curso de direito civil*: parte geral. 44. ed. São Paulo: Saraiva, 2012. v. 1. p. 251.

O erro de cálculo apenas autoriza a retificação da declaração de vontade (art. 143 do Código Civil). Tem-se, no caso, erro acidental ou incidente, que não gera a anulação do negócio jurídico[40], cabendo apenas a correção do cálculo, o que está em consonância com o princípio da conservação dos negócios jurídicos[41]. Se a lei exigir forma especial para o negócio jurídico, a retificação da declaração da vontade, em razão do erro de cálculo, deve observar essa exigência de forma[42].

O erro não prejudica a validade do negócio jurídico quando a pessoa, a quem a manifestação de vontade se dirige, se oferecer para executá-la na conformidade da vontade real do manifestante (art. 144 do Código Civil). Mesmo tendo havido erro na declaração de vontade do agente, se a outra parte do negócio jurídico concorda de realizá-lo segundo a verdadeira vontade daquele, o negócio jurídico é considerado válido[43]. A previsão tem como objetivo a conservação do negócio jurídico, buscando preservar a manifestação de vontade dele constante, caso seja observada a vontade real do agente[44].

---

40 AZEVEDO, Álvaro Villaça. *Teoria geral do direito civil*: parte geral. São Paulo: Atlas, 2012. p. 273.

41 TARTUCE, Flávio. *Direito civil*: lei de introdução e parte geral. 4. ed. São Paulo: Método, 2008. v. 1. p. 354.

42 MONTEIRO, Washington de Barros; PINTO, Ana Cristina de Barros Monteiro França. *Curso de direito civil*: parte geral. 44. ed. São Paulo: Saraiva, 2012. v. 1. p. 251: "De acordo com o art. 143, o erro de cálculo autoriza apenas a retificação da declaração de vontade, sem invalidá-la; mas a retificação há de obedecer a mesma forma imposta para a declaração a corrigir: negócio jurídico realizado por escritura pública só se retifica por escritura pública".

43 MONTEIRO, Washington de Barros; PINTO, Ana Cristina de Barros Monteiro França. *Curso de direito civil*: parte geral. 44. ed. São Paulo: Saraiva, 2012. v. 1. p. 251.

44 TARTUCE, Flávio. *Direito civil*: lei de introdução e parte geral. 4. ed. São Paulo: Método, 2008. v. 1. p. 354.

CAPÍTULO

15

DOLO

15.1 DISTINÇÃO

O dolo se distingue do erro, da fraude e da coação.

No erro, o equívoco é da própria pessoa que declara a vontade, não sendo decorrente de conduta da outra parte. Diversamente, no dolo, o equívoco em que a vítima incide é provocado de forma intencional pela outra parte ou por terceiro[1]. Embora o erro sobre as qualidades acidentais da pessoa ou do objeto não gerem a anulabilidade do negócio jurídico, o dolo pode gerar a sua anulação[2].

No dolo, a conduta desleal e ardilosa do seu autor faz com que a vítima manifeste a vontade e celebre o negócio jurídico. De forma diversa, a fraude é realizada sem a participação do prejudicado.

1 MONTEIRO, Washington de Barros; PINTO, Ana Cristina de Barros Monteiro França. *Curso de direito civil*: parte geral. 44. ed. São Paulo: Saraiva, 2012. v. 1. p. 252.

2 MONTEIRO, Washington de Barros; PINTO, Ana Cristina de Barros Monteiro França. *Curso de direito civil*: parte geral. 44. ed. São Paulo: Saraiva, 2012. v. 1. p. 254.

Enquanto o dolo ocorre antes ou quando da celebração do negócio jurídico, a fraude é posterior aos negócios jurídicos que deram origem aos direitos dos prejudicados (credores)[3].

A coação, de forma mais grave, incide sobre a liberdade da vítima, quanto à formação da vontade, enquanto o dolo atua na esfera do intelecto da pessoa, que é enganada[4].

O dolo civil, como modalidade de vício do consentimento, não se confunde com o dolo na esfera criminal e o dolo processual[5].

O crime é doloso quando o agente quis o resultado (dolo direto) ou assumiu o risco de produzi-lo (dolo indireto), conforme art. 18, inciso I, do Código Penal.

Ainda na esfera criminal, em se tratando de concurso de pessoas, a pena deve ser agravada em relação ao agente que induz outrem à execução material do crime (art. 62, inciso II, do Código Penal).

O dolo processual é a atuação da parte ou do interveniente na relação processual em desacordo com a boa-fé, incidindo em litigância de má-fé. Nesse sentido, responde por perdas e danos aquele que litigar de má-fé como autor, réu ou interveniente (art. 79 do CPC). Considera-se litigante de má-fé aquele que: I – deduzir pretensão ou defesa contra texto expresso de lei ou fato incontroverso; II – alterar a verdade dos fatos; III – usar do processo para conseguir objetivo ilegal; IV – opuser resistência injustificada ao andamento do processo; V – proceder de modo temerário em qualquer incidente ou ato do processo; VI – provocar incidente manifestamente infundado; VII – interpuser recurso com intuito manifestamente protelatório (art. 80 do CPC).

---

3 MONTEIRO, Washington de Barros; PINTO, Ana Cristina de Barros Monteiro França. *Curso de direito civil*: parte geral. 44. ed. São Paulo: Saraiva, 2012. v. 1. p. 254. Cf. ainda GAGLIANO, Pablo Stolze; PAMPLONA FILHO, Rodolfo. *Novo curso de direito civil*: parte geral. 6. ed. São Paulo: Saraiva, 2005. v. 1. p. 381: "Também não se deve identificar o dolo com a fraude. Nesta, quase sempre, busca-se violar a lei ou prejudicar a um número indeterminado de pessoas; a atuação dolosa, por sua vez, dirige-se especificamente à outra parte do negócio".

4 MONTEIRO, Washington de Barros; PINTO, Ana Cristina de Barros Monteiro França. *Curso de direito civil*: parte geral. 44. ed. São Paulo: Saraiva, 2012. v. 1. p. 254-255.

5 MONTEIRO, Washington de Barros; PINTO, Ana Cristina de Barros Monteiro França. *Curso de direito civil*: parte geral. 44. ed. São Paulo: Saraiva, 2012. v. 1. p. 252-253.

A decisão de mérito, transitada em julgado, pode ser rescindida quando resultar de dolo da parte vencedora em detrimento da parte vencida (art. 966, inciso III, do CPC).

Na esfera civil, é anulável o negócio jurídico por vício resultante de dolo (art. 171, inciso II, do Código Civil).

É de quatro anos o prazo de decadência para pleitear-se a anulação do negócio jurídico, contado, no caso de dolo, do dia em que se realizou o negócio jurídico (art. 178, inciso II, do Código Civil).

15.2 CONCEITO

O dolo é a artimanha ou a estratégia astuciosa utilizada pelo sujeito (autor do dolo) para levar alguém à prática do negócio jurídico, que o prejudica, mas beneficia aquele ou terceiro[6].

Como leciona Orlando Gomes: “O dolo consiste em manobras ou maquinações feitas com o propósito de obter uma declaração de vontade que não seria emitida se o declarante não fosse enganado. É a provocação intencional de um erro”[7].

O dolo, assim, é o artifício que tem como intuito ludibriar a vítima, fazendo com que manifeste a vontade, com vício de consentimento, e celebre o negócio jurídico[8].

15.3 CLASSIFICAÇÃO

O dolo pode ser classificado em dolo principal ou essencial (*dolus causam dans contractuali*) e dolo acidental (*dolus incidens*). O dolo

---

6 MONTEIRO, Washington de Barros; PINTO, Ana Cristina de Barros Monteiro França. *Curso de direito civil*: parte geral. 44. ed. São Paulo: Saraiva, 2012. v. 1. p. 253.

7 GOMES, Orlando. *Introdução ao direito civil*. 19. ed., revista, atualizada e aumentada por Edvaldo Brito e Reginalda Paranhos de Brito. Rio de Janeiro: Forense, 2007. p. 376-377.

8 RODRIGUES, Silvio. *Direito civil*: parte geral. 34. ed. São Paulo: Saraiva, 2003. v. 1. p. 194.

principal ou essencial é o dolo determinante ou causal, isto é, a causa determinante do negócio jurídico, a razão de ter sido celebrado. Trata-se do dolo que faz surgir o negócio jurídico, sem o qual este não seria realizado. O dolo acidental ou incidente faz com que a vítima celebre o negócio jurídico com condições menos vantajosas ou mais onerosas para ela[9].

O dolo pode ser classificado em positivo e negativo. No dolo positivo há ação dolosa, como na captação dolosa da vontade no testamento. No dolo negativo há omissão dolosa, como no silêncio intencional sobre certo fato relevante quanto ao negócio jurídico[10].

15.4 REQUISITOS

São os negócios jurídicos anuláveis por dolo, quando este for a sua causa (art. 145 do Código Civil). Trata-se do dolo principal ou determinante[11].

O dolo se caracteriza como vício do consentimento quando exista intenção de induzir o declarante a celebrar o negócio jurídico. O autor do dolo tem como objetivo obter vantagem para si ou para terceiro, o que normalmente resulta em prejuízo à vítima[12].

Os expedientes astuciosos utilizados pelo autor do dolo devem ser graves, podendo envolver atos, palavras, como informações falsas, e mesmo o silêncio, omitindo fatos verdadeiros. Para a caracterização da gravidade, devem ser verificadas as condições da vítima e do autor do dolo, o prejuízo e especificidades do caso concreto[13].

---

9 MONTEIRO, Washington de Barros; PINTO, Ana Cristina de Barros Monteiro França. *Curso de direito civil*: parte geral. 44. ed. São Paulo: Saraiva, 2012. v. 1. p. 255.

10 MONTEIRO, Washington de Barros; PINTO, Ana Cristina de Barros Monteiro França. *Curso de direito civil*: parte geral. 44. ed. São Paulo: Saraiva, 2012. v. 1. p. 255.

11 MONTEIRO, Washington de Barros; PINTO, Ana Cristina de Barros Monteiro França. *Curso de direito civil*: parte geral. 44. ed. São Paulo: Saraiva, 2012. v. 1. p. 255.

12 MONTEIRO, Washington de Barros; PINTO, Ana Cristina de Barros Monteiro França. *Curso de direito civil*: parte geral. 44. ed. São Paulo: Saraiva, 2012. v. 1. p. 256.

13 MONTEIRO, Washington de Barros; PINTO, Ana Cristina de Barros Monteiro França. *Curso de direito civil*: parte geral. 44. ed. São Paulo: Saraiva, 2012. v. 1. p. 256-257.

O dolo tolerado, denominado *dolus bonus*, é o exagero não astucioso, comum nas relações negociais, por exemplo, quando se procura valorizar, com certo exagero, o bem a ser vendido e as suas qualidades são realçadas, ou quando o comprador ressalta defeitos existentes no bem a ser adquirido. Trata-se de algo tão frequente que a outra parte com diligência normal tem como identificá-lo, sendo, assim, tolerado e admissível. Logo, não torna anulável o negócio jurídico[14]. O dolo grave, denominado *dolo malus*, gera o vício do consentimento, por exemplo, quando o vendedor adultera a aparência do bem, ou quando alguém emprega artifícios e induz alguém a elaborar testamento em seu benefício[15].

O dolo deve ser a causa essencial ou determinante da declaração de vontade, como prevê o art. 145 do Código Civil[16].

O dolo acidental só obriga à satisfação das perdas e danos. O dolo é acidental quando, a seu despeito, o negócio seria realizado, embora por outro modo (art. 146 do Código Civil). Nesse caso, o consentimento seria manifestado mesmo que não houvesse o dolo acidental, mas, em razão deste, o negócio jurídico é celebrado em condições mais onerosas para a vítima. Em se tratando de dolo acidental, o negócio jurídico não é anulável, sendo devida apenas indenização dos danos decorrentes[17].

A intenção de induzir deve ser realizada pelo autor do dolo, em face da vítima. Nesse caso, uma das partes do negócio jurídico utiliza a artimanha astuciosa em face da outra parte. O negócio jurídico pode também ser anulado por dolo de terceiro, se a parte a quem aproveite dele tivesse ou devesse ter conhecimento. Em caso

---

[14] RODRIGUES, Silvio. *Direito civil*: parte geral. 34. ed. São Paulo: Saraiva, 2003. v. 1. p. 196-197.

[15] MONTEIRO, Washington de Barros; PINTO, Ana Cristina de Barros Monteiro França. *Curso de direito civil*: parte geral. 44. ed. São Paulo: Saraiva, 2012. v. 1. p. 256.

[16] GOMES, Orlando. *Introdução ao direito civil*. 19. ed., revista, atualizada e aumentada por Edvaldo Brito e Reginalda Paranhos de Brito. Rio de Janeiro: Forense, 2007. p. 378: "O dolo é *principal* quando causa determinante do ato. Sem ele, o *deceptus* [enganado] não teria declarado a vontade; opera, assim, como fator decisivo na formação do consentimento" (destaques do original).

[17] RODRIGUES, Silvio. *Direito civil*: parte geral. 34. ed. São Paulo: Saraiva, 2003. v. 1. p. 195.

contrário, ainda que subsista o negócio jurídico, o terceiro deve responder por todas as perdas e danos da parte a quem ludibriou (art. 148 do Código Civil)[18].

No dolo de terceiro, pode a parte beneficiada no negócio jurídico: ter participado, ainda que de forma secundária; ter conhecimento a respeito do dolo de terceiro; não saber a respeito, mas ter condições de conhecer o dolo de terceiro, ou seja, deveria ter conhecimento; não saber e não haver condições de ter conhecimento sobre o dolo de terceiro. Nos três primeiros casos, o negócio jurídico é anulável. Na última hipótese, o terceiro responde por todas as perdas e danos da parte a quem enganou[19].

Nos negócios jurídicos bilaterais, o silêncio intencional de uma das partes a respeito de fato ou qualidade que a outra parte haja ignorado, constitui omissão dolosa, provando-se que sem ela o negócio não se teria celebrado (art. 147 do Código Civil). Tem-se, no caso, o dolo por omissão ou o silêncio doloso, aplicável a negócio jurídico bilateral, como o contrato. O silêncio, assim, deve ser intencional, a respeito de aspecto relevante, de modo que sem essa omissão a outra parte não teria celebrado o negócio jurídico. Por exemplo, quando o autor do dolo esconde informações essenciais a respeito do bem a ser vendido. Saliente-se que o dolo não se presume, devendo ser provado[20].

Prevalece o entendimento de que o dever de expressar a verdade, sem se omitir, não depende de previsão legal específica, por se tratar preceito geral, decorrente da exigência da boa-fé objetiva e necessário à segurança nas relações negociais[21].

---

18 MONTEIRO, Washington de Barros; PINTO, Ana Cristina de Barros Monteiro França. *Curso de direito civil*: parte geral. 44. ed. São Paulo: Saraiva, 2012. v. 1. p. 257.

19 MONTEIRO, Washington de Barros; PINTO, Ana Cristina de Barros Monteiro França. *Curso de direito civil*: parte geral. 44. ed. São Paulo: Saraiva, 2012. v. 1. p. 257.

20 MONTEIRO, Washington de Barros; PINTO, Ana Cristina de Barros Monteiro França. *Curso de direito civil*: parte geral. 44. ed. São Paulo: Saraiva, 2012. v. 1. p. 257-258.

21 RODRIGUES, Silvio. *Direito civil*: parte geral. 34. ed. São Paulo: Saraiva, 2003. v. 1. p. 197-198. Cf. ainda AZEVEDO, Álvaro Villaça. *Teoria geral do direito civil*: parte geral. São Paulo: Atlas, 2012. p. 282: “Entre os deveres decorrentes do princípio da boa-fé objetiva, destaca-se o dever de informar, que consiste em fornecer todas as informações relativas ao produto ou serviço, nos negócios jurídicos bilaterais”.

De modo específico, o menor, entre 16 e 18 anos, não pode, para eximir-se de uma obrigação, invocar a sua idade se dolosamente a ocultou quando inquirido pela outra parte, ou se, no ato de obrigar-se, declarou-se maior (art. 180 do Código Civil).

Ainda quanto ao tema, no contrato de seguro, se o segurado, por si ou por seu representante, fizer declarações inexatas ou omitir circunstâncias que possam influir na aceitação da proposta ou na taxa do prêmio, perderá o direito à garantia, além de ficar obrigado ao prêmio vencido (art. 766 do Código Civil). Se a inexatidão ou omissão nas declarações não resultar de má-fé do segurado, o segurador terá direito a resolver o contrato, ou a cobrar, mesmo após o sinistro, a diferença do prêmio.

O segurador que, ao tempo do contrato, sabe estar passado o risco de que o segurado se pretende cobrir, e, não obstante, expede a apólice, pagará em dobro o prêmio estipulado (art. 773 do Código Civil).

Registre-se que um dos direitos básicos do consumidor é a *informação* adequada e clara sobre os diferentes produtos e serviços, com especificação correta de quantidade, características, composição, qualidade, tributos incidentes e preço, bem como sobre os riscos que apresentem (art. 6º, inciso III, da Lei 8.078/1990). A referida informação deve ser acessível à pessoa com deficiência, observado o disposto em regulamento.

No Direito do Consumidor, a oferta e apresentação de produtos ou serviços devem assegurar *informações* corretas, claras, precisas, ostensivas e em língua portuguesa sobre suas características, qualidades, quantidade, composição, preço, garantia, prazos de validade e origem, entre outros dados, bem como sobre os riscos que apresentam à saúde e segurança dos consumidores (art. 31 da Lei 8.078/1990). As referidas informações, nos produtos refrigerados oferecidos ao consumidor, devem ser gravadas de forma indelével[22].

O dolo do representante legal de uma das partes só obriga o representado a responder civilmente até a importância do proveito que

22 AZEVEDO, Álvaro Villaça. *Teoria geral do direito civil*: parte geral. São Paulo: Atlas, 2012. p. 283.

teve; se, porém, o dolo for do representante convencional, o representado responde solidariamente com ele por perdas e danos (art. 149 do Código Civil).

Se o representante procedeu com dolo substancial e grave, o negócio jurídico é anulável, da mesma forma que o dolo direto ou o dolo de terceiro. Na hipótese de representação legal, o dolo do representante de uma das partes obriga o representado a responder civilmente apenas até a importância do proveito que teve. Em se tratando de representação convencional, como no caso de contrato de mandato (art. 653 do Código Civil), o dolo do representante de uma das partes obriga o representado a responder solidariamente por perdas e danos. Em ambos os casos, o representado tem direito de regresso, que pode ser exercido em face do representante, exceto se atuou em conluio com este[23].

Se ambas as partes procederem com dolo, nenhuma pode alegá-lo para anular o negócio, ou reclamar indenização (art. 150 do Código Civil). Trata-se da torpeza bilateral, de modo que nenhuma das partes pode alegar o dolo em seu benefício. O dolo comum, segundo parte da doutrina, é compensado entre as partes que assim procederam[24], gerando a neutralização[25]. De acordo com outro entendimento, no dolo recíproco, são desconsideradas pelo Estado alegações que decorrem da própria torpeza[26].

Como exceção, no Direito das Coisas, em se tratando de construções e plantações como formas de aquisição da propriedade imóvel, se de ambas as partes houve má-fé, adquirirá o proprietário as sementes, plantas e construções, devendo ressarcir o valor das acessões (art. 1.256 do Código Civil). Presume-se má-fé no proprietário, quando o trabalho de construção, ou lavoura, se fez em sua presença e sem impugnação sua.

---

23 MONTEIRO, Washington de Barros; PINTO, Ana Cristina de Barros Monteiro França. *Curso de direito civil*: parte geral. 44. ed. São Paulo: Saraiva, 2012. v. 1. p. 258.

24 MONTEIRO, Washington de Barros; PINTO, Ana Cristina de Barros Monteiro França. *Curso de direito civil*: parte geral. 44. ed. São Paulo: Saraiva, 2012. v. 1. p. 258.

25 GOMES, Orlando. *Introdução ao direito civil*. 19. ed., revista, atualizada e aumentada por Edvaldo Brito e Reginalda Paranhos de Brito. Rio de Janeiro: Forense, 2007. p. 379.

26 RODRIGUES, Silvio. *Direito civil*: parte geral. 34. ed. São Paulo: Saraiva, 2003. v. 1. p. 199.

O autor do dolo não pode alegá-lo em seu benefício, com o intuito de anular o negócio jurídico. Não se admite que a parte alegue a própria torpeza[27].

---

[27] MONTEIRO, Washington de Barros; PINTO, Ana Cristina de Barros Monteiro França. *Curso de direito civil*: parte geral. 44. ed. São Paulo: Saraiva, 2012. v. 1. p. 258.

CAPÍTULO

16

COAÇÃO

16.1 CONCEITO

A essência do negócio jurídico é a vontade, a qual deve ser manifestada de forma consciente e livre. Se a declaração de vontade não é consciente, pois o agente incidiu em equívoco de compreensão, de forma espontânea ou provocada, o negócio jurídico é anulável por vício de consentimento, qual seja, erro ou dolo, respectivamente. Se a vontade não é declarada de forma livre, em razão de ameaça sofrida pela vítima[1], o negócio jurídico é anulável por vício de consentimento, qual seja, coação[2].

A coação afeta o núcleo do negócio jurídico, pois incide de forma intensa e direta sobre a vontade, que deveria ser manifestada de

---

1 GOMES, Orlando. *Introdução ao direito civil*. 19. ed., revista, atualizada e aumentada por Edvaldo Brito e Reginalda Paranhos de Brito. Rio de Janeiro: Forense, 2007. p. 379.

2 RODRIGUES, Silvio. *Direito civil*: parte geral. 34. ed. São Paulo: Saraiva, 2003. v. 1. p. 199.

forma livre pela vítima. Esse vício de consentimento é considerado de maior grave, mesmo se comparado com o dolo, pois este interfere na formação da vontade, enquanto a coação viola a liberdade do agente na celebração do negócio jurídico, por meio de violência e temor, em manifesta contrariedade à ordem jurídica[3].

A coação é a pressão física ou psíquica imposta ao sujeito, para forçá-lo a praticar o negócio jurídico. A palavra coação pode dizer respeito ao meio coercitivo utilizado pelo autor e ao consequente estado de intimidação em que fica a vítima. A rigor, o vício do consentimento decorre do temor ou medo (*metus*) gerado na vítima, e a violência (*vis*) diz respeito aos atos realizados para gerar o medo[4].

A coação, assim, é a ameaça ou pressão injusta exercida sobre a pessoa para que concorde com o negócio jurídico, ou seja, constrangendo-a para que manifeste o consentimento[5].

Em termos intrínsecos, a coação é o estado psicológico gerado na pessoa, que perde a liberdade de manifestação de vontade e celebra o negócio jurídico exigido. Em termos extrínsecos, a coação é a violência física ou moral (psíquica) praticada sobre a vítima, que é constrangida a aceitar ou realizar o negócio jurídico[6].

Como ressalta Orlando Gomes: "Quem pratica negócio sob coação emite declaração de vontade que não corresponde à sua vontade real"[7].

Na esfera criminal, se o fato é cometido sob coação irresistível, só é punível o autor da coação (art. 22 do Código Penal). A pena deve ser agravada em relação ao agente que coage outrem à execução material do crime (art. 62, inciso II, do Código Penal).

---

3 MONTEIRO, Washington de Barros; PINTO, Ana Cristina de Barros Monteiro França. *Curso de direito civil*: parte geral. 44. ed. São Paulo: Saraiva, 2012. v. 1. p. 260.

4 MONTEIRO, Washington de Barros; PINTO, Ana Cristina de Barros Monteiro França. *Curso de direito civil*: parte geral. 44. ed. São Paulo: Saraiva, 2012. v. 1. p. 260.

5 RODRIGUES, Silvio. *Direito civil*: parte geral. 34. ed. São Paulo: Saraiva, 2003. v. 1. p. 199-200.

6 MONTEIRO, Washington de Barros; PINTO, Ana Cristina de Barros Monteiro França. *Curso de direito civil*: parte geral. 44. ed. São Paulo: Saraiva, 2012. v. 1. p. 261.

7 GOMES, Orlando. *Introdução ao direito civil*. 19. ed., revista, atualizada e aumentada por Edvaldo Brito e Reginalda Paranhos de Brito. Rio de Janeiro: Forense, 2007. p. 379.

Nos crimes contra a liberdade pessoal, o constrangimento ilegal é previsto como constranger alguém, mediante violência ou grave ameaça, ou depois de lhe haver reduzido, por qualquer outro meio, a capacidade de resistência, a não fazer o que a lei permite, ou a fazer o que ela não manda (art. 146 do Código Penal).

No Direito Processual Civil, a decisão de mérito, transitada em julgado, pode ser rescindida quando resultar de coação da parte vencedora em detrimento da parte vencida (art. 966, inciso III, do CPC).

No âmbito civil, é anulável o negócio jurídico por vício resultante de coação (art. 171, inciso II, do Código Civil). Na coação o sujeito passivo é pessoa natural, pois a questão envolve a livre manifestação da vontade, inerente ao ser humano, e não pessoa jurídica[8].

São anuláveis as disposições testamentárias inquinadas de erro, dolo ou coação (art. 1.909 do Código Civil).

É de quatro anos o prazo de decadência para pleitear-se a anulação do negócio jurídico, contado, no caso de coação, do dia em que ela cessar (art. 178, inciso I, do Código Civil).

16.2 CLASSIFICAÇÃO

A coação pode ser classificada em física e moral[9].

A coação física (*vis absoluta*) é o constrangimento física ou corporal, deixando a vítima em estado passivo, como instrumento para a realização do negócio jurídico. Por exemplo, quando a mão da vítima é fisicamente forçada a assinar o documento. Nesse caso, não há manifestação de vontade pela vítima, nem consentimento[10], pois a sua vontade, na realidade, é eliminada. Logo, não se trata de vício

---

8 MONTEIRO, Washington de Barros; PINTO, Ana Cristina de Barros Monteiro França. *Curso de direito civil*: parte geral. 44. ed. São Paulo: Saraiva, 2012. v. 1. p. 267.

9 GAGLIANO, Pablo Stolze; PAMPLONA FILHO, Rodolfo. *Novo curso de direito civil*: parte geral. 6. ed. São Paulo: Saraiva, 2005. v. 1. p. 386-387.

10 RODRIGUES, Silvio. *Direito civil*: parte geral. 34. ed. São Paulo: Saraiva, 2003. v. 1. p. 200.

de consentimento, mas de completa ausência de vontade[11]. O negócio jurídico, assim, não é anulável, mas inexistente, por ausência de elemento essencial, relativo ao consentimento ou declaração de vontade[12].

Na coação moral (*vis compulsiva*) a pessoa é psicologicamente constrangida a praticar o negócio jurídico. A vontade não é totalmente eliminada, pois a vítima mantém, em termos relativos, a liberdade de escolha entre praticar o ato exigido ou sofrer o dano indicado na ameaça. Nesse caso, a declaração de vontade existe, mas não corresponde à vontade real[13], o que configura vício do consentimento[14].

16.3 REQUISITOS

A coação, para viciar a declaração da vontade, há de ser tal que incuta ao paciente fundado temor de dano iminente e considerável à sua pessoa, à sua família, ou aos seus bens (art. 151 do Código Civil). Se disser respeito a pessoa não pertencente à família do paciente, o juiz, com base nas circunstâncias, decidirá se houve coação (art. 151, parágrafo único, do Código Civil).

Sendo assim, os requisitos da coação como vício do consentimento são: deve ser a causa ou razão determinante da declaração de vontade; deve incutir no paciente fundado temor; o temor deve ser de dano iminente; o dano deve ser considerável; o dano deve dizer respeito, em regra, à pessoa do paciente, à sua família ou aos seus bens[15]. Acrescenta-se ainda que a ameaça deve ser grave e injusta[16].

---

[11] AZEVEDO, Álvaro Villaça. *Teoria geral do direito civil*: parte geral. São Paulo: Atlas, 2012. p. 290.

[12] MONTEIRO, Washington de Barros; PINTO, Ana Cristina de Barros Monteiro França. *Curso de direito civil*: parte geral. 44. ed. São Paulo: Saraiva, 2012. v. 1. p. 261.

[13] MONTEIRO, Washington de Barros; PINTO, Ana Cristina de Barros Monteiro França. *Curso de direito civil*: parte geral. 44. ed. São Paulo: Saraiva, 2012. v. 1. p. 261-262.

[14] RODRIGUES, Silvio. *Direito civil*: parte geral. 34. ed. São Paulo: Saraiva, 2003. v. 1. p. 200.

[15] MONTEIRO, Washington de Barros; PINTO, Ana Cristina de Barros Monteiro França. *Curso de direito civil*: parte geral. 44. ed. São Paulo: Saraiva, 2012. v. 1. p. 262.

[16] RODRIGUES, Silvio. *Direito civil*: parte geral. 34. ed. São Paulo: Saraiva, 2003. v. 1. p. 201.

Quanto à relação de causalidade ou nexo causal, a coação deve ser a causa e o negócio jurídico deve ser o seu efeito[17]. Logo, o consentimento deve ser decorrência da coação. Se a anuência da vítima não foi em razão da ameaça, sendo dela independente, ainda que tenha esta ocorrido, o negócio jurídico é válido[18].

A coação deve gerar na vítima um temor fundado, ou seja, relevante e justificado. Esse temor pode dizer respeito a aspectos físicos (por exemplo, morte, lesão corporal, dor, prisão, fome e sede) ou morais (por exemplo, desonra, exposição ao ridículo ou ao desprezo e escândalo)[19].

A ameaça deve ser grave para que o vício do consentimento se configure. A coação faz com que a vítima manifeste o consentimento em desacordo com a vontade real, em razão do temor de dano que lhe é provocado. Logo, entende-se que a ameaça deve ser grave a ponto de provocar o temor que vicia a manifestação de vontade[20]. Em razão da ausência de gravidade, não se considera coação o simples temor reverencial (art. 153 do Código Civil)[21]. Cf. item 16.4.

No apreciar a coação, deve-se ter em conta o sexo, a idade, a condição, a saúde, o temperamento do paciente e todas as demais circunstâncias que possam influir na gravidade dela (art. 152 do Código Civil). Portanto, as condições pessoais da vítima, objetivas e subjetivas, devem ser consideradas para a análise da coação[22].

Como as pessoas podem ter reações distintas em face da coação, segundo as condições pessoais e subjetivas, cada caso deve ser analisado individualmente, considerando o conjunto de circunstâncias

---

[17] MONTEIRO, Washington de Barros; PINTO, Ana Cristina de Barros Monteiro França. *Curso de direito civil*: parte geral. 44. ed. São Paulo: Saraiva, 2012. v. 1. p. 262.

[18] RODRIGUES, Silvio. *Direito civil*: parte geral. 34. ed. São Paulo: Saraiva, 2003. v. 1. p. 202.

[19] MONTEIRO, Washington de Barros; PINTO, Ana Cristina de Barros Monteiro França. *Curso de direito civil*: parte geral. 44. ed. São Paulo: Saraiva, 2012. v. 1. p. 263.

[20] RODRIGUES, Silvio. *Direito civil*: parte geral. 34. ed. São Paulo: Saraiva, 2003. v. 1. p. 201-202.

[21] RODRIGUES, Silvio. *Direito civil*: parte geral. 34. ed. São Paulo: Saraiva, 2003. v. 1. p. 206.

[22] MONTEIRO, Washington de Barros; PINTO, Ana Cristina de Barros Monteiro França. *Curso de direito civil*: parte geral. 44. ed. São Paulo: Saraiva, 2012. v. 1. p. 263-264.

que possam influir na gravidade da coação, como o sexo, a idade, a condição, a saúde e o temperamento do paciente. Vale dizer, deve-se considerar também a pessoa da vítima (sistema concreto), e não apenas o ser humano médio e normal (sistema abstrato)[23].

A ameaça deve ser injusta para que haja vício do consentimento[24]. Por esse fundamento, em razão da ausência de injustiça, não se considera coação a ameaça do exercício normal de um direito (art. 153 do Código Civil)[25]. Cf. item 16.4.

O dano temido, objeto da ameaça, deve ser iminente, isto é, próximo de acontecer, não podendo ser evitado pela vítima, com meios próprios ou com o auxílio de terceiros. Não se trata, assim, de dano em futuro distante, que possa ser oportunamente evitado, remoto ou impossível[26].

Ainda que o resultado da ameaça não se realize imediatamente, para se configurar a coação, basta que a ameaça gere, no paciente, o temor de dano iminente. Não caracteriza coação, entretanto, a mera suspeita de estar sujeito a violência, caso não consinta com o negócio jurídico. A vítima, assim, deve estar convencida do perigo que corre se não anuir, ou seja, deve estar tomada pelo temor de dano iminente[27].

O dano que se receia deve ser considerável, isto é, grave. Esse dano pode ser material ou patrimonial, isto é, de natureza econômica ou pecuniária, e moral ou extrapatrimonial, envolvendo direitos da personalidade, como a vida, a integridade física, a integridade moral, a honra, o decoro e o bom nome[28].

---

[23] RODRIGUES, Silvio. *Direito civil*: parte geral. 34. ed. São Paulo: Saraiva, 2003. v. 1. p. 203-204.

[24] RODRIGUES, Silvio. *Direito civil*: parte geral. 34. ed. São Paulo: Saraiva, 2003. v. 1. p. 201-202.

[25] RODRIGUES, Silvio. *Direito civil*: parte geral. 34. ed. São Paulo: Saraiva, 2003. v. 1. p. 208.

[26] MONTEIRO, Washington de Barros; PINTO, Ana Cristina de Barros Monteiro França. *Curso de direito civil*: parte geral. 44. ed. São Paulo: Saraiva, 2012. v. 1. p. 264.

[27] RODRIGUES, Silvio. *Direito civil*: parte geral. 34. ed. São Paulo: Saraiva, 2003. v. 1. p. 211.

[28] MONTEIRO, Washington de Barros; PINTO, Ana Cristina de Barros Monteiro França. *Curso de direito civil*: parte geral. 44. ed. São Paulo: Saraiva, 2012. v. 1. p. 264.

O art. 98 do Código Civil de 1916 exigia que a coação, para viciar a manifestação da vontade, deveria ser tal que incutisse ao paciente fundado temor de dano à sua pessoa, à sua família, ou seus bens, iminente e igual, pelo menos, ao receável do ato extorquido. Essa previsão final, no sentido de que o dano deveria "ser igual, pelo menos, ao receável do ato extorquido", criticada por parte da doutrina em razão de sua rigidez, não consta no art. 151 do Código Civil de 2002, que adota critério mais flexível, ao exigir que o dano seja considerável[29].

O dano deve ser voltado, em regra, à pessoa da vítima, à sua família ou aos seus bens[30]. Os bens, no caso, podem ser da vítima ou de pessoas da família da vítima[31].

Quanto à família, o dano em questão pode dizer respeito ao cônjuge, descendentes, ascendentes e irmãos do paciente. Em se tratando de parentes mais distantes, a coação pode ficar caracterizada, conforme a análise do caso concreto, envolvendo o grau de proximidade com o paciente[32]. Cabe lembrar que são parentes em linha reta as pessoas que estão umas para com as outras na relação de ascendentes e descendentes (art. 1.591 do Código Civil). São parentes em linha colateral ou transversal, até o quarto grau, as pessoas provenientes de um só tronco, sem descenderem uma da outra (art. 1.592 do Código Civil).

Há entendimento de que o dano ameaçado pode se dirigir até mesmo contra o próprio autor da coação, quando este é pessoa da família do paciente, para forçá-lo a consentir a respeito de algo almejado pelo primeiro. Por exemplo, o filho que ameaça se suicidar caso o pai não manifeste a anuência em certo negócio jurídico de interesse daquele configura a coação, gerando o vício do consentimento[33].

---

29 RODRIGUES, Silvio. *Direito civil*: parte geral. 34. ed. São Paulo: Saraiva, 2003. v. 1. p. 214-215.

30 MONTEIRO, Washington de Barros; PINTO, Ana Cristina de Barros Monteiro França. *Curso de direito civil*: parte geral. 44. ed. São Paulo: Saraiva, 2012. v. 1. p. 264.

31 RODRIGUES, Silvio. *Direito civil*: parte geral. 34. ed. São Paulo: Saraiva, 2003. v. 1. p. 212.

32 MONTEIRO, Washington de Barros; PINTO, Ana Cristina de Barros Monteiro França. *Curso de direito civil*: parte geral. 44. ed. São Paulo: Saraiva, 2012. v. 1. p. 265.

33 RODRIGUES, Silvio. *Direito civil*: parte geral. 34. ed. São Paulo: Saraiva, 2003. v. 1. p. 213-214.

Além disso, se o dano disser respeito a pessoa não pertencente à família do paciente, cabe ao juiz, com base nas circunstâncias, decidir se houve coação. Nesse aspecto, saliente-se que o juiz deve apreciar a prova constante dos autos, independentemente do sujeito que a tiver promovido, e indicar na decisão as razões da formação de seu convencimento (art. 371 do CPC).

16.4 EXCLUSÕES

Não se considera coação a ameaça do exercício normal de um direito, nem o simples temor reverencial (art. 153 do Código Civil)[34].

Como o exercício normal do direito é ato lícito, a ameaça a respeito não é injusta e, portanto, não é considerada coação. Não constituem atos ilícitos os praticados no exercício regular de um direito reconhecido (art. 188, inciso I, do Código Civil). Por exemplo, em caso de dívida vencida e não paga, não há vício de consentimento no caso de ameaça de protesto de título ou de ajuizamento de ação de cobrança[35].

Para que haja coação a ameaça deve ser injusta. Logo, se uma das partes ameaça a outra de realizar ato lícito, para obter um fim previsto em lei, e, com isso, consegue o consentimento desta, não se caracteriza a coação[36].

Se a ameaça for relativa à prática de ato lícito, mas o resultado que se pretende obter é injusto, a coação fica configurada. Por exemplo, o credor faz ameaça à devedora, asseverando que irá ajuizar ação de cobrança em face dela, se não se casar com ele. Embora o ato objeto de ameaça seja lícito (ajuizamento de ação), o fim pretendido pelo autor da ameaça contraria o sistema jurídico, pois este tem como objetivo preservar a liberdade na manifestação da vontade dos sujeitos, sendo

[34] AZEVEDO, Álvaro Villaça. *Teoria geral do direito civil*: parte geral. São Paulo: Atlas, 2012. p. 293-294.

[35] MONTEIRO, Washington de Barros; PINTO, Ana Cristina de Barros Monteiro França. *Curso de direito civil*: parte geral. 44. ed. São Paulo: Saraiva, 2012. v. 1. p. 266.

[36] RODRIGUES, Silvio. *Direito civil*: parte geral. 34. ed. São Paulo: Saraiva, 2003. v. 1. p. 208.

necessária livre e espontânea vontade dos nubentes para que o casamento seja válido (art. 1.535 do Código Civil). Logo a injustiça pode dizer respeito à ilicitude da ameaça ou à ilicitude do fim pretendido[37].

Na realidade, o exercício *normal* de um direito não é considerado coação (art. 153 do Código Civil). Vale dizer, há coação quando a ameaça, ainda que diga respeito a ato lícito, corresponda a exercício anormal ou irregular, ou seja, abusivo do direito. Sendo assim, a ameaça contrária ao direito e a ameaça praticada com abuso de direito são injustas e configuram a coação. Esta se caracteriza quando o meio utilizado é ilegal (por exemplo, aquele que pretende comprador um bem e aprisiona o proprietário para forçá-lo a vender) ou o resultado almejado é ilegal[38].

Se houver exercício irregular de direito, por exemplo, no sentido de gerar profundo pavor na vítima, ocorre abuso de direito e a ameaça se torna injusta. Nesse caso, o negócio jurídico é anulável com fundamento na coação[39]. Comete ato ilícito o titular de um direito que, ao exercê-lo, excede manifestamente os limites impostos pelo seu fim econômico ou social, pela boa-fé ou pelos bons costumes (art. 187 do Código Civil). Portanto, se a vítima manifestou o consentimento em razão da ameaça, grave e injusta, o negócio jurídico é anulável por coação[40].

No âmbito das relações de consumo, na cobrança de débitos, o consumidor inadimplente não será exposto a ridículo, nem será submetido a qualquer tipo de constrangimento ou ameaça (art. 42 da Lei 8.078/1990). Essa cobrança de forma abusiva, como, por exemplo, expondo o consumidor de forma desnecessária e vexatória a outros clientes, para que saibam sobre a ausência de pagamento, pode gerar direito à indenização por danos materiais e morais[41].

---

37 RODRIGUES, Silvio. *Direito civil*: parte geral. 34. ed. São Paulo: Saraiva, 2003. v. 1. p. 209.

38 RODRIGUES, Silvio. *Direito civil*: parte geral. 34. ed. São Paulo: Saraiva, 2003. v. 1. p. 209.

39 MONTEIRO, Washington de Barros; PINTO, Ana Cristina de Barros Monteiro França. *Curso de direito civil*: parte geral. 44. ed. São Paulo: Saraiva, 2012. v. 1. p. 266.

40 RODRIGUES, Silvio. *Direito civil*: parte geral. 34. ed. São Paulo: Saraiva, 2003. v. 1. p. 210.

41 TARTUCE, Flávio. *Direito civil*: lei de introdução e parte geral. 4. ed. São Paulo: Método, 2008. v. 1. p. 361.

O temor reverencial é o receio de desagradar os pais, superior hierárquico ou alguém a quem se tenha respeito, obediência ou deferência. O simples temor reverencial não impede a livre manifestação de vontade, ou seja, não gera vício do consentimento e, por isso, não é considerado coação[42].

Ainda que a declaração de vontade seja decorrente do temor reverencial, a consequência da desobediência, nesse caso, não é grave, podendo gerar apenas a insatisfação daquele a quem se deve respeito e obediência. Tendo em vista a ausência de gravidade nessa hipótese, não há geração de fundado temor de dano iminente e considerável no paciente. Logo, não há coação e o negócio jurídico é válido[43].

Saliente-se que não se considera coação o *simples* temor reverencial (art. 153 do Código Civil). Logo, apenas o temor reverencial, por si, não gera vício do consentimento. Entretanto, se o temor reverencial vier acompanhado de ameaças e violências, dotadas de gravidade, ocorre vício na manifestação de vontade da vítima, ou seja, a coação fica caracterizada[44].

16.5 COAÇÃO DE TERCEIRO

Vicia o negócio jurídico a coação exercida por terceiro, se dela tivesse ou devesse ter conhecimento a parte a que aproveite, e esta responderá solidariamente com aquele por perdas e danos (art. 154 do Código Civil)[45].

A coação exercida por terceiro gera a anulabilidade do negócio jurídico se a parte beneficiada tivesse ou devesse ter conhecimento

---

42 MONTEIRO, Washington de Barros; PINTO, Ana Cristina de Barros Monteiro França. *Curso de direito civil*: parte geral. 44. ed. São Paulo: Saraiva, 2012. v. 1. p. 266.

43 RODRIGUES, Silvio. *Direito civil*: parte geral. 34. ed. São Paulo: Saraiva, 2003. v. 1. p. 205-206.

44 RODRIGUES, Silvio. *Direito civil*: parte geral. 34. ed. São Paulo: Saraiva, 2003. v. 1. p. 206-208.

45 AZEVEDO, Álvaro Villaça. *Teoria geral do direito civil*: parte geral. São Paulo: Atlas, 2012. p. 294-295.

a respeito dela[46]. Nesse caso, o terceiro e a parte favorecida devem responder solidariamente pela indenização dos danos decorrentes da coação[47].

Subsistirá o negócio jurídico, se a coação decorrer de terceiro, sem que a parte a que aproveite dela tivesse ou devesse ter conhecimento. Nesse caso, entretanto, o autor da coação responderá por todas as perdas e danos que houver causado ao coacto (art. 155 do Código Civil).

A coação exercida por terceiro não gera a anulabilidade do negócio jurídico se a parte favorecida não tivesse nem devesse ter conhecimento a respeito dela. Nessa hipótese, o negócio jurídico é válido e apenas o autor da coação deve responder pelos danos decorrentes da coação[48].

---

46 RODRIGUES, Silvio. *Direito civil*: parte geral. 34. ed. São Paulo: Saraiva, 2003. v. 1. p. 217.

47 MONTEIRO, Washington de Barros; PINTO, Ana Cristina de Barros Monteiro França. *Curso de direito civil*: parte geral. 44. ed. São Paulo: Saraiva, 2012. v. 1. p. 267.

48 MONTEIRO, Washington de Barros; PINTO, Ana Cristina de Barros Monteiro França. *Curso de direito civil*: parte geral. 44. ed. São Paulo: Saraiva, 2012. v. 1. p. 267.

CAPÍTULO

17

ESTADO DE PERIGO

17.1 CONCEITO

O estado de perigo é modalidade de vício do consentimento que passou a ser prevista, de forma expressa, no Código Civil de 2002.

A hipótese ocorre quando a pessoa está ameaçada por sério perigo iminente e, em razão disso, concorda em realizar obrigação extremamente onerosa para conseguir socorro. O perigo em questão é provocado por terceiros, ou decorre de fatores externos, não sendo provocado pela parte favorecida pela obrigação excessiva, nem pelo agente. Por exemplo, quando a pessoa que está sendo assaltada e aceita pagar elevada quantia a quem livrá-la dessa situação, ou a pessoa que está gravemente doente e aceita pagar valores excessivamente elevados para ser medicada, com o objetivo de salvar sua vida[1].

---

1 RODRIGUES, Silvio. *Direito civil*: parte geral. 34. ed. São Paulo: Saraiva, 2003. v. 1. p. 218-219, 222.

Trata-se de situação que envolve ameaça de grave dano ao agente ou, em regra, a pessoa de sua família. Em razão dessa situação de necessidade, a vontade do agente não se forma livremente, e ele assume obrigação mais onerosa, com o objetivo de afastar o grave dano. Caso não houvesse o estado de perigo, o agente não celebraria o negócio jurídico nessas condições[2].

Estado de perigo é o vício do consentimento que ocorre quando o agente está pressionado pela necessidade de salvar-se, ou a pessoa de sua família, de grave dano que é conhecido pela outra parte e, em razão dessa situação, celebra o negócio jurídico assumindo obrigação excessivamente onerosa. O consentimento, assim, não é manifestado de forma válida e espontânea pelo agente, mas sim de forma constrangida, decorrente da situação de perigo em que se encontrava[3].

17.2 REQUISITOS

Configura-se o estado de perigo quando alguém, premido da necessidade de salvar-se, ou a pessoa de sua família, de grave dano conhecido pela outra parte, assume obrigação excessivamente onerosa (art. 156 do Código Civil)[4]. Tratando-se de pessoa não pertencente à família do declarante, o juiz decidirá segundo as circunstâncias (art. 156, parágrafo único, do Código Civil).

O estado de perigo envolve desequilíbrio entre as partes. Uma delas está em situação de desvantagem em face da outra, por estar pressionada pela necessidade de se salvar, ou salvar pessoa de sua família, de grave dano, o que faz com que assuma obrigação excessivamente

---

[2] MONTEIRO, Washington de Barros; PINTO, Ana Cristina de Barros Monteiro França. *Curso de direito civil*: parte geral. 44. ed. São Paulo: Saraiva, 2012. v. 1. p. 268.

[3] RODRIGUES, Silvio. *Direito civil*: parte geral. 34. ed. São Paulo: Saraiva, 2003. v. 1. p. 222-223.

[4] AZEVEDO, Álvaro Villaça. *Teoria geral do direito civil*: parte geral. São Paulo: Atlas, 2012. p. 296: "No estado de perigo, a pessoa encontra-se premida por circunstâncias criadas fora do negócio jurídico. Não nascem essas circunstâncias da vontade das partes, mas de estado de necessidade, que provoca a realização negocial em excessiva desvantagem de um dos contratantes".

onerosa (elemento objetivo)[5]. A outra parte, tendo conhecimento dessa situação de risco em que a vítima está (elemento subjetivo)[6], obtém vantagem excessiva[7].

Os requisitos do estado de perigo são: o agente ou, em regra, pessoa de sua família está para sofrer grave dano; o dano é imediato e grave; o dano é conhecido pela outra parte; a obrigação pelo agente é onerosa em excesso; o agente tem ciência de a obrigação ser excessivamente onerosa, mas a assume para afastar o grave dano[8].

Como mencionado anteriormente, quando do estudo da coação, a família, também na hipótese de estado de perigo, pode dizer respeito ao cônjuge, descendentes, ascendentes e irmãos do agente. Em caso de parentes mais distantes, o vício do consentimento pode ficar caracterizado, conforme a análise do caso concreto, envolvendo o grau de proximidade com o agente[9].

---

5 "8. O estado de perigo é vício de consentimento dual, que exige para a sua caracterização, a premência da pessoa em se salvar, ou a membro de sua família e, de outra banda, a ocorrência de obrigação excessivamente onerosa, aí incluída a imposição de serviços desnecessários, conscientemente fixada pela contraparte da relação negocial" (STJ, 3ª T., REsp 1.578.474/SP, 2016/0009970-2, Rel. Min. Nancy Andrighi, DJe 13.12.2018).

6 TARTUCE, Flávio. *Direito civil*: lei de introdução e parte geral. 4. ed. São Paulo: Método, 2008. v. 1. p. 361-362.

7 MONTEIRO, Washington de Barros; PINTO, Ana Cristina de Barros Monteiro França. *Curso de direito civil*: parte geral. 44. ed. São Paulo: Saraiva, 2012. v. 1. p. 268-269. Na jurisprudência: "2. O estado de perigo pressupõe a onerosidade excessiva e o dolo de aproveitamento que, se não provados, inviabilizam a anulação do negócio jurídico" (STJ, 2ª T., AgRg no AREsp 672.493/DF, 2015/0049746-6, Rel. Min. Herman Benjamin, DJe 22.05.2015).

8 MONTEIRO, Washington de Barros; PINTO, Ana Cristina de Barros Monteiro França. *Curso de direito civil*: parte geral. 44. ed. São Paulo: Saraiva, 2012. v. 1. p. 268. Na jurisprudência: "O estado de perigo é tratado pelo Código Civil de 2002 como defeito do negócio jurídico, um verdadeiro vício do consentimento, que tem como pressupostos: (i) a necessidade de salvar-se, ou a pessoa de sua família; (ii) o dolo de aproveitamento da outra parte (grave dano conhecido pela outra parte); e (iii) assunção de obrigação excessivamente onerosa. Deve-se aceitar a aplicação do estado de perigo para contratos aleatórios, como o seguro, e até mesmo para negócios jurídicos unilaterais" (STJ, 3ª T., REsp 918.392/RN, 2007/0011488-6, Rel. Min. Nancy Andrighi, DJe 01.04.2008).

9 MONTEIRO, Washington de Barros; PINTO, Ana Cristina de Barros Monteiro França. *Curso de direito civil*: parte geral. 44. ed. São Paulo: Saraiva, 2012. v. 1. p. 265.

Se a ameaça de grave dano disser respeito a pessoa que não é da família do declarante, cabe ao juiz decidir a respeito, por exemplo, considerando a ligação afetiva ou pessoal com o declarante[10].

É anulável o negócio jurídico por vício resultante de estado de perigo (art. 171, inciso II, do Código Civil).

Registre-se o entendimento no sentido de ser aplicável ao estado de perigo, por analogia, o art. 157, § 2º, do Código Civil, sobre lesão, ao prever que não se decretará a anulação do negócio, se for oferecido suplemento suficiente, ou se a parte favorecida concordar com a redução do proveito. A previsão tem como fundamento o princípio da conservação dos negócios jurídicos[11].

É de quatro anos o prazo de decadência para pleitear-se a anulação do negócio jurídico, contado, no caso de estado de perigo, do dia em que se realizou o negócio jurídico (art. 178, inciso II, do Código Civil).

Anulado o negócio jurídico, restituir-se-ão as partes ao estado em que antes dele se achavam, e, não sendo possível restituí-las, serão indenizadas com o equivalente (art. 182 do Código Civil).

Sendo assim, se o negócio jurídico for anulado em razão do estado de perigo, as partes devem ser restituídas à condição que estavam antes da celebração do negócio jurídico. Entretanto, como isso nem sempre é possível, pois a parte então favorecida pode já ter realizado a sua prestação, o agente, que anteriormente estava sob estado de perigo, deve indenizar aquela, ou seja, realizar a sua prestação no montante correto e justo, isto é, proporcional ao que recebeu, sem o ônus excessivo.

Portanto, cabe ao juiz, ao anular o negócio jurídico, fixar a prestação a ser paga pelo declarante, ou seja, pelo agente que manifestou a vontade em estado de perigo, em valor que corresponda à prestação efetivamente recebida. Caso isso não seja feito, a outra parte pode ajuizar ação postulando esse pagamento[12].

---

10 MONTEIRO, Washington de Barros; PINTO, Ana Cristina de Barros Monteiro França. *Curso de direito civil*: parte geral. 44. ed. São Paulo: Saraiva, 2012. v. 1. p. 269.

11 TARTUCE, Flávio. *Direito civil*: lei de introdução e parte geral. 4. ed. São Paulo: Método, 2008. v. 1. p. 362.

12 RODRIGUES, Silvio. *Direito civil*: parte geral. 34. ed. São Paulo: Saraiva, 2003. v. 1. p. 223.

CAPÍTULO

18

LESÃO

18.1 CONCEITO

A lesão é modalidade de vício do consentimento que passou a ser prevista, de forma expressa, no Código Civil de 2002.

Na lesão, a vontade é manifestada e o negócio jurídico é celebrado, mas em razão de a vítima estar em condição de urgente necessidade, ou pela sua inexperiência, obriga-se a prestação exageradamente desproporcional ao valor da contraprestação. A parte contrária é beneficiada, mas não induz o agente a celebrar o negócio jurídico. Para que a lesão se configure, não se exige que fique configurado dolo quanto à outra parte (art. 145 do Código Civil), nem a intenção de se favorecer em razão da condição da vítima, sendo suficiente ser favorecida com a prestação desproporcional[1]. Se a pessoa não estivesse sob premente necessidade, ou se fosse experiente, não celebraria o negócio jurídico nessas condições.

1 MONTEIRO, Washington de Barros; PINTO, Ana Cristina de Barros Monteiro França. *Curso de direito civil*: parte geral. 44. ed. São Paulo: Saraiva, 2012. v. 1. p. 270.

Sendo assim, a lesão é o vício do consentimento em que a pessoa, em razão de premente necessidade, ou por inexperiência, celebra negócio jurídico e assume obrigação manifestamente desproporcional ao valor da prestação devida pela parte contrária[2].

18.2 REQUISITOS

Ocorre a lesão quando uma pessoa, sob premente necessidade, ou por inexperiência, se obriga a prestação manifestamente desproporcional ao valor da prestação oposta (art. 157 do Código Civil).

Para que se configure a lesão, são exigidos os seguintes requisitos: a pessoa deve estar premida por necessidade ou ser inexperiente; em razão dessa situação, o agente assume prestação manifestamente desproporcional ao valor da prestação da outra parte. O elemento objetivo é a desproporcionalidade manifesta entre as prestações. O elemento subjetivo é a premente necessidade ou a inexperiência do lesado no negócio jurídico[3]. Essa inexperiência pode ser econômica, técnica, jurídica ou social[4]. A premente necessidade ou a inexperiência devem levar em consideração as condições pessoais do lesado[5].

Entende-se que na lesão prevista no art. 157 do Código Civil não há exigência de que a parte favorecida tenha conhecimento da premente necessidade ou inexperiência da vítima, não sendo preciso que haja dolo de aproveitamento[6].

---

2 TARTUCE, Flávio. *Direito civil*: lei de introdução e parte geral. 4. ed. São Paulo: Método, 2008. v. 1. p. 363-364.

3 MONTEIRO, Washington de Barros; PINTO, Ana Cristina de Barros Monteiro França. *Curso de direito civil*: parte geral. 44. ed. São Paulo: Saraiva, 2012. v. 1. p. 270-271.

4 TARTUCE, Flávio. *Direito civil*: lei de introdução e parte geral. 4. ed. São Paulo: Método, 2008. v. 1. p. 365.

5 GAGLIANO, Pablo Stolze; PAMPLONA FILHO, Rodolfo. *Novo curso de direito civil*: parte geral. 6. ed. São Paulo: Saraiva, 2005. v. 1. p. 397.

6 DINIZ, Maria Helena. *Curso de direito civil brasileiro*: teoria geral do direito civil. 29. ed. São Paulo: Saraiva, 2012. v. 1. p. 517. Cf. ainda GAGLIANO, Pablo Stolze; PAMPLONA FILHO, Rodolfo. *Novo curso de direito civil*: parte geral. 6. ed. São Paulo: Saraiva, 2005. v. 1. p. 397. TARTUCE, Flávio. *Direito civil*: lei de introdução e parte geral. 4. ed. São Paulo: Método, 2008. v. 1. p. 367. AZEVEDO, Álvaro Villaça. *Teoria geral do direito*

A lesão não se confunde com o estado de perigo. Na lesão, a pessoa, sob premente necessidade ou por inexperiência, obriga-se a prestação manifestamente desproporcional (art. 157 do Código Civil). No estado de perigo, a pessoa, premida da necessidade de salvar-se, ou a pessoa de sua família, de grave dano *conhecido pela outra parte*, assume obrigação excessivamente onerosa (art. 156 do Código Civil)[7]. Na lesão, a pessoa tem necessidade urgente de celebrar o negócio jurídico ou é inexperiente.

Registre-se o entendimento de que a lesão seria aplicada apenas em contratos comutativos, pois nestes há presunção de equivalência entre as prestações devidas pelas partes, e não em contratos aleatórios, em que as prestações, por dependerem de risco, podem apresentar desequilíbrio[8]. Entretanto, como o art. 157 do Código Civil não faz essa restrição, a lesão aplicável é aplicável aos negócios jurídicos, a quaisquer contratos onerosos[9], embora a incidência em contratos aleatórios seja excepcional[10].

A desproporção entre as prestações deve ocorrer no momento da celebração do contrato. Além disso, a desproporção entre as prestações

---

civil: parte geral. São Paulo: Atlas, 2012. p. 301. Em sentido divergente: MONTEIRO, Washington de Barros; PINTO, Ana Cristina de Barros Monteiro França. *Curso de direito civil*: parte geral. 44. ed. São Paulo: Saraiva, 2012. v. 1. p. 270-271.

7 TARTUCE, Flávio. *Direito civil*: lei de introdução e parte geral. 4. ed. São Paulo: Método, 2008. v. 1. p. 367.

8 RODRIGUES, Silvio. *Direito civil*: parte geral. 34. ed. São Paulo: Saraiva, 2003. v. 1. p. 224-225.

9 DINIZ, Maria Helena. *Curso de direito civil brasileiro*: teoria geral do direito civil. 29. ed. São Paulo: Saraiva, 2012. v. 1. p. 518. Na jurisprudência: "3. Consubstancia lesão a desproporção existente entre as prestações de um contrato no momento da realização do negócio, havendo para uma das partes um aproveitamento indevido decorrente da situação de inferioridade da outra parte. 4. O instituto da lesão é passível de reconhecimento também em contratos aleatórios, na hipótese em que, ao se valorarem os riscos, estes forem inexpressivos para uma das partes, em contraposição àqueles suportados pela outra, havendo exploração da situação de inferioridade de um contratante. 5. Ocorre lesão na hipótese em que um advogado, valendo-se de situação de desespero da parte, firma contrato *quota litis* no qual fixa sua remuneração *ad exitum* em 50% do benefício econômico gerado pela causa" (STJ, 3ª T., REsp 1.155.200/DF, 2009/0169341-4, Rel. p/ ac. Min. Nancy Andrighi, DJe 02.03.2011).

10 VENOSA, Sílvio de Salvo. *Direito civil*: parte geral. 13. ed. São Paulo: Atlas, 2013. v. 1. p. 449: "Nos contratos aleatórios, apenas excepcionalmente pode ser tipificada a lesão, quando a vantagem obtida é frontalmente superior à álea do contrato".

deve ser acentuada, ou seja, considerável. Em razão da lesão, o negócio jurídico é anulável. A parte beneficiada pode efetuar a complementação da contraprestação, com o objetivo de reequilibrar o contrato e, assim, afastar o defeito do negócio jurídico[11].

A lesão resulta na desproporcionalidade evidente entre as prestações, ou seja, uma das partes se obriga a prestação manifestamente desproporcional, quando comparada com o valor da prestação da outra parte. Isso ocorre em razão da imediata necessidade, ou da inexperiência da vítima na situação em exame, e a outra parte é beneficiada com a prestação desproporcional a seu favor[12].

Aprecia-se a desproporção das prestações segundo os valores vigentes ao tempo em que foi celebrado o negócio jurídico (art. 157, § 1º, do Código Civil).

É anulável o negócio jurídico por vício resultante de lesão (art. 171, inciso II, do Código Civil). Entretanto, não se decretará a anulação do negócio, se for oferecido suplemento suficiente, ou se a parte favorecida concordar com a redução do proveito (art. 157, § 2º, do Código Civil).

É possível, portanto, afastar o defeito do negócio jurídico, se a parte favorecida com a prestação manifestamente desproporcional oferecer o valor complementar suficiente, ou se ela concordar com a redução da prestação que lhe favorecia. Assim ocorrendo, o negócio jurídico se torna válido, ou seja, deixa de ser anulável. Trata-se de previsão que se fundamenta no princípio da conservação dos negócios jurídicos[13].

É de quatro anos o prazo de decadência para pleitear-se a anulação do negócio jurídico, contado, no caso de lesão, do dia em que se realizou o negócio jurídico (art. 178, inciso II, do Código Civil).

---

[11] RODRIGUES, Silvio. *Direito civil*: parte geral. 34. ed. São Paulo: Saraiva, 2003. v. 1. p. 224-225.

[12] MONTEIRO, Washington de Barros; PINTO, Ana Cristina de Barros Monteiro França. *Curso de direito civil*: parte geral. 44. ed. São Paulo: Saraiva, 2012. v. 1. p. 270-271.

[13] TARTUCE, Flávio. *Direito civil*: lei de introdução e parte geral. 4. ed. São Paulo: Método, 2008. v. 1. p. 364.

18.3 LESÃO NAS RELAÇÕES DE CONSUMO

Um dos direitos básicos do consumidor é a modificação das cláusulas contratuais que estabeleçam *prestações desproporcionais* (art. 6º, inciso V, primeira parte, da Lei 8.078/1990).

Nas relações de consumo, é vedado ao fornecedor de produtos ou serviços, entre outras práticas abusivas, exigir do consumidor *vantagem manifestamente excessiva* (art. 39, inciso V, da Lei 8.078/1990).

São nulas de pleno direito, entre outras, as cláusulas contratuais relativas ao fornecimento de produtos e serviços que estabeleçam obrigações consideradas iníquas, abusivas, que coloquem o consumidor em *desvantagem exagerada*, ou sejam incompatíveis com a boa-fé ou a equidade (art. 51, inciso IV, da Lei 8.078/1990). Presume-se exagerada, entre outros casos, a vantagem que se mostra *excessivamente onerosa para o consumidor*, considerando-se a natureza e conteúdo do contrato, o interesse das partes e outras circunstâncias peculiares ao caso (art. 51, § 1º, inciso III, da Lei 8.078/1990).

Nas relações de consumo, em razão da natureza de ordem pública das normas incidentes (art. 1º da Lei 8.078/1990), não sendo possível a modificação contratual (art. 6º, inciso V, da Lei 8.078/1990), a lei estabelece a nulidade absoluta da cláusula contratual abusiva[14].

Esclareça-se ainda que mencionada a lesão, prevista de forma específica no Código de Defesa do Consumidor, fica caracterizada com a obrigação que deixe o consumidor em desvantagem exagerada, o que gera prestações desproporcionais contra ele, não se exigindo qualquer elemento subjetivo, nem o dolo de aproveitamento pelo fornecedor de produtos ou serviços[15].

---

14 GAGLIANO, Pablo Stolze; PAMPLONA FILHO, Rodolfo. *Novo curso de direito civil*: parte geral. 6. ed. São Paulo: Saraiva, 2005. v. 1. p. 393.

15 GAGLIANO, Pablo Stolze; PAMPLONA FILHO, Rodolfo. *Novo curso de direito civil*: parte geral. 6. ed. São Paulo: Saraiva, 2005. v. 1. p. 393.

18.4 LESÃO USURÁRIA

Na esfera penal, constitui crime contra a economia popular a usura pecuniária ou real, assim sendo considerada a prática de obter, ou estipular, em qualquer contrato, abusando da premente necessidade, inexperiência ou leviandade de outra parte, lucro patrimonial que exceda o quinto do valor corrente ou justo da prestação feita ou prometida (art. 4º, alínea *b*, da Lei 1.521/1951)[16].

Embora a referida previsão tenha natureza penal (crime de usura), firmou-se o entendimento de que essa conduta também repercute no âmbito civil[17], possibilitando a invalidade do negócio jurídico[18], com fundamento na chamada lesão usurária[19].

Frise-se ainda que é considerado delito de usura toda a simulação ou prática tendente a ocultar a verdadeira taxa do juro ou a fraudar os dispositivos da Lei de usura, para o fim de sujeitar o devedor a maiores prestações ou encargos, além dos estabelecidos no respectivo título ou instrumento (art. 13 do Decreto 22.626/1933)[20].

---

16 "1. Verificando-se ter havido, na espécie, operações de empréstimos a juros exorbitantes, realizadas de particular para particular, sem intermediação de instituição financeira, afigurando-se, pois, como típico crime de usura, descrito no art. 4º da Lei de Economia Popular" (STJ, 3ª Seção, CC 39.744/SP, 2003/0137643-7, Rel. Min. Laurita Vaz, DJ 02.08.2004).

17 RODRIGUES, Silvio. *Direito civil*: parte geral. 34. ed. São Paulo: Saraiva, 2003. v. 1. p. 226-227.

18 GAGLIANO, Pablo Stolze; PAMPLONA FILHO, Rodolfo. *Novo curso de direito civil*: parte geral. 6. ed. São Paulo: Saraiva, 2005. v. 1. p. 392.

19 DINIZ, Maria Helena. *Curso de direito civil brasileiro*: teoria geral do direito civil. 29. ed. São Paulo: Saraiva, 2012. v. 1. p. 516-517: "No direito brasileiro, para haver *lesão usurária* (Lei n. 1.521/51), será necessária a ocorrência de requisito: *a*) *Objetivo*, que se configurará pelo lucro, pela desproporção das prestações dos contraentes. No crime contra a economia popular esse requisito seria exceder o quinto do valor corrente ou justo da prestação feita ou prometida; por limitar em demasia a atividade do magistrado, melhor seria que se deixasse tal caracterização à prudência do órgão judicante como o fez o Código Civil. *b*) *Subjetivo*, ou seja, de dolo de aproveitamento, ante estado de premência de necessidade, de dificuldade econômica, de incapacidade patrimonial, para honrar compromisso assumido, de inexperiência, leviandade, ou ignorância alheia, induzindo a vítima a realizar negócio que lhe será prejudicial, mesmo que não se tenha a intenção de lesá-la" (destaques do original).

20 TARTUCE, Flávio. *Direito civil*: lei de introdução e parte geral. 4. ed. São Paulo: Método, 2008. v. 1. p. 366: "Essa forma de lesão era conceituada como *lesão usurária*, presente, por exemplo, nos casos de cobrança de juros abusivos ou de anatocismo (capitalização de juros sobre juros). A *lesão usurária* também é implícita ao Decreto 22.626/1933 (Lei de Usura)" (destaques do original).

O contrato celebrado com infração da Lei de usura é nulo de pleno direito, ficando assegurado ao devedor a repetição do que houver pago a mais (art. 11 do Decreto 22.626/1933).

Como se pode notar, nesse caso específico, a norma especial, a qual prevalece em face da norma geral, prevê a nulidade absoluta[21]. Ainda assim, com fundamento no princípio da conservação do negócio jurídico, entende-se possível a sua invalidade parcial[22]. Nesse sentido, respeitada a intenção das partes, a invalidade parcial de um negócio jurídico não o prejudicará na parte válida, se esta for separável (art. 184 do Código Civil)[23].

---

[21] Em sentido divergente: TARTUCE, Flávio. *Direito civil*: lei de introdução e parte geral. 4. ed. São Paulo: Método, 2008. v. 1. p. 367: "Adotando a conservação contratual, princípio anexo à função social do contrato, somos adeptos do posicionamento pela anulabilidade também da lesão usurária. Isso porque, como visto, deve sempre o magistrado procurar a revisão do negócio, mantendo a vontade manifestada pelas partes".

[22] AZEVEDO, Álvaro Villaça. *Teoria geral do direito civil*: parte geral. São Paulo: Atlas, 2012. p. 301. Na jurisprudência: "2. Havendo prática de agiotagem, devem ser declaradas nulas apenas as estipulações usurárias, conservando-se o negócio jurídico de empréstimo pessoal entre pessoas físicas, mediante redução dos juros aos limites legais. Precedentes" (STJ, 3ª T., AgInt no REsp 1.847.304/MG, 2019/0332028-4, Rel. Min. Ricardo Villas Bôas Cueva, DJe 03.09.2020). "Agravo regimental no recurso especial. Ação de cobrança. Empréstimo realizado entre particulares. Abusividade. Redução dos juros aos parâmetros legais. Conservação do negócio jurídico. Precedentes. 1. No contrato particular de mútuo feneratício, constatada prática de usura ou agiotagem, de rigor a redução dos juros estipulados em excesso, conservando-se, contudo, o negócio jurídico (REsp 1.106.625/PR, Rel. Ministro Sidnei Beneti, Terceira Turma, DJe 09/09/2011). 2. Agravo regimental não provido" (STJ, 3ª T., AgRg no REsp 1.370.532/MG, 2013/0052679-4, Rel. Min. Ricardo Villas Bôas Cueva, DJe 03.08.2015).

[23] "4. A Lei da Usura (Decreto 22.626/33) veda expressamente a estipulação de juros superiores ao dobro da taxa legal, que, na época do negócio jurídico entabulado, era de 0,5% ao mês (Código Civil, arts. 1.062, 1.063 e 1.262), correspondendo o dobro, então, a 1% mensal e 12% anual. Nesse contexto, verificada a prática de usura, com a cobrança disfarçada de juros de 8,11% ao mês, houve o correto reconhecimento pelas instâncias *a quo* da ilegalidade dos juros praticados no negócio jurídico firmado entre as partes litigantes. 5. O Código Civil de 1916, tal como o atual *Codex* (2002), e o Decreto 22.626/33 consagram o princípio do aproveitamento do negócio jurídico nulo ou anulável. 6. Somente será possível a decretação de nulidade parcial do contrato, resguardando-se, pois, sua parte válida, se esta puder subsistir autonomamente" (STJ, 4ª T., REsp 1.046.453/RJ, 2008/0075920-8, Rel. Min. Raul, Araújo, DJe 01.07.2013). Em sentido divergente: "V – A tese da prescrição foi corretamente enfrentada pelo Tribunal de origem, tendo por base o art. 11 do Decreto-Lei n. 22.626/33 (lei de usura), que dispõe que o contrato celebrado com infração daquela norma é nulo de pleno direito, o que abrange não somente a cláusula relativa aos juros usurários, mas todo o pacto, não se sujeitando aquela nulidade, por ser absoluta, ao prazo prescricional previsto no antigo Código Civil de 1916" (STJ, 3ª T., REsp 1.077.643/RS, 2008/0160642-1, Rel. Min. Massami Uyeda, DJe 03.08.2010).

CAPÍTULO

19

FRAUDE CONTRA CREDORES

19.1 INTRODUÇÃO

Na antiguidade romana, o devedor respondia com o seu corpo, liberdade e até mesmo com a vida pelo cumprimento de suas obrigações (*manus injectio*). Com a *Lex Poetelia Papiria* (326 a.C.), a execução passou a incidir sobre o patrimônio do devedor. A partir disso, a responsabilidade pelas obrigações é patrimonial, ou seja, o devedor responde pelas suas dívidas com os seus bens[1].

Nesse sentido, o devedor responde com todos os seus bens presentes e futuros para o cumprimento de suas obrigações, salvo as restrições estabelecidas em lei (art. 789 do CPC). Pelo inadimplemento das obrigações respondem todos os bens do devedor (art. 391 do Código Civil). Da mesma forma, na responsabilidade civil extracontratual, os

---

1 MONTEIRO, Washington de Barros; PINTO, Ana Cristina de Barros Monteiro França. *Curso de direito civil*: parte geral. 44. ed. São Paulo: Saraiva, 2012. v. 1. p. 281.

bens do responsável pela ofensa ou violação do direito de outrem ficam sujeitos à reparação do dano causado (art. 942 do Código Civil).

Nos termos do art. 5º, inciso LXVII, da Constituição Federal de 1988, não haverá prisão civil por dívida, salvo a do responsável pelo inadimplemento voluntário e inescusável de obrigação alimentícia e a do depositário infiel. Esclareça-se que, com fundamento no art. 7º, § 7º, da Convenção Americana de Direitos Humanos (Pacto de San José da Costa Rica), o Supremo Tribunal Federal fixou a seguinte tese em recurso extraordinário com repercussão geral: "É ilícita a prisão civil de depositário infiel, qualquer que seja a modalidade de depósito" (STF, Pleno, RE 466.343/SP, Rel. Min. Cezar Peluso, DJe 05.06.2009)[2].

No âmbito processual, cabe fazer referência, ainda, a medidas executivas atípicas. A respeito do tema, o juiz deve dirigir o processo conforme as disposições do Código de Processo Civil, incumbindo-lhe determinar todas as medidas indutivas, coercitivas, mandamentais ou sub-rogatórias necessárias para assegurar o cumprimento de ordem judicial, inclusive nas ações que tenham por objeto prestação pecuniária (art. 139, inciso IV, do CPC).

De todo modo, como regra, o devedor responde pelo cumprimento de suas obrigações com seus bens. Há casos em que certo bem é dado em garantia pelo devedor, que fica sujeito, por vínculo real, ao cumprimento da obrigação, como se observa nas dívidas garantidas por penhor, anticrese ou hipoteca (art. 1.419 do Código Civil). Mesmo não havendo essa garantia real, os credores comuns, ou seja, quirografários, têm como garantia genérica de cumprimento das obrigações o patrimônio do devedor[3].

Pode ocorrer, entretanto, de o devedor se desfazer de seus bens, em prejuízo da referida garantia dos credores sobre o seu patrimônio, por

---

2 "Prisão civil. Depósito. Depositário infiel. Alienação fiduciária. Decretação da medida coercitiva. Inadmissibilidade absoluta. Insubsistência da previsão constitucional e das normas subalternas. Interpretação do art. 5º, inc. LXVII e §§ 1º, 2º e 3º, da CF, à luz do art. 7º, § 7º, da Convenção Americana de Direitos Humanos (Pacto de San José da Costa Rica). Recurso improvido. Julgamento conjunto do RE nº 349.703 e dos HCs nº 87.585 e nº 92.566. É ilícita a prisão civil de depositário infiel, qualquer que seja a modalidade do depósito" (STF, Pleno, RE 466.343/SP, Rel. Min. Cezar Peluso, DJe 05.06.2009).

3 MONTEIRO, Washington de Barros; PINTO, Ana Cristina de Barros Monteiro França. *Curso de direito civil*: parte geral. 44. ed. São Paulo: Saraiva, 2012. v. 1. p. 281-282.

exemplo, por meio de alienações de bens e renúncias de direitos. Em razão disso, como forma de proteção aos credores, é possível a anulação de negócios jurídicos fraudulentos, como ocorre na fraude contra credores, com o objetivo de restabelecer o patrimônio do devedor[4].

A fraude contra credores, desse modo, ocorre quando o devedor insolvente, ou que se torna insolvente, realiza negócios jurídicos que gerem a diminuição de seu patrimônio, reduzindo a garantia de suas dívidas. Como o patrimônio do devedor responde por suas dívidas, presentes os requisitos legais, os credores prejudicados podem postular a anulação dos negócios jurídicos realizados fraude contra credores[5].

Nesse contexto, em caso de declaração de insolvência, que pode ocorrer quando as dívidas excedam à importância dos bens do devedor (art. 955 do Código Civil), a discussão entre os credores pode versar quer sobre a preferência entre eles disputada, quer sobre a nulidade, simulação, *fraude* ou falsidade das dívidas e contratos (art. 956 do Código Civil).

Esclareça-se que os títulos legais de preferência são os privilégios e os direitos reais (art. 958 do Código Civil). Na linha do anteriormente exposto, não havendo título legal à preferência, os credores (quirografários) têm igual direito sobre os bens do devedor comum (art. 957 do Código Civil).

Frise-se que a fraude contra credores se configura quando o devedor for insolvente ou se tornar insolvente em razão dos negócios jurídicos realizados[6]. O devedor solvente tem assegurada a liberdade na disposição de seus bens. Nesse sentido, o proprietário tem a faculdade de usar, gozar e dispor da coisa (art. 1.228 do Código Civil). Em caso de insolvência, a transferência de bens a terceiros pode caracterizar a

---

4 MONTEIRO, Washington de Barros; PINTO, Ana Cristina de Barros Monteiro França. *Curso de direito civil*: parte geral. 44. ed. São Paulo: Saraiva, 2012. v. 1. p. 282.

5 RODRIGUES, Silvio. *Direito civil*: parte geral. 34. ed. São Paulo: Saraiva, 2003. v. 1. p. 228-229.

6 "I – Analisando as circunstâncias fáticas da causa, concluiu o Tribunal de origem que a doação de um imóvel pelo devedor a seu pai não foi fato suficiente para reduzi-lo à insolvência, o que inviabiliza o reconhecimento do *eventus damini*, requisito indispensável à caracterização da fraude contra credores" (STJ, 3ª T., AgRg no Ag 1.057.724/SP, 2008/0127704-5, Rel. Min. Sidnei Beneti, DJe 06.11.2009).

fraude contra credores, se houver demonstração ou presunção legal do intuito fraudulento. O interesse dos credores prejudicados, que podem pleitear a anulação dos negócios jurídicos realizados em fraude, entretanto, deve observar os direitos de terceiros de boa-fé[7].

19.2 CONCEITO

A fraude contra credores é o expediente malicioso utilizado com o fim de prejudicar terceiros[8]. Trata-se de vício social do negócio jurídico[9].

O elemento objetivo (*eventus damni*) é o negócio jurídico que causa prejuízo ao credor, por gerar a insolvência do devedor ou ter sido realizado quando este era insolvente. O elemento subjetivo (*concilium fraudis*), em sua origem, é o intuito de prejudicar. Essa intenção maliciosa ou má-fé pode ser apenas do devedor (como no caso de doação em fraude contra credores) ou do devedor com o terceiro (como na compra e venda em fraude contra credores)[10].

No Direito Romano, a ação revocatória ou pauliana só era admitida havendo demonstração tanto do prejuízo resultante do negócio jurídico como da intenção de prejudicar[11].

No sistema jurídico atual, quanto ao elemento subjetivo, não se exige o propósito deliberado de prejudicar credores (*animus nocendi*), nem premeditação, sendo suficiente o devedor ter ciência de que do negócio jurídico irão decorrer prejuízos aos credores[12]. Da mesma

---

7 RODRIGUES, Silvio. *Direito civil*: parte geral. 34. ed. São Paulo: Saraiva, 2003. v. 1. p. 229.

8 MONTEIRO, Washington de Barros; PINTO, Ana Cristina de Barros Monteiro França. *Curso de direito civil*: parte geral. 44. ed. São Paulo: Saraiva, 2012. v. 1. p. 282.

9 GAGLIANO, Pablo Stolze; PAMPLONA FILHO, Rodolfo. *Novo curso de direito civil*: parte geral. 6. ed. São Paulo: Saraiva, 2005. v. 1. p. 408.

10 MONTEIRO, Washington de Barros; PINTO, Ana Cristina de Barros Monteiro França. *Curso de direito civil*: parte geral. 44. ed. São Paulo: Saraiva, 2012. v. 1. p. 282.

11 MONTEIRO, Washington de Barros; PINTO, Ana Cristina de Barros Monteiro França. *Curso de direito civil*: parte geral. 44. ed. São Paulo: Saraiva, 2012. v. 1. p. 283.

12 "1. A ocorrência de fraude contra credores demanda a anterioridade do crédito, a comprovação de prejuízo ao credor (*eventus damni*), que o ato jurídico praticado tenha levado o devedor à insolvência e o conhecimento, pelo terceiro adquirente, do estado de insolvência do devedor (*scientia fraudis*)" (STJ, 4ª T., AgInt no REsp 1.294.462/GO, 2011/0109650-3, Rel. Des. Conv. Lázaro Guimarães, DJe 25.04.2018).

forma, quanto ao que participa da fraude (*particeps fraudis*), basta que tenha ou deva ter conhecimento da insolvência do devedor e das consequências prejudiciais do negócio jurídico aos credores[13].

19.3 HIPÓTESES

De acordo com os arts. 158 a 165 do Código Civil, a fraude contra credores pode ocorrer nas seguintes modalidades de negócios jurídicos: negócios de transmissão gratuita de bens; remissão de dívida; contratos onerosos; pagamento de dívida não vencida; garantia de dívida dada pelo devedor[14].

19.4 TRANSMISSÃO GRATUITA DE BENS E REMISSÃO DE DÍVIDA

Os negócios de transmissão gratuita de bens ou remissão de dívida, se os praticar o devedor já insolvente, ou por eles reduzido à insolvência, ainda quando o ignore, podem ser anulados pelos credores quirografários, como lesivos dos seus direitos (art. 158 do Código Civil). Igual direito assiste aos credores cuja garantia se tornar insuficiente (art. 158, § 1º, do Código Civil).

Os negócios jurídicos de transmissão gratuita de bens envolvem as doações[15]. Considera-se doação o contrato em que uma pessoa, por liberalidade, transfere do seu patrimônio bens ou vantagens para o de outra (art. 538 do Código Civil). Nesse caso, há presunção absoluta de fraude estabelecida pela lei, não se exigindo a demonstração de ajuste fraudulento[16].

---

13 MONTEIRO, Washington de Barros; PINTO, Ana Cristina de Barros Monteiro França. *Curso de direito civil*: parte geral. 44. ed. São Paulo: Saraiva, 2012. v. 1. p. 282-283.

14 MONTEIRO, Washington de Barros; PINTO, Ana Cristina de Barros Monteiro França. *Curso de direito civil*: parte geral. 44. ed. São Paulo: Saraiva, 2012. v. 1. p. 283.

15 MONTEIRO, Washington de Barros; PINTO, Ana Cristina de Barros Monteiro França. *Curso de direito civil*: parte geral. 44. ed. São Paulo: Saraiva, 2012. v. 1. p. 284.

16 RODRIGUES, Silvio. *Direito civil*: parte geral. 34. ed. São Paulo: Saraiva, 2003. v. 1. p. 230.

Os negócios jurídicos de remissão de dívida dizem respeito ao perdão de dívida[17]. A remissão da dívida, aceita pelo devedor, extingue a obrigação, mas sem prejuízo de terceiro (art. 385 do Código Civil). Trata-se de liberalidade do devedor que reduz o seu patrimônio, em prejuízo dos credores[18].

Procede-se à declaração de insolvência toda vez que as dívidas excedam à importância dos bens do devedor (art. 955 do Código Civil).

Se o devedor realizar os mencionados negócios jurídicos já insolvente, ou se a insolvência for deles decorrente, mesmo que o devedor não soubesse disso, ocorre a fraude contra credores[19]. A insolvência ocorre quando o patrimônio do devedor, ou seja, o ativo, é inferior às dívidas, isto é, ao passivo. Em razão disso, os credores podem pleitear a anulação desses negócios jurídicos lesivos aos seus direitos[20].

Nas referidas hipóteses, deve ser comprovada a insolvência, mas não há exigência de intenção do devedor de prejudicar credores, nem de ciência dos beneficiários a respeito da insolvência[21].

A anulação do negócio jurídico pode ser postulada pelos credores quirografários, ou seja, sem preferência ou garantia específica. No caso dos credores com garantia real, o bem dado em garantia fica sujeito, por vínculo real, ao cumprimento da obrigação (art. 1.419 do Código Civil). Vale dizer, mesmo que o bem dado em garantia seja alienado, o direito de sequela do titular do crédito faz com que o bem permaneça como garantia real da dívida até o seu pagamento, possibilitando a penhora do bem, para satisfação do direito do credor, mesmo em face do atual proprietário. Por isso, os credores com garantia real não

---

17 MONTEIRO, Washington de Barros; PINTO, Ana Cristina de Barros Monteiro França. *Curso de direito civil*: parte geral. 44. ed. São Paulo: Saraiva, 2012. v. 1. p. 284.

18 RODRIGUES, Silvio. *Direito civil*: parte geral. 34. ed. São Paulo: Saraiva, 2003. v. 1. p. 231.

19 "3. Na ação pauliana, incumbe ao devedor provar a própria solvência. Precedentes. 4. Não mais se exige a ciência inequívoca da fraude para anular a doação de bem celebrada entre pais e filhos operada em fraude contra credores. Precedentes" (STJ, 4ª T., AgInt no AREsp 1.401.474/SP, 2018/0298555-5, Rel. Min. Antonio Carlos Ferreira, DJe 16.09.2019).

20 MONTEIRO, Washington de Barros; PINTO, Ana Cristina de Barros Monteiro França. *Curso de direito civil*: parte geral. 44. ed. São Paulo: Saraiva, 2012. v. 1. p. 284.

21 MONTEIRO, Washington de Barros; PINTO, Ana Cristina de Barros Monteiro França. *Curso de direito civil*: parte geral. 44. ed. São Paulo: Saraiva, 2012. v. 1. p. 284.

têm interesse para o ajuizamento de ação revocatória[22]. Entretanto, a anulação do negócio jurídico também pode ser pleiteada pelos credores cuja garantia se tornar insuficiente para a satisfação de seus direitos (art. 158, § 1º, do Código Civil).

Ressalte-se que só os credores que já o eram ao tempo daqueles atos podem pleitear a anulação deles (art. 158, § 2º, do Código Civil). Aqueles que se tornaram credores depois dos referidos negócios jurídicos, em regra, não têm direito de pleitear a sua anulação[23], não tendo, assim, legitimidade para o ajuizamento da ação pauliana (ação revocatória), pois quando os seus créditos surgiram o devedor já era insolvente[24].

A anterioridade do crédito, em regra, é requisito para a procedência do pedido da ação pauliana, o que pode ser excepcionado ou relativizado, segundo a jurisprudência, quando a fraude for predeterminada em detrimento de futuros credores[25].

---

22 RODRIGUES, Silvio. *Direito civil*: parte geral. 34. ed. São Paulo: Saraiva, 2003. v. 1. p. 237.

23 AZEVEDO, Álvaro Villaça. *Teoria geral do direito civil*: parte geral. São Paulo: Atlas, 2012. p. 310.

24 MONTEIRO, Washington de Barros; PINTO, Ana Cristina de Barros Monteiro França. *Curso de direito civil*: parte geral. 44. ed. São Paulo: Saraiva, 2012. v. 1. p. 284.

25 "4. Existindo crédito anterior ao ato de transmissão fraudulento, configurada está a fraude contra credores. 5. É possível a relativização da anterioridade do crédito, requisito para o reconhecimento da fraude contra credores, quando configurada a fraude predeterminada em detrimento de futuros credores" (STJ, 3ª T., REsp 1.324.308/PR, 2011/0154367-8, Rel. Min. João Otávio de Noronha, DJe 26.02.2016). "Processo Civil e Civil. Recurso Especial. Fraude preordenada para prejudicar futuros credores. Anterioridade do crédito. Art. 106, parágrafo único, CC/16 (art. 158, § 2º, CC/02). Temperamento. 1. Da literalidade do art. 106, parágrafo único, do CC/16 extrai-se que a afirmação da ocorrência de fraude contra credores depende, para além da prova de *consilium fraudis* e de *eventus damni*, da anterioridade do crédito em relação ao ato impugnado. 2. Contudo, a interpretação literal do referido dispositivo de lei não se mostra suficiente à frustração da fraude à execução. Não há como negar que a dinâmica da sociedade hodierna, em constante transformação, repercute diretamente no Direito e, por consequência, na vida de todos nós. O intelecto ardiloso, buscando adequar-se a uma sociedade em ebulição, também intenta – criativo como é – inovar nas práticas ilegais e manobras utilizados com o intuito de escusar-se do pagamento ao credor. Um desses expedientes é o desfazimento antecipado de bens, já antevendo, num futuro próximo, o surgimento de dívidas, com vistas a afastar o requisito da anterioridade do crédito, como condição da ação pauliana. 3. Nesse contexto, deve-se aplicar com temperamento a regra do art. 106, parágrafo único, do CC/16. Embora a anterioridade do crédito seja, via de regra, pressuposto de procedência da ação pauliana,

19.5 CONTRATOS ONEROSOS

A fraude contra credores também pode ocorrer em negócios jurídicos onerosos[26].

Nesse sentido, serão igualmente anuláveis os contratos onerosos do devedor insolvente[27], quando a insolvência for notória, ou houver motivo para ser conhecida do outro contratante (art. 159 do Código Civil).

Nos negócios jurídicos onerosos são exigidos requisitos mais rigorosos para a caracterização da fraude contra credores, pois embora o bem deixe de fazer parte do patrimônio do devedor, há o ingresso de outro, que seria a contraprestação. Diversamente, nos negócios jurídicos gratuitos não há contraprestação, pois uma das partes apenas se beneficia[28].

Os contratos onerosos são anuláveis quando a insolvência do devedor for notória, ou se houver motivo para a insolvência do devedor ser conhecida da outra parte. A insolvência é notória quando conhecida por todos no local, ou seja, quando esse fato é de conhecimento geral, por ter se tornado público, em razão de atos externos, como protesto de títulos e ajuizamento de ações de execução[29]. Na segunda hipótese, o outro contratante tinha motivos para conhecer a insolvência, tratando-se de conhecimento presumido do estado de insolvência[30].

---

ela pode ser excepcionada quando for verificada a fraude predeterminada em detrimento de credores futuros. 4. Dessa forma, tendo restado caracterizado nas instâncias ordinárias o conluio fraudatório e o prejuízo com a prática do ato – ao contrário do que querem fazer crer os recorrentes – e mais, tendo sido comprovado que os atos fraudulentos foram predeterminados para lesarem futuros credores, tenho que se deve reconhecer a fraude contra credores e declarar a ineficácia dos negócios jurídicos (transferências de bens imóveis para as empresas ...). 5. Recurso especial não provido" (STJ, 3ª T., REsp 1.092.134/SP, 2008/0220441-3, Rel. Min. Nancy Andrighi, DJe 18.11.2010).

26 RODRIGUES, Silvio. *Direito civil*: parte geral. 34. ed. São Paulo: Saraiva, 2003. v. 1. p. 231-232.

27 AZEVEDO, Álvaro Villaça. *Teoria geral do direito civil*: parte geral. São Paulo: Atlas, 2012. p. 312: "O estado de insolvência deve ser considerado no momento da realização negocial e precisa ser comprovado. Não sendo, portanto, de presumir-se".

28 MONTEIRO, Washington de Barros; PINTO, Ana Cristina de Barros Monteiro França. *Curso de direito civil*: parte geral. 44. ed. São Paulo: Saraiva, 2012. v. 1. p. 285.

29 RODRIGUES, Silvio. *Direito civil*: parte geral. 34. ed. São Paulo: Saraiva, 2003. v. 1. p. 232.

30 MONTEIRO, Washington de Barros; PINTO, Ana Cristina de Barros Monteiro França. *Curso de direito civil*: parte geral. 44. ed. São Paulo: Saraiva, 2012. v. 1. p. 285.

A má-fé fica caracterizada se o contratante (adquirente) sabia da insolvência do devedor, pois, mesmo ciente da situação, celebrou contrato oneroso, participando da fraude contra credores, uma vez que o patrimônio do devedor, consequentemente, sofreu redução. Há presunção legal de que o adquirente sabia da insolvência do devedor (alienante) quando esta é notória ou se havia motivo para ser conhecida por aquele[31].

Como exemplos de situações em que há motivo para a insolvência ser conhecida do outro contratante, mencionam-se o parentesco, a afinidade próxima, a relação de amizade íntima e a convivência entre as partes do negócio jurídico, o preço vil (ou seja, muito inferior ao valor normal), a alienação de todos os bens pelo devedor[32], bem como o fato de a parte já ter anteriormente protestado títulos por ausência de pagamento em que o mesmo contratante figurava como devedor[33].

Se o contratante não tinha ciência da insolvência do devedor, não tinha condições, com diligência ordinária, de saber a respeito, o negócio jurídico é válido, por se tratar de adquirente de boa-fé. Justamente por isso, não há, nesse caso, a presença do intuito malicioso (*concilim fraudis*), uma vez que a intenção fraudulenta se fez presente apenas quanto ao devedor (alienante)[34].

Desse modo, presentes os requisitos legais (art. 159 do Código Civil), quem celebra negócio jurídico oneroso com devedor insolvente participa da fraude. O contratante de boa-fé normalmente evita a realização de negócio jurídico com quem está em estado de insolvência[35].

Se o adquirente dos bens do devedor insolvente ainda não tiver pago o preço e este for, aproximadamente, o corrente, desobrigar-se-á

---

[31] RODRIGUES, Silvio. *Direito civil*: parte geral. 34. ed. São Paulo: Saraiva, 2003. v. 1. p. 232.

[32] RODRIGUES, Silvio. *Direito civil*: parte geral. 34. ed. São Paulo: Saraiva, 2003. v. 1. p. 233.

[33] MONTEIRO, Washington de Barros; PINTO, Ana Cristina de Barros Monteiro França. *Curso de direito civil*: parte geral. 44. ed. São Paulo: Saraiva, 2012. v. 1. p. 285-286.

[34] RODRIGUES, Silvio. *Direito civil*: parte geral. 34. ed. São Paulo: Saraiva, 2003. v. 1. p. 232.

[35] MONTEIRO, Washington de Barros; PINTO, Ana Cristina de Barros Monteiro França. *Curso de direito civil*: parte geral. 44. ed. São Paulo: Saraiva, 2012. v. 1. p. 286.

depositando-o em juízo, com a citação de todos os interessados (art. 160 do Código Civil). Se o preço for inferior, o adquirente, para conservar os bens, poderá depositar o preço que lhes corresponda ao valor real (art. 160, parágrafo único, do Código Civil). Trata-se de hipóteses em que a fraude ainda não foi concluída[36].

O adquirente que ainda não tiver pago o preço, se este for próximo do valor corrente dos bens, fica excluído da fraude contra credores se depositar consignar o valor em juízo, com a citação de todos os interessados. Como nesse caso o preço contratado é justo, o adquirente pode evitar a anulação do negócio jurídico, permanecendo com o bem, por meio da consignação em juízo do valor que ainda não havia sido pago[37].

O adquirente que ainda não tiver pago o preço, se este for inferior ao valor corrente dos bens, fica excluído da fraude contra credores se depositar o preço que corresponda ao valor real, com a citação de todos os interessados. Se o preço contratado não é justo, por ser inferior ao valor normal do bem, há possibilidade de má-fé. Nesse caso, o adquirente pode conservar o bem para si, caso faça a consignação em juízo do valor real ou corrente[38]. Se isso ocorrer, os credores não terão mais interesse nem legitimidade para postular a anulação do negócio jurídico[39].

19.6 PAGAMENTO DE DÍVIDA NÃO VENCIDA

O credor quirografário, que receber do devedor insolvente o pagamento da dívida ainda não vencida, fica obrigado a repor, em proveito do acervo sobre que se tenha de efetuar o concurso de credores, aquilo que recebeu (art. 162 do Código Civil).

---

[36] RODRIGUES, Silvio. *Direito civil*: parte geral. 34. ed. São Paulo: Saraiva, 2003. v. 1. p. 233.

[37] MONTEIRO, Washington de Barros; PINTO, Ana Cristina de Barros Monteiro França. *Curso de direito civil*: parte geral. 44. ed. São Paulo: Saraiva, 2012. v. 1. p. 286.

[38] MONTEIRO, Washington de Barros; PINTO, Ana Cristina de Barros Monteiro França. *Curso de direito civil*: parte geral. 44. ed. São Paulo: Saraiva, 2012. v. 1. p. 286.

[39] RODRIGUES, Silvio. *Direito civil*: parte geral. 34. ed. São Paulo: Saraiva, 2003. v. 1. p. 234.

O dispositivo decorre da previsão de que, em caso de insolvência do devedor, os credores quirografários devem ter o mesmo tratamento. Se um dos credores quirografários recebe de forma antecipada, pois a dívida ainda não estava vencida, há privilégio indevido e prejuízo aos demais credores na mesma condição. Além disso, o devedor insolvente que paga a dívida de forma antecipada age de forma incomum, o que revela o seu intuito fraudulento[40]. Para corrigir a mencionada desigualdade, o credor quirografário deve devolver o valor recebido antecipadamente ao acervo sobre o qual incida o concurso de credores, no qual os credores devem se habilitar para recebimento de seus direitos, para que concorram em condições de igualdade[41]. Para isso, os credores prejudicados podem ajuizar ação para que essa reposição do valor ao acervo seja feita pelo credor que foi beneficiado com o pagamento antecipado[42].

Confirmando o exposto, em caso de insolvência, se não houver título legal à preferência, os credores têm igual direito sobre os bens do devedor comum (art. 957 do Código Civil).

19.7 GARANTIA DE DÍVIDA

Presumem-se fraudatórias dos direitos dos outros credores as garantias de dívidas que o devedor insolvente tiver dado a algum credor (art. 163 do Código Civil). Sendo assim, se o devedor concede direitos preferenciais a certo credor, em prejuízo dos demais, incide em fraude contra credores. Nesse caso, a preferência outorgada pelo devedor, em afronta à regra de paridade entre os credores, pode ser objeto de anulação, a ser pleiteada pelos prejudicados[43].

---

40 RODRIGUES, Silvio. *Direito civil*: parte geral. 34. ed. São Paulo: Saraiva, 2003. v. 1. p. 234.

41 MONTEIRO, Washington de Barros; PINTO, Ana Cristina de Barros Monteiro França. *Curso de direito civil*: parte geral. 44. ed. São Paulo: Saraiva, 2012. v. 1. p. 286-287.

42 RODRIGUES, Silvio. *Direito civil*: parte geral. 34. ed. São Paulo: Saraiva, 2003. v. 1. p. 234.

43 MONTEIRO, Washington de Barros; PINTO, Ana Cristina de Barros Monteiro França. *Curso de direito civil*: parte geral. 44. ed. São Paulo: Saraiva, 2012. v. 1. p. 287.

As mencionadas garantias de dívidas são as que dizem respeito a direitos reais. Nesse sentido, nos termos do art. 1.419 do Código Civil, nas dívidas garantidas por penhor, anticrese ou hipoteca, o bem dado em garantia fica sujeito, por vínculo real, ao cumprimento da obrigação. Em regra, o crédito real prefere ao pessoal de qualquer espécie (art. 961 do Código Civil). Portanto, a concessão pelo devedor de garantia de natureza real a algum credor faz com que este passe a ter título legal de preferência (art. 958 do Código Civil), em prejuízo dos demais credores, que passam a ter tratamento desigual para fins de recebimento de seus créditos. Registre-se que a presunção de fraude estabelecida no art. 163 do Código Civil é absoluta (*juris et de juri*), não podendo ser elidida por prova em contrário, mesmo porque a referida conduta do devedor é incomum, divergindo do comportamento normal de alguém de boa-fé. Se demonstrada a insolvência do devedor, a realização do ato em si, previsto no mencionado dispositivo legal, configura a fraude contra credores[44].

Os credores prejudicados, assim, podem ajuizar ação com pedido de anulação da garantia de dívida concedida pelo devedor insolvente. A anulação, nesse caso, é apenas da preferência concedida a um dos credores, e não do crédito, o qual retorna à natureza de quirografário[45].

19.8 NEGÓCIOS ORDINÁRIOS

Presumem-se de boa-fé e valem os negócios ordinários indispensáveis à manutenção de estabelecimento mercantil, rural ou industrial, ou à subsistência do devedor e de sua família (art. 164 do Código Civil).

Logo, os negócios jurídicos ordinários indispensáveis para se manter a atividade econômica desenvolvida pelo devedor, ou necessários para a subsistência do devedor e de sua família, presumem-se de boa-fé. Essa presunção, embora prevista em lei, é relativa (*juris tantum*), podendo ser elidida por prova em contrário. Vale dizer, caso

---

44 MONTEIRO, Washington de Barros; PINTO, Ana Cristina de Barros Monteiro França. *Curso de direito civil*: parte geral. 44. ed. São Paulo: Saraiva, 2012. v. 1. p. 287.

45 RODRIGUES, Silvio. *Direito civil*: parte geral. 34. ed. São Paulo: Saraiva, 2003. v. 1. p. 235.

demonstrada a fraude, mesmo os referidos negócios jurídicos podem ser objeto de anulação, a ser pleiteada pelos credores prejudicados[46].

19.9 AÇÃO REVOCATÓRIA

É anulável o negócio jurídico por vício resultante de fraude contra credores (art. 171, inciso II, do Código Civil).

É de quatro anos o prazo de decadência para pleitear-se a anulação do negócio jurídico, contado, no caso de fraude contra credores, do dia em que se realizou o negócio jurídico (art. 178, inciso II, do Código Civil).

A ação anulatória em questão é normalmente conhecida como ação revocatória ou pauliana, em razão da origem no Direito Romano, por ter sido introduzida pelo pretor Paulo[47]. Essa ação sem fundamenta na vedação da fraude e no objetivo de evitar que o devedor, por meio da realização de negócios jurídicos, frustre a satisfação dos direitos dos credores, ao se tornar, de forma consciente ou deliberada, insolvente[48].

Na referida demanda, as partes têm o direito de empregar todos os meios legais, bem como os moralmente legítimos, ainda que não especificados no Código de Processo Civil, para provar a verdade dos fatos em que se funda o pedido ou a defesa e influir eficazmente na convicção do juiz (art. 369 do CPC).

A ação, nos casos dos arts. 158 (negócios de transmissão gratuita de bens e remissão de dívida) e 159 (contratos onerosos) do Código Civil, pode ser intentada em face do devedor insolvente, a pessoa que com ele celebrou a estipulação considerada fraudulenta, ou terceiros adquirentes que hajam procedido de má-fé (art. 161 do Código Civil).

Na realidade, a ação revocatória (ou pauliana), na qual se postula a anulação do negócio jurídico por fraude contra credores, tem na-

---

46 MONTEIRO, Washington de Barros; PINTO, Ana Cristina de Barros Monteiro França. *Curso de direito civil*: parte geral. 44. ed. São Paulo: Saraiva, 2012. v. 1. p. 288.

47 MONTEIRO, Washington de Barros; PINTO, Ana Cristina de Barros Monteiro França. *Curso de direito civil*: parte geral. 44. ed. São Paulo: Saraiva, 2012. v. 1. p. 288.

48 RODRIGUES, Silvio. *Direito civil*: parte geral. 34. ed. São Paulo: Saraiva, 2003. v. 1. p. 236.

tureza constitutiva negativa e deve ser ajuizada em face do devedor insolvente e da pessoa que com ele celebrou o negócio jurídico[49]. Tratar de hipótese litisconsórcio passivo necessário[50] e unitário, pois a relação jurídica discutida no processo, envolvendo a anulação ou não do negócio jurídico, tem natureza incindível, devendo ser decidida de modo uniforme para todos os litisconsortes[51].

Esclareça-se que o litisconsórcio é necessário por disposição de lei ou quando, pela natureza da relação jurídica controvertida, a eficácia da sentença depender da citação de todos que devam ser litisconsortes (art. 114 do CPC).

A sentença de mérito, quando proferida sem a integração do contraditório, é nula, se a decisão deveria ser uniforme em relação a todos que deveriam ter integrado o processo (art. 115, inciso I, do CPC). Nos casos de litisconsórcio passivo necessário, o juiz deve determinar ao autor que requeira a citação de todos que devam ser litisconsortes, dentro do prazo que assinar, sob pena de extinção do processo.

O litisconsórcio é unitário quando, pela natureza da relação jurídica, o juiz tiver de decidir o mérito de modo uniforme para todos os litisconsortes (art. 116 do CPC).

Se o bem já tiver sido alienado a outras pessoas, a ação revocatória (ou pauliana) deve ser ajuizada em face do devedor insolvente, da pessoa que com ele celebrou a estipulação considerada fraudulenta

---

49 MONTEIRO, Washington de Barros; PINTO, Ana Cristina de Barros Monteiro França. *Curso de direito civil*: parte geral. 44. ed. São Paulo: Saraiva, 2012. v. 1. p. 289.

50 AZEVEDO, Álvaro Villaça. *Teoria geral do direito civil*: parte geral. São Paulo: Atlas, 2012. p. 320.

51 "3- A ação pauliana tem natureza pessoal, e não real, razão pela qual não é necessária a citação dos cônjuges do devedor-doador e dos donatários. 4- Necessidade, contudo, de citação do cônjuge do devedor que participou do contrato de doação por força do inciso II do art. 10 do Código de Processo Civil. 5- A citação extemporânea de litisconsorte necessário unitário, após decorrido o prazo de quatro anos para a propositura da ação que visa à desconstituição de negócio jurídico realizado com fraude a credores, não enseja a decadência do direito do credor. 6- O direito potestativo, por sua própria natureza, considera-se exercido no momento do ajuizamento da ação, quando então cessa o curso do prazo de decadência em relação a todos os partícipes do ato fraudulento" (STJ, 3ª T., REsp 750.135/RS, 2005/0079583-4, Rel. Min. Paulo de Tarso Sanseverino, DJe 28.04.2011).

e de terceiros adquirentes que hajam procedido de má-fé, a qual deve ser demonstrada[52]. Os direitos de terceiros de boa-fé, entretanto, devem ser preservados[53].

Anulados os negócios fraudulentos, a vantagem resultante deve reverter em proveito do acervo sobre que se tenha de efetuar o concurso de credores (art. 165 do Código Civil). Vale dizer, o patrimônio do devedor é restaurado, com o retorno dos bens àquele, restabelecendo-se a garantia dos devedores para a satisfação de seus direitos. Da mesma forma, com a referida anulação, o valor pago de dívida ainda não vencida é devolvido ao patrimônio do devedor[54].

Se os negócios fraudulentos tinham por único objeto atribuir direitos preferenciais, mediante hipoteca, penhor ou anticrese, sua invalidade importa somente na anulação da preferência ajustada (art. 165, parágrafo único, do Código Civil). Nesse caso específico, o negócio jurídico é mantido, e as preferências concedidas de forma fraudulenta são anuladas[55].

19.10 FRAUDE CONTRA CREDORES E FRAUDE À EXECUÇÃO

Saliente-se que a fraude contra credores não se confunde com a fraude à execução[56].

---

[52] MONTEIRO, Washington de Barros; PINTO, Ana Cristina de Barros Monteiro França. *Curso de direito civil*: parte geral. 44. ed. São Paulo: Saraiva, 2012. v. 1. p. 289.

[53] "Recurso especial. Ação pauliana. Sucessivas alienações de veículo que pertencia ao devedor. Anulação que não alcança os terceiros de boa-fé. 1. Em consonância com o art. 109 do CC/1916 (com redação correspondente no art. 161 do CC/2002), tendo havido sucessivos negócios fraudulentos, cabe resguardar os interesses dos terceiros de boa-fé e condenar tão somente os réus que agiram de má-fé, em prejuízo do autor, a indenizar-lhe pelo valor equivalente ao do bem transmitido em fraude contra o credor. 2. Recursos Especiais providos" (STJ, 3ª T., REsp 1.145.542/RS, 2009/0116221-0, Rel. Min Sidnei Beneti, DJe 19.03.2014).

[54] RODRIGUES, Silvio. *Direito civil*: parte geral. 34. ed. São Paulo: Saraiva, 2003. v. 1. p. 238.

[55] RODRIGUES, Silvio. *Direito civil*: parte geral. 34. ed. São Paulo: Saraiva, 2003. v. 1. p. 238.

[56] MONTEIRO, Washington de Barros; PINTO, Ana Cristina de Barros Monteiro França. *Curso de direito civil*: parte geral. 44. ed. São Paulo: Saraiva, 2012. v. 1. p. 290.

A fraude contra credores é defeito do negócio jurídico, que torna anulável o negócio jurídico[57], sendo regida pelo Direito Civil. Diversamente, a fraude à execução gera a ineficácia do negócio jurídico no processo de execução ou na fase de cumprimento de sentença, sendo regida pelo Direito Processual Civil[58].

A alienação ou a oneração de bem é considerada fraude à execução: I – quando sobre o bem pender ação fundada em direito real ou com pretensão reipersecutória (ou seja, de devolução ou entrega do bem), desde que a pendência do processo tenha sido averbada no respectivo registro público, se houver; II – quando tiver sido averbada, no registro do bem, a pendência do processo de execução, na forma do art. 828 do CPC (sobre averbação da execução no registro de imóveis de veículos ou de outros bens sujeitos a penhora, arresto ou indisponibilidade)[59]; III – quando tiver sido averbado, no registro do bem, hipoteca judiciária ou outro ato de constrição judicial originário do processo onde foi arguida a fraude; IV – quando, ao tempo da alienação ou da oneração, tramitava contra o devedor ação capaz de reduzi-lo à insolvência; V – nos demais casos expressos em lei[60] (art. 792 do CPC).

---

[57] "Fraude contra credores. [...] Consoante a doutrina tradicional, fundada na letra do Código Civil, a hipótese é de anulabilidade" (STJ, 3ª T., REsp 122.523/SP, 1997/0016365-2, Rel. Min. Eduardo Ribeiro, DJ 08.03.1999). Em sentido divergente: "VI. A fraude contra credores, proclamada em ação pauliana, não acarreta a anulação do ato de alienação, mas, sim, a invalidade com relação ao credor vencedor da ação pauliana, e nos limites do débito de devedor para com este" (STJ, 3ª T., REsp 971.884/PR, 2007/0178029-4, Rel. Min. Sidnei Beneti, DJe 16.02.2012). Cf. ainda STJ, 1ª T., REsp 506.312/MS, 2003/0032544-9, Rel. Min. Teori Albino Zavascki, DJ 31.08.2006.

[58] MONTEIRO, Washington de Barros; PINTO, Ana Cristina de Barros Monteiro França. *Curso de direito civil*: parte geral. 44. ed. São Paulo: Saraiva, 2012. v. 1. p. 290. Na jurisprudência: "1. Diferença marcante entre a fraude contra credores e fraude de execução situa-se na categoria do interesse violado com a prática do ato fraudulento. Com efeito, a primeira tem por violado interesse de natureza privada, qual seja o interesse privado do credor. De sua vez, na fraude de execução o interesse infringido é o da própria atividade jurisdicional, ou seja, macula-se o prestígio da própria jurisdição ou do Estado-Juiz" (STJ, 4ª T., REsp 799.440/DF, 2005/0194289-2, Rel. Min. João Otávio de Noronha, DJe 02.02.2010).

[59] "Art. 828. O exequente poderá obter certidão de que a execução foi admitida pelo juiz, com identificação das partes e do valor da causa, para fins de averbação no registro de imóveis, de veículos ou de outros bens sujeitos a penhora, arresto ou indisponibilidade. [...] § 4º Presume-se em fraude à execução a alienação ou a oneração de bens efetuada após a averbação".

[60] "Art. 856. A penhora de crédito representado por letra de câmbio, nota promissória, duplicata, cheque ou outros títulos far-se-á pela apreensão do documento, esteja ou não

Na hipótese do art. 792, inciso IV, do CPC, a fraude à execução fica configurada se a alienação ou a oneração do bem tiver ocorrido quando tramitava em face do devedor demanda capaz de torná-lo insolvente. Portanto, a alienação ou a oneração do bem pode ocorrer na fase de conhecimento, não se exigindo que ocorra durante a execução. A ação deve ser apta a conduzir o devedor à insolvência. Além disso, exige-se a citação válida do devedor, ainda que na ação de conhecimento, para que se configure a fraude à execução (arts. 240 e 312 do CPC)[61].

A alienação em fraude à execução é ineficaz em relação ao exequente (art. 792, § 1º, do CPC).

No caso de aquisição de bem não sujeito a registro, o terceiro adquirente tem o ônus de provar que adotou as cautelas necessárias para a aquisição, mediante a exibição das certidões pertinentes, obtidas no domicílio do vendedor e no local onde se encontra o bem (art. 792, § 2º, do CPC). Vale dizer, em se tratando de bem não sujeito a registro, o terceiro adquirente tem o ônus de provar a sua boa-fé, por meio das providências indicadas.

Na hipótese de aquisição de bem sujeito a registro, se não houver registro da penhora do bem alienado, nem averbação da execução, o exequente tem o ônus de provar a má-fé do terceiro adquirente. Como esclarece a Súmula 375 do STJ: "O reconhecimento da fraude à execução depende do registro da penhora do bem alienado ou da prova de má-fé do terceiro adquirente".

Nos casos de desconsideração da personalidade jurídica, a fraude à execução verifica-se a partir da citação da parte cuja personalidade se

---

este em poder do executado. [...] § 3º Se o terceiro negar o débito em conluio com o executado, a quitação que este lhe der caracterizará fraude à execução".

61 "Agravo interno no agravo em recurso especial. Embargos de terceiro. Alienação no curso de ações de conhecimento com citação válida. Demanda capaz de reduzir o devedor à insolvência. 1. 'Este Superior Tribunal de Justiça consolidou entendimento no sentido de que a alienação ou oneração do bem, para que seja considerada em fraude de execução, deverá ocorrer após a citação válida do devedor, seja no curso da ação de execução, seja durante o processo de conhecimento' (REsp 127.159/MG, Rel. Ministro Antônio de Pádua Ribeiro, Terceira Turma, DJ 13.6.2005). 2. Agravo interno a que se nega provimento" (STJ, 4ª T., AgInt no AREsp 518.944/MG, 2014/0119275-9, Rel. Min. Maria Isabel Gallotti, DJe 14.03.2017).

pretende desconsiderar (art. 792, § 3º, do CPC)[62]. De acordo com o sentido literal dessa previsão legal, em se tratando de desconsideração da personalidade jurídica, a citação exigida seria do réu que figura originariamente no processo. Entretanto, segundo a jurisprudência do Superior Tribunal de Justiça: "é necessário, para a configuração de fraude à execução, que corra contra o próprio devedor a demanda capaz de reduzi-lo à insolvência, exigindo-se, para tanto, que o ato de disposição do bem seja posterior à citação válida do sócio devedor, quando redirecionada a execução originariamente ajuizada contra a pessoa jurídica" (STJ, 3ª T., AgInt no AREsp 1.402.956/SP, 2018/0307669-2, Rel. Min. Marco Aurélio Bellizze, DJe 17.09.2019). Trata-se de entendimento mais coerente, justo e adequado aos fins sociais da lei e do ordenamento jurídico (art. 5º da Lei de Introdução às Normas do Direito Brasileiro e art. 8º do CPC), em harmonia com a necessidade de segurança jurídica nas relações negociais.

Antes de declarar a fraude à execução, o juiz deve intimar o terceiro adquirente, que, se quiser, pode opor embargos de terceiro, no prazo de 15 dias (art. 792, § 4º, do CPC).

A anulação do negócio jurídico em razão da fraude contra credores exige o ajuizamento de ação própria (revocatória ou pauliana). A ineficácia do negócio jurídico decorrente da fraude à execução pode ser reconhecida, de forma incidente, no processo de execução ou fase de cumprimento de sentença, independentemente do ajuizamento de ação específica com esse objetivo[63].

São sujeitos à execução os bens alienados ou gravados com ônus real em fraude à execução, e os bens cuja alienação ou gravação com ônus real tenha sido anulada em razão do reconhecimento, em ação autônoma, de fraude contra credores (art. 790, incisos V e VI, do CPC).

Segundo esclarece a Súmula 195 do STJ: "Em embargos de terceiro não se anula ato jurídico, por fraude contra credores". Como mencionado, a anulação do negócio jurídico com fundamento na

---

[62] "Art. 137. Acolhido o pedido de desconsideração, a alienação ou a oneração de bens, havida em fraude de execução, será ineficaz em relação ao requerente".

[63] MONTEIRO, Washington de Barros; PINTO, Ana Cristina de Barros Monteiro França. *Curso de direito civil*: parte geral. 44. ed. São Paulo: Saraiva, 2012. v. 1. p. 290.

fraude contra credores depende do ajuizamento da ação revocatória, de natureza constitutiva negativa[64].

A situação é diversa no caso de fraude à execução, pois esta não tem como consequência a anulação do negócio jurídico, mas apenas a sua ineficácia na execução. Considera-se terceiro, para ajuizamento dos embargos, o adquirente de bens cuja constrição decorreu de decisão que declara a ineficácia da alienação realizada em fraude à execução (art. 674, § 2º, inciso II, do CPC).

Presume-se fraudulenta a alienação ou oneração de bens ou rendas, ou seu começo, por sujeito passivo em débito para com a Fazenda Pública, por crédito tributário regularmente inscrito como dívida ativa (art. 185 do Código Tributário Nacional, com redação dada pela Lei Complementar 118/2005). Essa previsão não se aplica na hipótese de terem sido reservados, pelo devedor, bens ou rendas suficientes ao total pagamento da dívida inscrita.

A respeito do tema, o Superior Tribunal de Justiça fixou a seguinte tese em recurso repetitivo: "Se o ato translativo foi praticado a partir de 09.06.2005, data de início da vigência da Lei Complementar nº 118/2005, basta a efetivação da inscrição em dívida ativa para a configuração da figura da fraude" (STJ, 1ª Seção, REsp 1.141.990/PR, 2009/0099809-0, Rel. Min. Luiz Fux, DJe 19.11.2010)[65].

---

64 "2. Inviável o reconhecimento da fraude contra credores no bojo de embargos de terceiro, sendo necessária a sua investigação e decretação na via própria da ação pauliana ou revocatória (REsp 471.223/RS, Rel. Ministro Aldir Passarinho Junior, Quarta Turma, julgado em 27/11/2007, DJ 17/12/2007, p. 174)" (STJ, 4ª T., AgRg no AREsp 347.562/RJ, 2013/0151479-6, Rel. Min. Luis Felipe Salomão, DJe 24.09.2013).

65 "9. Conclusivamente: (a) a natureza jurídica tributária do crédito conduz a que a simples alienação ou oneração de bens ou rendas, ou seu começo, pelo sujeito passivo por quantia inscrita em dívida ativa, sem a reserva de meios para quitação do débito, gera presunção absoluta (jure et de jure) de fraude à execução (lei especial que se sobrepõe ao regime do direito processual civil); (b) a alienação engendrada até 08.06.2005 exige que tenha havido prévia citação no processo judicial para caracterizar a fraude de execução; se o ato translativo foi praticado a partir de 09.06.2005, data de início da vigência da Lei Complementar nº 118/2005, basta a efetivação da inscrição em dívida ativa para a configuração da figura da fraude; (c) a fraude de execução prevista no artigo 185 do CTN encerra presunção jure et de jure, conquanto componente do elenco das 'garantias do crédito tributário'; (d) a inaplicação do artigo 185 do CTN, dispositivo que não condiciona a ocorrência de fraude a qualquer registro público, importa violação da cláusula

Conforme esclareceu o Superior Tribunal de Justiça: "não há como afastar a presunção de fraude, com amparo na Súmula 375 do STJ, quando se tratar de execução fiscal, em que há legislação específica, qual seja, o art. 185 do CTN, na redação dada pela LC 118/2005, cujo escopo não é resguardar o direito do terceiro de boa-fé adquirente a título oneroso, mas sim de proteger o interesse público contra atos de dilapidação patrimonial por parte do devedor, porquanto o recolhimento dos tributos serve à satisfação das necessidades coletivas" (STJ, 1ª Seção, EDcl no REsp 1.141.990/PR, 2009/0099809-0, Rel. Min. Napoleão Nunes Maia Filho, DJe 21.11.2018).

Portanto, segundo a jurisprudência, não se aplica à execução fiscal a Súmula 375 do Superior Tribunal de Justiça. Sendo assim, há presunção absoluta da fraude à execução quando a alienação é realizada após a inscrição do crédito tributário em dívida ativa (art. 185 do CTN), ou, se a alienação ocorreu em data anterior à entrada em vigor da Lei Complementar 118/2005, presume-se fraudulenta quando feita após a citação do devedor, o que torna desnecessária a discussão sobre a má-fé do adquirente (STJ, 1ª T., AgInt no REsp 1.873.654/PR, 2020/0109379-6, Rel. Min. Napoleão Nunes Maia Filho, DJe 23.10.2020).

Nesse sentido, a fraude à execução prevista no art. 185 do Código Tributário Nacional, com redação dada pela Lei Complementar 118/2005, é de natureza absoluta, gerando a ineficácia do negócio jurídico, independentemente da boa-fé do terceiro adquirente (STJ, 2ª T., AgInt no REsp 1.825.297/RS, 2019/0198233-3, Rel. Min. Og Fernandes, DJe 22.10.2020).

Além disso, considera-se em fraude à execução a alienação mesmo quando há transferências sucessivas do bem, realizadas após a inscrição do crédito em dívida ativa, sendo desnecessário comprovar a má-fé do terceiro adquirente (STJ, 2ª T., REsp 1.833.644/PB, 2019/0250866-2, Rel. Min. Herman Benjamin, DJe 18.10.2019).

Havendo declaração de insolvência, e instituição do concurso de credores, a discussão pode versar não apenas sobre a preferência entre

---

reserva de Plenário e afronta à Súmula Vinculante nº 10 do STF" (STJ, 1ª Seção, REsp 1.141.990/PR, 2009/0099809-0, Rel. Min. Luiz Fux, DJe 19.11.2010).

eles disputada, mas também sobre a nulidade, simulação, fraude ou falsidade das dívidas e contratos (art. 956 do Código Civil).

No âmbito dos registros públicos, o registro do imóvel pode ser retificado ou anulado por sentença em processo contencioso, ou por efeito do julgado em ação de anulação ou de declaração de nulidade de negócio jurídico, ou de julgado sobre fraude à execução (art. 216 da Lei 6.015/1973).

No Direito Empresarial, a ineficácia e a revogação de atos praticados antes da falência são disciplinadas nos arts. 129 a 138 da Lei 11.101/2005[66].

No Direito das Sucessões, quando o herdeiro prejudicar os seus credores, renunciando à herança, eles podem, com autorização do juiz, aceitá-la em nome do renunciante (art. 1.813 do Código Civil). Nesse caso, a habilitação dos credores deve ser feita no prazo de 30 dias seguintes ao conhecimento do fato. Pagas as dívidas do renunciante, prevalece a renúncia da herança quanto ao remanescente, que deve ser devolvido aos demais herdeiros.

[66] AZEVEDO, Álvaro Villaça. *Teoria geral do direito civil*: parte geral. São Paulo: Atlas, 2012. p. 321-322.

CAPÍTULO

20

SIMULAÇÃO

20.1 CONCEITO

A simulação envolve a divergência intencional entre a vontade real e a vontade declarada[1], de modo a celebrar negócio jurídico meramente aparente, que na realidade não se deseja realizar, ou que encobre, sob certa roupagem, o negócio jurídico efetivamente pretendido. Trata-se de manifestação de vontade feita mediante falsidade ou engano, com objetivo de alcançar efeito distinto do formalmente apresentado[2].

A simulação, portanto, é declaração de vontade enganosa, que tem como objetivo produzir efeito jurídico diverso do que foi manifestado de forma ostensiva. O negócio jurídico simulado é meramente aparente, não correspondendo ao que é pretendido pelas partes. Envolve, assim, uma aparência divergente da realidade, o que é deliberado, de forma

---

1 GOMES, Orlando. *Introdução ao direito civil*. 19. ed., revista, atualizada e aumentada por Edvaldo Brito e Reginalda Paranhos de Brito. Rio de Janeiro: Forense, 2007. p. 381.

2 MONTEIRO, Washington de Barros; PINTO, Ana Cristina de Barros Monteiro França. *Curso de direito civil*: parte geral. 44. ed. São Paulo: Saraiva, 2012. v. 1. p. 272.

consciente, pelas partes, em regra com o intuito de enganar terceiros ou de violar a lei[3].

Na simulação, embora a declaração de vontade seja livre e consciente, o negócio jurídico aparente é utilizado com o propósito de encobrir outro negócio jurídico, que as partes almejam dissimular ou esconder (simulação relativa), ou o negócio jurídico é mera aparência, mas as partes, na realidade, não pretendem celebrar nenhum negócio jurídico, não havendo, assim, qualquer relação jurídica efetiva entre as partes (simulação absoluta)[4].

Na esfera processual, convencendo-se, pelas circunstâncias, de que autor e réu se serviram do processo para praticar ato simulado ou conseguir fim vedado por lei, o juiz proferirá decisão que impeça os objetivos das partes, aplicando, de ofício, as penalidades da litigância de má-fé (art. 142 do CPC).

A decisão de mérito, transitada em julgado, pode ser rescindida quando resultar de simulação ou colusão entre as partes, a fim de fraudar a lei (art. 966, inciso III, do CPC).

No caso, têm legitimidade para propor a ação rescisória o terceiro juridicamente interessado e o Ministério Público, quando a decisão rescindenda é o efeito de simulação ou de colusão das partes, a fim de fraudar a lei (art. 967, inciso II e inciso III, *b*, do CPC).

Como exemplos de simulação, podem ser mencionadas a realização de negócio jurídico com pessoa interposta, a ocultação do verdadeiro preço na compra e venda e a inserção de data falsa no documento. Os objetivos da simulação podem ser, ainda exemplificando, fraudar a lei, fraudar o poder público quanto a tributos devidos, prejudicar credores, prejudicar terceiros e ocultar certo negócio jurídico[5].

---

3 RODRIGUES, Silvio. *Direito civil*: parte geral. 34. ed. São Paulo: Saraiva, 2003. v. 1. p. 294-295. Na jurisprudência: "2. Há simulação quando, com intuito de ludibriar terceiros, o negócio jurídico é celebrado para garantir direitos a pessoas diversas daquelas às quais realmente se conferem ou transmitem" (STJ, 3ª T., REsp 1.195.615/TO, 2010/0093083-7, Rel. Min. Ricardo Villas Bôas Cueva, DJe 29.10.2014).

4 RODRIGUES, Silvio. *Direito civil*: parte geral. 34. ed. São Paulo: Saraiva, 2003. v. 1. p. 295-297.

5 MONTEIRO, Washington de Barros; PINTO, Ana Cristina de Barros Monteiro França. *Curso de direito civil*: parte geral. 44. ed. São Paulo: Saraiva, 2012. v. 1. p. 272-273.

No Código Civil de 1916, a simulação era prevista como defeito do negócio jurídico (arts. 102 a 105). Como consequência, o negócio jurídico era anulável (art. 147, inciso II).

Com o Código Civil de 2002, é nulo o negócio jurídico simulado, mas subsistirá o que se dissimulou, se válido for na substância e na forma (art. 167 do Código Civil).

20.2 CARACTERÍSTICAS

A simulação, em regra, é declaração bilateral de vontade, envolvendo o concerto entre as partes, ou com aqueles a quem se dirige, não correspondendo à intenção delas, tendo como objetivo enganar terceiros[6].

A simulação, em princípio, não se confunde com a reserva mental, pois esta é unilateral, e quem seria enganado é a outra parte do negócio jurídico. Na reserva mental, a pessoa manifesta a vontade, mas, internamente, quanto à vontade real, não quer o que declarou. Apesar disso, a manifestação de vontade subsiste, salvo se o destinatário tinha conhecimento da reserva mental (art. 110 do Código Civil). Se o destinatário sabia que o declarante, na realidade, não queria aquilo que manifestou, o negócio jurídico pode ser invalidado[7]. Nessa hipótese, o negócio jurídico é nulo, pois equivale à simulação (art. 167 do Código Civil)[8].

O negócio jurídico simulado normalmente é bilateral, envolvendo declaração de vontade das partes. A simulação é realizada com a ciência da outra parte, embora não seja conhecida por terceiros. No dolo, diversamente, uma das partes ou o terceiro provoca o engano da outra parte. Na simulação, a vontade real diverge da vontade declarada no

---

6 MONTEIRO, Washington de Barros; PINTO, Ana Cristina de Barros Monteiro França. *Curso de direito civil*: parte geral. 44. ed. São Paulo: Saraiva, 2012. v. 1. p. 273.

7 MONTEIRO, Washington de Barros; PINTO, Ana Cristina de Barros Monteiro França. *Curso de direito civil*: parte geral. 44. ed. São Paulo: Saraiva, 2012. v. 1. p. 278-279.

8 GOMES, Orlando. *Introdução ao direito civil*. 19. ed., revista, atualizada e aumentada por Edvaldo Brito e Reginalda Paranhos de Brito. Rio de Janeiro: Forense, 2007. p. 383. Cf. ainda GAGLIANO, Pablo Stolze; PAMPLONA FILHO, Rodolfo. *Novo curso de direito civil*: parte geral. 6. ed. São Paulo: Saraiva, 2005. v. 1. p. 406-408.

negócio jurídico aparentemente celebrado, ou seja, as partes ocultam sua efetiva intenção. Essa divergência entre a vontade real e a declaração é consciente e pretendida pelas partes[9]. O objetivo da simulação é enganar terceiros, fazendo com que estes achem ser verdadeiro o negócio jurídico, mas este é mera roupagem que não corresponde ao objetivo pretendido pelas partes[10].

Por exemplo, o cônjuge adúltero, para afastar a incidência do art. 550 do Código Civil[11], realiza doação ao seu cúmplice, mas por meio de compra e venda simulada. A compra e venda, nesse caso, é negócio jurídico bilateral, que decorre do ajuste entre as partes (cônjuge adúltero e seu cúmplice), mas não corresponde à vontade destas, sendo feita com o intuito de enganar terceiros (cônjuge e herdeiros necessários)[12].

Como consequência, é nulo o negócio jurídico simulado (aparente), mas deve subsistir o que se dissimulou (isto é, o negócio jurídico que se ocultou, desejado pelas partes), se válido for na substância e na forma (art. 167 do Código Civil).

20.3 CLASSIFICAÇÃO

A simulação poder ser classificada em absoluta e relativa[13].

A simulação absoluta é a declaração de vontade que envolve negócio jurídico meramente aparente, ou seja, ilusório, mas as partes não têm intenção de realizar nenhum negócio jurídico. Como exemplo, pode-se fazer referência ao devedor que simula a venda de todos os seus bens a terceiro, com o objetivo de afastar a possibilidade de serem penhora-

---

9 RODRIGUES, Silvio. *Direito civil*: parte geral. 34. ed. São Paulo: Saraiva, 2003. v. 1. p. 297.

10 MONTEIRO, Washington de Barros; PINTO, Ana Cristina de Barros Monteiro França. *Curso de direito civil*: parte geral. 44. ed. São Paulo: Saraiva, 2012. v. 1. p. 273-274.

11 "Art. 550. A doação do cônjuge adúltero ao seu cúmplice pode ser anulada pelo outro cônjuge, ou por seus herdeiros necessários, até dois anos depois de dissolvida a sociedade conjugal".

12 MONTEIRO, Washington de Barros; PINTO, Ana Cristina de Barros Monteiro França. *Curso de direito civil*: parte geral. 44. ed. São Paulo: Saraiva, 2012. v. 1. p. 274.

13 GOMES, Orlando. *Introdução ao direito civil*. 19. ed., revista, atualizada e aumentada por Edvaldo Brito e Reginalda Paranhos de Brito. Rio de Janeiro: Forense, 2007. p. 382.

dos em execução movida pelo credor, mas na realidade as partes não pretenderam celebrar nenhum negócio jurídico. Ainda exemplificando, o marido, antes de se divorciar, simula dívida com terceiro, com o fim de reduzir o patrimônio do casal e, consequentemente, a meação devida à esposa na partilha dos bens[14].

A simulação relativa pode incidir sobre a natureza do negócio jurídico (por exemplo, a celebração de contrato de compra e venda aparente, para encobrir contrato de doação), o conteúdo ou objeto do negócio jurídico (por exemplo, no contrato de compra e venda, as partes indicam o preço em valor inferior ao verdadeiro) e a pessoa que participa do negócio jurídico (quando o negócio jurídico é realizado com interposição de pessoa)[15].

A simulação é relativa quando se celebra negócio jurídico aparente, mas este é distinto do negócio jurídico oculto (dissimulado) que, na realidade, as partes pretendem realizar. Por exemplo, a doação feita pelo cônjuge adúltero ao seu cúmplice, por meio de compra e venda aparente. Nessa hipótese, há o negócio jurídico ostensivo e o negócio jurídico verdadeiramente desejado (encoberto). A simulação é relativa, ainda, quando o negócio jurídico não é celebrado entre as partes, inserindo-se uma pessoa interposta, apenas com o intuito de encobrir a verdadeira intenção daquelas. Como exemplo, para afastar a incidência do art. 496 do Código Civil[16], o ascendente simula a celebração de contrato de compra e venda com terceiro, e este, posteriormente, transfere o bem ao descendente, concretizando o objetivo almejado desde o início. Nesse caso, a simulação apenas se consuma se o bem for transmitido ao verdadeiro adquirente. Por fim, a simulação é relativa quando os dados inseridos pelas partes a respeito do negócio jurídico não são verdadeiros. Por exemplo, na escritura pública de compra e venda de imóvel, as partes fazem constar o preço em valor inferior ao verdadeiro, com o objetivo de reduzir o valor do tributo devido.

---

[14] MONTEIRO, Washington de Barros; PINTO, Ana Cristina de Barros Monteiro França. *Curso de direito civil*: parte geral. 44. ed. São Paulo: Saraiva, 2012. v. 1. p. 274-275.

[15] RODRIGUES, Silvio. *Direito civil*: parte geral. 34. ed. São Paulo: Saraiva, 2003. v. 1. p. 298.

[16] "Art. 496. É anulável a venda de ascendente a descendente, salvo se os outros descendentes e o cônjuge do alienante expressamente houverem consentido".

Nessa hipótese, tem-se a simulação parcial, pois subsiste o negócio jurídico, mas o poder público pode cobrar a diferença de valor do tributo devido. Nessa hipótese, a simulação também pode constituir crime de falsidade documental[17].

Na falsidade ideológica, constitui crime omitir, em documento público ou particular, declaração que dele devia constar, ou nele inserir ou fazer inserir declaração falsa ou diversa da que devia ser escrita, com o fim de prejudicar direito, criar obrigação ou alterar a verdade sobre fato juridicamente relevante (art. 299 do Código Penal).

A simulação, por envolver declaração de vontade em contrariedade à vontade real, celebrando negócio jurídico aparente, diverso do que é pretendido pelas partes, não se confunde com a falsificação material do documento ou adulteração física do instrumento[18]. A falsificação de documento particular é crime previsto no art. 298 do Código Penal, com a seguinte redação: falsificar, no todo ou em parte, documento particular ou alterar documento particular verdadeiro.

Haverá simulação nos negócios jurídicos quando: I – aparentarem conferir ou transmitir direitos a pessoas diversas daquelas às quais realmente se conferem, ou transmitem; II – contiverem declaração, confissão, condição ou cláusula não verdadeira; III – os instrumentos particulares forem antedatados, ou pós-datados (art. 167, § 1º, do Código Civil).

O inciso I do § 1º do art. 167 do Código Civil é a simulação por *interposição de pessoa*. O negócio jurídico aparenta transferir direito a certa pessoa, mas esta nada recebe e o seu nome apenas é utilizado para encobrir a pessoa que realmente recebe o direito. O inciso II do § 1º do art. 167 do Código Civil é a simulação por *ocultação da verdade*. Nesse caso, a simulação por ser absoluta ou relativa, como anteriormente analisado, em decorrência de declaração, confissão, condição ou cláusula que não seja verdadeira O inciso III do § 1º do art. 167 do Código Civil é a simulação por *falsidade de data*. Nessa

---

17 MONTEIRO, Washington de Barros; PINTO, Ana Cristina de Barros Monteiro França. *Curso de direito civil*: parte geral. 44. ed. São Paulo: Saraiva, 2012. v. 1. p. 275-276.

18 MONTEIRO, Washington de Barros; PINTO, Ana Cristina de Barros Monteiro França. *Curso de direito civil*: parte geral. 44. ed. São Paulo: Saraiva, 2012. v. 1. p. 279.

hipótese, a data inserida no documento é falsa, ou seja, não corresponde à data verdadeira[19].

A simulação era classificada em inocente e maliciosa (ou fraudulenta)[20].

A simulação inocente não tem como objetivo afrontar a lei, nem prejudicar terceiros. Por exemplo, a simulação com objetivo de apenas evitar questionamento de natureza moral ou atritos entre pessoas próximas. Desse modo, a simulação seria tolerada pelo sistema jurídico. Nesse sentido, o art. 103 do Código Civil de 1916 previa que a simulação não seria considerada defeito do negócio jurídico quando não houvesse intenção de prejudicar a terceiros ou de violar disposição de lei. Entretanto, o Código Civil de 2002 não faz mais referência a essa modalidade de simulação[21]. Portanto, aplica-se o art. 167 do Código Civil, ao prever que é nulo o negócio jurídico simulado (ou seja, aparente), mas deve subsistir o que se dissimulou (ou seja, o negócio jurídico oculto, pretendido pelas partes), se válido for na substância e na forma[22].

A simulação maliciosa ou fraudulenta é que tem como objetivo violar a lei ou prejudicar o poder público (fisco) ou terceiros[23]. Nesse caso, o negócio jurídico simulado é nulo[24]. Ainda assim, ficam ressalvados os direitos de terceiros de boa-fé em face das partes do negócio jurídico simulado (art. 167, § 2º, do Código Civil)[25].

---

[19] MONTEIRO, Washington de Barros; PINTO, Ana Cristina de Barros Monteiro França. *Curso de direito civil*: parte geral. 44. ed. São Paulo: Saraiva, 2012. v. 1. p. 276.

[20] RODRIGUES, Silvio. *Direito civil*: parte geral. 34. ed. São Paulo: Saraiva, 2003. v. 1. p. 298-299.

[21] MONTEIRO, Washington de Barros; PINTO, Ana Cristina de Barros Monteiro França. *Curso de direito civil*: parte geral. 44. ed. São Paulo: Saraiva, 2012. v. 1. p. 277. Cf. ainda TARTUCE, Flávio. *Direito civil*: lei de introdução e parte geral. 4. ed. São Paulo: Método, 2008. v. 1. p. 376-377.

[22] GAGLIANO, Pablo Stolze; PAMPLONA FILHO, Rodolfo. *Novo curso de direito civil*: parte geral. 6. ed. São Paulo: Saraiva, 2005. v. 1. p. 405.

[23] RODRIGUES, Silvio. *Direito civil*: parte geral. 34. ed. São Paulo: Saraiva, 2003. v. 1. p. 299.

[24] MONTEIRO, Washington de Barros; PINTO, Ana Cristina de Barros Monteiro França. *Curso de direito civil*: parte geral. 44. ed. São Paulo: Saraiva, 2012. v. 1. p. 277.

[25] AZEVEDO, Álvaro Villaça. *Teoria geral do direito civil*: parte geral. São Paulo: Atlas, 2012. p. 348: "Terceiro é o não contratante, que, no caso da simulação, é atingido pe-

20.4 FRAUDE À LEI

Na simulação com o fim de violar a lei tem-se a chamada fraude à lei[26].

Nessa hipótese, a pessoa, com o intuito de afastar a incidência de norma cogente, utiliza procedimento aparentemente lícito. Na fraude à lei, o agente, com o objetivo de burlar norma imperativa, cria situação ou realiza ato meramente formal e aparente, que não corresponde à realidade, para se livrar da incidência da lei. Com isso, a pessoa obtém, de forma indireta, o efeito ou resultado que o ordenamento jurídico proíbe[27]. Portanto, descoberta a fraude à lei, o negócio jurídico simulado é nulo (art. 167 do Código Civil) e deve ser aplicada a sanção por descumprimento da norma imperativa[28].

Na fraude à lei o negócio jurídico realizado, aparentemente, é lícito. Entretanto, na realidade, oculta-se sob a roupagem meramente formal utilizada pelas partes a intenção de burlar a previsão legal[29].

É nulo o negócio jurídico quando tiver por objetivo fraudar lei imperativa (art. 166, inciso VI, do Código Civil)[30].

Na esfera trabalhista, tendo em vista a natureza de ordem pública das normas que disciplinam a relação jurídica de emprego, serão nu-

---

los efeitos maléficos do negócio simulado. A proteção contra esse prejuízo é a boa-fé. Desconhecendo o procedimento simulado, encontra-se o terceiro, que não participou do negócio, com esse estado de espírito de estar pautando suas atitudes corretamente".

26 RODRIGUES, Silvio. *Direito civil*: parte geral. 34. ed. São Paulo: Saraiva, 2003. v. 1. p. 299.

27 GOMES, Orlando. *Introdução ao direito civil*. 19. ed., revista, atualizada e aumentada por Edvaldo Brito e Reginalda Paranhos de Brito. Rio de Janeiro: Forense, 2007. p. 122: "Há *fraude à lei* com a realização, por meios lícitos, de fins que ela não permite sejam atingidos diretamente, por adversos à sua disposição" (destaques do original). Na jurisprudência: "I – Age em fraude à lei, quem exercendo uma sequência de atos lícitos obtém resultado contrário ao preceito jurídico" (STJ, 1ª T., REsp 207.484/SP, 1999/0021867-1, Rel. Min. Humberto Gomes de Barros, DJ 10.04.2000).

28 RODRIGUES, Silvio. *Direito civil*: parte geral. 34. ed. São Paulo: Saraiva, 2003. v. 1. p. 299-300.

29 MONTEIRO, Washington de Barros; PINTO, Ana Cristina de Barros Monteiro França. *Curso de direito civil*: parte geral. 44. ed. São Paulo: Saraiva, 2012. v. 1. p. 283.

30 RODRIGUES, Silvio. *Direito civil*: parte geral. 34. ed. São Paulo: Saraiva, 2003. v. 1. p. 302.

los de pleno direito os atos praticados com o objetivo de desvirtuar, impedir ou fraudar a aplicação dos preceitos contidos na Consolidação das Leis do Trabalho (art. 9º da CLT).

20.5 NULIDADE DO NEGÓCIO JURÍDICO SIMULADO

Em se tratando de simulação absoluta, o negócio jurídico simulado é nulo (art. 167 do Código Civil) e, como não há outro negócio jurídico encoberto, nada subsiste, devendo as partes ser restituídas ao estado em que antes dele se achavam (art. 182 do Código Civil)[31].

Em caso de simulação relativa, o negócio jurídico simulado (aparente) é nulo, mas subsiste o negócio jurídico dissimulado (encoberto), se válido, ou seja, lícito, na substância (conteúdo) e na forma (art. 167, *caput*, do Código Civil)[32]. O aproveitamento do negócio jurídico dissimulado exige que este não afronte a lei, nem direitos de terceiros, devendo preencher os requisitos de validade (art. 104 do Código Civil), com fundamento no princípio da conservação dos negócios jurídicos[33].

Ressalvam-se os direitos de terceiros de boa-fé em face dos contraentes do negócio jurídico simulado (art. 167, § 2º, do Código Civil). Anulado o negócio jurídico, as partes, em regra, devem ser restituídas ao estado em que antes dele se achavam. Não sendo possível restituí-las a esse estado anterior, as partes devem ser indenizadas com o equivalente (art. 182 do Código Civil).

No Direito das Sucessões, são nulas as disposições testamentárias em favor de pessoas não legitimadas a suceder, ainda quando simuladas sob a forma de contrato oneroso, ou feitas mediante interposta pessoa (art. 1.802 do Código Civil). Presumem-se pessoas interpostas os ascendentes, os descendentes, os irmãos e o cônjuge ou companheiro do não legitimado a suceder.

---

31 RODRIGUES, Silvio. *Direito civil*: parte geral. 34. ed. São Paulo: Saraiva, 2003. v. 1. p. 300.

32 RODRIGUES, Silvio. *Direito civil*: parte geral. 34. ed. São Paulo: Saraiva, 2003. v. 1. p. 300-301.

33 TARTUCE, Flávio. *Direito civil*: lei de introdução e parte geral. 4. ed. São Paulo: Método, 2008. v. 1. p. 378.

Aplica-se à simulação o art. 169 do Código Civil, no sentido de que o negócio jurídico nulo não é suscetível de confirmação, nem convalesce pelo decurso do tempo. Se, porém, o negócio jurídico nulo contiver os requisitos de outro, subsistirá este quando o fim a que visavam as partes permitir supor que o teriam querido, se houvessem previsto a nulidade (art. 170 do Código Civil)[34].

Registre-se o entendimento de que, na simulação fraudulenta, quem dela participou não pode alegar a própria torpeza[35]. Nesse enfoque, as partes do negócio jurídico simulado não teriam legitimidade para alegar a simulação, em conflito entre si ou com terceiros. O terceiro que sofreu prejuízo tem legitimidade e interesse para alegar a simulação e pleitear o reconhecimento da nulidade do negócio jurídico[36]. Esclareça-se que para postular em juízo é necessário ter interesse e legitimidade (art. 17 do CPC).

Com o Código Civil de 2002, a simulação, por ser hipótese de nulidade, pode ser alegada por qualquer interessado, ou pelo Ministério Público, quando lhe couber intervir (art. 168 do Código Civil). Além disso, a nulidade deve ser pronunciada pelo juiz, quando conhecer do negócio jurídico ou dos seus efeitos e as encontrar provadas, não lhe sendo permitido supri-las, ainda que a requerimento das partes (art. 168, parágrafo único, do Código Civil)[37].

---

[34] MONTEIRO, Washington de Barros; PINTO, Ana Cristina de Barros Monteiro França. *Curso de direito civil*: parte geral. 44. ed. São Paulo: Saraiva, 2012. v. 1. p. 280.

[35] RODRIGUES, Silvio. *Direito civil*: parte geral. 34. ed. São Paulo: Saraiva, 2003. v. 1. p. 301.

[36] MONTEIRO, Washington de Barros; PINTO, Ana Cristina de Barros Monteiro França. *Curso de direito civil*: parte geral. 44. ed. São Paulo: Saraiva, 2012. v. 1. p. 277-278.

[37] "Processual Civil. Recurso Especial. Simulação. Nulidade absoluta. Art. 168 do CC 2002. Reconhecimento de ofício. Prescinde de ação própria. Recurso especial da Fazenda Nacional a que se dá provimento. 1. A simulação no Código Civil de 1916 era causa de anulabilidade do ato jurídico, conforme previsão do seu art. 147, II. O atual Código Civil de 2002, considera a simulação como fator determinante de nulidade do negócio jurídico, dada a sua gravidade. 2. Os arts. 168, parágrafo único, e 169 do Código Civil, consubstanciam a chamada teoria das nulidades, proclamam que o negócio jurídico nulo é insuscetível de confirmação, não sendo permitido nem mesmo ao Juiz suprimir a nulidade, ainda que haja expresso requerimento das partes. 3. O entendimento atual do Superior Tribunal de Justiça é de que a nulidade absoluta é insanável, podendo assim ser declarada de ofício. 4. Logo, se o Juiz deve conhecer de ofício a nulidade absoluta, sendo a simulação causa de nulidade do negócio jurídico, sua alegação prescinde de Ação própria. 5. Diante do exposto, dá-se

Vale dizer, como a simulação deve ser conhecida até mesmo de ofício pelo juiz, por se tratar de matéria de ordem pública, ela pode ser alegada por qualquer interessado, inclusive por uma das partes em face da outra[38].

Na ação judicial com pedido de reconhecimento de nulidade do negócio jurídico com fundamento em simulação, entende-se que todos os que participaram do negócio simulado devem ser citados[39], em litisconsórcio passivo necessário e unitário.

O litisconsórcio é necessário por disposição de lei ou quando, pela natureza da relação jurídica controvertida, a eficácia da sentença depender da citação de todos que devam ser litisconsortes (art. 114 do CPC).

A sentença de mérito, quando proferida sem a integração do contraditório, será nula, se a decisão deveria ser uniforme em relação a todos que deveriam ter integrado o processo (art. 115, inciso I, do CPC). No caso de litisconsórcio passivo necessário, o juiz determinará ao autor que requeira a citação de todos que devam ser litisconsortes, dentro do prazo que assinar, sob pena de extinção do processo.

O litisconsórcio é unitário quando, pela natureza da relação jurídica, o juiz tiver de decidir o mérito de modo uniforme para todos os litisconsortes (art. 116 do CPC).

É lícito à parte provar com testemunhas, nos contratos simulados, a divergência entre a vontade real e a vontade declarada (art. 446, inciso I, do CPC).

---

provimento ao Recurso Especial da Fazenda Nacional para determinar o retorno dos autos à origem a fim de que seja analisada a alegada Simulação" (STJ, 1ª T., REsp 1.582.388/PE, 2016/0022870-6, Rel. Min. Napoleão Nunes Maia Filho, DJe 09.12.2019).

38 "6. Com o advento do CC/02 ficou superada a regra que constava do art. 104 do CC/1916, pela qual, na simulação, os simuladores não poderiam alegar o vício um contra o outro, pois ninguém poderia se beneficiar da própria torpeza. O art. 167 do CC/02 alçou a simulação como causa de nulidade do negócio jurídico. Sendo a simulação uma causa de nulidade do negócio jurídico, pode ser alegada por uma das partes contra a outra (Enunciado nº 294/CJF da IV Jornada de Direito Civil). Precedentes e Doutrina. 7. O negócio jurídico simulado é nulo e consequentemente ineficaz, ressalvado o que nele se dissimulou (art. 167, 2ª parte, do CC/02)" (STJ, 3ª T., REsp 1.501.640/SP, 2014/0192308-6, Rel. Min. Moura Ribeiro, DJe 06.12.2018).

39 MONTEIRO, Washington de Barros; PINTO, Ana Cristina de Barros Monteiro França. *Curso de direito civil*: parte geral. 44. ed. São Paulo: Saraiva, 2012. v. 1. p. 278.

CAPÍTULO

21

INVALIDADE DO NEGÓCIO JURÍDICO

21.1 CLASSIFICAÇÃO

Os negócios jurídicos com imperfeições podem ser classificados, conforme a gravidade destas, em negócios jurídicos inexistentes, nulos e anuláveis[1].

A inexistência, a nulidade e a anulabilidade são sanções jurídicas, estabelecidas em decorrência de imperfeições dos negócios jurídicos[2].

A ausência de elemento essencial do negócio jurídico gera a sua inexistência em termos jurídicos[3]. A inobservância de requisitos de vali-

---

1 MONTEIRO, Washington de Barros; PINTO, Ana Cristina de Barros Monteiro França. *Curso de direito civil*: parte geral. 44. ed. São Paulo: Saraiva, 2012. v. 1. p. 335.

2 GOMES, Orlando. *Introdução ao direito civil*. 19. ed., revista, atualizada e aumentada por Edvaldo Brito e Reginalda Paranhos de Brito. Rio de Janeiro: Forense, 2007. p. 423: "A invalidade é a *sanção* imposta pela lei ao negócio praticado em desobediência ao que prescreve, ou no qual é defeituosa a vontade do agente" (destaque do original).

3 TARTUCE, Flávio. *Direito civil*: lei de introdução e parte geral. 4. ed. São Paulo: Método, 2008. v. 1. p. 383.

dade, que qualificam os elementos essenciais ou constitutivos do negócio jurídico, gera a sua nulidade[4], como nos casos de negócio jurídico celebrado por pessoa absolutamente incapaz, com objeto ilícito ou sem a observância da forma exigida por lei. Ainda no plano da validade, a incapacidade relativa do agente e o defeito do negócio jurídico, decorrente de vício do consentimento ou vício social (erro, dolo, coação, estado de perigo, lesão ou fraude contra credores), gera a sua anulabilidade[5].

O negócio jurídico inexistente é considerado simples fato, não tendo aptidão para produzir consequências jurídicas[6]. Por exemplo, em suposta compra e venda sem objeto, que é elemento essencial do negócio jurídico, este é inexistente em termos jurídicos[7]. Ainda exemplificando, se não há manifestação de vontade, em razão de coação física, o negócio jurídico é inexistente[8]. Os negócios jurídicos inexistentes, assim, não produzem efeitos jurídicos[9].

A inexistência do negócio jurídico pode ser reconhecida a qualquer tempo, não havendo incidência de prazo prescricional, nem de decadência, independentemente do ajuizamento de ação específica[10]. Ainda assim, registre-se que o interesse do autor pode limitar-se à declaração da existência, da inexistência ou do modo de ser de uma relação jurídica (art. 19, inciso I, do CPC). Admite-se, portanto, o ajuizamento de ação declaratória para se reconhecer a inexistência do negócio jurídico[11].

---

4 TARTUCE, Flávio. *Direito civil*: lei de introdução e parte geral. 4. ed. São Paulo: Método, 2008. v. 1. p. 385.

5 MONTEIRO, Washington de Barros; PINTO, Ana Cristina de Barros Monteiro França. *Curso de direito civil*: parte geral. 44. ed. São Paulo: Saraiva, 2012. v. 1. p. 335-336.

6 GOMES, Orlando. *Introdução ao direito civil*. 19. ed., revista, atualizada e aumentada por Edvaldo Brito e Reginalda Paranhos de Brito. Rio de Janeiro: Forense, 2007. p. 420-421.

7 MONTEIRO, Washington de Barros; PINTO, Ana Cristina de Barros Monteiro França. *Curso de direito civil*: parte geral. 44. ed. São Paulo: Saraiva, 2012. v. 1. p. 336.

8 GAGLIANO, Pablo Stolze; PAMPLONA FILHO, Rodolfo. *Novo curso de direito civil*: parte geral. 6. ed. São Paulo: Saraiva, 2005. v. 1. p. 420.

9 TARTUCE, Flávio. *Direito civil*: lei de introdução e parte geral. 4. ed. São Paulo: Método, 2008. v. 1. p. 383.

10 RODRIGUES, Silvio. *Direito civil*: parte geral. 34. ed. São Paulo: Saraiva, 2003. v. 1. p. 291.

11 AZEVEDO, Álvaro Villaça. *Teoria geral do direito civil*: parte geral. São Paulo: Atlas, 2012. p. 338.

As nulidades do negócio jurídico são classificadas em absolutas e relativas. As nulidades absolutas tornam o negócio jurídico nulo (art. 166 do Código Civil). As nulidades relativas tornam o negócio jurídico anulável (art. 171 do Código Civil)[12].

A nulidade absoluta decorre de violações a preceitos de ordem pública e de interesse geral. Desse modo, a nulidade absoluta é sanção de maior gravidade, como consequência do descumprimento de normas imperativas, consideradas de relevância social[13]. A nulidade relativa ou anulabilidade[14] decorre de afronta a preceitos de interesse das partes. Trata-se de sanção mais leve, em que a contrariedade ao sistema jurídico é considerada de menor gravidade[15], por envolver interesses privados[16].

Os negócios jurídicos que tiveram a nulidade absoluta ou relativa pronunciada, em regra, não produzem efeitos ou deixam de produzir efeitos[17]. Como se pode notar, embora a nulidade absoluta ou relativa esteja situada no plano da validade do negócio jurídico, há reflexos no plano da eficácia do negócio jurídico.

Se o negócio jurídico existe e é válido, por observar os requisitos legais (art. 104 do Código Civil), em regra, produzirá os efeitos pretendidos, salvo se houver elemento acidental que suspenda ou postergue a sua eficácia, como a condição suspensiva e o termo. Se ocorrer a invalidação do negócio jurídico, por ser nulo ou anulável, o negócio jurídico não produz efeitos ou deixa de produzir efeitos[18].

---

12 MONTEIRO, Washington de Barros; PINTO, Ana Cristina de Barros Monteiro França. *Curso de direito civil*: parte geral. 44. ed. São Paulo: Saraiva, 2012. v. 1. p. 336.

13 GOMES, Orlando. *Introdução ao direito civil*. 19. ed., revista, atualizada e aumentada por Edvaldo Brito e Reginalda Paranhos de Brito. Rio de Janeiro: Forense, 2007. p. 423-424.

14 GAGLIANO, Pablo Stolze; PAMPLONA FILHO, Rodolfo. *Novo curso de direito civil*: parte geral. 6. ed. São Paulo: Saraiva, 2005. v. 1. p. 427.

15 MONTEIRO, Washington de Barros; PINTO, Ana Cristina de Barros Monteiro França. *Curso de direito civil*: parte geral. 44. ed. São Paulo: Saraiva, 2012. v. 1. p. 337.

16 GOMES, Orlando. *Introdução ao direito civil*. 19. ed., revista, atualizada e aumentada por Edvaldo Brito e Reginalda Paranhos de Brito. Rio de Janeiro: Forense, 2007. p. 428.

17 RODRIGUES, Silvio. *Direito civil*: parte geral. 34. ed. São Paulo: Saraiva, 2003. v. 1. p. 283-284.

18 RODRIGUES, Silvio. *Direito civil*: parte geral. 34. ed. São Paulo: Saraiva, 2003. v. 1. p. 284.

Em regra, a nulidade impede que o negócio jurídico produza efeitos[19]. Há hipóteses excepcionais, entretanto, em que o negócio jurídico, mesmo sendo nulo, produz efeitos, como no casamento putativo[20].

Embora anulável ou mesmo nulo, se contraído de boa-fé por ambos os cônjuges, o casamento, em relação a estes como aos filhos, produz todos os efeitos até o dia da sentença anulatória (art. 1.561 do Código Civil).

Se um dos cônjuges estava de boa-fé ao celebrar o casamento, os seus efeitos civis só a ele e aos filhos aproveitarão (art. 1.561, § 1º, do Código Civil). Se ambos os cônjuges estavam de má-fé ao celebrar o casamento, os seus efeitos civis só aos filhos aproveitarão (art. 1.561, § 2º, do Código Civil).

A sentença que decretar a nulidade do casamento retroage à data da sua celebração, sem prejudicar a aquisição de direitos, a título oneroso, por terceiros de boa-fé, nem a resultante de sentença transitada em julgado (art. 1.563 do Código Civil).

21.2 DISTINÇÃO ENTRE NULIDADE E ANULABILIDADE

Em termos conceituais, a anulabilidade (ou nulidade relativa) é prevista em defesa do interesse privado do sujeito prejudicado ou de certo grupo de pessoas. A nulidade (absoluta) é prevista no interesse da sociedade, com fundamento na ordem pública. Há outras diferenças, a seguir indicadas[21].

A anulabilidade pode ser alegada somente pelos interessados (art. 177, segunda parte, do Código Civil). A nulidade pode ser alegada por qualquer interessado, ou pelo Ministério Público, quando lhe couber intervir (art. 168 do Código Civil).

---

19 RODRIGUES, Silvio. *Direito civil*: parte geral. 34. ed. São Paulo: Saraiva, 2003. v. 1. p. 284.

20 RODRIGUES, Silvio. *Direito civil*: parte geral. 34. ed. São Paulo: Saraiva, 2003. v. 1. p. 286.

21 MONTEIRO, Washington de Barros; PINTO, Ana Cristina de Barros Monteiro França. *Curso de direito civil*: parte geral. 44. ed. São Paulo: Saraiva, 2012. v. 1. p. 337-338.

A anulabilidade é pronunciada em razão de pedido do interessado, não podendo ser decretada de ofício (art. 177, primeira parte, do Código Civil). A nulidade deve ser pronunciada de ofício pelo juiz (art. 168, parágrafo único, primeira parte, do Código Civil).

A anulabilidade pode ser sanada, de forma expressa ou tácita, pela confirmação das partes (arts. 172 a 175 do Código Civil). A nulidade não é suscetível de confirmação (art. 169, primeira parte, do Código Civil).

A anulabilidade pode ser suprida pelo juiz a requerimento das partes. A nulidade não pode ser suprida pelo juiz, ainda que a requerimento das partes (art. 168, parágrafo único, segunda parte, do Código Civil).

A anulabilidade está sujeita a prazo de decadência (arts. 178 e 179 do Código Civil), de modo que convalesce pelo decurso do tempo. A anulabilidade é pronunciada por meio de ação constitutiva negativa, sujeita, assim, a prazo de decadência, e não de prescrição. A nulidade não convalesce pelo decurso do tempo (art. 169, segunda parte, do Código Civil). A declaração da nulidade, no sentido do reconhecimento da nulidade absoluta, não está sujeita a prazo de prescrição, nem de decadência[22].

A anulabilidade, para ser pronunciada, deve ser pleiteada em ação judicial, e a sua decretação não tem efeito antes de julgada por sentença (art. 177, primeira parte, do Código Civil). A nulidade deve ser pronunciada pelo juiz quando conhecer do negócio jurídico ou dos seus efeitos e as encontrar provadas (art. 168, parágrafo único, primeira parte, do Código Civil).

O negócio jurídico nulo, em regra, não produz efeitos. O negócio jurídico anulável produz efeitos até ser julgado por sentença[23].

A sentença que reconhece a nulidade absoluta é meramente declaratória. Vale dizer, a decisão judicial apenas reconhece a nulidade já estabelecida pela lei[24]. Nesse enfoque, em se tratando de nulidade

[22] RODRIGUES, Silvio. *Direito civil*: parte geral. 34. ed. São Paulo: Saraiva, 2003. v. 1. p. 289-290.

[23] RODRIGUES, Silvio. *Direito civil*: parte geral. 34. ed. São Paulo: Saraiva, 2003. v. 1. p. 286.

[24] GOMES, Orlando. *Introdução ao direito civil*. 19. ed., revista, atualizada e aumentada por Edvaldo Brito e Reginalda Paranhos de Brito. Rio de Janeiro: Forense, 2007. p. 425: "O

absoluta, o negócio jurídico é nulo de pleno direito (*pleno jure*)[25]. A sentença que pronuncia a nulidade relativa é constitutiva negativa. Em caso de nulidade relativa, a anulação do negócio jurídico depende de pedido do prejudicado e do seu pronunciamento por sentença judicial (art. 177 do Código Civil)[26].

Nas relações de consumo, são *nulas de pleno* direito as cláusulas contratuais relativas ao fornecimento de produtos e serviços que incidam em quaisquer das hipóteses dos incisos do art. 51 da Lei 8.078/1990 (cláusulas abusivas)[27].

É facultado a qualquer consumidor ou entidade que o represente requerer ao Ministério Público que ajuíze a competente ação para ser *declarada a nulidade* de cláusula contratual que contrarie o disposto no Código de Defesa do Consumidor ou de qualquer forma não assegure o justo equilíbrio entre direitos e obrigações das partes (art. 51, § 4º, da Lei 8.078/1990).

21.3 NULIDADE

A nulidade, em sentido amplo, é a sanção estabelecida pela lei em decorrência do descumprimento de suas previsões, gerando, em regra, a retirada da eficácia do negócio jurídico[28]. Trata-se, em essência, da consequência da inobservância de requisitos exigidos para a validade do negócio jurídico.

---

juiz não anula; apenas declara a nulidade, pois é a própria lei que lhe recusa validade *ab origine*. Diz-se, por isto, que a nulidade opera de pleno direito".

[25] MONTEIRO, Washington de Barros; PINTO, Ana Cristina de Barros Monteiro França. *Curso de direito civil*: parte geral. 44. ed. São Paulo: Saraiva, 2012. v. 1. p. 338.

[26] RODRIGUES, Silvio. *Direito civil*: parte geral. 34. ed. São Paulo: Saraiva, 2003. v. 1. p. 286.

[27] "Código de Defesa do Consumidor. [...] 4. A Terceira Turma desta Casa, com base na função social do contrato e na boa-fé objetiva, firmou recente orientação no sentido de que é abusiva a cláusula contratual que limita a responsabilidade pelos vícios de construção, porquanto inerentes à natureza do contrato" (STJ, 3ª T., AgInt nos EDcl no REsp 1.819.467/SP, 2019/0162706-4, Rel. Min. Marco Aurélio Bellizze, DJe 25.06.2020).

[28] DINIZ, Maria Helena. *Curso de direito civil brasileiro*: teoria geral do direito civil. 29. ed. São Paulo: Saraiva, 2012. v. 1. p. 583.

Sendo assim, primeiramente, cabe verificar as hipóteses de nulidade absoluta, em que há afronta a preceitos de ordem pública[29].

É nulo o negócio jurídico quando:

I – celebrado por pessoa absolutamente incapaz;

II – for ilícito, impossível ou indeterminável o seu objeto;

III – o motivo determinante, comum a ambas as partes, for ilícito;

IV – não revestir a forma prescrita em lei;

V – for preterida alguma solenidade que a lei considere essencial para a sua validade;

VI – tiver por objetivo fraudar lei imperativa;

VII – a lei taxativamente o declarar nulo, ou proibir-lhe a prática, sem cominar sanção (art. 166 do Código Civil).

São absolutamente incapazes de exercer pessoalmente os atos da vida civil os menores de 16 anos (art. 3º do Código Civil). Cf. Capítulo 2, item 2.6.

Como a inobservância dos requisitos de validade do negócio jurídico gera a sua nulidade (art. 166, incisos I a V, do Código Civil), a respeito do tema, remete-se ao leitor para o Capítulo 11, item 11.4.

Como a nulidade do negócio jurídico quando tiver por objetivo fraudar lei imperativa (art. 166, inciso VI, do Código Civil) diz respeito à fraude à lei, remete-se o leitor ao Capítulo 20, item 20.4.

A nulidade *expressa* ou *textual* do negócio jurídico ocorre nas hipóteses em que a lei taxativamente o declarar nulo (art. 166, inciso VII, primeira parte, do Código Civil). Por exemplo, é nula a doação de todos os bens sem reserva de parte, ou renda suficiente para a subsistência do doador (art. 548 do Código Civil). É nula a cláusula que proíbe ao proprietário alienar imóvel hipotecado (art. 1.475 do Código Civil). A nulidade *implícita* ou *virtual* do negócio jurídico ocorre nas hipóteses em que a lei proibir-lhe a prática, sem cominar

[29] TARTUCE, Flávio. *Direito civil*: lei de introdução e parte geral. 4. ed. São Paulo: Método, 2008. v. 1. p. 385.

sanção (art. 166, inciso VII, segunda parte, do Código Civil). Por exemplo, não pode ser objeto de contrato a herança de pessoa viva (art. 426 do Código Civil). No contrato de doação, não se pode renunciar antecipadamente o direito de revogar a liberalidade por ingratidão do donatário (art. 556 do Código Civil)[30].

É nulo o negócio jurídico simulado, mas subsistirá o que se dissimulou, se válido for na substância e na forma (art. 167 do Código Civil).

Há simulação nos negócios jurídicos quando: I – aparentarem conferir ou transmitir direitos a pessoas diversas daquelas às quais realmente se conferem, ou transmitem; II – contiverem declaração, confissão, condição ou cláusula não verdadeira; III – os instrumentos particulares forem antedatados, ou pós-datados (art. 167, § 1º, do Código Civil).

Ressalvam-se os direitos de terceiros de boa-fé em face dos contraentes do negócio jurídico simulado (art. 167, § 2º, do Código Civil). A respeito da simulação, remete-se o leitor ao Capítulo 20.

As nulidades acima indicadas podem ser alegadas por qualquer interessado, ou pelo Ministério Público, quando lhe couber intervir (art. 168 do Código Civil).

As nulidades devem ser pronunciadas pelo juiz, quando conhecer do negócio jurídico ou dos seus efeitos e as encontrar provadas, não lhe sendo permitido supri-las, ainda que a requerimento das partes (art. 168, parágrafo único, do Código Civil). Sendo assim, se em determinada processo um negócio jurídico nulo for apresentado, o juiz, ao conhecer do referido ato ou dos seus efeitos, deve reconhecer a sua nulidade, de ofício, caso esteja provada[31], ainda que de forma incidental, ou seja, na fundamentação da sentença (art. 489, inciso II, do CPC), independentemente do ajuizamento de ação específica.

Para que a nulidade seja objeto de decisão judicial de forma principal, e não apenas incidental, constando do dispositivo da sentença (art.

---

30 TARTUCE, Flávio. *Direito civil*: lei de introdução e parte geral. 4. ed. São Paulo: Método, 2008. v. 1. p. 386. Cf. ainda AZEVEDO, Álvaro Villaça. *Teoria geral do direito civil*: parte geral. São Paulo: Atlas, 2012. p. 342.

31 RODRIGUES, Silvio. *Direito civil*: parte geral. 34. ed. São Paulo: Saraiva, 2003. v. 1. p. 287.

489, inciso I, do CPC), é possível a propositura de ação declaratória de nulidade do negócio jurídico (art. 19 do CPC), notadamente quando esta for objeto de controvérsia. Há casos em que o pronunciamento da nulidade exige o ajuizamento de ação com esse objetivo[32]. Nesse sentido, a decretação de nulidade de casamento, pelo motivo previsto no art. 1.548 do Código Civil, pode ser promovida mediante ação direta, por qualquer interessado, ou pelo Ministério Público (art. 1.549 do Código Civil).

O negócio jurídico nulo não é suscetível de confirmação, nem convalesce pelo decurso do tempo (art. 169 do Código Civil)[33]. Em razão da gravidade das afrontas ao sistema jurídico que geram a nulidade, esta não pode ser sanada, e o negócio jurídico nulo não pode ser confirmado pelas partes, nem pode se tornar válido em razão do tempo transcorrido[34]. Em caso de nulidade absoluta, se as partes quiserem realizar igual negócio jurídico, devem celebrá-lo novamente por completo, desta vez de forma válida, sem considerar o primeiro[35].

A declaração da nulidade, em si, não está sujeita a prazo de prescrição[36], por não se tratar de pretensão exercida por meio de ação

---

[32] MONTEIRO, Washington de Barros; PINTO, Ana Cristina de Barros Monteiro França. *Curso de direito civil*: parte geral. 44. ed. São Paulo: Saraiva, 2012. v. 1. p. 338-339.

[33] "2. A simulação é causa de nulidade absoluta do negócio jurídico simulado, insuscetível, portanto, de prescrição ou de decadência, nos termos dos arts. 167 e 169 do CC. Precedentes" (STJ, 4ª T., AgInt no AREsp 1.557.349/SP, 2019/0228442-0, Rel. Min. Raul Araújo, DJe 25.05.2020).

[34] MONTEIRO, Washington de Barros; PINTO, Ana Cristina de Barros Monteiro França. *Curso de direito civil*: parte geral. 44. ed. São Paulo: Saraiva, 2012. v. 1. p. 339.

[35] RODRIGUES, Silvio. *Direito civil*: parte geral. 34. ed. São Paulo: Saraiva, 2003. v. 1. p. 288. Na jurisprudência: "5. O negócio jurídico nulo não se convalesce com a passagem do tempo e nem é suscetível de confirmação pelas partes. Porém, isso não impede que, depois de removido o óbice que gerou a nulidade do negócio, as partes renovem o ato antes nulo, inclusive com efeitos retroativos, sem os vícios que antes inquinavam o contrato. Tal conclusão se extrai da mesma lógica de direito intertemporal segundo a principiologia do *tempus regit actum*. É dizer, se é verdade que o direito futuro não convalida ato jurídico nulo praticado no passado, também é certo que o direito pretérito e já superado não invalida ato praticado no futuro, muito menos tem a força de impedir a prática de ato disciplinado por um novo cenário normativo. 6. Assim, não mais existindo o óbice legal que antes invalidava o ato, as partes contratantes podem renovar o negócio jurídico outrora nulo sem incorrer nos mesmos vícios e, em razão da autonomia da vontade, manifesta ou tácita, fazer retroagir os efeitos da renovação à origem da relação negocial" (STJ, 4ª T., REsp 1.273.955/RN, 2011/0188462-5, Rel. Min. Luis Felipe Salomão, DJe 15.08.2014).

[36] AZEVEDO, Álvaro Villaça. *Teoria geral do direito civil*: parte geral. São Paulo: Atlas, 2012. p. 350.

condenatória (art. 189 do Código Civil), nem a prazo de decadência, por não se objeto de ação constitutiva, mas sim de ação declaratória (art. 19 do CPC). É admissível a ação meramente declaratória, ainda que tenha ocorrido a violação do direito (art. 20 do CPC).

Se, porém, o negócio jurídico nulo contiver os requisitos de outro, subsistirá este quando o fim a que visavam as partes permitir supor que o teriam querido, se houvessem previsto a nulidade (art. 170 do Código Civil)[37]. Trata-se da conversão do negócio jurídico nulo, com fundamento no princípio da conservação dos negócios jurídicos[38].

Preenchidos os requisitos legais, admite-se a conversão do negócio jurídico nulo em outro negócio jurídico. Para isso, o negócio jurídico nulo deve conter os elementos existenciais e requisitos de validade do outro negócio (requisito objetivo). Além disso, deve ser possível supor que as partes teriam querido o outro negócio jurídico, se partes

---

[37] "4. Constatada abusividade dos encargos pactuados na cláusula de comissão de permanência, deverá o juiz decotá-los, preservando, tanto quanto possível, a vontade das partes manifestada na celebração do contrato, em homenagem ao princípio da conservação dos negócios jurídicos consagrado nos artigos 139 e 140 do Código Civil alemão e reproduzido no artigo 170 do Código Civil brasileiro. 5. A decretação de nulidade de cláusula contratual é medida excepcional, somente adotada se impossível o seu aproveitamento" (STJ, 3ª T., 2ª Seção, REsp 1.063.343/RS, 2008/0128904-9, Rel. p/ ac. Min. João Otávio De Noronha, DJe 16.11.2010).

[38] "3. O contrato de doação é, por essência, solene, exigindo a lei, sob pena de nulidade, que seja celebrado por escritura pública ou instrumento particular, salvo quando tiver por objeto bens móveis e de pequeno valor. 4. A despeito da inexistência de formalidade essencial, o que, *a priori*, ensejaria a invalidação da suposta doação, certo é que houve a efetiva tradição de bem móvel fungível (dinheiro), da recorrente a sua filha, o que produziu, à época, efeitos na esfera patrimonial de ambas e agora está a produzir efeitos hereditários. 5. Em situações como essa, o art. 170 do CC/02 autoriza a conversão do negócio jurídico, a fim de que sejam aproveitados os seus elementos prestantes, considerando que as partes, ao celebrá-lo, têm em vista os efeitos jurídicos do ato, independentemente da qualificação que o Direito lhe dá (princípio da conservação dos atos jurídicos). 6. Na hipótese, sendo nulo o negócio jurídico de doação, o mais consentâneo é que se lhe converta em um contrato de mútuo gratuito, de fins não econômicos, porquanto é incontroverso o efetivo empréstimo do bem fungível, por prazo indeterminado, e, de algum modo, a intenção da beneficiária de restituí-lo. 7. Em sendo o negócio jurídico convertido em contrato de mútuo, tem a recorrente, com o falecimento da filha, legitimidade ativa e interesse de agir para cobrar a dívida do espólio, a fim de ter restituída a coisa emprestada" (STJ, 3ª T., REsp 1.225.861/RS, 2010/0207570-4, Rel. Min. Nancy Andrighi, DJe 26.05.2014).

tivessem previsto a nulidade, considerando o objetivo que buscavam alcançar (requisito subjetivo). Ou seja, exige-se que as partes queiram o outro negócio jurídico para o qual o negócio nulo será convertido[39]. Registre-se o entendimento de que a conversão do negócio jurídico é aplicável nos casos de nulidade absoluta ou relativa[40].

A respeito da invalidade parcial do negócio jurídico, cf. item 21.12.

21.4 ANULABILIDADE

A anulabilidade do negócio jurídico decorre da inobservância de preceitos de interesse das partes[41]. Sendo assim, cabe verificar as hipóteses de nulidade relativa.

Além dos casos expressamente declarados na lei, é anulável o negócio jurídico:

I – por incapacidade relativa do agente;

II – por vício resultante de erro, dolo, coação, estado de perigo, lesão ou fraude contra credores (art. 171 do Código Civil).

Cabe lembrar que são incapazes, relativamente a certos atos ou à maneira de os exercer: I – os maiores de 16 e menores de 18 anos; II – os ébrios habituais e os viciados em tóxico; III – aqueles que, por causa transitória ou permanente, não puderem exprimir sua vontade; IV – os pródigos (art. 4º do Código Civil). A capacidade dos indígenas é regulada por legislação especial. Cf. Capítulo 2, itens 2.7 a 2.9.

Há casos em que a anulabilidade é expressamente prevista na lei (art. 171, *caput*, primeira parte, do Código Civil), como se verifica

---

[39] TARTUCE, Flávio. *Direito civil*: lei de introdução e parte geral. 4. ed. São Paulo: Método, 2008. v. 1. p. 388-389.

[40] GAGLIANO, Pablo Stolze; PAMPLONA FILHO, Rodolfo. *Novo curso de direito civil*: parte geral. 6. ed. São Paulo: Saraiva, 2005. v. 1. p. 435-436.

[41] TARTUCE, Flávio. *Direito civil*: lei de introdução e parte geral. 4. ed. São Paulo: Método, 2008. v. 1. p. 390.

no art. 1.649 do Código Civil[42], que faz remissão ao art. 1.647 do Código Civil[43].

Ainda como exemplo, é anulável a venda de ascendente a descendente, salvo se os outros descendentes e o cônjuge do alienante expressamente houverem consentido (art. 496 do Código Civil)[44]. Em ambos os casos, dispensa-se o consentimento do cônjuge se o regime de bens for o da separação obrigatória (art. 496, parágrafo único, do Código Civil).

A respeito dos vícios ou defeitos do negócio jurídico (art. 171, inciso II, do Código Civil), remete-se o leitor aos Capítulos 13 a 19.

A anulabilidade não tem efeito antes de julgada por sentença[45], nem se pronuncia de ofício. Só os interessados podem alegar a anulabilidade, e aproveita exclusivamente aos que a alegarem, salvo o caso de solidariedade ou indivisibilidade (art. 177 do Código Civil). Logo, ainda que o juiz perceba que o negócio jurídico é anulável, esta não pode ser pronunciada de ofício pelo juiz, por depender de alegação dos interessados, em ação ajuizada com pedido de anulação do negócio jurídico[46].

---

[42] "Art. 1.649. A falta de autorização, não suprida pelo juiz, quando necessária (art. 1.647), tornará anulável o ato praticado, podendo o outro cônjuge pleitear-lhe a anulação, até dois anos depois de terminada a sociedade conjugal. Parágrafo único. A aprovação torna válido o ato, desde que feita por instrumento público, ou particular, autenticado".

[43] "Art. 1.647. Ressalvado o disposto no art. 1.648, nenhum dos cônjuges pode, sem autorização do outro, exceto no regime da separação absoluta: I – alienar ou gravar de ônus real os bens imóveis; II – pleitear, como autor ou réu, acerca desses bens ou direitos; III – prestar fiança ou aval; IV – fazer doação, não sendo remuneratória, de bens comuns, ou dos que possam integrar futura meação. Parágrafo único. São válidas as doações nupciais feitas aos filhos quando casarem ou estabelecerem economia separada".

[44] "3. A jurisprudência desta eg. Corte Superior já proclamou que a natureza do vício da venda direta de ascendente a descendente, sem o consentimento dos demais descendentes, é de hipótese de anulabilidade do ato jurídico, e não de nulidade de pleno direito; e o prazo para o exercício da ação anulatória é de 2 (dois) anos, a contar da conclusão do ato. Precedentes. Incidência da Súmula nº 568 do STJ" (STJ, 3ª T., AgInt no REsp 1.707.739/MT, 2017/0286774-7, Rel. Min. Moura Ribeiro, DJe 26.08.2020).

[45] GOMES, Orlando. *Introdução ao direito civil*. 19. ed., revista, atualizada e aumentada por Edvaldo Brito e Reginalda Paranhos de Brito. Rio de Janeiro: Forense, 2007. p. 427: "O negócio anulável produz efeitos até ser anulado".

[46] MONTEIRO, Washington de Barros; PINTO, Ana Cristina de Barros Monteiro França. *Curso de direito civil*: parte geral. 44. ed. São Paulo: Saraiva, 2012. v. 1. p. 339.

21.5 CONFIRMAÇÃO DO NEGÓCIO JURÍDICO ANULÁVEL

O negócio anulável pode ser confirmado pelas partes, salvo direito de terceiro (art. 172 do Código Civil). Como a anulabilidade envolve imperfeições de menor gravidade, pode ser sanada, por meio da confirmação do negócio jurídico anulável pelas partes. A ratificação, assim, retira o vício do negócio jurídico, o que retroage à data do início, ou seja, da sua celebração[47], mas devem ser respeitados os direitos de terceiros. Em razão dessa ressalva, entende-se que não se pode confirmar um negócio jurídico anulável, se foi já realizado, posteriormente, outro negócio jurídico (gerando direitos a outra pessoa) que se opõe ao primeiro, pois os direitos da pessoa envolvida nesse segundo negócio jurídico devem ser preservados[48].

A confirmação do negócio jurídico anulável pode ser expressa ou tácita[49].

O ato de confirmação deve conter a substância do negócio celebrado e a vontade expressa de mantê-lo (art. 173 do Código Civil)[50]. Se o negócio jurídico que se pretende confirmar foi celebrado por escritura pública, por ser forma essencial ou da substância do ato (arts. 107 a 109 do Código Civil), a confirmação também deve ser realizada por escritura pública[51]. Nessa modalidade de confirmação do negócio jurídico anulável, as partes devem deixar expressa a vontade de mantê-lo, ou seja, ratificá-lo[52].

---

47 RODRIGUES, Silvio. *Direito civil*: parte geral. 34. ed. São Paulo: Saraiva, 2003. v. 1. p. 289.

48 MONTEIRO, Washington de Barros; PINTO, Ana Cristina de Barros Monteiro França. *Curso de direito civil*: parte geral. 44. ed. São Paulo: Saraiva, 2012. v. 1. p. 340.

49 MONTEIRO, Washington de Barros; PINTO, Ana Cristina de Barros Monteiro França. *Curso de direito civil*: parte geral. 44. ed. São Paulo: Saraiva, 2012. v. 1. p. 340.

50 AZEVEDO, Álvaro Villaça. *Teoria geral do direito civil*: parte geral. São Paulo: Atlas, 2012. p. 357: "Para que a confirmação seja correta, portanto, ela precisa conter a substância do negócio viciado, não no sentido de reproduzi-lo, integralmente, mas no de identificar perfeitamente qual o negócio que está sendo confirmado, com suas partes principais. Por outro lado, é preciso que fique bem nítida a vontade expressa de aceitar o negócio confirmado, sanando-se, assim, o defeito deste".

51 MONTEIRO, Washington de Barros; PINTO, Ana Cristina de Barros Monteiro França. *Curso de direito civil*: parte geral. 44. ed. São Paulo: Saraiva, 2012. v. 1. p. 341.

52 RODRIGUES, Silvio. *Direito civil*: parte geral. 34. ed. São Paulo: Saraiva, 2003. v. 1. p. 289.

É escusada a confirmação expressa, quando o negócio já foi cumprido em parte pelo devedor, ciente do vício que o inquinava (art. 174 do Código Civil). A confirmação tácita do negócio jurídico anulável, assim, tem como requisitos o cumprimento, ainda que parcial, do negócio jurídico pelo devedor, bem como a ciência do vício que incidia sobre o negócio jurídico[53].

A confirmação expressa, ou a execução voluntária de negócio anulável, nos termos dos arts. 172 a 174 do Código Civil, importa a extinção de todas as ações, ou exceções, de que contra ele dispusesse o devedor (art. 175 do Código Civil). Logo, havendo a confirmação do negócio jurídico, a anulabilidade não pode mais ser alegada, nem a anulação pode mais ser postulada pelo interessado. Ocorre, assim, a renúncia, de forma expressa ou tácita, dos meios para anular o negócio jurídico[54]. A confirmação, nesse enfoque, é a renúncia do direito de anular o negócio jurídico[55], a qual tem caráter irrevogável[56].

Quando a anulabilidade do ato resultar da falta de autorização de terceiro, será validado se este a der posteriormente (art. 176 do Código Civil). A confirmação pelas partes e a autorização de terceiro retroagem à data da celebração do negócio jurídico. Desse modo, a confirmação e a autorização operam efeitos *ex tunc*, afastando a anulabilidade desde o início, como se o negócio jurídico não tivesse o vício desde o momento em que foi celebrado[57].

A confirmação não expressa do negócio jurídico anulável também ocorre em razão da decadência, ou seja, quando a anulação não é pleiteada pelo interessado, por meio do ajuizamento de ação própria, no prazo previsto em lei (arts. 178 e 179 do Código Civil)[58]. Nessa

---

53 MONTEIRO, Washington de Barros; PINTO, Ana Cristina de Barros Monteiro França. *Curso de direito civil*: parte geral. 44. ed. São Paulo: Saraiva, 2012. v. 1. p. 341.

54 MONTEIRO, Washington de Barros; PINTO, Ana Cristina de Barros Monteiro França. *Curso de direito civil*: parte geral. 44. ed. São Paulo: Saraiva, 2012. v. 1. p. 341.

55 RODRIGUES, Silvio. *Direito civil*: parte geral. 34. ed. São Paulo: Saraiva, 2003. v. 1. p. 288.

56 AZEVEDO, Álvaro Villaça. *Teoria geral do direito civil*: parte geral. São Paulo: Atlas, 2012. p. 359.

57 MONTEIRO, Washington de Barros; PINTO, Ana Cristina de Barros Monteiro França. *Curso de direito civil*: parte geral. 44. ed. São Paulo: Saraiva, 2012. v. 1. p. 342.

58 RODRIGUES, Silvio. *Direito civil*: parte geral. 34. ed. São Paulo: Saraiva, 2003. v. 1. p. 289.

hipótese, em razão do decurso do tempo, o negócio jurídico anulável convalesce e, com isso, fica tacitamente ratificado[59].

21.6 PRAZOS PARA ANULAÇÃO DO NEGÓCIO JURÍDICO

Em se tratando de nulidade relativa, a anulação do negócio jurídico está sujeita a prazo de decadência, por ser objeto de ação constitutiva negativa, e não a prazo de prescrição, por não envolver pretensão exercida por meio de ação condenatória, decorrente de violação do direito (art. 189 do Código Civil).

É de quatro anos o prazo de decadência para pleitear-se a anulação do negócio jurídico, contado: I – no caso de coação, do dia em que ela cessar; II – no de erro, dolo, fraude contra credores, estado de perigo ou lesão, do dia em que se realizou o negócio jurídico; III – no de atos de incapazes, do dia em que cessar a incapacidade (art. 178 do Código Civil).

Quando a lei dispuser que determinado ato é anulável, sem estabelecer prazo para pleitear-se a anulação, será este de dois anos, a contar da data da conclusão do ato (art. 179 do Código Civil)[60].

21.7 OBRIGAÇÃO ASSUMIDA POR INCAPAZ

O menor, entre 16 e 18 anos, não pode, para eximir-se de uma obrigação, invocar a sua idade se dolosamente a ocultou quando inquirido pela outra parte, ou se, no ato de obrigar-se, declarou-se maior (art. 180 do Código Civil).

O menor relativamente incapaz (art. 4º, inciso I, do Código Civil) participa do negócio jurídico, mas deve ser assistido pelos representantes legais (pais ou tutor), conforme arts. 1.634, inciso VII, e 1.747, inciso

---

[59] RODRIGUES, Silvio. *Direito civil*: parte geral. 34. ed. São Paulo: Saraiva, 2003. v. 1. p. 302.

[60] AZEVEDO, Álvaro Villaça. *Teoria geral do direito civil*: parte geral. São Paulo: Atlas, 2012. p. 364.

I, do Código Civil. Se essa exigência não for observada, o negócio jurídico é anulável (art. 171, inciso I, do Código Civil)[61].

Há casos, ainda, em que se prevê a nomeação de curador especial ao menor. Sempre que no exercício do poder familiar colidir o interesse dos pais com o do filho, a requerimento deste ou do Ministério Público o juiz lhe dará curador especial (art. 1.692 do Código Civil). Quem institui um menor herdeiro, ou legatário seu, pode nomear-lhe curador especial para os bens deixados, ainda que o beneficiário se encontre sob o poder familiar ou tutela (art. 1.733, § 2º, do Código Civil).

Na esfera processual, o juiz deve nomear curador especial ao incapaz, se não tiver representante legal ou se os interesses deste colidirem com os daquele, enquanto durar a incapacidade (art. 72, inciso I, do CPC).

Observados esses aspectos, o menor relativamente incapaz (ou seja, entre 16 e 18 anos) não pode, com o objetivo de se eximir de uma obrigação, invocar a sua idade se, de forma dolosa, ocultou-a quando perguntado a respeito pela outra parte. Da mesma forma, o relativamente incapaz não pode se eximir de uma obrigação se, no ato de se obrigar, ele próprio declarou ser maior de idade (art. 180 do Código Civil). Portanto, nesses casos específicos, em razão do dolo do menor, este não pode alegar, posteriormente à celebração do negócio jurídico, a sua menoridade, com o objetivo de se excluir da obrigação que assumiu[62]. Prevalece o interesse do terceiro de boa-fé, que é resguardado pela lei, para que se preserve a segurança nos negócios jurídicos[63].

21.8 OBRIGAÇÃO ANULADA E RESTITUIÇÃO DO VALOR PAGO AO INCAPAZ

Ninguém pode reclamar o que, por uma obrigação anulada, pagou a um incapaz, se não provar que reverteu em proveito dele a importância paga (art. 181 do Código Civil).

---

[61] MONTEIRO, Washington de Barros; PINTO, Ana Cristina de Barros Monteiro França. *Curso de direito civil*: parte geral. 44. ed. São Paulo: Saraiva, 2012. v. 1. p. 342.

[62] MONTEIRO, Washington de Barros; PINTO, Ana Cristina de Barros Monteiro França. *Curso de direito civil*: parte geral. 44. ed. São Paulo: Saraiva, 2012. v. 1. p. 342-343.

[63] RODRIGUES, Silvio. *Direito civil*: parte geral. 34. ed. São Paulo: Saraiva, 2003. v. 1. p. 303.

Caso a obrigação seja anulada, se houve, anteriormente, pagamento ao incapaz, a devolução desse valor depende da prova de que a referida quantia reverteu em favor do incapaz. Entende-se que o ônus da prova, no caso, é de quem efetuou o pagamento e postula a restituição dessa quantia, por se tratar de fato constitutivo do direito pretendido (art. 373, inciso I, do CPC). Portanto, anulado o negócio jurídico, em razão de nulidade absoluta ou relativa, havendo comprovação de que incapaz se beneficiou do valor anteriormente pago, é devida a devolução, para que não haja enriquecimento sem causa[64]. Não havendo demonstração de que a quantia paga reverteu em proveito do incapaz, a devolução não é devida, mesmo com a anulação da obrigação[65].

21.9 RESPONSABILIDADE CIVIL DO INCAPAZ E DOS REPRESENTANTES LEGAIS

No âmbito da responsabilidade civil, o incapaz responde pelos prejuízos que causar, se as pessoas por ele responsáveis não tiverem obrigação de fazê-lo ou não dispuserem de meios suficientes (art. 928 do Código Civil). Essa indenização, que deve ser equitativa, não terá lugar se privar do necessário o incapaz ou as pessoas que dele dependem (art. 928, parágrafo único, do Código Civil).

Trata-se de responsabilidade subsidiária do incapaz, pois apenas incide se as pessoas responsáveis por ele não tiverem obrigação de responder pelos prejuízos causados pelo incapaz ou não dispuserem de meios suficientes para essa reparação. Nesse caso específico, a ação com pedido de indenização por responsabilidade civil é ajuizada em face do incapaz, o qual deve ser representado ou assistido pelos representantes legais (art. 71 do CPC)[66]. A indenização na mencionada hipótese é devida se não privar do necessário o incapaz ou as pessoas que dele dependem. Nesse aspecto, a responsabilidade do incapaz é

---

[64] AZEVEDO, Álvaro Villaça. *Teoria geral do direito civil*: parte geral. São Paulo: Atlas, 2012. p. 366-367.

[65] MONTEIRO, Washington de Barros; PINTO, Ana Cristina de Barros Monteiro França. *Curso de direito civil*: parte geral. 44. ed. São Paulo: Saraiva, 2012. v. 1. p. 344-345.

[66] MONTEIRO, Washington de Barros; PINTO, Ana Cristina de Barros Monteiro França. *Curso de direito civil*: parte geral. 44. ed. São Paulo: Saraiva, 2012. v. 1. p. 343.

condicionada. Essa indenização deve ser fixada por equidade, ou seja, de acordo com o critério mais justo no caso concreto, observando a condição econômica do incapaz e das pessoas que dele dependem.

Registre-se que são também responsáveis pela reparação civil: I – os pais, pelos filhos menores que estiverem sob sua autoridade e em sua companhia; II – o tutor e o curador, pelos pupilos e curatelados, que se acharem nas mesmas condições (art. 932, incisos I e II, do Código Civil). Nessas hipóteses alternativas, a ação com pedido de indenização por responsabilidade civil deve ser ajuizada em face dos representantes legais (pais ou tutor).

Cabe esclarecer que as pessoas indicadas nos incisos I e II do art. 932 do Código Civil, ainda que não haja culpa de sua parte, respondem pelos atos praticados pelos terceiros ali referidos (art. 933 do Código Civil).

Segundo a jurisprudência: "A emancipação voluntária, diversamente da operada por força de lei, não exclui a responsabilidade civil dos pais pelos atos praticados por seus filhos menores" (STJ, 4ª T., AgRg no Ag 1.239.557/RJ, 2009/0195859-0, Rel. Min. Maria Isabel Gallotti, DJe 17.10.2012).

Aquele que ressarcir o dano causado por outrem pode reaver o que houver pago daquele por quem pagou, salvo se o causador do dano for descendente seu, absoluta ou relativamente incapaz (art. 934 do Código Civil). Em razão dessa ressalva, na hipótese do art. 932, inciso I, do Código Civil, ao prever que os pais são responsáveis pela reparação civil de dano causado pelo filho menor que estiver sob sua autoridade e em sua companhia, como o causador do dano é descendente absoluta ou relativamente incapaz (arts. 3º e 4º do Código Civil), não se admite o mencionado direito de regresso.

Presente uma das hipóteses do 932, incisos I e II, do Código Civil (responsabilidade dos pais ou do tutor por dano causado pelo menor que estiver sob sua autoridade e em sua companhia), juntamente com a situação prevista no art. 928 do Código Civil (notadamente quando o incapaz responde pelos prejuízos que causar, se as pessoas por ele responsáveis não dispuserem de meios suficientes), admite-se o ajuizamento da ação com pedido de indenização por responsabilidade civil em face do menor (representado ou assistido pelos representantes legais) e dos responsáveis legais (como partes), em litisconsórcio passivo (art. 113 do CPC)[67].

21.10 INVALIDADE DO INSTRUMENTO

A invalidade do instrumento não induz a do negócio jurídico sempre que este puder provar-se por outro meio (art. 183 do Código Civil).

Essa previsão diz respeito ao instrumento que não é essencial à validade do negócio jurídico, não sendo da substância do ato. Nesse caso, a nulidade do instrumento não gera a nulidade do negócio jurídico, caso este possa ser provado por outro meio[68].

Entretanto, se a escritura pública for essencial à validade do negócio jurídico ou for da substância do ato (arts. 108 e 109 do Código Civil), a nulidade da escritura pública gera a nulidade do negócio jurídico (art. 166, incisos IV e V, do Código Civil), mesmo porque este não pode ser provado por outro meio (art. 406 do CPC)[69].

21.11 CONSEQUÊNCIAS DA INVALIDAÇÃO DO NEGÓCIO JURÍDICO

Anulado o negócio jurídico, restituir-se-ão as partes ao estado em que antes dele se achavam, e, não sendo possível restituí-las, serão indenizadas com o equivalente (art. 182 do Código Civil).

Ao ser pronunciada a nulidade, seja absoluta ou relativa, o negócio jurídico é invalidado. Como principal consequência, as partes devem ser restituídas ao estado anterior. Nesse sentido, o pronunciamento da nulidade, absoluta ou relativa, opera efeitos de forma retroativa,

---

[67] MONTEIRO, Washington de Barros; PINTO, Ana Cristina de Barros Monteiro França. *Curso de direito civil*: parte geral. 44. ed. São Paulo: Saraiva, 2012. v. 1. p. 343.

[68] MONTEIRO, Washington de Barros; PINTO, Ana Cristina de Barros Monteiro França. *Curso de direito civil*: parte geral. 44. ed. São Paulo: Saraiva, 2012. v. 1. p. 343-344.

[69] MONTEIRO, Washington de Barros; PINTO, Ana Cristina de Barros Monteiro França. *Curso de direito civil*: parte geral. 44. ed. São Paulo: Saraiva, 2012. v. 1. p. 344.

reconduzindo as partes ao estado original (*status quo ante*), anterior à celebração do negócio jurídico[70]. Por exemplo, reconhecida a nulidade do testamento, o herdeiro ou legatário deve devolver a coisa herdada ou legada ao acervo. Ainda exemplificando, anulada a compra e venda, o vendedor deve devolver o preço e o comprador deve restituir a coisa[71].

Essa recondução das partes à situação em que antes dele se achavam, entretanto, é atenuada em certas hipóteses, a seguir indicadas[72].

Como já mencionado, ninguém pode reclamar o que, por uma obrigação anulada, pagou a um incapaz, se não provar que reverteu em proveito dele a importância paga (art. 181 do Código Civil). Logo, não havendo prova de que a quantia paga reverteu em proveito do incapaz, mesmo com a anulação da obrigação, a restituição do valor pago não é devida[73].

O possuidor de boa-fé tem direito aos frutos percebidos até a anulação do negócio jurídico. Aplica-se a previsão do art. 1.214 do Código Civil, ao prever que o possuidor de boa-fé tem direito, enquanto ela durar, aos frutos percebidos. O terceiro de boa-fé também deve ter os seus direitos resguardados[74].

Anulado o negócio jurídico, se não for possível restituir as partes ao estado em que antes dele se achavam, devem ser indenizadas com o equivalente[75]. Logo, não havendo possibilidade de reconduzir as partes, de forma direta, à situação inicial, procura-se eliminar os efeitos do negócio jurídico anulado, por meio da indenização[76].

---

70 RODRIGUES, Silvio. *Direito civil*: parte geral. 34. ed. São Paulo: Saraiva, 2003. v. 1. p. 305.

71 MONTEIRO, Washington de Barros; PINTO, Ana Cristina de Barros Monteiro França. *Curso de direito civil*: parte geral. 44. ed. São Paulo: Saraiva, 2012. v. 1. p. 345.

72 MONTEIRO, Washington de Barros; PINTO, Ana Cristina de Barros Monteiro França. *Curso de direito civil*: parte geral. 44. ed. São Paulo: Saraiva, 2012. v. 1. p. 345.

73 MONTEIRO, Washington de Barros; PINTO, Ana Cristina de Barros Monteiro França. *Curso de direito civil*: parte geral. 44. ed. São Paulo: Saraiva, 2012. v. 1. p. 345.

74 MONTEIRO, Washington de Barros; PINTO, Ana Cristina de Barros Monteiro França. *Curso de direito civil*: parte geral. 44. ed. São Paulo: Saraiva, 2012. v. 1. p. 345.

75 MONTEIRO, Washington de Barros; PINTO, Ana Cristina de Barros Monteiro França. *Curso de direito civil*: parte geral. 44. ed. São Paulo: Saraiva, 2012. v. 1. p. 345.

76 RODRIGUES, Silvio. *Direito civil*: parte geral. 34. ed. São Paulo: Saraiva, 2003. v. 1. p. 306.

21.12 INVALIDADE PARCIAL DO NEGÓCIO JURÍDICO

Respeitada a intenção das partes, a invalidade parcial de um negócio jurídico não o prejudicará na parte válida, se esta for separável. A invalidade da obrigação principal implica a das obrigações acessórias, mas a destas não induz a da obrigação principal (art. 184 do Código Civil). Procura-se, assim, observar o princípio da conservação dos negócios jurídicos[77].

A previsão do trecho inicial desse dispositivo legal tem como fundamento o princípio de que a parte válida não é afetada pela parte inválida (*utile per inutile non vitiatur*)[78].

Sendo assim, desde que respeitada a intenção das partes, a invalidade parcial de um negócio jurídico não o prejudica na parte válida, se esta for separável. Por exemplo, mesmo havendo o reconhecimento da nulidade do testamento público por ausência de solenidade específica prevista em lei (art. 1.864 do Código Civil), o reconhecimento de filho que nele conste pode ser válido, se atender ao previsto no art. 1.609 do Código Civil[79]. Entretanto, se não houver possibilidade

---

[77] "Direito Civil. Teoria dos atos jurídicos. Invalidades. Título executivo extrajudicial. Notas promissórias. Agiotagem. Princípio da conservação dos atos e dos negócios jurídicos. Redução dos juros aos parâmetros legais com conservação do negócio jurídico. 1. A ordem jurídica é harmônica com os interesses individuais e do desenvolvimento econômico-social. Ela não fulmina completamente os atos que lhe são desconformes em qualquer extensão. A teoria dos negócios jurídicos, amplamente informada pelo princípio da conservação dos seus efeitos, estabelece que até mesmo as normas cogentes destinam-se a ordenar e coordenar a prática dos atos necessários ao convívio social, respeitados os negócios jurídicos realizados. Deve-se preferir a interpretação que evita a anulação completa do ato praticado, optando-se pela sua redução e recondução aos parâmetros da legalidade. 2. O Código Civil vigente não apenas traz uma série de regras legais inspiradas no princípio da conservação dos atos jurídicos, como ainda estabelece, cláusula geral celebrando essa mesma orientação (artigo 184) que, por sinal, já existia desde o Código anterior (artigo 153). 3. No contrato particular de mútuo feneratício, constatada, embora a prática de usura, de rigor apenas a redução dos juros estipulados em excesso, conservando-se contudo, parcialmente o negócio jurídico (artigos 591, do CC/02 e 11 do Decreto 22.626/33). 4. Recurso Especial improvido" (STJ, 3ª T., REsp 1.106.625/PR, 2008/0259499-7, Rel. Min. Sidnei Beneti, DJe 09.09.2011).

[78] RODRIGUES, Silvio. *Direito civil*: parte geral. 34. ed. São Paulo: Saraiva, 2003. v. 1. p. 304.

[79] MONTEIRO, Washington de Barros; PINTO, Ana Cristina de Barros Monteiro França. *Curso de direito civil*: parte geral. 44. ed. São Paulo: Saraiva, 2012. v. 1. p. 344.

desse fracionamento da parte inválida do negócio jurídico, por ter caráter unitário e indivisível, no sentido de que as partes só o teriam celebrado em seu conjunto, entende-se que a invalidade é total[80].

A invalidade da obrigação principal implica a invalidade das obrigações acessórias (art. 184, segunda parte, do Código Civil). Aplica-se o princípio de que o acessório segue o principal. Como exemplo, a nulidade do negócio jurídico principal gera a nulidade da cláusula penal nele prevista[81].

A invalidade das obrigações acessórias não induz a invalidade da obrigação principal (art. 184, parte final, do Código Civil). Logo, a nulidade da cláusula penal não gera a nulidade do negócio jurídico principal, no qual aquela foi prevista[82].

No Direito do Consumidor, a nulidade de uma cláusula contratual abusiva não invalida o contrato, exceto quando de sua ausência, apesar dos esforços de integração, decorrer ônus excessivo a qualquer das partes (art. 51, § 2º, da Lei 8.078/1990).

---

[80] AZEVEDO, Álvaro Villaça. *Teoria geral do direito civil*: parte geral. São Paulo: Atlas, 2012. p. 372. Na jurisprudência: "Nos termos do art. 184 do CC/02, a nulidade parcial do contrato não alcança a parte válida, desde que essa possa subsistir autonomamente. Haverá nulidade parcial sempre que o vício invalidante não atingir o núcleo do negócio jurídico. Ficando demonstrado que o negócio tem caráter unitário, que as partes só teriam celebrado se válido fosse em seu conjunto, sem possibilidade de divisão ou fracionamento, não se pode cogitar de redução, e a invalidade é total. O princípio da conservação do negócio jurídico não deve afetar sua causa ensejadora, interferindo na vontade das partes quanto à própria existência da transação" (STJ, 3ª T., REsp 981.750/MG, 2007/0203871-4, Rel. Min. Nancy Andrighi, DJe 23.04.2010).

[81] MONTEIRO, Washington de Barros; PINTO, Ana Cristina de Barros Monteiro França. *Curso de direito civil*: parte geral. 44. ed. São Paulo: Saraiva, 2012. v. 1. p. 344.

[82] MONTEIRO, Washington de Barros; PINTO, Ana Cristina de Barros Monteiro França. *Curso de direito civil*: parte geral. 44. ed. São Paulo: Saraiva, 2012. v. 1. p. 344.

CAPÍTULO

22

ATOS ILÍCITOS

22.1 INTRODUÇÃO

Como analisado anteriormente, os fatos jurídicos em sentido amplo englobam os fatos jurídicos em sentido estrito (acontecimentos naturais, que não dependem da vontade) e os atos jurídicos em sentido amplo (atos voluntários)[1].

Os atos jurídicos em sentido amplo, por sua vez, abrangem os negócios jurídicos (produzem efeitos jurídicos de acordo com a vontade manifestada pelo agente), os atos jurídicos em sentido estrito ou atos jurídicos lícitos (produzem efeitos jurídicos previamente estabelecidos pela lei) e os atos ilícitos[2]. Como os atos ilícitos são contrários ao Direito[3],

---

1 RODRIGUES, Silvio. *Direito civil*: parte geral. 34. ed. São Paulo: Saraiva, 2003. v. 1. p. 307.

2 RODRIGUES, Silvio. *Direito civil*: parte geral. 34. ed. São Paulo: Saraiva, 2003. v. 1. p. 307.

3 MIRANDA, Pontes de. *Tratado de direito privado*: parte geral. Rio de Janeiro: Borsoi, 1954. t. 2. p. 184.

há entendimento de que se incluem entre os fatos jurídicos[4]. Cf. Capítulo 10, item 10.2.

Na realidade, como esclarece Álvaro Villaça Azevedo: "qualquer ato produtor de efeito jurídico interessa ao Direito: o ato jurídico lícito para ser acolhido e o ato jurídico ilícito para ser rejeitado. A palavra *jurídico*, portanto, não significa que seja o ato lícito, senão que esse ato produz efeitos jurídicos. Assim, poder-se-ia, normalmente, dizer ato jurídico lícito e ato jurídico ilícito"[5].

Aos atos jurídicos lícitos aplicam-se, no que couber, as disposições relativas ao negócio jurídico (art. 185 do Código Civil).

22.2 CONCEITO

Os atos jurídicos em sentido estrito e os negócios jurídicos são atos de vontade e lícitos, ou seja, em consonância com o Direito. Os atos ilícitos, embora decorram da vontade do agente[6] e produzam efeitos jurídicos, afrontam um dever legal ou contratual[7], ou seja, o Direito[8].

Sob o ângulo do agente do ato ilícito, este violou o dever de observar o contrato ou a lei. Sob o ângulo do sujeito que sofreu o dano decorrente do ato ilícito, este teve o direito subjetivo, previsto no contrato ou na lei, violado.

A norma jurídica de natureza criminal (lei penal) assegura preceitos indispensáveis à sociedade e a sua violação gera o delito penal, do

---

4 MONTEIRO, Washington de Barros; PINTO, Ana Cristina de Barros Monteiro França. *Curso de direito civil*: parte geral. 44. ed. São Paulo: Saraiva, 2012. v. 1. p. 347-348.

5 AZEVEDO, Álvaro Villaça. *Teoria geral do direito civil*: parte geral. São Paulo: Atlas, 2012. p. 373 (destaque do original).

6 ALMEIDA, José Luiz Gavião de. Responsabilidade sem dano no Código Civil de 2002. 200 f. Tese (Titular) – Faculdade de Direito, Universidade de São Paulo, São Paulo, 2011. p. 15: "O ato ilícito também é ato de vontade, isto no sentido de que precisa haver consciência e liberdade para a sua prática".

7 RODRIGUES, Silvio. *Direito civil*: parte geral. 34. ed. São Paulo: Saraiva, 2003. v. 1. p. 308.

8 MONTEIRO, Washington de Barros; PINTO, Ana Cristina de Barros Monteiro França. *Curso de direito civil*: parte geral. 44. ed. São Paulo: Saraiva, 2012. v. 1. p. 348.

qual decorre a responsabilidade penal ou criminal. A norma jurídica de natureza civil (lei civil) assegura direitos subjetivos privados e a sua violação gera o delito civil, do qual decorre a responsabilidade civil. Há casos em que a violação à lei penal também afronta a lei civil, acarretando as responsabilidades penal e civil. Por exemplo, se alguém ofender a integridade corporal ou a saúde de outrem, responde pelo crime de lesão corporal, com previsão de pena de detenção, de três meses a um ano (art. 129 do Código Penal). Além disso, também responde pela indenização civil devida à pessoa ofendida (art. 949 do Código Civil)[9].

Ainda exemplificando, matar alguém constitui crime de homicídio, com previsão de pena de reclusão, de seis a 20 anos (art. 121 do Código Penal). Na esfera civil, em caso de homicídio, a indenização consiste, sem excluir outras reparações: I – no pagamento das despesas com o tratamento da vítima, seu funeral e o luto da família; II – na prestação de alimentos às pessoas a quem o morto os devia, levando-se em conta a duração provável da vida da vítima (art. 948 do Código Civil)[10].

Esclareça-se que a responsabilidade civil é independente da criminal, não se podendo questionar mais sobre a existência do fato, ou sobre quem seja o seu autor, quando estas questões se acharem decididas no juízo criminal (art. 935 do Código Civil).

No Direito Penal, o ato que viola a lei é denominado delito, podendo ser crime ou contravenção (Decreto-Lei 3.688/1941). No Direito Civil, o ato contrário ao Direito é denominado ato ilícito, o qual é fonte de obrigações[11].

O ato ilícito decorrente do descumprimento da lei, quando não há vínculo contratual entre o agente do dano e o prejudicado, gera o dever de indenizar o prejuízo causado. Essa obrigação de reparar o dano, no caso, é a responsabilidade civil extracontratual ou aquiliana. Nesse senti-

---

[9] MONTEIRO, Washington de Barros; PINTO, Ana Cristina de Barros Monteiro França. *Curso de direito civil*: parte geral. 44. ed. São Paulo: Saraiva, 2012. v. 1. p. 348.

[10] RODRIGUES, Silvio. *Direito civil*: parte geral. 34. ed. São Paulo: Saraiva, 2003. v. 1. p. 309.

[11] MONTEIRO, Washington de Barros; PINTO, Ana Cristina de Barros Monteiro França. *Curso de direito civil*: parte geral. 44. ed. São Paulo: Saraiva, 2012. v. 1. p. 348-349.

do, aquele que, por ato ilícito (arts. 186 e 187 do Código Civil), causar dano a outrem, fica obrigado a repará-lo (art. 927 do Código Civil)[12].

O ato ilícito decorrente do descumprimento de obrigação contratual gera o dever de indenizar o prejuízo causado. Essa obrigação de reparar o dano, no caso, é a responsabilidade civil contratual. Nesse sentido, não cumprida a obrigação, responde o devedor por perdas e danos, mais juros e atualização monetária segundo índices oficiais regularmente estabelecidos, e honorários de advogado (art. 389 do Código Civil)[13].

Por exemplo, no contrato de locação de coisa, o locatário é obrigado a servir-se da coisa alugada para os usos convencionados ou presumidos, conforme a natureza dela e as circunstâncias, bem como tratá-la com o mesmo cuidado como se sua fosse (art. 569, inciso I, do Código Civil). A afronta a essa previsão configura o ilícito contratual, do qual decorrem as obrigações pelo descumprimento ou inexecução contratual (responsabilidade civil contratual)[14].

22.3 ATO ILÍCITO

Aquele que, por ação ou omissão voluntária, negligência ou imprudência, violar direito e causar dano a outrem, ainda que exclusivamente moral, comete ato ilícito (art. 186 do Código Civil).

De acordo com essa previsão legal, o ato ilícito é a ação ou omissão dolosa ou culposa do agente que viola direito e causa dano material e/ou moral a outrem.

Nesse enfoque, são elementos do ato ilícito: a ação ou a omissão; o dolo ou culpa[15]; a violação de direito; o dano (material e/ou moral);

---

[12] RODRIGUES, Silvio. *Direito civil*: parte geral. 34. ed. São Paulo: Saraiva, 2003. v. 1. p. 308.

[13] RODRIGUES, Silvio. *Direito civil*: parte geral. 34. ed. São Paulo: Saraiva, 2003. v. 1. p. 308.

[14] MONTEIRO, Washington de Barros; PINTO, Ana Cristina de Barros Monteiro França. *Curso de direito civil*: parte geral. 44. ed. São Paulo: Saraiva, 2012. v. 1. p. 349-350.

[15] RODRIGUES, Silvio. *Direito civil*: parte geral. 34. ed. São Paulo: Saraiva, 2003. v. 1. p. 309.

a relação de causalidade entre o dano e a conduta (ação ou omissão) do agente. Presentes esses requisitos, surge a obrigação de indenizar[16], ou seja, a responsabilidade civil[17].

O ato ilícito pode dizer respeito à violação de direito fundado em contrato ou previsto na lei (preceito geral). Como consequência do dano causado pelo ato ilícito, surge a obrigação de indenizar. Nesse enfoque, como mencionado anteriormente, a responsabilidade civil pode ser classificada em responsabilidade civil contratual e responsabilidade civil extracontratual (aquiliana).

22.3.1 Ação ou omissão

No ato ilícito, a conduta do agente pode ser ativa (ação) ou passiva (omissão)[18].

A conduta ativa normalmente envolve o ato doloso ou imprudente. A conduta passiva em geral diz respeito à negligência. A omissão como ato ilícito ocorre quando o agente tem o dever de agir de determinado modo, mas não o faz[19].

A responsabilidade civil pode ser decorrente de ato próprio, isto é, do agente, e de ato de terceiro, ou seja, pessoa por quem o agente é responsável[20]. A primeira hipótese é a regra (art. 927 do Código Civil). Entretanto, há casos em que a pessoa, conforme previsão legal, responde por atos de terceiros[21].

---

16 MONTEIRO, Washington de Barros; PINTO, Ana Cristina de Barros Monteiro França. *Curso de direito civil*: parte geral. 44. ed. São Paulo: Saraiva, 2012. v. 1. p. 354. Cf. ainda GOMES, Orlando. *Introdução ao direito civil*. 19. ed., revista, atualizada e aumentada por Edvaldo Brito e Reginalda Paranhos de Brito. Rio de Janeiro: Forense, 2007 p. 438-440.

17 Cabe ressalvar que há casos de responsabilidade civil objetiva, ou seja, que independem de culpa, conforme art. 927, parágrafo único, do Código Civil.

18 RODRIGUES, Silvio. *Direito civil*: parte geral. 34. ed. São Paulo: Saraiva, 2003 v. 1. p. 309.

19 RODRIGUES, Silvio. *Direito civil*: parte geral. 34. ed. São Paulo: Saraiva, 2003 v. 1. p. 310.

20 RODRIGUES, Silvio. *Direito civil*: parte geral. 34. ed. São Paulo: Saraiva, 2003 v. 1. p. 318.

21 "4. A responsabilidade indireta decorre do fato de os responsáveis exercerem poderes de mando, autoridade, vigilância ou guarda em relação aos causadores imediatos do dano, do que decorre um dever objetivo de guarda e vigilância" (STJ, 3ª T., REsp 1.433.566/RS, 2013/0407652-6, Rel. Min. Nancy Andrighi, DJe 31.05.2017).

A respeito do tema, são também responsáveis pela reparação civil: I – os pais, pelos filhos menores que estiverem sob sua autoridade e em sua companhia; II – o tutor e o curador, pelos pupilos e curatelados, que se acharem nas mesmas condições; III – o empregador ou comitente, por seus empregados, serviçais e prepostos, no exercício do trabalho que lhes competir, ou em razão dele[22]; IV – os donos de hotéis, hospedarias, casas ou estabelecimentos onde se albergue por dinheiro, mesmo para fins de educação, pelos seus hóspedes, moradores e educandos; V – os que gratuitamente houverem participado nos produtos do crime, até a concorrente quantia (art. 932 do Código Civil).

As pessoas indicadas nos incisos I a V do art. 932 do Código Civil, ainda que não haja culpa de sua parte, respondem pelos atos praticados pelos terceiros ali referidos (art. 933 do Código Civil)[23].

Aquele que ressarcir o dano causado por outrem pode reaver o que houver pago daquele por quem pagou, salvo se o causador do dano for descendente seu, absoluta ou relativamente incapaz (art. 934 do Código Civil)[24].

22.3.2 Dolo ou culpa

A ação ou omissão voluntária significa a intenção deliberada ou o propósito intencional, isto é, o *dolo* de violar direito e causar dano a

---

[22] "5. A responsabilidade do empregador pelos atos do empregado deriva, ainda, da teoria da substituição, segundo a qual o empregado ou preposto representa seu empregador ou aquele que dirige o serviço ou negócio, atuando como sua *longa manus* e substituindo-lhe no exercício das funções que lhes são próprias. 6. Segundo o art. 932, III, do CC/02, não se exige que o preposto esteja efetivamente em pleno exercício do trabalho, bastando que o fato ocorra 'em razão dele', mesmo que esse nexo causal seja meramente incidental, mas propiciado pelos encargos derivados da relação de subordinação" (STJ, 3ª T., REsp 1.433.566/RS, 2013/0407652-6, Rel. Min. Nancy Andrighi, DJe 31.05.2017).

[23] "3. O CC/02 deixou expressamente de exigir a culpa para a atribuição da responsabilidade por fato de terceiro e passou a perfilhar a teoria da responsabilidade objetiva do responsável, com a finalidade de assegurar o mais amplo ressarcimento à vítima dos eventos danosos" (STJ, 3ª T., REsp 1.433.566/RS, 2013/0407652-6, Rel. Min. Nancy Andrighi, DJe 31.05.2017).

[24] "2. Nos termos da jurisprudência do Superior Tribunal de Justiça e conforme previsão contida no art. 934 do CC/02, o termo inicial do prazo prescricional da ação regressiva é o integral pagamento da dívida, momento a partir do qual é possível a cobrança por aquilo que foi injustamente despendido. Precedentes" (STJ, 4ª T., AgInt no AREsp 1.170.965/MG, 2017/0235045-0, Rel. Min. Maria Isabel Gallotti, DJe 06.05.2020).

alguém. A negligência ou imprudência significa a *culpa* (em sentido estrito) do agente que violou direito e causou dano a outrem[25].

No Direito Penal, o crime é doloso quando o agente quis o resultado ou assumiu o risco de produzi-lo. O crime é culposo quando o agente deu causa ao resultado por imprudência, negligência ou imperícia (art. 18 do Código Penal). Salvo os casos expressos em lei, ninguém pode ser punido por fato previsto como crime, senão quando o pratica dolosamente (art. 18, parágrafo único, do Código Penal).

A culpa, em sentido amplo, abrange o dolo (intenção) e a culpa em sentido estrito (negligência, imprudência e imperícia)[26]. A negligência é a falta de diligência ou de cuidado. A imprudência é a conduta precipitada, afoita ou sem cautela. A imperícia é a atuação sem habilidade específica ou falta de habilitação técnica[27].

A culpa envolve a violação do dever preexistente de atuar de forma prudente e diligente[28], fundado em contrato (culpa contratual), ou em preceito geral, no sentido de respeitar as pessoas e os seus bens (culpa extracontratual ou aquiliana)[29].

Nos contratos benéficos, responde por simples culpa o contratante, a quem o contrato aproveite, e por dolo aquele a quem não favoreça. Nos contratos onerosos, responde cada uma das partes por culpa, salvo as exceções previstas em lei (art. 392 do Código Civil).

Se o agente viola a lei, não havendo vínculo contratual, e esse ato ilícito (em sentido estrito) gera dano a terceiro, surge a obrigação de indenizar, fundada na responsabilidade civil extracontratual ou aquiliana.

A culpa pode ser classificada, conforme o grau, em culpa grave, leve e levíssima. A culpa grave é a imprudência ou a negligência ex-

---

25 MONTEIRO, Washington de Barros; PINTO, Ana Cristina de Barros Monteiro França. *Curso de direito civil*: parte geral. 44. ed. São Paulo: Saraiva, 2012. v. 1. p. 349.

26 GOMES, Orlando. *Introdução ao direito civil*. 19. ed., revista, atualizada e aumentada por Edvaldo Brito e Reginalda Paranhos de Brito. Rio de Janeiro: Forense, 2007. p. 439.

27 AZEVEDO, Álvaro Villaça. *Teoria geral do direito civil*: parte geral. São Paulo: Atlas, 2012. p. 380.

28 RODRIGUES, Silvio. *Direito civil*: parte geral. 34. ed. São Paulo: Saraiva, 2003. v. 1. p. 311.

29 MONTEIRO, Washington de Barros; PINTO, Ana Cristina de Barros Monteiro França. *Curso de direito civil*: parte geral. 44. ed. São Paulo: Saraiva, 2012. v. 1. p. 349.

trema, que destoa do comum das pessoas. A culpa leve é a falta que seria evitável com a diligência ordinária ou normal. A culpa levíssima é evitável com atenção extrema, habilidade especial ou conhecimento diferenciado[30].

Essa distinção, em regra, não apresenta relevância para fins de responsabilidade civil, pois a indenização é medida pela extensão do dano (art. 944, *caput*, do Código Civil), ou seja, pelo prejuízo sofrido pela vítima, e não pelo grau de culpa. Entretanto, como exceção, se houver excessiva desproporção entre a gravidade da culpa e o dano, o juiz pode reduzir, equitativamente, a indenização (art. 944, parágrafo único, do Código Civil)[31]. Logo, nesse caso específico, a indenização pode ser excepcionalmente reduzida pelo juiz, com fundamento na equidade, quando o grau de culpa do agente for reduzido, gerando injusta desproporção em face do dano causado.

A culpa pode ser classificada, conforme a modalidade, em culpa *in eligendo*, *in vigilando* e *in custodiendo*. A culpa *in eligendo* decorre da escolha deficiente pelo agente do representante ou preposto. A culpa *in vigilando* é oriunda da ausência de fiscalização pelo agente, quanto a seus prepostos e empregados ou a suas próprias coisas. A culpa *in custodiendo* é a falta de cuidado ou atenção quanto a certa pessoa, animal ou coisa sob os cuidados do agente[32].

A culpa também pode ainda ser classificada em culpa *in committendo* e *in omittendo*. A culpa *in committendo* ocorre quando há ato, ou seja, conduta positiva (imprudência). A culpa *in omittendo* se verifica quando há omissão ou abstenção (negligência)[33].

A culpa é ainda classificada em culpa *in concreto* e *in abstracto*. A culpa *in concreto* ocorre quando o agente não observa o cuidado

---

30 MONTEIRO, Washington de Barros; PINTO, Ana Cristina de Barros Monteiro França. *Curso de direito civil*: parte geral. 44. ed. São Paulo: Saraiva, 2012. v. 1. p. 350.

31 RODRIGUES, Silvio. *Direito civil*: parte geral. 34. ed. São Paulo: Saraiva, 2003. v. 1. p. 313.

32 MONTEIRO, Washington de Barros; PINTO, Ana Cristina de Barros Monteiro França. *Curso de direito civil*: parte geral. 44. ed. São Paulo: Saraiva, 2012. v. 1. p. 350.

33 MONTEIRO, Washington de Barros; PINTO, Ana Cristina de Barros Monteiro França. *Curso de direito civil*: parte geral. 44. ed. São Paulo: Saraiva, 2012. v. 1. p. 350.

que deve ter com as suas próprias coisas[34]. Nessa hipótese, analisa-se a culpa do agente no caso concreto, considerando as suas condições e especificidades. Trata-se do critério predominantemente adotado[35]. A culpa *in abstracto* se verifica quando o agente não observa a atenção natural, que normalmente se deve ter na administração dos negócios, conforme a pessoa comum[36]. Nessa modalidade, deve-se comparar a conduta do agente com a diligência ordinária da pessoa normal[37].

Na responsabilidade civil extracontratual, em regra, cabe à vitima alegar e provar a culpa do agente (art. 373, inciso I, do CPC). Entretanto, há hipóteses em que a lei presume, de forma relativa, a culpa do agente que causou o dano, permitindo a este demonstrar que agiu com cuidado e atenção, ou seja, sem culpa. Nesses casos, como há presunção de culpa, o ônus da prova é do agente causador do dano (art. 373, inciso II, do CPC). Por exemplo, o dono ou detentor do animal deve ressarcir o dano por este causado, se não provar culpa da vítima ou força maior (art. 936 do Código Civil)[38].

Na responsabilidade civil contratual, a parte prejudicada, que cumpriu as suas obrigações, não precisa provar a culpa da parte inadimplente para receber a indenização das perdas e danos, bastando demonstrar o dano decorrente do descumprimento da obrigação (art. 389 do Código Civil). Nesse caso, cabe ao agente provar que o dano decorreu de caso fortuito, força maior ou outra excludente da responsabilidade civil (art. 373, inciso II, do CPC)[39].

Na responsabilidade civil, a obrigação de indenizar o dano, em regra, exige a culpa em sentido amplo, ou seja, que o ato lesivo seja voluntário ou imputável ao agente, por ação ou omissão intencional,

---

[34] MONTEIRO, Washington de Barros; PINTO, Ana Cristina de Barros Monteiro França. *Curso de direito civil*: parte geral. 44. ed. São Paulo: Saraiva, 2012. v. 1. p. 350-351.

[35] RODRIGUES, Silvio. *Direito civil*: parte geral. 34. ed. São Paulo: Saraiva, 2003. v. 1. p. 313.

[36] MONTEIRO, Washington de Barros; PINTO, Ana Cristina de Barros Monteiro França. *Curso de direito civil*: parte geral. 44. ed. São Paulo: Saraiva, 2012. v. 1. p. 350-351.

[37] RODRIGUES, Silvio. *Direito civil*: parte geral. 34. ed. São Paulo: Saraiva, 2003. v. 1. p. 313.

[38] RODRIGUES, Silvio. *Direito civil*: parte geral. 34. ed. São Paulo: Saraiva, 2003. v. 1. p. 316.

[39] RODRIGUES, Silvio. *Direito civil*: parte geral. 34. ed. São Paulo: Saraiva, 2003. v. 1. p. 316-317.

negligência ou imprudência[40]. Há casos de responsabilidade objetiva, em que a obrigação de indenizar independe da culpa, como se observa no art. 927, parágrafo único, do Código Civil.

Aquele que habitar prédio, ou parte dele, responde pelo dano proveniente das coisas que dele caírem ou forem lançadas em lugar indevido (art. 938 do Código Civil). Trata-se de hipótese de responsabilidade objetiva, ou seja, que independe de dolo ou culpa. Além disso, registre-se o entendimento de que: "1. Na impossibilidade de identificar o causador, o condomínio responde pelos danos resultantes de objetos lançados sobre prédio vizinho" (STJ, 3ª T., REsp 246.830/SP, 2000/0008155-8, Rel. Min. Humberto Gomes de Barros, DJ 14.03.2005).

22.3.3 Dano

O art. 186 do Código Civil prevê que o ato ilícito é cometido por quem violar direito e causar dano a outrem.

O dano é requisito da responsabilidade civil, como obrigação de indenizar os prejuízos causados a outrem[41]. Nesse contexto, na responsabilidade civil extracontratual, aquele que, por ato ilícito, causar dano a outrem, fica obrigado a repará-lo (art. 927 do Código Civil). Na responsabilidade civil contratual, não cumprida a obrigação, responde o devedor por perdas e danos, mais juros e atualização monetária segundo índices oficiais regularmente estabelecidos, e honorários de advogado (art. 389 do Código Civil).

A rigor, seria possível especificar o ato ilícito como a conduta contrária ao Direito, e o dano como consequência daquele e requisito da responsabilidade civil[42].

---

[40] MONTEIRO, Washington de Barros; PINTO, Ana Cristina de Barros Monteiro França. *Curso de direito civil*: parte geral. 44. ed. São Paulo: Saraiva, 2012. v. 1. p. 351.

[41] ALMEIDA, José Luiz Gavião de. Responsabilidade sem dano no Código Civil de 2002. 200 f. Tese (Titular) – Faculdade de Direito, Universidade de São Paulo, São Paulo, 2011. p. 189: "Em síntese, não há responsabilidade civil sem dano".

[42] ALMEIDA, José Luiz Gavião de. Responsabilidade sem dano no Código Civil de 2002. 200 f. Tese (Titular) – Faculdade de Direito, Universidade de São Paulo, São Paulo, 2011. p. 52: "o dano não é elemento essencial para a configuração do ato ilícito".

Sendo assim, a obrigação de indenizar exige a ocorrência do dano[43], que pode ser material (patrimonial) ou moral (extrapatrimonial)[44], como prevê o art. 186 do Código Civil[45]. Se o ato não gera dano a outrem, não produz consequência para fins de responsabilidade civil, pois não haverá prejuízo a ser indenizado[46].

22.3.3.1 Danos material, moral e estético

O dano é normalmente entendido como o prejuízo sofrido pela pessoa[47], a lesão a um direito ou a ofensa a um bem jurídico[48], e pode ser de natureza material, moral ou estética[49].

O dano material decorre da violação de direitos patrimoniais, ou seja, de natureza econômica ou pecuniária[50]. O dano moral (extrapatrimonial) decorre da violação de direitos da personalidade (arts. 11

---

[43] ALMEIDA, José Luiz Gavião de. Responsabilidade sem dano no Código Civil de 2002. 200 f. Tese (Titular) – Faculdade de Direito, Universidade de São Paulo, São Paulo, 2011. p. 25: "Dano é a diminuição do patrimônio de alguém".

[44] GOMES, Orlando. *Introdução ao direito civil*. 19. ed., revista, atualizada e aumentada por Edvaldo Brito e Reginalda Paranhos de Brito. Rio de Janeiro: Forense, 2007. p. 440: "O dano pode ser *patrimonial* ou *moral*. Mas é indispensável para determinar a responsabilidade civil. A *sanção* contra o ato ilícito consiste, precisamente, na obrigação de repará-lo" (destaques do original).

[45] MONTEIRO, Washington de Barros; PINTO, Ana Cristina de Barros Monteiro França. *Curso de direito civil*: parte geral. 44. ed. São Paulo: Saraiva, 2012. v. 1. p. 351.

[46] RODRIGUES, Silvio. *Direito civil*: parte geral. 34. ed. São Paulo: Saraiva, 2003. v. 1. p. 310.

[47] DINIZ, Maria Helena. *Curso de direito civil brasileiro*: responsabilidade civil. 9. ed. São Paulo: Saraiva, 1995. v. 7. p. 48.

[48] PEREIRA, Caio Mário da Silva. *Instituições de direito civil*: introdução ao direito civil; teoria geral de direito civil. 21. ed., revista e atualizada por Maria Celina Bodin de Moraes. Rio de Janeiro: Forense, 2006. p. 661.

[49] WALD, Arnoldo. *Obrigações e contratos*. 16. ed. São Paulo: Saraiva, 2004. p. 699: "Dano é a lesão sofrida por uma pessoa no seu patrimônio ou na sua integridade física, constituindo, pois, uma lesão causada a um bem jurídico que pode ser *material* ou *imaterial*. [...] O dano moral é o causado a alguém num dos seus direitos da personalidade e passou a ser contemplado expressamente no novo Código Civil em seu art. 186, significando *imaterialidade* do dano" (destaques do original).

[50] BITTAR, Carlos Alberto. *Curso de direito civil*. Rio de Janeiro: Forense Universitária, 1994. v. 1. p. 570.

a 21 do Código Civil)[51], voltados à dignidade da pessoa humana (art. 1º, inciso III, da Constituição Federal de 1988)[52].

O dano material resulta da "lesão aos bens e direitos economicamente apreciáveis", abrangendo o "dano emergente" (o efetivo prejuízo) e os "lucros cessantes" (aquilo que a vítima deixou razoavelmente de lucrar em razão do dano), conforme art. 402 do Código Civil[53]. O dano material, assim, decorre da violação de direitos patrimoniais, ou seja, de conteúdo pecuniário[54].

O dano moral decorre da lesão a bens de natureza personalíssima, significando o prejuízo decorrente da violação de direitos "cujo conteúdo não é pecuniário, nem comercialmente redutível a dinheiro, como é o caso dos direitos da personalidade, a saber, o direito à vida, à integridade física (direito ao corpo, vivo ou morto, e à voz), à integridade psíquica (liberdade, pensamento, criações intelectuais, privacidade e segredo) e à integridade moral (honra, imagem e identidade)"[55].

---

[51] GAGLIANO, Pablo Stolze; PAMPLONA FILHO, Rodolfo. *Novo curso de direito civil*: responsabilidade civil. 3. ed. São Paulo: Saraiva, 2005. v. 3. p. 49. Na jurisprudência: "1. Os danos morais estão intrinsecamente ligados aos direitos da personalidade, mas neles não se esgotam, dizendo, pois, especialmente, com a esfera existencial do ser humano, com a sua dignidade" (STJ, 3ª T., AgInt no REsp 1.521.404/PE, 2015/0061485-8, Rel. Min. Paulo de Tarso Sanseverino, DJe 06.11.2017).

[52] CAVALIERI FILHO, Sergio. *Programa de responsabilidade civil*. 8. ed. São Paulo: Atlas, 2008. p. 80-81. Na jurisprudência: "5. Os danos morais dizem respeito à dignidade humana, às lesões aos direitos da personalidade relacionados a atributos éticos e sociais próprios do indivíduo, bens personalíssimos essenciais para o estabelecimento de relações intersubjetivas em comunidade, ou, em outras palavras, são atentados à parte afetiva (honra subjetiva) e à parte social da personalidade (honra objetiva)" (STJ, 3ª T., REsp 1.807.242/RS, 2019/0094086-2, Rel. Min. Nancy Andrighi, DJe 22.08.2019).

[53] GAGLIANO, Pablo Stolze; PAMPLONA FILHO, Rodolfo. *Novo curso de direito civil*: responsabilidade civil. 3. ed. São Paulo: Saraiva, 2005. v. 3. p. 45.

[54] BITTAR, Carlos Alberto. *Curso de direito civil*. Rio de Janeiro: Forense Universitária, 1994. v. 1. p. 570.

[55] GAGLIANO, Pablo Stolze; PAMPLONA FILHO, Rodolfo. *Novo curso de direito civil*: responsabilidade civil. 3. ed. São Paulo: Saraiva, 2005. v. 3. p. 49. Na jurisprudência: "O dano moral corresponde, em nosso sistema legal, à lesão a direito de personalidade, ou seja, a bem não suscetível de avaliação em dinheiro" (STJ, 3ª T., REsp 1.032.014/RS, 2008/0033686-0, Rel. Min. Nancy Andrighi, DJe 04.06.2009).

Entende-se que apenas o inadimplemento contratual (arts. 389 a 393 do Código Civil), por si, não gera dano moral, o qual decorre da violação de direitos da personalidade[56].

São invioláveis a intimidade, a vida privada, a honra e a imagem das pessoas, assegurado o direito a indenização pelo dano material ou moral decorrente de sua violação (art. 5º, inciso X, da Constituição Federal de 1988). É assegurado o direito de resposta, proporcional ao agravo, além da indenização por dano material, moral ou à imagem (art. 5º, inciso V, da Constituição Federal de 1988).

Observa-se a distinção entre o "dano moral direto" e o "dano moral indireto". O primeiro tem origem na lesão direta de bem jurídico imaterial, presente nos direitos da personalidade, enquanto o último decorre da violação de bem jurídico material (do que decorre um dano material direto), mas que acaba por também produzir violação a bem extrapatrimonial, gerando dano moral indireto. Inversamente, a violação de bens jurídicos extrapatrimoniais (que gera dano moral direto) também pode causar, indiretamente (de forma mediata), dano material, quando essa lesão também atinge um bem material[57].

O dano moral reflexo ou em ricochete, por sua vez, ocorre quando o direito violado é de um sujeito, mas quem sofre os efeitos da lesão é outra pessoa[58].

---

[56] "9. Cuidando-se de inadimplemento contratual, a caracterização do dano moral pressupõe muito mais do que o aborrecimento decorrente de um negócio frustrado; é imprescindível que se caracterize uma significativa e anormal violação a direito de personalidade, e, na hipótese de tratar-se de pessoa jurídica, deve representar significativo abalo à reputação, respeitabilidade e credibilidade da empresa, isto é, à sua honra objetiva" (STJ, 3ª T., REsp 1.658.692/MA, 2014/0118478-3, Rel. Min. Nancy Andrighi, DJe 12.06.2017). "3. A simples resilição do contrato, a exemplo do que ocorre com o mero inadimplemento contratual, não é suficiente para caracterizar danos morais" (STJ, 3ª T., REsp 1.630.665/BA, 2016/0262769-0, Rel. Min. Moura Ribeiro, DJe 02.06.2017).

[57] DINIZ, Maria Helena. *Curso de direito civil brasileiro*: responsabilidade civil. 9. ed. São Paulo: Saraiva, 1995. v. 7. p. 54, 68.

[58] GAGLIANO, Pablo Stolze; PAMPLONA FILHO, Rodolfo. *Novo curso de direito civil*: responsabilidade civil. 3. ed. São Paulo: Saraiva, 2005. v. 3. p. 76: "É interessante diferenciar o dano moral indireto do dano moral *em* ricochete (ou dano reflexo). No primeiro, tem-se uma violação a um direito da personalidade de um sujeito, em função de um dado material por ele *mesmo* sofrido; no segundo, tem-se um dano moral sofrido por um sujeito, em função de um dano (material ou moral, pouco importa) de que foi vítima um *outro* indivíduo, ligado a ele"

Frise-se ainda que se a pessoa natural sofreu lesão a direito material ou extrapatrimonial de sua titularidade, em caso de seu posterior falecimento, o direito à reparação é transmitido aos sucessores. Nesse sentido, o direito de exigir reparação e a obrigação de prestá-la transmitem-se com a herança (art. 943 do Código Civil).

Entende-se que o dano moral é decorrente da violação dos direitos da personalidade, os quais têm como fundamento a dignidade da pessoa humana (no art. 1º, inciso III, da Constituição Federal de 1988)[59]. Nesse sentido, "dor, vexame, sofrimento e humilhação podem

---

(destaques do original). Na jurisprudência: "1. O dano moral por ricochete é aquele sofrido por um terceiro (vítima indireta) em consequência de um dano inicial sofrido por outrem (vítima direta), podendo ser de natureza patrimonial ou extrapatrimonial. Trata-se de relação triangular em que o agente prejudica uma vítima direta que, em sua esfera jurídica própria, sofre um prejuízo que resultará em um segundo dano, próprio e independente, observado na esfera jurídica da vítima reflexa. 2. São características do dano moral por ricochete a pessoalidade e a autonomia em relação ao dano sofrido pela vítima direta do evento danoso, assim como a independência quanto à natureza do incidente, conferindo, desse modo, aos sujeitos prejudicados reflexamente o direito à indenização por terem sido atingidos em um de seus direitos fundamentais. 3. O evento morte não é exclusivamente o que dá ensejo ao dano por ricochete. Tendo em vista a existência da cláusula geral de responsabilidade civil, todo aquele que tem seu direito violado por dano causado por outrem, de forma direta ou reflexa, ainda que exclusivamente moral, titulariza interesse juridicamente tutelado (art. 186, CC/2002). 4. O dano moral reflexo pode se caracterizar ainda que a vítima direta do evento danoso sobreviva. É que o dano moral em ricochete não significa o pagamento da indenização aos indiretamente lesados por não ser mais possível, devido ao falecimento, indenizar a vítima direta. É indenização autônoma, por isso devida independentemente do falecimento da vítima direta. 5. À vista de uma leitura sistemática dos diversos dispositivos de lei que se assemelham com a questão da legitimidade para propositura de ação indenizatória em razão de morte, penso que o espírito do ordenamento jurídico rechaça a legitimação daqueles que não fazem parte da 'família' direta da vítima (REsp 1076160/AM, Rel. Ministro Luis Felipe Salomão, Quarta Turma, DJe 21/06/2012). 6. A jurisprudência desta Casa, quanto à legitimidade dos irmãos da vítima direta, já decidiu que o liame existente entre os envolvidos é presumidamente estreito no tocante ao afeto que os legitima à propositura de ação objetivando a indenização pelo dano sofrido. Interposta a ação, caberá ao julgador, por meio da instrução, com análise cautelosa do dano, o arbitramento da indenização devida a cada um dos titulares. 7. A legitimidade dos avós para a propositura da ação indenizatória se justifica pela alta probabilidade de existência do vínculo afetivo, que será confirmado após instrução probatória, com consequente arbitramento do valor adequado da indenização. 8. A responsabilidade dos pais só ocorre em consequência de ato ilícito de filho menor. O pai não responde, a esse título, por nenhuma obrigação do filho maior, ainda que viva em sua companhia, nos termos do inciso I do art. 932 do Código Civil" (STJ, 4ª T., REsp 1.734.536/RS, 2014/0315038-6, Rel. Min. Luis Felipe Salomão, DJe 24.09.2019).

[59] CAVALIERI FILHO, Sergio. *Programa de responsabilidade civil*. 8. ed. São Paulo: Atlas, 2008. p. 80: "Os direitos à honra, ao nome, à intimidade, à privacidade e à liberdade estão

ser consequências, e não causas" do dano moral, o qual, portanto, "não está necessariamente vinculado a alguma reação psíquica da vítima". Logo, é possível o reconhecimento do dano moral mesmo em pessoas destituídas de consciência, como, por exemplo, doentes mentais e crianças de pequena idade[60].

Ainda nessa linha, pode-se entender o dano moral, de forma mais ampla, como decorrente da agressão a "bens que integram a personalidade", constituindo valores distintos dos bens patrimoniais em sentido mais estrito. Por isso, o dano moral decorre da violação dos direitos da personalidade, não apenas os diretamente vinculados à dignidade da pessoa humana, mas também aqueles ligados a direitos envolvendo "a imagem, o bom nome, a reputação, sentimentos, relações afetivas, aspirações, hábitos, gostos, convicções políticas, religiosas, filosóficas", o que abrange todas as ofensas à pessoa, em suas dimensões individual e social. Por isso, o dano moral decorre da lesão a todos os "bens personalíssimos" ("dano imaterial ou não patrimonial") e, em razão da "natureza imaterial", é considerado "insusceptível de avaliação pecuniária, podendo apenas ser compensado com a obrigação pecuniária imposta ao causador do dano"[61].

Cabe fazer referência também ao dano estético, decorrente de lesão ao direito à integridade física, notadamente quanto à aparência externa da pessoa[62].

Prevalece o entendimento de que o dano estético é modalidade autônoma, sem se confundir com os danos material e moral[63], de modo

---

englobados no *direito à dignidade*, verdadeiro fundamento e essência de cada preceito constitucional relativo aos direitos da pessoa humana" (destaques do original).

60 CAVALIERI FILHO, Sergio. *Programa de responsabilidade civil*. 8. ed. São Paulo: Atlas, 2008. p. 80.

61 CAVALIERI FILHO, Sergio. *Programa de responsabilidade civil*. 8. ed. São Paulo: Atlas, 2008. p. 80-81.

62 LOPEZ, Teresa Ancona. *O dano estético*: responsabilidade civil. 3. ed. São Paulo: RT, 2004. p. 64.

63 "Com efeito, ainda que derivada de um mesmo fato – erro médico de profissionais da rede municipal de saúde –, a amputação do braço direito do recém-nascido ensejou duas formas diversas de dano, o moral e o estético. O primeiro, correspondente à violação do direito à dignidade e à imagem da vítima, assim como ao sofrimento, à aflição e à angústia a que seus pais e irmão foram submetidos, e o segundo, decorrente da modificação

a ser cabível a cumulação da indenização por danos moral e estético[64]. Assim, o dano estético gera o direito a indenização separada, em razão do direito da personalidade especificamente violado, como quando ocorrem mutilações ou deformações físicas[65]. Cf. Capítulo 3, item 3.5.3.

No caso de lesão ou outra ofensa à saúde, o ofensor deve indenizar o ofendido das despesas do tratamento e dos lucros cessantes até ao fim da convalescença, além de algum outro prejuízo que o ofendido prove haver sofrido (art. 949 do Código Civil)[66].

A indenização por danos extrapatrimoniais pode ter natureza de ressarcimento, compensatória, punitiva e preventiva[67]. Nos termos da Súmula 281 do STJ: "A indenização por dano moral não está sujeita à tarifação prevista na Lei de Imprensa". Desse modo, não é válida a tarifação da indenização de danos extrapatrimoniais, em contrariedade

---

da estrutura corporal do lesado, enfim, da deformidade a ele causada" (STJ, 1ª T., REsp 910.794/RJ, Rel. Min. Denise Arruda, j. 21.10.2008, DJe 04.12.2008, voto da Relatora).

64 Súmula 387 do STJ: "É lícita a cumulação das indenizações de dano estético e dano moral". "Agravo regimental no agravo de instrumento. Acidente de trânsito. Atropelamento. Ação de indenização por danos morais, estéticos e materiais. Danos morais e estéticos. Valores mantidos. Incidência da Súmula 7/STJ. Agravo regimental improvido. 1. É possível cumular as pretensões indenizatórias por danos morais e estéticos, provenientes de um mesmo ato ilícito, desde que, efetivada a produção de dano estético, seja possível apurar e quantificar autonomamente os valores. [...] 4. Agravo improvido" (STJ, 4ª T., AgRg no Ag 769.719/DF, Rel. Min. Hélio Quaglia Barbosa, DJ 28.05.2007).

65 WALD, Arnoldo. *Obrigações e contratos*. 16. ed. São Paulo: Saraiva, 2004. p. 700: "o dano moral é um dano *imaterial*, ou abstrato; o dano estético atinge a integridade física, refere-se à aparência da pessoa e é um dano material, ou concreto. Dano estético é o que rompe a harmonia ou a forma habitual do corpo humano. Assim, a cicatriz na face, o braço encurtado, enfim, as chamadas deformidades, que podem ser vistas (não importa se são habitualmente visíveis ou não). O dano moral não pode ser visto; só pode ser sentido" (destaque do original). Na jurisprudência: "1. É possível a cumulação de indenização por danos estético e moral, ainda que derivados de um mesmo fato, desde que um dano e outro possam ser reconhecidos autonomamente, ou seja, devem ser passíveis de identificação em separado. Precedentes" (STJ, 1ª T., REsp 910.794/RJ, Rel. Min. Denise Arruda, DJe 04.12.2008).

66 GARCIA, Gustavo Filipe Barbosa. *Competência da Justiça do Trabalho*: da relação de emprego à relação de trabalho. Rio de Janeiro: Forense, 2012. p. 211-215.

67 GAGLIANO, Pablo Stolze; PAMPLONA FILHO, Rodolfo. *Novo curso de direito civil*: responsabilidade civil. 3. ed. São Paulo: Saraiva, 2005. v. 3. p. 20-24. Na jurisprudência: "5. A indenização por danos morais possui tríplice função, a compensatória, para mitigar os danos sofridos pela vítima; a punitiva, para condenar o autor da prática do ato ilícito lesivo, e a preventiva, para dissuadir o cometimento de novos atos ilícitos" (STJ, 4ª T., REsp 1.440.721/GO, 2014/0050110-0, Rel. Min. Maria Isabel Gallotti, DJe 11.11.2016).

ao direito constitucional à sua ampla e justa indenização. Cf. STF, 2ª T., RE 348.827/RJ, Rel. Min. Carlos Velloso, DJ 06.08.2004. Cf. ainda STF, Pleno, ADPF 130/DF, Rel. Min. Ayres Britto, DJE 06.11.2009.

A reparação dos danos, sempre que possível, deve assegurar à vítima o retorno à situação anterior à lesão (*restitutio in integrum*)[68], mesmo de forma específica[69]. Caso isso não seja possível, a indenização deve ser suficiente para reparar integralmente os danos[70]. Nesse sentido, se o devedor não puder cumprir a prestação na espécie ajustada, substituir-se-á pelo seu valor, em moeda corrente (art. 947 do Código Civil).

22.3.3.2 Danos materiais e morais coletivos

Na atualidade, são reconhecidos os danos materiais e morais coletivos, decorrentes da lesão a direitos metaindividuais[71].

A indenização dos danos materiais coletivos tem como objetivo a reparação do prejuízo causado à coletividade, como, por exemplo, para a reconstituição ou recuperação do meio ambiente afetado[72]. A indenização

---

[68] BITTAR, Carlos Alberto. *Curso de direito civil*. Rio de Janeiro: Forense Universitária, 1994. v. 1. p. 601. Na jurisprudência: "2. Conforme escólio da melhor doutrina, a indenização do dano extrapatrimonial visa a compensar a vítima pela dor sofrida e, de forma indireta, punir o transgressor. Ao contrário, a reparação pelo dano material propõe restituição à situação anterior (*restitutio in integrum*)" (STJ, 2ª T., REsp 1.695.725/ES, 2017/0194977-5, Rel. Min. Herman Benjamin, DJe 19.12.2017). "A recuperação pelo dano sofrido, portanto, há de ser integral, de modo a restabelecer o lesado ao estado anterior à ocorrência do evento danoso" (STJ, REsp 1.219.079/RS, 2010/0183260-5, Rel. Min. Nancy Andrighi, DJe 14.03.2011).

[69] "6. A determinação de retratação decorre, também, do princípio da reparação integral, inserindo-se, inclusive, dentre os poderes do juiz a possibilidade do seu reconhecimento com vistas ao retorno da parte ao estado anterior à ofensa. 7. Retratação a ser veiculada pelo mesmo meio mediante o qual foi praticado o ato ilícito (internet)" (STJ, 2ª T., REsp 1.704.600/RS, 2017/0172141-9, Rel. Min. Paulo de Tarso Sanseverino, DJe 15.10.2019).

[70] "O princípio da reparação integral (arts. 927 e 944 do CC) possibilita o pagamento da indenização em pecúnia e *in natura*, a fim de se dar efetividade ao instituto da responsabilidade civil" (STJ, 3ª T., REsp 1.771.866/DF, 2017/0118809-2, Rel. Min. Marco Aurélio Bellizze, DJe 19.02.2019).

[71] GAGLIANO, Pablo Stolze; PAMPLONA FILHO, Rodolfo. *Novo curso de direito civil*: responsabilidade civil. 3. ed. São Paulo: Saraiva, 2005. v. 3. p. 91-93.

[72] MAZZILLI, Hugo Nigro. *A defesa dos interesses difusos em juízo*: meio ambiente, consumidor, patrimônio cultural, patrimônio público e outros interesses. 19. ed. São Paulo:

dos danos morais coletivos, por sua vez, visa a obter compensação em razão da lesão metaindividual da dignidade coletiva ou de direitos da personalidade que atinjam o grupo social como um todo[73].

Nesse sentido, o art. 1º, *caput*, da Lei 7.347/1985, que disciplina a ação civil pública, faz menção às ações de responsabilidade por danos morais e patrimoniais causados ao meio ambiente, ao consumidor, a bens e direitos de valor artístico, estético, histórico, turístico e paisagístico, a qualquer outro interesse difuso ou coletivo, por infração da ordem econômica, à ordem urbanística, à honra e à dignidade de grupos raciais, étnicos ou religiosos, ao patrimônio público e social[74]. O referido diploma legal, bem como a Lei 8.078/1990, ao disciplina-

---

Saraiva, 2006. p. 527: "Nas ações civis públicas ou coletivas, tendo sempre presente que o escopo é a preservação ou a restauração dos bens jurídicos lesados, o valor pecuniário da condenação em regra deverá corresponder ao custo concreto e efetivo da conservação ou recomposição dos bens lesados".

[73] MAZZILLI, Hugo Nigro. *A defesa dos interesses difusos em juízo*: meio ambiente, consumidor, patrimônio cultural, patrimônio público e outros interesses. 19. ed. São Paulo: Saraiva, 2006. p. 527: "Os danos indenizáveis não são apenas os materiais. A Constituição admite indenização por danos morais, bem como a defesa da moralidade administrativa (CR, arts. 5º, V, X e LXXIII, 37, e 216); o CDC cuidou da efetiva prevenção e reparação de danos morais (CDC, art. 6º, VI); a LACP permite a propositura de ações civis públicas por danos morais (LACP, art. 1º, *caput*, alt. pelo art. 88 da Lei n. 8.884/94). Cuidando dos atos jurídicos ilícitos, o Cód. Civil aduz que a responsabilidade ocorrerá ainda que o dano seja exclusivamente moral (CC de 2002, art. 186). Assim, por exemplo, na lesão ao patrimônio cultural, não se pode afastar em tese o cabimento de indenização também como satisfação à coletividade pelo sentimento jurídico violado".

[74] "5. No que concerne aos elementos caracterizadores do dano moral coletivo, este Superior Tribunal já se manifestou no sentido de que 'a possibilidade de indenização por dano moral está prevista no art. 5º, inciso V, da Constituição Federal, não havendo restrição da violação à esfera individual. A evolução da sociedade e da legislação tem levado a doutrina e a jurisprudência a entender que, quando são atingidos valores e interesses fundamentais de um grupo, não há como negar a essa coletividade a defesa do seu patrimônio imaterial. O dano moral coletivo é a lesão na esfera moral de uma comunidade, isto é, a violação de direito transindividual de ordem coletiva, valores de uma sociedade atingidos do ponto de vista jurídico, de forma a envolver não apenas a dor psíquica, mas qualquer abalo negativo à moral da coletividade, pois o dano é, na verdade, apenas a consequência da lesão à esfera extrapatrimonial de uma pessoa' (REsp 1.397.870/MG, Rel. Ministro Mauro Campbell Marques, Segunda Turma, DJe 10/12/2014). 6. 'Os danos morais coletivos se configuram na própria prática ilícita, dispensam a prova de efetivo dano ou sofrimento da sociedade e se baseiam na responsabilidade de natureza objetiva, na qual é desnecessária a comprovação de culpa ou de dolo do agente lesivo' (AgInt no AREsp 1.343.283/RJ, Rel. Ministro Moura Ribeiro, Terceira Turma, DJe 19/2/2020)" (STJ, 1ª T., AgInt no AREsp 538.308/SP, 2014/0126670-7, Rel. Min. Sérgio Kukina, DJe 04.09.2020).

rem a ação civil pública e coletiva, estabelecem disposições jurídicas voltadas à proteção de direitos de natureza metaindividual[75].

Nota-se a possibilidade de lesão a direitos de natureza coletiva, podendo acarretar o correspondente dano (prejuízo) de ordem metaindividual[76], a ser objeto de indenização à sociedade[77], pela lesão a valores e bens de interesse social[78].

Os danos morais e materiais, assim, podem ser decorrentes da lesão a direitos difusos, coletivos e individuais homogêneos, sendo estes de origem comum, com titulares determinados e objeto divisível[79].

---

[75] GARCIA, Gustavo Filipe Barbosa. *Competência da Justiça do Trabalho*: da relação de emprego à relação de trabalho. Rio de Janeiro: Forense, 2012. p. 215-217. Na jurisprudência: "6. É cabível, em tese, por violação a direitos transindividuais, a condenação por dano moral coletivo, como categoria autônoma de dano, a qual não se relaciona necessariamente com aqueles tradicionais atributos da pessoa humana – dor, sofrimento ou abalo psíquico. Precedentes" (STJ, 3ª T., AgInt nos EDcl no AREsp 1.618.776/GO, 2019/0336892-4, Rel. Min. Nancy Andrighi, DJe 27.08.2020).

[76] "1. A caracterização do dano moral coletivo está condicionada à ocorrência de violação grave dos valores fundamentais de uma determinada coletividade de pessoas, independentemente da presença de dor, sofrimento ou abalo psicológico" (STJ, 1ª T., AgInt no REsp 1.542.272/RJ, 2015/0165691-2, Rel. Min. Benedito Gonçalves, DJe 15.10.2020). "V – O dano moral coletivo é aferível *in re ipsa*, dispensando, portanto, a demonstração de prejuízos concretos, mas somente se configura se houver grave ofensa à moralidade pública, causando lesão a valores fundamentais da sociedade e transbordando da justiça e da tolerabilidade" (STJ, 2ª T., AgInt no AREsp 1.510.488/RJ, 2019/0150109-0, Rel. Min. Francisco Falcão, DJe 21.09.2020).

[77] "6. No dano moral coletivo, a função punitiva – sancionamento exemplar ao ofensor – é, aliada ao caráter preventivo – de inibição da reiteração da prática ilícita – e ao princípio da vedação do enriquecimento ilícito do agente, a fim de que o eventual proveito patrimonial obtido com a prática do ato irregular seja revertido em favor da sociedade" (STJ, 3ª T., REsp 1.737.412/SE, 2017/0067071-8, Rel. Min. Nancy Andrighi, DJe 08.02.2019).

[78] MEDEIROS NETO, Xisto Tiago de. *Dano moral coletivo*. 2. ed. São Paulo: LTr, 2007. p. 137: "o *dano moral coletivo* corresponde à lesão injusta e intolerável a interesses ou direitos titularizados pela coletividade (considerada em seu todo ou em qualquer de suas expressões – grupos, classes ou categorias de pessoas), os quais possuem natureza extrapatrimonial, refletindo valores e bens fundamentais para a sociedade" (destaques do original)

[79] "XX – Por fim, confirma-se a existência do 'dano moral coletivo' em razão de ofensa a direitos coletivos ou difusos de caráter extrapatrimonial – consumidor, ambiental, ordem urbanística, entre outros –, podendo-se afirmar que o caso em comento é de dano moral *in re ipsa*, ou seja, deriva do fato por si só. XXI – O dano moral coletivo, compreendido como o resultado de lesão à esfera extrapatrimonial de determinada comunidade, dá-se quando a conduta agride, de modo ilegal ou intolerável, os valores normativos fundamentais da sociedade em si considerada, a provocar repulsa e indignação na consciência coletiva

Os danos materiais e morais coletivos podem ser postulados pelos entes legitimados para o ajuizamento das ações civis públicas e ações coletivas, com destaque ao Ministério Público, conforme arts. 127 e 129, inciso III, da Constituição Federal de 1988[80].

Ainda nesse contexto, parte da doutrina salienta a existência de uma nova modalidade de lesão, que configura o chamado "dano social", diverso das hipóteses tradicionais de danos materiais e morais. O dano social, na realidade, pode surgir quando a lesão atinge não apenas o patrimônio material ou moral da vítima em si, mas alcança toda a sociedade, acarretando um "rebaixamento imediato do nível de vida da população"[81]. Assim, os casos em que a lesão envolve

---

(arts. 1º da Lei n. 7.347/1985; 6º, VI, do CDC e 944 do CC, bem como Enunciado n. 456 da V Jornada de Direito Civil). XXII – Entenda-se o dano moral coletivo como o de natureza transindividual que atinge classe específica ou não de pessoas. É passível de comprovação pela presença de prejuízo à imagem, ao sentimento e à moral coletiva dos indivíduos como síntese das individualidades envolvidas, a partir de uma mesma relação jurídica-base. 'O dano extrapatrimonial coletivo prescinde da comprovação de dor, de sofrimento e de abalo psicológico, suscetíveis de apreciação na esfera do indivíduo, mas inaplicável aos interesses difusos e coletivos' (REsp n. 1.410.698/MG, Rel. Ministro Humberto Martins, Segunda Turma, DJe 30/6/2015). XXIII – O dano moral extrapatrimonial atinge direitos de personalidade do grupo ou coletividade como realidade massificada, que a cada dia reclama mais soluções jurídicas para sua proteção. Isso não importa exigir da coletividade 'dor, repulsa, indignação tal qual fosse um indivíduo isolado, pois a avaliação que se faz é simplesmente objetiva, e não personalizada, tal qual no manuseio judicial da boa-fé objetiva. Na noção inclui-se tanto o dano moral coletivo indivisível (por ofensa a interesses difusos e coletivos de uma comunidade) como o divisível (por afronta a interesses individuais homogêneos)' (REsp n. 1.574.350/SC, Rel. Ministro Herman Benjamin, Segunda Turma, julgado em 3/10/2017, DJe 6/3/2019). Nesse sentido também o precedente desta Segunda Turma: REsp n. 1.057.274, Segunda Turma, Rel. Ministra Eliana Calmon, Dje 26/2/2010" (STJ, 2ª T., AgInt no AREsp 1.413.621/MG, 2018/0326859-3, Rel. Min. Francisco Falcão, DJe 11.05.2020).

80 "1. De acordo com a jurisprudência do STJ, é possível a condenação ao pagamento de indenização por danos morais coletivos em sede de ação civil pública. Precedentes: EREsp 1410698/MG, Rel. Ministro Napoleão Nunes Maia Filho, Primeira Seção, julgado em 14/11/2018, DJe 03/12/2018; AgRg no REsp 1.283.434/GO, Rel. Ministro Napoleão Nunes Maia Filho, Primeira Turma, julgado em 7/4/2016, DJe 15/4/2016; e AgRg no REsp 1460214/PR, Rel. Ministro Mauro Campbell Marques, Segunda Turma, julgado em 9/4/2019, DJe 3/6/2019" (STJ, 1ª Seção, AgInt nos EREsp 1.502.179/PE, 2014/0316870-8, Rel. Min. Sérgio Kukina, DJe 08.09.2020).

81 AZEVEDO, Antonio Junqueira de. Por uma nova categoria de dano na responsabilidade civil: o dano social. In: AZEVEDO, Antonio Junqueira de. *Novos estudos e pareceres de direito privado*. São Paulo: Saraiva, 2009. p. 380.

a sociedade como um todo, por exemplo, afetando a segurança das pessoas, geram uma diminuição da "qualidade coletiva de vida". Por isso, o prejuízo decorrente do dano social deve ser reparado, restaurando-se à sociedade a qualidade de vida afetada pelo ato ilícito em questão[82].

22.3.4 Relação de causalidade

O ato ilícito é cometido por quem violar direito e *causar* dano a outrem (art. 186). Do mesmo modo, na responsabilidade civil, aquele que, por ato ilícito, *causar* dano a outrem, fica obrigado a repará-lo (art. 927 do Código Civil). Portanto, o ato ilícito e a obrigação de indenizar exigem a relação de causalidade entre o dano e a conduta (ação ou omissão) do agente[83].

Cabe fazer referência às principais teorias a respeito da verificação do nexo ou relação de causa e efeito, a seguir expostas.

De acordo com a "teoria da equivalência das condições", elaborada por Maximilian von Buri, no final do século XIX, com fundamento em lições de John Stuart Mill, se a conduta figura como *conditio sine qua non* do resultado, juntamente com outras condições igualmente necessárias para que o dano ocorresse, há nexo causal. Nesse enfoque, se nos eventos antecedentes ao dano há o ato do agente, como uma de suas condições indispensáveis, sem a qual o efeito danoso não ocorreria, configura-se o nexo causal[84].

A referida teoria é objeto de críticas, pois amplia o nexo de causalidade e, por consequência, ao alcance da responsabilidade. Apenas são afastadas condições completamente indiferentes quanto ao dano.

---

82 AZEVEDO, Antonio Junqueira de. Por uma nova categoria de dano na responsabilidade civil: o dano social. In: AZEVEDO, Antonio Junqueira de. *Novos estudos e pareceres de direito privado*. São Paulo: Saraiva, 2009. p. 381.

83 MONTEIRO, Washington de Barros; PINTO, Ana Cristina de Barros Monteiro França. *Curso de direito civil*: parte geral. 44. ed. São Paulo: Saraiva, 2012. v. 1. p. 351.

84 MONTEIRO, Washington de Barros; PINTO, Ana Cristina de Barros Monteiro França. *Curso de direito civil*: parte geral. 44. ed. São Paulo: Saraiva, 2012. v. 1. p. 351-352. Cf. ainda CRUZ, Gisela Sampaio da. *O problema do nexo causal na responsabilidade civil*. Rio de Janeiro: Renovar, 2005. p. 35-40.

Com isso, o nexo causal alcança fatos e condutas remotas, sem relação próxima com o dano, o que resulta na responsabilização de pessoas por consequências distantes ou excepcionais de seus atos[85].

Surgem, assim, outras teorias, com o intuito de distinguir entre as condições necessárias do dano, para que se possa fixar como sua causa, para fins jurídicos, apenas uma ou um conjunto delas[86].

Nos termos da "teoria da causa próxima", de Francis Bacon, apenas a última causa, ou seja, a mais próxima do dano é que deve ser considerada para fins de nexo causal, excluindo-se as mais distantes[87].

No âmbito da "teoria da causa eficiente", para Karl von Birkmeyer, entre as diversas condições, figura como causa a condição que mais contribuiu, ativamente, para a produção do dano[88]. Para Max Ernst Mayer, deve-se considerar como causa a condição que, em si, tem maior eficácia para a produção do evento[89]. Conforme a "teoria da causa preponderante", entre os diversos fatores envolvidos, figura como causa a condição que predomina, ou seja, que tem maior preponderância na produção do resultado[90]. Como variação dela, segundo a "teoria do equilíbrio", de Karl Binding e Paul Oertmann, o fato é considerado causa se for condição positiva que

---

85 MONTEIRO, Washington de Barros; PINTO, Ana Cristina de Barros Monteiro França. *Curso de direito civil*: parte geral. 44. ed. São Paulo: Saraiva, 2012. v. 1. p. 351-352.

86 MONTEIRO, Washington de Barros; PINTO, Ana Cristina de Barros Monteiro França. *Curso de direito civil*: parte geral. 44. ed. São Paulo: Saraiva, 2012. v. 1. p. 352.

87 CRUZ, Gisela Sampaio da. *O problema do nexo causal na responsabilidade civil*. Rio de Janeiro: Renovar, 2005. p. 53-54. Cf. ainda MONTEIRO, Washington de Barros; PINTO, Ana Cristina de Barros Monteiro França. *Curso de direito civil*: parte geral. 44. ed. São Paulo: Saraiva, 2012. v. 1. p. 352.

88 CRUZ, Gisela Sampaio da. *O problema do nexo causal na responsabilidade civil*. Rio de Janeiro: Renovar, 2005. p. 59. Cf. ainda MONTEIRO, Washington de Barros; PINTO, Ana Cristina de Barros Monteiro França. *Curso de direito civil*: parte geral. 44. ed. São Paulo: Saraiva, 2012. v. 1. p. 353.

89 CRUZ, Gisela Sampaio da. *O problema do nexo causal na responsabilidade civil*. Rio de Janeiro: Renovar, 2005. p. 59. Cf. ainda MONTEIRO, Washington de Barros; PINTO, Ana Cristina de Barros Monteiro França. *Curso de direito civil*: parte geral. 44. ed. São Paulo: Saraiva, 2012. v. 1. p. 353.

90 CRUZ, Gisela Sampaio da. *O problema do nexo causal na responsabilidade civil*. Rio de Janeiro: Renovar, 2005. p. 60-61. Cf. ainda MONTEIRO, Washington de Barros; PINTO, Ana Cristina de Barros Monteiro França. *Curso de direito civil*: parte geral. 44. ed. São Paulo: Saraiva, 2012. v. 1. p. 353.

predomina na produção do evento danoso, ao romper o equilíbrio entre as condições envolvidas[91].

Em consonância com a "teoria da causalidade adequada", de Johannes von Kries, aperfeiçoada por Max Rümelin e Ludwig Enneccerus, para figurar como causa, primeiramente, a condição deve ser necessária para a ocorrência do dano. Entretanto, nem todas essas condições devem ser consideradas causa do evento, mas apenas aquela que tiver maior probabilidade para produzi-lo, vinculando-se ao resultado como causa adequada ou apta para a produção do dano[92].

Quanto a essa adequação da causa, para Johannes von Kries, deve-se adotar o "critério da previsibilidade subjetiva", ou seja, a causa adequada é o fato que, quando da sua verificação, na percepção do autor ou agente, seria previsível ou suscetível de causar o dano. Para Max Rümelin, deve-se adotar o "critério do prognóstico objetivo retrospectivo", verificando-se, na percepção de um observador normal, de forma retrospectiva, se o fato tinha considerável probabilidade ou possibilidade de gerar o dano. Para Ludwig Enneccerus, deve-se adotar o "critério da inversão do ônus da prova", ou seja, toda condição necessária do evento é, de forma presumida, considerada sua causa, salvo se o agente demonstrar que se trata de fato indiferente para a produção do dano, tendo se tornado condição para sua ocorrência apenas em razão de circunstâncias extraordinárias[93].

Na "teoria do dano direto e imediato" ou "teoria do nexo causal direto e imediato", segundo a doutrina da "necessariedade da causa", a obrigação de indenizar surge quando o dano é efeito necessário

---

91 CRUZ, Gisela Sampaio da. *O problema do nexo causal na responsabilidade civil*. Rio de Janeiro: Renovar, 2005. p. 61-62. Cf. ainda MONTEIRO, Washington de Barros; PINTO, Ana Cristina de Barros Monteiro França. *Curso de direito civil*: parte geral. 44. ed. São Paulo: Saraiva, 2012. v. 1. p. 352-353.

92 MONTEIRO, Washington de Barros; PINTO, Ana Cristina de Barros Monteiro França. *Curso de direito civil*: parte geral. 44. ed. São Paulo: Saraiva, 2012. v. 1. p. 353. Cf. ainda CRUZ, Gisela Sampaio da. *O problema do nexo causal na responsabilidade civil*. Rio de Janeiro: Renovar, 2005. p. 64-67.

93 MONTEIRO, Washington de Barros; PINTO, Ana Cristina de Barros Monteiro França. *Curso de direito civil*: parte geral. 44. ed. São Paulo: Saraiva, 2012. v. 1. p. 353. Cf. ainda CRUZ, Gisela Sampaio da. *O problema do nexo causal na responsabilidade civil*. Rio de Janeiro: Renovar, 2005. p. 68-72.

de certa causa. Nesse enfoque, a causa direta e imediata do evento danoso, que gera o dever de indenizar, é apenas a causa que necessariamente o produziu, ou seja, a causa necessária do dano. Há entendimento de que o art. 403 do Código Civil adota essa teoria, ao assim prever: ainda que a inexecução resulte de dolo do devedor, as perdas e danos só incluem os prejuízos efetivos e os lucros cessantes por efeito dela *direto e imediato*, sem prejuízo do disposto na lei processual[94].

No Direito Penal, prepondera a adoção da "teoria da equivalência das condições"[95]. Nesse sentido, quanto à relação de causalidade, conforme o art. 13 do Código Penal, o resultado, de que depende a existência do crime, somente é imputável a quem lhe deu causa. Considera-se causa a ação ou omissão sem a qual o resultado não teria ocorrido.

No Direito Civil, por sua vez, predomina a adoção da "teoria da causalidade adequada"[96] e da "teoria do dano direto e imediato"[97].

---

[94] CRUZ, Gisela Sampaio da. *O problema do nexo causal na responsabilidade civil*. Rio de Janeiro: Renovar, 2005. p. 96-107.

[95] MONTEIRO, Washington de Barros; PINTO, Ana Cristina de Barros Monteiro França. *Curso de direito civil*: parte geral. 44. ed. São Paulo: Saraiva, 2012. v. 1. p. 353.

[96] MONTEIRO, Washington de Barros; PINTO, Ana Cristina de Barros Monteiro França. *Curso de direito civil*: parte geral. 44. ed. São Paulo: Saraiva, 2012. v. 1. p. 353. Na jurisprudência: "8. À luz da teoria da causalidade adequada, prevista expressamente no art. 403 do CC/02, somente se considera existente o nexo causal quando a conduta do agente for determinante à ocorrência do dano. Precedentes" (STJ, 3ª T., REsp 1.808.079/PR, 2019/0098045-6, Rel. Min. Nancy Andrighi, DJe 08.08.2019). "10. Na responsabilidade civil, só pode ser considerada causa aquela que é adequada à produção concreta do resultado, com interferência decisiva" (STJ, 3ª T., REsp 1.433.566/RS, 2013/0407652-6, Rel. Min. Nancy Andrighi, DJe 31.05.2017).

[97] CRUZ, Gisela Sampaio da. *O problema do nexo causal na responsabilidade civil*. Rio de Janeiro: Renovar, 2005. p. 83-85, 110-111. Na jurisprudência: "4. À aferição do nexo de causalidade, à luz do ordenamento jurídico brasileiro (artigo 1.060 do Código Civil de 1916 e artigo 403 do Código Civil de 2002), destacam-se os desenvolvimentos doutrinários atinentes à teoria da causalidade adequada e àquela do dano direto e imediato. Considera-se, assim, existente o nexo causal quando o dano é efeito necessário e/ou adequado de determinada causa" (STJ, 4ª T., REsp 1.067.332/RJ, 2008/0133117-0, Rel. Min. Marco Buzzi, DJe 05.05.2014). "5. No âmbito das relações de consumo, aplicando-se a teoria da causalidade adequada e do dano direto imediato, somente há responsabilidade civil por fato do produto ou serviço quando houver defeito e se isso for a causa dos danos sofridos pelo consumidor" (STJ, 3ª T., REsp 1.468.567/ES, 2014/0173370-2, Rel. Min. Nancy Andrighi, DJe 10.08.2018).

A relação de causalidade desaparece quando a conduta da vítima é a causa única do dano, ou quando este decorre de fato de terceiro ou culpa exclusiva de terceiro[98]. A culpa exclusiva da vítima, em regra, exclui a responsabilidade civil[99]. Se o dano resulta de conduta culposa do agente e de conduta culposa da vítima, ou seja, se houver culpa bilateral, a indenização deve ser reduzida de forma proporcional[100]. Nesse sentido, se a vítima tiver concorrido culposamente para o evento danoso, a sua indenização deve ser fixada tendo-se em conta a gravidade de sua culpa em confronto com a do autor do dano (art. 945 do Código Civil)[101].

A relação de causalidade também fica afastada se o dano decorre de agente externo[102]. Nesse contexto, a força maior e o caso fortuito eliminam a culpa do agente e excluem, em regra, a responsabilidade civil, por desaparecer o nexo de causalidade[103].

Na responsabilidade civil contratual, o devedor não responde pelos prejuízos resultantes de caso fortuito ou força maior, se expressamente não se houver por eles responsabilizado (art. 393 do Código Civil).

---

98 "4. 'Em situações que envolvem acidente de trânsito, o fato de terceiro só configura causa de exoneração de responsabilidade se equiparado, para todos os efeitos, ao caso fortuito ou força maior, de modo a eliminar por completo a relação de causalidade entre a conduta do agente e o dano [...]. Diversamente, se houver atitude volitiva daquele que se depara com a situação de perigo, incumbe-lhe, na condição de causador direto do dano, responder perante o dono do veículo abalroado, recompondo os prejuízos decorrentes de sua conduta voluntária, ainda que isenta de culpa' (REsp 1713105/SP, Rel. Ministro Marco Aurélio Bellizze, Terceira Turma, julgado em 27/11/2018, DJe 06/12/2018)" (STJ, 4ª T., AgInt no REsp 1.819.747/PR, 2019/0166628-0, Rel. Min. Luis Felipe Salomão, DJe 16.10.2020).

99 RODRIGUES, Silvio. *Direito civil*: parte geral. 34. ed. São Paulo: Saraiva, 2003. v. 1. p. 314.

100 MONTEIRO, Washington de Barros; PINTO, Ana Cristina de Barros Monteiro França. *Curso de direito civil*: parte geral. 44. ed. São Paulo: Saraiva, 2012. v. 1. p. 353-354. Cf. ainda DINIZ, Maria Helena. *Curso de direito civil brasileiro*: responsabilidade civil. 9. ed. São Paulo: Saraiva, 1995. v. 7. p. 78.

101 "5. Na concorrência de culpas, a indenização da vítima será fixada tendo-se em conta a gravidade de sua culpa, em confronto com a do autor do dano, nos termos do art. 945 do CC/02" (STJ, 3ª T., REsp 1.119.886/RJ, 2009/0015633-5, Rel. p/ ac. Min. Nancy Andrighi, DJe 28.02.2012).

102 RODRIGUES, Silvio. *Direito civil*: parte geral. 34. ed. São Paulo: Saraiva, 2003. v. 1. p. 310.

103 RODRIGUES, Silvio. *Direito civil*: parte geral. 34. ed. São Paulo: Saraiva, 2003. v. 1. p. 314-315.

O caso fortuito ou de força maior verifica-se no fato necessário, cujos efeitos não era possível evitar ou impedir (art. 393, parágrafo único, do Código Civil).

Sendo assim, a configuração do caso fortuito ou da força maior exige dois elementos: a inevitabilidade do evento, por se tratar de fato necessário (elemento objetivo); e a ausência de culpa do agente (elemento subjetivo), por não ser possível evitar ou impedir os efeitos do referido fato[104].

Se o dano decorre de caso fortuito ou de força maior, em regra, não há obrigação de indenizar. Logo, cabe ao réu, em defesa na esfera processual, a sua alegação e prova (art. 373, inciso II, do CPC)[105].

Embora não haja consenso na doutrina a respeito da diferença entre caso fortuito e força maior, as consequências jurídicas decorrentes são as mesmas[106], como acima indicado. De todo modo, pode-se dizer que a força maior envolve, em regra, acidente ou evento decorrente de fato da natureza, como, por exemplo, raio, inundação e terremoto. O caso fortuito diz respeito, em regra, a acidente ou evento de causa desconhecida, como, por exemplo, rompimento de cabo elétrico, explosão de caldeira e curto-circuito de aparelho[107].

Registre-se que há certas regras específicas sobre caso fortuito e força maior, como a seguir indicado.

Nas obrigações de dar coisa incerta, antes da escolha, não pode o devedor alegar perda ou deterioração da coisa, ainda que por força maior ou caso fortuito (art. 246 do Código Civil).

O devedor em mora[108] responde pela impossibilidade da prestação, embora essa impossibilidade resulte de caso fortuito ou de força maior,

---

104 RODRIGUES, Silvio. *Direito civil*: parte geral. 34. ed. São Paulo: Saraiva, 2003. v. 1. p. 314-315.

105 RODRIGUES, Silvio. *Direito civil*: parte geral. 34. ed. São Paulo: Saraiva, 2003. v. 1. p. 314-315.

106 GOMES, Orlando. *Introdução ao direito civil*. 19. ed., revista, atualizada e aumentada por Edvaldo Brito e Reginalda Paranhos de Brito. Rio de Janeiro: Forense, 2007. p. 225.

107 DINIZ, Maria Helena. *Curso de direito civil brasileiro*: teoria geral do direito civil. 29. ed. São Paulo: Saraiva, 2012. v. 1. p. 429.

108 Considera-se em mora o devedor que não efetuar o pagamento no tempo, lugar e forma que a lei ou a convenção estabelecer (art. 394 do Código Civil).

se estes ocorrerem durante o atraso. Essa responsabilidade fica excluída se o devedor em mora provar isenção de culpa, ou que o dano sobreviria ainda quando a obrigação fosse oportunamente desempenhada (art. 399 do Código Civil).

No contrato de locação de coisas, se, notificado o locatário, não restituir a coisa, deve pagar, enquanto a tiver em seu poder, o aluguel que o locador arbitrar, e responderá pelo dano que ela venha a sofrer, embora proveniente de caso fortuito (art. 575 do Código Civil). Se o aluguel arbitrado for manifestamente excessivo, o juiz pode reduzi-lo, mas tendo sempre em conta o seu caráter de penalidade.

Ainda na esfera contratual, se, correndo risco o objeto do comodato juntamente com outros do comodatário, antepuser este a salvação dos seus abandonando o do comodante, responderá pelo dano ocorrido, ainda que se possa atribuir a caso fortuito, ou força maior (art. 583 do Código Civil).

No contrato de mandato, se, não obstante proibição do mandante, o mandatário se fizer substituir na execução do mandato, responde ao seu constituinte pelos prejuízos ocorridos sob a gerência do substituto, embora provenientes de caso fortuito, salvo provando que o caso teria sobrevindo, ainda que não tivesse havido substabelecimento (art. 667, § 1º, do Código Civil).

Na gestão de negócios, o gestor responde pelo caso fortuito quando fizer operações arriscadas, ainda que o dono costumasse fazê-las, ou quando preterir interesse deste em proveito de interesses seus (art. 868 do Código Civil).

As consequências decorrentes da pandemia do coronavírus (covid-19) nas execuções dos contratos, incluídas as previstas no art. 393 do Código Civil (sobre caso fortuito e força maior), não terão efeitos jurídicos retroativos (art. 6º da Lei 14.010/2020).

22.4 RESPONSABILIDADE CIVIL OBJETIVA

A regra é a responsabilidade civil subjetiva. Como exceção, a responsabilidade civil objetiva pode decorrer de previsão legal específica *ou* de atividade de risco[109]. Essa última hipótese deve ser analisada em cada caso concreto, cabendo verificar se a atividade normalmente desenvolvida pelo autor do dano implica, por sua natureza, risco para os direitos de terceiros.

Nesse sentido, aquele que, por ato ilícito (arts. 186 e 187 do Código Civil), causar dano a outrem, fica obrigado a repará-lo (art. 927 do Código Civil). Haverá obrigação de reparar o dano, independentemente de culpa, nos casos especificados em lei, ou quando a atividade normalmente desenvolvida pelo autor do dano implicar, por sua natureza, risco para os direitos de outrem (art. 927, parágrafo único, do Código Civil). Trata-se de responsabilidade objetiva que adota a teoria do risco criado[110].

O art. 7º, inciso XXVIII, da Constituição Federal de 1988 prevê o seguro contra acidentes de trabalho, a cargo do empregador, sem excluir a indenização a que este está obrigado, quando incorrer em dolo ou culpa.

A respeito do tema, o Supremo Tribunal Federal fixou a seguinte tese em recurso extraordinário com repercussão geral: "O artigo 927, parágrafo único, do Código Civil é compatível com o artigo 7º, XXVIII, da Constituição Federal, sendo constitucional a responsabilização

---

[109] "1. A responsabilidade civil subjetiva é a regra no Direito brasileiro, exigindo-se a comprovação de dolo ou culpa. Possibilidade, entretanto, de previsões excepcionais de responsabilidade objetiva pelo legislador ordinário em face da necessidade de justiça plena de se indenizar as vítimas em situações perigosas e de risco como acidentes nucleares e desastres ambientais" (STF, Pleno, RE 828.040/DF, Rel. Min. Alexandre de Moraes, DJe 26.06.2020).

[110] "4. Na responsabilidade civil objetiva, os danos deixam de ser considerados acontecimentos extraordinários, ocorrências inesperadas e atribuíveis unicamente à fatalidade ou à conduta (necessariamente no mínimo) culposa de alguém, para se tornarem consequências, na medida do possível, previsíveis e até mesmo naturais do exercício de atividades inerentemente geradoras de perigo, cujos danos demandam, por imperativo de solidariedade e justiça social, a adequada reparação. 5. Para a responsabilidade objetiva da teoria do risco criado, adotada pelo art. 927, parágrafo único, do CC/02, o dever de reparar exsurge da materialização do risco – da inerente e inexorável potencialidade de qualquer atividade lesionar interesses alheios – em um dano; da conversão do perigo genérico e abstrato em um prejuízo concreto e individual. Assim, o exercício de uma atividade obriga a reparar um dano, não na medida em que seja culposa (ou dolosa), porém na medida em que tenha sido causal" (STJ, 3ª T., REsp 1.786.722/SP, 2018/0258668-4, Rel. Min. Nancy Andrighi, DJe 12.06.2020).

objetiva do empregador por danos decorrentes de acidentes de trabalho, nos casos especificados em lei, ou quando a atividade normalmente desenvolvida, por sua natureza, apresentar exposição habitual a risco especial, com potencialidade lesiva e implicar ao trabalhador ônus maior do que aos demais membros da coletividade" (STF, Pleno, RE 828.040/DF, Rel. Min. Alexandre de Moraes, DJe 26.06.2020).

Mesmo na responsabilidade objetiva, em regra, o agente pode alegar excludentes de responsabilidade civil, provando que o dano decorreu de caso fortuito, força maior, fato de terceiro ou culpa exclusiva de terceiro[111], ou de culpa exclusiva da vítima, casos em que fica excluída a obrigação de indenizar[112].

Ilustrando o exposto, embora a responsabilidade civil do dono do animal seja objetiva, pode ser afastada se houver demonstração de culpa da vítima ou força maior. Nesse sentido, o dono ou detentor do animal ressarcirá o dano por este causado, se não provar culpa da vítima ou força maior (art. 936 do Código Civil).

Especificamente nas hipóteses de responsabilidade objetiva que adotam a teoria do risco integral, como se observa nas hipóteses de dano nuclear (art. 21, inciso XXIII, alínea *d*, da Constituição Federal de 1988) e dano ambiental (art. 225, § 3º, da Constituição Federal de 1988 e art. 14, § 1º, da Lei 6.938/1981)[113], nem mesmo o caso for-

---

[111] "6. A exoneração da responsabilidade objetiva ocorre com o rompimento do nexo causal, sendo que, no fato de terceiro, pouco importa que o ato tenha sido doloso ou culposo, sendo unicamente indispensável que ele tenha sido a única e exclusiva causa do evento lesivo, isto é, que se configure como causa absolutamente independente da relação causal estabelecida entre o dano e o risco do serviço" (STJ, 3ª T., REsp 1.786.722/SP, 2018/0258668-4, Rel. Min. Nancy Andrighi, DJe 12.06.2020).

[112] RODRIGUES, Silvio. *Direito civil*: parte geral. 34. ed. São Paulo: Saraiva, 2003. v. 1. p. 317.

[113] "2. É firme a jurisprudência do STJ no sentido de que, nos danos ambientais, incide a teoria do risco integral, advindo daí o caráter objetivo da responsabilidade, com expressa previsão constitucional (art. 225, § 3º, da CF) e legal (art. 14, § 1º, da Lei n. 6.938/1981), sendo, por conseguinte, descabida a alegação de excludentes de responsabilidade, bastando, para tanto, a ocorrência de resultado prejudicial ao homem e ao ambiente advindo de uma ação ou omissão do responsável. Precedentes. 3. Esta Corte possui firme o entendimento de que: 'Tendo em vista a natureza solidária do dano ambiental, nos termos dos artigos 3º, IV e 14, § 1º, da Lei 3.938/1981, obtempera-se que essa situação jurídica autoriza o ajuizamento da ação em face de qualquer um dos supostos causadores do dano, assegurada sempre a via de regresso' (RESP 1.056.540/GO, Segunda Turma, Min. Eliana Calmon,

tuito, a força maior, o fato de terceiro e a culpa exclusiva da vítima afastam a obrigação de indenizar[114], pois não são admitidas, em regra, as excludentes de responsabilidade civil[115].

Cabe, assim, fazer referência a algumas hipóteses de responsabilidade objetiva previstas no ordenamento jurídico, a seguir indicadas.

22.4.1 Pessoas jurídicas de direito público e de direito privado prestadoras de serviços públicos

Nos termos do art. 37, § 6º, da Constituição Federal de 1988, as pessoas jurídicas de direito público e as de direito privado prestadoras de serviços públicos respondem pelos danos que seus agentes, nessa qualidade, causarem a terceiros, assegurado o direito de regresso contra o responsável nos casos de dolo ou culpa.

A responsabilidade civil do Estado é objetiva e adota a teoria do risco administrativo[116]. Cf. Capítulo 6, item 6.4.

Dje 14/9/2009)" (STJ, 4ª T., AgInt no AREsp 1.515.490/RJ, 2019/0156771-4, Rel. Min. Luis Felipe Salomão, DJe 04.02.2020).

[114] "5. A exoneração da responsabilidade pela interrupção do nexo causal é admitida na responsabilidade subjetiva e em algumas teorias do risco, que regem a responsabilidade objetiva, mas não pode ser alegada quando se tratar de dano subordinado à teoria do risco integral. 6. Os danos ambientais são regidos pela teoria do risco integral, colocando-se aquele que explora a atividade econômica na posição de garantidor da preservação ambiental, sendo sempre considerado responsável pelos danos vinculados à atividade, descabendo questionar sobre a exclusão da responsabilidade pelo suposto rompimento do nexo causal (fato exclusivo de terceiro ou força maior). Precedentes" (STJ, 3ª T., REsp 1.612.887/PR, 2016/0177877-2, Rel. Min. Nancy Andrighi, DJe 07.05.2020).

[115] "Inviabilidade de alegação de culpa exclusiva de terceiro, ante a responsabilidade objetiva. A alegação de culpa exclusiva de terceiro pelo acidente em causa, como excludente de responsabilidade, deve ser afastada, ante a incidência da teoria do risco integral e da responsabilidade objetiva ínsita ao dano ambiental (art. 225, § 3º, da CF e do art. 14, § 1º, da Lei nº 6.938/81), responsabilizando o degradador em decorrência do princípio do poluidor-pagador" (STJ, 2ª Seção, REsp 1.114.398/PR, 2009/0067989-1, Rel. Min. Sidnei Beneti, DJe 16.02.2012).

[116] "1. A responsabilidade civil do Estado subsume-se à teoria do risco administrativo, tanto para as condutas estatais comissivas quanto paras as omissivas, na forma do artigo 37, § 6º, da Constituição Federal. 2. O Estado e as pessoas jurídicas de direito privado prestadoras de serviços públicos respondem pelos danos que seus agentes, nessa qualidade, causem a terceiros, quando comprovado o nexo de causalidade entre a conduta e o dano sofrido pelo particular. 3. A pessoa jurídica de direito privado prestadora de serviço público responde de forma primária e objetiva por danos causados a terceiros, visto possuir personalidade

Prevalece o entendimento de que a referida responsabilidade objetiva estatal é aplicada tanto nos casos de ação (conduta positiva) como de omissão (conduta negativa) do poder público[117].

Além da ação ou omissão administrativa, exige-se o dano, o nexo de causalidade entre a conduta (ação ou omissão) e o dano e a ausência de causa excludente da responsabilidade civil. Se houver caso fortuito, força maior, culpa exclusiva da vítima ou de terceiro[118], exclui-se a responsabilidade civil do Estado[119].

---

jurídica, patrimônio e capacidade próprios" (STF, Pleno, RE 662.405/AL, Rel. Min. Luiz Fux, DJe 13.08.2020).

117 "Recurso extraordinário com repercussão geral reconhecida. Direito Constitucional e Administrativo. Responsabilidade civil do Estado por omissão. Art. 37, § 6º, da Constituição Federal. Fiscalização do comércio de fogos de artifício. Teoria do risco administrativo. Responsabilidade objetiva. Necessidade de violação do dever jurídico específico de agir. 1. A Constituição Federal, no art. 37, § 6º, consagra a responsabilidade civil objetiva das pessoas jurídicas de direito público e das pessoas de direito privado prestadoras de serviços públicos. Aplicação da teoria do risco administrativo. Precedentes da Corte. 2. Para a caracterização da responsabilidade civil estatal, há a necessidade da observância de requisitos mínimos para aplicação da responsabilidade objetiva, quais sejam: a) existência de um dano; b) ação ou omissão administrativa; c) ocorrência de nexo causal entre o dano e a ação ou omissão administrativa; e d) ausência de causa excludente da responsabilidade estatal. 3. Na hipótese, o Tribunal de Justiça do Estado de São Paulo concluiu, pautado na doutrina da teoria do risco administrativo e com base na legislação local, que não poderia ser atribuída ao Município de São Paulo a responsabilidade civil pela explosão ocorrida em loja de fogos de artifício. Entendeu-se que não houve omissão estatal na fiscalização da atividade, uma vez que os proprietários do comércio desenvolviam a atividade de forma clandestina, pois ausente a autorização estatal para comercialização de fogos de artifício. 4. Fixada a seguinte tese de Repercussão Geral: 'Para que fique caracterizada a responsabilidade civil do Estado por danos decorrentes do comércio de fogos de artifício, é necessário que exista a violação de um dever jurídico específico de agir, que ocorrerá quando for concedida a licença para funcionamento sem as cautelas legais ou quando for de conhecimento do poder público eventuais irregularidades praticadas pelo particular'. 5. Recurso extraordinário desprovido" (STF, Pleno, RE 136.861/SP, Red. Min. Alexandre de Moraes, DJe 13.08.2020).

118 "1. Nos termos do que proclama a Constituição Federal, em seu art. 37, § 6º, a responsabilidade civil das pessoas jurídicas de direito privado prestadoras de serviço público – concessionárias e permissionárias – por danos causados a terceiros é objetiva, sendo prescindível a demonstração da ocorrência de culpa. 1.1. A configuração de tal responsabilidade, contudo, pode ser afastada em caso de culpa exclusiva da vítima, de terceiro ou, ainda, em caso fortuito ou força maior, tendo em vista que, nessas hipóteses, haverá o rompimento do nexo de causalidade" (STJ, REsp 1.762.224/SP, 2016/0234509-3, Rel. Min. Marco Aurélio Bellizze, DJe 07.12.2018).

119 "1. A responsabilidade civil das pessoas jurídicas de direito público e das pessoas jurídicas de direito privado prestadoras de serviço público baseia-se no risco administrativo, sendo objetiva, exige os seguintes requisitos: ocorrência do dano; ação ou omissão administrativa;

22.4.2 Notários e oficiais de registro

Os serviços notariais e de registro são exercidos em caráter privado, por delegação do Poder Público (art. 236 da Constituição Federal de 1988). A lei deve regular as atividades, disciplinar a responsabilidade civil e criminal dos notários, dos oficiais de registro e de seus prepostos, e definir a fiscalização de seus atos pelo Poder Judiciário (art. 236, § 1º, da Constituição Federal de 1988).

Os notários e oficiais de registro são civilmente responsáveis por todos os prejuízos que causarem a terceiros, por culpa ou dolo, pessoalmente, pelos substitutos que designarem ou escreventes que autorizarem, assegurado o direito de regresso (art. 22 da Lei 8.935/1994, com redação dada pela Lei 13.286/2016). Prescreve em três anos a pretensão de reparação civil, contado o prazo da data de lavratura do ato registral ou notarial

O Supremo Tribunal Federal fixou a seguinte tese em recurso extraordinário com repercussão geral: "O Estado responde, objetivamente, pelos atos dos tabeliães e registradores oficiais que, no exercício de suas funções, causem dano a terceiros, assentado o dever de regresso contra o responsável, nos casos de dolo ou culpa, sob pena de improbidade administrativa" (STF, Pleno, RE 842.846/SC, Rel. Min. Luiz Fux, DJe 13.08.2019).

22.4.3 Contrato de transporte

Pelo contrato de transporte alguém se obriga, mediante retribuição, a transportar, de um lugar para outro, pessoas ou coisas (art. 730 do Código Civil).

---

existência de nexo causal entre o dano e a ação ou omissão administrativa e ausência de causa excludente da responsabilidade estatal. 2. A jurisprudência desta Corte, inclusive, entende ser objetiva a responsabilidade civil decorrente de omissão, seja das pessoas jurídicas de direito público ou das pessoas jurídicas de direito privado prestadoras de serviço público. 3. Entretanto, o princípio da responsabilidade objetiva não se reveste de caráter absoluto, eis que admite o abrandamento e, até mesmo, a exclusão da própria responsabilidade civil do Estado, nas hipóteses excepcionais configuradoras de situações liberatórias como o caso fortuito e a força maior ou evidências de ocorrência de culpa atribuível à própria vítima" (STF, Pleno, RE 608.880/MT, Red. Min. Alexandre de Moraes, DJe 01.10.2020).

O contrato de transporte envolve obrigação de resultado, qual seja, levar a pessoas com segurança até o destino[120], considerando-se inerente a cláusula de incolumidade[121], no sentido de que o transportador deve garantir a integridade física da pessoa transportada durante todo o trajeto[122].

No contrato de transporte, o transportador responde pelos danos causados às pessoas transportadas e suas bagagens, salvo motivo de força maior, sendo nula qualquer cláusula excludente da responsabilidade (art. 734 do Código Civil). É lícito ao transportador exigir a declaração do valor da bagagem a fim de fixar o limite da indenização (art. 734, parágrafo único, do Código Civil).

A responsabilidade contratual do transportador por acidente com o passageiro não é elidida por culpa de terceiro, contra o qual tem ação regressiva (art. 735 do Código Civil). Nesse sentido já previa a Súmula 187 do STF.

A responsabilidade civil em caso de contrato de transporte, portanto, é objetiva, pois independe de culpa, a qual fica excluída em razão de certas excludentes de responsabilidade[123].

---

120 "3. A cláusula de incolumidade é ínsita ao contrato de transporte, implicando obrigação de resultado do transportador, consistente em levar o passageiro com conforto e segurança ao seu destino, salvo se demonstrada causa de exclusão do nexo de causalidade, notadamente o caso fortuito, a força maior ou a culpa exclusiva da vítima ou de terceiro" (STJ, 3ª T., REsp 1.747.637/SP, 2018/0143381-0, Rel. Min. Nancy Andrighi, DJe 01.07.2019).

121 "10. O contrato de transporte de passageiros envolve a chamada cláusula de incolumidade, segundo a qual o transportador deve empregar todos os expedientes que são próprios da atividade para preservar a integridade física do passageiro, contra os riscos inerentes ao negócio, durante todo o trajeto, até o destino final da viagem. Precedente" (STJ, 3ª T., REsp 1.786.722/SP, 2018/0258668-4, Rel. Min. Nancy Andrighi, DJe 12.06.2020).

122 "É a chamada cláusula de incolumidade, que garante que o transportador irá empregar todos os expedientes que são próprios da atividade para preservar a integridade física do passageiro, contra os riscos inerentes ao negócio, durante todo o trajeto, até o destino final da viagem" (STJ, 2ª Seção, EREsp 1.318.095/MG, 2012/0225684-6, Rel. Min. Raul Araújo, DJe 14.03.2017).

123 "2. A responsabilidade do transportador em relação aos passageiros é contratual e objetiva, somente podendo ser elidida por fortuito externo, força maior, fato exclusivo da vítima ou por fato doloso e exclusivo de terceiro – quando este não guardar conexão com a atividade de transporte. Precedentes" (STJ, 3ª T., AgInt no REsp 1.768.074/CE, 2018/0244199-2, Rel. Min. Ricardo Villas Bôas Cueva, DJe 06.12.2019). "1. Nos termos da jurisprudência desta Corte Superior, não há responsabilidade da empresa de transporte coletivo em caso

Entende-se que há responsabilidade do transportador quando a conduta de terceiro constitua fortuito interno, isto é, quando tenha relação com a atividade econômica desenvolvida e com os seus riscos inerentes[124]. Desse modo, a culpa de terceiro não rompe o nexo causal se está relacionada com a atividade econômica do transportador e com os riscos a ela inerentes, pois caracteriza o fortuito interno[125].

Apenas a força maior e o fortuito externo são aptos a romper o nexo causal e afastam a responsabilidade do transportador[126]. Portanto, se o ato de terceiro não tiver relação com a atividade econômica do transportador e os seus riscos inerentes, caracteriza-se como fortuito externo, equiparado à força maior, o que rompe o nexo causal e exclui a responsabilidade civil do transportador[127].

---

de ilícito alheio e estranho à atividade de transporte, pois o evento é considerado caso fortuito ou força maior, excluindo-se, portanto, a responsabilidade da empresa transportadora. Precedentes do STJ" (STJ, 4ª T., REsp 1.748.295/SP, 2018/0094032-7, Rel. p/ ac. Min. Marco Buzzi, DJe 13.02.2019).

124 "1. Reconhecimento da responsabilidade do transportador quando a conduta praticada por terceiro constitua fortuito interno, guardando relação com a atividade econômica e os riscos inerentes à sua exploração" (STJ, 3ª T., AgInt no REsp 1.738.113/SP, 2018/0099490-8, Rel. Min. Paulo de Tarso Sanseverino, DJe 24.09.2020).

125 "8. O conceito de fortuito interno reflete um padrão de comportamento, um *standard* de atuação, que nada mais representa que a fixação de um quadrante à luz das condições mínimas esperadas do exercício profissional, que deve ser essencialmente dinâmico, e dentro dos quais a concretização dos riscos em dano é atribuível àquele que exerce a atividade. 9. Se a conduta do terceiro, mesmo causadora do evento danoso, coloca-se nos lindes do risco do transportador, se relacionando, mostrando-se ligada à sua atividade, então configura fortuito interno, não se excluindo a responsabilidade" (STJ, 3ª T., REsp 1.786.722/SP, 2018/0258668-4, Rel. Min. Nancy Andrighi, DJe 12.06.2020).

126 "7. Ademais, na teoria do risco criado, somente o fortuito externo, a impossibilidade absoluta – em qualquer contexto abstrato, e não unicamente em uma situação fática específica – de que o risco inerente à atividade tenha se concretizado no dano, é capaz de romper o nexo de causalidade, isentando, com isso, aquele que exerce a atividade da obrigação de indenizar" (STJ, 3ª T., REsp 1.786.722/SP, 2018/0258668-4, Rel. Min. Nancy Andrighi, DJe 12.06.2020).

127 "4. O fato de terceiro, conforme se apresente, pode ou não romper o nexo de causalidade. Exclui-se a responsabilidade do transportador quando a conduta praticada por terceiro, sendo causa única do evento danoso, não guarda relação com a organização do negócio e os riscos da atividade de transporte, equiparando-se a fortuito externo. De outro turno, a culpa de terceiro não é apta a romper o nexo causal quando se mostra conexa à atividade econômica e aos riscos inerentes à sua exploração, caracterizando fortuito interno" (STJ, 3ª T., REsp 1.747.637/SP, 2018/0143381-0, Rel. Mini. Nancy Andrighi, DJe 01.07.2019).

22.4.4 Relação de consumo

No Direito do Consumidor, a responsabilidade pelo fato do produto e do serviço, em regra, é objetiva, ou seja, independe de culpa.

O fabricante, o produtor, o construtor, nacional ou estrangeiro, e o importador respondem, independentemente da existência de culpa, pela reparação dos danos causados aos consumidores por defeitos decorrentes de projeto, fabricação, construção, montagem, fórmulas, manipulação, apresentação ou acondicionamento de seus produtos, bem como por informações insuficientes ou inadequadas sobre sua utilização e riscos (art. 12 da Lei 8.078/1990)[128].

O produto é defeituoso quando não oferece a segurança que dele legitimamente se espera, levando-se em consideração as circunstâncias relevantes, entre as quais: I – sua apresentação; II – o uso e os riscos que razoavelmente dele se esperam; III – a época em que foi colocado em circulação (art. 12, § 1º, da Lei 8.078/1990). O produto não é considerado defeituoso pelo fato de outro de melhor qualidade ter sido colocado no mercado (art. 12, § 2º, da Lei 8.078/1990).

O fabricante, o construtor, o produtor ou importador só não é responsabilizado quando provar: I – que não colocou o produto no mercado; II – que, embora haja colocado o produto no mercado, o defeito inexiste; III – a culpa exclusiva do consumidor ou de terceiro (art. 12, § 3º, da Lei 8.078/1990).

---

[128] "1. No âmbito do direito consumerista, a teoria do risco estabelece que a base da responsabilidade civil do fornecedor fundamenta-se na existência da relação jurídica de consumo, não importando ser a relação contratual (responsabilidade contratual) ou o fato ilícito (responsabilidade extracontratual). 2. É objetiva a responsabilidade do fornecedor (fabricante, o produtor, o construtor e o importador) na hipótese de defeito na prestação do serviço, e, desde que demonstrado o nexo causal entre o defeito do serviço e o acidente de consumo ou fato do serviço, nascerá o dever reparatório, cuja isenção apenas será possível nos casos em que constatada a culpa exclusiva do consumidor ou uma das causas excludentes de responsabilidade genérica – força maior ou caso fortuito externo. 3. A jurisprudência desta Corte é firme no sentido de ser solidária a responsabilidade entre os fornecedores integrantes da mesma cadeia de produtos ou serviços que dela se beneficiam pelo descumprimento dos deveres de boa-fé, transparência, informação e confiança, independentemente de vínculo trabalhista ou de subordinação" (STJ, 4ª T., REsp 1.358.513/RS, 2012/0264861-3, Rel. Min. Luis Felipe Salomão, DJe 04.08.2020).

O comerciante é igualmente responsável, nos termos do art. 12 da Lei 8.078/1990, quando: I – o fabricante, o construtor, o produtor ou o importador não puderem ser identificados; II – o produto for fornecido sem identificação clara do seu fabricante, produtor, construtor ou importador; III – não conservar adequadamente os produtos perecíveis (art. 13 da Lei 8.078/1990).

Aquele que efetivar o pagamento ao prejudicado pode exercer o direito de regresso contra os demais responsáveis, segundo sua participação na causação do evento danoso (art. 13, parágrafo único, da Lei 8.078/1990).

O fornecedor de serviços responde, independentemente da existência de culpa, pela reparação dos danos causados aos consumidores por defeitos relativos à prestação dos serviços, bem como por informações insuficientes ou inadequadas sobre sua fruição e riscos (art. 14 da Lei 8.078/1990)[129].

O serviço é defeituoso quando não fornece a segurança que o consumidor dele pode esperar, levando-se em consideração as circunstâncias relevantes, entre as quais: I – o modo de seu fornecimento; II – o resultado e os riscos que razoavelmente dele se esperam; III – a época em que foi fornecido (art. 14, § 1º, da Lei 8.078/1990). O serviço não é considerado defeituoso pela adoção de novas técnicas (art. 14, § 2º, da Lei 8.078/1990).

O fornecedor de serviços só não é responsabilizado quando provar: I – que, tendo prestado o serviço, o defeito inexiste; II – a culpa exclusiva do consumidor ou de terceiro (art. 14, § 3º, da Lei 8.078/1990)[130].

---

[129] "2. Nos termos do art. 14, *caput*, do CDC, o fornecedor de serviços responde objetivamente (ou seja, independentemente de culpa ou dolo) pela reparação dos danos suportados pelos consumidores decorrentes da má prestação do serviço" (STJ, 3ª T., AgInt no AREsp 1.604.779/SP, 2019/0309115-8, Rel. Min. Marco Aurélio Bellizze, DJe 24.04.2020). "1. Os serviços prestados por clínicas/laboratórios na realização de exames médicos em geral, a exemplo da ultrassonografia obstétrica morfológica, configuram-se como relação de consumo, prevista no artigo 14 do CDC, devendo o prestador de tais serviços responder de forma objetiva, independente de culpa, bastando que esteja presente o nexo causal entre a conduta e o resultado. Precedentes" (STJ, 4ª T., AgInt no REsp 1.830.752/RJ, 2019/0232818-3, Rel. Min. Luis Felipe Salomão, DJe 03.08.2020).

[130] "2. 'Tratando-se de consumidor direto ou por equiparação, a responsabilidade da instituição financeira por fraudes praticadas por terceiros, das quais resultam danos aos consumidores,

A respeito do tema, conforme dispõe a Súmula 479 do STJ: "As instituições financeiras respondem objetivamente pelos danos gerados por fortuito interno relativo a fraudes e delitos praticados por terceiros no âmbito de operações bancárias".

Saliente-se que a responsabilidade pessoal dos profissionais liberais deve ser apurada mediante a verificação de culpa (art. 14, § 4º, da Lei 8.078/1990)[131].

Para os efeitos dos arts. 12 a 14 da Lei 8.078/1990, sobre responsabilidade pelo fato do produto e do serviço, equiparam-se aos consumidores todas as vítimas do evento (art. 17 da Lei 8.078/1990).

22.4.5 Dano ambiental

O art. 21, inciso XXIII, alínea *d*, da Constituição Federal de 1988 prevê a responsabilidade civil por danos nucleares independe da existência de culpa.

As condutas e atividades consideradas lesivas ao meio ambiente sujeitam os infratores, pessoas físicas ou jurídicas, a sanções penais e administrativas, independentemente da obrigação de reparar os danos causados (art. 225, § 3º, da Constituição da República). O poluidor

---

é objetiva e somente pode ser afastada pelas excludentes previstas no CDC, como por exemplo, culpa exclusiva da vítima ou de terceiro' (REsp 1.199.782/PR, Rel. Ministro Luis Felipe Salomão, Segunda Seção, julgado em 24/08/2011, DJe de 12/09/2011)" (STJ, 4ª T., AgInt no AREsp 1.660.099/SP, 2020/0028157-4, Rel. Min. Raul Araújo, DJe 26.08.2020). "4. A jurisprudência deste Tribunal é firme no sentido de que, de acordo com o parágrafo 3º do artigo 14 do CDC, o fornecedor de serviços não será responsabilizado quando provar que o defeito inexiste ou comprovar a culpa exclusiva do consumidor ou de terceiro, situações que rompem o nexo de causalidade entre a ação ou omissão e o dano ocorrido, o que não ocorreu na espécie" (STJ, 4ª T., AgInt no REsp 1.830.752/RJ, 2019/0232818-3, Rel. Min. Luis Felipe Salomão, DJe 03.08.2020).

[131] "6. O Código de Defesa do Consumidor, em seu art. 14, *caput*, prevê a responsabilidade objetiva aos fornecedores de serviço pelos danos causados ao consumidor em virtude de defeitos na prestação do serviço ou nas informações prestadas – fato do serviço. Todavia, no § 4º do mesmo artigo, excepciona a regra, consagrando a responsabilidade subjetiva dos profissionais liberais. Não há, assim, solidariedade decorrente de responsabilidade objetiva, entre o cirurgião-chefe e o anestesista, por erro médico deste último durante a cirurgia" (STJ, 2ª Seção, EREsp 605.435/RJ, 2011/0041422-0, Rel. p/ ac. Min. Raul Araújo, DJe 28.11.2012).

é obrigado, independentemente da existência de culpa, a indenizar ou reparar os danos causados ao meio ambiente e a terceiros, afetados por sua atividade (art. 14, § 1º, da Lei 6.938/1981).

Conforme tese fixada pelo Superior Tribunal de Justiça em recurso repetitivo: "a responsabilidade por dano ambiental é objetiva, informada pela teoria do risco integral, sendo o nexo de causalidade o fator aglutinante que permite que o risco se integre na unidade do ato, sendo descabida a invocação, pela empresa responsável pelo dano ambiental, de excludentes de responsabilidade civil para afastar sua obrigação de indenizar" (STJ, 2ª Seção, REsp 1.374.284/MG, 2012/0108265-7, Rel. Min. Luis Felipe Salomão, DJe 05.09.2014).

22.5 ABUSO DE DIREITO

O ato praticado em exercício regular de um direito reconhecido não constitui atos ilícitos (art. 188, inciso I, do Código Civil). Logo, o ato praticado em exercício irregular de um direito constitui ato ilícito[132].

Os direitos subjetivos não são absolutos, ou seja, devem ser exercidos nos limites estabelecidos pelo sistema jurídico. O exercício irregular do direito, ou seja, além dos seus limites, configura o abuso de direito[133].

Os direitos podem ser exercidos para a satisfação de interesses legítimos, que são juridicamente protegidos, em consonância com a sua destinação social e econômica. Portanto, na concepção objetiva,

---

[132] RODRIGUES, Silvio. *Direito civil*: parte geral. 34. ed. São Paulo: Saraiva, 2003. v. 1. p. 319. Na jurisprudência: "3. Embora o art. 188, I, do atual Código Civil – que corresponde parcialmente ao art. 160 do CC/1916 – proclame não constituir ato ilícito 'os praticados em legítima defesa ou no exercício regular de um direito reconhecido', o exercício de qualquer direito deve-se adstringir ao âmbito da proporcionalidade, de sorte que aquele que, conquanto exercendo um direito reconhecido, atinja injustamente bem jurídico de outrem, causando-lhe mal desnecessário, comete abuso de direito, indenizável o dano também em resposta aos excessos do causador" (STJ, 4ª T., REsp 1.294.474/DF, 2011/0137932-4, Rel. Min. Luis Felipe Salomão, DJe 12.02.2014).

[133] MONTEIRO, Washington de Barros; PINTO, Ana Cristina de Barros Monteiro França. *Curso de direito civil*: parte geral. 44. ed. São Paulo: Saraiva, 2012. v. 1. p. 357.

ocorre abuso de direito quando este é exercido em desacordo com a sua finalidade social ou econômica, ou em desajuste com o interesse legítimo ou coletivo[134].

Registre-se que, em termos conceituais, o abuso de direito não se confunde com o ato ilícito[135]. Ainda assim, de acordo com o art. 187 do Código Civil, também comete ato ilícito o titular de um direito que, ao exercê-lo, excede manifestamente os limites impostos pelo seu fim econômico ou social, pela boa-fé ou pelos bons costumes[136]. A configuração do abuso de direito não exige que o agente tenha a intenção de prejudicar a vítima, ou seja, independe de culpa[137].

O direito, portanto, deve ser exercido de forma regular, isto é, em conformidade com os limites estabelecidos pelo seu fim econômico e social, pela boa-fé e pelos bons costumes[138]. O direito exercido além desses limites e finalidades, isto é, de forma excessiva ou irregular, configura abuso de direito[139], o qual é considerado, pela lei, ato ilícito.

---

[134] RODRIGUES, Silvio. *Direito civil*: parte geral. 34. ed. São Paulo: Saraiva, 2003. v. 1. p. 320-321. GOMES, Orlando. *Introdução ao direito civil*. 19. ed., revista, atualizada e aumentada por Edvaldo Brito e Reginalda Paranhos de Brito. Rio de Janeiro: Forense, 2007. p. 119.

[135] GOMES, Orlando. *Introdução ao direito civil*. 19. ed., revista, atualizada e aumentada por Edvaldo Brito e Reginalda Paranhos de Brito. Rio de Janeiro: Forense, 2007. p. 123: "No *ato ilícito*, o agente infringe a lei frontalmente. No *abuso de direito*, viola o princípio geral de que os direitos devem ser exercidos com certos limites, a fim de que seja atingida a finalidade em vista da qual se conferem e tutelam" (destaques do original).

[136] "1. É das mais importantes tendências da responsabilidade civil o deslocamento do fato ilícito, como ponto central, para cada vez mais se aproximar da reparação do dano injusto. Ainda que determinado ato tenha sido praticado no exercício de um direito reconhecido, haverá ilicitude se o fora em manifesto abuso, contrário à boa-fé, à finalidade social ou econômica do direito, ou, ainda, se praticado com ofensa aos bons costumes" (STJ, 4ª T., REsp 1.555.202/SP, 2014/0345696-6, Rel. Min. Luis Felipe Salomão, DJe 16.03.2017).

[137] GAGLIANO, Pablo Stolze; PAMPLONA FILHO, Rodolfo. *Novo curso de direito civil*: parte geral. 6. ed. São Paulo: Saraiva, 2005. v. 1. p. 489-491.

[138] BITTAR, Carlos Alberto. *Curso de direito civil*. Rio de Janeiro: Forense Universitária, 1994. v. 1. p. 184-185.

[139] "A sôfrega e imprudente busca por um direito, em tese, legítimo, que, no entanto, faz perecer no caminho, direito de outrem, ou mesmo uma toldada percepção do próprio direito, que impele alguém a avançar sobre direito alheio, são considerados abuso de direito, porque o exercício regular do direito, não pode se subverter, ele mesmo, em uma transgressão à lei, na modalidade abuso do direito, desvirtuando um interesse aparentemente legítimo, pelo excesso" (STJ, 3ª T., REsp 1.467.888/GO, 2014/0158982-0, Rel. Min. Nancy Andrighi, DJe 25.10.2016).

Na responsabilidade civil, o abuso de direito que causar dano a outrem gera a obrigação de indenizar[140]. Nesse sentido, aquele que, por ato ilícito (arts. 186 e 187 do Código Civil), causar dano a outrem, fica obrigado a repará-lo (art. 927 do Código Civil).

No Direito de Família, o poder familiar deve ser exercido de forma regular. Se o pai, ou a mãe, *abusar* de sua autoridade, faltando aos deveres a eles inerentes ou arruinando os bens dos filhos, cabe ao juiz, requerendo algum parente, ou o Ministério Público, adotar a medida que lhe pareça reclamada pela segurança do menor e seus haveres, até suspendendo o poder familiar, quando convenha (art. 1.637 do Código Civil). Esclareça-se que o procedimento para a perda ou a suspensão do poder familiar terá início por provocação do Ministério Público ou de quem tenha legítimo interesse (art. 155 da Lei 8.069/1990).

No contrato de locação, se o locatário empregar a coisa em uso diverso do ajustado, ou do a que se destina, ou se ela se danificar por *abuso* do locatário, pode o locador, além de rescindir o contrato, exigir perdas e danos (art. 570 do Código Civil).

No contrato de mandato, pelas somas que devia entregar ao mandante ou recebeu para despesa, mas empregou em proveito seu, o mandatário deve pagar juros, desde o momento em que *abusou* (art. 670 do Código Civil).

Em caso de *abuso* da personalidade jurídica, caracterizado pelo desvio de finalidade ou pela confusão patrimonial, pode o juiz, a requerimento da parte, ou do Ministério Público quando lhe couber intervir no processo, desconsiderá-la para que os efeitos de certas e determinadas relações de obrigações sejam estendidos aos bens particulares de administradores ou de sócios da pessoa jurídica beneficiados direta ou indiretamente pelo abuso (art. 50 do Código Civil).

No Direito do Consumidor, é vedado ao fornecedor de produtos ou serviços, realizar práticas abusivas, como as previstas no art. 39 da Lei 8.078/1990[141]. Por exemplo, conforme a Súmula 532 do STJ:

---

[140] MONTEIRO, Washington de Barros; PINTO, Ana Cristina de Barros Monteiro França. *Curso de direito civil*: parte geral. 44. ed. São Paulo: Saraiva, 2012. v. 1. p. 354, 358.

[141] "4. Ademais, a proteção contra práticas abusivas, assim como o direito à informação, é direito básico do consumidor, cuja manifesta vulnerabilidade (técnica e informacional)

"Constitui prática comercial abusiva o envio de cartão de crédito sem prévia e expressa solicitação do consumidor, configurando-se ato ilícito indenizável e sujeito à aplicação de multa administrativa".

No Direito Processual Civil, as partes podem modificar a competência em razão do valor e do território, elegendo foro onde será proposta ação oriunda de direitos e obrigações (art. 63 do CPC). Entretanto, antes da citação, a cláusula de eleição de foro, se *abusiva*, pode ser reputada ineficaz de ofício pelo juiz, que determinará a remessa dos autos ao juízo do foro de domicílio do réu (art. 63, § 3º, do CPC). Citado, incumbe ao réu alegar a abusividade da cláusula de eleição de foro na contestação, sob pena de preclusão (art. 63, § 4º, do CPC).

A tutela provisória da evidência será concedida, independentemente da demonstração de perigo de dano ou de risco ao resultado útil do processo, quando ficar caracterizado o *abuso* do direito de defesa ou o manifesto propósito protelatório da parte (art. 311, inciso I, do CPC).

No âmbito trabalhista, é assegurado o direito de greve, competindo aos trabalhadores decidir sobre a oportunidade de exercê-lo e sobre os interesses que devam por meio dele defender (art. 9º da Constituição Federal de 1988). A lei definirá os serviços ou atividades essenciais e disporá sobre o atendimento das necessidades inadiáveis da comunidade (art. 9º, § 1º, da Constituição da República)[142]. Os *abusos* cometidos sujeitam os responsáveis às penas da lei (art. 9º, § 2º, da Constituição Federal de 1988)[143].

---

impõe a defesa da qualidade do seu consentimento, bem como a vedação da ofensa ao equilíbrio contratual" (STJ, 4ª T., REsp 1.326.592/GO, 2012/0113475-4, Rel. Min. Luis Felipe Salomão, DJe 06.08.2019).

142 Orientação Jurisprudencial 38 da SDC do TST: "É abusiva a greve que se realiza em setores que a lei define como sendo essenciais à comunidade, se não é assegurado o atendimento básico das necessidades inadiáveis dos usuários do serviço, na forma prevista na Lei nº 7.783/89".

143 "3. A entidade sindical responde civilmente por abuso de direito, na forma de 'operação tartaruga', que cause danos a terceiros (arts. 9º, § 2º, da Constituição Federal, 159 e 1.518 do Código Civil de 1916 e arts. 11 e 15 da Lei nº 7.783/89). 4. Apesar de a adesão à greve não constituir falta grave (Súmula nº 316/STF) tal direito não é absoluto, encontrando limites no sistema jurídico, como no direito à vida, à segurança, à livre expressão e difusão do pensamento, à livre circulação, à propriedade privada e à liberdade de trabalho, limitadores do direito, o qual deve conviver harmonicamente no caso de colisão com as demais garantias no ordenamento jurídico" (STJ, 3ª T., REsp 207.555/MG, 1999/0021951-1,

22.6 EXCLUSÃO DA ILICITUDE

Há casos em que o ato, embora gere lesão a direito, é considerado lítico, em razão de motivo legítimo[144].

Nesse sentido, não constituem atos ilícitos: I – os praticados em legítima defesa ou no exercício regular de um direito reconhecido; II – a deterioração ou destruição da coisa alheia, ou a lesão a pessoa, a fim de remover perigo iminente (art. 188 do Código Civil).

22.6.1 Legítima defesa

Não constitui ato ilícito o praticados em legítima defesa (art. 188, inciso I, do Código Civil).

A legítima defesa é a possibilidade excepcional assegurada à pessoa de proteger o seu próprio direito subjetivo[145], ou de terceiro, em certas circunstâncias, por não haver tempo ou condições de pleitear e aguardar a proteção estatal, por meio de providências do poder público[146]. Trata-se de caso de autotutela ou autodefesa, a qual é admitida apenas como exceção na solução de conflitos nas sociedades moderna e contemporânea[147].

Nesse contexto, no Direito das Coisas, o possuidor turbado, ou esbulhado, pode manter-se ou restituir-se *por sua própria força*, con-

---

Rel. Min. Ricardo Villas Bôas Cueva, DJe 13.12.2012). Orientação Jurisprudencial 10 da SDC do TST: "É incompatível com a declaração de abusividade de movimento grevista o estabelecimento de quaisquer vantagens ou garantias a seus partícipes, que assumiram os riscos inerentes à utilização do instrumento de pressão máximo". Orientação Jurisprudencial 11 da SDC do TST: "É abusiva a greve levada a efeito sem que as partes hajam tentado, direta e pacificamente, solucionar o conflito que lhe constitui o objeto".

[144] MONTEIRO, Washington de Barros; PINTO, Ana Cristina de Barros Monteiro França. *Curso de direito civil*: parte geral. 44. ed. São Paulo: Saraiva, 2012. v. 1. p. 354.

[145] RODRIGUES, Silvio. *Direito civil*: parte geral. 34. ed. São Paulo: Saraiva, 2003. v. 1. p. 318.

[146] MONTEIRO, Washington de Barros; PINTO, Ana Cristina de Barros Monteiro França. *Curso de direito civil*: parte geral. 44. ed. São Paulo: Saraiva, 2012. v. 1. p. 354-355.

[147] MONTEIRO, Washington de Barros; PINTO, Ana Cristina de Barros Monteiro França. *Curso de direito civil*: parte geral. 44. ed. São Paulo: Saraiva, 2012. v. 1. p. 222.

tanto que o faça logo. Os atos de defesa, ou de desforço, não podem ir além do indispensável à manutenção, ou restituição da posse (art. 1.210, § 1º, do Código Civil). Trata-se do desforço imediato, pelo próprio possuidor, em defesa da posse[148].

A legítima defesa pode ser de direito próprio ou de terceiro[149]. Na legítima defesa o agente defende direito seu ou de outrem, violado ou ameaçado de forma injusta, o que autoriza a imediata repulsa. Como requisitos da legítima defesa: a agressão deve ser atual ou iminente; a agressão deve ser injusta; os meios necessários à defesa de direito devem ser utilizados de forma moderada[150]. Quanto a esse último aspecto, os meios usados devem ser proporcionais à agressão, permitindo afastá-la, sem reação excessiva[151].

Nessa linha, entende-se em legítima defesa quem, usando moderadamente dos meios necessários, repele injusta agressão, atual ou iminente, a direito seu ou de outrem (art. 25 do Código Penal).

A legítima defesa exclui a ilicitude do ato (art. 188, inciso I, primeira parte, do Código Civil) e, em regra, afasta a obrigação de indenizar o ofensor. Assim, quem age em legítima defesa não pratica ato ilícito e, em regra, não fica obrigado a reparar o dano causado ao ofensor[152].

Na esfera criminal, observados os requisitos previstos no art. 25 do Código Penal, considera-se também em legítima defesa o agente de segurança pública que repele agressão ou risco de agressão a vítima

---

148 AZEVEDO, Álvaro Villaça. *Teoria geral do direito civil*: parte geral. São Paulo: Atlas, 2012. p. 392.

149 VENOSA, Sílvio de Salvo. *Direito civil*: parte geral. 13. ed. São Paulo: Atlas, 2013. v. 1. p. 561.

150 MONTEIRO, Washington de Barros; PINTO, Ana Cristina de Barros Monteiro França. *Curso de direito civil*: parte geral. 44. ed. São Paulo: Saraiva, 2012. v. 1. p. 355. Na jurisprudência: "4. A legítima defesa real, prevista no art. 25 do CP, possui como pressupostos objetivos não apenas a existência de agressão injusta, mas moderação no uso dos meios necessários para afastá-la" (STJ, 3ª T., REsp 1.119.886/RJ, 2009/0015633-5, Rel. p/ ac. Min. Nancy Andrighi, DJe 28.02.2012).

151 RODRIGUES, Silvio. *Direito civil*: parte geral. 34. ed. São Paulo: Saraiva, 2003. v. 1. p. 318-319.

152 MONTEIRO, Washington de Barros; PINTO, Ana Cristina de Barros Monteiro França. *Curso de direito civil*: parte geral. 44. ed. São Paulo: Saraiva, 2012. v. 1. p. 355.

mantida refém durante a prática de crimes (art. 25, parágrafo único, do Código Penal, incluído pela Lei 13.964/2019).

Na legítima defesa, a obrigação de indenizar é excluída quando o prejudicado é o próprio ofensor. Entretanto, quando o prejudicado não é quem praticou a injusta agressão, mas terceiro, o agente tem a obrigação de indenizar o dano[153]. Nessa hipótese, admite-se que o agente ajuíze ação de regresso em face do ofensor, para se ressarcir da indenização paga ao prejudicado[154].

O parágrafo único do art. 930 do Código Civil prevê que a ação de regresso pode ser ajuizada contra aquele em defesa de quem se causou o dano (art. 188, inciso I, do Código Civil). Em sua literalidade, o dispositivo diz respeito à legítima defesa de terceiro, em que o agente atua em defesa do direito de outrem e, em razão disso, causa dano a pessoa diversa, hipótese em que a ação de regresso pode ser proposta em face daquele em defesa de quem o dano foi causado. Na realidade, mesmo no caso de legítima defesa, se o prejudicado não for o ofensor, como mencionado, o agente tem a obrigação de indenizar o dano[155]. Nessa hipótese, o agente pode ajuizar ação de regresso em face do ofensor[156].

A legítima defesa putativa ocorre quando o agente incide em erro de fato, ao supor que está sofrendo injusta agressão, mas isso não se verifica na realidade. Se causar prejuízo a terceiro, há responsabilidade civil, pois o ato é ilícito[157]. Portanto, no âmbito civil,

---

153 MONTEIRO, Washington de Barros; PINTO, Ana Cristina de Barros Monteiro França. *Curso de direito civil*: parte geral. 44. ed. São Paulo: Saraiva, 2012. v. 1. p. 356.

154 GONÇALVES, Carlos Roberto. *Direito civil brasileiro*: parte geral. 17. ed. São Paulo: Saraiva, 2019. v. 1. p. 530: "Se o ato foi praticado contra o próprio agressor, e em legítima defesa, não pode o agente ser responsabilizado civilmente pelos danos provocados. Entretanto, se por engano ou erro de pontaria, terceira pessoa foi atingida (ou alguma coisa de valor), neste caso deve o agente reparar o dano. Mas terá ação regressiva contra o agressor, para se ressarcir da importância desembolsada".

155 VENOSA, Sílvio de Salvo. *Direito civil*: parte geral. 13. ed. São Paulo: Atlas, 2013. v. 1. p. 562: "Nos termos do parágrafo único do art. 930 do atual Código, tanto no caso de estado de necessidade como no de legítima defesa, quando o prejudicado não é o ofensor, mas terceiro, o dever de indenizar mantém-se. Tal direito só desaparece se o atingido é o próprio ofensor ou o autor do estado de perigo".

156 GAGLIANO, Pablo Stolze; PAMPLONA FILHO, Rodolfo. *Novo curso de direito civil*: parte geral. 6. ed. São Paulo: Saraiva, 2005. v. 1. p. 492-493.

157 "9. A legítima defesa putativa derivada de erro inescusável, como a que é verificada na hipótese em exame, não é capaz de afastar o dever de indenizar, pois o erro na inter-

por não se tratar de legítima defesa verdadeira, há obrigação de indenizar o prejuízo[158].

Diversamente, na esfera penal, quanto à descriminante putativa, é isento de pena quem, por erro plenamente justificado pelas circunstâncias, supõe situação de fato que, se existisse, tornaria a ação legítima. Não há isenção de pena quando o erro deriva de culpa e o fato é punível como crime culposo (art. 20, § 1º, do Código Penal).

22.6.2 Exercício regular de direito

O exercício regular de um direito reconhecido também não constitui ato ilícito (art. 188, inciso I, segunda parte, do Código Civil). Como exemplos de exercício regular de direito subjetivo, pode-se fazer referência ao credor que obtêm a penhora dos bens do devedor e ao proprietário que constrói edifício e impede que o sol chegue no imóvel do vizinho[159].

Logo, mesmo que os atos causem danos a terceiros, não há obrigação de indenizar. Entretanto, o exercício irregular do direito resulta em abuso de direito, o qual é considerado ato ilícito[160].

---

pretação da situação fática decorre da imprudência do causador do dano" (STJ, 3ª T., REsp 1.433.566/RS, 2013/0407652-6, Rel. Min. Nancy Andrighi, DJe 31.05.2017). "A legítima defesa putativa supõe negligência na apreciação dos fatos, e por isso não exclui a responsabilidade civil pelos danos que dela decorram" (STJ, 3ª T., REsp 513.891/RJ, 2003/0032562-7, Rel. Min. Ari Pargendler, DJ 16.04.2007).

158 GONÇALVES, Carlos Roberto. *Direito civil brasileiro*: parte geral. 17. ed. São Paulo: Saraiva, 2019. v. 1. p. 531: "A legítima defesa putativa também não exime o réu de indenizar o dano, pois somente exclui a culpabilidade e não a antijuridicidade do ato. [...] No cível, entretanto, a culpa mesmo levíssima obriga a indenizar. E não deixa de haver negligência na apreciação equivocada dos fatos". Na jurisprudência: "3. Tendo o réu incorrido em equívoco na interpretação da realidade objetiva que o cercava, supondo existir uma situação de perigo que, aos olhos do homem-médio, se mostra totalmente descabida, sua conduta caracterizou legítima defesa putativa, a qual não exclui a responsabilidade civil decorrente do ato ilícito praticado" (STJ, 3ª T., REsp 1.119.886/RJ, 2009/0015633-5, Rel. p/ ac. Min. Nancy Andrighi, DJe 28.02.2012).

159 MONTEIRO, Washington de Barros; PINTO, Ana Cristina de Barros Monteiro França. *Curso de direito civil*: parte geral. 44. ed. São Paulo: Saraiva, 2012. v. 1. p. 355.

160 MONTEIRO, Washington de Barros; PINTO, Ana Cristina de Barros Monteiro França. *Curso de direito civil*: parte geral. 44. ed. São Paulo: Saraiva, 2012. v. 1. p. 355.

22.6.3 Estado de necessidade

Não constitui ato ilícito a deterioração ou destruição da coisa alheia, ou a lesão a pessoa, a fim de remover perigo iminente (art. 188, inciso II, do Código Civil).

Trata-se do estado de necessidade, ou seja, quando o direito do agente está em conflito com o direito de terceiro, e aquele pode atuar para se proteger ou preservar bem de sua titularidade. Nessa situação, com o objetivo de afastar perigo iminente, causado por evento acidental, fortuito ou da natureza, ou criado por alguém[161], autoriza-se a lesão a pessoa ou o dano a coisa alheia. Por exemplo, em razão de incêndio, para evitar que este alcance a casa, o seu dono danifica imóvel de terceiro[162].

Para a configuração do estado de necessidade não se exige que o direito afrontado seja inferior ao direito protegido, sendo suficiente que, nas circunstâncias do ocorrido, não fosse razoável exigir o sacrifício do direito ameaçado[163].

Esclareça-se que no estado de necessidade (inciso II do art. 188 do Código Civil), o ato é legítimo somente quando as circunstâncias o tornarem absolutamente necessário, não excedendo os limites do indispensável para a remoção do perigo (art. 188, parágrafo único, do Código Civil). Ambos os requisitos são exigidos para que o ato seja lícito em razão do estado de necessidade[164].

---

161 "6. A hipótese de estado de necessidade em que o perigo que se pretende remover é criado por terceiro se diferencia do fato exclusivo de terceiro, excludente de nexo causal, porquanto nela subsiste, ainda que de maneira mitigada, conduta volitiva daquele que se depara com a situação de perigo. 7. Caso concreto em que, partindo-se do arcabouço fático-probatório delineado pela Corte de origem, verifica-se que a hipótese dos autos configura estado de necessidade em que o perigo iminente, que se pretende remover, foi criado por terceiro, devendo, portanto, incidir o disposto nos arts. 929 e 930 do Código Civil" (STJ, 4ª T., AgInt no REsp 1.819.747/PR, 2019/0166628-0, Rel. Min. Luis Felipe Salomão, DJe 16.10.2020).

162 MONTEIRO, Washington de Barros; PINTO, Ana Cristina de Barros Monteiro França. *Curso de direito civil*: parte geral. 44. ed. São Paulo: Saraiva, 2012. v. 1. p. 355-356.

163 MONTEIRO, Washington de Barros; PINTO, Ana Cristina de Barros Monteiro França. *Curso de direito civil*: parte geral. 44. ed. São Paulo: Saraiva, 2012. v. 1. p. 356.

164 RODRIGUES, Silvio. *Direito civil*: parte geral. 34. ed. São Paulo: Saraiva, 2003. v. 1. p. 322.

Nessa linha, considera-se em estado de necessidade quem pratica o fato para salvar de perigo atual, que não provocou por sua vontade, nem podia de outro modo evitar, direito próprio ou alheio, cujo sacrifício, nas circunstâncias, não era razoável exigir-se (art. 24 do Código Penal).

Não pode alegar estado de necessidade quem tinha o dever legal de enfrentar o perigo (art. 24, § 1º, do Código Penal). Na esfera criminal, embora seja razoável exigir-se o sacrifício do direito ameaçado, a pena pode ser reduzida de 1/3 a 2/3 (art. 24, § 2º, do Código Penal).

A legítima defesa não se confunde com o estado de necessidade. Na legítima defesa, a tutela do direito é exercida por meio de reação do agente, que repele injusta agressão. No estado de necessidade, a tutela do direito é exercida por meio de ataque, gerando deterioração ou destruição da coisa alheia ou a lesão a pessoa. Na legítima defesa, a situação surge em razão de injusta agressão. No estado de necessidade, o perigo resulta de acontecimento fortuito, da natureza ou acidental, ou criado pelo prejudicado ou por terceiro[165].

Se a pessoa lesada, ou o dono da coisa, no caso do inciso II do art. 188 do Código Civil (estado de necessidade), não forem culpados do perigo, assiste-lhes direito à indenização do prejuízo que sofreram (art. 929 do Código Civil)[166].

No estado de necessidade, a obrigação de indenizar é excluída apenas quando o prejudicado é o autor do perigo. Entretanto, quando o prejudicado não é o culpado pelo perigo, mas terceiro, a obrigação

---

165 MONTEIRO, Washington de Barros; PINTO, Ana Cristina de Barros Monteiro França. *Curso de direito civil*: parte geral. 44. ed. São Paulo: Saraiva, 2012. v. 1. p. 356.

166 "2. Alegação do motorista do automóvel de ter agido em estado de necessidade, pois teve a sua frente cortada por outro veículo, obrigando-o a invadir a outra pista da estrada. 3. Irrelevância da alegação, mostrando-se correto o julgamento antecipado da lide por se tratar de hipótese de responsabilidade civil por ato lícito prevista nos artigos 929 e 930 do Código Civil. 4. O estado de necessidade não afasta a responsabilidade civil do agente, quando o dono da coisa atingida ou a pessoa lesada pelo evento danoso não for culpado pela situação de perigo. 5. A prova pleiteada pelo recorrente somente seria relevante para efeito de ação de regresso contra o terceiro causador da situação de perigo (art. 930 do CC/02). Ausência de cerceamento de defesa" (STJ, 3ª T., REsp 1.278.627/SC, 2011/0219273-0, Rel. Min. Paulo de Tarso Sanseverino, DJe 04.02.2013).

de indenizar o dano é mantida[167]. Nessa hipótese, embora o ato seja lícito, por expressa previsão legal, o agente tem a obrigação de reparar o prejuízo causado[168].

No caso do inciso II do art. 188 do Código Civil, se o perigo ocorrer por culpa de terceiro, contra este terá o autor do dano ação regressiva para haver a importância que tiver ressarcido ao lesado (art. 930 do Código Civil)[169]. Logo, no estado de necessidade, admite-se que o agente ajuíze ação de regresso em face do culpado pelo perigo, para se ressarcir da indenização paga ao prejudicado[170].

---

167 MONTEIRO, Washington de Barros; PINTO, Ana Cristina de Barros Monteiro França. *Curso de direito civil*: parte geral. 44. ed. São Paulo: Saraiva, 2012. v. 1. p. 356.

168 GONÇALVES, Carlos Roberto. *Direito civil brasileiro*: parte geral. 17. ed. São Paulo: Saraiva, 2019. v. 1. p. 533-534.

169 GAGLIANO, Pablo Stolze; PAMPLONA FILHO, Rodolfo. *Novo curso de direito civil*: parte geral. 6. ed. São Paulo: Saraiva, 2005. v. 1. p. 493: "Se o terceiro atingido *não for o causador da situação de perigo*, poderá exigir indenização do agente que houvera atuado em estado de necessidade, cabendo a este ação regressiva contra o verdadeiro culpado" (destaques do original).

170 "5. 'A constatação do estado de necessidade, por si só, não exime o ocasionador direto do dano de responder pela reparação a que faz jus a vítima, ficando com ação regressiva contra o terceiro que deu origem à manobra determinante do evento lesivo' (AgRg no AREsp 55.751/RS, Rel. Ministro Paulo de Tarso Sanseverino, Terceira Turma, julgado em 11/06/2013, DJe 14/06/2013)" (STJ, 4ª T., AgInt no REsp 1.819.747/PR, 2019/0166628-0, Rel. Min. Luis Felipe Salomão, DJe 16.10.2020).

CAPÍTULO

23

FORMA DOS NEGÓCIOS JURÍDICOS

23.1 INTRODUÇÃO

A declaração de vontade é elemento essencial do negócio jurídico, o que deve ocorrer de forma válida para que este possa produzir os efeitos jurídicos pretendidos pelo agente. Como a vontade tem caráter subjetivo, para que seja conhecida, deve ser exteriorizada, ou seja, manifestada por meio da declaração[1], para que produza efeitos na esfera jurídica[2].

A declaração de vontade, por seu turno, exterioriza-se por meio da forma (por escrito, oralmente, por meio de gestos e, em certos casos, do silêncio)[3], para que possa ser conhecida pelos destinatários e interessados[4].

---

1 RODRIGUES, Silvio. *Direito civil*: parte geral. 34. ed. São Paulo: Saraiva, 2003. v. 1. p. 262.

2 MONTEIRO, Washington de Barros; PINTO, Ana Cristina de Barros Monteiro França. *Curso de direito civil*: parte geral. 44. ed. São Paulo: Saraiva, 2012. v. 1. p. 309.

3 VENOSA, Sílvio de Salvo. *Direito civil*: parte geral. 13. ed. São Paulo: Atlas, 2013. v. 1. p. 381.

4 RODRIGUES, Silvio. *Direito civil*: parte geral. 34. ed. São Paulo: Saraiva, 2003. v. 1. p. 262.

A vontade, em regra, pode ser manifestada de forma livre. Vale dizer, o sistema jurídico, em princípio, não impõe forma especial à declaração de vontade, podendo o agente escolher a respeito, como a forma verbal ou escrita. Em casos específicos, tendo em vista a necessidade de segurança jurídica, o ordenamento jurídico prevê a necessidade de certa forma, a qual não pode ser afastada. Nesse sentido, a validade da declaração de vontade não depende de forma especial, senão quando a lei expressamente a exigir (art. 107 do Código Civil)[5].

As sociedades primitivas se caracterizavam pela adoção do formalismo, impondo aos atos jurídicos o cumprimento de rituais e formas específicas, sob pena de nulidade. Por exemplo, no Direito Romano, a *mancipatio* e a *in jure cessio*, como modos de aquisição da propriedade, eram atos solenes, realizados por meio de rituais rigorosos em termos formais[6]. Com a evolução cultural e a ampliação das transações comerciais, reconheceu-se que o formalismo pode dificultar a dinâmica das negociações na sociedade. Ainda assim, a exigência de forma é mantida em diversos negócios jurídicos. Além disso, com o objetivo de evitar fraudes e outros vícios dos negócios jurídicos, passam a ser instituídas formas e solenidades para a celebração de certos negócios jurídicos[7].

A forma, como elemento essencial do negócio jurídico, é o meio pelo qual se exterioriza a vontade interna. Trata-se, assim, de revestimento da declaração de vontade[8].

Segundo o princípio da liberdade da forma, o agente é livre quanto à forma utilizada para manifestar a vontade. Entretanto, há diversos casos em que a lei expressamente exige forma especial (art. 107 do Código Civil), como a seguir exemplificados[9].

---

[5] MONTEIRO, Washington de Barros; PINTO, Ana Cristina de Barros Monteiro França. *Curso de direito civil*: parte geral. 44. ed. São Paulo: Saraiva, 2012. v. 1. p. 309.

[6] RODRIGUES, Silvio. *Direito civil*: parte geral. 34. ed. São Paulo: Saraiva, 2003. v. 1. p. 262.

[7] MONTEIRO, Washington de Barros; PINTO, Ana Cristina de Barros Monteiro França. *Curso de direito civil*: parte geral. 44. ed. São Paulo: Saraiva, 2012. v. 1. p. 310-311.

[8] MONTEIRO, Washington de Barros; PINTO, Ana Cristina de Barros Monteiro França. *Curso de direito civil*: parte geral. 44. ed. São Paulo: Saraiva, 2012. v. 1. p. 311.

[9] MONTEIRO, Washington de Barros; PINTO, Ana Cristina de Barros Monteiro França. *Curso de direito civil*: parte geral. 44. ed. São Paulo: Saraiva, 2012. v. 1. p. 311-312.

Não dispondo a lei em contrário, a escritura pública é essencial à validade dos negócios jurídicos que visem à constituição, transferência, modificação ou renúncia de direitos reais sobre imóveis de valor superior a 30 vezes o maior salário mínimo vigente no País (art. 108 do Código Civil)[10].

Além disso, no negócio jurídico celebrado com a cláusula de não valer sem instrumento público, este é da substância do ato (art. 109 do Código Civil).

O contrato de constituição de renda requer escritura pública (art. 807 do Código Civil).

Ressalte-se que é nulo o negócio jurídico quando não revestir a forma prescrita em lei ou for preterida alguma solenidade que a lei considere essencial para a sua validade (art. 166, incisos IV e V, do Código Civil).

É nulo o pacto antenupcial se não for feito por escritura pública, e ineficaz se não lhe seguir o casamento (art. 1.653 do Código Civil).

A forma especial, quando exigida pela lei, tem como objetivos assegurar a autenticidade do negócio jurídico, garantir a livre manifestação hígida de vontade, chamar a atenção das partes para a relevância e seriedade do negócio jurídico celebrado e facilitar a sua prova[11].

A forma não se confunde com a prova do negócio jurídico. A prova é o elemento ou o meio para demonstrar a existência do negócio jurídico. Ainda assim, a forma do negócio jurídico pode ter a

---

10 "2. O ato para dispor da meação não se equipara à cessão de direitos hereditários, prevista no art. 1.793 do Código Civil, porque esta pressupõe a condição de herdeiro para que possa ser efetivada. 3. Embora o art. 1.806 do Código Civil admita que a renúncia à herança possa ser efetivada por instrumento público ou termo judicial, a meação não se confunde com a herança. 4. A renúncia da herança pressupõe a abertura da sucessão e só pode ser realizada por aqueles que ostentam a condição de herdeiro. 5. O ato de disposição patrimonial representado pela cessão gratuita da meação em favor dos herdeiros configura uma verdadeira doação, a qual, nos termos do art. 541 do Código Civil, far-se-á por escritura pública ou instrumento particular, sendo que, na hipótese, deve ser adotado o instrumento público, por conta do disposto no art. 108 do Código Civil" (STJ, 3ª T., REsp 1.196.992/MS, 2010/0104911-6, Rel. Min. Nancy Andrighi, DJe 22.08.2013).

11 RODRIGUES, Silvio. *Direito civil*: parte geral. 34. ed. São Paulo: Saraiva, 2003. v. 1. p. 264.

função de prova. Quando a lei expressamente exige forma especial para a validade da declaração de vontade, o negócio jurídico somente pode ser provado se a referida forma tiver sido observada. Vale dizer, havendo exigência de forma especial para o negócio jurídico, este somente pode ser provado pelo referido meio, não se admitindo outros meios de prova[12].

Nesse sentido, na esfera processual, quando a lei exigir instrumento público como da substância do ato, nenhuma outra prova, por mais especial que seja, pode suprir-lhe a falta (art. 406 do CPC).

A forma *ad solemnitatem* é da substância do negócio jurídico, exigida para a sua celebração e validade. A forma *ad probationem* é exigida para a prova do negócio jurídico[13]. A distinção, entretanto, atualmente perde a utilidade, pois se a lei exige forma especial para o negócio jurídico, este deve ser demonstrado por esse meio de prova. Se a forma do negócio jurídico é livre, ele pode ser demonstrado pelos meios de prova admitidos em Direito[14]. Nesse contexto, se a escritura pública é exigida pela lei, como forma indispensável para o negócio jurídico, não se distingue se essa exigência é *ad solemnitatem* ou *ad probationem*[15].

No Direito Processual, as partes têm o direito de empregar todos os meios legais, bem como os moralmente legítimos, ainda que não especificados no Código de Processo Civil, para provar a verdade dos fatos em que se funda o pedido ou a defesa e influir eficazmente na convicção do juiz (art. 369 do CPC).

O contrato de seguro prova-se com a exibição da apólice ou do bilhete do seguro, e, na falta deles, por documento comprobatório do pagamento do respectivo prêmio (art. 758 do Código Civil). A emissão da apólice de seguro deve ser precedida de proposta escrita com a

---

12 MONTEIRO, Washington de Barros; PINTO, Ana Cristina de Barros Monteiro França. *Curso de direito civil*: parte geral. 44. ed. São Paulo: Saraiva, 2012. v. 1. p. 312.

13 RODRIGUES, Silvio. *Direito civil*: parte geral. 34. ed. São Paulo: Saraiva, 2003. v. 1. p. 266.

14 MONTEIRO, Washington de Barros; PINTO, Ana Cristina de Barros Monteiro França. *Curso de direito civil*: parte geral. 44. ed. São Paulo: Saraiva, 2012. v. 1. p. 312.

15 MONTEIRO, Washington de Barros; PINTO, Ana Cristina de Barros Monteiro França. *Curso de direito civil*: parte geral. 44. ed. São Paulo: Saraiva, 2012. v. 1. p. 323.

declaração dos elementos essenciais do interesse a ser garantido e do risco (art. 759 do Código Civil).

Há negócios jurídicos em que a lei admite a possibilidade de utilização de mais de uma forma[16].

Para criar uma fundação, a dotação especial de bens livres pelo instituidor deve ser feita por escritura pública ou testamento, especificando o fim a que se destina, e declarando, se quiser, a maneira de administrá-la (art. 62 do Código Civil).

A doação é feita por escritura pública ou instrumento particular (art. 541 do Código Civil)[17]. A doação verbal é válida, se, versando sobre bens móveis e de pequeno valor, se lhe seguir incontinenti a tradição (art. 541, parágrafo único, do Código Civil).

O mandato pode ser expresso ou tácito, verbal ou escrito (art. 656 do Código Civil).

A transação deve ser feita por escritura pública, nas obrigações em que a lei o exige, ou por instrumento particular, nas em que ela o admite. Se a transação recair sobre direitos contestados em juízo, deve ser feita por escritura pública, ou por termo nos autos, assinado pelos transigentes e homologado pelo juiz (art. 842 do Código Civil).

O reconhecimento dos filhos havidos fora do casamento é irrevogável e será feito: I – no registro do nascimento; II – por escritura pública ou escrito particular, a ser arquivado em cartório; III – por testamento, ainda que incidentalmente manifestado; IV – por manifestação direta e expressa perante o juiz, ainda que o reconhecimento não haja sido o objeto único e principal do ato que o contém (art. 1.609 do Código Civil).

---

16 MONTEIRO, Washington de Barros; PINTO, Ana Cristina de Barros Monteiro França. *Curso de direito civil*: parte geral. 44. ed. São Paulo: Saraiva, 2012. v. 1. p. 312-313.

17 "1. A validade da declaração de vontade não dependerá de forma especial, senão quando a lei a exigir expressamente. A doação, no entanto, é negócio jurídico contratual essencialmente formal, porquanto a própria lei especifica que ocorrerá por escritura pública ou instrumento particular, notadamente quando perfectibilizado por intermédio de mandato, cuja outorga está sujeita à forma exigida por lei para o ato a ser praticado" (STJ, 4ª T., REsp 1.575.048/SP, 2015/0153590-1, Rel. Min. Marco Buzzi, DJe 26.02.2016).

Podem os cônjuges, ou a entidade familiar, mediante escritura pública ou testamento, destinar parte de seu patrimônio para instituir bem de família (art. 1.711 do Código Civil).

A nomeação de tutor deve constar de testamento ou de qualquer outro documento autêntico (art. 1.729, parágrafo único, do Código Civil).

A renúncia da herança deve constar expressamente de instrumento público ou termo judicial (art. 1.806 do Código Civil)[18].

Se os herdeiros forem capazes, podem fazer partilha amigável, por escritura pública, termo nos autos do inventário, ou escrito particular, homologado pelo juiz (art. 2.015 do Código Civil).

Há casos em que a lei exige expressamente a forma escrita para o negócio jurídico, mas sem especificar a respeito, podendo-se adotar, por exemplo, simples escrito, instrumento particular ou escritura pública[19].

A fiança dar-se-á por escrito (art. 819 do Código Civil). O depósito voluntário deve ser provado por escrito (art. 646 do Código Civil). A cessão da locação, a sublocação e o empréstimo do imóvel, total ou parcialmente, dependem do consentimento prévio e *escrito* do locador (art. 13 da Lei 8.245/1991).

Há ainda hipóteses em que a lei exige apenas expresso consentimento, ou seja, manifestação de vontade de forma expressa, o que pode ocorrer de forma escrita ou verbal, desde que não seja de modo tácito[20]. Entretanto, para fins de prova, a forma escrita é mais apropriada, por gerar maior segurança jurídica às partes envolvidas no negócio jurídico.

---

[18] "7. A renúncia da herança é ato solene, exigindo o art. 1.806 do CC, para o seu reconhecimento, que conste 'expressamente de instrumento público ou termo judicial', sob pena de nulidade (CC, art. 166, IV), não produzindo qualquer efeito, sendo que 'a constituição de mandatário para a renúncia à herança deve obedecer à mesma forma, não tendo validade a outorga por instrumento particular' (REsp 1.236.671/SP, Rel. p/ Acórdão Ministro Sidnei Beneti, Terceira Turma, julgado em 09/10/2012, DJe 04/03/2013)" (STJ, 4ª T., REsp 1.551.430/ES, 2015/0205556-7, Rel. Min. Maria Isabel Gallotti, Rel. p/ ac. Min. Luis Felipe Salomão, DJe 16.11.2017).

[19] MONTEIRO, Washington de Barros; PINTO, Ana Cristina de Barros Monteiro França. *Curso de direito civil*: parte geral. 44. ed. São Paulo: Saraiva, 2012. v. 1. p. 312-313.

[20] MONTEIRO, Washington de Barros; PINTO, Ana Cristina de Barros Monteiro França. *Curso de direito civil*: parte geral. 44. ed. São Paulo: Saraiva, 2012. v. 1. p. 313.

Salvo disposição em contrário, o locatário goza do direito de retenção, no caso de benfeitorias necessárias, ou no de benfeitorias úteis, se estas houverem sido feitas com *expresso consentimento* do locador (art. 578 do Código Civil).

23.2 NEGÓCIOS JURÍDICOS FORMAIS E NÃO FORMAIS

Os negócios jurídicos podem ser classificados em formais ou solenes e não formais ou não solenes (consensuais)[21].

Como exemplo de negócio jurídico formal ou solene, pode ser mencionado o casamento, o qual é antecedido de diversas formalidades no processo de habilitação (arts. 1.525 a 1.532 do Código Civil) e a celebração é ato solene (arts. 1.533 a 1.535 do Código Civil). Depois de celebrado o casamento, há exigências como a lavratura do assento no livro de registro e a assinatura do referido assento (art. 1.536 do Código Civil). Procura-se, com isso, assegurar a segurança jurídica e evitar impugnações e deliberações sem a devida consciência da relevância do ato realizado[22].

Do mesmo modo, o testamento é negócio jurídico formal ou solene, principalmente nas modalidades ordinárias (art. 1.862 do Código Civil), devendo ser observadas as exigências legais[23].

Há negócios jurídicos em que a lei exige escritura pública (arts. 108 e 109 do Código Civil). Em outros negócios jurídicos, a lei exige forma escrita (arts. 759 e 819 do Código Civil), prova por escrito (art. 646 do Código Civil) e documento autêntico (art. 1.729, parágrafo único, do Código Civil)[24].

---

[21] MONTEIRO, Washington de Barros; PINTO, Ana Cristina de Barros Monteiro França. *Curso de direito civil*: parte geral. 44. ed. São Paulo: Saraiva, 2012. v. 1. p. 313.

[22] MONTEIRO, Washington de Barros; PINTO, Ana Cristina de Barros Monteiro França. *Curso de direito civil*: parte geral. 44. ed. São Paulo: Saraiva, 2012. v. 1. p. 313.

[23] MONTEIRO, Washington de Barros; PINTO, Ana Cristina de Barros Monteiro França. *Curso de direito civil*: parte geral. 44. ed. São Paulo: Saraiva, 2012. v. 1. p. 314.

[24] MONTEIRO, Washington de Barros; PINTO, Ana Cristina de Barros Monteiro França. *Curso de direito civil*: parte geral. 44. ed. São Paulo: Saraiva, 2012. v. 1. p. 314.

A autenticidade do documento diz respeito à sua veracidade formal. O documento autêntico pode ser público ou particular[25].

A escritura pública, lavrada em notas de tabelião, é documento dotado de fé pública, fazendo prova plena (art. 215 do Código Civil). Considera-se autêntico o documento quando: I – o tabelião reconhecer a firma do signatário; II – a autoria estiver identificada por qualquer outro meio legal de certificação, inclusive eletrônico, nos termos da lei; III – não houver impugnação da parte contra quem foi produzido o documento (art. 411 do CPC).

Há certas formalidades destinadas a dar publicidade ao negócio jurídico e fazer com que este gere efeitos em relação a terceiros, o que é obtido por meio do registro público[26]. Nesse sentido, o registro de títulos e documentos (art. 1º, inciso III, da Lei 6.015/1973) tem como objetivo dar publicidade e conhecimento por terceiros a documentos e negócios jurídicos (art. 129 da Lei 6.015/1973), embora não se trate de exigência para sua validade propriamente[27].

Frise-se ainda que no Registro de Imóveis serão feitos o registro e a averbação dos títulos ou atos constitutivos, declaratórios, translativos e extintos de direitos reais sobre imóveis reconhecidos em lei, *inter vivos* ou *mortis causa*, quer para sua constituição, transferência e extinção, quer para sua validade em relação a terceiros, quer para a sua disponibilidade (art. 172 da Lei 6.015/1973).

No Direito das Coisas, os direitos reais sobre imóveis constituídos, ou transmitidos por atos entre vivos, só se adquirem com o registro no Cartório de Registro de Imóveis dos referidos títulos (arts. 1.245 a 1.247), salvo os casos expressos no Código Civil (art. 1.227 do Código Civil).

Quanto à aquisição da propriedade imóvel pelo registro do título, transfere-se entre vivos a propriedade mediante o registro do título

---

[25] MONTEIRO, Washington de Barros; PINTO, Ana Cristina de Barros Monteiro França. *Curso de direito civil*: parte geral. 44. ed. São Paulo: Saraiva, 2012. v. 1. p. 314.

[26] RODRIGUES, Silvio. *Direito civil*: parte geral. 34. ed. São Paulo: Saraiva, 2003. v. 1. p. 265.

[27] MONTEIRO, Washington de Barros; PINTO, Ana Cristina de Barros Monteiro França. *Curso de direito civil*: parte geral. 44. ed. São Paulo: Saraiva, 2012. v. 1. p. 314.

translativo no Registro de Imóveis (art. 1.245 do Código Civil). Sendo assim, para a aquisição da propriedade imóvel, não basta a celebração do negócio jurídico (como o contrato de compra e venda) por meio de escritura pública (art. 108 do Código Civil), devendo ser feito o registro desse título translativo no Registro de Imóveis (art. 167 da Lei 6.015/1973)[28].

Os negócios jurídicos não formais ou não solenes (consensuais) não dependem de forma especial. Nesses casos, as partes podem definir a forma a ser utilizada, no exercício da autonomia da vontade. Por exemplo, o contrato de compra e venda de bens móveis, o mútuo e a empreitada[29].

Parte da doutrina salienta a existência de negócios jurídicos formais, pois devem observar certa forma, mas que não são solenes, por não se exigir a colaboração de autoridade pública. Por exemplo, o contrato de compra e venda de imóvel de valor *inferior* a 30 vezes o maior salário mínimo vigente no País não exige escritura pública (art. 108 do Código Civil), não sendo solene, mas deve ser celebrado por escrito, exigindo instrumento particular, o que o torna formal, tendo em vista a necessidade de registro do título translativo no Registro de Imóveis (art. 1.245 do Código Civil). Trata-se, no caso, de negócio jurídico formal e não solene[30].

---

[28] RODRIGUES, Silvio. *Direito civil*: parte geral. 34. ed. São Paulo: Saraiva, 2003. v. 1. p. 265.

[29] MONTEIRO, Washington de Barros; PINTO, Ana Cristina de Barros Monteiro França. *Curso de direito civil*: parte geral. 44. ed. São Paulo: Saraiva, 2012. v. 1. p. 314.

[30] GOMES, Orlando. *Introdução ao direito civil*. 19. ed., revista, atualizada e aumentada por Edvaldo Brito e Reginalda Paranhos de Brito. Rio de Janeiro: Forense, 2007. p. 274.

CAPÍTULO

24

PROVA DOS FATOS JURÍDICOS

24.1 INTRODUÇÃO

A matéria relativa à prova é de extrema relevância nas relações sociais, bem como em juízo. Discute-se se a matéria faz parte do Direito Privado ou do Direito Público, havendo disposições legais a respeito no Direito Civil e em outros ramos do Direito material, bem como no Direito Processual[1].

A rigor, a prova dos fatos jurídicos, no âmbito das relações jurídicas de direito material, é disciplinada pelo Direito Civil. A prova dos fatos jurídicos, no âmbito do processo, é disciplinada pelo Direito Processual Civil.

Não apenas os fatos alegados em juízo são objeto de prova, mas também os fatos apresentados nas relações jurídicas da vida em socie-

[1] MONTEIRO, Washington de Barros; PINTO, Ana Cristina de Barros Monteiro França. *Curso de direito civil*: parte geral. 44. ed. São Paulo: Saraiva, 2012. v. 1. p. 314.

dade, em situações diversas, em que a pretensão do sujeito é submetida à apreciação de terceiros ou do poder público[2].

Em sentido amplo, prova é o meio utilizado para a demonstração do fato jurídico. Trata-se de conceituação no enfoque dos meios de prova[3]. A prova, em si, é a demonstração de fato, ato ou negócio jurídico[4].

Para que a prova seja aceita, o meio de prova deve ser admitido. Além disso, a prova deve ser pertinente, ou seja, adequada para demonstrar os fatos alegados[5].

Na esfera processual, as partes têm o direito de empregar todos os meios legais, bem como os moralmente legítimos, ainda que não especificados no Código de Processo Civil, para provar a verdade dos fatos em que se funda o pedido ou a defesa e influir eficazmente na convicção do juiz (art. 369 do CPC).

São inadmissíveis, no processo, as provas obtidas por meios ilícitos (art. 5º, inciso LVI, da Constituição Federal de 1988).

A *prova ilegal* é considerada a que afronta norma legal em sentido amplo, abrangendo a prova ilegítima (quando viola norma processual, ou seja, quanto à forma como a prova foi obtida) e a *prova ilícita* (quando viola norma de Direito material). Essas modalidades de provas são contrárias ao direito e, em regra, não devem ser admitidas[6].

Entende-se que também são inadmissíveis as provas derivadas das ilícitas, conforme a "teoria dos frutos da árvore envenenada" (STF, 2ª T., Rcl 24.473/SP, Rel. Min. Dias Toffoli, DJe 06.09.2018; STF, 1ª T., AP 341/MG, Rel. Min. Marco Aurélio, DJe 02.10.2015).

---

2 MONTEIRO, Washington de Barros; PINTO, Ana Cristina de Barros Monteiro França. *Curso de direito civil*: parte geral. 44. ed. São Paulo: Saraiva, 2012. v. 1. p. 315.

3 RODRIGUES, Silvio. *Direito civil*: parte geral. 34. ed. São Paulo: Saraiva, 2003. v. 1. p. 266.

4 MONTEIRO, Washington de Barros; PINTO, Ana Cristina de Barros Monteiro França. *Curso de direito civil*: parte geral. 44. ed. São Paulo: Saraiva, 2012. v. 1. p. 315.

5 MONTEIRO, Washington de Barros; PINTO, Ana Cristina de Barros Monteiro França. *Curso de direito civil*: parte geral. 44. ed. São Paulo: Saraiva, 2012. v. 1. p. 315.

6 NEVES, Daniel Amorim Assumpção. *Manual de direito processual civil*. 9. ed. Salvador: Juspodivm, 2017. p. 751-752.

A prova ilícita deve ser excluída, ou seja, desentranhada dos autos, o que não significa a anulação de todo o processo, pois são consideradas válidas as provas lícitas dela não decorrentes e as obtidas por fontes independentes, por se tratar de provas autônomas[7].

É inviolável o sigilo da correspondência e das comunicações telegráficas, de dados e das comunicações telefônicas, salvo, no último caso, por ordem judicial, nas hipóteses e na forma que a lei estabelecer para fins de investigação criminal ou instrução processual penal (art. 5º, inciso XII, da Constituição Federal de 1988).

A interceptação de comunicações telefônicas, de qualquer natureza, para prova em investigação criminal e em instrução processual penal, deve observar o disposto na Lei 9.296/1996 e dependerá de ordem do juiz competente da ação principal, sob segredo de justiça. O disposto na Lei 9.296/1996 aplica-se à interceptação do fluxo de comunicações em sistemas de informática e telemática.

A respeito do tema, o Supremo Tribunal Federal fixou a seguinte tese em recurso extraordinário com repercussão geral: "Sem autorização judicial ou fora das hipóteses legais, é ilícita a prova obtida mediante abertura de carta, telegrama, pacote ou meio análogo" (STF, Pleno, RE 1.116.949/PR, Red. Min. Edson Fachin, DJe 02.10.2020). A Lei 6.538/1978, sobre serviços postais, no art. 10, arrola hipóteses em que não constitui violação de sigilo da correspondência postal a abertura de carta.

Frise-se ainda que o Supremo Tribunal Federal fixou a seguinte tese em recurso extraordinário com repercussão geral: "É lícita a prova consistente em gravação ambiental realizada por um dos interlocutores

---

7 "A sanção processual cominada para o reconhecimento da ilicitude da prova é a sua inadmissibilidade nos autos, tendo o inciso LVI do art. 5º da Constituição Federal de 1988 contemplado o chamado direito de exclusão (*exclusionary rule*), gestado na jurisprudência da Suprema Corte norte-americana (e.g. *Case Boyd v. United States*, 116 U.S. 616, 1886). Não há, pois, a contaminação de todo o processo, permanecendo válidas as provas lícitas dela não decorrentes ou que advieram de fontes autônomas, consoante o vetusto entendimento deste Supremo Tribunal (RHC 74.807-4/MT, Segunda Turma, Rel. Min. Maurício Corrêa, DJ de 20/6/1997, p. 28.507; HC 74530/AP, Primeira Turma, Rel. Min. Ilmar Galvão, DJ de 13/12/1996; HC 75892/RJ, Segunda Turma, Rel. Min. Marco Aurélio, DJ de 17/4/1998; HC 76.171/SP, Segunda Turma, Rel. Min. Nelson Jobim, DJ de 27/2/1998)" (STF, 1ª T., Ext 1.486/DF, Rel. Min. Alexandre de Moraes, DJe 25.08.2017).

sem conhecimento do outro" (STF, Pleno, QO-RG-RE 583.937/RJ, Rel. Min. Cezar Peluso, DJe 18.12.2009).

O ônus da prova, em regra, incumbe: I – ao autor, quanto ao fato constitutivo de seu direito; II – ao réu, quanto à existência de fato impeditivo, modificativo ou extintivo do direito do autor (art. 373 do CPC).

Nos casos previstos em lei ou diante de peculiaridades da causa relacionadas à impossibilidade ou à excessiva dificuldade de cumprir o encargo probatório ou à maior facilidade de obtenção da prova do fato contrário, o juiz pode atribuir o ônus da prova de modo diverso, desde que o faça por decisão fundamentada, caso em que deve dar à parte a oportunidade de se desincumbir do ônus que lhe foi atribuído (art. 373, § 1º, do CPC). A referida decisão não pode gerar situação em que a desincumbência do encargo pela parte seja impossível ou excessivamente difícil (art. 373, § 2º, do CPC). Essas previsões tratam da chamada distribuição dinâmica do ônus da prova.

A distribuição diversa do ônus da prova também pode ocorrer por convenção das partes, salvo quando: I – recair sobre direito indisponível da parte; II – tornar excessivamente difícil a uma parte o exercício do direito (art. 373, § 3º, do CPC).

É direito básico do consumidor a facilitação da defesa de seus direitos, inclusive com a inversão do ônus da prova, a seu favor, no processo civil, quando, a critério do juiz, for verossímil a alegação ou quando for ele hipossuficiente, segundo as regras ordinárias de experiências (art. 6º, inciso VIII, da Lei 8.078/1990).

A prova normalmente incide sobre os fatos, pois o juiz conhece o Direito (*jura novit curia*). Entretanto, a parte que alegar Direito municipal, estadual, estrangeiro ou consuetudinário deve provar-lhe o teor e a vigência, se assim o juiz determinar (art. 376 do CPC)[8].

No Direito Processual Civil, não dependem de prova os fatos: I – notórios; II – afirmados por uma parte e confessados pela parte contrária; III – admitidos no processo como incontroversos; IV – em

---

8 MONTEIRO, Washington de Barros; PINTO, Ana Cristina de Barros Monteiro França. *Curso de direito civil*: parte geral. 44. ed. São Paulo: Saraiva, 2012. v. 1. p. 316.

cujo favor milita presunção legal de existência ou de veracidade (art. 374 do CPC).

O fato notório é aquele de conhecimento geral[9]. Há confissão quando a parte admite a verdade de fato contrário ao seu interesse e favorável ao do adversário (art. 389 do CPC). O fato incontroverso é aquele alegado por uma parte e não contestado pela outra. Se a lei presume a existência ou a veracidade do fato, não se exige prova.

Nesse contexto, o juiz deve indeferir, em decisão fundamentada, as diligências inúteis ou meramente protelatórias (art. 370, parágrafo único, do CPC).

O juiz deve apreciar a prova constante dos autos, independentemente do sujeito que a tiver promovido, e indicar na decisão as razões da formação de seu convencimento (art. 371 do CPC). Quanto à valoração das provas produzidas e constantes dos autos do processo, incide o *princípio da persuasão racional do juiz*[10]. Desse modo, em princípio, não há uma hierarquia quanto às provas. Cabe ao juiz formar o seu convencimento, mas deve fundamentar a decisão, avaliando as provas produzidas e apresentando os motivos para se chegar a certa conclusão[11]. Frise-se que o dever de fundamentação nas decisões judiciais é exigência constitucional (art. 93, inciso IX, da Constituição Federal de 1988).

As provas podem ser classificadas em pré-constituídas e casuais. As provas pré-constituídas são constituídas previamente, com o objetivo de demonstrar o fato, ato ou negócio jurídico, caso surja algum questionamento no futuro. Por exemplo, a prova documental, como o instrumento público. As provas casuais são produzidas posteriormente à ocorrência do fato, ato ou negócio jurídico. Por exemplo, a prova testemunhal[12].

---

9 MONTEIRO, Washington de Barros; PINTO, Ana Cristina de Barros Monteiro França. *Curso de direito civil*: parte geral. 44. ed. São Paulo: Saraiva, 2012. v. 1. p. 316-317.

10 NEVES, Daniel Amorim Assumpção. *Manual de direito processual civil*. 9. ed. Salvador: Juspodivm, 2017. p. 745-746.

11 GRECO FILHO, Vicente. *Direito processual civil brasileiro*. 20. ed. São Paulo: Saraiva, 2009. v. 2. p. 214-215.

12 MONTEIRO, Washington de Barros; PINTO, Ana Cristina de Barros Monteiro França. *Curso de direito civil*: parte geral. 44. ed. São Paulo: Saraiva, 2012. v. 1. p. 318-319.

No Direito Processual Civil, a produção antecipada da prova é admitida nos casos em que: I – haja fundado receio de que venha a tornar-se impossível ou muito difícil a verificação de certos fatos na pendência da ação; II – a prova a ser produzida seja suscetível de viabilizar a autocomposição ou outro meio adequado de solução de conflito; III – o prévio conhecimento dos fatos possa justificar ou evitar o ajuizamento de ação (art. 381 do CPC).

24.2 MEIOS DE PROVA

Salvo o negócio a que se impõe forma especial, o fato jurídico pode ser provado mediante: I – confissão; II – documento; III – testemunha; IV – presunção; V – perícia (art. 212 do Código Civil).

O Código de Processo Civil disciplina os seguintes meios de prova: ata notarial; depoimento pessoal; confissão; prova documental; prova testemunhal; prova pericial; inspeção judicial.

Se a lei exige forma especial para o negócio jurídico (art. 107 do Código Civil), este deve ser provado por esse meio (art. 212, *caput*, parte inicial, do Código Civil). Nesse sentido, há negócios jurídicos em que a escritura pública é essencial à sua validade, como se observa, por exemplo, no art. 108 do Código Civil[13].

24.3 CONFISSÃO

Confissão é o reconhecimento pela parte de fato que contraria o seu interesse e beneficia a outra parte[14].

Nessa linha, a confissão é a admissão pela parte da verdade de fato contrário ao seu interesse e favorável ao do adversário (art. 389 do CPC).

---

[13] MONTEIRO, Washington de Barros; PINTO, Ana Cristina de Barros Monteiro França. *Curso de direito civil*: parte geral. 44. ed. São Paulo: Saraiva, 2012. v. 1. p. 319.

[14] MONTEIRO, Washington de Barros; PINTO, Ana Cristina de Barros Monteiro França. *Curso de direito civil*: parte geral. 44. ed. São Paulo: Saraiva, 2012. v. 1. p. 323.

A confissão pode ser classificada em judicial e extrajudicial[15].

A confissão judicial é realizada em juízo, perante a autoridade judicial[16]. A confissão judicial pode ser espontânea ou provocada (art. 390 do CPC). A confissão espontânea pode ser feita pela própria parte ou por representante com poder especial. A confissão provocada constará do termo de depoimento pessoal.

A confissão judicial faz prova contra o confitente, não prejudicando, todavia, os litisconsortes (art. 391 do CPC).

Nas ações que versarem sobre bens imóveis ou direitos reais sobre imóveis alheios, a confissão de um cônjuge ou companheiro não vale sem a confissão do outro, salvo se o regime de casamento for o de separação absoluta de bens (art. 391, parágrafo único, do CPC).

A confissão extrajudicial é realizada fora do juízo[17]. A confissão extrajudicial, quando feita oralmente, só tem eficácia nos casos em que a lei não exija prova literal, ou seja, documental (art. 394 do CPC).

A confissão pode ser classificada em expressa e tácita (presumida)[18]. A confissão expressa é feita de forma oral ou por escrito de forma manifesta. A confissão tácita ou ficta é deduzida de algum fato ou ato da parte[19].

A confissão expressa ou real pode decorrer do depoimento judicial (art. 385 do CPC), quando a parte expressamente admite a verdade de fato contrário ao seu interesse e favorável ao da outra parte.

Se a parte, pessoalmente intimada para prestar depoimento pessoal e advertida da pena de confesso, não comparecer ou, comparecendo, se recusar a depor, o juiz aplicar-lhe-á a referida pena (art. 385, § 1º,

---

15 MONTEIRO, Washington de Barros; PINTO, Ana Cristina de Barros Monteiro França. *Curso de direito civil*: parte geral. 44. ed. São Paulo: Saraiva, 2012. v. 1. p. 323-324.

16 MONTEIRO, Washington de Barros; PINTO, Ana Cristina de Barros Monteiro França. *Curso de direito civil*: parte geral. 44. ed. São Paulo: Saraiva, 2012. v. 1. p. 324.

17 MONTEIRO, Washington de Barros; PINTO, Ana Cristina de Barros Monteiro França. *Curso de direito civil*: parte geral. 44. ed. São Paulo: Saraiva, 2012. v. 1. p. 324.

18 RODRIGUES, Silvio. *Direito civil*: parte geral. 34. ed. São Paulo: Saraiva, 2003. v. 1. p. 272.

19 MONTEIRO, Washington de Barros; PINTO, Ana Cristina de Barros Monteiro França. *Curso de direito civil*: parte geral. 44. ed. São Paulo: Saraiva, 2012. v. 1. p. 324.

do CPC). Quando a parte, sem motivo justificado, deixar de responder ao que lhe for perguntado ou empregar evasivas, o juiz, apreciando as demais circunstâncias e os elementos de prova, declarará, na sentença, se houve recusa de depor (art. 386 do CPC). Nesses casos, a confissão é tácita ou ficta[20].

Além disso, se o réu não contestar a ação, deve ser considerado revel e presumem-se verdadeiras as alegações de fato formuladas pelo autor (art. 344 do CPC). Trata-se de presunção relativa, gerando confissão ficta[21]. Tanto é assim que a revelia não produz o mencionado efeito se: I – havendo pluralidade de réus, algum deles contestar a ação; II – o litígio versar sobre direitos indisponíveis; III – a petição inicial não estiver acompanhada de instrumento que a lei considere indispensável à prova do ato; IV – as alegações de fato formuladas pelo autor forem inverossímeis ou estiverem em contradição com prova constante dos autos (art. 345 do CPC).

A confissão pode ser classificada em simples e qualificada. A confissão simples é feita sem ampliação nem limitação. A confissão qualificada é a que admite a verdade de fato contrário ao interesse do confitente e favorável ao da outra parte, mas contém ampliação ou limitação, em termos de qualidade ou quantidade[22].

A confissão é, em regra, indivisível, não podendo a parte que a quiser invocar como prova aceitá-la no tópico que a beneficiar e rejeitá-la no que lhe for desfavorável. Entretanto, a confissão deve ser cindida quando o confitente a ela aduzir fatos novos, capazes de constituir fundamento de defesa de direito material ou de reconvenção (art. 395 do CPC).

Não tem eficácia a confissão se provém de quem não é capaz de dispor do direito a que se referem os fatos confessados (art. 213 do Código Civil).

---

20 MONTEIRO, Washington de Barros; PINTO, Ana Cristina de Barros Monteiro França. *Curso de direito civil*: parte geral. 44. ed. São Paulo: Saraiva, 2012. v. 1. p. 324.

21 RODRIGUES, Silvio. *Direito civil*: parte geral. 34. ed. São Paulo: Saraiva, 2003. v. 1. p. 272.

22 MONTEIRO, Washington de Barros; PINTO, Ana Cristina de Barros Monteiro França. *Curso de direito civil*: parte geral. 44. ed. São Paulo: Saraiva, 2012. v. 1. p. 324.

No mesmo sentido, no processo civil, não vale como confissão a admissão, em juízo, de fatos relativos a direitos indisponíveis (art. 392 do CPC). A confissão é ineficaz se feita por quem não for capaz de dispor do direito a que se referem os fatos confessados (art. 392, § 1º, do CPC).

Se feita a confissão por um representante, somente é eficaz nos limites em que este pode vincular o representado (art. 213, parágrafo único, do Código Civil).

Saliente-se que o mandato em termos gerais só confere poderes de administração (art. 661 do Código Civil). Para alienar, hipotecar, transigir, ou praticar outros quaisquer atos que exorbitem da administração ordinária, depende a procuração de poderes especiais e expressos (art. 661, § 1º, do Código Civil).

Do mesmo modo, no Direito Processual Civil, a confissão feita por um representante somente é eficaz nos limites em que este pode vincular o representado (art. 392, § 2º, do CPC).

Quanto ao mandato judicial (art. 692 do Código Civil), a procuração geral para o foro, outorgada por instrumento público ou particular assinado pela parte, habilita o advogado a praticar todos os atos do processo, exceto receber citação, *confessar*, reconhecer a procedência do pedido, transigir, desistir, renunciar ao direito sobre o qual se funda a ação, receber, dar quitação, firmar compromisso e assinar declaração de hipossuficiência econômica, que devem constar de cláusula específica (art. 105 do CPC).

A confissão é irrevogável, mas pode ser anulada se decorreu de erro de fato ou de coação (art. 214 do Código Civil). Admite-se ainda a anulação da confissão decorrente de dolo, estado de perigo e lesão, por se tratar de vícios da vontade (art. 171, inciso II, do Código Civil)[23].

A mesma regra é prevista no art. 393 do CPC. A legitimidade para essa ação de anulação é exclusiva do confitente e pode ser transferida a seus herdeiros se ele falecer após a propositura (art. 393, parágrafo único, do CPC).

---

[23] MONTEIRO, Washington de Barros; PINTO, Ana Cristina de Barros Monteiro França. *Curso de direito civil*: parte geral. 44. ed. São Paulo: Saraiva, 2012. v. 1. p. 325.

24.4 DOCUMENTO E INSTRUMENTO

Os documentos são objetos dos quais se extraem fatos[24]. O documento, em sentido genérico, engloba o instrumento como espécie[25]. Os documentos e instrumentos podem ser públicos e particulares[26].

O instrumento tem como objetivo servir como forma especial do negócio jurídico, exigida por lei, ou como sua prova pré-constituída, no sentido de documento preparado previamente para a prova do negócio jurídico. Por exemplo, o pacto antenupcial deve ser celebrado por escritura pública, a qual é a forma especial exigida para a validade desse negócio jurídico e que serve como sua prova[27].

Os demais documentos não têm a referida destinação específica, destinando-se apenas à demonstração de fato, ato ou negócio jurídico realizado anteriormente. Por exemplo, uma carta que prova ter havido contrato de empreitada é documento, mas não instrumento, pois não foi redigida para a celebração do negócio jurídico, nem com destinação específica de servir como prova pré-constituída dele[28].

O documento pode ser público ou particular, conforme seja elaborado ou constituído por agente público ou por particular[29].

O documento público faz prova não só da sua formação, mas também dos fatos que o escrivão, o chefe de secretaria, o tabelião ou o servidor declarar que ocorreram em sua presença (art. 405 do CPC).

---

[24] GRECO FILHO, Vicente. *Direito processual civil brasileiro*. 20. ed. São Paulo: Saraiva, 2009. v. 2. p. 225: "O documento liga-se à ideia de papel escrito. Contudo, não apenas os papéis escritos são documentos. Documento é todo objeto do qual se extraem fatos em virtude da existência de símbolos, ou sinais gráficos, mecânicos, eletromagnéticos etc.".

[25] RODRIGUES, Silvio. *Direito civil*: parte geral. 34. ed. São Paulo: Saraiva, 2003. v. 1. p. 273-274.

[26] MONTEIRO, Washington de Barros; PINTO, Ana Cristina de Barros Monteiro França. *Curso de direito civil*: parte geral. 44. ed. São Paulo: Saraiva, 2012. v. 1. p. 326.

[27] MONTEIRO, Washington de Barros; PINTO, Ana Cristina de Barros Monteiro França. *Curso de direito civil*: parte geral. 44. ed. São Paulo: Saraiva, 2012. v. 1. p. 326.

[28] MONTEIRO, Washington de Barros; PINTO, Ana Cristina de Barros Monteiro França. *Curso de direito civil*: parte geral. 44. ed. São Paulo: Saraiva, 2012. v. 1. p. 326.

[29] MONTEIRO, Washington de Barros; PINTO, Ana Cristina de Barros Monteiro França. *Curso de direito civil*: parte geral. 44. ed. São Paulo: Saraiva, 2012. v. 1. p. 326.

O documento feito por oficial público incompetente ou sem a observância das formalidades legais, sendo subscrito pelas partes, tem a mesma eficácia probatória do documento particular (art. 407 do CPC).

A escritura pública é modalidade de documento público lavrado com exclusividade pelos tabeliães de notas (art. 7º, inciso I, da Lei 8.935/1994).

A escritura pública, lavrada em notas de tabelião, é documento dotado de fé pública, fazendo prova plena (art. 215 do Código Civil)[30]. Frise-se que a presunção de veracidade do conteúdo do documento público é relativa[31], ou seja, admite-se prova em sentido contrário[32]. Entende-se que a escritura pública só pode ser retificada por outra escritura pública[33].

Há casos em que a escritura pública é forma especial exigida pela lei para a validade do negócio jurídico, devendo a sua prova ser realizada por esse meio. Como mencionado anteriormente, não dispondo a lei em contrário, a escritura pública é essencial à validade dos negócios jurídicos que visem à constituição, transferência, modificação ou renúncia de direitos reais sobre imóveis de valor superior a trinta vezes o maior salário mínimo vigente no País (art. 108 do Código Civil).

---

30 "4. Não se pode olvidar que a escritura pública é ato realizado perante o notário e que revela a vontade das partes na realização de negócio jurídico, revestida de todas as solenidades prescritas em lei, isto é, demonstra de forma pública e solene a substância do ato, gozando seu conteúdo de presunção de veracidade, trazendo maior segurança jurídica e garantia para a regularidade da compra" (STJ, 4ª T., REsp 1.175.438/PR, 2010/0007502-0, Rel. Min. Luis Felipe Salomão, DJe 05.05.2014).

31 "1. A fé pública atribuída aos atos dos servidores estatais e aos documentos por eles elaborados não tem o condão de atestar a veracidade do que é tão somente declarado, de acordo com a vontade, boa ou má-fé das partes, pois a fé pública constitui princípio do ato registral que protege a inscrição dos direitos, não dos fatos subjacentes a ele ligados. 1.1 As declarações prestadas pelas partes ao notário, bem ainda o documento público por ele elaborado, possuem presunção relativa (*juris tantum*) de veracidade, admitindo-se prova em contrário. Precedentes. 2. A quitação, quando considerada ficta, exarada para fins de transferência de propriedade, exige prova do pagamento para que seja reputada consumada" (STJ, 4ª T., REsp 1.288.552/MT, 2011/0251084-3, Rel. Min. Marco Buzzi, DJe: 02.12.2020).

32 RODRIGUES, Silvio. *Direito civil*: parte geral. 34. ed. São Paulo: Saraiva, 2003. v. 1. p. 268.

33 MONTEIRO, Washington de Barros; PINTO, Ana Cristina de Barros Monteiro França. *Curso de direito civil*: parte geral. 44. ed. São Paulo: Saraiva, 2012. v. 1. p. 320.

Além disso, no negócio jurídico celebrado com a cláusula de não valer sem instrumento público, este é da substância do ato (art. 109 do Código Civil). Nessa hipótese, a exigência de escritura pública como forma especial para a validade do negócio jurídico não decorre de determinação legal, mas sim de manifestação de vontade das partes. Sendo assim, a prova do negócio jurídico deve ser feita por meio de escritura pública na referida situação[34].

Salvo quando exigidos por lei outros requisitos, a escritura pública deve conter: I – data e local de sua realização; II – reconhecimento da identidade e capacidade das partes e de quantos hajam comparecido ao ato, por si, como representantes, intervenientes ou testemunhas; III – nome, nacionalidade, estado civil, profissão, domicílio e residência das partes e demais comparecentes, com a indicação, quando necessário, do regime de bens do casamento, nome do outro cônjuge e filiação; IV – manifestação clara da vontade das partes e dos intervenientes; V – referência ao cumprimento das exigências legais e fiscais inerentes à legitimidade do ato; VI – declaração de ter sido lida na presença das partes e demais comparecentes, ou de que todos a leram; VII – assinatura das partes e dos demais comparecentes, bem como a do tabelião ou seu substituto legal, encerrando o ato (art. 215, § 1º, do Código Civil).

O descumprimento de requisitos essenciais da escritura pública, exigidos por lei, gera a sua nulidade (art. 166, inciso IV, do CPC)[35].

Se algum comparecente não puder ou não souber escrever, outra pessoa capaz assinará por ele, a seu rogo (art. 215, § 2º, do Código Civil).

A escritura deve ser redigida na língua nacional (art. 215, § 3º, do Código Civil).

Se qualquer dos comparecentes não souber a língua nacional e o tabelião não entender o idioma em que se expressa, deve comparecer tradutor público para servir de intérprete, ou, não o havendo na localidade, outra pessoa capaz que, a juízo do tabelião, tenha idoneidade e conhecimento bastantes (art. 215, § 4º, do Código Civil).

---

[34] RODRIGUES, Silvio. *Direito civil*: parte geral. 34. ed. São Paulo: Saraiva, 2003. v. 1. p. 270.

[35] MONTEIRO, Washington de Barros; PINTO, Ana Cristina de Barros Monteiro França. *Curso de direito civil*: parte geral. 44. ed. São Paulo: Saraiva, 2012. v. 1. p. 321.

Se algum dos comparecentes não for conhecido do tabelião, nem puder identificar-se por documento, devem participar do ato pelo menos duas testemunhas que o conheçam e atestem sua identidade (art. 215, § 5º, do Código Civil).

Fazem a mesma prova que os originais as certidões textuais de qualquer peça judicial, do protocolo das audiências, ou de outro qualquer livro a cargo do escrivão, sendo extraídas por ele, ou sob a sua vigilância, e por ele subscritas, assim como os traslados de autos, quando por outro escrivão concertados (art. 216 do Código Civil).

Certidão é a reprodução de conteúdo constante em livro, autos ou documento. A certidão textual abrange todo o conteúdo do ato (certidão *verbo ad verbum*). A certidão resumida reproduz apenas os trechos solicitados pelo interessado (certidão de breve relato)[36]. Traslado é a cópia do conteúdo constante em livro, autos ou documento[37].

Têm a mesma força probante os traslados e as certidões, extraídos por tabelião ou oficial de registro, de instrumentos ou documentos lançados em suas notas (art. 217 do Código Civil).

Os traslados e as certidões consideram-se instrumentos públicos, se os originais se houverem produzido em juízo como prova de algum ato (art. 218 do Código Civil).

Na esfera processual, fazem a mesma prova que os originais: I – as certidões textuais de qualquer peça dos autos, do protocolo das audiências ou de outro livro a cargo do escrivão ou do chefe de secretaria, se extraídas por ele ou sob sua vigilância e por ele subscritas; II – os traslados e as certidões extraídas por oficial público de instrumentos ou documentos lançados em suas notas; III – as reproduções dos documentos públicos, desde que autenticadas por oficial público ou conferidas em cartório com os respectivos originais; IV – as cópias reprográficas de peças do próprio processo judicial declaradas autênticas pelo advogado, sob sua responsabilidade pessoal, se não lhes for impugnada a autenticidade; V – os extratos digitais de bancos

---

36 MONTEIRO, Washington de Barros; PINTO, Ana Cristina de Barros Monteiro França. *Curso de direito civil*: parte geral. 44. ed. São Paulo: Saraiva, 2012. v. 1. p. 332.

37 MONTEIRO, Washington de Barros; PINTO, Ana Cristina de Barros Monteiro França. *Curso de direito civil*: parte geral. 44. ed. São Paulo: Saraiva, 2012. v. 1. p. 332.

de dados públicos e privados, desde que atestado pelo seu emitente, sob as penas da lei, que as informações conferem com o que consta na origem; VI – as reproduções digitalizadas de qualquer documento público ou particular, quando juntadas aos autos pelos órgãos da justiça e seus auxiliares, pelo Ministério Público e seus auxiliares, pela Defensoria Pública e seus auxiliares, pelas procuradorias, pelas repartições públicas em geral e por advogados, ressalvada a alegação motivada e fundamentada de adulteração (art. 425 do CPC).

As declarações constantes de documentos assinados presumem-se verdadeiras em relação aos signatários (art. 219 do Código Civil). Essa previsão é aplicável a documentos públicos e particulares, mas a referida presunção alcança apenas os signatários, e não terceiros, que não tenham participado do ato[38].

Entretanto, não tendo relação direta com as disposições principais ou com a legitimidade das partes, as declarações enunciativas não eximem os interessados em sua veracidade do ônus de prová-las (art. 219, parágrafo único, do Código Civil).

De modo similar, no âmbito processual, as declarações constantes do documento particular escrito e assinado ou somente assinado presumem-se verdadeiras em relação ao signatário (art. 408 do CPC). Quando, todavia, contiver declaração de ciência de determinado fato, o documento particular prova a ciência, mas não o fato em si, incumbindo o ônus de prová-lo ao interessado em sua veracidade (art. 408, parágrafo único, do CPC).

O documento particular de cuja autenticidade não se duvida prova que o seu autor fez a declaração que lhe é atribuída (art. 412 do CPC). O documento particular admitido expressa ou tacitamente é indivisível, sendo vedado à parte que pretende utilizar-se dele aceitar os fatos que lhe são favoráveis e recusar os que são contrários ao seu interesse, salvo se provar que estes não ocorreram (art. 412, parágrafo único, do CPC).

Considera-se autêntico o documento quando: I – o tabelião reconhecer a firma do signatário; II – a autoria estiver identificada por

---

38 MONTEIRO, Washington de Barros; PINTO, Ana Cristina de Barros Monteiro França. *Curso de direito civil*: parte geral. 44. ed. São Paulo: Saraiva, 2012. v. 1. p. 322.

qualquer outro meio legal de certificação, inclusive eletrônico, nos termos da lei; III – não houver impugnação da parte contra quem foi produzido o documento (art. 411 do CPC).

As cartas e os registros domésticos provam contra quem os escreveu quando: I – enunciam o recebimento de um crédito; II – contêm anotação que visa a suprir a falta de título em favor de quem é apontado como credor; III – expressam conhecimento de fatos para os quais não se exija determinada prova (art. 415 do CPC).

A nota escrita pelo credor em qualquer parte de documento representativo de obrigação, ainda que não assinada, faz prova em benefício do devedor (art. 416 do CPC). Aplica-se essa regra tanto para o documento que o credor conservar em seu poder quanto para aquele que se achar em poder do devedor ou de terceiro.

A anuência ou a autorização de outrem, necessária à validade de um ato, deve ser provada do mesmo modo que este, e constará, sempre que se possa, do próprio instrumento (art. 220 do Código Civil). Sendo assim, entende-se que a procuração outorgada por um cônjuge ao outro para alienação de bem imóvel de valor superior ao legal deve ser por instrumento público, por ser este essencial para a validade do negócio jurídico (art. 108 do Código Civil)[39]. Nesse sentido, a outorga do mandato está sujeita à forma exigida por lei para o ato a ser praticado (art. 657 do Código Civil).

O instrumento particular, feito e assinado, ou somente assinado por quem esteja na livre disposição e administração de seus bens, prova as obrigações convencionais de qualquer valor. Entretanto, os efeitos do instrumento particular, bem como os da cessão, não se operam, a respeito de terceiros, antes de registrado no registro público (art. 221 do Código Civil). O registro público do instrumento particular, nesse caso, é feito no Registro de Títulos e Documentos (arts. 127 a 131 da Lei 6.015/1973), a fim de produzir efeitos em relação a terceiros e autenticação de data (art. 132 da Lei 6.015/1973)[40].

---

[39] MONTEIRO, Washington de Barros; PINTO, Ana Cristina de Barros Monteiro França. *Curso de direito civil*: parte geral. 44. ed. São Paulo: Saraiva, 2012. v. 1. p. 320.

[40] RODRIGUES, Silvio. *Direito civil*: parte geral. 34. ed. São Paulo: Saraiva, 2003. v. 1. p. 271.

Entende-se que a assinatura não pode ser substituída pela impressão digital. Em se tratando de pessoa que não possa ou não saiba escrever, o negócio jurídico deve ser realizado por escritura pública (art. 215, § 2º, do Código Civil)[41]. Mesmo no caso de mandato, todas as pessoas capazes são aptas para dar procuração mediante instrumento particular, que valerá desde que tenha a assinatura do outorgante (art. 654 do Código Civil).

A prova do instrumento particular pode suprir-se pelas outras de caráter legal (art. 221, parágrafo único, do Código Civil).

Considera-se autor do documento particular: I – aquele que o fez e o assinou; II – aquele por conta de quem ele foi feito, estando assinado; III – aquele que, mandando compô-lo, não o firmou porque, conforme a experiência comum, não se costuma assinar, como livros empresariais e assentos domésticos (art. 410 do CPC).

O telegrama, quando lhe for contestada a autenticidade, faz prova mediante conferência com o original assinado (art. 222 do Código Civil).

O telegrama, o radiograma ou qualquer outro meio de transmissão tem a mesma força probatória do documento particular se o original constante da estação expedidora tiver sido assinado pelo remetente (art. 413 do CPC). A firma do remetente pode ser reconhecida pelo tabelião, declarando-se essa circunstância no original depositado na estação expedidora (art. 413, parágrafo único, do CPC).

O telegrama ou o radiograma presume-se conforme com o original, provando as datas de sua expedição e de seu recebimento pelo destinatário (art. 414 do CPC).

A cópia fotográfica de documento, conferida por tabelião de notas, vale como prova de declaração da vontade, mas, impugnada sua autenticidade, deve ser exibido o original (art. 223 do Código Civil).

No âmbito processual, as reproduções dos documentos particulares, fotográficas ou obtidas por outros processos de repetição, valem como certidões sempre que o escrivão ou o chefe de secretaria certificar sua conformidade com o original (art. 423 do CPC).

---

41 MONTEIRO, Washington de Barros; PINTO, Ana Cristina de Barros Monteiro França. *Curso de direito civil*: parte geral. 44. ed. São Paulo: Saraiva, 2012. v. 1. p. 322.

A cópia de documento particular tem o mesmo valor probante que o original, cabendo ao escrivão, intimadas as partes, proceder à conferência e certificar a conformidade entre a cópia e o original (art. 424 do CPC).

A prova não supre a ausência do título de crédito, ou do original, nos casos em que a lei ou as circunstâncias condicionarem o exercício do direito à sua exibição (art. 223, parágrafo único, do Código Civil).

Os documentos redigidos em língua estrangeira devem ser traduzidos para o português para ter efeitos legais no País (art. 224 do Código Civil).

Nessa linha, o documento redigido em língua estrangeira somente pode ser juntado aos autos do processo quando acompanhado de versão para a língua portuguesa tramitada por via diplomática ou pela autoridade central, ou firmada por tradutor juramentado (art. 192, parágrafo único, do CPC).

Nos termos da Súmula 259 do STF: "Para produzir efeito em juízo não é necessária a inscrição, no Registro Público, de documentos de procedência estrangeira, autenticados por via consular".

As reproduções fotográficas, cinematográficas, os registros fonográficos e, em geral, quaisquer outras reproduções mecânicas ou eletrônicas de fatos ou de coisas fazem prova plena destes, se a parte, contra quem forem exibidos, não lhes impugnar a exatidão (art. 225 do Código Civil).

De modo similar, na esfera processual, qualquer reprodução mecânica, como a fotográfica, a cinematográfica, a fonográfica ou de outra espécie, tem aptidão para fazer prova dos fatos ou das coisas representadas, se a sua conformidade com o documento original não for impugnada por aquele contra quem foi produzida (art. 422 do CPC).

As fotografias digitais e as extraídas da rede mundial de computadores fazem prova das imagens que reproduzem, devendo, se impugnadas, ser apresentada a respectiva autenticação eletrônica ou, não sendo possível, realizada perícia (art. 422, § 1º, do CPC).

Se se tratar de fotografia publicada em jornal ou revista, deve ser exigido um exemplar original do periódico, caso impugnada a veracidade pela outra parte (art. 422, § 2º, do CPC).

Aplica-se o disposto no art. 422 do CPC à forma impressa de mensagem eletrônica (art. 422, § 3º, do CPC).

Os livros e fichas dos empresários e sociedades provam contra as pessoas a que pertencem, e, em seu favor, quando, escriturados sem vício extrínseco ou intrínseco, forem confirmados por outros subsídios (art. 226 do Código Civil).

De forma similar, no Direito Processual, os livros empresariais provam contra seu autor, sendo lícito ao empresário, todavia, demonstrar, por todos os meios permitidos em direito, que os lançamentos não correspondem à verdade dos fatos (art. 417 do CPC). Os livros empresariais que preencham os requisitos exigidos por lei provam a favor de seu autor no litígio entre empresários (art. 418 do CPC).

A prova resultante dos livros e fichas dos empresários e sociedades não é bastante nos casos em que a lei exige escritura pública, ou escrito particular revestido de requisitos especiais, e pode ser elidida pela comprovação da falsidade ou inexatidão dos lançamentos (art. 226, parágrafo único, do Código Civil).

A escrituração contábil é indivisível, e, se dos fatos que resultam dos lançamentos, uns são favoráveis ao interesse de seu autor e outros lhe são contrários, ambos devem ser considerados em conjunto, como unidade (art. 419 do CPC).

O juiz deve apreciar fundamentadamente a fé que deva merecer o documento, quando em ponto substancial e sem ressalva contiver entrelinha, emenda, borrão ou cancelamento (art. 426 do CPC).

Cessa a fé do documento público ou particular sendo-lhe declarada judicialmente a falsidade (art. 427 do CPC). A falsidade consiste em: I – formar documento não verdadeiro; II – alterar documento verdadeiro.

Cessa a fé do documento particular quando: I – for impugnada sua autenticidade e enquanto não se comprovar sua veracidade; II – assinado em branco, for impugnado seu conteúdo, por preenchimento abusivo (art. 428 do CPC). Dar-se-á abuso quando aquele que recebeu documento assinado com texto não escrito no todo ou em parte formá-lo ou completá-lo por si ou por meio de outrem, violando o pacto feito com o signatário.

O interesse do autor pode limitar-se à declaração da autenticidade ou da falsidade de documento (art. 19, inciso II, do CPC).

24.5 TESTEMUNHA

As testemunhas são pessoas que presenciam atos ou depõem a respeito de fatos alegados. As testemunhas podem ser classificadas em instrumentárias e judiciárias. As testemunhas instrumentárias presenciam o negócio jurídico celebrado e assinam o respectivo instrumento juntamente com as partes[42]. As testemunhas judiciárias prestam depoimento em juízo, ou seja, no processo judicial[43].

Há certas críticas quanto ao valor da prova testemunhal, em razão da possibilidade de possíveis falhas humanas de percepção, podendo gerar divergências entre o depoimento e o que realmente ocorreu no plano dos fatos. Ainda assim, é meio de prova relevante e previsto no sistema jurídico[44].

Qualquer que seja o valor do negócio jurídico, a prova testemunhal é admissível como subsidiária ou complementar da prova por escrito (art. 227, parágrafo único, do Código Civil).

No Direito Processual, a prova testemunhal é sempre admissível, não dispondo a lei de modo diverso (art. 442 do CPC).

O juiz deve indeferir a inquirição de testemunhas sobre fatos: I – já provados por documento ou confissão da parte; II – que só por documento ou por exame pericial puderem ser provados (art. 443 do CPC).

Nos casos em que a lei exigir prova escrita da obrigação, é admissível a prova testemunhal quando houver começo de prova por escrito, emanado da parte contra a qual se pretende produzir a prova (art. 444 do CPC).

---

[42] GAGLIANO, Pablo Stolze; PAMPLONA FILHO, Rodolfo. *Novo curso de direito civil*: parte geral. 6. ed. São Paulo: Saraiva, 2005. v. 1. p. 471.

[43] RODRIGUES, Silvio. *Direito civil*: parte geral. 34. ed. São Paulo: Saraiva, 2003. v. 1. p. 274.

[44] RODRIGUES, Silvio. *Direito civil*: parte geral. 34. ed. São Paulo: Saraiva, 2003. v. 1. p. 274.

Também se admite a prova testemunhal quando o credor não pode ou não podia, moral ou materialmente, obter a prova escrita da obrigação, em casos como o de parentesco, de depósito necessário ou de hospedagem em hotel ou em razão das práticas comerciais do local onde contraída a obrigação (art. 445 do CPC).

É lícito à parte provar com testemunhas: I – nos contratos simulados, a divergência entre a vontade real e a vontade declarada; II – nos contratos em geral, os vícios de consentimento (art. 446 do CPC).

No procedimento comum do processo civil, o número de testemunhas arroladas não pode ser superior a 10, sendo três, no máximo, para a prova de cada fato (art. 357, § 6º, do CPC). O juiz pode limitar o número de testemunhas levando em conta a complexidade da causa e dos fatos individualmente considerados (art. 357, § 7º, do CPC).

Não podem ser admitidos como testemunhas: I – os menores de 16 anos; II – (revogado pela Lei 13.146/2015); III – (revogado pela Lei 13.146/2015); IV – o interessado no litígio, o amigo íntimo ou o inimigo capital das partes; V – os cônjuges, os ascendentes, os descendentes e os colaterais, até o terceiro grau de alguma das partes, por consanguinidade, ou afinidade (art. 228 do Código Civil).

Para a prova de fatos que só elas conheçam, pode o juiz admitir o depoimento das pessoas a que se refere o art. 228 do Código Civil (art. 228, § 1º, do Código Civil, incluído pela Lei 13.146/2015).

No processo, podem depor como testemunhas todas as pessoas, exceto as incapazes, impedidas ou suspeitas (art. 447 do CPC).

São incapazes: I – o interdito por enfermidade ou deficiência mental; II – o que, acometido por enfermidade ou retardamento mental, ao tempo em que ocorreram os fatos, não podia discerni-los, ou, ao tempo em que deve depor, não está habilitado a transmitir as percepções; III – o que tiver menos de 16 anos; IV – o cego e o surdo, quando a ciência do fato depender dos sentidos que lhes faltam (art. 447, § 1º, do CPC).

Entretanto, na atualidade, a pessoa com deficiência pode testemunhar em igualdade de condições com as demais pessoas, sendo-lhe assegurados todos os recursos de tecnologia assistiva (art. 228, § 2º, do Código Civil, incluído pela Lei 13.146/2015).

A Lei 13.146/2015 revogou os incisos II e III do art. 228 do Código Civil, passando, assim, a admitir como testemunhas também aqueles que, por enfermidade ou retardamento mental, não tiverem discernimento para a prática dos atos da vida civil, bem como os cegos e surdos, quando a ciência do fato que se quer provar dependa dos sentidos que lhes faltam.

Consideram-se tecnologia assistiva ou ajuda técnica: produtos, equipamentos, dispositivos, recursos, metodologias, estratégias, práticas e serviços que objetivem promover a funcionalidade, relacionada à atividade e à participação da pessoa com deficiência ou com mobilidade reduzida, visando à sua autonomia, independência, qualidade de vida e inclusão social (art. 3º, inciso III, da Lei 13.146/2015).

São impedidos: I – o cônjuge, o companheiro, o ascendente e o descendente em qualquer grau e o colateral, até o terceiro grau, de alguma das partes, por consanguinidade ou afinidade, salvo se o exigir o interesse público ou, tratando-se de causa relativa ao estado da pessoa, não se puder obter de outro modo a prova que o juiz repute necessária ao julgamento do mérito; II – o que é parte na causa; III – o que intervém em nome de uma parte, como o tutor, o representante legal da pessoa jurídica, o juiz, o advogado e outros que assistam ou tenham assistido as partes (art. 447, § 2º, do CPC).

São suspeitos: I – o inimigo da parte ou o seu amigo íntimo; II – o que tiver interesse no litígio (art. 447, § 3º, do CPC).

Sendo necessário, pode o juiz admitir o depoimento das testemunhas menores, impedidas ou suspeitas (art. 447, § 4º, do CPC). Esses depoimentos devem ser prestados independentemente de compromisso, e o juiz lhes atribuirá o valor que possam merecer (art. 447, § 5º, do CPC).

A testemunha não é obrigada a depor sobre fatos: I – que lhe acarretem grave dano, bem como ao seu cônjuge ou companheiro e aos seus parentes consanguíneos ou afins, em linha reta ou colateral, até o terceiro grau; II – a cujo respeito, por estado ou profissão, deva guardar sigilo (art. 448 do CPC).

O art. 342 do Código Penal prevê o crime de falso testemunho ou falsa perícia. Nesse sentido, fazer afirmação falsa, ou negar ou calar a verdade como testemunha, perito, contador, tradutor ou intérprete em processo judicial, ou administrativo, inquérito policial, ou em juízo arbitral, é crime com pena de reclusão, de dois a quatro anos, e multa. As penas aumentam-se de 1/6 a 1/3, se o crime é praticado mediante suborno ou se cometido com o fim de obter prova destinada a produzir efeito em processo penal, ou em processo civil em que for parte entidade da administração pública direta ou indireta (art. 342, § 1º, do Código Penal). O fato deixa de ser punível se, antes da sentença no processo em que ocorreu o ilícito, o agente se retrata ou declara a verdade (art. 342, § 2º, do Código Penal).

24.6 PRESUNÇÃO

A presunção é a ilação ou suposição, como operação mental[45], feita a partir de um fato conhecido, para se chegar à conclusão a respeito de outro fato, relacionado àquele, desconhecido[46].

Na presunção, o fato conhecido e circunstancial é o indício, do qual se consegue concluir, pelo raciocínio[47], a respeito de outro fato, desconhecido, considerado principal[48].

A presunção pode ser classificada em legal (*juris*) e comum (*hominis*)[49].

A presunção legal é estabelecida pela lei[50]. Por exemplo, na empreitada, se a obra constar de partes distintas, ou for de natureza das

---

45 GAGLIANO, Pablo Stolze; PAMPLONA FILHO, Rodolfo. *Novo curso de direito civil*: parte geral. 6. ed. São Paulo: Saraiva, 2005. v. 1. p. 475.

46 MONTEIRO, Washington de Barros; PINTO, Ana Cristina de Barros Monteiro França. *Curso de direito civil*: parte geral. 44. ed. São Paulo: Saraiva, 2012. v. 1. p. 330.

47 RODRIGUES, Silvio. *Direito civil*: parte geral. 34. ed. São Paulo: Saraiva, 2003. v. 1. p. 277.

48 MONTEIRO, Washington de Barros; PINTO, Ana Cristina de Barros Monteiro França. *Curso de direito civil*: parte geral. 44. ed. São Paulo: Saraiva, 2012. v. 1. p. 330.

49 MONTEIRO, Washington de Barros; PINTO, Ana Cristina de Barros Monteiro França. *Curso de direito civil*: parte geral. 44. ed. São Paulo: Saraiva, 2012. v. 1. p. 330.

50 MONTEIRO, Washington de Barros; PINTO, Ana Cristina de Barros Monteiro França. *Curso de direito civil*: parte geral. 44. ed. São Paulo: Saraiva, 2012. v. 1. p. 330.

que se determinam por medida, o empreiteiro tem direito a que também se verifique por medida, ou segundo as partes em que se dividir, podendo exigir o pagamento na proporção da obra executada (art. 614 do Código Civil). Tudo o que se pagou *presume-se* verificado (art. 614, § 1º, do Código Civil). O que se mediu *presume-se* verificado se, em 30 dias, a contar da medição, não forem denunciados os vícios ou defeitos pelo dono da obra ou por quem estiver incumbido da sua fiscalização (art. 614, § 2º, do Código Civil). Há, nesses casos, presunções legais, pois decorrem da própria lei[51].

Podem ser mencionados, ainda, os exemplos a seguir indicados. Destinando-se o mútuo a fins econômicos, presumem-se devidos juros (art. 591 do Código Civil). O mandato presume-se gratuito quando não houver sido estipulada retribuição, exceto se o seu objeto corresponder ao daqueles que o mandatário trata por ofício ou profissão lucrativa (art. 658 do Código Civil). No contrato de comissão, presume-se o comissário autorizado a conceder dilação do prazo para pagamento, na conformidade dos usos do lugar onde se realizar o negócio, se não houver instruções diversas do comitente (art. 699 do Código Civil). No contrato de seguro, os agentes autorizados do segurador presumem-se seus representantes para todos os atos relativos aos contratos que agenciarem (art. 775 do Código Civil).

No Direito das Coisas, a árvore, cujo tronco estiver na linha divisória, presume-se pertencer em comum aos donos dos prédios confinantes (art. 1.282 do Código Civil). O condômino que administrar sem oposição dos outros presume-se representante comum (art. 1.324 do Código Civil).

No Direito de Família, presumem-se concebidos na constância do casamento os filhos: I – nascidos 180 dias, pelo menos, depois de estabelecida a convivência conjugal; II – nascidos nos 300 dias subsequentes à dissolução da sociedade conjugal, por morte, separação judicial, nulidade e anulação do casamento; III – havidos por fecundação artificial homóloga, mesmo que falecido o marido; IV – havidos, a qualquer tempo, quando se tratar de embriões excedentários, decor-

---

51 RODRIGUES, Silvio. *Direito civil*: parte geral. 34. ed. São Paulo: Saraiva, 2003. v. 1. p. 278.

rentes de concepção artificial homóloga; V – havidos por inseminação artificial heteróloga, desde que tenha prévia autorização do marido (art. 1.597 do Código Civil).

Há casos em que a presunção legal é absoluta (*juris et de jure*), não se admitindo prova em sentido contrário. Por exemplo, a presunção de conhecimento da lei por todos (art. 3º da Lei de Introdução às Normas do Direito Brasileiro). Ainda como exemplo, não havendo convenção, ou sendo ela nula ou ineficaz, vigorará, quanto aos bens entre os cônjuges, o regime da comunhão parcial (art. 1.640 do Código Civil)[52].

Em outras hipóteses a presunção legal é relativa (*juris tantum*) ou condicional, podendo ser afastada se houver demonstração em sentido diverso, como nos exemplos a seguir indicados. As declarações constantes de documentos assinados presumem-se verdadeiras em relação aos signatários (art. 219 do Código Civil). No Direito das Obrigações, quando o pagamento for em quotas periódicas, a quitação da última estabelece, até prova em contrário, a presunção de estarem solvidas as anteriores (art. 322 do Código Civil). Sendo a quitação do capital sem reserva dos juros, estes presumem-se pagos (art. 323 do Código Civil). A entrega do título ao devedor firma a presunção do pagamento (art. 324 do Código Civil)[53].

Os contratos civis e empresariais presumem-se paritários e simétricos até a presença de elementos concretos que justifiquem o afastamento dessa presunção, ressalvados os regimes jurídicos previstos em leis especiais (art. 421-A do Código Civil, incluído pela Lei 13.874/2019). Essa previsão tem como objetivo assegurar previsibilidade e segurança jurídica nos contratos civis e empresariais em que as partes figuram, como regra, em posição de igualdade e equivalência, tendo liberdade de exercer a autonomia privada no âmbito dos negócios jurídicos, embora com a observância das normas de ordem pública.

No Direito das Coisas, a propriedade presume-se plena e exclusiva, até prova em contrário (art. 1.231 do Código Civil). Toda construção ou

---

52 MONTEIRO, Washington de Barros; PINTO, Ana Cristina de Barros Monteiro França. *Curso de direito civil*: parte geral. 44. ed. São Paulo: Saraiva, 2012. v. 1. p. 330.

53 MONTEIRO, Washington de Barros; PINTO, Ana Cristina de Barros Monteiro França. *Curso de direito civil*: parte geral. 44. ed. São Paulo: Saraiva, 2012. v. 1. p. 331.

plantação existente em um terreno presume-se feita pelo proprietário e à sua custa, até que se prove o contrário (art. 1.253 do Código Civil).

No Direito de Família, no regime da comunhão parcial, presumem-se adquiridos na constância do casamento os bens móveis, quando não se provar que o foram em data anterior (art. 1.662 do Código Civil).

A presunção legal não se confunde com a ficção jurídica, pois nesta a lei estabelece uma situação como se fosse real. Por exemplo, nos termos do art. 1.816 do Código Civil, são pessoais os efeitos da exclusão da herança em casos de indignidade, de modo que os descendentes do herdeiro excluído sucedem, *como se* ele morto fosse antes da abertura da sucessão[54].

A presunção comum ou humana não decorre da lei, mas é realizada pela pessoa ou pelo juiz, em se tratando de processo judicial, levando em consideração as circunstâncias ou experiências da vida e o que normalmente acontece[55]. Nesse enfoque, o juiz, ao aplicar as regras de experiência comum, subministradas pela observação do que ordinariamente acontece (art. 375 do CPC), pode extrair presunções[56]. Tem-se, nesse caso, presunção relativa, podendo ser afastada se houver prova em sentido contrário.

Como indicado anteriormente, a presunção pode ser classificada em absoluta (*juris et de juri*) e relativa (*juris tantum*). A presunção absoluta é indiscutível, ou seja, não pode ser elidida por prova em contrário. A presunção relativa pode ser afastada por prova em sentido diverso[57]. Nesse contexto, a presunção relativa gera a inversão do ônus da prova, que passa a ser da parte a quem interessa elidir a referida presunção[58].

---

54 AZEVEDO, Álvaro Villaça. *Teoria geral do direito civil*: parte geral. São Paulo: Atlas, 2012. p. 444.

55 RODRIGUES, Silvio. *Direito civil*: parte geral. 34. ed. São Paulo: Saraiva, 2003. v. 1. p. 278.

56 MONTEIRO, Washington de Barros; PINTO, Ana Cristina de Barros Monteiro França. *Curso de direito civil*: parte geral. 44. ed. São Paulo: Saraiva, 2012. v. 1. p. 330-331.

57 MONTEIRO, Washington de Barros; PINTO, Ana Cristina de Barros Monteiro França. *Curso de direito civil*: parte geral. 44. ed. São Paulo: Saraiva, 2012. v. 1. p. 330-331.

58 RODRIGUES, Silvio. *Direito civil*: parte geral. 34. ed. São Paulo: Saraiva, 2003. v. 1. p. 279.

24.7 PERÍCIA

No Direito Processual, o juiz será assistido por perito quando a prova do fato depender de conhecimento técnico ou científico (art. 156 do CPC).

A prova pericial consiste em exame, vistoria ou avaliação (art. 464 do CPC). O exame é realizado em pessoa, a vistoria é feita em bem imóvel e a avaliação é de bem móvel.

O juiz deve indeferir a perícia quando: I – a prova do fato não depender de conhecimento especial de técnico; II – for desnecessária em vista de outras provas produzidas; III – a verificação for impraticável (art. 464, § 1º, do CPC).

De ofício ou a requerimento das partes, o juiz pode, em substituição à perícia, determinar a produção de prova técnica simplificada, quando o ponto controvertido for de menor complexidade (art. 464, § 2º, do CPC).

A prova técnica simplificada consiste apenas na inquirição de especialista, pelo juiz, sobre ponto controvertido da causa que demande especial conhecimento científico ou técnico (art. 464, § 3º, do CPC). Durante a arguição, o especialista, que deve ter formação acadêmica específica na área objeto de seu depoimento, pode valer-se de qualquer recurso tecnológico de transmissão de sons e imagens com o fim de esclarecer os pontos controvertidos da causa (art. 464, § 4º, do CPC).

O juiz deve apreciar a prova pericial de acordo com o disposto no art. 371 do CPC, ou seja, de modo fundamentado, indicando na sentença os motivos que o levaram a considerar ou a deixar de considerar as conclusões do laudo, levando em conta o método utilizado pelo perito (art. 479 do CPC).

O juiz também pode determinar, de ofício ou a requerimento da parte, a realização de nova perícia, quando a matéria não estiver suficientemente esclarecida (art. 480 do CPC). A segunda perícia tem por objeto os mesmos fatos sobre que recaiu a primeira, destinando-se a corrigir eventual omissão ou inexatidão dos resultados a que esta conduziu. Essa segunda perícia é regida pelas disposições estabelecidas para a primeira. A segunda perícia não substitui a primeira, cabendo ao juiz apreciar o valor de uma e de outra.

Aquele que se nega a submeter-se a exame médico necessário não pode aproveitar-se de sua recusa (art. 231 do Código Civil).

A recusa à perícia médica ordenada pelo juiz pode suprir a prova que se pretendia obter com o exame (art. 232 do Código Civil).

Na ação de investigação de paternidade, todos os meios legais, bem como os moralmente legítimos, são hábeis para provar a verdade dos fatos (art. 2º-A da Lei 8.560/1992, incluído pela Lei 12.004/2009). A recusa do réu em se submeter ao exame de código genético (DNA) gerará a presunção da paternidade, a ser apreciada em conjunto com o contexto probatório (art. 2º-A, parágrafo único, da Lei 8.560/1992).

Nesse sentido, como já previa a Súmula 301 do STJ: "Em ação investigatória, a recusa do suposto pai a submeter-se ao exame de DNA induz presunção *juris tantum* de paternidade".

24.8 INSPEÇÃO JUDICIAL

A inspeção judicial é meio de prova que pode ser utilizado pelo juiz, permitindo-lhe o contato direto com a pessoa ou coisa relativas ao fato discutido no processo.

O juiz, de ofício ou a requerimento da parte, pode, em qualquer fase do processo, inspecionar pessoas ou coisas, a fim de se esclarecer sobre fato que interesse à decisão da causa (art. 481 do CPC).

Ao realizar a inspeção, o juiz pode ser assistido por um ou mais peritos (art. 482 do CPC).

O juiz deve ir ao local onde se encontre a pessoa ou coisa quando: julgar necessário para a melhor verificação ou interpretação dos fatos que deva observar; a coisa não puder ser apresentada em juízo sem consideráveis despesas ou graves dificuldades; determinar a reconstituição dos fatos (art. 483 do CPC). As partes têm sempre direito a assistir à inspeção judicial, prestando esclarecimentos e fazendo observações que considerem de interesse para a causa.

Concluída a diligência, o juiz deve determinar que seja lavrado auto circunstanciado, mencionando nele tudo quanto for útil ao julgamento da causa (art. 484 do CPC). O auto pode ser instruído com desenho, gráfico ou fotografia.

24.9 ATA NOTARIAL

A existência e o modo de existir de algum fato podem ser atestados ou documentados, a requerimento do interessado, mediante ata lavrada por tabelião (art. 384 do CPC). Dados representados por imagem ou som gravados em arquivos eletrônicos também podem constar da ata notarial.

Ata notarial, assim, é o documento lavrado por tabelião, que atesta a existência ou o modo de existir de algum fato. Trata-se de meio de prova produzido extrajudicialmente, a respeito de fato verificado, presenciado ou acompanhado pelo tabelião, que tem fé pública. Desse modo, presume-se verdadeiro o que o tabelião, por meios dos sentidos, constatou sobre a existência ou o modo de existir de algum fato, fazendo constar da ata notarial[59].

24.10 PROVA EMPRESTADA

A prova emprestada é aquela produzida em outro processo[60]. É admitida como exceção, isto é, quando não for possível a produção da prova no próprio processo em curso. O ideal, portanto, é que a prova seja produzida diretamente no processo, observando-se o contraditório (art. 5º, inciso LV, da Constituição da República) e o princípio da imediatidade entre o juiz e a produção da prova.

Sendo necessária a utilização de prova emprestada, entende-se que esta somente pode ser considerada válida em face de quem participou

[59] GONÇALVES, Marcus Vinicius Rios. *Direito processual civil esquematizado*. 9. ed. São Paulo: Saraiva, 2018. p. 526.

[60] MONTEIRO, Washington de Barros; PINTO, Ana Cristina de Barros Monteiro França. *Curso de direito civil*: parte geral. 44. ed. São Paulo: Saraiva, 2012. v. 1. p. 325-326.

do processo anterior e pôde se manifestar a respeito dela[61]. Além disso, o valor da prova emprestada deve ser reapreciado pelo juiz do processo em que foi juntada, não estando vinculado pela valoração realizada anteriormente, em feito diverso.

O juiz pode admitir a utilização de prova produzida em outro processo, atribuindo-lhe o valor que considerar adequado, observado o contraditório (art. 372 do CPC)[62].

---

[61] "III. Prova emprestada e garantia do contraditório. A garantia constitucional do contraditório – ao lado, quando for o caso, do princípio do juiz natural – é o obstáculo mais frequentemente oponível à admissão e à valoração da prova emprestada de outro processo, no qual, pelo menos, não tenha sido parte aquele contra quem se pretenda fazê-la valer" (STF, 1ª T., RE 328.138/MG, Rel. Min. Sepúlveda Pertence, DJ 17.10.2003).

[62] "1. Nos termos da jurisprudência do STJ, 'independentemente de haver identidade de partes, o contraditório é o requisito primordial para o aproveitamento da prova emprestada, de maneira que, assegurado às partes o contraditório sobre a prova, isto é, o direito de se insurgir contra a prova e de refutá-la adequadamente, afigura-se válido o empréstimo' (EREsp 617.428/SP, Rel. Ministra Nancy Andrighi, Corte Especial, julgado em 4/6/2014, DJe de 17/6/2014)" (STJ, 4ª T., AgInt no AREsp 1.521.140/SP, 2019/0168364-7, Rel. Min. Raul Araújo, DJe 15.09.2020). "2. É válida a utilização de prova emprestada, desde que observado o contraditório e ampla defesa. Precedentes do STF e do STJ. Súmula nº 83/STJ" (STJ, 4ª T., AgInt no REsp 1.426.271/MT, 2013/0199064-7, Rel. Min. Luis Felipe Salomão, DJe 23.08.2019).

CAPÍTULO

25

PRESCRIÇÃO E DECADÊNCIA

25.1 INTRODUÇÃO

A prescrição está ligada ao transcurso do tempo[1], sendo necessária para a estabilidade das relações sociais e a segurança jurídica. Embora, a consumação da prescrição impeça o credor de receber o seu direito, o que seria injusto, isso ocorre em razão de sua inércia[2], havendo interesse social na sua previsão pelo sistema jurídico[3].

Em termos etimológicos, a palavra prescrição tem origem em *praescriptio*, que significa escrito antes. No Direito Romano, a prescrição

---

1 RODRIGUES, Silvio. *Direito civil*: parte geral. 34. ed. São Paulo: Saraiva, 2003. v. 1. p. 323.

2 "5. A prescrição é instituto jurídico destinado a sancionar a inércia do detentor de um direito, reconhecendo o desinteresse no exercício de sua posição jurídica e tornando definitivo o estado das coisas" (STJ, 3ª T., REsp 1.522.093/MS, 2014/0248089-8, Rel. Min. Marco Aurélio Bellizze, DJe 26.11.2015).

3 MONTEIRO, Washington de Barros; PINTO, Ana Cristina de Barros Monteiro França. *Curso de direito civil*: parte geral. 44. ed. São Paulo: Saraiva, 2012. v. 1. p. 359-361.

era meio de defesa do possuidor em face de terceiros, com o objetivo de não se examinar o mérito do conflito se aquele tivesse a posse *ad usucapionem* por certo período. Quando do seu surgimento, o instituto dizia respeito à prescrição aquisitiva, ou seja, à usucapião, sendo prevista na Lei das XII Tábuas (450 a.C.), inicialmente apenas em benefício do cidadão romano e apenas envolvendo coisas romanas. No Direito Romano arcaico, as ações não estavam sujeitas a prazo. No período clássico, para amenizar a rigidez do *jus civile*, os magistrados conferiam certas ações (*actiones*), a serem exercidas pelo interessado no prazo de um ano (*annus utilis*). Não observado esse prazo, o réu podia se defender, elidindo os efeitos da ação, por meio da exceção de *praescriptio temporis*. Na época imperial, as ações reais sobre bens imóveis tinham prazos de 10 anos, entre presentes, e de 20 anos, entre ausentes (*praescriptio longi temporis*). Com o imperador Teodósio (século IV), estabeleceu-se que todas as ações, reais ou pessoais, tinham prazo de 30 anos (*praescriptio longissimi temporis*)[4]. Com o imperador Justiniano (século VI), o instituto foi refundido, passando-se a reconhecer as suas duas faces, ou seja, a prescrição aquisitiva, como modo de aquisição da propriedade decorrente da posse do bem por determinado período, e a prescrição extintiva, como meio de extinção de obrigação após certo tempo[5].

A prescrição, como decorrência da inércia do titular do direito na sua defesa, tem como fundamento o interesse social de que os conflitos não permaneçam indefinidos por longos períodos, objetivando-se a harmonia, o equilíbrio, a segurança, a ordem, a paz e a estabilidade das relações jurídicas, as quais devem se consolidar com o tempo. Evita-se, assim, que sejam propostas ações sobre questões antigas, a respeito das quais a prova já possa se ter perdido ao longo do tempo. Além disso, se o titular do direito violado não exerce a sua defesa, mantendo-se inerte após o transcurso de certo tempo, revela o seu desinteresse a respeito, o que justifica a exclusão da proteção conferida pelo ordenamento jurídico[6].

---

4 RODRIGUES, Silvio. *Direito civil*: parte geral. 34. ed. São Paulo: Saraiva, 2003. v. 1. p. 326.

5 MONTEIRO, Washington de Barros; PINTO, Ana Cristina de Barros Monteiro França. *Curso de direito civil*: parte geral. 44. ed. São Paulo: Saraiva, 2012. v. 1. p. 361.

6 RODRIGUES, Silvio. *Direito civil*: parte geral. 34. ed. São Paulo: Saraiva, 2003. v. 1. p. 327-328.

25.2 CONCEITO

A prescrição extintiva, na concepção clássica, é a perda da ação atribuída ao direito e de sua capacidade de defesa, em decorrência da sua não utilização por certo tempo[7]. Na prescrição ocorre a inércia do titular do direito violado, pelo transcurso do tempo fixado em lei, tendo como consequência a perda da ação que defende o direito. Nessa compreensão mais tradicional, o que se extingue não é o direito, mas a ação que o defende[8]. Como o titular não exerce, no tempo estabelecido em lei, a defesa do direito violado, o sistema jurídico admite a consolidação dessa situação, gerando a perda da prerrogativa de defesa do direito, ou seja, o perecimento da ação, tendo em vista as exigências de segurança jurídica e harmonia social[9].

Na concepção atual (art. 189 do Código Civil), a prescrição é a extinção da pretensão[10], a qual nasce com a violação do direito subjetivo, perda essa que ocorre após o prazo fixado em lei[11], em razão da inércia do seu titular[12], tornando a prestação inexigível[13].

---

[7] MONTEIRO, Washington de Barros; PINTO, Ana Cristina de Barros Monteiro França. *Curso de direito civil*: parte geral. 44. ed. São Paulo: Saraiva, 2012. v. 1. p. 362.

[8] LEAL, Antônio Luís da Câmara. *Da prescrição e da decadência*: teoria geral do direito civil. 3. ed. Rio de Janeiro: Forense, 1978. p. 12.

[9] RODRIGUES, Silvio. *Direito civil*: parte geral. 34. ed. São Paulo: Saraiva, 2003. v. 1. p. 324-325.

[10] GOMES, Orlando. *Introdução ao direito civil*. 19. ed., revista, atualizada e aumentada por Edvaldo Brito e Reginalda Paranhos de Brito. Rio de Janeiro: Forense, 2007. p. 99: "*Pretensão* é o poder do titular do direito subjetivo de exigir uma ação ou uma omissão de quem deve praticá-la ou de quem deve abster-se" (destaque do original).

[11] "5. A prescrição tem como alvo um direito violado, ou seja, para que ela incida deve haver controvérsia sobre o objeto de direito consubstanciada na resistência manifestada pelo sujeito passivo, sendo essa a essência do princípio da *actio nata* (o direito de ação nasce com a violação ao direito). Essa disciplina está disposta no art. 189 do CC: 'art. 189. Violado o direito, nasce para o titular a pretensão, a qual se extingue, pela prescrição, nos prazos a que aludem os arts. 205 e 206'" (STJ, 1ª Seção., REsp 1.648.336/RS, 2017/0009052-4, Rel. Min. Herman Benjamin, DJe 04.08.2020).

[12] GAGLIANO, Pablo Stolze; PAMPLONA FILHO, Rodolfo. *Novo curso de direito civil*: parte geral. 6. ed. São Paulo: Saraiva, 2005. v. 1. p. 498: "A prescrição é a *perda da pretensão de reparação do direito violado, em virtude da inércia do seu titular, no prazo previsto em lei*" (destaques do original).

[13] PEREIRA, Caio Mário da Silva. *Instituições de direito civil*: introdução ao direito civil; teoria geral de direito civil. 21. ed., revista e atualizada por Maria Celina Bodin de

Ao exercer a pretensão, quando a prestação é exigida por meio de ação judicial, esta tem natureza condenatória[14], a qual tem como fim obrigar o devedor a cumprir a prestação[15]. Logo, na esfera processual, a prescrição é aplicável às ações condenatórias[16].

A prescrição aquisitiva se distingue da prescrição extintiva. A prescrição aquisitiva, de caráter positivo, cria ou constitui o direito em favor do novo titular e, indiretamente, extingue a ação que o titular anterior do direito tinha para a sua defesa. Trata-se de modo de adquirir a propriedade pela posse durante certo tempo (usucapião). A prescrição extintiva, de caráter negativo, elimina a ação que o titular

---

Moraes. Rio de Janeiro: Forense, 2006. v. 1. p. 682: "O titular de um direito subjetivo recebe da ordem jurídica o poder de exercê-lo, e normalmente o exerce, sem obstáculo ou oposição de quem quer. Se, entretanto, num dado momento, ocorre a sua *violação* por outrem, nasce para o titular uma *pretensão* exigível judicialmente – *Anspruch*. O sujeito não conserva indefinidamente a faculdade de intentar um procedimento judicial defensivo de seu direito. A lei, ao mesmo tempo em que o reconhece, estabelece que a *pretensão* deve ser exigida em determinado prazo, sob pena de perecer. Pela prescrição, extingue-se a pretensão, nos prazos que a lei estabelece (art. 189 do Código de 2002)" (destaques do original).

[14] AMORIM FILHO, Agnelo. Critério científico para distinguir a prescrição da decadência e identificar as ações imprescritíveis. *Revista dos Tribunais*, São Paulo, RT, ano 86, v. 744, p. 736, out. 1997: "só as ações condenatórias podem prescrever, pois são elas as únicas ações por meio das quais se protegem os direitos suscetíveis de lesão".

[15] "2. A prescrição, compreendida como a perda da pretensão de exigir de alguém a realização de uma prestação, em virtude da fluência de prazo fixado em lei, tangencia, diretamente, como se pode perceber de sua definição, interesses adstritos exclusivamente às partes envolvidas. Isso porque a prescrição, refere-se a direitos subjetivos patrimoniais e relativos, na medida em que a correlata ação condenatória tem por finalidade obter, por meio da realização de uma prestação do demandado, a reparação dos prejuízos suportados em razão da violação do direito do autor" (STJ, 3ª T., REsp 1.749.812/PR, 2018/0152682-6, Rel. Min. Marco Aurélio Bellizze, DJe 19.09.2019).

[16] NERY JUNIOR, Nelson; NERY, Rosa Maria de Andrade. *Código Civil comentado e legislação extravagante*. 3. ed. São Paulo: RT, 2005. p. 287: "Pretensão condenatória. Prescrição. Quando a pretensão de direito material a ser deduzida em juízo for exercitável por meio de ação de natureza *condenatória*, bem como as de *execução* dessas mesmas pretensões, o prazo previsto em lei para o seu exercício é de *prescrição*. Nasce a pretensão com a violação do direito e o titular pode exigir uma *prestação* do devedor" (destaques do original). Na jurisprudência: "3. Quando a pretensão do consumidor é de natureza indenizatória (isto é, de ser ressarcido pelo prejuízo decorrente dos vícios do imóvel) a ação é tipicamente condenatória e se sujeita a prazo de prescrição" (STJ, 3ª T., AgInt no REsp 1.863.245/SP, 2020/0043674-8, Rel. Min. Moura Ribeiro, DJe 27.08.2020).

do direito tem e, como consequência, extingue-o pela ausência de proteção legal. Trata-se da perda da ação atribuída ao direito pelo não uso por certo tempo[17].

Na atualidade, entende-se que a prescrição extintiva é a prescrição propriamente, distinguindo-se da usucapião, regida pelo Direito das Coisas[18]. O tempo e a inércia do titular são aspectos comuns à prescrição e à usucapião, gerando a extinção da ação e, por consequência, do direito, e a aquisição do direito de propriedade, respectivamente[19].

Há direitos imprescritíveis, ou seja, que não se extinguem pelo decurso do tempo, como os direitos da personalidade (por exemplo, a vida, a integridade física, a privacidade, a honra e o nome)[20], os direitos relativos ao estado de família (por exemplo, a filiação) e os direitos relativos aos bens públicos (art. 102 do Código Civil)[21]. Nesse contexto, é imprescritível o direito de uso das águas pluviais (art. 106 do Código de Águas, Decreto 24.643/1934)[22]. O reconhecimento do estado de filiação é direito personalíssimo, indisponível e imprescritível, podendo ser exercitado contra os pais ou seus herdeiros, sem qualquer restrição, observado o segredo de justiça (art. 27 da Lei 8.069/1990).

---

[17] MONTEIRO, Washington de Barros; PINTO, Ana Cristina de Barros Monteiro França. *Curso de direito civil*: parte geral. 44. ed. São Paulo: Saraiva, 2012. v. 1. p. 362.

[18] RODRIGUES, Silvio. *Direito civil*: parte geral. 34. ed. São Paulo: Saraiva, 2003. v. 1. p. 324.

[19] MONTEIRO, Washington de Barros; PINTO, Ana Cristina de Barros Monteiro França. *Curso de direito civil*: parte geral. 44. ed. São Paulo: Saraiva, 2012. v. 1. p. 362-363.

[20] "Os direitos da personalidade, entre eles o direito ao nome e ao conhecimento da origem genética são inalienáveis, vitalícios, intransmissíveis, extrapatrimoniais, irrenunciáveis, imprescritíveis e oponíveis *erga omnes*" (STJ, 2ª Seção, REsp 807.849/RJ, 2006/0003284-7, Rel. Min. Nancy Andrighi, DJe 06.08.2010).

[21] "2. Como é cediço, a prescritibilidade é a regra, só havendo falar em imprescritibilidade em hipóteses excepcionalíssimas, como no tocante às ações referentes ao estado das pessoas. Somente alguns direitos subjetivos, observada sua envergadura e especial proteção, não estão sujeitos a prazos prescricionais, como na hipótese de ações declaratórias de nulidades absolutas, pretensões relativas a direitos da personalidade e ao patrimônio público" (STJ, 4ª T., EDcl no AgRg no REsp 1.229.068/RJ, 2010/0220106-8, Rel. Min. Luis Felipe Salomão, DJe 16.10.2015).

[22] MONTEIRO, Washington de Barros; PINTO, Ana Cristina de Barros Monteiro França. *Curso de direito civil*: parte geral. 44. ed. São Paulo: Saraiva, 2012. v. 1. p. 363.

No plano processual, a tutela declaratória não está sujeita a prazo de prescrição[23], nem de decadência[24]. A tutela condenatória está sujeita à prescrição[25]. A tutela constitutiva em que há fixação de prazo para exercício está sujeita à decadência[26]. A tutela constitutiva que não tiver prazo fixado para exercício não está sujeita à prescrição[27], nem à decadência[28].

Entende-se ainda que o reconhecimento da nulidade absoluta do negócio jurídico não é alcançado pela prescrição[29]. Por exemplo, se o testamento é nulo, por ser sido feito por pessoa absolutamente incapaz (art. 166, inciso I, do Código Civil), mesmo com o passar do tempo, admite-se a pronúncia de sua nulidade. Diversamente, em caso de nulidade relativa, há prazo, embora de natureza decadencial,

---

23 RODRIGUES, Silvio. *Direito civil*: parte geral. 34. ed. São Paulo: Saraiva, 2003. v. 1. p. 347.

24 AMORIM FILHO, Agnelo. Critério científico para distinguir a prescrição da decadência e identificar as ações imprescritíveis. *Revista dos Tribunais*, São Paulo, RT, ano 86, v. 744, p. 740-742, out. 1997. Na jurisprudência: "2. O exercício do direito de ação para deduzir pretensão exclusivamente declaratória é imprescritível. Precedentes" (STJ, 1ª T., AgInt no AREsp 890.822/RJ, 2016/0078625-0, Rel. Min. Gurgel de Faria, DJe 04.10.2017).

25 AMORIM FILHO, Agnelo. Critério científico para distinguir a prescrição da decadência e identificar as ações imprescritíveis. *Revista dos Tribunais*, São Paulo, RT, ano 86, v. 744, p. 736, out. 1997. Na jurisprudência: "1. Com efeito, a jurisprudência do STJ é firme no sentido de que a ação declaratória é imprescritível, o mesmo não ocorrendo com as ações condenatórias, as quais são atingidas pelo instituto da prescrição" (STJ, 2ª T., AgRg no REsp 1.341.528/MG, 2012/0183433-1, Rel. Min. Herman Benjamin, DJe 22.04.2014).

26 AMORIM FILHO, Agnelo. Critério científico para distinguir a prescrição da decadência e identificar as ações imprescritíveis. *Revista dos Tribunais*, São Paulo, RT, ano 86, v. 744, p. 738, out. 1997.

27 AMORIM FILHO, Agnelo. Critério científico para distinguir a prescrição da decadência e identificar as ações imprescritíveis. *Revista dos Tribunais*, São Paulo, RT, ano 86, v. 744, p. 748, out. 1997: "São perpétuas (ou imprescritíveis) todas as ações declaratórias, e também aquelas ações constitutivas para as quais a lei não fixa prazo especial de exercício".

28 AMORIM FILHO, Agnelo. Critério científico para distinguir a prescrição da decadência e identificar as ações imprescritíveis. *Revista dos Tribunais*, São Paulo, RT, ano 86, v. 744, p. 747-748, out. 1997. Na jurisprudência: "1. As tutelas condenatórias sujeitam-se a prazos prescricionais, enquanto aquelas constitutivas (positivas ou negativas) se sujeitam a prazos decadenciais. Noutro passo, as tutelas meramente declaratórias e as constitutivas sem previsão de prazo em lei não se sujeitam a prazo prescricional ou decadencial" (STJ, 4ª T., REsp 1.472.866/MG, 2014/0195022-4, Rel. Min. Luis Felipe Salomão, DJe 20.10.2015).

29 RODRIGUES, Silvio. *Direito civil*: parte geral. 34. ed. São Paulo: Saraiva, 2003. v. 1. p. 347. Na jurisprudência: "5. Os atos nulos não prescrevem, podendo a sua nulidade ser declarada a qualquer tempo. (Precedentes)" (STJ, 3ª T., REsp 1.353.864/GO, 2011/0109705-6, Rel. Min. Sidnei Beneti, DJe 12.03.2013).

para sua alegação e ajuizamento da ação com pedido de anulação do negócio jurídico[30].

Esclareça-se que a pretensão exercida por meio de ação condenatória, ainda que decorrente do negócio jurídico nulo, está sujeita à prescrição[31]. Vale dizer, o reconhecimento da nulidade absoluta do negócio jurídico, por meio de tutela declaratória, é imprescritível, mas a pretensão decorrente, exercida por meio de tutela condenatória, submete-se à prescrição[32].

Na mesma linha, como esclarece a Súmula 149 do STF: "É imprescritível a ação de investigação de paternidade, mas não o é a de petição de herança". O herdeiro pode, em ação de petição de herança, demandar o reconhecimento de seu direito sucessório, para obter a

---

30 MONTEIRO, Washington de Barros; PINTO, Ana Cristina de Barros Monteiro França. *Curso de direito civil*: parte geral. 44. ed. São Paulo: Saraiva, 2012. v. 1. p. 363.

31 "1. Em se tratando de ação em que o autor, ainda durante a vigência do contrato, pretende, no âmbito de relação de trato sucessivo, o reconhecimento do caráter abusivo de cláusula contratual com a consequente restituição dos valores pagos indevidamente, torna-se despicienda a discussão acerca de ser caso de nulidade absoluta do negócio jurídico – com provimento jurisdicional de natureza declaratória pura, o que levaria à imprescritibilidade da pretensão – ou de nulidade relativa – com provimento jurisdicional de natureza constitutiva negativa, o que atrairia os prazos de decadência, cujo início da contagem, contudo, dependeria da conclusão do contrato (CC/2002, art. 179). Isso porque a pretensão última desse tipo de demanda, partindo-se da premissa de ser a cláusula contratual abusiva ou ilegal, é de natureza condenatória, fundada no ressarcimento de pagamento indevido, sendo, pois, alcançável pela prescrição. Então, estando o contrato ainda em curso, esta pretensão condenatória, prescritível, é que deve nortear a análise do prazo aplicável para a persecução dos efeitos financeiros decorrentes da invalidade do contrato" (STJ, 2ª Seção, REsp 1.361.182/RS, 2013/0008702-5, Rel. p/ ac. Min. Marco Aurélio Bellizze, DJe 19.09.2016).

32 "4. Conquanto a sentença tenha também uma carga declaratória, prepondera, depois de ocorrida a violação do direito, a sua carga constitutiva ou condenatória, relacionada ao bem da vida efetivamente perseguido pelo demandante, o que atrai a incidência do prazo prescricional a que se sujeita essa pretensão predominante. 5. No momento em que firmado o contrato contendo as cláusulas abusivas, nasce para o recorrente a pretensão – imprescritível – de ver declarada a respectiva nulidade, a fim de resolver a crise de certeza quanto aos contornos da obrigação vinculada à relação jurídica estabelecida entre as partes. No entanto, quando, em cumprimento àquelas cláusulas, lhe é exigido o pagamento a maior dos encargos incidentes sobre a dívida, com base nas cláusulas contratuais reputadas abusivas, configura-se a violação do direito, a partir da qual nasce outra pretensão: a de reclamar a repetição do indébito, cujo exercício se sujeita ao prazo prescricional previsto na lei. 6. A data da assinatura do contrato é o termo inicial para o exercício da pretensão puramente declaratória de abusividade das cláusulas contratuais; a pretensão condenatória a ela vinculada, todavia, nasce somente a partir do momento em que se exige o pagamento a maior, o que se dá na data do vencimento de cada parcela" (STJ, 3ª T., REsp 1.740.714/RS, 2017/0143305-7, Rel. Min. Nancy Andrighi, DJe 28.10.2019).

restituição da herança, ou de parte dela, contra quem, na qualidade de herdeiro, ou mesmo sem título, a possua (art. 1.824 do Código Civil)[33].

Ressalte-se ainda que no caso de violação de direito da personalidade, a reparação dos danos decorrentes, de natureza obrigacional, não se identifica com o direito subjetivo violado. Portanto, a imprescritibilidade inerente aos direitos da personalidade não se aplica à pretensão de indenização dos danos advindos de sua violação, com fundamento na responsabilidade civil[34].

Ainda assim, cabe esclarecer que nos termos da Súmula 647 do STJ: "São imprescritíveis as ações indenizatórias por danos morais e materiais decorrentes de atos de perseguição política com violação de direitos fundamentais ocorridos durante o regime militar"[35].

25.3 DISTINÇÃO

A prescrição se distingue da decadência[36], a qual também é conhecida como caducidade ou prazo extintivo[37].

---

33 "1. O termo inicial do prazo prescricional da pretensão de petição de herança conta-se da abertura da sucessão, ou, em se tratando de herdeiro absolutamente incapaz, da data em que completa 16 (dezesseis) anos, momento em que, em ambas as hipóteses, nasce para o herdeiro, ainda que não legalmente reconhecido, o direito de reivindicar os direitos sucessórios (*actio nata*)" (STJ, 4ª T., AgInt no AREsp 479.648/MS, 2014/0039759-2, Rel. Min. Raul Araújo, DJe 06.03.2020).

34 GAGLIANO, Pablo Stolze; PAMPLONA FILHO, Rodolfo. *Novo curso de direito civil*: parte geral. 6. ed. São Paulo: Saraiva, 2005. v. 1. p. 162-163: "quando se fala em imprescritibilidade do direito da personalidade, está-se referindo aos efeitos do tempo para a aquisição ou extinção de direitos. Não há como se confundir, porém, com a prescritibilidade da pretensão de reparação por eventual violação a um direito da personalidade. Se há uma violação, consistente em ato único, nasce nesse momento, obviamente, para o titular do direito, a pretensão correspondente, que se extinguirá pela prescrição".

35 "2. A jurisprudência deste Tribunal é firme no sentido de que a prescrição quinquenal, disposta no art. 1º do Decreto 20.910/1932, não se aplica a danos decorrentes de violação de direitos fundamentais, que são imprescritíveis, principalmente quando ocorreram durante o Regime Militar, época na qual os jurisdicionados não podiam deduzir a contento suas pretensões. Precedentes: REsp 1.815.870/RJ, Rel. Min. Sérgio Kukina, Primeira Turma, DJe 23/9/2019; AgInt no REsp 1.524.498/PE, Rel. Min. Gurgel de Faria, Primeira Turma, DJe 20/2/2019; AgInt no REsp 1.710.240/RS, Rel. Min. Francisco Falcão, Segunda Turma, DJe 14/5/2018" (STJ, 1ª T., AgInt no REsp 1.711.512/PR, 2017/0310840-2, Rel. Min. Benedito Gonçalves, DJe 01.10.2020).

36 RODRIGUES, Silvio. *Direito civil*: parte geral. 34. ed. São Paulo: Saraiva, 2003. v. 1. p. 329.

37 MONTEIRO, Washington de Barros; PINTO, Ana Cristina de Barros Monteiro França. *Curso de direito civil*: parte geral. 44. ed. São Paulo: Saraiva, 2012. v. 1. p. 363-364.

Na concepção clássica, a prescrição extingue diretamente a ação e, de forma indireta, faz cessar o direito. Nesse enfoque mais tradicional, a decadência extingue diretamente o direito, de forma indireta, a ação[38]. Assevera-se ainda que se a ação e o direito têm a mesma origem, nascendo de forma simultânea, o prazo é de decadência. Entretanto, se o direito e a ação têm origens distintas, isto é, se o direito existe antes da ação, que nasce apenas com a violação daquele, o prazo é de prescrição[39].

Há decadência quando o direito tem prazo para ser exercido. Se não houver o exercício, o direito se extingue, como a seguir exemplificado. Os prazos da retrovenda (art. 505 do Código Civil) e da preempção ou preferência (art. 516 do Código Civil). O prazo para a celebração do casamento de 90 dias, contado da data em que foi extraído o certificado da habilitação pelo oficial do registro (art. 1.532 do Código Civil). Os prazos para a anulação do casamento (arts. 1.555 e 1.560 do Código Civil). O prazo para ajuizamento das ações de manutenção e de reintegração de força nova, ou seja, dentro de ano e dia da turbação ou do esbulho (art. 558 do CPC). O prazo de dois anos para ajuizamento da ação rescisória (art. 975 do CPC). O prazo de 120 para impetração do mandado de segurança (art. 23 da Lei 12.016/2009)[40].

Na concepção clássica, há prescrição quando o titular fica inerte, ao não ajuizar a ação para a defesa do direito no prazo estabelecido pela lei[41].

Na concepção atual, a prescrição extingue a pretensão[42], a qual surge com a violação do direito subjetivo[43], tornando inexigível a pres-

---

38 MONTEIRO, Washington de Barros; PINTO, Ana Cristina de Barros Monteiro França. *Curso de direito civil*: parte geral. 44. ed. São Paulo: Saraiva, 2012. v. 1. p. 364.

39 RODRIGUES, Silvio. *Direito civil*: parte geral. 34. ed. São Paulo: Saraiva, 2003. v. 1. p. 329-330. Cf. ainda GOMES, Orlando. *Introdução ao direito civil*. 19. ed., revista, atualizada e aumentada por Edvaldo Brito e Reginalda Paranhos de Brito. Rio de Janeiro: Forense, 2007. p. 452.

40 MONTEIRO, Washington de Barros; PINTO, Ana Cristina de Barros Monteiro França. *Curso de direito civil*: parte geral. 44. ed. São Paulo: Saraiva, 2012. v. 1. p. 364.

41 MONTEIRO, Washington de Barros; PINTO, Ana Cristina de Barros Monteiro França. *Curso de direito civil*: parte geral. 44. ed. São Paulo: Saraiva, 2012. v. 1. p. 364.

42 NERY JUNIOR, Nelson; NERY, Rosa Maria de Andrade. *Código Civil comentado e legislação extravagante*. 3. ed. São Paulo: RT, 2005. p. 286: "Prescrição. Conceito. Causa extintiva da *pretensão de direito material* pelo seu não exercício no prazo estipulado pela lei. O texto da lei é claro ao dar como objeto da prescrição a pretensão de direito material e não a ação" (destaques do original).

43 AZEVEDO, Álvaro Villaça. *Teoria geral do direito civil*: parte geral. São Paulo: Atlas, 2012. p. 398: "A prescrição extintiva extingue a pretensão, que surge da violação de um direito".

tação[44]. A decadência extingue o direito potestativo[45], ou seja, o poder conferido ao titular que é exercido por meio de declaração unilateral de vontade, independentemente da manifestação de vontade do sujeito passivo, o qual fica em estado de sujeição[46].

A prescrição pode ser suspensa (arts. 197 a 201 do Código Civil) e interrompida (arts. 202 a 204 do Código Civil), o que, em regra, não ocorre com a decadência (art. 207 do Código Civil)[47].

Pode haver renúncia da prescrição (art. 191 do Código Civil), o que, em regra, não se admite na decadência (art. 209 do Código Civil)[48].

Os prazos de prescrição são estabelecidos pela lei (arts. 189 e 192 do Código Civil). Os prazos de decadência podem ser estabelecidos pela lei, bem como por declaração de vontade (contrato e testamento)[49].

A prescrição se distingue da preclusão, a qual é a perda de faculdade processual pela parte. De forma mais detalhada, preclusão significa a perda da faculdade de praticar um ato processual, em razão da inobservância do prazo assim previsto, ou por já ter sido praticado o ato de outro modo, ou ainda em razão de se ter praticado ato processual anteriormente, incompatível com ato posterior[50]. A prescrição

---

[44] AZEVEDO, Álvaro Villaça. *Teoria geral do direito civil*: parte geral. São Paulo: Atlas, 2012. p. 400: "Considera-se prescrição a extinção da exigibilidade de um direito pelo passar do tempo estabelecido em lei".

[45] AZEVEDO, Álvaro Villaça. *Teoria geral do direito civil*: parte geral. São Paulo: Atlas, 2012. p. 431: "decadência ou caducidade é a extinção ou perda de um direito potestativo, pelo seu não exercício, em determinado tempo".

[46] AMORIM FILHO, Agnelo. Critério científico para distinguir a prescrição da decadência e identificar as ações imprescritíveis. *Revista dos Tribunais*, São Paulo, RT, ano 86, v. 744, p. 725-750, out. 1997. *Revista dos Tribunais*, São Paulo, RT, v. 300, p. 7-37, out. 1960. Cf. ainda GOMES, Orlando. *Introdução ao direito civil*. 19. ed., revista, atualizada e aumentada por Edvaldo Brito e Reginalda Paranhos de Brito. Rio de Janeiro: Forense, 2007. p. 100: "Somente os direitos com *pretensão* acabam pela *prescrição*. Os demais direitos não prescrevem, mas alguns estão sujeitos a *prazos extintivos*" (destaques do original).

[47] MONTEIRO, Washington de Barros; PINTO, Ana Cristina de Barros Monteiro França. *Curso de direito civil*: parte geral. 44. ed. São Paulo: Saraiva, 2012. v. 1. p. 364.

[48] MONTEIRO, Washington de Barros; PINTO, Ana Cristina de Barros Monteiro França. *Curso de direito civil*: parte geral. 44. ed. São Paulo: Saraiva, 2012. v. 1. p. 364.

[49] MONTEIRO, Washington de Barros; PINTO, Ana Cristina de Barros Monteiro França. *Curso de direito civil*: parte geral. 44. ed. São Paulo: Saraiva, 2012. v. 1. p. 364.

[50] DINAMARCO, Cândido Rangel; LOPES, Bruno Vasconcelos Carrilho. *Teoria geral do novo processo civil*. São Paulo: Malheiros, 2016. p. 251: "Preclusão. Perda de um poder ou faculdade processual ocasionada pelo decurso do tempo (preclusão *temporal*), pela prática de um ato incompatível com o exercício desse poder ou faculdade (preclusão *lógica*) ou

e a decadência estão inseridas no Direito material, embora possam ser reconhecidas no processo, enquanto a preclusão é disciplinada pelo Direito Processual[51].

Ainda na esfera processual, a perempção é a perda do direito de ajuizar a ação em face do réu, em razão de o autor ter dado causa, por três vezes, à extinção do processo sem resolução de mérito, por abandono da causa por mais de 30 dias. Nesse sentido, se o autor der causa, por três vezes, a sentença fundada em abandono da causa, não pode propor nova ação em face do réu com o mesmo objeto, ficando-lhe ressalvada, entretanto, a possibilidade de alegar em defesa o seu direito (art. 486, § 3º, do CPC). A perempção pode ser alegada pelo réu como preliminar de contestação (art. 337, inciso V, do CPC) e deve ser conhecida de ofício pelo juiz (art. 337, § 5º, do CPC). O reconhecimento da perempção acarreta a extinção do processo sem resolução do mérito (art. 485, inciso V, do CPC). Diversamente, há resolução de mérito quando o juiz decide, de ofício ou a requerimento, sobre a ocorrência de decadência ou prescrição (art. 487, inciso II, do CPC).

O empresário e a sociedade empresária são obrigados a conservar em boa guarda toda a escrituração, correspondência e mais papéis concernentes à sua atividade, enquanto não ocorrer prescrição ou decadência no tocante aos atos neles consignados (art. 1.194 do Código Civil).

25.4 PRESCRIÇÃO DA PRETENSÃO E DA EXCEÇÃO

Violado o direito, nasce para o titular a pretensão, a qual se extingue, pela prescrição, nos prazos a que aludem os arts. 205 e 206 do Código Civil (art. 189 do Código Civil).

A prescrição incide sobre a pretensão e o seu prazo tem início com a violação do direito (enfoque objetivo)[52], ou a partir da ciência

---

pelo seu já consumado exercício (preclusão *consumativa*). Há também, segundo parte da doutrina, *preclusões mistas*" (destaques do original).

[51] MONTEIRO, Washington de Barros; PINTO, Ana Cristina de Barros Monteiro França. *Curso de direito civil*: parte geral. 44. ed. São Paulo: Saraiva, 2012. v. 1. p. 365.

[52] "3. Segundo o princípio da *actio nata*, o prazo prescricional somente passa a fluir a partir do momento em que existir uma pretensão exercitável por parte daquele que suportará os efeitos do fenômeno extintivo. 4. Como regra, esse momento, à luz do art. 189 do CC/02, corresponde à data da violação do direito. No entanto, a jurisprudência desta Corte excepciona essa regra em algumas hipóteses de ilícitos extracontratuais, a fim de

da lesão ao direito subjetivo (enfoque subjetivo)[53], quando este se torna exigível[54].

A pretensão surge para o titular com a violação do seu direito subjetivo, a partir do que começa a correr a prescrição. Se a pretensão não for exercida no prazo prescricional, extingue-se. A pretensão, nesse enfoque, diz respeito à exigibilidade da prestação[55].

---

determinar que o prazo de prescrição somente passe a correr a partir do momento em que o ofendido tenha obtido ciência do dano, da sua extensão e da autoria da lesão. 5. É inadmissível que se apene o titular do direito, mediante a deflagração do prazo prescricional, sem a constatação de efetiva inércia de sua parte, o que, de seu turno, pressupõe que possa ele exercitar sua pretensão. Contudo, quando a vítima sequer tem conhecimento da lesão ocorrida, ou de sua extensão e autoria, o exercício da pretensão resta, naturalmente, inviabilizado, não se podendo lhe atribuir qualquer comportamento negligente. Precedentes" (STJ, 3ª T., REsp 1.785.771/RS, 2018/0252413-0, Rel. Min. Nancy Andrighi, DJe 26.08.2020).

53 "1. A jurisprudência do STJ entende que o início do prazo prescricional, com base na teoria da *actio nata*, não se dá necessariamente quando da ocorrência da lesão, mas sim no momento em que o titular do direito subjetivo violado detém plena ciência da ofensa e de sua extensão" (STJ, 3ª T., AgInt no AREsp 1.621.242/SP, 2019/0342577-4, Rel. Min. Marco Aurélio Bellizze, DJe 07.10.2020). "De acordo com o princípio da *actio nata*, o direito de pedir indenização surge a partir do momento em que constatada a lesão e suas consequências" (STJ, 1ª T., AgInt no REsp 1.531.309/SP, 2015/0078249-2, Rel. Min. Sérgio Kukina, DJe 31.08.2020). "2. Por aplicação da teoria da *actio nata*, o prazo prescricional relativo à pretensão indenizatória somente começa a correr quando o titular do direito subjetivo violado obtém plena ciência da lesão e de toda a sua extensão, bem como do responsável pelo ilícito, inexistindo, ainda, qualquer condição que o impeça de exercer o direito de ação. Precedentes" (STJ, 4ª T., AgInt no AREsp 1.300.668/DF, 2018/0126877-0, Rel. Min. Raul Araújo, DJe 27.11.2019). "2. O termo inicial do prazo prescricional dá-se, como regra, no momento em que constatada a lesão e seus efeitos, conforme o princípio da *actio nata*" (STJ, 2ª T., REsp 1.662.621/GO, 2017/0064620-9, Rel. Min. Herman Benjamin, DJe 16.06.2017).

54 "14. Por outro lado, segundo a vertente subjetiva da *actio nata*, a contagem do prazo prescricional exige a efetiva inércia do titular do direito, a qual somente se verifica diante da inexistência de óbices ao exercício da pretensão e a partir do momento em que o titular tem ciência inequívoca do dano, de sua extensão, e da autoria da lesão. 15. Segundo a jurisprudência desta Corte, a aplicação da *actio nata* sob a vertente subjetiva é excepcional, somente cabível nos ilícitos extracontratuais. Precedentes" (STJ, 3ª T., REsp 1.736.091/PE, 2017/0304773-5, Rel. Min. Nancy Andrighi, DJe 16.05.2019).

55 "5. O direito subjetivo é a extensão prática, concreta e de direito material da previsão genérica do direito objetivo que define a possibilidade de um indivíduo exigir de outro um certo agir, pressupondo, pois, a intersubjetividade. 7. A pretensão, que também pertence ao direito material, está ligada intimamente à responsabilidade (*haftung*), se relacionando à exigibilidade da prestação. 8. O direito subjetivo nasce com o estabelecimento da relação jurídica, com a previsão com base no direito objetivo do nascimento dos feixes

O direito de ação, em si, não está sujeito à prescrição, uma vez que é assegurado por norma constitucional (art. 5º, inciso XXXV, da Constituição Federal de 1988) e disciplinado por normas processuais (Código de Processo Civil), e não materiais, tendo natureza abstrata e autônoma em face do direito subjetivo[56].

A exceção prescreve no mesmo prazo em que a pretensão (art. 190 do Código Civil). A exceção tem o sentido de defesa de natureza material ou substancial[57], que pode ser alegada na esfera processual (art. 336 do CPC), como a compensação (arts. 368 a 380 do Código Civil), por ser o sujeito titular de um crédito. Esse direito exercido como defesa (alegação de compensação) está sujeito ao mesmo prazo de prescrição estabelecido para o exercício da pretensão[58], ou seja, para pleitear o crédito pelo titular do direito. Vale dizer, se a pretensão estiver prescrita, em razão do decurso do prazo, a exceção (defesa material) também estará[59].

---

obrigacionais, ao passo que a pretensão somente surge no momento em que a prestação, decorrente do direito subjetivo, passa a ser exigível, com sua violação" (STJ, 3ª T., REsp 1.736.091/PE, 2017/0304773-5, Rel. Min. Nancy Andrighi, DJe 16.05.2019).

56 "9. No Estado Democrático de Direito, em virtude do monopólio estatal da violência, há o desdobramento do direito de ação, e a consequente a previsão de um direito processual e abstrato de agir de titularidade de qualquer sujeito e que é dirigido ao Estado, para a obtenção da prestação jurisdicional. 10. O direito público subjetivo e processual de ação deve ser considerado, em si, imprescritível, haja vista ser sempre possível requerer a manifestação do Estado sobre um determinado direito e obter a prestação jurisdicional, mesmo que ausente, por absoluto, o direito material. 11. O máximo que pode que ocorrer é a impossibilidade da satisfação de uma determinada pretensão por meio de um específico procedimento processual, ante a passagem do tempo qualificada pela inércia do titular, caracterizadora da preclusão, o que, todavia, não impossibilita, em absoluto, o uso da específica ação ou procedimento. 12. A ação do tempo somada à inércia do titular tem, portanto, em regra, relação unicamente com a pretensão de direito material" (STJ, 3ª T., REsp 1.736.091/PE, 2017/0304773-5, Rel. Min. Nancy Andrighi, DJe 16.05.2019).

57 GOMES, Orlando. *Introdução ao direito civil*. 19. ed., revista, atualizada e aumentada por Edvaldo Brito e Reginalda Paranhos de Brito. Rio de Janeiro: Forense, 2007. p. 125-126.

58 TARTUCE, Flávio. *Direito civil*: lei de introdução e parte geral. 4. ed. São Paulo: Método, 2008. v. 1. p. 411.

59 DINIZ, Maria Helena. *Curso de direito civil brasileiro*: teoria geral do direito civil. 29. ed. São Paulo: Saraiva, 2012. v. 1. p. 432.

25.5 RENÚNCIA DA PRESCRIÇÃO

A renúncia da prescrição pode ser expressa ou tácita, e só valerá, sendo feita, sem prejuízo de terceiro, depois que a prescrição se consumar. A renúncia da prescrição é tácita quando se presume de fatos do interessado, incompatíveis com a prescrição (art. 191 do Código Civil).

A prescrição, por se tratar de vantagem patrimonial, pode ser renunciada pelo interessado (devedor) depois de consumado o seu prazo, ou seja, depois de completo o prazo previsto em lei para a efetivação da prescrição[60]. Não se admite a renúncia da prescrição em curso, ou seja, quando o seu prazo está em curso, nem a renúncia prévia ou antecipada da prescrição, isto é, quando o seu prazo ainda não começou[61].

A renúncia expressa da prescrição ocorre quando o interessado (devedor) declara, de modo explícito, que abre mão de ser por ela favorecido, não pretendendo alegar a prescrição. A renúncia tácita decorre de condutas do interessado (devedor) incompatíveis com a prescrição, o que pode ocorrer, por exemplo, ao efetuar o pagamento da dívida prescrita, solicitar prazo para o seu pagamento, realizar acordo para a satisfação do débito prescrito ou reconhecer a dívida após o prazo prescricional já ter se consumado[62]. Vale dizer, o devedor, mesmo ciente de que a prescrição se consumou, pratica atos reconhecendo, em benefício do credor, o direito cuja pretensão está prescrita[63].

A renúncia da prescrição pelo devedor produz efeitos apenas quanto a este, não podendo prejudicar terceiros[64]. Logo, se houver prejuízo a credores, a renúncia à prescrição não é válida[65].

---

60 RODRIGUES, Silvio. *Direito civil*: parte geral. 34. ed. São Paulo: Saraiva, 2003. v. 1. p. 335.

61 MONTEIRO, Washington de Barros; PINTO, Ana Cristina de Barros Monteiro França. *Curso de direito civil*: parte geral. 44. ed. São Paulo: Saraiva, 2012. v. 1. p. 366.

62 MONTEIRO, Washington de Barros; PINTO, Ana Cristina de Barros Monteiro França. *Curso de direito civil*: parte geral. 44. ed. São Paulo: Saraiva, 2012. v. 1. p. 366.

63 RODRIGUES, Silvio. *Direito civil*: parte geral. 34. ed. São Paulo: Saraiva, 2003. v. 1. p. 333.

64 MONTEIRO, Washington de Barros; PINTO, Ana Cristina de Barros Monteiro França. *Curso de direito civil*: parte geral. 44. ed. São Paulo: Saraiva, 2012. v. 1. p. 366.

65 RODRIGUES, Silvio. *Direito civil*: parte geral. 34. ed. São Paulo: Saraiva, 2003. v. 1. p. 332.

25.6 PRESCRIÇÃO COMO MATÉRIA DE ORDEM PÚBLICA

Os prazos de prescrição não podem ser alterados por acordo das partes (art. 192 do Código Civil). Por se tratar de matéria de ordem pública[66], voltada à segurança jurídica e à estabilidade nas relações sociais, não se admite a modificação dos prazos de prescrição pela vontade das partes, ou seja, por convenção entre os interessados. Desse modo, como as normas sobre a matéria são cogentes[67], não pode haver redução nem ampliação de prazos de prescrição[68], ainda que por acordo das partes[69]. Pelos mesmos fundamentos, as partes não podem convencionar a imprescritibilidade da pretensão[70].

A prescrição pode ser alegada em qualquer grau de jurisdição, pela parte a quem aproveita (art. 193 do Código Civil). Por se matéria de ordem pública, a prescrição pode ser alegada pelo interessado (devedor) na contestação ou em momento processual posterior, sem que haja preclusão. A prescrição pode ser alegada não apenas em primeira instância, como na fase recursal, em segunda instância[71].

No recurso de apelação, quando reformar sentença que reconheça a decadência ou a prescrição, o tribunal, se possível, julgará o mérito, examinando as demais questões, sem determinar o retorno do processo ao juízo de primeiro grau (art. 1.013, § 4º, do CPC).

Entretanto, em recurso especial (perante o Superior Tribunal de Justiça) e em recurso extraordinário (perante o Supremo Tribunal Federal), por se exigir o prequestionamento[72], não se admite a alega-

---

66 GOMES, Orlando. *Introdução ao direito civil.* 19. ed., revista, atualizada e aumentada por Edvaldo Brito e Reginalda Paranhos de Brito. Rio de Janeiro: Forense, 2007. p. 445.

67 RODRIGUES, Silvio. *Direito civil*: parte geral. 34. ed. São Paulo: Saraiva, 2003. v. 1. p. 328.

68 DINIZ, Maria Helena. *Curso de direito civil brasileiro*: teoria geral do direito civil. 29. ed. São Paulo: Saraiva, 2012. v. 1. p. 446.

69 MONTEIRO, Washington de Barros; PINTO, Ana Cristina de Barros Monteiro França. *Curso de direito civil*: parte geral. 44. ed. São Paulo: Saraiva, 2012. v. 1. p. 366, 371.

70 RODRIGUES, Silvio. *Direito civil*: parte geral. 34. ed. São Paulo: Saraiva, 2003. v. 1. p. 332.

71 MONTEIRO, Washington de Barros; PINTO, Ana Cristina de Barros Monteiro França. *Curso de direito civil*: parte geral. 44. ed. São Paulo: Saraiva, 2012. v. 1. p. 366.

72 Súmula 282 do STF: "É inadmissível o recurso extraordinário, quando não ventilada, na decisão recorrida, a questão federal suscitada". Súmula 356 do STF: "O ponto omisso da

ção de prescrição que não tiver sido objeto de decisão na instância ordinária[73].

Quando ocorre o trânsito em julgado da decisão, não sendo mais cabível recurso[74], como ela se torna imutável, não mais se admite a alegação de prescrição, por se tratar de matéria de defesa na fase de conhecimento do processo[75].

A prescrição que pode ser alegada na fase de cumprimento da sentença é somente a prescrição ocorrida depois da sentença (se o cumprimento da sentença for provisório) ou do trânsito em julgado da sentença (se o cumprimento da sentença for definitivo).

Na fase de cumprimento da sentença, o executado pode alegar na impugnação qualquer causa modificativa ou extintiva da obrigação, como prescrição, desde que superveniente à sentença (art. 525, § 1º, inciso VII, do CPC).

No cumprimento de sentença que impuser à Fazenda Pública o dever de pagar quantia certa, a Fazenda Pública é intimada na pessoa de seu representante judicial, por carga, remessa ou meio eletrônico, para, querendo, no prazo de 30 dias e nos próprios autos, impugnar a execução, podendo arguir qualquer causa modificativa ou extintiva da obrigação, como prescrição, desde que superveniente ao trânsito em julgado da sentença (art. 535, inciso VI, do CPC).

No processo de execução (art. 771 do CPC), fundado em título executivo extrajudicial (art. 784 do CPC), o executado pode alegar

---

decisão, sobre o qual não foram opostos embargos declaratórios, não pode ser objeto de recurso extraordinário, por faltar o requisito do prequestionamento". Súmula 211 do STJ: "Inadmissível recurso especial quanto à questão que, a despeito da oposição de embargos declaratórios, não foi apreciada pelo Tribunal *a quo*".

73 MONTEIRO, Washington de Barros; PINTO, Ana Cristina de Barros Monteiro França. *Curso de direito civil*: parte geral. 44. ed. São Paulo: Saraiva, 2012. v. 1. p. 366-367.

74 "3. Na hipótese, o acórdão está em conformidade com a jurisprudência do Superior Tribunal de Justiça, no sentido de que somente se configura o trânsito em julgado quando não for cabível nenhum recurso do último pronunciamento judicial. Precedentes" (STJ, 3ª T., AgInt no REsp 1.803.637/SP, 2019/0073740-5, Rel. Min. Ricardo Villas Bôas Cueva, DJe 11.12.2019).

75 MONTEIRO, Washington de Barros; PINTO, Ana Cristina de Barros Monteiro França. *Curso de direito civil*: parte geral. 44. ed. São Paulo: Saraiva, 2012. v. 1. p. 367.

a prescrição em exceção de pré-executividade[76] ou nos embargos à execução (art. 917, inciso VI, do CPC)[77].

A prescrição, por ser matéria de ordem pública, deve ser conhecida de ofício pelo juiz (art. 487, inciso II, do CPC).

Anteriormente, o art. 194 do Código Civil previa que o juiz não podia suprir, de ofício, a alegação de prescrição, salvo se favorecesse a absolutamente incapaz. Esse dispositivo foi *revogado* pela Lei 11.280/2006. Logo, na atualidade, mesmo que não alegada pela parte, o juiz deve conhecer a prescrição de ofício[78].

25.7 ALCANCE

Os relativamente incapazes e as pessoas jurídicas têm ação contra os seus assistentes ou representantes legais, que derem causa à prescrição, ou não a alegarem oportunamente (art. 195 do Código Civil).

A prescrição é desfavorável ao credor, seja pessoa natural ou jurídica, de direito público ou de direito privado, em razão de sua inércia em exigir a pretensão[79]. Por outro lado, a prescrição favorece

---

[76] "3. A objeção de pré-executividade, por se tratar de criação jurisprudencial destinada a impedir a prática de atos tipicamente executivos, em face da existência de vícios ou matérias conhecíveis de ofício e identificáveis de plano pela autoridade judicial, é meio processual adequado para deduzir a prescrição do título em execução" (STJ, 3ª T., REsp 1.522.093/MS, 2014/0248089-8, Rel. Min. Marco Aurélio Bellizze, DJe 26.11.2015).

[77] "3. As questões decididas definitivamente em sede de exceção de pré-executividade não podem ser renovadas na oposição de embargos do devedor, em razão da força preclusiva da coisa julgada. Precedentes. 4. No caso, a tese de prescrição foi rejeitada de forma definitiva, sem a possibilidade de se renovar a discussão do tema em outro feito, constituindo julgamento sujeito à desconstituição por meio de ação rescisória, inclusive quanto aos consectários da execução" (STJ, 4ª T., AgInt no REsp 1.330.661/RS, 2012/0129987-0, Rel. Min. Antonio Carlos Ferreira, DJe 01.07.2019).

[78] MONTEIRO, Washington de Barros; PINTO, Ana Cristina de Barros Monteiro França. *Curso de direito civil*: parte geral. 44. ed. São Paulo: Saraiva, 2012. v. 1. p. 369.

[79] "IV – Do referido julgado repetitivo, extrai-se a aplicação da teoria da *actio nata*, pela qual o prazo prescricional se inicia com a ciência do ato danoso, bem assim o entendimento de que a prescrição decorre da inércia do titular da pretensão não exercida" (STJ, 1ª Seção, EREsp 1.106.366/RS, 2010/0079354-1, Rel. Min. Francisco Falcão, DJe 26.06.2020).

o devedor, seja pessoa natural ou pessoa jurídica, de direito público ou de direito privado, podendo ser alegada em seu favor[80].

Os relativamente incapazes e as pessoas jurídicas têm ação de regresso em face dos seus assistentes (pais, tutores ou curadores) ou representantes legais, que derem causa à prescrição (caso aqueles sejam credores) ou que não a alegarem oportunamente (se aqueles forem devedores), como forma de ressarcimento pelos prejuízos decorrentes[81].

A prescrição iniciada contra uma pessoa continua a correr contra o seu sucessor (art. 196 do Código Civil). Se o prazo prescricional teve início e, posteriormente, o credor morre, a prescrição iniciada continua contra o seu sucessor, que dispõe do prazo ainda não transcorrido[82].

Se a pretensão relativa à obrigação principal estiver prescrita, as obrigações acessórias (por exemplo, a cláusula penal e os juros), também são consideradas prescritas. Aplica-se o princípio de que o acessório segue o principal. Entretanto, a prescrição da pretensão relativa ao direito acessório não alcança o principal[83].

Como o ordinário é a satisfação dos direitos[84], mas a prescrição extingue a pretensão relativa ao direito violado, as suas previsões devem ser interpretadas de forma estrita, não se admitindo interpretação extensiva, nem analogia[85]. Esclareça-se ainda que a prescrição em

---

80 MONTEIRO, Washington de Barros; PINTO, Ana Cristina de Barros Monteiro França. *Curso de direito civil*: parte geral. 44. ed. São Paulo: Saraiva, 2012. v. 1. p. 367.

81 MONTEIRO, Washington de Barros; PINTO, Ana Cristina de Barros Monteiro França. *Curso de direito civil*: parte geral. 44. ed. São Paulo: Saraiva, 2012. v. 1. p. 367-368.

82 MONTEIRO, Washington de Barros; PINTO, Ana Cristina de Barros Monteiro França. *Curso de direito civil*: parte geral. 44. ed. São Paulo: Saraiva, 2012. v. 1. p. 368.

83 MONTEIRO, Washington de Barros; PINTO, Ana Cristina de Barros Monteiro França. *Curso de direito civil*: parte geral. 44. ed. São Paulo: Saraiva, 2012. v. 1. p. 370.

84 DINAMARCO. Cândido Rangel. *Fundamentos do direito processual civil moderno*. 2. ed. São Paulo: Malheiros, 2000. t. I. p. 440: "A mais ampla consideração a ser feita em tema de prescrição é a da sua excepcionalidade na vida dos direitos. O destino ordinário dos direitos é sua satisfação, seja mediante o adimplemento do obrigado, seja pela via imperativa do processo. O extraordinário é prescrever. Todo o sistema da prescrição, aliás, é montado sobre essa premissa".

85 "6. As regras jurídicas acerca da prescrição devem ser interpretadas estritamente, repelindo-se a interpretação extensiva ou analógica. Daí porque afigura-se absolutamente incabível a fixação de prazo prescricional por analogia, medida que não se coaduna com os princípios gerais que regem o Direito Civil brasileiro, além de constituir verdadeiro

curso não gera direito adquirido, podendo o seu prazo ser reduzido ou aumentado por lei posterior[86].

25.8 REGRA DE TRANSIÇÃO

Como regra de transição, serão os da lei anterior os prazos, quando reduzidos pelo Código Civil de 2002, e se, na data de sua entrada em vigor, já houver transcorrido mais da metade do tempo estabelecido na lei revogada (art. 2.028 do Código Civil de 2002).

Logo, são aplicáveis os prazos de prescrição da lei anterior (Código Civil de 1916) quando esses prazos forem reduzidos pelo Código Civil de 2002, se, na data de sua entrada em vigor, já tenha transcorrido mais da metade do prazo de prescrição estabelecido na lei revogada (Código Civil de 1916). Entretanto, se o prazo de prescrição da lei anterior (Código Civil de 1916) foi reduzido pelo Código Civil de 2002, mas, na data de sua entrada em vigor, ainda não transcorreu metade do prazo de prescrição estabelecido na lei revogada (Código Civil de 1916), aplica-se o prazo de prescrição do Código Civil de 2002[87].

Caso seja aplicável o prazo de prescrição previsto no Código Civil de 2002, esse novo prazo é contado a partir da sua entrada em vigor[88]. Cf. Capítulo 1, item 1.14.7.

---

atentado à segurança jurídica, cuja preservação se espera desta Corte Superior" (STJ, 2ª Seção, REsp 1.819.826/SP, 2019/0120133-2, Rel. Min. Ricardo Villas Bôas Cueva, DJe 03.11.2020).

86 MONTEIRO, Washington de Barros; PINTO, Ana Cristina de Barros Monteiro França. *Curso de direito civil*: parte geral. 44. ed. São Paulo: Saraiva, 2012. v. 1. p. 370.

87 "5. A regra de transição prevista no art. 2.028 do CC prevê que, se, em 11/1/2003, já tiverem passado mais de 10 anos, o prazo prescricional vintenário do art. 177 do Código Civil de 1916 continua a fluir até o seu término; porém, se naquela data, não houver transcorrido tempo superior ao decênio, inicia-se a contagem da prescrição quinquenal prevista no art. 206, § 5º, I, do Código Civil de 2002" (STJ, 4ª T., REsp 1.268.590/PR, 2011/0178537-3, Rel. Min. Luis Felipe Salomão, DJe 25.05.2015).

88 GAGLIANO, Pablo Stolze; PAMPLONA FILHO, Rodolfo. *Novo curso de direito civil*: parte geral. 6. ed. São Paulo: Saraiva, 2005. v. 1. p. 530-531: "caso tenha havido redução de prazo pela lei nova (imagine a pretensão de reparação civil que se reduziu de 20 para 3 anos – art. 206, § 3º, V), tendo transcorrido menos da metade do prazo pela lei anterior, ao aplicar a lei nova (art. 2.028), esse novo prazo, obviamente, começará a

25.9 PROCESSO

O advogado não é admitido a postular em juízo sem procuração, salvo para evitar preclusão, decadência ou prescrição, ou para praticar ato considerado urgente (art. 104 do CPC). Nessas hipóteses, o advogado deve, independentemente de caução, exibir a procuração no prazo de 15 dias, prorrogável por igual período por despacho do juiz. O ato não ratificado será considerado ineficaz relativamente àquele em cujo nome foi praticado, respondendo o advogado pelas despesas e por perdas e danos.

Há resolução de mérito quando o juiz decidir, de ofício ou a requerimento, sobre a ocorrência de decadência ou prescrição (art. 487, inciso II, do CPC).

Ressalvada a hipótese do § 1º do art. 332 do CPC (sobre improcedência liminar do pedido)[89], a prescrição e a decadência não devem ser reconhecidas sem que antes seja dada às partes oportunidade de manifestar-se (art. 487, parágrafo único, do CPC).

Essa previsão tem como objetivo assegurar o contraditório (art. 5º, inciso LV, da Constituição da República). Nesse contexto, o juiz não pode decidir, em grau algum de jurisdição, com base em fundamento a respeito do qual não se tenha dado às partes oportunidade de se manifestar, ainda que se trate de matéria sobre a qual deva decidir de ofício (art. 10 do CPC).

Independentemente da reparação por dano processual, a parte responde pelo prejuízo que a efetivação da tutela de urgência causar à parte adversa, se o juiz acolher a alegação de decadência ou prescrição da pretensão do autor (art. 302, inciso IV, do CPC).

---

correr da data da entrada em vigor do novo Código Civil". Na jurisprudência: "2. De fato, a jurisprudência do STJ é firme no sentido de que, conforme a regra de transição prevista no art. 2.028 do CC/2002, quando reduzido o prazo prescricional pela lei nova e houver o transcurso de menos da metade do tempo estabelecido no CC/1916, o termo inicial da prescrição deve ser fixado a partir da data de entrada em vigor do CC/2002, ou seja, 11.01.03" (STJ, 4ª T., AgInt no AREsp 1.417.538/BA, 2018/0334582-0, Rel. Min. Luis Felipe Salomão, DJe 30.09.2019).

89 "§ 1º O juiz também poderá julgar liminarmente improcedente o pedido se verificar, desde logo, a ocorrência de decadência ou de prescrição".

O indeferimento da tutela provisória de urgência cautelar não obsta a que a parte formule o pedido principal, nem influi no julgamento desse, salvo se o motivo do indeferimento for o reconhecimento de decadência ou de prescrição (art. 310 do CPC).

25.10 CAUSAS QUE IMPEDEM OU SUSPENDEM A PRESCRIÇÃO

As causas que impedem ou suspendem a prescrição fazem com que o prazo não se inicie ou, se já tiver iniciado, suspenda-se[90]. Não se confundem, entretanto, com as causas que interrompem a prescrição[91].

As causas que impedem ou suspendem a prescrição decorrem da lei, ou seja, não dependem da vontade do credor para incidir[92], e fazem cessar de forma temporária o prazo prescricional. Não havendo mais a incidência dessas causas, o prazo de prescrição volta a correr normalmente, devendo ser computado o tempo transcorrido anteriormente. Diversamente, as causas que interrompem a prescrição, em regra, envolvem comportamento ativo ou iniciativa do credor[93], e nelas o tempo já transcorrido não é considerado na contagem, pois começa a correr novamente o prazo prescricional por inteiro[94].

Não corre a prescrição:

I – entre os cônjuges, na constância da sociedade conjugal;

II – entre ascendentes e descendentes, durante o poder familiar;

III – entre tutelados ou curatelados e seus tutores ou curadores, durante a tutela ou curatela (art. 197 do Código Civil).

---

90 RODRIGUES, Silvio. *Direito civil*: parte geral. 34. ed. São Paulo: Saraiva, 2003. v. 1. p. 335.

91 "6. Por subtender a violação do direito, o regime prescricional admite causas que impedem, suspendem ou interrompem o prazo prescricional, e, assim como já frisado, a ação só nasce ao titular do direito violado'" (STJ, 1ª Seção, REsp 1.648.336/RS, 2017/0009052-4, Rel. Min. Herman Benjamin, DJe 04.08.2020).

92 RODRIGUES, Silvio. *Direito civil*: parte geral. 34. ed. São Paulo: Saraiva, 2003. v. 1. p. 336.

93 RODRIGUES, Silvio. *Direito civil*: parte geral. 34. ed. São Paulo: Saraiva, 2003. v. 1. p. 336.

94 MONTEIRO, Washington de Barros; PINTO, Ana Cristina de Barros Monteiro França. *Curso de direito civil*: parte geral. 44. ed. São Paulo: Saraiva, 2012. v. 1. p. 372.

Nessas hipóteses, o prazo prescricional fica paralisado, levando com consideração a proximidade, o parentesco ou a relação de confiança existente entre as pessoas envolvidas[95].

A respeito do art. 197, inciso I, do Código Civil, encerrada a sociedade conjugal, o prazo prescricional passa a correr ou volta a correr. Cabe esclarecer que a sociedade conjugal termina: I – pela morte de um dos cônjuges; II – pela nulidade ou anulação do casamento; III – pela separação judicial; IV – pelo divórcio (art. 1.571 do Código Civil).

Ainda quanto ao art. 197, inciso I, do Código Civil, entende-se que também não corre a prescrição entre os companheiros, na constância da união estável (art. 226, § 3º, da Constituição Federal de 1988).

Também não corre a prescrição:

I – contra os incapazes de que trata o art. 3º do Código Civil (os absolutamente incapazes, ou seja, os menores de 16 anos)[96];

II – contra os ausentes do País em serviço público da União, dos Estados ou dos Municípios;

III – contra os que se acharem servindo nas Forças Armadas, em tempo de guerra (art. 198 do Código Civil).

O art. 198, inciso I, do Código Civil apenas é aplicável aos absolutamente incapazes (art. 3º do Código Civil)[97], e não aos relativamente incapazes[98].

Na hipótese do art. 198, inciso I, do Código Civil, quando a pessoa completar 16 anos o prazo prescricional inicia ou reinicia, sendo esse último

---

95 MONTEIRO, Washington de Barros; PINTO, Ana Cristina de Barros Monteiro França. *Curso de direito civil*: parte geral. 44. ed. São Paulo: Saraiva, 2012. v. 1. p. 373.

96 "Como sabido, a finalidade de tal dispositivo legal é amparar, em matéria de prescrição, os absolutamente incapazes, visto que não podem exercer, por si próprios, ante a tenra idade, os atos da vida civil" (STJ, 3ª T., REsp 1.458.694/SP, 2014/0114814-4, Rel. Min. Ricardo Villas Bôas Cueva, DJe 15.02.2019).

97 "2. A jurisprudência desta Corte orienta-se no sentido de que não corre a prescrição contra os absolutamente incapazes" (STJ, 4ª T., AgInt no AREsp 1.164.869/MG, 2017/0221957-2, Rel. Min. Maria Isabel Gallotti, DJe 21.05.2018).

98 "3. A prescrição apenas não corre contra absolutamente incapazes (art. 169, I, c/c art. 5º do CC/16), mas passa a correr quando a incapacidade passa a ser apenas relativa" (STJ, 1ª Seção, AR 4.871/PE, 2011/0284838-2, Rel. Min. Benedito Gonçalves, DJe 20.02.2020).

caso na situação do art. 196 do Código Civil, ao prever que a prescrição iniciada contra uma pessoa continua a correr contra o seu sucessor[99].

Na hipótese do art. 198, inciso II, do Código Civil, quando a pessoa retorna ao País, o prazo prescricional é reiniciado[100].

Na hipótese do art. 198, inciso III, do Código Civil, o prazo prescricional não correrá durante a guerra contra quem estiver servindo nas Forças Armadas.

Esclareça-se que compete à União declarar a guerra e celebrar a paz (art. 21, inciso II, da Constituição Federal de 1988). De modo mais específico, é da competência exclusiva do Congresso Nacional autorizar o Presidente da República a declarar guerra, a celebrar a paz (art. 49, inciso II, da Constituição da República). Sendo assim, compete privativamente ao Presidente da República declarar guerra, no caso de agressão estrangeira, autorizado pelo Congresso Nacional ou referendado por ele, quando ocorrida no intervalo das sessões legislativas (art. 84, inciso XIX, da Constituição Federal de 1988).

Não corre igualmente a prescrição:

I – pendendo condição suspensiva;

II – não estando vencido o prazo;

III – pendendo ação de evicção (art. 199 do Código Civil).

Como estudado anteriormente, condição é a cláusula que deriva exclusivamente da vontade das partes e subordina o efeito do negócio jurídico a evento futuro e incerto (art. 121 do Código Civil). Se a eficácia do negócio jurídico está subordinada a condição suspensiva, enquanto esta se não verificar, não se terá adquirido o direito a que ele visa (art. 125 do Código Civil). Na realidade, se a condição suspensiva estiver pendente, como o direito ainda não é exigível pelo interessado, não há como correr a prescrição (art. 199, inciso I, do Código Civil)[101].

---

[99] MONTEIRO, Washington de Barros; PINTO, Ana Cristina de Barros Monteiro França. *Curso de direito civil*: parte geral. 44. ed. São Paulo: Saraiva, 2012. v. 1. p. 373.

[100] MONTEIRO, Washington de Barros; PINTO, Ana Cristina de Barros Monteiro França. *Curso de direito civil*: parte geral. 44. ed. São Paulo: Saraiva, 2012. v. 1. p. 373.

[101] MONTEIRO, Washington de Barros; PINTO, Ana Cristina de Barros Monteiro França. *Curso de direito civil*: parte geral. 44. ed. São Paulo: Saraiva, 2012. v. 1. p. 374.

O termo inicial suspende o exercício (art. 131, parte inicial, do Código Civil). Se o prazo não está vencido, o direito ainda não é exigível e, portanto, não corre o prazo de prescrição (art. 199, inciso II, do Código Civil)[102].

Nos contratos onerosos, o alienante responde pela evicção (art. 447 do Código Civil), ou seja, pela perda da posse ou da propriedade da coisa pelo adquirente, em razão de decisão judicial proferida em ação proposta por terceiro[103]. Enquanto estiver pendente a ação de evicção, por não haver decisão definitiva determinando ao evicto (adquirente) a perda da coisa em favor do terceiro (autor da ação), ainda não são exigíveis, em face do alienante, os direitos de restituição do preço, indenização, custas judiciais e honorários de advogado constituído pelo evicto (art. 450 do Código Civil). Por isso, durante esse período, não corre a prescrição (art. 199, inciso III, do Código Civil)[104]. Após o trânsito em julgado da decisão na ação de evicção, o prazo de prescrição se inicia ou volta a correr, computando o prazo já transcorrido.

No contrato de seguro, sob pena de perder o direito à indenização, o segurado deve participar o sinistro ao segurador, logo que o saiba, e tomar as providências imediatas para minorar as suas consequências (art. 771 do Código Civil). Sendo assim, nos termos da Súmula 229 do STJ: "O pedido do pagamento de indenização à seguradora suspende o prazo de prescrição até que o segurado tenha ciência da decisão"[105].

Além disso, em consonância com a Súmula 278 do STJ: "O termo inicial do prazo prescricional, na ação de indenização, é a data em que o segurado teve ciência inequívoca da incapacidade laboral".

---

102 RODRIGUES, Silvio. *Direito civil*: parte geral. 34. ed. São Paulo: Saraiva, 2003. v. 1. p. 338.

103 "2. A evicção consiste na perda parcial ou integral da posse ou da propriedade do bem, via de regra, em virtude de decisão judicial que atribui o uso, a posse ou a propriedade a outrem, em decorrência de motivo jurídico anterior ao contrato de aquisição" (STJ, 4ª T., REsp 1.133.597/MG, 2009/0065964-6, Rel. Min. Luis Felipe Salomão, DJe 28.02.2014).

104 RODRIGUES, Silvio. *Direito civil*: parte geral. 34. ed. São Paulo: Saraiva, 2003. v. 1. p. 338-339.

105 "O prazo prescricional para o segurado ajuizar ação contra a seguradora buscando pagamento de indenização por perda de aluguel e danos ao imóvel é de um ano e começa a fluir na data em que o segurado tem conhecimento da lesão ao direito (princípio da *actio nata*), ficando suspenso entre eventual comunicação do sinistro e a data da ciência da recusa pelo segurado" (STJ, 3ª T., AgInt no REsp 1.807.634/AM, 2019/0107808-4, Rel. Min. Marco Aurélio Bellizze, DJe 22.08.2019).

Há ainda outras hipóteses de suspensão da prescrição. Por exemplo, a decretação da falência ou o deferimento do processamento da recuperação judicial implica suspensão do curso da prescrição das obrigações do devedor sujeitas ao regime da Lei 11.101/2005 (art. 6º, inciso I, da Lei 11.101/2005, incluído pela Lei 14.112/2020). Entretanto, nos casos de microempresas e empresas de pequeno porte, o pedido de recuperação judicial com base em plano especial não acarreta a suspensão do curso da prescrição nem das ações e execuções por créditos não abrangidos pelo plano (art. 71, parágrafo único, da Lei 11.101/2005)[106].

Quando a ação se originar de fato que deva ser apurado no juízo criminal, não correrá a prescrição antes da respectiva sentença definitiva (art. 200 do Código Civil). Nesse caso, como a sentença penal pode produzir efeitos na esfera civil, a prescrição fica impedida ou suspensa até o trânsito em julgado da decisão no juízo criminal[107].

Cabe lembrar que a responsabilidade civil é independente da criminal, mas não se pode questionar mais sobre a existência do fato, ou sobre quem seja o seu autor, quando estas questões se acharem decididas no juízo criminal (art. 935 do Código Civil)[108]. Nesse contexto, um dos

[106] MONTEIRO, Washington de Barros; PINTO, Ana Cristina de Barros Monteiro França. *Curso de direito civil*: parte geral. 44. ed. São Paulo: Saraiva, 2012. v. 1. p. 374.

[107] "Danos morais e materiais. Prescrição. Não ocorrência. Termo inicial. Trânsito em julgado da sentença penal condenatória. Precedentes do STJ. Súmula 83/STJ. Agravo não provido. 1. A jurisprudência do Superior Tribunal de Justiça é assente no sentido de que, 'em se tratando de ação civil *ex delicto*, com o objetivo de reparação de danos, o termo *a quo* para ajuizamento da ação somente começa a fluir a partir do trânsito em julgado da ação penal' (AgRg no Ag 951.232/RN, Rel. Min. Eliana Calmon, Segunda Turma, DJe de 5/9/08). 2. Agravo regimental não provido" (STJ, 1ª T., AgRg no AREsp 242.540/SP, Rel. Min. Arnaldo Esteves Lima, DJe 02.04.2013).

[108] "4. O ordenamento jurídico estabelece a relativa independência entre as jurisdições cível e penal, de tal modo que quem pretende ser ressarcido dos danos sofridos com a prática de um delito pode escolher, de duas, uma das opções: ajuizar a correspondente ação cível de indenização ou aguardar o desfecho da ação penal, para, então, liquidar ou executar o título judicial eventualmente constituído pela sentença penal condenatória transitada em julgado. 5. A decretação da prescrição da pretensão punitiva do Estado impede, tão somente, a formação do título executivo judicial na esfera penal, indispensável ao exercício da pretensão executória pelo ofendido, mas não fulmina o interesse processual no exercício da pretensão indenizatória a ser deduzida no juízo cível pelo mesmo fato. 6. O art. 200 do CC/02 dispõe que, quando a ação se originar de fato que deva ser apurado no juízo criminal, não correrá a prescrição antes da respectiva sentença definitiva" (STJ, 3ª T., REsp 1.802.170/SP, 2019/0018238-6, Rel. Min. Nancy Andrighi, DJe 26.02.2020).

efeitos da condenação penal é tornar certa a obrigação de indenizar o dano causado pelo crime (art. 91, inciso I, do Código Penal).

Saliente-se que faz coisa julgada no cível a sentença penal que reconhecer ter sido o ato praticado em estado de necessidade, em legítima defesa, em estrito cumprimento de dever legal ou no exercício regular de direito (art. 65 do Código de Processo Penal). Além disso, não obstante a sentença absolutória no juízo criminal, a ação civil pode ser proposta quando não tiver sido, categoricamente, reconhecida a inexistência material do fato (art. 66 do CPP)[109].

Suspensa a prescrição em favor de um dos credores solidários, só aproveitam os outros se a obrigação for indivisível (art. 201 do Código Civil).

Na solidariedade ativa, cada um dos credores solidários tem direito a exigir do devedor o cumprimento da prestação por inteiro (art. 267 do Código Civil). Os efeitos da prescrição, em regra, são pessoais[110]. Em razão disso, a suspensão da prescrição em favor de um credor solidário não aproveita aos demais credores solidários, exceto se a obrigação for indivisível[111]. Essa ressalva decorre da previsão de que, na obrigação indivisível, se houver pluralidade de credores, cada um destes pode exigir a dívida inteira (art. 260 do Código Civil). Logo, se a obrigação é indivisível, a suspensão da prescrição em favor de um credor solidário aproveita aos demais credores solidários.

Esclareça-se que a obrigação é indivisível quando a prestação tem por objeto uma coisa ou um fato não suscetíveis de divisão, por sua

---

[109] "3. O artigo 935 do Código Civil adotou o sistema da independência entre as esferas cível e criminal, sendo possível a propositura de suas ações de forma separada. Tal independência é relativa, pois uma vez reconhecida a existência do fato e da autoria no juízo criminal, estas questões não poderão mais ser analisadas pelo juízo cível. 4. A partir da doutrina e da jurisprudência do Superior Tribunal de Justiça acerca do tema, é possível concluir que a) em caso de sentença condenatória com trânsito em julgado, há incontornável dever de indenizar, e b) em caso de sentença absolutória em virtude do reconhecimento de inexistência do fato, da negativa de autoria, não haverá dever de indenizar. 5. Não havendo sentença condenatória com trânsito em julgado, deve-se avaliar os elementos de prova para aferir a responsabilidade do réu pela reparação do dano" (STJ, 3ª T., REsp 1.829.682/SP, 2019/0100719-8, Rel. Min. Ricardo Villas Bôas Cueva, DJe 09.06.2020).

[110] RODRIGUES, Silvio. *Direito civil*: parte geral. 34. ed. São Paulo: Saraiva, 2003. v. 1. p. 344.

[111] MONTEIRO, Washington de Barros; PINTO, Ana Cristina de Barros Monteiro França. *Curso de direito civil*: parte geral. 44. ed. São Paulo: Saraiva, 2012. v. 1. p. 375.

natureza, por motivo de ordem econômica, ou dada a razão determinante do negócio jurídico (art. 258 do Código Civil).

Por exemplo, até a partilha, o direito dos herdeiros, quanto à propriedade e posse da herança, é indivisível, e regula-se pelas normas relativas ao condomínio (art. 1.791, parágrafo único, do Código Civil). Logo, caso os herdeiros sejam credores solidários quanto a certa prestação (art. 267 do Código Civil), até que ocorra a partilha, se um deles for absolutamente incapaz (art. 198, inciso I, do Código Civil), não corre a prescrição em favor de todos os herdeiros (art. 201 do Código Civil)[112].

A Lei 14.010/2020 institui normas de caráter transitório e emergencial para a regulação de relações jurídicas de Direito Privado em virtude da pandemia do coronavírus (covid-19).

Para os fins da Lei 14.010/2020, considera-se 20 de março de 2020, data da publicação do Decreto Legislativo 6, como termo inicial dos eventos derivados da pandemia do coronavírus (art. 1º, parágrafo único, da Lei 14.010/2020).

Os prazos prescricionais consideram-se impedidos ou suspensos, conforme o caso, a partir da entrada em vigor da Lei 14.010/2020 (ou seja, 12 de junho de 2020) até 30 de outubro de 2020 (art. 3º da Lei 14.010/2020). Essa previsão não se aplica enquanto perdurarem as hipóteses específicas de impedimento, suspensão e interrupção dos prazos prescricionais previstas no ordenamento jurídico nacional (art. 3º, § 1º, da Lei 14.010/2020). A referida previsão aplica-se à decadência, conforme ressalva prevista no art. 207 do Código Civil (art. 3º, § 2º, da Lei 14.010/2020).

25.11 CAUSAS QUE INTERROMPEM A PRESCRIÇÃO

A prescrição em curso pode ser interrompida, mas não a prescrição que já se consumou[113]. Com a interrupção da prescrição, o prazo

[112] MONTEIRO, Washington de Barros; PINTO, Ana Cristina de Barros Monteiro França. *Curso de direito civil*: parte geral. 44. ed. São Paulo: Saraiva, 2012. v. 1. p. 375.

[113] MONTEIRO, Washington de Barros; PINTO, Ana Cristina de Barros Monteiro França. *Curso de direito civil*: parte geral. 44. ed. São Paulo: Saraiva, 2012. v. 1. p. 381.

recomeça a correr do seu início[114], ou seja, o tempo anteriormente transcorrido é desconsiderado[115].

A interrupção da prescrição, que somente pode ocorrer uma vez[116], dar-se-á:

I – por despacho do juiz, mesmo incompetente, que ordenar a citação, se o interessado a promover no prazo e na forma da lei processual[117];

II – por protesto, nas condições do inciso antecedente;

III – por protesto cambial;

IV – pela apresentação do título de crédito em juízo de inventário ou em concurso de credores;

V – por qualquer ato judicial que constitua em mora o devedor;

VI – por qualquer ato inequívoco, ainda que extrajudicial, que importe reconhecimento do direito pelo devedor (art. 202 do Código Civil).

A interrupção da prescrição ocorre por despacho do juiz, mesmo incompetente, que ordenar a citação, se o interessado a promover no prazo e na forma da lei processual (art. 202, inciso I, do Código Civil).

A citação válida, ainda quando ordenada por juízo incompetente, induz litispendência, torna litigiosa a coisa e constitui em mora o devedor, ressalvado o disposto nos arts. 397 e 398 do Código Civil[118]

---

[114] "3. Ademais, é sabido que a interrupção faz reiniciar a contagem total do prazo prescricional" (STJ, 2ª T., AREsp 1.596.449/DF, 2019/0298151-9, Rel. Min. Herman Benjamin, DJe 27.02.2020).

[115] MONTEIRO, Washington de Barros; PINTO, Ana Cristina de Barros Monteiro França. *Curso de direito civil*: parte geral. 44. ed. São Paulo: Saraiva, 2012. v. 1. p. 372.

[116] "6. Nos termos do art. 202 do CC, o decurso do prazo prescricional interrompe-se, uma única vez, quando presente qualquer das hipóteses definidas no art. 202 do CC" (STJ, 3ª T., REsp 1.522.093/MS, 2014/0248089-8, Rel. Min. Marco Aurélio Bellizze, DJe 26.11.2015).

[117] "7. A propositura de demanda em que se debate o próprio crédito – seja ela anulatória, revisional ou cautelar de sustação de protesto – denota o conhecimento do devedor do interesse do credor em exigir seu crédito. Ademais, a atuação judicial do credor em defesa de seu crédito implica o inevitável afastamento da inércia. 8. Desse modo, aplica-se a interrupção do prazo prescricional, nos termos do art. 202, I, do CC, ainda que a judicialização da relação jurídica tenha sido provocada pelo devedor" (STJ, 3ª T., REsp 1.522.093/MS, 2014/0248089-8, Rel. Min. Marco Aurélio Bellizze, DJe 26.11.2015).

[118] "Art. 397. O inadimplemento da obrigação, positiva e líquida, no seu termo, constitui de pleno direito em mora o devedor. Parágrafo único. Não havendo termo, a mora se constitui

(art. 240 do CPC). A interrupção da prescrição, operada pelo despacho que ordena a citação, ainda que proferido por juízo incompetente, retroagirá à data de propositura da ação (art. 240, § 1º, do CPC)[119].

Exige-se que o réu seja citado de forma válida para que ocorra a interrupção da prescrição[120], a qual retroage à data do ajuizamento da ação[121].

Incumbe ao autor adotar, no prazo de 10 dias, as providências necessárias para viabilizar a citação, sob pena de não se aplicar o disposto no § 1º do art. 240 do CPC (art. 240, § 2º, do CPC). A parte

---

mediante interpelação judicial ou extrajudicial. Art. 398. Nas obrigações provenientes de ato ilícito, considera-se o devedor em mora, desde que o praticou".

119 "1. Em regra, a citação válida interrompe a fluência do prazo prescricional, que torna a correr do trânsito em julgado, no caso da extinção do feito sem resolução do mérito. A contagem prescricional não será reiniciada, entretanto, se a extinção do feito tiver se fundado no art. 267, II e III do CPC/1973, ou seja, nas hipóteses de inércia da parte autora, a teor da orientação firmada no acórdão do REsp 1.091.539/AP, Rel. Min. Maria Thereza de Assis Moura, DJe 30.3.2009, proferido sob o rito do art. 543-C do CPC/1973" (STJ, 1ª T., AgRg no AREsp 533.460/PB, 2014/0145045-0, Rel. Min. Napoleão Nunes Maia Filho, DJe 08.05.2019).

120 RODRIGUES, Silvio. *Direito civil*: parte geral. 34. ed. São Paulo: Saraiva, 2003. v. 1. p. 341.

121 "Uma vez efetuada a citação válida, o marco interruptivo da prescrição retroage à data de propositura da ação" (STJ, 1ª T., AgInt no REsp 1.746.781/PE, 2018/0139667-1, Rel. Min. Napoleão Nunes Maia Filho, DJe 28.05.2020). "1. A citação válida retroage à data da propositura da ação para efeitos de interrupção da prescrição, conforme o art. 219, § 1º, do CPC/1973 (correspondente ao art. 240, § 1º, do CPC/2015). Por outro lado, o § 3º do aludido dispositivo prevê que a parte não será prejudicada pela demora imputável exclusivamente ao serviço judiciário" (STJ, 3ª T., AgInt no AREsp 1.590.431/GO, 2019/0287273-9, Rel. Min. Marco Aurélio Bellizze, DJe 24.09.2020). "3. Da interpretação conjugada das normas dos arts. 219 do CPC/73 e 202, I, do CC/02, extrai-se o entendimento de que a prescrição é interrompida pelo despacho que ordena a citação e que a sua concretização faz com que seus efeitos interruptivos retroajam à data da propositura da ação. 4. Processo em que não houve citação válida é inexistente. 4.1. Decretada a nulidade absoluta do processo e da citação por edital dos réus falecidos antes da propositura da ação de cobrança da taxa condominial por decisão já transitada em julgado, não pode ele renascer já que não existiu, muito menos ela serviu para interromper a prescrição. 4.2. Ato nulo, por resguardar interesse público maior, em regra, é ineficaz, não pode ser confirmado pelas partes e não pode ser convalidado pelo decurso do tempo. 5. A Corte Especial já proclamou que não há interrupção da prescrição (i) se a citação ocorre depois da implementação do prazo prescricional; ou, mesmo antes, (ii) se a citação não obedece a forma da lei processual. 6. Recurso especial provido para reconhecer a ocorrência da prescrição" (STJ, 3ª T., REsp 1.777.632/SP, 2018/0291611-1, Rel. Min. Moura Ribeiro, DJe 01.07.2019).

não deve ser prejudicada pela demora imputável exclusivamente ao serviço judiciário (art. 240, § 3º, do CPC).

Confirmando essa previsão, segundo a Súmula 106 do STJ: "Proposta a ação no prazo fixado para o seu exercício, a demora na citação, por motivos inerentes ao mecanismo da justiça, não justifica o acolhimento da arguição de prescrição ou decadência".

Na execução, o despacho que ordena a citação, desde que realizada em observância ao disposto no § 2º do art. 240 do CPC, interrompe a prescrição, ainda que proferido por juízo incompetente (art. 802 do CPC). A interrupção da prescrição retroagirá à data de propositura da ação.

Frise-se ainda que a instituição da arbitragem interrompe a prescrição, retroagindo à data do requerimento de sua instauração, ainda que extinta a arbitragem por ausência de jurisdição (art. 19, § 2º, da Lei 9.307/1996, incluído pela Lei 13.129/2015). Considera-se instituída a arbitragem quando aceita a nomeação pelo árbitro, se for único, ou por todos, se forem vários (art. 19 da Lei 9.307/1996).

A interrupção da prescrição ocorre por protesto, nas mesmas condições do inciso I do art. 202 do Código Civil (art. 202, inciso II, do Código Civil). O protesto previsto no art. 202, inciso II, do Código Civil é de natureza judicial[122], atualmente disciplinado como procedimento de jurisdição voluntária (art. 726, § 2º, do CPC).

A interrupção da prescrição também ocorre por protesto cambial (art. 202, inciso III, do Código Civil)[123]. O protesto cambial diz res-

---

[122] RODRIGUES, Silvio. *Direito civil*: parte geral. 34. ed. São Paulo: Saraiva, 2003. v. 1. p. 341-342.

[123] "4. Os títulos de crédito cumprem a função econômica de servirem de instrumentos de circulação de crédito, garantida pela incidência das regras do direito cambiário, o que depende do respeito às formalidades essenciais definidas em lei para tanto. [...] 9. O protesto é um ato solene de prova da recusa ou da falta de aceite ou de pagamento que tem por propósito conservar os direitos do portador da cártula em face do devedor direito – o sacado aceitante – ou dos devedores indiretos – sacador, endossantes e seus avalistas. 10. O protesto também pode produzir outros efeitos, como a comprovação da impontualidade injustificada, para efeitos falimentares, ou a interrupção da prescrição, na forma do art. 202, III, do CC/02" (STJ, 3ª T., REsp 1.748.779/MG, 2018/0117755-8, Rel. Min. Nancy Andrighi, DJe 25.05.2020).

peito aos títulos de crédito[124]. Esclareça-se que o título de crédito, documento necessário ao exercício do direito literal e autônomo nele contido, somente produz efeito quando preencha os requisitos da lei (art. 887 do Código Civil). São títulos executivos extrajudiciais a letra de câmbio, a nota promissória, a duplicata, a debênture e o cheque (art. 784, inciso I, do CPC).

Os serviços concernentes ao protesto, garantidores da autenticidade, publicidade, segurança e eficácia dos atos jurídicos, ficam sujeitos ao regime estabelecido na Lei 9.492/1997 (art. 2º). Protesto é o ato formal e solene pelo qual se prova a inadimplência e o descumprimento de obrigação originada em títulos e outros documentos de dívida (art. 1º da Lei 9.492/1997). Todos os títulos e documentos de dívida protocolizados para fins de protesto devem ser examinados em seus caracteres formais e terão curso se não apresentarem vícios, não cabendo ao tabelião de protesto investigar a ocorrência de prescrição ou caducidade (art. 9º da Lei 9.492/1997).

A interrupção da prescrição ocorre por apresentação do título de crédito em juízo de inventário ou em concurso de credores (art. 202, inciso IV, do Código Civil)[125].

O inventário judicial tem como objetivo apurar o acervo de bens, direitos e obrigações deixados pelo *de cujus*, a identificação dos herdeiros e a parte que cada um tem direito, para que, recolhidos os

---

124 AZEVEDO, Álvaro Villaça. *Teoria geral do direito civil*: parte geral. São Paulo: Atlas, 2012. p. 414.

125 “Recurso Especial. Direito Civil e Processual Civil (CPC/73). Ação de reparação de danos materiais, morais e lucros cessantes. Acidente de trânsito. Prescrição. Habilitação de crédito nos autos de inventário. Art. 202, IV, do CC. Causa interruptiva do prazo prescricional. Inocorrência. Ausência de apresentação de título de crédito (art. 887 do CC) ou de prova literal da existência de dívida dotada de liquidez e certeza (arts. 1.017 e 1.018 do CPC). 1. Controvérsia em torno da interrupção da prescrição pela habilitação de pretensão indenizatória no curso de processo de inventário, não tendo sido aceita pelo juízo, remetendo as partes às vias ordinárias. 2. Crédito alegado oriundo de acidente de trânsito, que teria sido causado por culpa de uma das vítimas fatais do evento danoso (‘de cujus’ do processo de inventário). 3. As causas de interrupção da prescrição são previstas taxativamente pelo legislador civil. 4. Não enquadramento da habilitação de crédito, inadequadamente veiculada no processo de inventário, nas hipóteses interruptivas da prescrição previstas no art. 202, IV, do Código Civil. 5. Prescrição trienal implementada. 6. Recurso especial provido” (STJ, 3ª T., REsp 1.569.592/MT, 2015/0284795-9, Rel. Min. Paulo de Tarso Sanseverino, DJe 30.04.2018).

tributos devidos, possa ser feita a partilha da herança. A partilha tem como objetivo atribuir a cada herdeiro o quinhão a que tem direito[126]. A herança responde pelo pagamento das dívidas do falecido. Entretanto, feita a partilha, só respondem os herdeiros, cada qual em proporção da parte que na herança lhe coube (art. 1.997 do Código Civil).

O concurso de credores é a execução contra devedor insolvente (art. 1.052 do CPC). Procede-se à declaração de insolvência toda vez que as dívidas excedam à importância dos bens do devedor (art. 955 do Código Civil). Nos casos de devedor que seja empresário ou sociedade empresária, a habilitação dos créditos é feita na falência (arts. 1º, 7º e 9º da Lei 11.101/2005), o que também interrompe a prescrição[127].

A interrupção da prescrição ocorre por qualquer ato judicial que constitua em mora o devedor (art. 202, inciso V, do Código Civil). Como já mencionado, a citação válida, ainda quando ordenada por juízo incompetente, induz litispendência, torna litigiosa a coisa e constitui em mora o devedor (art. 240 do CPC). Além disso, é possível a constituição do devedor em mora por meio de notificação e interpelação judiciais, atualmente disciplinados como procedimento de jurisdição voluntária (arts. 726 a 729 do Código Civil). A notificação e a interpelação extrajudiciais, entretanto, não interrompem a prescrição[128].

A interrupção da prescrição ocorre por qualquer ato inequívoco, ainda que extrajudicial, que importe reconhecimento do direito pelo devedor (art. 202, inciso VI, do Código Civil). Como exemplos desse procedimento do devedor, podem ser mencionados o pagamento parcial pelo devedor, o pedido deste ao credor para que conceda prazo para pagamento[129] e a outorga de nova garantia à dívida[130].

---

[126] GONÇALVES, Marcus Vinicius Rios. *Direito processual civil esquematizado*. 9. ed. São Paulo: Saraiva, 2018. p. 659-662.

[127] AZEVEDO, Álvaro Villaça. *Teoria geral do direito civil*: parte geral. São Paulo: Atlas, 2012. p. 416-417.

[128] MONTEIRO, Washington de Barros; PINTO, Ana Cristina de Barros Monteiro França. *Curso de direito civil*: parte geral. 44. ed. São Paulo: Saraiva, 2012. v. 1. p. 378.

[129] MONTEIRO, Washington de Barros; PINTO, Ana Cristina de Barros Monteiro França. *Curso de direito civil*: parte geral. 44. ed. São Paulo: Saraiva, 2012. v. 1. p. 378.

[130] RODRIGUES, Silvio. *Direito civil*: parte geral. 34. ed. São Paulo: Saraiva, 2003. v. 1. p. 343.

A decretação da liquidação extrajudicial produz, de imediato, a interrupção da prescrição relativa a obrigações de responsabilidade da instituição financeira (art. 18, alínea *e*, da Lei 6.024/1974)

A prescrição interrompida recomeça a correr da data do ato que a interrompeu, ou do último ato do processo para a interromper (art. 202, parágrafo único, do Código Civil). Caso a interrupção da prescrição tenha ocorrido por um único ato, o prazo prescricional recomeça da data desse ato. Caso a interrupção da prescrição tenha ocorrido por meio de processo, o prazo prescricional recomeça da data do último ato desse processo. Nesse enfoque, enquanto o processo está pendente, ou seja, tramitando, a prescrição mantém-se interrompida[131], recomeçando a correr apenas da data do seu último ato ou do trânsito em julgado da decisão proferida no referido processo[132].

A prescrição pode ser interrompida por qualquer interessado (art. 203 do Código Civil). A prescrição pode ser interrompida pelo titular do direito, pessoalmente, ou, se incapaz, representado ou assistido pelo represente legal. Se a prescrição puder prejudicar terceiro, que não participa da relação jurídica, como o credor do titular do direito, como este tem interesse em evitar a referida prescrição, com o objetivo de receber o seu próprio crédito, tem direito de interromper a prescrição[133].

A interrupção da prescrição por um credor não aproveita aos outros. De modo semelhante, a interrupção operada contra o codevedor, ou seu herdeiro, não prejudica aos demais coobrigados (art. 204 do Código Civil).

---

131 MONTEIRO, Washington de Barros; PINTO, Ana Cristina de Barros Monteiro França. *Curso de direito civil*: parte geral. 44. ed. São Paulo: Saraiva, 2012. v. 1. p. 381.

132 "Agravo regimental no agravo em recurso especial. Embargos à execução. Interrupção da prescrição. Possibilidade. Ajuizamento anterior de ação de busca e apreensão e revisional. Inteligência do art. 202, V e parágrafo único, do Código Civil. Agravo não provido. [...] 2. A jurisprudência desta Corte é uníssona ao concluir que a citação válida interrompe a prescrição, dela só se podendo cogitar após o trânsito em julgado da decisão judicial que ponha fim ao processo que a interrompeu, nos termos do art. 202, V, do Código Civil. [...]" (STJ, 4ª T., AgRg no AREsp 763.058/RS, 2015/0203474-2, Rel. Min. Raul Araújo, DJe 18.12.2015).

133 RODRIGUES, Silvio. *Direito civil*: parte geral. 34. ed. São Paulo: Saraiva, 2003. v. 1. p. 344.

Como se pode notar, os efeitos da prescrição, em regra, são pessoais. Logo, a interrupção da prescrição realizada por um credor não aproveita aos outros credores. A interrupção da prescrição efetuada contra o devedor (ou seu herdeiro) não prejudica os demais devedores. Entretanto, há diversas exceções, a seguir indicadas[134].

A interrupção da prescrição por um dos credores solidários aproveita aos outros. A interrupção da prescrição efetuada contra o devedor solidário envolve os demais e seus herdeiros (art. 204, § 1º, do Código Civil).

Na solidariedade ativa, cada um dos credores solidários tem direito a exigir do devedor o cumprimento da prestação por inteiro (art. 267 do Código Civil). Se um dos credores solidários promove a interrupção da prescrição, os demais credores solidários também se beneficiam[135].

Na solidariedade passiva, o credor tem direito a exigir e receber de um ou de alguns dos devedores, parcial ou totalmente, a dívida comum. Se o pagamento tiver sido parcial, todos os demais devedores continuam obrigados solidariamente pelo resto (art. 275 do Código Civil). Se a prescrição é interrompida contra um devedor solidário, os demais devedores solidários e seus herdeiros também são alcançados[136].

A interrupção operada contra um dos herdeiros do devedor solidário não prejudica os outros herdeiros ou devedores, senão quando se trate de obrigações e direitos indivisíveis (art. 204, § 2º, do Código Civil).

A solidariedade resulta da lei ou da vontade das partes (art. 265 do Código Civil). Na solidariedade passiva, se um dos devedores solidários falecer deixando herdeiros, nenhum destes será obrigado a pagar senão a quota que corresponder ao seu quinhão hereditário, salvo se a obrigação for indivisível. Entretanto, todos reunidos serão considerados como um devedor solidário em relação aos demais devedores (art. 276 do Código Civil). Desse modo, se a prescrição é interrompida contra

---

[134] RODRIGUES, Silvio. *Direito civil*: parte geral. 34. ed. São Paulo: Saraiva, 2003. v. 1. p. 344.

[135] RODRIGUES, Silvio. *Direito civil*: parte geral. 34. ed. São Paulo: Saraiva, 2003. v. 1. p. 344.

[136] RODRIGUES, Silvio. *Direito civil*: parte geral. 34. ed. São Paulo: Saraiva, 2003. v. 1. p. 344.

um dos herdeiros do devedor solidário, isso não prejudica os outros herdeiros ou devedores solidários, senão quando se trate de obrigações e direitos indivisíveis. A mencionada ressalva decorre da previsão de que, se há dois ou mais devedores, e a obrigação é indivisível, cada devedor é obrigado pela dívida toda (art. 259 do Código Civil). Logo, se a obrigação é indivisível, a interrupção da prescrição contra um dos herdeiros do devedor solidário prejudica os outros herdeiros ou devedores solidários[137].

Reitere-se que a obrigação é indivisível quando a prestação tem por objeto uma coisa ou um fato não suscetíveis de divisão, por sua natureza, por motivo de ordem econômica, ou dada a razão determinante do negócio jurídico (art. 258 do Código Civil).

A interrupção produzida contra o principal devedor prejudica o fiador (art. 204, § 3º, do Código Civil). Como a fiança é acessória da obrigação principal (art. 823 do Código Civil), se a prescrição é interrompida contra o devedor principal, o fiador também é alcançado. Diversamente, a prescrição interrompida contra o fiador, em regra, não prejudica o devedor principal, pois o acessório não conduz o principal[138].

---

137 RODRIGUES, Silvio. *Direito civil*: parte geral. 34. ed. São Paulo: Saraiva, 2003. v. 1. p. 344-345.

138 RODRIGUES, Silvio. *Direito civil*: parte geral. 34. ed. São Paulo: Saraiva, 2003. v. 1. p. 345. Na jurisprudência: "1. O Código Civil, em seu art. 204, *caput*, prevê, como regra, o caráter pessoal do ato interruptivo da prescrição, haja vista que somente aproveitará a quem o promover ou prejudicará aquele contra quem for dirigido (*persona ad personam non fit interruptio*). 2. Entre as exceções, previu o normativo que, interrompida a prescrição contra o devedor afiançado, *ipso facto*, estará interrompida a pretensão acessória contra o garante fidejussório (princípio da gravitação jurídica), nos termos do art. 204, § 3º, do CC. 3. A interrupção operada contra o fiador não prejudica o devedor afiançado (a recíproca não é verdadeira), haja vista que o principal não acompanha o destino do acessório e, por conseguinte, a prescrição continua correndo em favor deste. 4. Como disposição excepcional, a referida norma deve ser interpretada restritivamente, e, como o legislador previu, de forma específica, apenas a interrupção em uma direção – a interrupção produzida contra o principal devedor prejudica o fiador –, não seria de boa hermenêutica estender a exceção em seu caminho inverso. 5. No entanto, a interrupção em face do fiador poderá, sim, excepcionalmente, acabar prejudicando o devedor principal, nas hipóteses em que a referida relação for reconhecida como de devedores solidários, ou seja, caso renuncie ao benefício ou se obrigue como principal pagador ou devedor solidário, a sua obrigação, que era subsidiária, passará a ser solidária, e, a partir de então, deverá ser norteada por essa sistemática (CC, arts. 204, § 1º, e 275 a 285)" (STJ, 4ª T., REsp 1.276.778/MS, 2011/0214403-3, Rel. Min. Luis Felipe Salomão, DJe 28.04.2017).

Pelo contrato de fiança, uma pessoa garante satisfazer ao credor uma obrigação assumida pelo devedor, caso este não a cumpra (art. 818 do Código Civil).

25.12 PRAZOS DE PRESCRIÇÃO

No Código Civil de 1916, as ações pessoais prescreviam, ordinariamente, em 20 anos. Entretanto, havia diversos casos com previsão de prazos prescricionais mais reduzidos. As ações reais prescreviam, ordinariamente, em 10 anos entre presentes, e em 15 anos entre ausentes. Os prazos eram contados da data em que as ações poderiam ter sido propostas (art. 177 do Código Civil de 1916, com redação dada pela Lei 2.437/1955). As ações reais em questão diziam respeito a direitos reais sobre imóveis. Quando os interessados na relação jurídica eram domiciliados no mesmo município, consideravam-se presentes; se em municípios distintos, consideravam-se ausentes[139].

Com o Código Civil de 2002, houve redução dos prazos de prescrição, em harmonia com a evolução e a dinâmica da sociedade contemporânea. Ressalte-se que prazos muito longos de prescrição podem estender discussões sobre as pretensões além do necessário, podendo gerar incerteza e insegurança jurídica na sociedade[140].

A prescrição ocorre em 10 anos, quando a lei não lhe haja fixado prazo menor (art. 205 do Código Civil). Trata-se da prescrição ordinária, aplicável a pretensões relativas a direitos obrigacionais (pessoais) ou direitos reais[141]. O prazo prescricional de 10 anos é

[139] MONTEIRO, Washington de Barros; PINTO, Ana Cristina de Barros Monteiro França. *Curso de direito civil*: parte geral. 44. ed. São Paulo: Saraiva, 2012. v. 1. p. 382-383.

[140] MONTEIRO, Washington de Barros; PINTO, Ana Cristina de Barros Monteiro França. *Curso de direito civil*: parte geral. 44. ed. São Paulo: Saraiva, 2012. v. 1. p. 383.

[141] "1.1 O atual Código Civil, além de preceituar novas pretensões com prazo de exercício específico (anteriormente não contempladas), não mais adota a distinção entre ações pessoais e reais, para a fixação do prazo residual, agora de 10 (dez) anos. Afinal, as ações (condenatórias) sujeitas à prescrição referem-se à pretensão de obter uma prestação, decorrente da violação do direito do autor, no que se inserem, indistintamente, todos os direitos pessoais e reais. No atual sistema, deve-se analisar se a pretensão está especificada no rol do art. 206 do Código Civil, ou, ainda, nas demais leis especiais, para, apenas subsidiariamente, ter incidência o prazo decenário, constante do art. 205" (STJ, 3ª T., REsp 1.608.048/SP, 2015/0278625-7, Rel. Min. Marco Aurélio Bellizze, DJe 01.06.2018).

a regra, deixando de ser aplicado apenas se houver prazo menor fixado por lei[142].

Esclareça-se que o art. 205 do Código Civil trata de prazo de prescrição, e não de usucapião, o qual é objeto dos arts. 1.238 a 1.244 e 2.029 do Código Civil e arts. 183 a 191 da Constituição Federal de 1988[143].

Prescreve em um ano (art. 206, § 1º, do Código Civil):

I – a pretensão dos hospedeiros ou fornecedores de víveres destinados a consumo no próprio estabelecimento, para o pagamento da hospedagem ou dos alimentos;

O início desse prazo prescricional ocorre com o não pagamento das despesas envolvidas. A previsão inicial é exemplificativa, aplicando-se também a hoteleiros, titulares de pensão, pousada, restaurante, lanchonete e estabelecimentos similares[144].

No Direito das Coisas, no âmbito dos direitos reais de garantia, quanto ao penhor legal, são credores pignoratícios, independentemente de convenção, os hospedeiros, ou fornecedores de pousada ou alimento, sobre as bagagens, móveis, joias ou dinheiro que os seus consumidores ou fregueses tiverem consigo nas respectivas casas ou estabelecimentos, pelas despesas ou consumo que aí tiverem feito (art. 1.467, inciso I, do Código Civil). Esclareça-se que nas dívidas garantidas por penhor, anticrese ou hipoteca, o bem dado em garantia fica sujeito, por vínculo real, ao cumprimento da obrigação (art. 1.419 do Código Civil).

II – a pretensão do segurado contra o segurador, ou a deste contra aquele, contado o prazo:

a) para o segurado, no caso de seguro de responsabilidade civil, da data em que é citado para responder à ação de indenização proposta

---

142 MONTEIRO, Washington de Barros; PINTO, Ana Cristina de Barros Monteiro França. *Curso de direito civil*: parte geral. 44. ed. São Paulo: Saraiva, 2012. v. 1. p. 383.

143 MONTEIRO, Washington de Barros; PINTO, Ana Cristina de Barros Monteiro França. *Curso de direito civil*: parte geral. 44. ed. São Paulo: Saraiva, 2012. v. 1. p. 383-384.

144 MONTEIRO, Washington de Barros; PINTO, Ana Cristina de Barros Monteiro França. *Curso de direito civil*: parte geral. 44. ed. São Paulo: Saraiva, 2012. v. 1. p. 385.

pelo terceiro prejudicado[145], ou da data que a este indeniza, com a anuência do segurador;

b) quanto aos demais seguros, da ciência do fato gerador da pretensão[146];

Quanto ao início do prazo prescricional em questão, de acordo com a jurisprudência: "1. A Segunda Seção desta Corte possui orientação assente no sentido de que, quando a ação se baseia na existência de danos contínuos e permanentes ao imóvel, dada a natureza sucessiva e gradual do dano, renovando, dessa forma, a pretensão do beneficiário do seguro – o que impossibilita fixar o termo inicial do prazo prescricional –, considera-se como iniciada a prescrição da pretensão do beneficiário do seguro no momento em que a seguradora é comunicada do evento danoso e se recusa a indenizar" (STJ, 3ª T., AgInt nos EDcl no REsp 1.816.488/CE, 2019/0152018-5, Rel. Min. Marco Aurélio Bellizze, DJe 28.10.2019).

Cabe lembrar que nos termos da Súmula 278 do STJ: "O termo inicial do prazo prescricional, na ação de indenização, é a data em que o segurado teve ciência inequívoca da incapacidade laboral"[147].

---

145 "3. Como regra geral, o termo inicial do prazo prescricional ânuo, para pretensões fundadas em contratos de seguro, é a data em que houve ciência do fato, sem se olvidar que o CC/2002 estabelece regra específica quando o segurado é citado para responder à ação de indenização proposta pelo terceiro prejudicado, que é a data da citação. 4. Não se aplica o princípio *actio nata*, 'quando a lei pretende que o termo a quo seja a ciência do fato, di-lo expressamente'. Precedente" (STJ, 3ª T., REsp 1.757.934/SP, 2018/0046182-2, Rel. Min. Nancy Andrighi, DJe 13.02.2020).

146 "1. É ânuo o prazo prescricional para que o mutuário/segurado exerça a pretensão de cobrança de indenização de seguro adjeto ao contrato de mútuo habitacional (SFH), nos termos da alínea 'b' do inciso II do § 1º do artigo 206 do Código Civil de 2002. Precedente: EREsp 1.272.518/SP, Rel. Ministro Marco Buzzi, Segunda Seção, julgado em 24.06.2015, DJe 30.06.2015. 2. Por outro lado, em se tratando de vícios construtivos, o fato gerador da pretensão (e termo inicial do prazo prescricional) é o momento da ciência inequívoca dos danos à estrutura do imóvel, os quais, em regra, ocorrem de maneira progressiva/sucessiva/gradual, dando azo a inúmeros sinistros que, seguidamente, renovam a pretensão do beneficiário do seguro. Desse modo, considera-se deflagrado o prazo prescricional apenas no momento em que, comunicado o fato à seguradora, esta se recusa a indenizar. Precedentes" (STJ, 4ª T., AgInt no REsp 1.466.759/SP, 2014/0159279-1, Rel. Min. Luis Felipe Salomão, DJe 03.03.2020).

147 "1. Segundo a jurisprudência desta Corte Superior, o prazo prescricional ânuo para o ajuizamento de ação de indenização securitária deve ser contado a partir da ciência inequívoca

Ainda a respeito da referida previsão, segundo a jurisprudência: "1. O prazo prescricional para a propositura de ação objetivando a restituição de prêmios em virtude de conduta supostamente abusiva da seguradora, amparada em cláusula contratual considerada abusiva, é de 1 (um) ano, por aplicação do art. 206, § 1º, II, 'b', do Código Civil" (STJ, 4ª T., AgInt no REsp 1.756.736/RS, 2018/0189413-5, Rel. Min. Luis Felipe Salomão, DJe 26.08.2020).

Ressalte-se que, conforme a regra especial do art. 206, § 3º, inciso IX, do Código Civil, a pretensão do beneficiário contra o segurador, e a pretensão do terceiro prejudicado, no caso de *seguro de responsabilidade civil obrigatório*, prescreve em três anos.

O art. 206, § 1º, inciso II, alínea *b*, do Código Civil é aplicável à pretensão do segurado contra o segurador, ou a deste contra aquele, e não de outras pessoas, como o terceiro beneficiário do contrato de seguro de vida (pessoa designada como beneficiária do seguro de vida)[148] e o herdeiro do segurado[149].

Ainda nessa linha, de acordo com a jurisprudência: "2. Os herdeiros do mutuário falecido não podem ser considerados como segurados, de modo que inaplicável a prescrição ânua prevista no art. 206, § 1º, II, do Código Civil de 2002. No caso, aplica-se o prazo prescricional decenal previsto no art. 205 do CC/2002. Precedente" (STJ, 3ª T.,

da invalidez pelo segurado (Súmula 278/STJ)" (STJ, 3ª T., AgInt no AREsp 1.535.805/MG, 2019/0194805-4, Rel. Min. Marco Aurélio Bellizze, DJe 19.02.2020).

148 "3. Esta Corte Superior possui entendimento firmado no sentido de que o prazo para a propositura de ação indenizatória contra a seguradora pelo terceiro beneficiário de contrato de seguro de vida em grupo é decenal, nos termos do art. 205 do CC/2002. O prazo para o próprio segurado é aquele estabelecido no art. 206, § 1º, II, do CC/2002 e para o beneficiário de seguro obrigatório (DPVAT) é o do art. 206, § 3º, IX, do CC/2002" (STJ, 3ª T., AgInt no AREsp 178.910/MG, 2012/0100416-2, Rel. Min. Ricardo Villas Bôas Cueva, DJe 25.06.2018).

149 "4. Tendo em vista que os recorrentes, herdeiros do mutuário falecido, não podem ser considerados como segurados, inviável mostra-se a aplicação da prescrição ânua prevista no art. 206, § 1º, II, do CC/02. 5. Ainda que sejam considerados beneficiários, inviável mostra-se, também, a aplicação do art. 206, § 3º, IX, do CC/02, pois o seguro habitacional não pode ser considerado seguro de responsabilidade civil. 6. Sob essa ótica, aplica-se o prazo prescricional decenal previsto no art. 205 do CC/02" (STJ, 3ª T., REsp 1.694.257/SP, 2015/0244918-8, Rel. Min. Nancy Andrighi, DJe 31.08.2018).

AgInt no AREsp 1.089.559/RJ, 2017/0090677-6, Rel. Min. Ricardo Villas Bôas Cueva, DJe 03.08.2020).

O art. 206, § 1º, inciso II, do Código Civil de 2002 não é aplicável às pretensões decorrentes de contrato de plano de saúde[150], nem de contrato de seguro saúde, por se enquadrar como plano privado de assistência à saúde, conforme art. 2º da Lei 10.185/2001[151].

A pretensão de reembolso de despesas médicas cobertas por contrato de plano de saúde ou de seguro saúde, não adimplidas pela operadora, está sujeita ao prazo de prescrição de 10 anos (art. 205 do Código Civil), por se tratar de responsabilidade civil contratual. A pretensão de nulidade de cláusula de reajuste em contrato de plano de saúde ou de seguro de saúde, com a consequente repetição do indébito, com fundamento no enriquecimento sem causa, está sujeita ao prazo prescricional de três anos (art. 206, § 3º, inciso IV, do Código Civil)[152].

---

[150] "2. A Segunda Seção deste Tribunal Superior, quando do julgamento do REsp 1.360.969/RS e do REsp 1.361.182/RS, submetidos ao rito dos recursos repetitivos, consagrou o entendimento de que não incide a prescrição ânua, própria das relações securitárias (arts. 178, § 6º, II, do CC/1916 e 206, § 1º, II, do CC/2002), nas ações que discutem direitos oriundos de planos de saúde ou de seguros-saúde, dada a natureza *sui generis* desses contratos" (STJ, 4ª T., AgInt nos EDcl no AREsp 779.634/RJ, 2015/0227967-0, Rel. Min. Raul Araújo, DJe 04.09.2019).

[151] "1. A Segunda Seção do Superior Tribunal de Justiça consagrou o entendimento de que não incide a prescrição ânua (arts. 178, § 6º, II, do Código Civil de 1916 e 206, § 1º, II, do Código Civil de 2002) atinente às pretensões do segurado contra o segurador, ou a deste contra aquele, nas ações que discutem direitos oriundos de seguros saúde, pois tal avença se enquadra, na realidade, como espécie de plano privado de assistência à saúde, consoante previsão do art. 2º da Lei nº 10.185/2001. Precedente" (STJ, 3ª T., EDcl no AgRg no REsp 1.560.239/RJ, 2015/0252679-2, Rel. Min. Ricardo Villas Bôas Cueva, DJe 06.12.2018).

[152] "Recurso Especial. Ação de ressarcimento de despesas médicas. Seguro saúde. Descumprimento de cláusula contratual. Prazo prescricional. 1. É decenal o prazo prescricional aplicável para o exercício da pretensão de reembolso de despesas médico-hospitalares alegadamente cobertas pelo contrato de plano de saúde (ou de seguro saúde), mas que não foram adimplidas pela operadora. 2. Isso porque, consoante cediço na Segunda Seção e na Corte Especial, nas controvérsias relacionadas à responsabilidade contratual, aplica-se a regra geral (artigo 205 do Código Civil) que prevê dez anos de prazo prescricional (EREsp 1.280.825/RJ, Rel. Ministra Nancy Andrighi, Segunda Seção, julgado em 27.06.2018, DJe 02.08.2018; e EREsp 1.281.594/SP, Rel. Ministro Benedito Gonçalves, Rel. p/ Acórdão Ministro Felix Fischer, Corte Especial, julgado em 15.05.2019, DJe 23.05.2019). 3. De outro lado, a tese da prescrição trienal firmada nos Recursos Especiais 1.361.182/RS e 1.360.969/RS (ambos julgados sob o rito dos repetitivos) não abrange toda e qualquer

III – a pretensão dos tabeliães, auxiliares da justiça, serventuários judiciais, árbitros e peritos, pela percepção de emolumentos, custas e honorários;

O mencionado prazo de prescrição é contado do não pagamento dos atos realizados pelos mencionados profissionais. O perito, no caso, é o que realiza a perícia judicial, e não particular. A pretensão dos profissionais liberais em geral pelos seus honorários, contado o prazo da conclusão dos serviços, prescreve em cinco anos (art. 206, § 5º, inciso II, do Código Civil). Frise-se ainda que a pretensão do vencedor para haver do vencido o que despendeu em juízo também prescreve em cinco anos (art. 206, § 5º, inciso III, do Código Civil)[153].

IV – a pretensão contra os peritos, pela avaliação dos bens que entraram para a formação do capital de sociedade anônima, contado da publicação da ata da assembleia que aprovar o laudo;

V – a pretensão dos credores não pagos contra os sócios ou acionistas e os liquidantes, contado o prazo da publicação da ata de encerramento da liquidação da sociedade (art. 206, § 1º, do Código Civil).

Prescreve em dois anos, a pretensão para haver prestações alimentares, a partir da data em que se vencerem (art. 206, § 2º, do Código Civil).

Na realidade, entende-se que o direito a alimentos familiares (ou seja, decorrentes de parentesco, casamento ou união estável), em si, é imprescritível. Se a pessoa preenche os requisitos legais, tem direito de pleitear e receber alimentos de que necessite para viver de modo compatível com a sua condição social (art. 1.694 do Código Civil). Entretanto, se houver fixação de alimentos em decisão judicial, a pretensão para recebimento de cada prestação vencida prescreve em

---

pretensão deduzida em decorrência de planos privados de assistência à saúde, mas tão somente àquelas referentes à nulidade de cláusula contratual com a consequente repetição do indébito, que foram traduzidas como pretensões de ressarcimento de enriquecimento sem causa (artigo 206, § 3º, inciso IV, do Código Civil de 2002). 4. Recurso especial não provido" (STJ, 2ª Seção, REsp 1.756.283/SP, 2018/0194532-3, Rel. Min. Luis Felipe Salomão, DJe 03.06.2020).

[153] MONTEIRO, Washington de Barros; PINTO, Ana Cristina de Barros Monteiro França. *Curso de direito civil*: parte geral. 44. ed. São Paulo: Saraiva, 2012. v. 1. p. 385.

dois anos. A prescrição, nesse caso, alcança, de forma sucessiva, as parcelas vencidas e não exigidas no mencionado prazo[154].

Entende-se que o prazo de prescrição de dois anos para haver prestações alimentares pretéritas tem início com o trânsito em julgado da sentença da ação de investigação de paternidade[155].

Prescreve em três anos (art. 206, § 3º, do Código Civil):

I – a pretensão relativa a aluguéis de prédios urbanos ou rústicos;

Em caso de aluguel com prestações sucessivas, esse prazo prescricional de três anos diz respeito a cada prestação, por exemplo, mensal. O prazo é contado do não pagamento de cada parcela. Vale dizer, a prescrição alcança, de forma sucessiva, as prestações de aluguel vencidas e não exigidas no referido prazo[156].

II – a pretensão para receber prestações vencidas de rendas temporárias ou vitalícias;

---

[154] MONTEIRO, Washington de Barros; PINTO, Ana Cristina de Barros Monteiro França. *Curso de direito civil*: parte geral. 44. ed. São Paulo: Saraiva, 2012. v. 1. p. 386.

[155] "2. O prazo prescricional para o cumprimento de sentença que condenou ao pagamento de verba alimentícia retroativa se inicia tão somente com o trânsito em julgado da decisão que reconheceu a paternidade. 2.1. A possibilidade da execução provisória de sentença em virtude da atribuição apenas do efeito devolutivo ao recurso de apelação, não pode ter o condão de modificar o termo inicial da prescrição" (STJ, 3ª T., REsp 1.634.063/AC, 2016/0219387-4, Rel. Min. Moura Ribeiro, DJe 30.06.2017).

[156] MONTEIRO, Washington de Barros; PINTO, Ana Cristina de Barros Monteiro França. *Curso de direito civil*: parte geral. 44. ed. São Paulo: Saraiva, 2012. v. 1. p. 386. Na jurisprudência: "2. A pretensão condenatória deduzida pelos autores abrange prestações continuadas (aluguéis), devidas a cada mês pelo exercício da posse do imóvel pelos detentores da procuração cuja nulidade foi requerida. Assim, o vencimento de aluguel, a cada mês, resulta em pretensões autônomas com fatos geradores distintos, o que implica a deflagração de prazos prescricionais com termos iniciais também distintos. Desse modo, no tocante às referidas prestações, a prescrição atinge as parcelas vencidas no período anterior à data da propositura da ação, conforme o prazo prescricional incidente em cada interregno. 3. Consequentemente, do ponto de vista prático, as sucessivas regras prescricionais atinentes à pretensão indenizatória, quando existentes prestações que se protraem no tempo, devem ser contadas da seguinte forma: (i) relativamente às parcelas vencidas durante a vigência do Código Civil de 1916, deve-se observar a prescrição vintenária, desde que transcorridos mais de dez anos entre o vencimento da prestação e a vigência do Código Civil de 2002; (ii) as parcelas vencidas durante a vigência do Código Civil de 1916, quando não transcorridos mais de dez anos entre seu vencimento e a entrada em vigor do Código Civil de 2002, observarão o prazo trienal a partir de 11.01.2003; e (iii) as prestações vencidas a partir do novo *Codex* subordinam-se à prescrição trienal" (STJ, 4ª T., AgInt no REsp 1.496.308/DF, 2014/0222978-2, Rel. Min. Luis Felipe Salomão, DJe 26.06.2018).

As rendas temporárias ou vitalícias dizem respeito ao contrato de constituição de renda.

Pode uma pessoa, pelo contrato de constituição de renda, obrigar-se para com outra a uma prestação periódica, a título gratuito (art. 803 do Código Civil). O contrato pode ser também a título oneroso, entregando-se bens móveis ou imóveis à pessoa que se obriga a satisfazer as prestações a favor do credor ou de terceiros (art. 804 do Código Civil). O contrato de constituição de renda será feito a prazo certo, ou por vida, podendo ultrapassar a vida do devedor, mas não a do credor, seja ele o contratante, seja terceiro (art. 806 do Código Civil)[157].

III – a pretensão para haver juros, dividendos ou quaisquer prestações acessórias, pagáveis, em períodos não maiores de um ano, com capitalização ou sem ela;

Essa previsão se aplica aos juros, dividendos ou prestações acessórias pagas em períodos de um ano ou em períodos mais curtos, capitalizados (compostos) ou não capitalizados (simples). O dispositivo é aplicável à pretensão de cobrança autônoma de juros remuneratórios, e não à pretensão de juros, como acessórios, cobrados juntamente com a obrigação principal[158]. Se a pretensão relativa à obrigação principal estiver prescrita, as obrigações acessórias, como os juros, também são consideradas prescritas[159].

IV – a pretensão de ressarcimento de enriquecimento sem causa;

Quanto ao tema, aquele que, sem justa causa, se enriquecer à custa de outrem, é obrigado a restituir o indevidamente auferido, feita a atualização dos valores monetários (art. 884 do Código Civil). Se o enriquecimento tiver por objeto coisa determinada, quem a recebeu

---

[157] MONTEIRO, Washington de Barros; PINTO, Ana Cristina de Barros Monteiro França. *Curso de direito civil*: parte geral. 44. ed. São Paulo: Saraiva, 2012. v. 1. p. 386.

[158] "3. É assente nesta Corte Superior o entendimento de que os prazos prescricionais previstos no art. 206, § 3º, III, do Código Civil de 2002 (três anos) e no art. 178, § 10, III, do Código Civil de 1916 (cinco anos) tem incidência naquelas pretensões de cobrança autônoma dos juros remuneratórios e não nos casos em que cobrados conjuntamente com o principal e sobre ele incidentes, como na presente hipótese. Precedentes" (STJ, 4ª T., AgInt no REsp 1.595.313/SC, 2015/0144037-9, Rel. Min. Luis Felipe Salomão, DJe 26.08.2020).

[159] MONTEIRO, Washington de Barros; PINTO, Ana Cristina de Barros Monteiro França. *Curso de direito civil*: parte geral. 44. ed. São Paulo: Saraiva, 2012. v. 1. p. 370.

é obrigado a restituí-la, e, se a coisa não mais subsistir, a restituição deve ser feita pelo valor do bem na época em que foi exigido.

A restituição é devida não só quando não tenha havido causa que justifique o enriquecimento, mas também se esta deixou de existir (art. 885 do Código Civil). Deve haver um nexo de causa e efeito entre o enriquecimento de uma pessoa e o empobrecimento da outra, de modo que aquele corresponda a este[160].

Aplicando o mencionado prazo de prescrição, cabe fazer referência ao segundo entendimento firmado pela jurisprudência: "3. Cuidando-se de pretensão de nulidade de cláusula de reajuste prevista em contrato de plano ou seguro de assistência à saúde ainda vigente, com a consequente repetição do indébito, a ação ajuizada está fundada no enriquecimento sem causa e, por isso, o prazo prescricional é o trienal de que trata o art. 206, § 3º, IV, do Código Civil de 2002" (STJ, 2ª Seção, REsp 1.361.182/RS, 2013/0008702-5, Rel. p/ ac. Min. Marco Aurélio Bellizze, DJe 19.09.2016)[161].

Ainda segundo a jurisprudência, "o termo inicial da prescrição da pretensão de repetição de indébito é a data do efetivo pagamento, sob a premissa de não poder ser devolvido aquilo que não foi pago" (STJ, 3ª T., AgInt no AREsp 1.428.218/SP, 2019/0007267-3, Rel. Min. Moura Ribeiro, DJe 11.03.2020)[162].

---

[160] MONTEIRO, Washington de Barros; PINTO, Ana Cristina de Barros Monteiro França. *Curso de direito civil*: parte geral. 44. ed. São Paulo: Saraiva, 2012. v. 1. p. 387.

[161] "2. A eg. Segunda Seção desta Corte, no julgamento do REsp 1.361.182/RS, segundo a sistemática dos recursos especiais repetitivos, firmou orientação de que, na vigência dos contratos de plano ou de seguro de assistência à saúde, a pretensão condenatória decorrente da declaração de nulidade de cláusula de reajuste nele prevista prescreve em 20 anos (art. 177 do CC/1916) ou em 3 anos (art. 206, § 3º, IV, do CC/2002), observada a regra de transição do art. 2.028 do CC/2002. 2. Naquela oportunidade, este Tribunal Superior afastou, de modo expresso, a prescrição anual para as pretensões deduzidas nos denominados contratos de seguro saúde, por se enquadrar como plano privado de assistência à saúde, nos termos do art. 2º da Lei nº 10.185/2001, bem como a aplicação do prazo prescricional disposto no art. 27 do Código de Defesa do Consumidor, haja vista não se tratar, na espécie, de acidente de consumo. 3. Assim, é de ser aplicado o prazo prescricional de três anos, previsto no art. 206, § 3º, IV, do CC/02" (STJ, 3ª T., AgInt no REsp 1.834.580/SP, 2019/0256316-0, Rel. Min. Moura Ribeiro, DJe 19.02.2020).

[162] "Recurso Especial representativo da controvérsia (CPC/73, art. 543-C). Processual Civil. Civil e Bancário. Cédula de crédito rural. Ação de repetição de indébito. Prescrição. Prazo: vintenário no Código Civil/1916 (art. 177); trienal no Código Civil/2002 (art. 206, § 3º, IV). Termo inicial: data do pagamento. Caso concreto: recurso especial não provido.

Se a relação jurídica é de trato sucessivo, a prescrição atinge, de forma sucessiva, a pretensão de ressarcimento (restituição de valor pago indevidamente) de cada prestação vencida e não exigida no prazo prescricional[163].

V – a pretensão de reparação civil;

Essa previsão é aplicável à pretensão de indenização decorrente de responsabilidade civil extracontratual ou aquiliana (arts. 927 a 943 do Código Civil)[164], inclusive quanto a danos morais (extrapatrimoniais)[165].

---

1. Para fins do art. 543-C do Código de Processo Civil de 1973: 1.1. 'A pretensão de repetição de indébito de contrato de cédula de crédito rural prescreve no prazo de vinte anos, sob a égide do art. 177 do Código Civil de 1916, e de três anos, sob o amparo do art. 206, § 3º, IV, do Código Civil de 2002, observada a norma de transição do art. 2.028 desse último Diploma Legal'; 1.2. 'O termo inicial da prescrição da pretensão de repetição de indébito de contrato de cédula de crédito rural é a data da efetiva lesão, ou seja, do pagamento.' 2. Caso concreto: prescrição da pretensão. 3. Recurso especial a que se nega provimento" (STJ, 2ª Seção, REsp 1.361.730/RS, 2013/0011124-7, Rel. Min. Raul Araújo, DJe 28.10.2016).

163 "Agravo Interno. Recurso Especial. Contrato de plano de assistência à saúde. Pretensão de nulidade de cláusula de reajuste cumulada com pretensão de restituição dos valores pagos indevidamente. Relação jurídica de trato sucessivo. Pretensão fundada no enriquecimento sem causa. Prescrição trienal. 1. Nas relações jurídicas de trato sucessivo, quando não estiver sendo negado o próprio fundo de direito, pode o contratante, durante a vigência do contrato, a qualquer tempo, requerer a revisão de cláusula contratual que considere abusiva ou ilegal, seja com base em nulidade absoluta ou relativa. Porém, sua pretensão condenatória de repetição do indébito terá que se sujeitar à prescrição das parcelas vencidas no período anterior à data da propositura da ação, conforme o prazo prescricional aplicável. 2. Cuidando-se de pretensão de nulidade de cláusula de reajuste prevista em contrato de plano ou seguro de assistência à saúde ainda vigente, com a consequente repetição do indébito, a ação ajuizada está fundada no enriquecimento sem causa e, por isso, o prazo prescricional é o trienal de que trata o art. 206, § 3º, IV, do Código Civil de 2002. 3. Incidência da tese firmada pela Segunda Seção do STJ, no julgamento do REsp 1.360.969/RS (Rel. Ministro Marco Buzzi, Rel. p/ Acórdão Ministro Marco Aurélio Bellizze, DJe 19/9/2016), realizado sob o rito dos recursos repetitivos. 4. Agravo interno parcialmente provido" (STJ, 4ª T., AgInt no REsp 1.800.456/SP, 2019/0065247-5, Rel. Min. Maria Isabel Gallotti, DJe 06.12.2019).

164 "3. Ao pedido indenizatório fundado na responsabilidade extracontratual, aplica-se o prazo prescricional trienal previsto no art. 206, § 3º, V, do CC/02" (STJ, 3ª T., AgInt no REsp 1.505.780/PR, 2014/0332136-1, Rel. Min. Ricardo Villas Bôas Cueva, DJe 15.05.2020).

165 "1. Segundo o entendimento do STJ, prescreve em três anos a pretensão de reparação de danos, nos termos do artigo 206, § 3º, do Código Civil, prazo que se estende, inclusive, aos danos extrapatrimoniais. Precedentes" (STJ, 4ª T., AgInt no AREsp 1.380.002/MS, 2018/0266386-0, Rel. Min. Raul Araújo, DJe 15.04.2019).

O termo inicial da prescrição da pretensão de reparação civil ocorre com a ciência da lesão ao direito subjetivo (art. 189 do Código Civil)[166].

Prevalece o entendimento de que esse dispositivo (art. 206, § 3º, inciso V, do Código Civil) não se aplica à pretensão de indenização decorrente responsabilidade civil contratual (arts. 403 a 405 do Código Civil)[167], para a qual é aplicado o prazo de prescrição do art. 205 do Código Civil[168], caso não haja previsão legal específica[169].

Nas relações de consumo, prescreve em cinco anos a pretensão à reparação pelos danos causados por fato do produto ou do serviço prevista nos arts. 12 a 17 da Lei 8.078/1990 (responsabilidade pelo fato do produto e do serviço), iniciando-se a contagem do prazo a partir do conhecimento do dano e de sua autoria (art. 27 da Lei 8.078/1990).

VI – a pretensão de restituição dos lucros ou dividendos recebidos de má-fé, correndo o prazo da data em que foi deliberada a distribuição;

---

166 "2. O surgimento da pretensão ressarcitória não se dá necessariamente no momento em que ocorre a lesão ao direito, mas sim quando o titular do direito subjetivo violado obtém plena ciência da lesão e de toda a sua extensão, bem como do responsável pelo ilícito, inexistindo, ainda, qualquer condição que o impeça de exercer o correlato direito de ação. Precedentes" (STJ, 3ª T., AgInt no REsp 1.847.941/SP, 2019/0229505-7, Rel. Min. Nancy Andrighi, DJe 21.10.2020). "5. Segundo a orientação jurisprudencial do Superior Tribunal de Justiça, o termo inicial do prazo prescricional das ações indenizatórias, em observância à teoria da *actio nata*, é a data em que a lesão e os seus efeitos são constatados" (STJ, 3ª T., AgInt nos EDcl no REsp 1.804.110/MA, 2019/0076133-2, Rel. Min. Marco Aurélio Bellizze, DJe 01.09.2020).

167 "1. Tratando-se de controvérsia relacionada à responsabilidade contratual, incide a regra geral (art. 205 do Código Civil), que prevê o prazo prescricional de dez anos" (STJ, 4ª T., AgInt no AREsp 1.572.164/SP, 2019/0254491-2, Rel. Min. Maria Isabel Gallotti, DJe 14.08.2020).

168 "2. A Corte Especial do STJ definiu que nas pretensões relacionadas a responsabilidade contratual aplica-se a regra geral (art. 205 do CC/2002), que prevê dez anos de prazo prescricional, e, nas demandas que versarem sobre responsabilidade extracontratual, aplica-se o disposto no art. 206, § 3º, V, do mesmo diploma, com prazo prescricional de três anos" (STJ, 3ª T., AgInt no REsp 1.675.852/SP, 2017/0129960-3, Rel. Min. Moura Ribeiro, DJe 29.10.2020). "1. A Segunda Seção do Superior Tribunal de Justiça entende que as ações de reparação civil decorrentes de relação contratual obedecem ao prazo prescricional decenal" (STJ, 3ª T., AgInt no AgInt no AREsp 1.627.239/SP, 2019/0353302-6, Rel. Min. Marco Aurélio Bellizze, DJe 21.09.2020).

169 "4. Tratando-se de responsabilidade civil contratual, incide a regra geral do art. 205 do Código Civil, que estabelece o prazo de prescrição decenal se inexistente previsão expressa de prazo diferenciado" (STJ, 3ª T., REsp 1.822.670/RS, 2018/0105465-3, Rel. Min. Ricardo Villas Bôas Cueva, DJe 28.09.2020).

VII – a pretensão contra as pessoas em seguida indicadas por violação da lei ou do estatuto, contado o prazo: a) para os fundadores, da publicação dos atos constitutivos da sociedade anônima; b) para os administradores, ou fiscais, da apresentação, aos sócios, do balanço referente ao exercício em que a violação tenha sido praticada, ou da reunião ou assembleia geral que dela deva tomar conhecimento; c) para os liquidantes, da primeira assembleia semestral posterior à violação;

VIII – a pretensão para haver o pagamento de título de crédito, a contar do vencimento, ressalvadas as disposições de lei especial;

O título de crédito, documento necessário ao exercício do direito literal e autônomo nele contido, somente produz efeito quando preencha os requisitos da lei (art. 887 do Código Civil). São títulos executivos extrajudiciais a letra de câmbio, a nota promissória, a duplicata, a debênture e o cheque (art. 784, inciso I, do CPC).

IX – a pretensão do beneficiário contra o segurador, e a do terceiro prejudicado, no caso de seguro de responsabilidade civil obrigatório (art. 206, § 3º, do Código Civil).

Nesse sentido, conforme a Súmula 405 do STJ: “A ação de cobrança do seguro obrigatório (DPVAT) prescreve em três anos”.

Prescreve em quatro anos, a pretensão relativa à tutela, a contar da data da aprovação das contas (art. 206, § 4º, do Código Civil).

A respeito do tema, esclareça-se que os filhos menores são postos em tutela: I – com o falecimento dos pais, ou sendo estes julgados ausentes; II – em caso de os pais decaírem do poder familiar (art. 1.728 do Código Civil). Os tutores são obrigados a prestar contas da sua administração (art. 1.755 do Código Civil).

Prescreve em cinco anos (art. 206, § 5º, do Código Civil):

I – a pretensão de cobrança de dívidas líquidas constantes de instrumento público ou particular;

Frise-se que são títulos executivos extrajudiciais: a escritura pública ou outro documento público assinado pelo devedor; o documento particular assinado pelo devedor e por duas testemunhas (art. 784, incisos II e III, do CPC).

Nos termos da Súmula 503 do STJ: "O prazo para ajuizamento de ação monitória em face do emitente de cheque sem força executiva é quinquenal, a contar do dia seguinte à data de emissão estampada na cártula".

II – a pretensão dos profissionais liberais em geral, procuradores judiciais, curadores e professores pelos seus honorários, contado o prazo da conclusão dos serviços, da cessação dos respectivos contratos ou mandato;

Esse dispositivo não é aplicável aos empregados e servidores públicos. Nessa linha, os professores indicados não são os empregados (arts. 317 a 323 da CLT) nem os servidores públicos que exercem essa profissão (art. 37, incisos I e XVI, da Constituição Federal de 1988), mas sim os professores que prestam serviços de forma autônoma ou eventual[170].

A prestação de serviço, que não estiver sujeita às leis trabalhistas ou a lei especial, rege-se pelas disposições dos arts. 593 a 609 do Código Civil (art. 593 do Código Civil). Toda a espécie de serviço ou trabalho lícito, material ou imaterial, pode ser contratada mediante retribuição (art. 594 do Código Civil). No contrato de empreitada, o empreiteiro de uma obra pode contribuir para ela só com seu trabalho ou com ele e os materiais (art. 610 do Código Civil).

Opera-se o mandato quando alguém recebe de outrem poderes para, em seu nome, praticar atos ou administrar interesses. A procuração é o instrumento do mandato (art. 653 do Código Civil).

Nos casos dos profissionais liberais em geral, procuradores judiciais, curadores e professores, quanto à pretensão de recebimento dos seus honorários, o prazo de prescrição é contado, conforme a hipótese, da conclusão dos serviços (quando avulsas ou eventuais), da cessação dos respectivos contratos ou mandato.

---

[170] MONTEIRO, Washington de Barros; PINTO, Ana Cristina de Barros Monteiro França. *Curso de direito civil*: parte geral. 44. ed. São Paulo: Saraiva, 2012. v. 1. p. 389.

Ressalte-se que o mandato judicial fica subordinado às normas que lhe dizem respeito, constantes da legislação processual, e, supletivamente, às estabelecidas no Código Civil (art. 692 do Código Civil). Nesse contexto, a parte será representada em juízo por advogado regularmente inscrito na Ordem dos Advogados do Brasil (art. 103 do CPC). O advogado postula, em juízo ou fora dele, fazendo prova do mandato (art. 5º da Lei 8.906/1994).

A prestação de serviço profissional assegura aos inscritos na Ordem dos Advogados do Brasil (OAB) o direito aos honorários convencionados, aos fixados por arbitramento judicial e aos de sucumbência (art. 22 da Lei 8.906/1994).

Prescreve em cinco anos a ação de cobrança de honorários de advogado, contado o prazo: I – do vencimento do contrato, se houver[171]; II – do trânsito em julgado da decisão que os fixar; III – da ultimação do serviço extrajudicial; IV – da desistência ou transação; V – da renúncia ou revogação do mandato (art. 25 da Lei 8.906/1994)[172].

O curador pode ser nomeado em distintas hipóteses previstas na lei, como nos arts. 22 (ausência), 1.692 (colisão do interesse dos pais com o do filho), 1.733, § 2º (menor herdeiro), 1.767 (interdito), 1.775-A (pessoa com deficiência), 1.779 (nascituro), 1.800 (filho ainda não concebido de pessoa indicada pelo testador) e 1.819 (herança jacente) do Código Civil.

III – a pretensão do vencedor para haver do vencido o que despendeu em juízo (art. 206, § 5º, do Código Civil).

---

171 "6. Com base no princípio da *actio nata*, o Superior Tribunal de Justiça firmou entendimento jurisprudencial reconhecendo que, nos contratos de prestação de serviços advocatícios, havendo rescisão unilateral do pacto firmado, o prazo prescricional para pleitear o pagamento dos honorários tem como termo inicial a data da ciência da revogação do contrato" (STJ, 3ª T., AgInt no AREsp 1.367.106/SP, 2018/0244011-2, Rel. Min. Marco Aurélio Bellizze, DJe 30.08.2019).

172 "4. Embora, com base no princípio da especialidade, a regra específica do art. 25, II, da Lei nº 8.906/94 deva prevalecer sobre o comando geral do art. 206, § 5º, II, do CC/02, aquela norma legal se refere exclusivamente à prescrição da ação de cobrança de honorários de advogado, inexistindo qualquer alusão à ação de arbitramento. Portanto, ausente no Estatuto da OAB comando específico para a tutela da prescrição da ação de arbitramento de honorários advocatícios, aplica-se a regra geral contida no Código Civil, cuja redação é mais abrangente, comportando inclusive a pretensão de fixação da verba" (STJ, 3ª T., REsp 1.358.425/SP, 2011/0304431-1, Rel. Min. Nancy Andrighi, DJe 26.05.2014).

Se o prazo de prescrição da pretensão não estiver previsto de forma específica em dispositivo legal, aplica-se o art. 205 do Código Civil, ao estabelecer que a prescrição ocorre em 10 anos, quando a lei não lhe haja fixado prazo menor[173].

A ação prevista na Lei 4.717/1965, sobre ação popular (art. 5º, inciso LXXIII, da Constituição Federal de 1988)[174], prescreve em cinco anos (art. 21 da Lei 4.717/1965)[175].

Segundo a jurisprudência, o mencionado prazo de prescrição da ação popular é aplicado, por analogia, à ação civil pública[176], mesmo no caso de direitos individuais homogêneos[177].

---

173 MONTEIRO, Washington de Barros; PINTO, Ana Cristina de Barros Monteiro França. *Curso de direito civil*: parte geral. 44. ed. São Paulo: Saraiva, 2012. v. 1. p. 389.

174 "LXXIII – qualquer cidadão é parte legítima para propor ação popular que vise a anular ato lesivo ao patrimônio público ou de entidade de que o Estado participe, à moralidade administrativa, ao meio ambiente e ao patrimônio histórico e cultural, ficando o autor, salvo comprovada má-fé, isento de custas judiciais e do ônus da sucumbência".

175 "Ação popular. [...] 2. 'Segundo o princípio da *actio nata*, os prazos prescricionais começam a fluir a partir do momento em que o titular do direito, no caso a coletividade, toma ciência, na sua exata dimensão, do fato lesivo que dá azo ao direito de ação. Se não tornado público o ato administrativo, como no presente caso, não há falar em início do prazo prescricional' (REsp 1.318.755/RN, Rel. Ministro Herman Benjamin, Segunda Turma, DJe 10/12/2014)" (STJ, 1ª T., REsp 1.084.525/SP, 2008/0188343-0, Rel. Min. Sérgio Kukina, DJe 02.08.2019).

176 "3. 'Na falta de dispositivo legal específico para a ação civil pública, aplica-se, por analogia, o prazo de prescrição da ação popular, que é o quinquenal (art. 21 da Lei nº 4.717/1965), adotando-se também tal lapso na respectiva execução, a teor da Súmula nº 150/STF. A lacuna da Lei nº 7.347/1985 é melhor suprida com a aplicação de outra legislação também integrante do microssistema de proteção dos interesses transindividuais, como os coletivos e difusos, a afastar os prazos do Código Civil, mesmo na tutela de direitos individuais homogêneos (pretensão de reembolso dos usuários de plano de saúde que foram obrigados a custear lentes intraoculares para a realização de cirurgias de catarata)' Precedentes. (REsp 1473846/SP, Rel. Ministro Ricardo Villas Bôas Cueva, Terceira Turma, julgado em 21/2/2017, DJe 24/2/2017). 4. Agravo interno a que se nega provimento" (STJ, 4ª T., AgInt no REsp 1.807.990/SP, 2019/0097781-2, Rel. Min. Maria Isabel Gallotti, DJe 24.04.2020).

177 "Embargos de divergência em recurso especial. Civil e Processual civil. Ação civil pública. Interesses individuais homogêneos. Prazo prescricional. Cinco anos. Jurisprudência atual pacificada. Precedentes. 1. A ação civil pública, promovida por associação de consumidores, na defesa dos interesses individuais homogêneos dos seus associados, prescreve em cinco anos. 2. A jurisprudência desta Corte Superior pacificou-se no sentido de ser aplicável à ação civil pública, na tutela de interesses individuais homogêneos disponíveis, o prazo prescricional quinquenal previsto no art. 21 da Lei da Ação Po-

Ressalte-se que o Superior Tribunal de Justiça fixou a seguinte tese em recurso repetitivo: "No âmbito do Direito Privado, é de cinco anos o prazo prescricional para ajuizamento da execução individual em pedido de cumprimento de sentença proferida em ação civil pública" (STJ, 2ª Seção, REsp 1.273.643/PR, 2011/0101460-0, Rel. Min. Sidnei Beneti, DJe 04.04.2013)[178].

No Direito Ambiental, cabe salientar que o Supremo Tribunal Federal fixou a seguinte tese em recurso extraordinário com repercussão geral: "É imprescritível a pretensão de reparação civil de dano ambiental" (STF, Pleno, RE 654.833/AC, Rel. Min. Alexandre de Moraes, DJe 24.06.2020)[179].

---

pular. Precedentes da Segunda Seção e da Corte Especial. 3. Embargos de divergência providos" (STJ, Corte Especial, EREsp 1.321.501/SE, 2014/0318237-2, Rel. Min. Raul Araújo, DJe 25.10.2019).

[178] "2. Esta Corte Superior, no julgamento do REsp 1.388.000/PR, submetido à regra de julgamento do art. 543-C do CPC/1973, firmou a tese de que o prazo prescricional para a execução individual é contado do trânsito em julgado da sentença coletiva, sendo desnecessária a providência de que trata o art. 94 da Lei 8.078/1990" (STJ, 1ª T., AgInt nos EDcl no REsp 1.779.866/SP, 2018/0294742-6, Rel. Min. Gurgel de Faria, DJe 14.05.2020).

[179] "Recurso Extraordinário. Repercussão geral. Tema 999. Constitucional. Dano ambiental. Reparação. Imprescritibilidade. 1. Debate-se nestes autos se deve prevalecer o princípio da segurança jurídica, que beneficia o autor do dano ambiental diante da inércia do Poder Público; ou se devem prevalecer os princípios constitucionais de proteção, preservação e reparação do meio ambiente, que beneficiam toda a coletividade. 2. Em nosso ordenamento jurídico, a regra é a prescrição da pretensão reparatória. A imprescritibilidade, por sua vez, é exceção. Depende, portanto, de fatores externos, que o ordenamento jurídico reputa inderrogáveis pelo tempo. 3. Embora a Constituição e as leis ordinárias não disponham acerca do prazo prescricional para a reparação de danos civis ambientais, sendo regra a estipulação de prazo para pretensão ressarcitória, a tutela constitucional a determinados valores impõe o reconhecimento de pretensões imprescritíveis. 4. O meio ambiente deve ser considerado patrimônio comum de toda humanidade, para a garantia de sua integral proteção, especialmente em relação às gerações futuras. Todas as condutas do Poder Público estatal devem ser direcionadas no sentido de integral proteção legislativa interna e de adesão aos pactos e tratados internacionais protetivos desse direito humano fundamental de 3ª geração, para evitar prejuízo da coletividade em face de uma afetação de certo bem (recurso natural) a uma finalidade individual. 5. A reparação do dano ao meio ambiente é direito fundamental indisponível, sendo imperativo o reconhecimento da imprescritibilidade no que toca à recomposição dos danos ambientais. [...] Afirmação de tese segundo a qual é imprescritível a pretensão de reparação civil de dano ambiental" (STF, Pleno, RE 654.833/AC, Rel. Min. Alexandre de Moraes, DJe 24.06.2020).

25.13 PRESCRIÇÃO INTERCORRENTE

A prescrição intercorrente é a que opera no curso do processo, ou seja, depois do ajuizamento da ação, notadamente na execução.

Em regra, não há prescrição intercorrente durante a tramitação do processo (ou fase) de conhecimento, pois a prescrição interrompida recomeça a correr da data do ato que a interrompeu, ou do *último ato do processo* para a interromper (art. 202, parágrafo único, do Código Civil)[180].

Esclareça-se que a prescrição intercorrente não se confunde com o abandono da causa. No âmbito processual, o juiz não resolverá o mérito quando: II – o processo ficar parado durante mais de um ano por negligência das partes; III – por não promover os atos e as diligências que lhe incumbir, o autor abandonar a causa por mais de 30 dias (art. 485, incisos II e III, do CPC). Nas hipóteses descritas nos incisos II e III, a parte deve ser intimada pessoalmente para suprir a falta no prazo de cinco dias (art. 485, § 6º, do CPC)[181]. Oferecida a contestação, a extinção do processo por abandono da causa pelo autor depende de requerimento do réu (art. 485, § 6º, do CPC)[182].

---

[180] MONTEIRO, Washington de Barros; PINTO, Ana Cristina de Barros Monteiro França. *Curso de direito civil*: parte geral. 44. ed. São Paulo: Saraiva, 2012. v. 1. p. 381: "a prescrição mantém-se interrompida enquanto a lide se acha em movimento". Na jurisprudência: "O Tribunal de origem concluiu pela não ocorrência da prescrição, sob o fundamento de que a citação válida ocorrida na ação principal anteriormente aviada, que originou o débito objeto desta execução, interrompeu o prazo prescricional, e que não foi evidenciada a inércia do credor, o que rechaça a ocorrência da prescrição intercorrente. Precedentes. Aplicação da Súmula 83 do STJ" (STJ, 4ª T., AgInt no AREsp 861.884/MG, 2016/0028942-9, Rel. Des. Conv. Lázaro Guimarães, DJe 27.11.2017).

[181] "1. O término do processo sem resolução do mérito, na hipótese de abandono, tem por premissa que a parte, por mais de trinta dias, não promova os atos e/ou diligências que lhe competiam e exige que ela seja intimada prévia e pessoalmente, com a advertência de que a falta de promoção dos autos de sua incumbência, no prazo derradeiro, acarretará a extinção do feito. Evidente que tal intimação da parte deve ser feito antes de prolatada a decisão judicial, e não na própria sentença que reconhece o abandono, com dispositivo condicional" (STJ, 2ª T., REsp 1.750.306/MT, 2018/0143279-6, Rel. Min. Herman Benjamin, DJe 25.10.2019).

[182] "2. A extinção do processo, por abandono da causa pelo autor, depende de requerimento do réu, somente podendo ser dispensada tal exigência, com admissão da extinção do processo de ofício pelo juiz, quando ainda não angularizada a relação jurídico-processual

Portanto, a prescrição intercorrente normalmente ocorre no curso do processo (ou fase) de execução.

Registre-se que segundo a Súmula 150 do STF: "Prescreve a execução no mesmo prazo de prescrição da ação". Cabe esclarecer que a mencionada Súmula trata da prescrição da pretensão executiva[183], e não da prescrição intercorrente[184].

Suspende-se a execução quando o executado não possuir bens penhoráveis (art. 921, inciso III, do CPC). Nessa hipótese, o juiz deve *suspender* a execução pelo prazo de um ano, durante o qual se suspenderá a prescrição (art. 921, § 1º, do CPC).

---

pela citação. Precedentes" (STJ, 3ª T., AgInt no REsp 1.821.665/SP, 2019/0176678-1, Rel. Min. Nancy Andrighi, DJe 28.05.2020).

[183] "5. O prazo para propositura de execução contra a Fazenda Pública, nos termos do art. 1º do Decreto n. 20.910/1932 e da Súmula 150 do STF, é de cinco anos, contados do trânsito em julgado do processo de conhecimento, incidindo o princípio da *actio nata*" (STJ, 1ª T., AgInt no REsp 1.715.878/DF, 2017/0324784-0, Rel. Min. Gurgel de Faria, DJe 31.08.2020). "2. Consoante pacífica jurisprudência do STJ, o prazo para propositura de execução contra a Fazenda Pública, nos termos do art. 1º do Decreto 20.910/1932 e da Súmula 150 do Supremo Tribunal Federal, é de cinco anos, contados do trânsito em julgado do processo de conhecimento, momento em que o título executivo se torna líquido e certo, incidindo o princípio da *actio nata*. Precedente: AgRg no AREsp 254.658/MS, Rel. Ministro Luis Felipe Salomão, Quarta Turma, DJe 18/12/2012" (STJ, 2ª T., REsp 1.770.287/RS, 2018/0223895-2, Rel. Min. Herman Benjamin, DJe 05.09.2019). "3. O processo de conhecimento e o processo de execução são autônomos e, em consequência dessa autonomia, os prazos prescricionais são idênticos, ou seja, cinco anos, iniciando-se, para ação de execução, a partir do trânsito em julgado da ação de conhecimento" (STJ, 2ª T., REsp 1.645.777/SP, 2016/0305204-3, Rel. Min. Herman Benjamin, DJe 20.04.2017). "2. O prazo de prescrição da pretensão executiva (para desencadear a fase de cumprimento de sentença), quanto ao capítulo decisório que necessite da definição do *quantum debeatur*, apenas tem início com o fim da liquidação" (STJ, 3ª T., AgRg no AREsp 754.951/RS, 2015/0188609-3, Rel. Min. Marco Aurélio Bellizze, DJe 23.10.2015).

[184] "Processual Civil. Recurso especial. Embargos à execução de sentença. Art. 9º do Decreto 20.910/32. Prescrição intercorrente. Inaplicabilidade à hipótese dos autos. Prescrição da execução. Inocorrência. 1. Transitada em julgado a ação originária, inicia-se o prazo prescricional para a propositura da respectiva execução, não se aplicando nesse ínterim a prescrição intercorrente prevista no art. 9º do Decreto 20.910/32. 2. O prazo prescricional da execução é o mesmo da ação originária. Inteligência da Súmula nº 150 do Supremo Tribunal Federal. 3. Não transcorrido o lapso prescricional quando da propositura da execução. 4. Recurso especial não provido" (STJ, 2ª T., REsp 961.607/SP, 2007/0089010-5, Rel. Min. Mauro Campbell Marques, DJe 01.12.2008). Cf. ainda STJ, 2ª T., AgInt no AREsp 1.260.450/SP, 2018/0054851-7, Rel. Min. Francisco Falcão, DJe 21.09.2018.

Decorrido o prazo máximo de um ano sem que seja localizado o executado ou que sejam encontrados bens penhoráveis, o juiz deve ordenar o *arquivamento* dos autos (art. 921, § 2º, do CPC).

Os autos devem ser desarquivados para prosseguimento da execução se a qualquer tempo forem encontrados bens penhoráveis (art. 921, § 3º, do CPC).

Decorrido o prazo de que trata o § 1º do art. 921 do CPC (um ano da suspensão da execução) sem manifestação do exequente, começa a correr o prazo de prescrição intercorrente (art. 921, § 4º, do CPC).

O juiz, depois de ouvidas as partes, no prazo de 15 dias, pode, de ofício, reconhecer a prescrição intercorrente e extinguir o processo (art. 921, § 5º, do CPC).

Portanto, extingue-se a execução quando ocorrer a prescrição intercorrente (art. 924, inciso V, do CPC).

Como disposição transitória, nos termos do art. 1.056 do CPC, deve-se considerar como termo inicial do prazo da prescrição prevista no art. 924, inciso V, do CPC, inclusive para as execuções em curso, a data de vigência do Código de Processo Civil[185].

A respeito do tema, o Superior Tribunal de Justiça fixou as seguintes teses em recurso repetitivo: "1.1. Incide a prescrição intercorrente, nas causas regidas pelo CPC/73, quando o exequente permanece inerte por prazo superior ao de prescrição do direito material vindicado, conforme interpretação extraída do art. 202, parágrafo único, do Código Civil de 2002. 1.2. O termo inicial do prazo prescricional, na vigência do CPC/1973, conta-se do fim do prazo judicial de suspensão do processo ou, inexistindo prazo fixado, do transcurso de 1 (um) ano (aplicação analógica do art. 40, § 2º, da Lei 6.830/1980). 1.3. O termo inicial do art. 1.056 do CPC/2015 tem incidência apenas nas hipóteses em que o processo se encontrava suspenso na data da entrada em vigor da novel lei processual, uma vez que não se pode extrair interpretação que viabilize

---

[185] Conforme o Enunciado administrativo 1 do Superior Tribunal de Justiça: "O Plenário do STJ, em sessão administrativa em que se interpretou o art. 1.045 do novo Código de Processo Civil, decidiu, por unanimidade, que o Código de Processo Civil aprovado pela Lei n. 13.105/2015, entrará em vigor no dia 18 de março de 2016".

o reinício ou a reabertura de prazo prescricional ocorridos na vigência do revogado CPC/1973 (aplicação irretroativa da norma processual). 1.4. O contraditório é princípio que deve ser respeitado em todas as manifestações do Poder Judiciário, que deve zelar pela sua observância, inclusive nas hipóteses de declaração de ofício da prescrição intercorrente, devendo o credor ser previamente intimado para opor algum fato impeditivo à incidência da prescrição" (STJ, 2ª Seção, REsp 1.604.412/SC, 2016/0125154-1, Rel. Min. Marco Aurélio Bellizze, DJe 22.08.2018).

Na execução judicial para cobrança da dívida ativa da União, dos Estados, do Distrito Federal, dos Municípios e respectivas autarquias (execução fiscal), o juiz deve *suspender* o curso da execução, enquanto não for localizado o devedor ou encontrados bens sobre os quais possa recair a penhora, e, nesses casos, não correrá o prazo de prescrição (art. 40 da Lei 6.830/1980).

Suspenso o curso da execução, deve ser aberta vista dos autos ao representante judicial da Fazenda Pública (art. 40, § 1º, da Lei 6.830/1980).

Decorrido o prazo máximo de um ano, sem que seja localizado o devedor ou encontrados bens penhoráveis, o juiz deve ordenar o *arquivamento* dos autos (art. 40, § 2º, da Lei 6.830/1980).

Encontrados que sejam, a qualquer tempo, o devedor ou os bens, devem ser desarquivados os autos para prosseguimento da execução (art. 40, § 3º, da Lei 6.830/1980).

Se da decisão que ordenar o *arquivamento* tiver decorrido o prazo prescricional, o juiz, depois de ouvida a Fazenda Pública, pode, de ofício, reconhecer a prescrição intercorrente e decretá-la de imediato (art. 40, § 4º, da Lei 6.830/1980, incluído pela Lei 11.051/2004).

Nesse sentido, como explicita a Súmula 314 do STJ: "Em execução fiscal, não localizados bens penhoráveis, suspende-se o processo por um ano, findo o qual se inicia o prazo da prescrição quinquenal intercorrente".

A manifestação prévia da Fazenda Pública prevista no § 4º do art. 40 da Lei 6.830/1980 será dispensada no caso de cobranças judiciais cujo valor seja inferior ao mínimo fixado por ato do Ministro de

Estado da Economia (art. 40, § 5º, da Lei 6.830/1980, incluído pela Lei 11.960/2009).

Como forma de melhor elucidar o tema, o Superior Tribunal de Justiça fixou as seguintes teses em recurso repetitivo:

> "4.1.) O prazo de 1 (um) ano de suspensão do processo e do respectivo prazo prescricional previsto no art. 40, §§ 1º e 2º, da Lei n. 6.830/80 – LEF tem início automaticamente na data da ciência da Fazenda Pública a respeito da não localização do devedor ou da inexistência de bens penhoráveis no endereço fornecido, havendo, sem prejuízo dessa contagem automática, o dever de o magistrado declarar ter ocorrido a suspensão da execução;
>
> 4.1.1.) Sem prejuízo do disposto no item 4.1., nos casos de execução fiscal para cobrança de dívida ativa de natureza tributária (cujo despacho ordenador da citação tenha sido proferido antes da vigência da Lei Complementar n. 118/2005), depois da citação válida, ainda que editalícia, logo após a primeira tentativa infrutífera de localização de bens penhoráveis, o Juiz declarará suspensa a execução;
>
> 4.1.2.) Sem prejuízo do disposto no item 4.1., em se tratando de execução fiscal para cobrança de dívida ativa de natureza tributária (cujo despacho ordenador da citação tenha sido proferido na vigência da Lei Complementar n. 118/2005)[186] e de qualquer dívida ativa de natureza não tributária, logo após a primeira tentativa frustrada de citação do devedor ou de localização de bens penhoráveis, o Juiz declarará suspensa a execução;
>
> 4.2.) Havendo ou não petição da Fazenda Pública e havendo ou não pronunciamento judicial nesse sentido, findo o prazo de 1 (um) ano de suspensão inicia-se automaticamente o prazo prescricional aplicável (de acordo com a natureza do crédito exequendo) durante o qual o processo deveria estar arquivado sem baixa na distribuição, na forma do art. 40,

---

[186] "7. A Lei Complementar 118, de 9 de fevereiro de 2005 (vigência a partir de 09.06.2005), alterou o art. 174 do CTN para atribuir ao despacho do juiz que ordenar a citação o efeito interruptivo da prescrição. (Precedentes: REsp 860128/RS, DJ de 782.867/SP, DJ 20.10.2006; REsp 708.186/SP, DJ 03.04.2006). 8. Destarte, consubstanciando norma processual, a referida Lei Complementar é aplicada imediatamente aos processos em curso, o que tem como consectário lógico que a data da propositura da ação pode ser anterior à sua vigência. Todavia, a data do despacho que ordenar a citação deve ser posterior à sua entrada em vigor, sob pena de retroação da novel legislação" (STJ, 1ª T., AgRg no Ag 1.061.124/SP, 2008/0130314-9, Rel. Min. Luiz Fux, DJe 03.11.2010).

§§ 2º, 3º e 4º, da Lei n. 6.830/80 – LEF, findo o qual o Juiz, depois de ouvida a Fazenda Pública, poderá, de ofício, reconhecer a prescrição intercorrente e decretá-la de imediato;

4.3.) A efetiva constrição patrimonial e a efetiva citação (ainda que por edital) são aptas a interromper o curso da prescrição intercorrente, não bastando para tal o mero peticionamento em juízo, requerendo, *v.g.*, a feitura da penhora sobre ativos financeiros ou sobre outros bens. Os requerimentos feitos pelo exequente, dentro da soma do prazo máximo de 1 (um) ano de suspensão mais o prazo de prescrição aplicável (de acordo com a natureza do crédito exequendo) deverão ser processados, ainda que para além da soma desses dois prazos, pois, citados (ainda que por edital) os devedores e penhorados os bens, a qualquer tempo – mesmo depois de escoados os referidos prazos –, considera-se interrompida a prescrição intercorrente, retroativamente, na data do protocolo da petição que requereu a providência frutífera;

4.4.) A Fazenda Pública, em sua primeira oportunidade de falar nos autos (art. 245 do CPC/73, correspondente ao art. 278 do CPC/2015), ao alegar nulidade pela falta de qualquer intimação dentro do procedimento do art. 40 da LEF, deverá demonstrar o prejuízo que sofreu (exceto a falta da intimação que constitui o termo inicial – 4.1., onde o prejuízo é presumido), por exemplo, deverá demonstrar a ocorrência de qualquer causa interruptiva ou suspensiva da prescrição;

4.5.) O magistrado, ao reconhecer a prescrição intercorrente, deverá fundamentar o ato judicial por meio da delimitação dos marcos legais que foram aplicados na contagem do respectivo prazo, inclusive quanto ao período em que a execução ficou suspensa" (STJ, 1ª Seção, REsp 1.340.553/RS, 2012/0169193-3, Rel. Min. Mauro Campbell Marques, DJe 16.10.2018).

25.14 DECADÊNCIA

A decadência (ou caducidade) e a prescrição decorrem do decurso de tempo e da inércia do titular, conforme o caso, do direito e da pretensão, respectivamente[187].

---

[187] MONTEIRO, Washington de Barros; PINTO, Ana Cristina de Barros Monteiro França. *Curso de direito civil*: parte geral. 44. ed. São Paulo: Saraiva, 2012. v. 1. p. 390.

Na concepção clássica ou tradicional, a decadência é a extinção do direito em razão do seu não exercício no prazo fixado[188]. A respeito de exemplos de prazos de decadência, remete-se o leitor ao item 25.14.

A decadência extingue os direitos potestativos, os quais são poderes conferidos ao titular que independem de manifestação da vontade do sujeito passivo, que fica em estado de sujeição, quando o seu exercício tem prazo estabelecido pela lei ou por convenção[189]. Se não houver prazo fixado para o exercício do direito potestativo, ele não estará sujeito à decadência[190], nem à prescrição[191]. Quando os referidos direitos são exercidos por meio de ação judicial, esta tem natureza constitutiva[192], a qual tem como objetivo constituir, modificar ou desconstituir a relação jurídica[193]. Logo, na esfera processual, a decadência é aplicável às ações constitutivas (positivas ou negativas) que tem prazo fixado para o seu exercício[194].

---

188 MONTEIRO, Washington de Barros; PINTO, Ana Cristina de Barros Monteiro França. *Curso de direito civil*: parte geral. 44. ed. São Paulo: Saraiva, 2012. v. 1. p. 390.

189 "7. Já a decadência incide sobre os direitos exercidos independentemente da manifestação de vontade do sujeito passivo do direito, os quais são conhecidos na doutrina como potestativos. Dessarte, para o exercício do direito potestativo e a consequente incidência da decadência, desnecessário haver afronta a esse direito ou expressa manifestação do sujeito passivo para configurar resistência, pois o titular pode exercer o direito independentemente da manifestação de vontade de terceiros" (STJ, 1ª Seção., REsp 1.648.336/RS, 2017/0009052-4, Rel. Min. Herman Benjamin, DJe 04.08.2020).

190 "3. Correspondendo a direito potestativo, sujeito a prazo decadencial, para cujo exercício a lei não previu prazo especial, prevalece a regra geral da inesgotabilidade ou da perpetuidade, segundo a qual os direitos não se extinguem pelo não uso" (STJ, 4ª T., REsp 1.312.591/RS, 2012/0046226-0, Rel. Min. Luis Felipe Salomão, DJe 01.07.2013).

191 AMORIM FILHO, Agnelo. Critério científico para distinguir a prescrição da decadência e identificar as ações imprescritíveis. *Revista dos Tribunais*, São Paulo, RT, ano 86, v. 744, p. 747-748, out. 1997.

192 GOMES, Orlando. *Introdução ao direito civil*. 19. ed., revista, atualizada e aumentada por Edvaldo Brito e Reginalda Paranhos de Brito. Rio de Janeiro: Forense, 2007. p. 99: "Nas ações para o exercício de um direito potestativo, o *autor* não exige prestação alguma do *réu*, querendo apenas que o juiz modifique, por sentença, a relação jurídica que admite a modificação pretendida" (destaques do original).

193 "6- O direito potestativo, por sua própria natureza, considera-se exercido no momento do ajuizamento da ação, quando então cessa o curso do prazo de decadência em relação a todos os partícipes do ato fraudulento" (STJ, 3ª T., REsp 750.135/RS, 2005/0079583-4, Rel. Min. Paulo de Tarso Sanseverino, DJe 28.04.2011).

194 AMORIM FILHO, Agnelo. Critério científico para distinguir a prescrição da decadência e identificar as ações imprescritíveis. *Revista dos Tribunais*, São Paulo, RT, ano 86, v. 744,

Salvo disposição legal em contrário, não se aplicam à decadência as normas que impedem, suspendem ou interrompem a prescrição (art. 207 do Código Civil)[195]. Na decadência, em regra, o prazo não é impedido de iniciar, não se suspende nem se interrompe. Entretanto, como exceção, se houver previsão legal expressa, será aplicável à decadência as normas que impedem, suspendem ou interrompem a prescrição[196].

O efeito retroativo a que se refere o § 1º do art. 240 do CPC[197] aplica-se à decadência e aos demais prazos extintivos previstos em lei (art. 240, § 4º, do CPC). Logo, a interrupção da decadência, operada pelo despacho que ordena a citação, ainda que proferido por juízo incompetente, retroagirá à data de propositura da ação. Exige-se que a citação seja válida para que ocorra essa interrupção do prazo, a qual retroage à data do ajuizamento da ação. Cf. item 25.11.

O art. 3º da Lei 14.010/2020, sobre impedimento e suspensão de prazos a partir da entrada em vigor da Lei 14.010/2020 (12 de junho de 2020) até 30 de outubro de 2020, aplica-se à decadência, conforme ressalva prevista no art. 207 do Código Civil (art. 3º, § 2º, da Lei 14.010/2020). Cf. item 25.10.

Aplica-se à decadência o disposto nos arts. 195 e 198, inciso I, do Código Civil (art. 208 do Código Civil). Sendo assim, os relativamente incapazes e as pessoas jurídicas têm ação contra os seus assistentes ou representantes legais, que derem causa à decadência, ou não a alegarem

---

p. 738, out. 1997: "as únicas ações cuja não propositura implica na decadência do direito que lhes corresponde são as ações constitutivas, que têm prazo especial de exercício fixado em lei". Na jurisprudência: "9. Nesse afã, em referência à prescrição e à decadência – e de acordo com a tradição civilista –, o pedido de desconstituição se submete a prazos decadenciais, ao passo que a pretensão condenatória de ressarcimento do dano causado ao Erário se atrela a prazos prescricionais" (STJ, 1ª T., REsp 1.811.825/MG, 2015/0021750-5, Rel. Min. Napoleão Nunes Maia Filho, DJe 28.06.2019).

195 "8. Não há falar, portanto, em impedimento, suspensão ou interrupção de prazos decadenciais, salvo por expressa determinação legal (art. 207 do CC)" (STJ, 1ª Seção, REsp 1.648.336/RS, 2017/0009052-4, Rel. Min. Herman Benjamin, DJe 04.08.2020).

196 MONTEIRO, Washington de Barros; PINTO, Ana Cristina de Barros Monteiro França. *Curso de direito civil*: parte geral. 44. ed. São Paulo: Saraiva, 2012. v. 1. p. 391.

197 "§ 1º A interrupção da prescrição, operada pelo despacho que ordena a citação, ainda que proferido por juízo incompetente, retroagirá à data de propositura da ação".

oportunamente. Além disso, não corre a decadência contra os incapazes de que trata o art. 3º do Código Civil (absolutamente incapazes)[198].

É nula a renúncia à decadência fixada em lei (art. 209 do Código Civil). Se a decadência for convencional, ou seja, fixada por ato de vontade da parte ou das partes, pode ser objeto de renúncia[199].

Deve o juiz, de ofício, conhecer da decadência, quando estabelecida por lei (art. 210 do Código Civil). Nesse contexto, há resolução de mérito quando o juiz decidir, de ofício ou a requerimento, sobre a ocorrência de decadência ou prescrição (art. 487, inciso II, do CPC). A decadência deve ser conhecida de ofício pelo juiz quando estabelecida pela lei.

Se a decadência for convencional, a parte a quem aproveita pode alegá-la em qualquer grau de jurisdição, mas o juiz não pode suprir a alegação (art. 211 do Código Civil). Logo, especificamente quanto à decadência convencional, ou seja, prevista em contrato ou testamento, o juiz não pode conhecê-la de ofício, cabendo à parte a quem aproveita alegá-la[200].

25.15 PRAZOS DE DECADÊNCIA

Decai em três anos o direito de anular a constituição das pessoas jurídicas de direito privado, por defeito do ato respectivo, contado o prazo da publicação de sua inscrição no registro (art. 45, parágrafo único, do Código Civil).

Decai em três anos o direito de anular as decisões previstas no art. 48 do Código Civil (sobre pessoa jurídica que tiver administração coletiva)[201], quando violarem a lei ou estatuto, ou forem eivadas de erro, dolo, simulação ou fraude (art. 48, parágrafo único, do Código Civil).

---

198 MONTEIRO, Washington de Barros; PINTO, Ana Cristina de Barros Monteiro França. *Curso de direito civil*: parte geral. 44. ed. São Paulo: Saraiva, 2012. v. 1. p. 391.

199 MONTEIRO, Washington de Barros; PINTO, Ana Cristina de Barros Monteiro França. *Curso de direito civil*: parte geral. 44. ed. São Paulo: Saraiva, 2012. v. 1. p. 391.

200 MONTEIRO, Washington de Barros; PINTO, Ana Cristina de Barros Monteiro França. *Curso de direito civil*: parte geral. 44. ed. São Paulo: Saraiva, 2012. v. 1. p. 392.

201 "Art. 48. Se a pessoa jurídica tiver administração coletiva, as decisões se tomarão pela maioria de votos dos presentes, salvo se o ato constitutivo dispuser de modo diverso".

É de quatro anos o prazo de decadência para pleitear-se a anulação do negócio jurídico, contado: I – no caso de coação, do dia em que ela cessar; II – no de erro, dolo, fraude contra credores, estado de perigo ou lesão, do dia em que se realizou o negócio jurídico; III – no de atos de incapazes, do dia em que cessar a incapacidade (art. 178 do Código Civil).

Quando a lei dispuser que determinado ato é anulável, sem estabelecer prazo para pleitear-se a anulação, será este de dois anos, a contar da data da conclusão do ato (art. 179 do Código Civil).

É anulável o negócio concluído pelo representante em conflito de interesses com o representado, se tal fato era ou devia ser do conhecimento de quem com aquele tratou (art. 119 do Código Civil). É de 180 dias, a contar da conclusão do negócio ou da cessação da incapacidade, o prazo de decadência para pleitear-se a referida anulação (art. 119, parágrafo único, do Código Civil).

Quanto aos vícios redibitórios[202], o adquirente decai do direito de obter a redibição ou abatimento no preço no prazo de 30 dias se a coisa for móvel, e de um ano se for imóvel, contado da entrega efetiva. Se o adquirente já estava na posse, o prazo conta-se da alienação, reduzido à metade (art. 445 do Código Civil).

Na retrovenda (cláusula especial ao contrato de compra e venda), o vendedor de coisa imóvel pode reservar-se o direito de recobrá-la no prazo máximo de decadência de três anos, restituindo o preço recebido e reembolsando as despesas do comprador, inclusive as que, durante o período de resgate, se efetuaram com a sua autorização escrita, ou para a realização de benfeitorias necessárias (art. 505 do Código Civil).

Na preempção ou preferência (cláusula especial ao contrato de compra e venda), inexistindo prazo estipulado, o direito de preempção caducará, se a coisa for móvel, não se exercendo nos três dias, e, se for imóvel, não se exercendo nos sessenta dias subsequentes à data em que o comprador tiver notificado o vendedor (art. 516 do Código Civil).

---

[202] "Art. 441. A coisa recebida em virtude de contrato comutativo pode ser enjeitada por vícios ou defeitos ocultos, que a tornem imprópria ao uso a que é destinada, ou lhe diminuam o valor".

A doação do cônjuge adúltero ao seu cúmplice pode ser anulada pelo outro cônjuge, ou por seus herdeiros necessários, até dois anos depois de dissolvida a sociedade conjugal (art. 550 do Código Civil)[203].

Nos contratos de empreitada de edifícios ou outras construções consideráveis, o empreiteiro de materiais e execução responde, durante o prazo irredutível de cinco anos, pela solidez e segurança do trabalho, assim em razão dos materiais, como do solo (art. 618 do Código Civil). O art. 618, *caput*, do Código Civil versa sobre prazo de garantia, e não de prescrição, nem de decadência[204]. Decairá do direito assegurado no art. 618 do Código Civil o dono da obra que não propuser a ação contra o empreiteiro, nos 180 dias seguintes ao aparecimento do vício ou defeito (art. 618, parágrafo único, do Código Civil). O parágrafo único do art. 618 do Código Civil prevê prazo decadencial[205].

---

[203] "1. O art. 550 do CC/2012 estabelece que a doação do cônjuge adúltero ao seu cúmplice pode ser anulada pelo outro cônjuge, ou por seus herdeiros necessários, até 2 (dois) anos depois de dissolvida a sociedade conjugal. Com efeito, a lei prevê prazo decadencial para exercício do direito potestativo para anulação da doação, a contar do término do casamento, isto é, pela morte de um dos cônjuges ou pelo divórcio" (STJ, 4ª T., REsp 1.192.243/SP, 2010/0077460-9, Rel. Min. Luis Felipe Salomão, DJe 23.06.2015).

[204] "3. A 'solidez e segurança do trabalho de empreitada de edifícios ou outras construções consideráveis' foram destacadas pelo legislador (artigo 618 do Código Civil) para fins de atendimento ao prazo irredutível de garantia de cinco anos, não consubstanciando, contudo, critério para aplicação do prazo prescricional enunciado na Súmula 194 do STJ" (STJ, 4ª T., AgInt no AREsp 438.665/RS, 2013/0391177-4, Rel. Min. Luis Felipe Salomão, DJe 24.09.2019). "II. O prazo estabelecido no art. 618 do Código Civil vigente é de garantia, e, não, prescricional ou decadencial" (STJ, 4ª T., AgRg no Ag 991.883/SP, 2007/0291689-6, Rel. Min. Aldir Passarinho Junior, DJe 04.08.2008).

[205] "3. O termo inicial do prazo decadencial previsto no parágrafo único do art. 618 do Código Civil conta-se do momento em que o dono da obra toma ciência da existência do vício construtivo coberto pela garantia legal" (STJ, 4ª T., REsp 1.296.849/MG, 2011/0291871-8, Rel. Min. Maria Isabel Gallotti, DJe 20.02.2017). "II – No que trata da alegação de violação do art. 618, parágrafo único, do Código Civil, sem razão a recorrente na pretensão de reforma do aresto vergastado, visto que este se encontra em perfeita consonância com a jurisprudência desta Corte, no sentido de que o prazo quinquenal disposto no referido dispositivo é de garantia da solidez e segurança da obra, não se confundindo com o prazo prescricional de dez anos, previsto no art. 389 do CC de 2002, ou de vinte anos, nos termos da previsão do art. 1.056 do CC/1916, para obter do construtor indenização por defeitos na obra. Nesse sentido, os seguintes julgados: REsp n. 1.717.160/DF, Relator Ministra Nancy Andrighi, Terceira Turma, julgado em 22/3/2018, DJe 26/3/2018; AgRg no REsp n. 1.344.043/DF, Rel. Ministra Maria Isabel Gallotti, Quarta Turma, julgado em 17/12/2013, DJe 4/2/2014" (STJ, 2ª T., AgInt nos EDcl no AREsp 1.191.201/SP, 2017/0272173-0, Rel. Min. Francisco Falcão, DJe 21.05.2019).

Além disso, como esclarece o Enunciado 181 da III Jornada de Direito Civil, do Conselho da Justiça Federal: "O prazo referido no art. 618, parágrafo único, do Código Civil refere-se unicamente à garantia prevista no *caput*, sem prejuízo de poder o dono da obra, com base no mau cumprimento do contrato de empreitada, demandar perdas e danos"[206].

No Direito das Coisas, quanto à hipoteca, dentro em 30 dias, contados do registro do título aquisitivo, tem o adquirente do imóvel hipotecado o direito de remi-lo, citando os credores hipotecários e propondo importância não inferior ao preço por que o adquiriu (art. 1.481 do Código Civil).

No Direito de Família, a falta de autorização, não suprida pelo juiz, quando necessária (art. 1.647 do Código Civil)[207], tornará anulável o ato praticado, podendo o outro cônjuge pleitear-lhe a anulação, até dois anos depois de terminada a sociedade conjugal (art. 1.649 do Código Civil)[208].

---

[206] "1. Controvérsia em torno do prazo para o exercício da pretensão indenizatória contra o construtor por danos relativos à solidez e segurança da obra. 2. Possibilidade de responsabilização do construtor pela fragilidade da obra, com fundamento tanto no art. 1.245 do CCB/16 (art. 618 CCB/02), em que a sua responsabilidade é presumida, ou com fundamento no art. 1.056 do CCB/16 (art. 389 CCB/02), em que se faz necessária a comprovação do ilícito contratual, consistente na má-execução da obra. Enunciado 181 da III Jornada de Direito Civil. 3. Na primeira hipótese, a prescrição era vintenária na vigência do CCB/16 (cf. Sumula 194/STJ), passando o prazo a ser decadencial de 180 dias por força do disposto no parágrafo único do art. 618 do CC/2002. 4. Na segunda hipótese, a prescrição, que era vintenária na vigência do CCB/16, passou a ser decenal na vigência do CCB/02. Precedente desta Turma. 5. O termo inicial da prescrição é a data do conhecimento das falhas construtivas, sendo que a ação fundada no art. 1.245 do CCB/16 (art. 618 CCB/02) somente é cabível se o vício surgir no prazo de cinco anos da entrega da obra" (STJ, 3ª T., REsp 1.290.383/SE, 2011/0261336-3, Rel. Min. Paulo de Tarso Sanseverino, DJe 24.02.2014).

[207] "Art. 1.647. Ressalvado o disposto no art. 1.648, nenhum dos cônjuges pode, sem autorização do outro, exceto no regime da separação absoluta: I – alienar ou gravar de ônus real os bens imóveis; II – pleitear, como autor ou réu, acerca desses bens ou direitos; III – prestar fiança ou aval; IV – fazer doação, não sendo remuneratória, de bens comuns, ou dos que possam integrar futura meação. Parágrafo único. São válidas as doações nupciais feitas aos filhos quando casarem ou estabelecerem economia separada".

[208] "4. No que tange ao prazo decadencial para que o cônjuge exerça o direito potestativo de invalidar a doação realizada pelo outro sem a sua autorização, quando esta era necessária, o art. 1.649 do CC/02 prevê o lapso de 2 anos a contar do término da sociedade conjugal, que, nos termos do art. 1.571, III, do CC/02, ocorre com a separação judicial e não da

Na locação de imóvel destinado ao comércio, do direito a renovação decai aquele que não propuser a ação no interregno de um ano, no máximo, até seis meses, no mínimo, anteriores à data da finalização do prazo do contrato em vigor (art. 51, § 5º, da Lei 8.245/1991).

Nas relações de consumo, o direito de reclamar pelos vícios aparentes ou de fácil constatação caduca em: I – 30 dias, tratando-se de fornecimento de serviço e de produtos não duráveis; II – 90 dias, tratando-se de fornecimento de serviço e de produtos duráveis (art. 26 da Lei 8.078/1990). Inicia-se a contagem do prazo decadencial a partir da entrega efetiva do produto ou do término da execução dos serviços (art. 26, § 1º, da Lei 8.078/1990)[209].

Obstam a decadência: a reclamação comprovadamente formulada pelo consumidor perante o fornecedor de produtos e serviços até a resposta negativa correspondente, que deve ser transmitida de forma inequívoca; a instauração de inquérito civil, até seu encerramento (art. 26, § 2º, da Lei 8.078/1990)[210].

Tratando-se de vício oculto, o prazo decadencial inicia-se no momento em que ficar evidenciado o defeito (art. 26, § 3º, da Lei 8.078/1990).

---

separação de fato" (STJ, 3ª T., REsp 1.622.541/SC, 2016/0092601-0, Rel. Min. Nancy Andrighi, DJe 15.12.2016).

[209] "4. É de 90 (noventa) dias o prazo para o consumidor reclamar por vícios aparentes ou de fácil constatação no imóvel por si adquirido, contado a partir da efetiva entrega do bem (art. 26, II e § 1º, do CDC). 5. No referido prazo decadencial, pode o consumidor exigir qualquer das alternativas previstas no art. 20 do CDC, a saber: a reexecução dos serviços, a restituição imediata da quantia paga ou o abatimento proporcional do preço. Cuida-se de verdadeiro direito potestativo do consumidor, cuja tutela se dá mediante as denominadas ações constitutivas, positivas ou negativas. 6. Quando, porém, a pretensão do consumidor é de natureza indenizatória (isto é, de ser ressarcido pelo prejuízo decorrente dos vícios do imóvel) não há incidência de prazo decadencial. A ação, tipicamente condenatória, sujeita-se a prazo de prescrição. 7. À falta de prazo específico no CDC que regule a pretensão de indenização por inadimplemento contratual, deve incidir o prazo geral decenal previsto no art. 205 do CC/02, o qual corresponde ao prazo vintenário de que trata a Súmula 194/STJ, aprovada ainda na vigência do Código Civil de 1916 ('Prescreve em vinte anos a ação para obter, do construtor, indenização por defeitos na obra')" (STJ, 3ª T., REsp 1.721.694/SP, 2017/0317354-0, Rel. Min. Nancy Andrighi, DJe 05.09.2019).

[210] AZEVEDO, Álvaro Villaça. *Teoria geral do direito civil*: parte geral. São Paulo: Atlas, 2012. p. 432.

Quanto à ação rescisória, o direito à rescisão se extingue em dois anos contados do trânsito em julgado da última decisão proferida no processo (art. 975 do CPC).

De acordo com a Súmula 401 do STJ: "O prazo decadencial da ação rescisória só se inicia quando não for cabível qualquer recurso do último pronunciamento judicial".

Prorroga-se até o primeiro dia útil imediatamente subsequente o mencionado prazo, quando expirar durante férias forenses, recesso, feriados ou em dia em que não houver expediente forense (art. 975, § 1º, do CPC).

Se fundada a ação no inciso VII do art. 966 do CPC[211], o termo inicial do prazo será a data de descoberta da prova nova, observado o prazo máximo de cinco anos, contado do trânsito em julgado da última decisão proferida no processo (art. 975, § 2º, do CPC).

Nas hipóteses de simulação ou de colusão das partes, o prazo começa a contar, para o terceiro prejudicado e para o Ministério Público, que não interveio no processo, a partir do momento em que têm ciência da simulação ou da colusão (art. 975, § 3º, do CPC).

O mandado de segurança é cabível para proteger direito líquido e certo, não amparado por *habeas corpus* ou *habeas data*, quando o responsável pela ilegalidade ou abuso de poder for autoridade pública ou agente de pessoa jurídica no exercício de atribuições do Poder Público (art. 5º, inciso LXIX, da Constituição Federal de 1988).

O direito de requerer mandado de segurança extingue-se decorridos 120 dias, contados da ciência, pelo interessado, do ato impugnado (art. 23 da Lei 12.016/2009).

Como esclarece a Súmula 632 do STF: "É constitucional lei que fixa o prazo de decadência para a impetração de mandado de segurança".

---

[211] "Art. 966. A decisão de mérito, transitada em julgado, pode ser rescindida quando: [...] VII – obtiver o autor, posteriormente ao trânsito em julgado, prova nova cuja existência ignorava ou de que não pôde fazer uso, capaz, por si só, de lhe assegurar pronunciamento favorável".

25.16 ANULAÇÃO DE ATO PELA ADMINISTRAÇÃO PÚBLICA

A administração pública, com fundamento no princípio da legalidade (art. 37 da Constituição da República), pode anular os seus próprios atos, quando eivados de vícios ou ilegalidades[212].

Nesse sentido, segundo a Súmula 473 do STF: "A administração pode anular seus próprios atos, quando eivados de vícios que os tornam ilegais, porque deles não se originam direitos; ou revogá-los, por motivo de conveniência ou oportunidade, respeitados os direitos adquiridos, e ressalvada, em todos os casos, a apreciação judicial".

A administração pública deve anular seus próprios atos, quando eivados de vício de legalidade, e pode revogá-los por motivo de conveniência ou oportunidade, respeitados os direitos adquiridos (art. 53 da Lei 9.784/1999).

O direito da administração pública de anular os atos administrativos de que decorram efeitos favoráveis para os destinatários decai em cinco anos, contados da data em que foram praticados, salvo comprovada má-fé (art. 54 da Lei 9.784/1999)[213]. Como se pode notar, trata-se de prazo decadencial[214].

---

212 "1. A jurisprudência da Corte consolidou o entendimento de que pode a Administração Pública, com base no princípio da legalidade, corrigir seus atos quando eivados de vícios ou ilegalidades, sem que isso importe em ofensa aos princípios do direito adquirido e da irredutibilidade de vencimentos" (STF, 2ª T., AgR-RE 866.512/RN, Rel. Min. Dias Toffoli, DJe 30.06.2017). "3. A Administração pode, a qualquer tempo, rever seus atos eivados de erro ou ilegalidade, sem que isso implique ofensa aos princípios da segurança jurídica, da confiança e da boa-fé objetiva. Súmulas 346 e 473 do STF" (STF, 2ª T., AgR-RE 1.167.100/SC, Rel. Min. Edson Fachin, DJe 29.11.2019).

213 "2. O decurso do lapso temporal de 5 (cinco) anos não é causa impeditiva bastante para inibir a Administração Pública de revisar determinado ato, haja vista que a ressalva da parte final da cabeça do art. 54 da Lei nº 9.784/99 autoriza a anulação do ato a qualquer tempo, uma vez demonstrada, no âmbito do procedimento administrativo, com observância do devido processo legal, a má-fé do beneficiário. 3. As situações flagrantemente inconstitucionais não devem ser consolidadas pelo transcurso do prazo decadencial previsto no art. 54 da Lei nº 9.784/99, sob pena de subversão dos princípios, das regras e dos preceitos previstos na Constituição Federal de 1988. Precedentes" (STF, Pleno, RE 817.338/DF, Rel. Min. Dias Toffoli, DJe 31.07.2020).

214 "1. O direito potestativo outorgado à Administração Pública para anulação de seus próprios atos, quando eivados de vícios que os tornam ilegais (Súmulas nºs 346 e 473, ambas desta Corte), expressão do poder de autotutela, não está regulado pelo instituto da prescrição,

No caso de efeitos patrimoniais contínuos, o prazo de decadência deve ser contado da percepção do primeiro pagamento (art. 54, § 1º, da Lei 9.784/1999). Considera-se exercício do direito de anular qualquer medida de autoridade administrativa que importe impugnação à validade do ato (art. 54, § 2º, da Lei 9.784/1999).

Frise-se que aos litigantes, em *processo judicial ou administrativo*, e aos acusados em geral são assegurados o contraditório e ampla defesa, com os meios e recursos a ela inerentes (art. 5º, inciso LV, da Constituição Federal de 1988).

Conforme a Súmula Vinculante 3 do STF: "Nos processos perante o Tribunal de Contas da União asseguram-se o contraditório e a ampla defesa quando da decisão puder resultar anulação ou revogação de ato administrativo que beneficie o interessado, excetuada a apreciação da legalidade do ato de concessão inicial de aposentadoria, reforma e pensão" (DJe 06.06.2007).

O Supremo Tribunal Federal fixou a seguinte tese em recurso extraordinário com repercussão geral: "Ao Estado é facultada a revogação de atos que repute ilegalmente praticados; porém, se de tais atos já tiverem decorrido efeitos concretos, seu desfazimento deve ser precedido de regular processo administrativo" (STF, Pleno, RE 594.296/MG, Rel. Min. Dias Toffoli, DJe 13.02.2012).

O Supremo Tribunal Federal fixou ainda a seguinte tese em recurso extraordinário com repercussão geral: "Em atenção aos princípios da segurança jurídica e da confiança legítima, os Tribunais de Contas estão sujeitos ao prazo de 5 anos para o julgamento da legalidade do ato de concessão inicial de aposentadoria, reforma ou pensão, a contar da chegada do processo à respectiva Corte de Contas" (STF, Pleno, RE 636.553/RS, Rel. Min. Gilmar Mendes, DJe 26.05.2020)[215].

---

mas, sim, pelo da decadência, inocorrente na espécie" (STF, 1ª T., AgR-MS 26.864/DF, Rel. Min. Rosa Weber, DJe 14.12.2017). "1. O prazo decadencial de cinco anos para a Administração Pública anular seus próprios atos, previsto no art. 54 da Lei nº 9.784/1999, não tem aplicação retroativa. Precedentes" (STF, 1ª T., AgR- RMS 27.913/DF, Rel. Min. Rosa Weber, DJe 14.07.2020).

215 "Recurso extraordinário. Repercussão geral. 2. Aposentadoria. Ato complexo. Necessária a conjugação das vontades do órgão de origem e do Tribunal de Contas. Inaplicabilidade do art. 54 da Lei 9.784/1999 antes da perfectibilização do ato de aposentadoria, reforma

A respeito do tema, como explicitado no voto do Ministro Relator: "Assim, apesar de entender que a concessão da aposentadoria é ato complexo e que o art. 54 da Lei 9.784/1999 não se aplica diretamente à hipótese, parece-me que, por motivos de segurança jurídica e necessidade da estabilização das relações, é necessário fixar-se, por analogia, um prazo para que a Corte de Contas exerça seu dever constitucional. [...] Nesses termos, tendo em vista o princípio da isonomia, parece-me que o mais correto seria a aplicação, por analogia, do Decreto 20.910/1932 [...]. Ora, se o administrado tem o prazo de 5 anos para buscar qualquer direito contra a Fazenda Pública, também podemos considerar que o Poder Público, no exercício do controle externo, teria o mesmo prazo para rever eventual ato administrativo favorável ao administrado" (STF, Pleno, RE 636.553/RS, Rel. Min. Gilmar Mendes, j. 19.02.2020, DJe 26.05.2020).

Em decisão na qual se evidencie não acarretarem lesão ao interesse público nem prejuízo a terceiros, os atos que apresentarem defeitos sanáveis podem ser convalidados pela própria administração pública (art. 55 da Lei 9.784/1999).

25.17 DÉBITO DA FAZENDA PÚBLICA

Observa-se a presença de sistemática própria quanto à prescrição das dívidas do Poder Público, ou seja, quando a Fazenda Pública é devedora[216].

---

ou pensão. Manutenção da jurisprudência quanto a este ponto. 3. Princípios da segurança jurídica e da confiança legítima. Necessidade da estabilização das relações jurídicas. Fixação do prazo de 5 anos para que o TCU proceda ao registro dos atos de concessão inicial de aposentadoria, reforma ou pensão, após o qual se considerarão definitivamente registrados. 4. Termo inicial do prazo. Chegada do processo ao Tribunal de Contas. 5. Discussão acerca do contraditório e da ampla defesa prejudicada. [...] 7. Caso concreto. Ato inicial da concessão de aposentadoria ocorrido em 1995. Chegada do processo ao TCU em 1996. Negativa do registro pela Corte de Contas em 2003. Transcurso de mais de 5 anos. 8. Negado provimento ao recurso" (STF, Pleno, RE 636.553/RS, Rel. Min. Gilmar Mendes, DJe 26.05.2020).

[216] RODRIGUES, Silvio. *Direito civil*: parte geral. 34. ed. São Paulo: Saraiva, 2003. v. 1. p. 345.

As dívidas passivas da União, dos Estados e dos Municípios, bem assim todo e qualquer direito ou ação contra a Fazenda federal, estadual ou municipal, seja qual for a sua natureza, prescrevem em cinco anos contados da data do ato ou fato do qual se originarem (art. 1º do Decreto 20.910/1932)[217].

O Decreto 20.910/1932, que regula a prescrição quinquenal, abrange as dívidas passivas das autarquias, ou entidades e órgãos paraestatais, criados por lei e mantidos mediante impostos, taxas ou quaisquer contribuições, exigidas em virtude de lei federal, estadual ou municipal, bem como a todo e qualquer direito e ação contra os mesmos (art. 2º do Decreto-Lei 4.597/1942)[218].

Prescrevem no mesmo prazo todos os direitos e as prestações correspondentes a pensões vencidas ou por vencerem, ao meio soldo e ao montepio civil e militar (pensão previdenciária) ou a quaisquer restituições ou diferenças (art. 2º do Decreto 20.910/1932).

Quando o pagamento se dividir por dias, meses ou anos, a prescrição atingirá progressivamente as prestações à medida que completarem os prazos estabelecidos pelo Decreto 20.910/1932 (art. 3º do Decreto 20.910/1932).

Sendo assim, conforme dispõe a Súmula 85 do STJ: "Nas relações jurídicas de trato sucessivo em que a Fazenda Pública figure como

---

217 "Processual Civil. Agravo interno no agravo em recurso especial. Prescrição quinquenal do art. 1º do Decreto 20.910/1932. Termo inicial. Princípio da *actio nata*. Não ocorrência. 1. A jurisprudência desta Corte firmou compreensão segundo a qual é de 5 (cinco) anos o prazo prescricional contra a Fazenda Pública, sendo o termo inicial do prazo prescricional para o ajuizamento de ação de indenização contra ato do Estado o momento em que constatada a lesão e os seus efeitos, conforme o princípio da *actio nata*. Precedente: AgRg no AREsp 531.654/RS, Rel. Ministro Sérgio Kukina, Primeira Turma, DJe 13/3/2015" (STJ, 1ª T., AgInt no AREsp 607.246/RS, 2014/0290018-3, Rel. Min. Benedito Gonçalves, DJe 25.09.2019).

218 "1. 'O prazo de prescrição quinquenal, previsto no Decreto n. 20.910/32 e no Decreto-Lei n. 4.597/42, aplica-se apenas às pessoas jurídicas de direito público (União, Estados, municípios, Distrito Federal, autarquias e fundações públicas), excluindo-se, portanto, as pessoas jurídicas de direito privado da administração pública indireta (sociedades de economia mista, empresas públicas e fundações) (AgInt no REsp 1.715.046/SP, Rel. Ministra Maria Isabel Gallotti, Quarta Turma, julgado em 06/11/2018, DJe de 14/11/2018)" (STJ, 4ª T., AgInt no REsp 1.865.318/SP, 2020/0055461-6, Rel. Min. Raul Araújo, DJe 01.10.2020).

devedora, quando não tiver sido negado o próprio direito reclamado, a prescrição atinge apenas as prestações vencidas antes do quinquênio anterior à propositura da ação".

A prescrição somente pode ser interrompida uma vez (art. 8º do Decreto 20.910/1932). A prescrição interrompida recomeça a correr, pela metade do prazo, da data do ato que a interrompeu ou do último ato ou termo do respectivo processo (art. 9º do Decreto 20.910/1932).

Consuma-se a prescrição no curso do processo sempre que a partir do último ato ou do seu termo, inclusive da sentença nele proferida, embora transitada em julgado, decorrer o prazo de dois anos e meio (art. 3º do Decreto-Lei 4.597/1942). A respeito da prescrição intercorrente, cf. item 25.13.

A respeito do tema, segundo esclarece a Súmula 383 do STF: "A prescrição em favor da Fazenda Pública recomeça a correr, por dois anos e meio, a partir do ato interruptivo, mas não fica reduzida aquém de cinco anos, embora o titular do direito a interrompa durante a primeira metade do prazo"[219].

Prescreve em cinco anos o direito de obter indenização dos danos causados por agentes de pessoas jurídicas de direito público e de pessoas jurídicas de direito privado prestadoras de serviços públicos (art. 1º-C da Lei 9.494/1997)[220]. Por se tratar de regra especial, entende-se

---

219 "Processual civil. Prescrição: interrupção. Decreto nº 20.910, de 1932, artigos 1º e 4º. D.L. 4.597, de 1942, art. 3º. Súmula 383 STF. I. Prescrição quinquenal em favor da Fazenda Pública. Decreto nº 20.910, de 1932, artigos 1º e 4º. A prescrição somente pode ser interrompida uma vez, recomeçando a correr pela metade do prazo, da data do ato que a interrompeu. D.L. nº 4.597, de 1942, artigo 3º. A prescrição em favor da Fazenda Pública recomeça a correr, por dois anos e meio, a partir do ato interruptivo, mas não fica reduzida aquém de cinco anos, embora o titular do direito a interrompa durante a primeira metade do prazo. Súmula 383 STF. II. Prescrição reconhecida. Extinção do processo" (STF, Pleno, ACO 493/MT, Rel. Min. Carlos Velloso, DJ 21.08.1998).

220 "3. Segundo a jurisprudência desta Corte Superior, o prazo de prescrição das ações indenizatórias movidas em desfavor de pessoa jurídica de direito privado prestadora de serviços públicos de transporte é quinquenal, consoante o disposto no art. 1º-C da Lei n. 9.494/1997. Precedentes" (STJ, 4ª T., AgInt no AREsp 1.554.094/PR, 2019/0222860-7, Rel. Min. Antonio Carlos Ferreira, DJe 24.09.2020). "1. Na hipótese, a concessionária de serviço público prestadora do serviço de transporte causou danos ao recorrido em decorrência de colisão de veículos a que ela deu causa. 2. Não se trata, portanto, de relação de consumo (REsp 1.629.505/SE, Rel. Ministro Herman Benjamin, Segunda Turma, DJe 19.12.2016) ou da regida pelo Decreto 20.910/1932 (REsp 1.251.993/PR, Rel. Ministro

que prevalece em face da norma geral do art. 206, § 3º, inciso V, do Código Civil[221].

Entende-se que a pretensão do direito de regresso prescreve no mesmo prazo de prescrição estabelecido para a obrigação originária, cujo termo inicial ocorre a partir do trânsito em julgado da sentença condenatória da indenização[222]. Registre-se ainda o entendimento de que a pretensão relativa ao mencionado direito de regresso do Estado (art. 37, § 6º, da Constituição Federal de 1988) tem início com o pagamento da indenização (art. 189 do Código Civil)[223].

Mauro Campbell Marques, Primeira Seção, DJe 19.12.2012), mas daquela disciplinada pelo art. 1º-C da Lei 9.494/1997, incluído pela Medida provisória 2.180-35/2001, que assim dispõe: 'Prescreverá em cinco anos o direito de obter indenização dos danos causados por agentes de pessoas jurídicas de direito público e de pessoas jurídicas de direito privado prestadoras de serviços públicos'. 3. 'O prazo de prescrição das ações indenizatórias movidas em desfavor de pessoa jurídica de direito privado prestadora de serviços públicos de transporte é quinquenal, consoante o disposto no art. 1º-C da Lei n. 9.494/97' (REsp 1.277.724/PR, Rel. Ministro João Otávio de Noronha, Terceira Turma, DJe 10.6.2015)" (STJ, 2ª T., REsp 1.645.883/SP, 2016/0333069-6, Rel. Min. Herman Benjamin, DJe 02.05.2017).

[221] "2. Aplicação do art. 1º-C da Lei n. 9.494/1997, acrescentado a partir da MP n. 1.984-16, de 6.4.2000, reeditada até a MP n. 2.180-35, de 24.08.01 (DOU de 27.8.2001), segundo o qual '*prescreverá em cinco anos* o direito de obter indenização dos danos causados por agentes de pessoas jurídicas de direito público e de pessoas jurídicas de direito privado prestadoras de serviços públicos' – grifei. Precedentes da Terceira e da Segunda Turmas. 3. Tal norma, por ter natureza especial, destinando-se clara e especificamente aos danos causados por agentes de pessoas jurídicas de direito público ou privado prestadoras de serviços públicos, não foi revogada, expressa ou tacitamente, pelo art. 206, § 3º, V, do CC/2002, de natureza geral. Diplomas que coexistem pacificamente. 4. Tanto o Poder Legislativo, em vários diplomas legais que editou, quanto o Poder Judiciário na sua atividade de interpretação e de aplicação da lei têm considerado o prazo de 5 (cinco) anos mais adequado e razoável para a solução de litígios relacionados às atividades do serviço público, sob qualquer enfoque. Em tais circunstâncias, não prospera o argumento da recorrente de que, como o art. 1º-C da Lei n. 9.494/1997 teria vindo para favorecer as concessionárias de serviço público, a aplicação do art. 206, § 3º, V, do CC/2002 seria de rigor, por ser ainda mais benéfica ao reduzir o prazo prescricional para 3 (três) anos" (STJ, 4ª T., REsp 1.083.686/RJ, 2008/0189749-0, Rel. Min. Antonio Carlos Ferreira, DJe 29.08.2017).

[222] "2. O STJ possui jurisprudência no sentido de que a pretensão da ação de regresso prescreve no mesmo prazo prescricional definido para a relação jurídica originária, cujo termo inicial se dá a partir da data do trânsito em julgado da sentença da ação indenizatória. Precedentes" (STJ, 4ª T., AgInt no REsp 1.865.318/SP, 2020/0055461-6, Rel. Min. Raul Araújo, DJe 01.10.2020).

[223] "4. O termo inicial da prescrição do pleito regressivo emerge no pagamento das indenizações, momento em que surge para o Estado a pretensão ressarcitória. Incidência do princípio da *actio nata*, conforme o qual a pretensão nasce com a ciência inequívoca do dano" (STJ, 2ª T., REsp 1.836.862/SP, 2019/0268276-9, Rel. Min. Og Fernandes, DJe 09.10.2020).

25.18 RESSARCIMENTO AO ERÁRIO

O art. 37, § 4º, da Constituição Federal de 1988 estabelece que os atos de improbidade administrativa importarão a suspensão dos direitos políticos, a perda da função pública, a indisponibilidade dos bens e o ressarcimento ao erário, na forma e gradação previstas em lei, sem prejuízo da ação penal cabível.

A lei deve estabelecer os prazos de prescrição para ilícitos praticados por qualquer agente, servidor ou não, que causem prejuízos ao erário, ressalvadas as respectivas ações de ressarcimento (art. 37, § 5º, da Constituição Federal de 1988).

Os atos de improbidade praticados por qualquer agente público, servidor ou não, contra a administração direta, indireta ou fundacional de qualquer dos Poderes da União, dos Estados, do Distrito Federal, dos Municípios, de Território, de empresa incorporada ao patrimônio público ou de entidade para cuja criação ou custeio o erário haja concorrido ou concorra com mais de 50% do patrimônio ou da receita anual serão punidos na forma da Lei 8.429/1992 (art. 1º).

Estão também sujeitos às penalidades da Lei 8.429/1992 os atos de improbidade praticados contra o patrimônio de entidade que receba subvenção, benefício ou incentivo, fiscal ou creditício, de órgão público bem como daquelas para cuja criação ou custeio o erário haja concorrido ou concorra com menos de 50% do patrimônio ou da receita anual, limitando-se, nestes casos, a sanção patrimonial à repercussão do ilícito sobre a contribuição dos cofres públicos.

Tendo em vista a ressalva constante na parte final do art. 37, § 5º, da Constituição da República, o Supremo Tribunal Federal fixou a seguinte tese em recurso extraordinário com repercussão geral: "São imprescritíveis as ações de ressarcimento ao erário fundadas na prática de ato doloso tipificado na Lei de Improbidade Administrativa" (STF, Pleno, RE 852.475/SP, Red. Min. Edson Fachin, DJe 25.03.2019)[224].

---

[224] "Direito Constitucional. Direito Administrativo. Ressarcimento ao erário. Imprescritibilidade. Sentido e alcance do art. 37, § 5º, da Constituição. 1. A prescrição é instituto que milita em favor da estabilização das relações sociais. 2. Há, no entanto, uma série de exceções explícitas no texto constitucional, como a prática dos crimes de racismo (art. 5º, XLII,

Caso não se trate de pretensão de ressarcimento ao erário fundada em ato doloso previsto na Lei de Improbidade Administrativa, nos termos do art. 37, § 5º, parte inicial, da Constituição Federal de 1988, há prescrição. Nesse sentido, o Supremo Tribunal Federal fixou a seguinte tese em recurso extraordinário com repercussão geral: "É prescritível a ação de reparação de danos à Fazenda Pública decorrente de ilícito civil" (STF, Pleno, RE 669.069/MG, Rel. Min. Teori Zavascki, DJe 28.04.2016).

Na mesma linha, o Supremo Tribunal Federal fixou a seguinte tese em recurso extraordinário com repercussão geral: "É prescritível a pretensão de ressarcimento ao erário fundada em decisão de Tribunal de Contas" (STF, Pleno, RE 636.886/AL, Rel. Min. Alexandre de Moraes, DJe 24.06.2020)[225].

CRFB) e da ação de grupos armados, civis ou militares, contra a ordem constitucional e o Estado Democrático (art. 5º, XLIV, CRFB). 3. O texto constitucional é expresso (art. 37, § 5º, CRFB) ao prever que a lei estabelecerá os prazos de prescrição para ilícitos na esfera cível ou penal, aqui entendidas em sentido amplo, que gerem prejuízo ao erário e sejam praticados por qualquer agente. 4. A Constituição, no mesmo dispositivo (art. 37, § 5º, CRFB), decota de tal comando para o Legislador as ações cíveis de ressarcimento ao erário, tornando-as, assim, imprescritíveis. 5. São, portanto, imprescritíveis as ações de ressarcimento ao erário fundadas na prática de ato doloso tipificado na Lei de Improbidade Administrativa. 6. Parcial provimento do recurso extraordinário para (i) afastar a prescrição da sanção de ressarcimento e (ii) determinar que o tribunal recorrido, superada a preliminar de mérito pela imprescritibilidade das ações de ressarcimento por improbidade administrativa, aprecie o mérito apenas quanto à pretensão de ressarcimento" (STF, Pleno, RE 852.475/SP, Red. Min. Edson Fachin, DJe 25.03.2019).

[225] "Constitucional e Administrativo. Repercussão geral. Execução fundada em acórdão proferido pelo Tribunal de Contas da União. Pretensão de ressarcimento ao erário. Art. 37, § 5º, da Constituição federal. Prescritibilidade. 1. A regra de prescritibilidade no Direito brasileiro é exigência dos princípios da segurança jurídica e do devido processo legal, o qual, em seu sentido material, deve garantir efetiva e real proteção contra o exercício do arbítrio, com a imposição de restrições substanciais ao poder do Estado em relação à liberdade e à propriedade individuais, entre as quais a impossibilidade de permanência infinita do poder persecutório do Estado. 2. Analisando detalhadamente o tema da 'prescritibilidade de ações de ressarcimento', este Supremo Tribunal Federal concluiu que, somente são imprescritíveis as ações de ressarcimento ao erário fundadas na prática de ato de improbidade administrativa doloso tipificado na Lei de Improbidade Administrativa – Lei 8.429/1992 (Tema 897). Em relação a todos os demais atos ilícitos, inclusive àqueles atentatórios à probidade da administração não dolosos e aos anteriores à edição da Lei 8.429/1992, aplica-se o Tema 666, sendo prescritível a ação de reparação de danos à Fazenda Pública. 3. A excepcionalidade reconhecida pela maioria do Supremo Tribunal Federal no Tema 897, portanto, não se encontra presente no caso em análise, uma vez que, no processo de tomada de contas, o TCU não julga pessoas, não perquirindo a existência de dolo decorrente de ato de improbidade

25.19 PRETENSÃO PUNITIVA DECORRENTE DO PODER DE POLÍCIA

Prescreve em cinco anos a ação punitiva da administração pública federal, direta e indireta, no exercício do poder de polícia, objetivando apurar infração à legislação em vigor, contados da data da prática do ato ou, no caso de infração permanente ou continuada, do dia em que tiver cessado (art. 1º da Lei 9.873/1999)[226].

Incide a prescrição no procedimento administrativo paralisado por mais de três anos, pendente de julgamento ou despacho, cujos autos serão arquivados de ofício ou mediante requerimento da parte interessada, sem prejuízo da apuração da responsabilidade funcional decorrente da paralisação, se for o caso (art. 1º, § 1º, da Lei 9.873/1999).

Quando o fato objeto da ação punitiva da administração também constituir crime, a prescrição será regida pelo prazo previsto na lei penal (art. 1º, § 2º, da Lei 9.873/1999).

Interrompe-se a prescrição da ação punitiva: I – pela notificação ou citação do indiciado ou acusado, inclusive por meio de edital; II – por

---

administrativa, mas, especificamente, realiza o julgamento técnico das contas a partir da reunião dos elementos objeto da fiscalização e apurada a ocorrência de irregularidade de que resulte dano ao erário, proferindo o acórdão em que se imputa o débito ao responsável, para fins de se obter o respectivo ressarcimento. 4. A pretensão de ressarcimento ao erário em face de agentes públicos reconhecida em acórdão de Tribunal de Contas prescreve na forma da Lei 6.830/1980 (Lei de Execução Fiscal). 5. Recurso Extraordinário desprovido, mantendo-se a extinção do processo pelo reconhecimento da prescrição" (STF, Pleno, RE 636.886/AL, Rel. Min. Alexandre de Moraes, DJe 24.06.2020).

[226] "5. A Lei 9.873/99, no art. 1º, estabeleceu prazo de cinco anos para que a Administração Pública Federal, direta ou indireta, no exercício do Poder de Polícia, apure o cometimento de infração à legislação em vigor, prazo que deve ser contado da data da prática do ato ou, no caso de infração permanente ou continuada, do dia em que tiver cessado a infração" (STJ, 1ª Seção, REsp 1.115.078/RS, 2009/0074342-0, Rel. Min. Castro Meira, DJe 06.04.2010). "7. Quanto ao prazo prescricional para a cobrança das multas impostas pela Administração Pública em razão do seu poder de polícia, há entendimento firmado no STJ de que às infrações praticadas antes da Lei 9.873/1999, quando não existia prazo decadencial para o exercício do poder de polícia por parte da Administração Pública Federal, deve-se aplicar por analogia a prescrição quinquenal do art. 1º do Decreto 20.910/1932, como o fez a Primeira Seção no que concerne às multas ambientais quando julgou os Temas 324, 325, 326, 327, 328, 329, 330 e 331 (REsp 1.115.078/RS, Rel. Ministro Castro Meira, Primeira Seção, julgado em 24/3/2010, DJe 6/4/2010)" (STJ, 2ª T., REsp 1.740.185/RJ, 2018/0101418-5, Rel. Min. Herman Benjamin, DJe 16.11.2018).

qualquer ato inequívoco, que importe apuração do fato; III – pela decisão condenatória recorrível[227]; IV – por qualquer ato inequívoco que importe em manifestação expressa de tentativa de solução conciliatória no âmbito interno da administração pública federal (art. 2º da Lei 9.873/1999)[228].

O disposto na Lei 9.873/1999 não se aplica às infrações de natureza funcional e aos processos e procedimentos de natureza tributária (art. 5º da Lei 9.873/1999), pois as referidas hipóteses são regidas por diplomas legais específicos, como a Lei 8.112/1990 e o Código Tributário Nacional, respectivamente.

25.20 CRÉDITO DECORRENTE DE MULTA POR INFRAÇÃO À LEGISLAÇÃO

Constituído definitivamente o crédito não tributário, após o término regular do processo administrativo, prescreve em cinco anos a ação de execução da administração pública federal relativa a crédito decorrente da aplicação de multa por infração à legislação em vigor (art. 1º-A da Lei 9.873/1999, incluído pela Lei 11.941/2009)[229].

Nesse sentido, conforme a Súmula 467 do STJ: "Prescreve em cinco anos, contados do término do processo administrativo, a preten-

[227] "1. Segundo o art. 2º da Lei 9.873/1999, a decisão condenatória recorrível interrompe o prazo de prescrição para ação punitiva da Administração Pública Federal, direta e indireta, no exercício do poder de polícia, objetivando apurar infração à legislação em vigor. Ademais, a referida lei não prevê a suspensão da prescrição durante todo o processo administrativo. 2. Portanto, não prospera a tese da recorrente de que, após a interrupção do prazo prescricional pela decisão condenatória recorrível, há suspensão da prescrição durante todo o processo administrativo" (STJ, 2ª T., REsp 1.771.566/RJ, 2018/0259776-7, Rel. Min. Herman Benjamin, DJe 16.09.2019).

[228] "2. Em se tratando da prescrição de pretensão punitiva administrativa, o prazo para a constituição definitiva do crédito não tributário tem início na data em que ocorreu o ato infracional, observando-se as hipóteses de interrupção contidas no art. 2º da Lei nº 9.873/99" (STJ, 1ª T., AgInt no REsp 1.823.240/RJ, 2018/0278496-0, Rel. Min. Sérgio Kukina, DJe 17.08.2020).

[229] "Com efeito, a Lei 11.941, de 27 de maio de 2009, acrescentou o art. 1º-A à Lei 9.873/99, prevendo, expressamente, prazo de cinco anos para a cobrança do crédito decorrente de infração à legislação em vigor, a par do prazo também quinquenal previsto no art. 1º desta Lei para a apuração da infração e constituição do respectivo crédito" (STJ, 1ª Seção, REsp 1.115.078/RS, 2009/0074342-0, Rel. Min. Castro Meira, DJe 06.04.2010).

são da administração pública de promover a execução da multa por infração ambiental".

Interrompe-se o prazo prescricional da ação executória: I – pelo despacho do juiz que ordenar a citação em execução fiscal; II – pelo protesto judicial; III – por qualquer ato judicial que constitua em mora o devedor; IV – por qualquer ato inequívoco, ainda que extrajudicial, que importe em reconhecimento do débito pelo devedor; V – por qualquer ato inequívoco que importe em manifestação expressa de tentativa de solução conciliatória no âmbito interno da administração pública federal (art. 2º-A da Lei 9.873/1999, incluído pela Lei 11.941/2009).

Como mencionado anteriormente, a Lei 9.873/1999 não se aplica às infrações de natureza funcional e aos processos e procedimentos de natureza tributária (art. 5º da Lei 9.873/1999).

25.21 CRÉDITO TRIBUTÁRIO

No Direito Público, a prescrição e a decadência extinguem o crédito tributário (art. 156, inciso V, do Código Tributário Nacional). O prazo para constituição do crédito tributário é de decadência. O prazo para cobrança do crédito tributário, por sua vez, é de prescrição[230].

A constituição do crédito tributário é feita pelo lançamento. Nesse sentido, compete privativamente à autoridade administrativa constituir o

[230] "3. O STJ entende que os prazos prescricionais devem observância à natureza jurídica da dívida, obedecendo, consequentemente, as respectivas legislações pertinentes. É a natureza jurídica do crédito, e não a natureza jurídica da entidade estatal titular do valor consubstanciado na execução (de direito público ou privado), que define a prescrição aplicável. 4. Aos créditos de natureza tributária (impostos, taxas e contribuições), aplicável a prescrição quinquenal prevista no art. 174 do CTN (REsp 68.786/SP, Rel. Min. Peçanha Martins, Segunda Turma, julgado em 20.8.1998, DJ 23.11.1998, p. 160). 5. Aos créditos não tributários de natureza pública, a prescrição rege-se pela lei que os institui, cujo ausência de previsão expressa quanto à questão prescricional impõe a aplicação do prazo previsto no Decreto n. 20.910/32, incidindo o princípio da igualdade, corolário do princípio da simetria (AgRg no Ag 957840/SP, Rel. Min. Eliana Calmon, Segunda Turma, julgado em 6.3.2008, DJe 25.3.2008). 6. O prazo prescricional da execução fiscal em que se pretende a cobrança de crédito não tributário de natureza privada rege-se pelo disposto no Código Civil, revelando-se inaplicável o Decreto 20.910/32 (REsp 928267/RS, Rel. Min. Teori Albino Zavascki, Primeira Seção, julgado em 12.8.2009, DJe 21.8.2009)" (STJ, 2ª T., REsp 1.315.298/RN, 2012/0048379-3, Rel. Min. Humberto Martins, DJe 24.02.2014).

crédito tributário pelo lançamento, assim entendido o procedimento administrativo tendente a verificar a ocorrência do fato gerador da obrigação correspondente, determinar a matéria tributável, calcular o montante do tributo devido, identificar o sujeito passivo e, sendo caso, propor a aplicação da penalidade cabível (art. 142 do Código Tributário Nacional).

As modalidades de lançamento são o lançamento por declaração (art. 147 do CTN), o lançamento de ofício (art. 149 do CTN) e o lançamento por homologação (art. 150 do CTN).

Conforme esclarece a Súmula 436 do STJ: "A entrega de declaração pelo contribuinte reconhecendo débito fiscal constitui o crédito tributário, dispensada qualquer outra providência por parte do fisco".

O direito de a Fazenda Pública constituir o crédito tributário extingue-se após cinco anos, contados: I – do primeiro dia do exercício seguinte àquele em que o lançamento poderia ter sido efetuado; II – da data em que se tornar definitiva a decisão que houver anulado, por vício formal, o lançamento anteriormente efetuado (art. 173 do Código Tributário Nacional). Como mencionado anteriormente, trata-se de prazo decadencial.

Conforme dispõe a Súmula 555 do STJ: "Quando não houver declaração do débito, o prazo decadencial quinquenal para o Fisco constituir o crédito tributário conta-se exclusivamente na forma do art. 173, I, do CTN, nos casos em que a legislação atribui ao sujeito passivo o dever de antecipar o pagamento sem prévio exame da autoridade administrativa".

O direito de a Fazenda Pública constituir o crédito tributário extingue-se definitivamente com o decurso do prazo nele previsto, contado da data em que tenha sido iniciada a constituição do crédito tributário pela notificação, ao sujeito passivo, de qualquer medida preparatória indispensável ao lançamento (art. 173, parágrafo único, do Código Tributário Nacional).

Após a constituição do crédito tributário (no prazo decadencial), tem início o prazo de prescrição para a cobrança do crédito tributário[231].

[231] "3. A constituição definitiva do crédito tributário, sujeita à decadência, inaugura o decurso do prazo prescricional quinquenal para o Fisco exercer a pretensão de cobrança judicial

A ação para a cobrança do crédito tributário prescreve em cinco anos, contados da data da sua constituição definitiva (art. 174 do Código Tributário Nacional).

Nos termos da Súmula 622 do STJ: "A notificação do auto de infração faz cessar a contagem da decadência para a constituição do crédito tributário; exaurida a instância administrativa com o decurso do prazo para a impugnação ou com a notificação de seu julgamento definitivo e esgotado o prazo concedido pela Administração para o pagamento voluntário, inicia-se o prazo prescricional para a cobrança judicial".

A prescrição se interrompe: I – pelo despacho do juiz que ordenar a citação em execução fiscal (redação dada pela Lei Complementar 118/2005)[232]; II – pelo protesto judicial; III – por qualquer ato judicial que constitua em mora o devedor; IV – por qualquer ato inequívoco ainda que extrajudicial, que importe em reconhecimento do débito pelo devedor (art. 174, parágrafo único, do Código Tributário Nacional).

A prescrição dos créditos tributários pode ser reconhecida de ofício pela autoridade administrativa (art. 53 da Lei 11.941/2009).

Tendo em vista a previsão do art. 487, inciso II, do CPC, como esclarece a Súmula 409 do STJ: "Em execução fiscal, a prescrição ocorrida antes da propositura da ação pode ser decretada de ofício".

---

do crédito tributário" (STJ, 1ª Seção, REsp 1.120.295/SP, 2009/0113964-5, Rel. Min. Luiz Fux, DJe 21.05.2010).

232 "III – Com efeito, o Superior Tribunal de Justiça consolidou entendimento no sentido de que a citação retroage à data da propositura da ação para efeitos de interrupção da prescrição, conforme o art. 219, § 1º, do CPC/1973, o qual é aplicável em execução fiscal, o que, após as alterações promovidas pela LC n. 118/2005, justifica, no Direito Tributário, interpretar que o marco interruptivo da prolação do despacho, que ordena a citação do executado, retroage à data do ajuizamento da ação executiva, que deve respeitar o prazo prescricional. Ademais, a jurisprudência do Superior Tribunal de Justiça não acolhe a diferenciação intertemporal em relação à LC n. 118/2005 pretendida pelo recorrente quanto à aplicação do Enunciado Sumular n. 106/STJ. A propósito: (AREsp n. 1.578.097/SP, Rel. Ministro Herman Benjamin, Segunda Turma, julgado em 17/12/2019, DJe 12/5/2020, REsp n. 1.824.622/SP, Rel. Ministro Herman Benjamin, Segunda Turma, julgado em 5/9/2019, DJe 11/10/2019 e AgInt no AREsp n. 1.011.013/ES, Relator Ministro Mauro Campbell Marques, Data do Julgamento 27/4/2017, DJe 4/5/2017)" (STJ, 2ª T., AgInt no AREsp 1.562.823/RS, 2019/0237833-2, Rel. Min. Francisco Falcão, DJe 22.10.2020).

25.22 CRÉDITO TRABALHISTA

A prescrição no Direito do Trabalho, quanto a créditos decorrentes da relação de emprego, é estabelecida no art. 7º, inciso XXIX, da Constituição Federal de 1988, com redação dada pela Emenda Constitucional 28/2000[233].

A pretensão quanto a créditos resultantes das relações de trabalho prescreve em cinco anos para os trabalhadores urbanos e rurais, até o limite de dois anos após a extinção do contrato de trabalho (art. 11 da CLT, com redação dada pela Lei 13.467/2017.

Sendo assim, violado o direito trabalhista (art. 189 do Código Civil), o empregado urbano ou rural tem o prazo prescricional de cinco anos para exigir a correspondente prestação ou crédito. Entretanto, extinto o contrato de trabalho, inicia-se o prazo prescricional de dois anos[234]. Decorrido esse biênio, contado do término do contrato de trabalho, consuma-se a prescrição total[235].

Conforme esclarece a Súmula 308, item I, do TST: "I – Respeitado o biênio subsequente à cessação contratual, a prescrição da ação trabalhista concerne às pretensões imediatamente anteriores a cinco anos,

---

[233] "XXIX – ação, quanto aos créditos resultantes das relações de trabalho, com prazo prescricional de cinco anos para os trabalhadores urbanos e rurais, até o limite de dois anos após a extinção do contrato de trabalho".

[234] Orientação Jurisprudencial 129 da SBDI-I do TST: "A prescrição extintiva para pleitear judicialmente o pagamento da complementação de pensão e do auxílio-funeral é de 2 anos, contados a partir do óbito do empregado".

[235] De acordo com a Orientação Jurisprudencial 417 da SBDI-I do TST: "O marco inicial da contagem do prazo prescricional para o ajuizamento de ação condenatória, quando advém a dispensa do empregado no curso de ação declaratória que possua a mesma causa de pedir remota, é o trânsito em julgado da decisão proferida na ação declaratória e não a data da extinção do contrato de trabalho". Para a melhor compreensão dessa hipótese específica, cabe fazer referência ao seguinte julgado: "Nos termos do artigo 189 do CCB/2002, violado o direito, nasce para o titular a pretensão, a qual se extingue, pela prescrição, [...]. Assim, se o reconhecimento do vínculo dependia de solução judicial, a prescrição somente poderia fluir após decisão favorável, transitada em julgado, pois, antes, não haveria como se entender que algum direito do reclamante, em relação à [...] e à [...], reclamadas, tivesse sido violado, na forma do dispositivo civil mencionado. É o princípio da *actio nata*. Daí por que não subsiste a tese de que o marco inicial da prescrição foi a data em que a prestadora dispensou o autor" (TST, SBDI-I, E-RR – 167300-96.2001.5.15.0005, Rel. Min. Horácio Raymundo de Senna Pires, DEJT 14.05.2010).

contados da data do ajuizamento da reclamação e, não, às anteriores ao quinquênio da data da extinção do contrato".

Como antes da Constituição Federal de 1988 o prazo da prescrição trabalhista era de dois anos, de acordo com a Súmula 308, item II, do TST: "II – A norma constitucional que ampliou o prazo de prescrição da ação trabalhista para 5 (cinco) anos é de aplicação imediata e não atinge pretensões já alcançadas pela prescrição bienal quando da promulgação da CF/1988".

Tendo em vista que antes da Emenda Constitucional 28/2000 o prazo de prescrição aplicável ao trabalhador rural era apenas o de dois anos, após a extinção do contrato de trabalho[236], a Orientação Jurisprudencial 417 da SBDI-I do TST assim esclarece: "Prescrição. Rurícola. Emenda Constitucional nº 28, de 26.05.2000. Contrato de trabalho em curso. Não há prescrição total ou parcial da pretensão do trabalhador rural que reclama direitos relativos a contrato de trabalho que se encontrava em curso à época da promulgação da Emenda Constitucional nº 28, de 26.05.2000, desde que ajuizada a demanda no prazo de cinco anos de sua publicação, observada a prescrição bienal".

Ainda quanto ao tema, como o ato jurídico perfeito e o princípio da irretroatividade devem ser observados em caso de modificação do prazo de prescrição, assim estabelece a Orientação Jurisprudencial 271 da SBDI-I do TST: "O prazo prescricional da pretensão do rurícola, cujo contrato de emprego já se extinguira ao sobrevir a Emenda Constitucional nº 28, de 26/05/2000, tenha sido ou não ajuizada a ação trabalhista, prossegue regido pela lei vigente ao tempo da extinção do contrato de emprego".

Segundo dispõe a Súmula 382 do TST: "A transferência do regime jurídico de celetista para estatutário implica extinção do contrato de trabalho, fluindo o prazo da prescrição bienal a partir da mudança de regime".

---

[236] Orientação Jurisprudencial 38 da SBDI-I do TST: "O empregado que trabalha em empresa de reflorestamento, cuja atividade está diretamente ligada ao manuseio da terra e de matéria-prima, é rurícola e não industriário, nos termos do Decreto nº 73.626, de 12.02.1974, art. 2º, § 4º, pouco importando que o fruto de seu trabalho seja destinado à indústria. Assim, aplica-se a prescrição própria dos rurícolas aos direitos desses empregados".

Em caso de extinção do contrato de trabalho e aviso prévio indenizado, por ser garantida a integração do seu período no seu tempo de serviço do empregado (art. 487, § 1º, da CLT), de acordo com a Orientação Jurisprudencial 83 da SBDI-I do TST: "A prescrição começa a fluir no final da data do término do aviso prévio".

O Supremo Tribunal Federal fixou a seguinte tese em recurso extraordinário com repercussão geral: "O prazo prescricional aplicável à cobrança de valores não depositados no Fundo de Garantia do Tempo de Serviço (FGTS) é quinquenal, nos termos do art. 7º, XXIX, da Constituição Federal" (STF, Pleno, ARE 709.212/DF, Rel. Min Gilmar Mendes, DJe 19.02.2015)[237].

O art. 7º, inciso XXXIV, da Constituição Federal de 1988 estabelece a igualdade de direitos entre o trabalhador com vínculo empregatício permanente e o trabalhador avulso. Nesse contexto, as ações relativas aos créditos decorrentes da relação de trabalho avulso prescrevem em cinco anos até o limite de dois anos após o cancelamento do registro ou do cadastro no órgão gestor de mão de obra, no caso de trabalhador portuário avulso (art. 37, § 4º, da Lei 12.815/2013).

O disposto no art. 11 da CLT, sobre prescrição, não se aplica às ações que tenham por objeto anotações para fins de prova junto à Previdência Social (art. 11, § 1º, da CLT, incluído pela Lei 9.658/1998). Nesses casos, como a pretensão dizer respeito a pretensão com natureza declaratória, por exemplo, de reconhecimento da relação de emprego, ou de sua duração, para fins previdenciários, não incide a prescrição.

Tratando-se de pretensão que envolva pedido de prestações sucessivas decorrente de alteração ou descumprimento do pactuado, a prescrição é total, exceto quando o direito à parcela esteja também assegurado por preceito de lei (art. 11, § 2º, da CLT, incluído pela Lei 13.467/2017).

[237] Súmula 362 do TST: "I – Para os casos em que a ciência da lesão ocorreu a partir de 13.11.2014, é quinquenal a prescrição do direito de reclamar contra o não recolhimento de contribuição para o FGTS, observado o prazo de dois anos após o término do contrato; II – Para os casos em que o prazo prescricional já estava em curso em 13.11.2014, aplica-se o prazo prescricional que se consumar primeiro: trinta anos, contados do termo inicial, ou cinco anos, a partir de 13.11.2014 (STF-ARE-709212/DF)".

Como o contrato de trabalho envolve relação jurídica continuada, se a pretensão envolve prestações sucessivas decorrentes de alteração ou descumprimento do pactuado, a prescrição, em regra, é total. Como exceção, a prescrição é parcial quando o direito à parcela esteja também assegurado por preceito de lei.

Exemplificando, a supressão das comissões, ou a alteração quanto à forma ou ao percentual, em prejuízo do empregado, é suscetível de operar a prescrição total da pretensão, por se tratar de parcela não assegurada por preceito de lei (Orientação Jurisprudencial 175 da SBDI-I do TST). Da mesma forma, a alteração contratual consubstanciada na substituição dos avanços trienais por quinquênios decorre de ato único do empregador, momento em que começa a fluir o prazo fatal de prescrição (Orientação Jurisprudencial 76 da SBDI-I do TST). Ainda como exemplo, embora haja previsão legal para o direito à hora extra, inexiste previsão para a incorporação ao salário do respectivo adicional, razão pela qual deve incidir a prescrição total (Orientação Jurisprudencial 242 da SBDI-I do TST).

A interrupção da prescrição somente ocorre pelo ajuizamento de reclamação trabalhista, mesmo que em juízo incompetente, ainda que venha a ser extinta sem resolução do mérito, produzindo efeitos apenas em relação aos pedidos idênticos (art. 11, § 3º, da CLT, incluído pela Lei 13.467/2017).

No processo do trabalho, o não comparecimento do autor (reclamante) à audiência una ou inaugural gera o arquivamento da reclamação trabalhista (art. 844 da CLT), ou seja, a extinção do processo sem resolução do mérito (art. 485 do CPC). Portanto, segundo a Súmula 268 do TST: "A ação trabalhista, ainda que arquivada, interrompe a prescrição somente em relação aos pedidos idênticos".

Além disso, de acordo com a Orientação Jurisprudencial 359 da SBDI-I do TST: "A ação movida por sindicato, na qualidade de substituto processual, interrompe a prescrição, ainda que tenha sido considerado parte ilegítima *ad causam*".

Como o protesto ajuizado na Justiça do Trabalho não deixa de ser uma ação trabalhista em sentido amplo (art. 202, inciso II, do Código Civil e art. 726, § 2º, do CPC), conforme a Orientação Jurisprudencial

392 da SBDI-I do TST: "O protesto judicial é medida aplicável no processo do trabalho, por força do art. 769 da CLT e do art. 15 do CPC de 2015. O ajuizamento da ação, por si só, interrompe o prazo prescricional, em razão da inaplicabilidade do § 2º do art. 240 do CPC de 2015 (§ 2º do art. 219 do CPC de 1973), incompatível com o disposto no art. 841 da CLT".

Considerando a previsão do art. 202, inciso II, do Código Civil, a Orientação Jurisprudencial 370 da SBDI-I do TST assim prevê: "O ajuizamento de protesto judicial dentro do biênio posterior à Lei Complementar nº 110, de 29.06.2001, interrompe a prescrição, sendo irrelevante o transcurso de mais de dois anos da propositura de outra medida acautelatória, com o mesmo objetivo, ocorrida antes da vigência da referida lei, pois ainda não iniciado o prazo prescricional, conforme disposto na Orientação Jurisprudencial nº 344 da SBDI-1"[238].

Como a suspensão do contrato de trabalho não se confunde com pendência de condição suspensiva (art. 199, inciso I, do Código Civil)[239], conforme a Orientação Jurisprudencial 375 da SBDI-I do TST: "A suspensão do contrato de trabalho, em virtude da percepção do auxílio-doença ou da aposentadoria por invalidez, não impede a fluência da prescrição quinquenal, ressalvada a hipótese de absoluta impossibilidade de acesso ao Judiciário".

Em caso de dissídio coletivo de trabalho (art. 114, § 2º, da Constituição Federal de 1988), segundo a jurisprudência, o prazo de prescrição da pretensão formulada por meio da ação de cumprimento (art. 872 da CLT) de decisão normativa flui apenas da data do seu trânsito em julgado (Súmula 350 do TST).

Ocorre a prescrição intercorrente no processo do trabalho no prazo de dois anos (art. 11-A da CLT, incluído pela Lei 13.467/2017).

---

[238] Orientação Jurisprudencial 344 da SBDI-I do TST: "O termo inicial do prazo prescricional para o empregado pleitear em juízo diferenças da multa do FGTS, decorrentes dos expurgos inflacionários, deu-se com a vigência da Lei Complementar nº 110, em 30.06.01, salvo comprovado trânsito em julgado de decisão proferida em ação proposta anteriormente na Justiça Federal, que reconheça o direito à atualização do saldo da conta vinculada".

[239] MARTINS, Sergio Pinto. *Direito do trabalho*. 28. ed. São Paulo: Atlas, 2012. p. 718.

Nessa linha, a Súmula 327 do STF já previa que: "O direito trabalhista admite a prescrição intercorrente".

Cabe lembrar que a execução se extingue quando ocorrer a prescrição intercorrente (art. 924, inciso V, do CPC). A extinção só produz efeito quando declarada por sentença (art. 925 do CPC).

A fluência do prazo prescricional intercorrente inicia-se quando o exequente deixa de cumprir determinação judicial no curso da execução (art. 11-A, § 1º, da CLT, incluído pela Lei 13.467/2017).

A prescrição intercorrente prevista no art. 11-A da CLT somente deve ser reconhecida após expressa intimação do exequente para cumprimento de determinação judicial no curso da execução (art. 1º da Recomendação 3/2018 da Corregedoria-Geral da Justiça do Trabalho).

A declaração da prescrição intercorrente pode ser requerida ou declarada de ofício em qualquer grau de jurisdição (art. 11-A, § 2º, da CLT, incluído pela Lei 13.467/2017).

BIBLIOGRAFIA

ALEXY, Robert. *Teoria dos direitos fundamentais*. Tradução de Virgílio Afonso da Silva. São Paulo: Malheiros, 2008.

ALMEIDA, Amador Paes de. *Direito de empresa no Código Civil*. São Paulo: Saraiva, 2004.

ALMEIDA, José Luiz Gavião de. Responsabilidade sem dano no Código Civil de 2002. 200 f. Tese (Titular) – Faculdade de Direito, Universidade de São Paulo, São Paulo, 2011.

ALVARENGA, Rúbia Zanotelli de. *Direitos da personalidade do trabalhador e poder empregatício*. São Paulo: LTr, 2013.

AMARAL, Francisco. *Direito civil*: introdução. 3. ed. Rio de Janeiro: Renovar, 2000.

AMORIM FILHO, Agnelo. Critério científico para distinguir a prescrição da decadência e identificar as ações imprescritíveis. *Revista dos Tribunais*, São Paulo, RT, ano 86, v. 744, p. 725-750, out. 1997. *Revista dos Tribunais*, São Paulo, RT, v. 300, p. 7-37, out. 1960.

ANDRADE, Manuel A. Domingues de. *Teoria geral da relação jurídica*: sujeitos e objeto. Coimbra: Almedina, 2003. v. 1.

ARISTÓTELES. *A política*. Coleção fundamentos da filosofia. Tradução de Nestor Silveira Chaves. Revisão da tradução de Silene Cardoso. São Paulo: Ícone, 2007.

AZEVEDO, Antonio Junqueira de. *Negócio jurídico*: existência, validade e eficácia. 4. ed. São Paulo: Saraiva, 2007.

AZEVEDO, Antonio Junqueira de. Por uma nova categoria de dano na responsabilidade civil: o dano social. In: AZEVEDO, Antonio

Junqueira de. *Novos estudos e pareceres de direito privado*. São Paulo: Saraiva, 2009. p. 377-384.

AZEVEDO, Álvaro Villaça. *Teoria geral do direito civil*: parte geral. São Paulo: Atlas, 2012.

BARBOSA, Rui. *Oração aos moços*. São Paulo: Hedra, 2009.

BASTOS, Celso Ribeiro; MARTINS, Ives Gandra da Silva. *Comentários à Constituição do Brasil*: promulgada em 5 de outubro de 1988. 3. ed. São Paulo: Saraiva, 2004. v. 2 (arts. 5º a 17).

BEVILÁQUA, Clóvis. *Soluções práticas de direito (pareceres)*: direito civil. Rio de Janeiro: Corrêa, Bastos, 1923. v. 1.

BITTAR, Carlos Alberto. *Curso de direito civil*. Rio de Janeiro: Forense Universitária, 1994. v. 1.

BITTAR, Carlos Alberto. *Direitos do consumidor*: código de defesa do consumidor. 4. ed. Rio de Janeiro: Forense Universitária, 1991.

BITTAR, Carlos Alberto. *Os direitos da personalidade*. 3. ed. Rio de Janeiro: Forense Universitária, 1999.

BOBBIO, Norberto. *Teoria do ordenamento jurídico*. 10. ed. Tradução de Maria Celeste Cordeiro Leite dos Santos. Revisão técnica de Claudio De Cicco. Brasília: Universidade de Brasília, 1997.

BOBBIO, Norberto. *Teoria geral do direito*. 2. ed. Tradução de Denise Agostinetti. Revisão da tradução de Silvana Cobucci Leite. São Paulo: Martins Fontes, 2008.

BONAVIDES, Paulo. *Curso de direito constitucional*. 18. ed. São Paulo: Malheiros, 2006.

CASTRO, Amilcar de. *Direito internacional privado*. 5. ed. aum. e atual. com notas de rodapé por Osiris Rocha. Rio de Janeiro: Forense, 1996.

CAVALIERI FILHO, Sergio. *Programa de responsabilidade civil*. 8. ed. São Paulo: Atlas, 2008.

CINTRA, Antonio Carlos de Araújo; GRINOVER, Ada Pellegrini; DINAMARCO, Cândido Rangel. *Teoria geral do processo*. 31. ed. São Paulo: Malheiros, 2015.

COELHO, Fábio Ulhoa. *Manual de direito comercial*. 16. ed. São Paulo: Saraiva, 2005.

COMPARATO, Fábio Konder. *A afirmação histórica dos direitos humanos*. 3. ed. São Paulo: Saraiva, 2004

COMPARATO, Fábio Konder. *O poder de controle na sociedade anônima*. São Paulo: RT, 1976.

CORRENTI, Vincenzo. L'imprenditore. In: RESCIGNO, Pietro. *Trattato di diritto privato*: impresa e lavoro. Torino: Unione Tipografico-Editrice Torinese, 1986. t. I. v. 15.

COSTA, Moacyr Lobo da. *Breve notícia histórica do direito processual civil brasileiro e de sua literatura*. São Paulo: Revista dos Tribunais, Universidade de São Paulo, 1970.

CRUZ, Gisela Sampaio da. *O problema do nexo causal na responsabilidade civil*. Rio de Janeiro: Renovar, 2005.

DE CUPIS, Adriano. *Os direitos da personalidade*. Tradução de Adriano Vera Jardim e Antonio Miguel Caeiro. Lisboa: Morais, 1961.

DE LOS MOZOS, José Luis. *Derecho civil*: metodo, sistemas y categorias juridicas. Madrid: Editorial Civitas, 1988.

DE LUCCA, Newton. *Direito do consumidor*: teoria geral da relação jurídica de consumo. 2. ed. São Paulo: Quartier Latin, 2008.

DELGADO, Mauricio Godinho. *Curso de direito do trabalho*. 17. ed. São Paulo: LTr, 2018.

DINAMARCO. Cândido Rangel. *Fundamentos do direito processual civil moderno*. 2. ed. São Paulo: Malheiros, 2000. t. I.

DINAMARCO, Cândido Rangel. *Instituições de direito processual civil*. 9. ed. São Paulo: Malheiros, 2017. v. 1.

DINAMARCO, Cândido Rangel. *Instituições de direito processual civil*. 7. ed. São Paulo: Malheiros, 2017. v. 3.

DINAMARCO, Cândido Rangel; LOPES, Bruno Vasconcelos Carrilho. *Teoria geral do novo processo civil*. São Paulo: Malheiros, 2016.

DINIZ, Maria Helena. *Compêndio de introdução à ciência do direito*. 19. ed. São Paulo: Saraiva, 2008.

DINIZ, Maria Helena. *Curso de direito civil brasileiro*: teoria geral do direito civil. 29. ed. São Paulo: Saraiva, 2012. v. 1.

DINIZ, Maria Helena. *Curso de direito civil brasileiro*: responsabilidade civil. 9. ed. São Paulo: Saraiva, 1995. v. 7.

DOLINGER, Jacob. *Direito internacional privado*: parte geral. 4. ed. Rio de Janeiro: Renovar, 1996.

DORIA, Dylson. *Curso de direito comercial*. 7. ed. São Paulo: Saraiva, 1991. v. 1.

DWORKIN, Ronald. *Levando os direitos a sério*. 2. ed. Tradução de Nelson Boeira. São Paulo: Martins Fontes, 2007.

FERNÁNDEZ, Raymundo L.; GÓMEZ LEO, Osvaldo R. *Tratado teórico-práctico de derecho comercial*. Reimpresión. Buenos Aires: Depalma, 1987. t. 1.

FERREIRA FILHO, Manoel Gonçalves. *Curso de direito constitucional*. 22. ed. São Paulo: Saraiva, 1995.

FERREIRA FILHO, Manoel Gonçalves. *O poder constituinte*. 4. ed. São Paulo: Saraiva, 2005.

FRANÇA, Rubens Limongi. *A irretroatividade das leis e o direito adquirido*. 3. ed. São Paulo: RT, 1982.

FRANÇA, Rubens Limongi. *Instituições de direito civil*. 5. ed. São Paulo: Saraiva, 1999.

FILOMENO, José Geraldo Brito. *Código brasileiro de defesa do consumidor*: comentado pelos autores do anteprojeto. 8. ed. Rio de Janeiro: Forense Universitária, 2005.

FREITAS, Elizabeth Cristina Campos Martins de. *Desconsideração da personalidade jurídica*: análise à luz do Código de Defesa do Consumidor e do novo Código Civil. São Paulo: Atlas, 2002.

GAGLIANO, Pablo Stolze; PAMPLONA FILHO, Rodolfo. *Novo curso de direito civil*: parte geral. 6. ed. São Paulo: Saraiva, 2005. v. 1.

GAGLIANO, Pablo Stolze; PAMPLONA FILHO, Rodolfo. *Novo curso de direito civil*: responsabilidade civil. 3. ed. São Paulo: Saraiva, 2005. v. 3.

GARCIA, Gustavo Filipe Barbosa. *Competência da Justiça do Trabalho*: da relação de emprego à relação de trabalho. Rio de Janeiro: Forense, 2012.

GARCIA, Gustavo Filipe Barbosa. *Curso de direito do trabalho*. 15. ed. São Paulo: Saraiva, 2020.

GARCIA, Gustavo Filipe Barbosa. *Introdução ao estudo do direito*: teoria geral do direito. 7. ed. Salvador: Juspodivm, 2020.

GARCIA, Gustavo Filipe Barbosa. *Manual de direito processual civil*. 3. ed. Salvador: Juspodivm, 2021.

GOMES, Orlando. *Contratos*. 26. ed., atualizada por Antonio Junqueira de Azevedo e Francisco Paulo de Crescenzo Marino. Rio de Janeiro: Forense, 2008.

GOMES, Orlando. *Introdução ao direito civil*. 19. ed., revista, atualizada e aumentada por Edvaldo Brito e Reginalda Paranhos de Brito. Rio de Janeiro: Forense, 2007.

GOMES, Orlando. *Obrigações*. 17. ed., revista, atualizada e aumentada por Edvaldo Brito. Rio de Janeiro: Forense, 2008.

GOMES, Orlando. *Raízes históricas e sociológicas do Código Civil brasileiro*. 2. ed. São Paulo: Martins Fontes, 2006.

GONÇALVES, Carlos Roberto. *Direito civil brasileiro*: parte geral. 17. ed. São Paulo: Saraiva, 2019. v. 1.

GONÇALVES, Marcus Vinicius Rios. *Direito processual civil esquematizado*. 9. ed. São Paulo: Saraiva, 2018.

GRAU, Eros Roberto. *A ordem econômica na Constituição de 1988*. 3. ed. São Paulo: Malheiros, 1997.

GRECO FILHO, Vicente. *Direito processual civil brasileiro*. 20. ed. São Paulo: Saraiva, 2009. v. 2.

GRECO FILHO, Vicente. *Direito processual civil brasileiro*. 21. ed. São Paulo: Saraiva, 2012. v. 3.

GRINOVER, Ada Pellegrini; BENJAMIN, Antônio Herman de Vasconcellos e. *Código brasileiro de defesa do consumidor*: comentado pelos autores do anteprojeto. 8. ed. Rio de Janeiro: Forense Universitária, 2005.

KANT, Immanuel. *Fundamentação da metafísica dos costumes e outros escritos*. Tradução de Leopoldo Holzbach. São Paulo: Martin Claret, 2008.

KELSEN, Hans. *Teoria pura do direito*. 4. ed. Tradução de João Baptista Machado. Coimbra: Armênio Amado Editor, 1976.

KÜMPEL, Vitor Frederico. *Introdução ao estudo do direito*. São Paulo: Método, 2007.

LACERDA, Galeno. *O novo direito processual civil e os efeitos pendentes*. Rio de Janeiro: Forense, 1974.

LAFER, Celso. *A reconstrução dos direitos humanos*: um diálogo com o pensamento de Hannah Arendt. 1. ed., 4. reimpr. São Paulo: Companhia das Letras, 2001.

LARENZ, Karl. *Derecho civil*: parte general. Traducción y notas de Miguel Izquierdo y Macías-Picavea. Madrid: Editoriales de Derecho Reunidas, 1978.

LEAL, Antônio Luís da Câmara. *Da prescrição e da decadência*: teoria geral do direito civil. 3. ed. Rio de Janeiro: Forense, 1978.

LEVADA, Filipe Antônio Marchi. *O direito intertemporal e os limites da proteção do direito adquirido*. 263 f. Dissertação (Mestrado em Direito) – Faculdade de Direito, Universidade de São Paulo, São Paulo, 2009.

LIEBMAN, Enrico Tullio. *Eficácia e autoridade da sentença e outros escritos sobre a coisa julgada*. 4. ed. atualizada por Ada Pellegrini Grinover. Tradução de Alfredo Buzaid e Benvindo Aires. Tradução dos textos posteriores à edição de 1945 de Ada Pellegrini Grinover. Rio de Janeiro: Forense, 2006.

LISBOA, Roberto Senise. *Manual de direito civil*: obrigações e responsabilidade civil. 7. ed. São Paulo: Saraiva, 2013. v. 2.

LISBOA, Roberto Senise. *Responsabilidade civil nas relações de consumo*. 2. ed. São Paulo: RT, 2006.

LÔBO, Paulo. Com avanços legais, pessoas com deficiência mental não são mais incapazes. *Consultor Jurídico*, 16 de agosto de 2015. Disponível em: <https://www.conjur.com.br/2015-ago-16/processo-familiar-avancos-pessoas-deficiencia-mental-nao-sao-incapazes>.

LOPES, José Reinaldo de Lima. A formação do direito comercial brasileiro. A criação dos tribunais de comércio do Império. *Cadernos Direito GV*, São Paulo, v. 4, n. 6, p. 23-24, nov. 2007.

LOPES, Miguel Maria de Serpa. *Curso de direito civil*: introdução, parte geral e teoria dos negócios jurídicos. 9. ed., revista e atualizada por José Serpa de Santa Maria. Rio de Janeiro: Freitas Bastos, 2000. v. 1.

LOPEZ, Teresa Ancona. *O dano estético*: responsabilidade civil. 3. ed. São Paulo: RT, 2004.

MARCATO, Antonio Carlos. *Procedimentos especiais*. 17. ed. São Paulo: Atlas, 2017.

MARQUES, Claudia Lima. *Contratos no Código de Defesa do Consumidor*: o novo regime das relações contratuais. 5. ed. São Paulo: RT, 2005.

MARTINS, Sergio Pinto. *Direito do trabalho*. 28. ed. São Paulo: Atlas, 2012.

MAXIMILIANO, Carlos. *Hermenêutica e interpretação do direito*. 19. ed. Rio de Janeiro: Forense, 2007.

MAZZILLI, Hugo Nigro. *A defesa dos interesses difusos em juízo*: meio ambiente, consumidor, patrimônio cultural, patrimônio público e outros interesses. 19. ed. São Paulo: Saraiva, 2006.

MEDEIROS NETO, Xisto Tiago de. *Dano moral coletivo*. 2. ed. São Paulo: LTr, 2007.

MEIRELLES, Hely Lopes. *Direito administrativo brasileiro*. 26. ed. atualizada por Eurico de Andrade Azevedo, Délcio Balestero Aleixo e José Emmanuel Burle Filho. São Paulo: Malheiros, 2001.

MIRANDA, Pontes de. *Tratado de direito privado*: parte geral. Rio de Janeiro: Borsoi, 1954. t. 1.

MIRANDA, Pontes de. *Tratado de direito privado*: parte geral. Rio de Janeiro: Borsoi, 1954. t. 2.

MIRANDA, Pontes de. *Tratado de direito privado*: parte geral. Rio de Janeiro: Borsoi, 1954. t. 3.

MONTEIRO, Washington de Barros; PINTO, Ana Cristina de Barros Monteiro França. *Curso de direito civil*: parte geral. 44. ed. São Paulo: Saraiva, 2012.

MONTEIRO, Washington de Barros. *Curso de direito civil*: direito das obrigações, 1ª parte. 30. ed. São Paulo: Saraiva, 1999. v. 4.

MONTORO, André Franco. *Introdução à ciência do direito*. 27. ed. São Paulo: RT, 2008.

MORAES, Alexandre de. *Direito constitucional*. 27. ed. São Paulo: Atlas, 2011.

MORAES, Alexandre de. *Jurisdição constitucional e tribunais constitucionais*: garantia suprema da constituição. 2. ed. São Paulo: Atlas, 2003.

NASCIMENTO, Amauri Mascaro. *Curso de direito do trabalho*. 26. ed. São Paulo: Saraiva, 2011.

NERY JUNIOR, Nelson. *Atualidades sobre o processo civil*. 2. ed. São Paulo: RT, 1996.

NERY JUNIOR, Nelson. *Código brasileiro de defesa do consumidor*: comentado pelos autores do anteprojeto. 8. ed. Rio de Janeiro: Forense Universitária, 2005.

NERY JUNIOR, Nelson; NERY, Rosa Maria de Andrade. *Código Civil comentado e legislação extravagante*. 3. ed. São Paulo: RT, 2005.

NEVES, Daniel Amorim Assumpção. *Manual de direito processual civil*. 9. ed. Salvador: Juspodivm, 2017.

NICOLAU, Gustavo Rene. *Medidas provisórias*: o executivo que legisla. São Paulo: Atlas, 2009.

NUNES, Rizzato. *Curso de direito do consumidor*. 3. ed. São Paulo: Saraiva, 2008.

OLIVEIRA, José Lamartine Corrêa de. *A dupla crise da pessoa jurídica*. São Paulo: Saraiva, 1979.

PEREIRA, Caio Mário da Silva. *Instituições de direito civil*: introdução ao direito civil; teoria geral de direito civil. 21. ed., revista e atualizada por Maria Celina Bodin de Moraes. Rio de Janeiro: Forense, 2006. v. 1.

PIRES, Maria Coeli Simões. *Direito adquirido e ordem pública*: segurança jurídica e transformação democrática. Belo Horizonte: Del Rey, 2005.

RADBRUCH, Gustav. *Introdução à ciência do direito*. Tradução de Vera Barkow. Revisão técnica de Sérgio Sérvulo da Cunha. São Paulo: Martins Fontes, 1999.

RAMOS, Elival da Silva. *A proteção aos direitos adquiridos no direito constitucional brasileiro*. São Paulo: Saraiva, 2003.

REALE, Miguel. *Lições preliminares de direito*. 18. ed. São Paulo: Saraiva, 1991.

REQUIÃO, Rubens. Abuso de direito e fraude através da personalidade jurídica. *Revista dos Tribunais*, São Paulo, RT, ano 58, v. 410, p. 12-24, dez. 1969.

REQUIÃO, Rubens. *Curso de direito comercial*. 21. ed. São Paulo: Saraiva, 1993. v. 1.

REQUIÃO, Rubens. *Curso de direito comercial*. 19. ed. São Paulo: Saraiva, 1993. v. 2.

REZEK, José Francisco. *Direito internacional público*: curso elementar. 5. ed. São Paulo: Saraiva, 1995.

RIPERT, Georges; BOULANGER, Jean. *Tratado de derecho civil*: segun el tratado de Planiol: las obligaciones, 1ª parte. Traducción de Delia García Daireaux. Supervisión por Jorge Joaquin LLambias. Buenos Aires: Ediciones La Ley, 1964. t. IV. v. 1.

RODRIGUES, Silvio. *Direito civil*: parte geral. 34. ed. São Paulo: Saraiva, 2003. v. 1.

SANTORO-PASSARELLI, Francesco. *Doctrinas generales del derecho civil*. Traducción y concordancias de derecho español por A. Luna Serrano. Madrid: Editorial Revista de Derecho Privado, 1964.

SANTOS, Moacyr Amaral. *Primeiras linhas de direito processual civil*. 25. ed. atualizada por Maria Beatriz Amaral Santos Köhnen. São Paulo: Saraiva, 2011. v. 3.

SARLET, Ingo Wolfgang. *A eficácia dos direitos fundamentais*. 7. ed. Porto Alegre: Livraria do Advogado, 2007.

SAVIGNY, Federico Carlo di. *Sistema del diritto romano attuale*. Seconda tiratura. Traduzione dall'originale tedesco di Vittorio Scialoja. Torino: Unione TipograficoEditrice, 1900. v. 3.

SAVIGNY, Federico Carlo di. *Sistema del diritto romano attuale*. Traduzione dall'originale tedesco di Vittorio Scialoja. Torino: Unione Tipografico-Editrice, 1886. v. 1.

SAVIGNY, Federico Carlo di. *Sistema del diritto romano attuale*. Traduzione dall'originale tedesco di Vittorio Scialoja. Torino: Unione Tipografico-Editrice, 1898. v. 8.

SILVA, José Afonso da. *Curso de direito constitucional positivo*. 10. ed. São Paulo: Malheiros, 1995.

SILVEIRA, Newton. *Propriedade intelectual*: propriedade industrial, direito de autor, *software*, cultivares. 3. ed. Barueri: Manole, 2005.

SUEYOSHI, Tabir Dal Poggetto Oliveira. *Aspectos jurídicos do plágio literário*. São Paulo: Leud, 2020.

TARTUCE, Flávio. *Direito civil*: lei de introdução e parte geral. 4. ed. São Paulo: Método, 2008. v. 1.

VENOSA, Sílvio de Salvo. *Direito civil*: parte geral. 13. ed. São Paulo: Atlas, 2013. v. 1.

VIDAL NETO, Pedro. *Estudo sobre a interpretação e aplicação do direito do trabalho*. 1985. Tese (Livre-docência) – Faculdade de Direito, Universidade de São Paulo, São Paulo.

WALD, Arnoldo. *Obrigações e contratos*. 16. ed. São Paulo: Saraiva, 2004.

EDITORA
*Jus*PODIVM
www.editorajuspodivm.com.br

Impresso por:

Docuprint
SOE Comércio e Serviços LTDA.
CNPJ 01.036.332/0001-99